LETTRES À LA MARQUISE

ALFRED DREYFUS

LETTRES À LA MARQUISE

CORRESPONDANCE INÉDITE
AVEC MARIE ARCONATI VISCONTI
(1899-1923)

Édition établie et préfacée
par Philippe Oriol

BERNARD GRASSET
PARIS

Photo de couverture : © Albert Harlingue / Roger-Viollet

ISBN : 978-2-246-85965-9

Avant-propos

On connaît Dreyfus parce que son nom nous est familier et qu'il est associé à un des grands épisodes de l'histoire de France. Sans doute aussi, si on a fait l'effort de lire les bons livres[1], connaît-on, plus que le nom, l'homme qui fut bien plus et certainement pas ce personnage falot, d'une rare insignifiance, dépassé par les événements qui se déchaînèrent sur son nom, le seul qui n'aurait rien compris à l'Affaire, ce personnage que quelques auteurs crurent devoir peindre tel pour teinter d'un peu d'acide une prose insipide. On connaît Dreyfus mais, à moins de fréquenter régulièrement l'Affaire, connaît-on « la marquise » ? Marie Arconati Visconti, née Peyrat, fille d'Alphonse Peyrat, sénateur, un des pères de la République, compagnon de Gambetta auquel il souffla l'immortel : « le cléricalisme, voilà l'ennemi », a laissé son nom dans l'histoire comme salonnière et mécène, invitant à sa table deux fois par semaine quelques importants intellectuels du temps et faisant profiter à quelques musées et à l'Université de Paris de largesses que son riche mariage avec le comte Arconati Visconti et son jeune veuvage lui permettaient[2]. Étonnant personnage que cette « vieille étudiante », ainsi qu'elle aimait à se nommer, fine rabelaisienne, assidue des cours de l'École des Chartes, intime d'archivistes-paléographes de renom tels que Gaston Paris, Auguste Molinier, Paul Meyer ou Gabriel Monod, comme de journalistes – Henri Harduin, Jules Claretie – ou de politiques – Joseph Reinach, Émile

Combes, Henri Brisson, Jean Jaurès, Aristide Briand –, propriétaire de nombreuses villas en Italie et du baroquissime château de Gaasbeck, misogyne et anticléricale fanatique. Dreyfusarde, peut-être dans le sillage de son grand ami Joseph Reinach, elle le fut simplement, tout naturellement et jusqu'au bout. Accompagnant de « Vive la République » le passage des cortèges nationalistes, faisant afficher sur sa porte des affiches dreyfusardes, signant la quasi-totalité des listes de protestation et d'hommages aux artisans de la révision, congédiant son médecin parce que antidreyfusard, écrivant au président du Conseil Méline pour lui dire son irritation, ou aidant financièrement les publications des partisans de la révision telles que *L'Aurore* ou *La Revue du Palais* de Labori. Au paroxysme de l'Affaire, en 1898, son salon de la rue Barbet de Jouy fut le quartier général des savants engagés, cette « petite garnison de la Tour d'Ivoire », comme le lui rappellera en 1903 Georges Duruy, garnison au « premier rang » duquel elle combattait et qu'elle « réconfort[ait] par l'exemple de son inébranlable constance aux sombres heures où se dressait sur la France la monstrueuse Bastille d'iniquité, de mensonge et de crime à l'assaut de laquelle vous nous avez guidés[3] ».

Quand Dreyfus fut rendu à la liberté, gracié, en septembre 1899, elle lui écrira pour lui dire son admiration et, après l'avoir rencontré pour la première fois chez Joseph Reinach[4], l'invitera bientôt à rejoindre ses déjeuners « politiques » du jeudi. Une admiration qui deviendra vite une amitié dont témoigne la correspondance que nous publions aujourd'hui. Mais si cette correspondance peut avoir pour intérêt de dire cette amitié, elle est aussi un document sur plus de vingt ans de l'histoire de France. On y croisera l'Affaire elle-même, ou plus exactement ce qu'il est convenu d'appeler la « troisième affaire Dreyfus » – la période ouverte par la grâce du capitaine en 1899 et close par sa réhabilitation en 1906 –, ses suites – l'attentat dont fut victime Dreyfus lors de la cérémonie de la translation des cendres de Zola au Panthéon en 1908, le procès qui s'ensuivit et la campagne de l'Action française –, mais aussi le vote de la loi de séparation des Églises et de l'État, le combisme et ses suites, la dislocation du Bloc des gauches, le rôle de Jaurès à partir de la fondation de la SFIO et de l'essor de la CGT, la politique clemenciste et les grèves qui la marquèrent, les événements marocains, les dissensions perpétuelles avec l'Allemagne de Guillaume II et, enfin, la guerre de 1914.

On y rencontrera quelques grandes figures de la période dont les noms sont aussi étroitement liés à l'Affaire : Joseph Reinach, Henri Brisson, Émile Combes, Gabriel Monod et surtout Jean Jaurès, présent tout au long de cette correspondance, et dont le nom apparaîtra au rythme des sentiments de la marquise, partagée entre admiration éperdue et violente colère, une amitié, comme Jaurès le lui écrira, « mélange inquiétant du je t'aime et du je te hais[5] ». On connaît l'histoire de cette amitié[6]. La marquise admirait en Jaurès le grand dreyfusard, l'homme de culture et de méthode, le *debater*, et aussi le soutien de son « vieil amoureux », Émile Combes. Elle avait ainsi, par l'intermédiaire de Brisson[7], largement contribué au financement de *L'Humanité* qu'elle lisait quotidiennement et qu'elle avait un temps considéré comme « le journal le mieux fait », « notre *Officiel* »[8]. Pourtant rapidement, elle fera part de son désir de le voir disparaître[9] et regrettera bientôt d'avoir « donné de l'argent à Jaurès pour cette ordure-là[10] », « cette feuille funeste[11] », ce journal « criminel[12] », cette « infâme Humanité » : « Je préférerais avoir donné 30 000 frs à l'établissement d'Esterhazy qu'à cet égout anarchiste[13] », écrira-t-elle en 1910. Si elle aimait l'homme, elle n'aimait le politique que par ce qu'il pouvait représenter « la plus grande force de la République[14] » en incarnant un socialisme qui, comme le dit Dreyfus qui exprime en tous points les sentiments de la marquise, « s'il se contentait d'être le parti d'avant-garde de la République, pourrait faire beaucoup et bien et empêcherait de s'endormir dans un statu quo trompeur ». Mais, ajoutait Dreyfus, « il ne faut pas qu'il vienne nous parler de la "lutte des classes" et de l'internationalisme »[15]. En effet, la fondation de la SFIO, la volonté de Jaurès de laisser s'exprimer toutes les voix au sein du parti unifié, fût-ce celle de l'antimilitariste Gustave Hervé, le rapprochement avec la CGT, son ardent pacifisme choquèrent vite la marquise et les « jeudistes ». Et pour la marquise, se posera alors régulièrement la question de savoir si elle devait continuer à recevoir Jaurès. Elle se posera la question implicitement la première fois en 1905 (voir lettre 163), puis explicitement, et régulièrement jusqu'en 1913, date de la rupture définitive, mais sans plus en parler à Dreyfus qui montrait trop d'« indulgence » pour le « démagogue » (voir lettre 575).

On verra donc, dans cette correspondance, se dérouler les événements de la période 1899-1918, mais on y verra surtout la lecture qui en était celle de Dreyfus, passionné et fin connaisseur de la politique, portant un regard aigu sur les événements et sur les hommes, républicain et anticlérical, combiste et, sinon socialiste, du moins « socialisant » avec Jaurès.

Pourtant, à en croire Carlo Bronne, qui consacra à la marquise la seule biographie existant à ce jour[16], une telle édition ne saurait avoir d'intérêt parce que l'homme, en écho à ce que nous disions en ouvrant cet avant-propos, n'en avait pas comme n'en a pas ce qu'il put écrire :

> [...] le déporté du l'île du Diable [...] était, de tous, celui qui connaissait le moins son dossier. À aucun moment, il ne joua au martyr pas plus qu'au tribun. L'Histoire est passée sur sa placidité sans l'émouvoir et quand, au transfert des cendres de Zola le 6 [*sic*] juin 1908, un forcené tira sur lui plusieurs coups de revolver, il fit tout pour minimiser les faits.
>
> Sa correspondance avec la marquise occupe cinq volumes et contient plusieurs centaines de billets et de lettres. On y chercherait en vain une plainte ou un cri. Ce ne sont que propos courtois, remerciements ou nouvelles domestiques. Le héros d'une pathétique aventure qui, dans ce salon, rencontrait tant de personnages hors série ne trouve d'autre à dire que cette réflexion : *Il faudra installer un phonographe afin de recueillir les anecdotes si amusantes qui sont racontés à votre table si hospitalière et qui forment un chapitre de l'Histoire contemporaine.* Si cette bande enregistrée existait, on n'y entendrait pas sa voix.
>
> De ses séjours en Belgique, on ne sait guère plus. En avril 1910, son beau-frère fut hospitalisé à Bruxelles. En octobre, il vint avec Gabriel Monod chasser à Gaasbeck et dîna le 11 chez le docteur Lorthioir. *La maison*, écrivit-il, *est organisée avec une originalité remarquable due tout à la fois à l'ingéniosité (?) manuelle du chirurgien et à la maîtrise de la maîtresse de maison.* Même son style était inexistant[17].

On verra que cette correspondance est bien plus que cela. Elle n'est certes pas celle de grands épistoliers et ce n'est pas une œuvre littéraire qu'il faut s'attendre à découvrir ici. C'est un document, et un document de première main, pour mieux connaître non seulement la petite histoire du « Bloc » et la manière dont il se délita mais encore l'homme Dreyfus tel qu'il fut et non tel que les Carlo Bronne le peignirent sans jamais l'avoir rencontré.

Dreyfus. Il ne fut ni un placide ni un insensible. Il ne fut pas plus un idiot. Il était juste un homme grave, sévère. Il était tout cela par tempérament, parce qu'il était modeste et qu'il était timide, parce qu'il était fier mais aussi parce qu'il était un militaire et un bourgeois. Il savait qu'il fallait se montrer digne, garder sa place et avait appris à ne pas exprimer des sentiments dont l'exposition n'aurait été ni convenable ni respectueuse des convenances. Dreyfus était tout de retenue parce qu'il savait que crier ne se fait pas, ne sert à rien mais aussi parce qu'il se méfiait de la passion, ne fût-ce que parce qu'il en avait été la victime, et qu'il était homme de raison. C'est pour cela qu'il refusa toujours d'incarner un rôle qui eût été trahir sa personnalité et ses convictions, qu'il refusa toujours de toucher au cœur et qu'il ne dérogea jamais à sa ligne de conduite qui était de démontrer et de prouver. Dreyfus était l'ennemi des « trucs », des effets qui font les victoires faciles, et aux nombreux observateurs qui ne comprirent pas, par exemple, qu'au procès de Rennes il refusât de parler de ce qu'il avait vécu à l'île du Diable, tenant close, comme l'avait écrit Jaurès, « la porte de bronze qui semblait à jamais fermée sur sa souffrance[18] », il répondait : « [...] on n'avait pas à faire appel à un sentiment d'humanité pour les souffrances endurées, puisqu'ici, il ne s'agissait que d'une question de justice, d'un crime abominable dont j'étais innocent. C'est moi qui ai de la pitié pour les hommes qui se sont déshonorés en faisant condamner un innocent par les moyens les plus criminels[19] ».

Comme l'écrira Pierre Mortier – qui avait connu un homme qui n'était assurément pas celui que Carlo Bronne imaginera : « La manière ! Dreyfus ne l'avait pas. Et c'est la principale raison de son injuste calvaire » :

J'ai longuement causé avec lui. Je voulais, avant d'écrire cette chronique, essayer de pénétrer son caractère, son esprit, les secrets de son cœur. Il m'attendait chez lui, il savait depuis longtemps la sincérité de mes convictions et il était heureux de m'accueillir.

Il vint à moi, souriant, la main tendue, le geste cordial, et, tout en devisant avec lui de mille sujets, je l'observai, comme un peintre étudierait son modèle.

Et je compris comment il avait été possible qu'une telle fatalité frappât cet homme. Dreyfus, cela a déjà été dit, est extraordinairement intelligent et cultivé, c'est un esprit supérieur, un cerveau d'élite. Il a beaucoup lu, il sait mille choses, et il parle de tout. Il a de la clairvoyance, du bon sens, de l'esprit, un raisonnement juste et précis, mais cependant, au début, sa conversation, sans qu'on puisse expliquer pourquoi, vous surprend, vous éloigne presque, et c'est seulement à la longue qu'elle finit par vous gagner, par la rigueur de sa logique.

Ses propos, comme son regard et sa voix, sont longs à vous charmer. Il faut suivre les premiers pour apprécier combien ils sont justes et nourris, de même qu'il faut examiner longuement ses yeux de myope pour s'apercevoir qu'ils sont très doux, très bons et très francs, et entendre beaucoup sa voix un peu sourde pour en saisir les diverses inflexions.

Si vous joignez à ces particularités intellectuelles et physiques l'esprit militaire poussé au suprême degré, l'obéissance passive aux ordres de ses chefs, le sentiment rigoureux de la discipline, vous comprendrez que cet honnête homme n'ait pas trouvé, lors des débats de son procès et des péripéties de son martyre, le mot, le geste, le regard qu'il eût fallu pour ébranler ses accusateurs[20].

La retenue que nous évoquions se retrouvera dans les lettres qu'on lira ici, Dreyfus raisonnant la plupart du temps ses émotions et dissimulant, sous des tournures qui peuvent paraître banales, ou « engoncées », ce qu'il éprouvait. On l'y verra toutefois porter des jugements sur les faits et sur les hommes et ne pas, souvent, retenir sa plume quand les mensonges répétés et l'assurance de quelques-uns de ses bourreaux ou de leurs complices auxquels la décence aurait dû imposer le silence s'exprimaient. Mais sortir de l'observation des faits, des choses et des hommes, entrer dans l'intime et par là se mettre en jeu, engager personnellement ses sentiments, semble lui être presque impossible : sa plume alors s'alourdit, devient parfois maladroite, gauche, ou d'une parfaite neutralité, trahissant sa gêne et sa pudeur. Impressionnantes d'apparent détachement et de complète maîtrise de ses sentiments sont ses lettres des jours qui précédèrent la réhabilitation qu'il attendait depuis près de douze ans (lettres 244 à 269) ou celles concernant les décès de ses proches, comme celle à propos de son frère aîné (lettre 764) ou d'Auguste Molinier, qu'il considérait comme « un véritable ami », et à propos duquel il lui fut impossible d'écrire autre chose que : « M. Molinier était un cœur généreux et un grand érudit, sa perte est irréparable. Mon cœur souffre avec le vôtre, car plus on connaissait cet excellent ami, plus on l'aimait. » Remarquables aussi sont dans cette correspondance les silences de Dreyfus qui relèvent de cette même pudeur. À aucun moment, par exemple, en 1907, ne parlera-t-il à sa correspondante des souvenirs qu'il était en train d'écrire, ces 434 pages des cinq cahiers d'écolier qu'il noircit de son écriture et qu'il ne publiera pas[21].

L'homme Dreyfus apparaît aussi dans le combat qu'il mena pour sa réhabilitation, après la grâce, en septembre 1899, et l'amnistie, en 1900, qui avaient eu pour but, dans l'esprit du président du Conseil Waldeck-Rousseau, d'écrire le dernier chapitre de l'Affaire et d'y mettre le point final. De fin 1897 à l'été 1899, la France « politique » et intellectuelle n'avait semblé vivre que pour elle et par elle et il fallait maintenant retrouver le calme que réclamaient le pays et les affaires. Faute de champ de bataille, de nombreux combattants avaient rendu les armes et étaient retournés à leurs occupations. Quelques-uns pourtant étaient bien décidés à ne pas désarmer : une grande partie des nationalistes, pour lesquels l'Affaire donnait corps à des fantasmes qu'ils savaient pouvoir traduire en voix et qu'il fallait donc pour cela prolonger, et Alfred Dreyfus lui-même qui était certes libre mais, effet pernicieux de la grâce, demeurait coupable. Dreyfus avait été clair, acceptant cette grâce qui n'était pour lui que le seul moyen de pouvoir continuer à vivre et d'avoir les mains libres pour mener le combat qui lui permettrait de recouvrer son honneur :

> Le gouvernement de la République me rend la liberté. Elle n'est rien pour moi sans l'honneur. Dès aujourd'hui, je vais continuer à poursuivre la réparation de l'effroyable erreur judiciaire dont je suis encore victime.
>
> Je veux que la France entière sache par un jugement définitif que je suis innocent. Mon cœur ne sera apaisé que lorsqu'il n'y aura plus un Français qui m'impute le crime abominable qu'un autre a commis[22].

C'est cette promesse, ce combat, cette « troisième affaire Dreyfus », cette « affaire de Dreyfus », que, en écho et en illustration aux *Carnets* que nous avons publiés il y a bientôt vingt ans, nous verrons, ou tout au moins pour une grande partie de cette correspondance, apparaître ici en filigrane. Des espoirs et des inquiétudes, des contrariétés, des incertitudes, des impatiences, des stratégies et des amitiés. En juin 1902, après s'être heurtés à autant d'impasses qu'ils ouvraient de voies, les Dreyfus, Alfred et Mathieu – le frère, le grand frère qui était aussi son conseiller – avaient décidé de « demand[er] le concours des hommes politiques pour la liquidation de l'affaire[23] ». On verra ainsi, dans cette correspondance, comment Dreyfus tenta de faire intervenir l'ancien président du Conseil et à de nombreuses reprises président de la Chambre, Henri Brisson, qui avait décidé de « s'occupe[r] de lui », pour hâter l'enquête du gouvernement puis celle de la Cour ; on verra comment il tenta d'agir pour faire comprendre aux magistrats l'intérêt personnel sans doute mais politique avant tout qu'il y aurait à ce que l'arrêt à venir fût cassé sans renvoi devant un nouveau conseil de guerre et que fût dit le dernier mot d'une affaire qui ne pouvait servir encore qu'aux adversaires du gouvernement. La plupart de ces démarches ne rencontreront pas le succès. L'enquête ministérielle dura près d'un an, celle de la Cour deux ans et demi. Et si Dreyfus obtiendra en effet la cassation sans renvoi, il est clair que ses démarches n'y jouèrent que pour peu. Des démarches, soit dit en passant, qui nous montrent surtout l'impuissance et l'isolement qui étaient ceux de Dreyfus, l'absence totale de soutien sur lequel il aurait pu compter, et malgré les reproches que certains de ses amis purent lui adresser, la volonté de tous de le voir se tenir coi et de ne plus venir troubler la paix publique. Il est édifiant d'ailleurs, à ce propos, de voir comment les amis en question, quand ils seront au pouvoir – Clemenceau à la présidence du Conseil, Picquart à la Guerre –, refuseront de réparer la dernière injustice qu'avait été le calcul pour le moins défavorable fait de son ancienneté le jour de sa réhabilitation[24]. Une dernière injustice qui, discrètement, sans bruit, poussera Dreyfus hors de l'armée... Il lui eût été possible et peut-être profitable de se plaindre, de se lamenter, ou au contraire de « gueuler » comme certains eussent aimé le voir faire à ses deux procès. Mais là encore, comme pour ses deux condamnations, comme face à la lenteur de la procédure de révision et au manque d'énergie que montrait le gouvernement, comme après l'attentat dont il avait été victime au transfert des cendres de Zola au Panthéon, comme à l'occasion de ses actions contre les insultes dont l'abreuvait quotidiennement l'Action française, Dreyfus canalisa ses émotions et raidit sa nuque pour ne pas disperser son énergie. Une « incoercible espérance », une « foi au meilleur », une « presque fataliste résignation », que Bernard Lazare identifiait comme ce « fonds indestructible qui vous vient de votre peuple » et qui toujours à ses yeux avait été son soutien[25].

Cette attitude, qui participa à forger à son égard les constats (qui furent parfois des reproches) de sévérité, de dureté, voire d'insensibilité ou d'indifférence, était celle d'un homme qui avait appris à encaisser, sans se détourner de sa route, les « coups » du présent. Haï par ses ennemis qui en avaient fait l'incarnation d'une politique exécrée, et n'avaient de cesse de s'en prendre à lui, physiquement parfois, gênant pour les politiques, gênant pour beaucoup de ses amis qui, nous le verrons, n'hésitaient pas à l'accabler de reproches et d'autant plus qu'ils savaient que la reconnaissance lui fermait la bouche[26], Dreyfus avait trouvé chez la marquise, à ses déjeuners du jeudi, le réconfort d'un havre de paix. « Cette réunion d'amis est une des joies du pauvre Dreyfus ! en voilà un qui aura touché le fond de la souffrance humaine », écrira la marquise à Loisy en

1909[27]. Pourtant, là aussi, quelques amis qui pouvaient avoir plaisir à retrouver l'homme au sujet duquel s'était battue la France et qui incarnait ce qui avait été leur combat, ne souhaitaient pas que cette amitié sortît des murs du « salon » de la rue Barbet de Jouy. Ainsi, quand Dreyfus demandera en 1908 à la marquise de le faire adhérer à la Société des études rabelaisiennes, l'ami Henry Roujon refusera d'être son parrain : « J'ai été dreyfusard mais je ne me suis brouillé avec personne », répondra-t-il à la marquise[28]...

« Je resterai la victime jusqu'au bout », répétera Dreyfus à la marquise comme à de nombreux correspondants après sa retraite forcée. Une victime sans doute mais, et cette correspondance nous permettra d'en prendre conscience, un homme passionnant à bien des égards, et qui, même s'il refusa toujours d'être quelqu'un d'autre qu'« un petit officier d'artillerie qu'une tragique erreur a empêché de suivre son chemin[29] », fut, sinon un héros, au moins celui de l'affaire à laquelle il a donné son nom.

Nous avons pris le parti, pour ne pas proposer un volume trop lourd et pénible à lire, de faire un choix dans cette correspondance et de laisser systématiquement de côté les nombreuses lettres qui offrent un intérêt moindre. On trouvera, à la fin du volume, un relevé complet des lettres donnant, pour celles non retenues, un résumé.

1. Marie Arconati Visconti à Alfred Dreyfus

Château de Gaesbeck (Belgique)
24 septembre 1899

Capitaine,

C'est seulement aujourd'hui que j'ai la force de vous écrire – brûlée par la fièvre, je n'ai plus de larmes…

Courage capitaine, vous en avez tant !! l'humanité entière sait que vous êtes innocent, et la conscience de la France va se réveiller.

Les remords de ceux qui ont condamné vous ont déjà vengé. L'arrêt de Rennes[30] a plus fait pour prouver votre innocence, que tout ce qui s'est fait, dit ou écrit depuis deux ans.

Nous sommes beaucoup capitaine qui donnerions notre sang pour vous épargner une nouvelle douleur.

Recevez capitaine l'hommage de mon admiration.

M^ise^ Arconati Visconti

Fille d'A. Peyrat, sénateur de la Seine, vice-président du Sénat. Mon maître et ami M. Auguste Molinier[31] qui arrive de Rennes ***malade***, me prie de joindre sa carte à ma lettre. Il a souffert lui, autant que moi, et cela depuis deux ans, en pensant aux tortures de votre horrible vie.

2. Marie Arconati Visconti à Alfred Dreyfus

Paris, 17 décembre 1899

Merci, capitaine du grand honneur et du grand bonheur que vous m'avez fait, en m'envoyant votre portrait. Je le mettrai dans mon château de Gaesbeck (ancien château du comte d'Egmont) à côté de celui de la victime du comte d'Albe[32]. J'ai eu de vos nouvelles par mon ami Reinach[33] et je sais que vous allez mieux. Espérons qu'après tous ces faux, tous ces crimes, tous ces cadavres tombés les uns sur les autres, espérons qu'après le plus formidable effort des puissances de mensonge et de tyrannie, la vérité soit proclamée officiellement. Mon ami Auguste Molinier que j'ai vu hier à l'École des Chartes, me prie de vous assurer de son profond respect.

Croyez capitaine à tout mon respect et à ma plus profonde admiration. Quelqu'un qui donnerait sa vie pour vous.

M^ise^ Arconati Visconti

3. Marie Arconati Visconti à Alfred Dreyfus

30 décembre 1899

Capitaine,

Je n'ose pas aller vous porter mes vœux. Si j'avais eu le bonheur de vous serrer la main, c'eût été ma première joie depuis deux ans !

Ai-je besoin de vous dire les vœux que je fais pour vous ?... pour que l'heure de la justice et de la réparation arrive enfin !

Espérons que la vérité triomphera, que la Justice ne soit pas un vain mot, et que les innocents cessent de souffrir en même temps que les coupables commenceront à expier.

Espérons aussi que la France devenue l'instrument de l'immonde antisémitisme, redevienne digne de son passé de gloire et de lumière.

Recevez capitaine l'assurance de ma plus profonde admiration et laissez-moi vous répéter que je donnerais ma vie pour vous savoir heureux.

M^ise Arconati Visconti

4. Marie Arconati Visconti à Alfred Dreyfus

22 mai 1901

Capitaine,

J'ai été souffrante, c'est pourquoi je viens seulement aujourd'hui vous remercier du grand honneur et du grand bonheur que vous m'avez fait, en m'envoyant votre volume[34].

Je me sens incapable de vous dire l'émotion qui me serrait le cœur en le lisant et je ne vous étonnerai pas en vous disant que plusieurs fois les larmes me montaient aux yeux et m'empêchaient de continuer...

Je ne suis pas « une apaisée » moi, et je maudis tous les jours vos bourreaux et ceux qui n'ont pas eu le courage d'arrêter les bandits[35], ceux qui reculent encore aujourd'hui devant le Père du Lac[36] pris main dans la main avec les faussaires.

Ah ! capitaine, vous avez – peut-être – sauvé le malheureux pays, car c'est « l'affaire » qui en éclatant, a montré ce qui se tramait derrière le rideau de l'antisémitisme. Cette semence de discordes et de haines, a montré ses semeurs, les troupes de Loyola et les fidèles de « l'Assomption[37] ».

Notre ami Reinach vient d'écrire son plus beau livre – nouveau Dante il a marqué au fer rouge tous les misérables – son Mercier est un chef d'œuvre[38], et les royalistes de la Loire inférieure qui ont eu l'idée de retremper dans un bain de boue et de sang, les fades blancheurs de leur lys, doivent être fiers[39] !!

Ah ! le brave Reinach, en voilà un qui a porté tout le poids du combat, qui a souffert je ne dis pas des dangers de la lutte, des outrages de la basse presse[40] – cela honore et réconforte ceux qui ont du cœur – mais dont la conscience comme celle de tous ceux qui marchaient derrière lui, était lacérée par le spectacle de l'injustice triomphante de ce pays égaré, de la France devenue l'instrument de l'immonde antisémitisme et semblait s'accommoder de cette trahison d'un passé de gloire et de lumière.

Pardon, capitaine, je ne voulais que vous remercier, vous dire combien j'étais heureuse d'avoir votre livre et malgré moi une bouffée de ces horribles dernières années m'est montée au cerveau et je me suis laissé entraîner...

Recevez capitaine l'assurance de mon plus profond respect.

M^ise^ Arconati Visconti

10. Alfred Dreyfus à Marie Arconati Visconti

Lundi [premier semestre 1902]

Chère Madame,

Je souhaite de tout cœur que l'ordonnance que je vous ai envoyée vous fasse du bien et vous guérisse des fièvres[41].

J'ai lu quelques extraits de l'histoire de l'Inquisition au moyen-âge[42]. Il y a heureusement quelques progrès depuis cette époque, mais que d'efforts encore pour que l'iniquité et l'injustice, je ne dis pas cessent, car tant qu'il y aura des hommes, il y aura lutte entre la conscience et les passions ou les intérêts, mais diminuent.

Grattez le vernis de civilisation dont les siècles nous ont couverts, et l'homme primitif reparaît. Il n'y a qu'à voir ce qui se passe dans les expéditions coloniales.

Merci de vos paroles émues. Oui il ne faut pas oublier ; outre qu'il faut atteindre le but, car c'est ainsi seulement qu'on fera triompher l'idée de justice et de vérité pour laquelle tant d'hommes de cœur ont combattu, il faut encore que les enseignements que cette lutte comprend produisent leurs fruits.

Mes hommages respectueux et bien sympathiques.

A. Dreyfus

15. Marie Arconati Visconti à Alfred Dreyfus

Château de Gaesbeck, 8 septembre 1902

Mon cher capitaine,

Je suis très souffrante, (j'ai attrapé une bronchite à Bruges) mais j'étais autrement malade il y aura demain trois ans[43] !!!

Après Rennes, Nantes ! La justice militaire est déshonorée et elle est aujourd'hui irrémédiablement condamnée[44] – voilà le résultat de l'éducation cléricale.

Quand la société civile permet aux congrégations d'enseigner, ce n'est pas l'exercice, c'est le suicide de la liberté. Rendre à la nation l'enseignement de la nation, est le premier devoir de la République, et les mensonges, les faux, les crimes accumulés depuis quatre ans par la réaction cléricale, ont si fortement ému la conscience publique, que toutes les œuvres congréganistes sont maintenant à découvert.

Il y a des crimes politiques et sociaux qui se paient et le grand crime commis par l'Église contre la vérité, contre l'humanité recevra je l'espère son juste salaire[45].

Galliffet[46] est un misérable et je vous fais mon compliment des lettres que vous avez écrites[47]. Il y a quelqu'un qui vous vengera et ce jour-là il ne rira peut-être pas. Ce lâche veut se faire pardonner par ses amis du Jockey d'avoir fait partie d'un ministère républicain ! Ah ! si tous les gens à qui il a écrit, publiaient ses lettres, comme on s'amuserait[48] !!!

Je vous envoie mes meilleures et plus respectueuses amitiés.

M^ise^ Arconati Visconti

Et Monod ? et Bréal ? Est-ce qu'ils ont la naïveté de croire que réclamant la liberté pour les congrégations, celles-ci redevenues puissantes leur en sauront gré et la respecteront au profit des Juifs et des Protestants. Ah ! les niais[49] !! Ils oublient le mot de Veuillot : « Nous vous demandons la liberté en vertu de vos principes, et nous vous la refusons en vertu des nôtres. »

16. Alfred Dreyfus à Marie Arconati Visconti

101 Bd Malesherbes
16 sept[embre] 1902

Chère Madame et amie,

En rentrant hier à Paris, j'ai trouvé votre aimable lettre et je suis tout à fait désolé de vous savoir souffrante. J'espère qu'au reçu de celle-ci, votre santé sera de nouveau rétablie, en tous cas, je compte que vous serez assez aimable pour me donner de vos nouvelles.

J'ai été également à Bruges admirer les primitifs flamands ; l'un d'entre eux, surtout, Gérard David, a été pour moi une révélation.

J'ai passé un bon été au bord de la mer à Nieuport où j'ai trouvé autour de moi des sympathies ardentes mais discrètes.

J'espère que le verdict de Nantes fera enfin comprendre aux Chambres qu'il est nécessaire d'affirmer la suprématie du pouvoir civil et que la loi qui était depuis deux ans dans les cartons sera enfin votée[50].

Il en est de même dans la lutte contre le parti clérical. Toutes les confessions sont respectables quand on possède la foi, mais leur domaine est tout intérieur et n'a rien à voir avec les devoirs du citoyen. La séparation des Églises et de l'État est la solution à laquelle il faut aboutir ; chacun libre dans ses croyances, mais aucune connexité entre la foi que chacun professe et le pouvoir civil.

Je regrette vivement de ne pouvoir vous rendre visite au château de Gaesbeck ; j'aurais été heureux de passer quelques heures avec vous et de me promener dans l'allée à laquelle vous avez eu la délicate attention de donner mon nom[51], mais je suis très occupé par mon installation après de si longues années ! Je suis encore tout encombré de caisses et de meubles, des meubles me manquent et je suis obligé de courir les magasins et cependant je voudrais en finir au plus vite[52].

À bientôt dans le plaisir de vous lire et d'avoir des nouvelles de votre santé.

Veuillez agréer l'expression de mes hommages respectueux et bien sympathiques.

A. Dreyfus

17. Marie Arconati Visconti à Alfred Dreyfus

Château de Gaesbeck, [17-19] septembre 1902

Mon cher capitaine,

.......[53] Je vais mieux, mais j'ai payé d'une bonne bronchite ma visite à Bruges. Comme j'aurais aimé vous y rencontrer – vous savez probablement que les plus belles choses qui sont là, appartiennent aux musées – les Gérard David entre autres – les beaux Memling viennent de l'hôpital Saint-Jean, des musées de Bruges, de Bruxelles et d'Anvers, heureusement car cela me permet de leur faire une visite tous les ans.

Je vois avec plaisir que vous avez la même opinion sur le résultat de toute cette chouannerie – cela nous mène je l'espère (?) à la suppression du budget des cultes. Il sera bien difficile de le conserver avec ce que nous voyons – Le Pape et le clergé le sentent bien car ils ne sont pas aussi bêtes que les gens de Bretagne et leurs meneurs, c'est pourquoi le haut clergé fait le mort[54].

Comme je le répète toujours – et Reinach m'étonne beaucoup quand il traite Combes[55] de maladroit etc. etc. – le moment est décisif, il s'agit de savoir si la République veut devenir une république cléricale. C'est par les congrégations que l'Église a fait la conquête du monde, et faire passer ces gens-là pour une quantité négligeable est une duperie.

Je ne comprends pas comment Monod se met du côté de nos adversaires dans cette lutte contre la tyrannie cléricale, lui qui combattait récemment avec tant de netteté et de courage pour la vérité et le droit – Vouloir obliger la démocratie républicaine à confier aux congrégations l'enseignement de la liberté qui n'a pu naître que contre elles !!

Remarquez que ceux qui se plaignent aujourd'hui sont les mêmes qui nous égorgeraient demain s'ils étaient les maîtres.

Et les magistrats qui avec un audacieux parti pris de haine contre nos institutions républicaines, refusent l'application des lois faites par les représentants du pays contre les privilégiés de la calotte ! Ils n'ont qu'une idée sauver les rebelles dont ils sont les défenseurs avoués.

Espérons que le gouvernement et les républicains de la majorité ne se laisseront intimider ni par les outrages ni par les menaces et qu'ils iront jusqu'au bout de leur saine besogne.........

Adieu, mon cher capitaine, je vous envoie mes meilleures et mes plus respectueuses amitiés.

M^ise^ Arconati Visconti

18. Alfred Dreyfus à Marie Arconati Visconti

Samedi [20 ou 27 septembre 1902]

Chère Madame et amie,

Je vous remercie vivement pour le superbe lièvre que vous nous avez envoyé.

J'ai reçu ce matin votre aimable lettre et ai été très heureux d'apprendre que votre santé était meilleure ; j'espère d'ailleurs avoir le plaisir de le constater moi-même à votre retour à Paris.

Merci beaucoup des articles au sujet des propos de Galliffet. Ils expriment fort bien les résultats qu'on pouvait en attendre, si les personnes en cause ne s'étaient pas tenues dans le silence[56]. Espérons qu'on arrivera à les en faire sortir.

Je suis toujours occupé par mon installation et j'avoue que j'y trouve un plaisir médiocre, sauf celui de me trouver enfin chez moi après huit ans[57] ! J'aimerais infiniment mieux courir le lièvre sur les hautes futaies de votre admirable parc et jouir des beautés de la nature, celles qui ne vous laissent jamais aucun regret.

Agréez chère Madame et amie, l'expression de mes hommages respectueux et bien sympathiques.

A. Dreyfus

21. Marie Arconati Visconti à Alfred Dreyfus

Château de Gaesbeck, 4 novembre 1902

Mon cher capitaine,

Je pense que le lièvre parti hier – tué Samedi – arrivera chez vous en bon état. Il a été tué par notre ami Roujon[58]. Je serai content, a-t-il dit, que le mien soit envoyé au capitaine.

Les oreilles ont dû vous tinter cette semaine, ce que nous avons parlé avec Roujon, Gérard – notre ministre à Bruxelles – et le bourgmestre de Bruxelles[59] qui serait « si heureux » si un jour il avait « l'honneur » de vous serrer la main. Tous les soirs on relisait des chapitres du 1er volume de Joseph (lequel m'écrit la bonne nouvelle que le 2e va paraître[60]).

Si vous saviez le merveilleux automne que nous avons, si vous saviez quel décor féerique est le Parc ! De même que je préfère à toute société celle des êtres qui ont vécu, éprouvé les passions et les souffrances de la vie, j'adore l'aspect mélancolique de cette fin de saison qui a encore le reflet des splendeurs de l'été et qui a déjà le frisson des tristesses de l'hiver. Et puis les fleurs qu'on respire sont les dernières, les jours diminuent comme cette *peau de chagrin* du conte… enfin je trouve ces derniers jours divinement mélancoliques, et quand tout le monde chasse, si vous saviez capitaine, comme je pense à vous dans votre belle allée.

Je ne rentrerai à Paris que lorsqu'il n'y aura plus de feuilles aux arbres – ça ne m'a pas l'air de marcher tout seul là-bas – heureusement que la République s'est tirée de tant de mauvais pas que la détruire ne paraît plus au pouvoir de personne. Je ne comprends pas la peur qu'a ce pays de faire la séparation de l'Église et de l'État, et de vouloir continuer à payer des adversaires irréconciliables.

…………

Comme je suis vieille je m'en moque, mais sans être grand prophète, si notre pays ne se débarrasse pas de l'ultramontanisme et des moines, la France sera au vingtième siècle ce qu'était le Paraguay au dix-huitième : une ferme des Jésuites.

Je vous envoie capitaine mes plus respectueuses amitiés.

M^{ise} Arconati Visconti

24. Alfred Dreyfus à Marie Arconati Visconti

Mardi [fin novembre 1902-janvier 1903]

Chère Madame,

Une amitié sûre est rare comme la belle perle ; je suis heureux de posséder aussi complètement la vôtre.

Si les circonstances douloureuses que je traverse[61] me le permettent, ce sera un véritable plaisir pour moi que de me retrouver

Jeudi en huit entre vous et les amis dont la sympathie m'est si précieuse[62], sinon je viendrai vous voir.

Tous mes hommages.

A. Dreyfus

Nos pensées se sont rencontrées. Au moment où je sors pour mettre ce petit mot à la poste, on me remet votre lettre. Votre portrait est parfait, c'est bien ainsi que je vous vois et que je vous ai pénétrée. Merci de tout cœur de la dernière phrase que vous avez ajoutée.

30. Alfred Dreyfus à Marie Arconati Visconti

Mercredi [31 décembre 1902]

Chère Madame,

J'ai également regretté de ne pas vous rencontrer ; j'aurais été très heureux de vous causer. Vous me demandez aimablement de vous prévenir quand je reviendrai. Je ne veux pas vous faire perdre votre temps dans l'après-midi, à cette époque où les courses sont si absorbantes, aussi vous demanderai-je si je ne vous dérange pas en venant lundi matin vers 10h ½ ? Si oui, ne vous donnez pas la peine de me répondre.

La fin de l'année rend plutôt… rêveur. Le jour de l'an est la joie des jeunes, avec une foi toujours aussi vivace et toujours également trempée [lecture incertaine], ils embellissent l'année qui vient d'espoirs et de rêves. Pour nous, contentons-nous de regarder la vie avec une douce indulgence, de lui demander ce qu'elle peut vraiment nous donner de joies, contentons-nous aussi de faire œuvre utile dans la mesure de nos forces, infime partie de ce grand tout qui roule [illisible] en poursuivant sa marche ininterrompue.

Je ne veux cependant pas laisser passer ce jour sans vous apporter mes souhaits et les vœux que je forme pour la réalisation de tous vos désirs.

Veuillez agréer l'expression de mes hommages bien sympathiques.

A. Dreyfus

31. Marie Arconati Visconti à Alfred Dreyfus

1er janvier 1903

Bonne année capitaine pour vous et ceux que vous aimez – Votre lettre d'hier m'a tristement remuée... Ah ! comme vous valez mieux que moi, je ne puis ni pardonner, ni oublier.

Tout ce qui se passe, tout ce que je vois m'attriste et me décourage. On peut avoir confiance dans l'avenir, on peut se garder du pessimisme de la pensée ou de la misanthropie du caractère et reconnaître que tout ne va pas au mieux, et qu'il n'est pas besoin d'être Hamlet à la Cour d'Elseneur pour sentir, quand soufflent certains vents, qu'il y a quelque chose de pourri en Danemark.

Harduin[63] me disait hier que mon état d'esprit était un signe de vieillesse – c'est possible – Je ne médis pas de la jeunesse d'aujourd'hui, car toute jeunesse a en elle ses dons immuables, qui font son charme et sa grâce éternels, mais je suis heureuse d'avoir été jeune en un temps autre que celui d'aujourd'hui, où une grande sécheresse a envahi tous les cœurs.

On se réveille aux cris de haine, mais on est sourd à l'appel de la pitié – les jeunes gens de 20 ans sont déjà des habiles, la vie pour eux n'est pas dans le redressement des iniquités humaines ou dans la guérison des plaies saignantes. Ils calculent comment ils pourront profiter des unes et ne pas souffrir des autres.

La génération dont je suis a vu la faillite de ses espérances et je suis dans la situation d'un croyant qui a perdu sa foi.

Je viens de lire le livre de Reinach[64], quel admirable historien. Ce qu'il raconte de Picquart est la plus sévère condamnation de l'esprit militaire, que je trouve aussi funeste que l'esprit sacerdotal[65]. Somme toute, capitaine, sans le procès Zola, vous seriez mort là-bas.

Nouveau Dante, Reinach a marqué quelques-uns au fer rouge, et comme lui, il a parlé dédaigneusement des gens qui imitent la lâche prudence des anges, qui ne prirent pas de parti dans la révolte de Lucifer, s'abstiennent des querelles ou la patrie est engagée ! *Guardi a passe* lui dit Virgile[66]. Que de lâches se sont abstenus ! Si vous saviez, capitaine, que de fois la sainte colère du poète m'est remontée au cœur en voyant cette abstention qui abaissait les âmes, effaçait les caractères et diminuait, bien plus qu'un accident économique ou autre, la grandeur de notre malheureux pays.

Pardon, capitaine, de *repartir*, mais la faute en est à Reinach, qui nous a redonné à quelques-uns nos horribles cauchemars et nos angoissantes tortures.

Mes plus respectueuses amitiés

M^{ise} Arconati Visconti

32. Marie Arconati Visconti à Alfred Dreyfus

[4 janvier] 1903

Je pense capitaine que vous avez lu l'*Aurore* et la *Lanterne* de ce matin ? L'article de Pressensé[67] est très juste. Voilà le résultat de l'amnistie et de la lâcheté à n'avoir pas voulu appliquer les lois à cette bande de criminels[68].

On le sait bien que la lutte n'est pas finie et que le mensonge n'avait pas disparu mais seulement reculé. Il n'y a qu'un moyen d'en finir, de débarrasser la France de ce cauchemar, c'est que ce qui est reconnu vérité par la conscience de l'humanité, devienne vérité légale.

Il faut que ce qu'a dit Manau se réalise : « La question de justice, quand il s'agit de l'innocence et de l'honneur d'un homme est imprescriptible. Au nom de la loi, un jour, malgré tout, la réhabilitation de Dreyfus sera prononcée[69]. »

Alors seulement après la défaite du mensonge, se fera l'apaisement.

Ces gens-là ont enterré leur cadavre sous une couche de fumier, oubliant que le jour où il entrerait en putréfaction, l'air en serait empesté.

Que contient l'année qui s'ouvre ? Il y a longtemps que *nous* espérons que le temps prochain *nous* sera plus clément que le temps présent, et c'est ainsi que depuis ces dernières années, sur sa voie également douloureuse, le monde a continué à marcher, conduit par l'espérance.

Saluons chaque année nouvelle avec l'espoir qu'elle nous apporte, dans ses jours inconnus, des soulagements..., même déçus, il faut persister jusqu'à la dernière, jusqu'à celle qui renferme la mort, unique terme des douleurs.

Je commence l'année tristement, mon meilleur, mon plus vieil ami, Brisson, est désespéré, car sa femme est perdue[70]...

Mon amitié la plus respectueuse.

33. Marie Arconati Visconti à Alfred Dreyfus

11 janvier 1903

Mon cher capitaine,

Après avoir lu la lettre que Reinach a adressée hier à M. Leydet relative à la déposition de Du Paty de Clam[71] – déposition relative à la dépêche Panizzardi du 2 novembre 1894[72] – je crois devoir vous communiquer une lettre à moi adressée par Ressman, lequel était ambassadeur d'Italie à cette même date du 2 novembre 1894[73], le 14 mars 1899.

« Ma bien chère amie

....

« Moi je lutte contre la mort..............................

« Je n'ai qu'un regret, c'est de mourir sans avoir vu proclamer l'innocence de ce malheureux Dreyfus[74]. »

Trois mois après, (en mai 1899), Ressman mourait.

M^ise^ Arconati Visconti

34. Marie Arconati Visconti à Alfred Dreyfus

27 janvier 1903

Mon cher capitaine,

Je suis furieuse contre Combes, je viens de l'écrire à Joseph qui me traitera de femme passionnée etc. En attendant les cléricaux ont une fois de plus la preuve qu'on *n'ose* pas marcher contre eux. Waldeck[75] dans un discours condamne la main-morte[76] [*sic*], il se dépêche dans un second de la déclarer intangible[77]. Combes arrive pour mettre ces gens-là à la raison et il déclare hier que l'idée religieuse est une des « forces morales les plus puissantes de l'humanité[78] ».

Avec tous ces reculs, le meilleur de l'énergie française se dépense en simulacres de batailles, tandis que l'Église gagne, gagne toujours, et nous acculera bientôt à la suprême épreuve.

Voilà des gens qui ont mis un an à ne pas faire ce qu'on pouvait faire en un jour !!

Nous verrons comme au temps des décrets Ferry[79], la milice romaine, toujours plus forte et d'autant plus audacieuse, que l'on aura fait plus de bruit pour moins de résultats.

Je passe mes journées à l'École des Chartes (soutenance de thèse) et je me console dans l'étude du moyen-âge de la lâcheté de mes contemporains.

M^ise^ Arconati Visconti

35. Marie Arconati Visconti à Alfred Dreyfus

[janvier-début mars] 1903[80]

Après votre départ, mon esprit n'était plus aux *Gesta regum Francorum*[81] et j'ai laissé mon cours de Molinier, pour Voltaire. Comme c'est drôle, j'ouvre un volume de la correspondance (la vraie celle-là, la vraie consolation des affligés) et la première chose que je lis est cette phrase : « Un des plus grands malheurs des honnêtes gens, c'est qu'ils sont des lâches. On gémit, on se tait, on soupe et on oublie[82]. »

Vous souvenez-vous des vers de Dante sur la conscience ?

« Mais ma conscience me rassure, cette fidèle compagne qui couvre d'une cuirasse l'homme qui se sent pur[83]. »

Je pars pour l'école des Chartes, où nous allons parler de vous avec Meyer[84] et Molinier.

M^ise^ Arconati Visconti

36. Marie Arconati Visconti à Alfred Dreyfus

[janvier-début mars] 1903

..... J'oublie le temps... en travaillant notre admirable XIIe siècle, dont nous devrions être si fiers. C'est avec le XVIIIe les deux plus grands siècles de l'histoire de France (vive les Intellectuels, sans compter les Dreyfusards). C'est dans ces deux siècles qu'a été sans contredit notre plus réelle grandeur. Deux fois nos pères ont été les instituteurs et les exemples de l'Europe. Le *Lohengrin* de Berlin[85] serait bien étonné probablement d'apprendre que sa magnifique littérature poétique à la fin du XIIe n'est que le reflet de la nôtre et que ses *minnesinger* ont transporté dans sa langue les formes et la poésie lyrique française.

Toute, toute [illisible]

M^ise^ Arconati Visconti

42. Alfred Dreyfus à Marie Arconati Visconti

Mardi [10 mars 1903]

Chère Madame et amie,

Je comprends votre chagrin car j'ai eu le bonheur d'approcher M. Gaston Paris[86] et d'apprécier sa profonde droiture qui s'alliait à une si parfaite bonne grâce. Je ne parle pas du savant dont les travaux sont appréciés du monde entier.

Mais ne soyez pas si triste. Quelles que soient les épreuves, il faut, jusqu'à la dernière minute, regarder la vie courageusement en face et lui donner tout son amour.

Je tenterai de vous rencontrer Mardi prochain, toujours à la même heure, c-a-d vers 10 h ½, mais en tous cas, à Jeudi 19 et merci.

Mes bien affectueux hommages.

A. Dreyfus

La discussion de l'élection Syveton ne viendra pas avant Samedi en huit[87]. Que de patience il faut !

45. Alfred Dreyfus à Marie Arconati Visconti

Mardi [24 mars 1903]

Chère Madame et amie,

Voulez-vous me permettre de vous offrir l'exemplaire ci-joint sur japon de mon livre[88].

La meilleure des habiletés, suivant le mot de M. Gaston Paris que vous m'avez cité, consiste dans la droiture ; il arrive ainsi, souvent, de ne pas satisfaire tout le monde mais on a pour soi le sentiment du juste et du vrai, ce qui donne une force invincible.

Tous mes hommages bien affectueux.

A. Dreyfus

À Jeudi prochain.

47. Alfred Dreyfus à Marie Arconati Visconti

Jeudi [26 mars ou 2 avril 1903]

J'ai été désolé, chère amie, que vous ayez trouvé trop courte la dédicace que j'ai mise à mon livre. Je voulais, au contraire, dans un seul mot, dire plus que ma reconnaissance pour votre dévouement et mon ardente sympathie, c à d exprimer ce que je ressens depuis que j'ai eu le grand plaisir de vous connaître[89].

Je vous verrai Samedi prochain, mais si je le puis, je viendrai vous dire au revoir avant votre départ et alors nous recauserons.

Mes hommages bien affectueux.

A. Dreyfus

51. Alfred Dreyfus à Marie Arconati Visconti

Samedi [18 avril 1903]

Chère amie,

Si je n'ai pas le plaisir de vous rencontrer, ou si vous êtes encore en voyage, je vous laisserai cette lettre.

Je vous serais bien reconnaissant si vous passiez voir M. Brisson dès votre retour. Je voudrais que vous le priiez de voir le général André et d'user de toute son influence pour l'engager à faire son enquête aussi rapidement et aussi à fond que possible[90]. Ainsi le général André a un prétexte tout trouvé pour interroger aussitôt Beauvais et Parfait, les deux officiers qui se sont laissé interviewer par le correspondant du *Temps* à Rennes[91]. En effet le ministre n'a qu'à leur dire qu'ils n'avaient pas à répondre à un correspondant du journal mais que c'est à lui qu'ils ont à déclarer toute la vérité, en leur faisant ressentir toute la gravité d'un mensonge[92]. Il ne faut pas en outre que le ministre oublie, dès qu'il a interrogé quelqu'un, de faire dresser procès-verbal et de le faire signer par les personnes interrogées. C'est essentiel au point de vue juridique[93].

Enfin M. Brisson, qui sait combien l'affaire est complexe, peut suggérer au général André l'idée de s'adjoindre un magistrat expérimenté. Parmi ceux-là, il y a M. Athalin [*sic*], conseiller à la Cour de cassation, Sarrut, avocat général à la Cour de cassation, Bulot, procureur général à la cour d'appel, Herbaux, procureur de la République[94]. Celui qui paraît le mieux désigné, est le conseiller Athalin [*sic*] qui a été jadis le juge d'instruction le plus réputé de Paris et qui connaît admirablement l'affaire.

Merci encore de toutes les peines que je vous donne, mais si je me le permets, c'est que je connais votre admirable dévouement et votre grande générosité de cœur.

Mes hommages bien affectueux.

A. Dreyfus

52. Alfred Dreyfus à Marie Arconati Visconti

Mercredi soir [22 avril 1903]

Chère amie,

J'ai été chez vous Samedi dernier voir si vous étiez de retour et si vous aviez fait bon voyage. J'ai appris que vous étiez encore absente. Je vous ai laissé alors une lettre dans laquelle je faisais appel à votre dévouement pour demander à M. Brisson de faire une démarche portant sur un certain nombre de points que je vous ai détaillés.

J'ignore toujours si vous êtes de retour. Depuis, je me suis décidé à écrire une lettre au ministre de la guerre, lettre qui est publiée dans le *Temps* de ce soir[95] et qui paraîtra dans les journaux de demain matin. La démarche que je vous priai de demander à M. Brisson prend une importance plus grande et plus décisive. Je vous serais donc bien reconnaissant, dès votre retour, de vouloir bien voir M. Brisson.

J'espère que votre santé est excellente, et que j'aurai bientôt le plaisir de vous revoir.

Mes hommages bien affectueux.

A. Dreyfus

53. Alfred Dreyfus à Marie Arconati Visconti

Samedi [25 avril 1903]

Chère amie,

On me remet à l'instant votre aimable lettre. Je vous rapporterai plus tard celles qu'elle contient et je vous enverrai dès que j'aurais un moment pour les rechercher, les numéros de journaux que vous me demandez[96].

Le gouv^{t} est très hésitant, paraît-il, sur ma demande d'enquête[97]. La première chose à obtenir, par conséquent, est que cette enquête soit accordée. J'ai prié Joseph qui est rentré chez lui, de tâcher de voir M. Brisson. En tout cas, si vous le voyez, priez-le de faire une démarche, tant auprès de M. Combes que du général André, pour que le gouvernement donne suite à ma demande.

Mes hommages bien affectueux.

A. Dreyfus

J'espère que vous êtes reposée de vos fatigues.

54. Marie Arconati Visconti à Alfred Dreyfus

mars [sic pour 25 avril] 1903

Mon bien cher ami,

J'ai trouvé Brisson sur l'escalier, il partait pour Montmorency passer cinq jours, après quoi il ira à Marseille. Il est remonté et nous avons passé une heure et demie ensemble.

Je résume notre longue conversation. Que donnerait l'enquête ? « Ils[98] mentiraient et André sauterait. Il m'a répété dix fois *André est plus dreyfusard que vous*, soyez sûr que s'il ne marche pas, c'est qu'il serait sûr de n'aboutir à rien. »

Maintenant écoutez ce que m'a dit le grand honnête homme qu'est Henri (Brisson[99]) :

« Je vous jure que nous aboutirons juridiquement, je vais y employer ce qui me reste de forces et de courage, et ce jour-là ma bonne amie vous m'embrasserez un bon coup. »

Il m'a dit de vous dire qu'il a été très touché de votre lettre et que quand tout sera fini il sera heureux de vous voir « dites-lui que je ne pense qu'à en finir et que je suis sûr que nous réussirons ».

En m'embrassant sur le marche pied [*sic*] de l'omnibus il m'a encore dit : « Ne vous faites plus de mauvais sang et comptez sur moi. »

Vous savez qu'Henri (Brisson) a été comme un père pour moi, nous nous aimons et connaissons depuis 35 ans. Je sais quel homme ça est [*sic*] et je suis rentrée tout heureuse et sûre qu'il fera plus qu'il m'a dit[100]. Un peu de patience, vous êtes si brave, si courageux, mon héros !!...

Sempre vostra

M^ise^ Arconati Visconti

55. Alfred Dreyfus à Marie Arconati Visconti

Dimanche [26 avril 1903]

Chère amie,

Je vous remercie vivement de la démarche que vous avez bien voulu faire auprès de M. Brisson[101].

Je n'ai pas conservé les numéros de l'*Aurore* qui donnaient des articles de Joseph ; car ces articles qui ont été au nombre de 2 ou 3, étaient simplement la reproduction de quelques pages de son prochain livre, que nous lirons bientôt[102].

Quant aux numéros de la *P[eti]te République* qui contenaient des articles de Jaurès, postérieurs à ses discours, ce sont ceux des 20 avril, 21 avril et 24 avril[103].

Je viendrai, puisque vous me le permettez, vous voir demain Lundi vers 10 h ½, à moins qu'un rendez-vous urgent qui, parfois, me parvient à la dernière minute, ne me prive de ce plaisir.

Mes hommages bien affectueux.

A. Dreyfus

57. Alfred Dreyfus à Marie Arconati Visconti

Mardi [28 avril 1903]

Chère amie,

J'ai été désolé de vous savoir souffrante et j'espère que votre santé est de nouveau complètement remise.

Chaque jour est un nouveau pas en avant, mais il ne faut pas être trop pressé. Ce qu'il nous faut cette fois, c'est la victoire définitive[104], et quelle que soit notre impatience trop légitime, il faut la refréner afin d'être certain d'aboutir. Le sang qui bout dans mes veines ne doit pas nous faire perdre le sang-froid et la claire vision des choses[105].

J'espère pouvoir venir vous voir Samedi prochain à 10 h ½, je viendrai même certainement à moins d'un contre temps que je ne prévois pas et j'espère vous trouver toujours vaillante et de belle humeur.

Mes hommages bien affectueux.

A. Dreyfus

58. Alfred Dreyfus à Marie Arconati Visconti

Samedi [2 mai 1903]

Chère amie,

Je comprends la visite.

Voici en effet ce que je lis dans l'article de M. Brisson, paru dans le *Siècle* du 17 avril :

« Pour cette révision, j'ai été bien attaqué... Par les antidreyfusards, c'était naturel. Mais les dreyfusards, et je dis les dreyfusards de marque...... Assis tranquillement devant le papier blanc qu'ils allaient noircir, ont-ils assez supposé que je n'avais, comme eux, qu'à tremper ma plume dans l'encrier ?..... Heureusement, je ne me battais pas pour eux, je me battais pour la vérité, pour effacer ce faux affiché dans toutes les communes de France[106] ! On m'assure que, *ces jours-ci encore, l'un d'entre eux s'est plaint de moi dans un journal* ; il connaîtra peut-être quelque jour les lances que j'ai rompues pour lui, et dans des conditions deux fois difficiles : difficiles d'abord parce qu'un président du conseil ne peut pas, ne doit pas intervenir de son autorité dans une instruction ; je ne l'aurais pas fait même en 1885, étant ministre de la Justice, je ne l'ai pas fait davantage en 1898 ; difficiles encore, parce qu'il ne fallait compromettre par aucun incident, pour aucun intérêt, même grave, le but suprême que je me proposais : la révision ; – et j'y suis arrivé. »

Voici donc l'explication de la visite, à propos de l'article publié dans la *Gazette de Lausanne*[107].

J'ai reçu d'autres renseignements qui confirment ce que je vous ai dit ce matin. Il faut un peu de patience, l'enquête se fera tant par les uns que par les autres, et avec les éléments que nous possédons déjà, y compris les lettres très importantes publiées par Joseph[108], nous pourrons asseoir une demande de révision ayant *les chances les plus sérieuses* d'être favorablement accueillie. Nous ne sommes plus en 1898 ; alors on pouvait tout risquer, car la situation ne pouvait être pire.

Aujourd'hui il ne faut plus d'échec qui aurait les conséquences les plus graves. Avec un peu de sang-froid, j'espère que nous arriverons au succès définitif. Voilà ce qu'il faut dire aux amis.

Mes hommages bien affectueux.

A. Dreyfus

59. Alfred Dreyfus à Marie Arconati Visconti

Dimanche soir [3 mai 1903]

Chère amie,

Merci vivement de votre lettre et de celles que vous me communiquez. Vous ne changez pas votre fusil d'épaule, puisque vous ne variez pas dans votre dessein mais simplement dans la méthode[109]. Quand on s'engage dans un chemin devant lequel on aperçoit un abîme où l'on peut être précipité avant d'atteindre son but, on s'empresse d'en prendre un autre afin d'être assuré d'atteindre ce but. Il ne faut pas oublier, en effet, comme le dit justement M. Molinier, qu'un échec nous remettrait aux calendes grecques. Il faut donc l'éviter à tout prix et avoir soin de bien choisir son chemin. D'ailleurs, la lettre de M. Molinier est d'un grand bon sens. Il faut donc garder son sang-froid, ce qui ne veut pas dire, rester inactif, bien au contraire. Il faut que chaque jour apporte sa goutte d'eau dans le vase, de telle sorte que celui-ci finisse par déborder et que le gouvt ne puisse faire autre chose que l'enquête sérieusement conduite et dirigée. Croyez bien que j'y veille[110].

Ma femme aurait été très heureuse de vous voir, mais elle craint de n'avoir aucun moment à elle cette semaine et elle vous demande de vouloir bien remettre à la semaine suivante. Elle va être obligée de passer tout son temps auprès de sa sœur qui vient d'accoucher[111] et remplacer sa mère. En effet, l'enfant d'une autre de mes belles-sœurs[112], qui habite à côté de ma belle-mère, est, depuis ce matin, atteint suivant toute probabilité, de la scarlatine, et défense est faite à ma belle-mère d'aller auprès de sa fille accouchée, auprès de laquelle ma femme ira la remplacer.

Mes hommages bien affectueux.

A. Dreyfus

62. Marie Arconati Visconti à Alfred Dreyfus

16 mai 1903

Mon cher capitaine,

Je reçois vos lignes[113] me donnant la nouvelle de la rentrée de celui que Picquart appelait toujours quand il m'écrivait : « le plus puissant et le plus vaillant des lutteurs ; rendre à Clemenceau sa plume, voilà ce qu'il faudrait, voilà ce qui est nécessaire et urgent[114] ».

Il – Picquart – va être enchanté – lui qui est si dur pour Joseph. Il oublie ce que Clemenceau a écrit : « Après avoir répondu à Gonse[115] : Je n'emporterai pas ce secret dans la tombe[116] – Picquart devait pour rester fidèle à sa parole, briser son épée. Il n'en a pas eu le courage. » (*Iniquité*, 133[117]). Si on compare cette appréciation brutale (de Clemenceau) au récit de Joseph, on trouve extraordinaire qu'il soit si froid avec lui et qu'il ait conservé la même tendresse pour Clemenceau[118].

Ce que je n'emporterai pas dans la tombe, moi, c'est ma réponse à ce que vient de m'écrire Anatole France. Il m'appelle toujours sa « divine amie », mais il me donne une leçon à propos de ce que j'ai dit de Picquart, que je ne méritais pas, car somme toute j'ai comme toujours, dit tout haut ce que tant de gens se contentent de dire tout bas[119].

Sa lettre au *Siècle* la veille du procès Henry[120] est une vilaine action[121] et comme je le disais à Anatole France, il en a été récompensé, car *le* monsieur Picquart du *Gaulois* et la *Libre Parole* est redevenu ce jour-là dans leurs colonnes, le colonel Picquart[122].

À côté de ça, Roujon a bien fait de me donner le conseil de ne pas envoyer ma réponse, elle aurait fait le tour des fidèles qui ensencent [*sic*] l'*Idole*[123].

En même temps que votre mot tout à l'heure, je recevais une lettre du général Pelloux[124] qui me dit : « Espérons que pour l'honneur de la France, la chose finisse bientôt. On peut bien dire que le *monde entier* attend avec impatience l'heure de la vérité et de la justice. »

Adieu mon cher capitaine ; les meilleures amitiés de celle qui ne vit plus que pour voir arriver l'heure dont parle Pelloux.

M^ise^ Arconati Visconti

63. Alfred Dreyfus à Marie Arconati Visconti

Samedi [16 mai 1903]

Chère amie,

Merci de votre bonne lettre, mais je suis désolé de vous savoir de nouveau souffrante. Soignez-vous et reprenez votre belle humeur. M. Roujon vous a donné, je crois, un bon conseil. Il vaudra mieux s'en expliquer de vive voix.

Je disais dans une lettre écrite de l'île du Diable qu'il était entré tant de douleurs dans mon âme que je croyais qu'il ne saurait en entrer davantage. Et bien si, depuis, les grandes douleurs m'ont été épargnées, que de déceptions ! L'humanité n'est pas belle et cependant j'y crois, car je crois au progrès, lent, terriblement lent, décevant même pour ceux qui ne considéraient que leur propre moi et leurs jouissances personnelles, mais vivifiant pour ceux qui semblent regarder au-delà de leur propre personnalité et considèrent le temps dans l'infini.

Mais ce qui, dans la limite de nos existences, fait le grand charme de la vie, c'est de sentir autour de soi des amitiés chaudes et sûres – et précisément parce qu'elles sont rares il faut s'y tenir – de ces amitiés sur lesquelles on peut absolument compter, en s'y abandonnant sans arrière-pensée. Cela repose et permet de sourire des tristesses inhérentes à la vie.

Il me reste à vous souhaiter de vous guérir promptement et de voir entrer beaucoup de soleil dans votre âme afin d'en chasser le bleu-devils[125].

Mes hommages bien affectueux.

A. Dreyfus

Que va donner le procès de Joseph[126] ? D'après les extraits que j'en ai lus, la plaidoirie de Me Lallier[127] a été très belle. Pour la lire en entier, ainsi que les lettres de Monod[128], il faut attendre que Joseph en ai fait publier en brochure, la sténographie et la plaidoirie de Me Lallier[129].

65. Alfred Dreyfus à Marie Arconati Visconti

Dimanche matin [24 mai 1903]

Chère amie,

Merci vivement de votre envoi de ce matin dont nous nous régalerons à déjeuner. Merci également pour vos traductions[130].

J'ai été heureux de savoir que votre santé était de nouveau bonne. Vous savez quels souhaits je forme toujours pour vous.

Je suis désolé d'être si bousculé en ce moment et de ne pouvoir venir bavarder quelques instants avec vous un matin. Mais j'espère que vers la fin de la semaine ou la semaine prochaine je serai plus libre. En tous cas, j'aurai le plaisir de vous voir Jeudi prochain.

Après lecture de l'article paru hier dans le *Gaulois* sous la signature du gén. Zurlinden, j'ai adressé dans la soirée une lettre à ce dernier. En même temps, j'en envoyais une copie au *Gaulois* avec prière de l'insérer en même place et dans les mêmes caractères que l'article du gén. Zurlinden, en vertu de l'art. 13 de la loi de 1881[131].

J'avais lu, en épreuves, le 3e volume de Reinach. Il est très beau. Je me propose de le relire ces jours-ci dans son édition définitive[132].

Mes hommages bien affectueux.

A. Dreyfus

66. Alfred Dreyfus à Marie Arconati Visconti

Samedi [30 mai 1903]

Chère amie,

Vous avez certainement lu le jugement rendu dans l'affaire de Reinach et vous avez pu constater la veulerie des juges[133].

On était en train de rédiger avant lui l'assignation contre le *Gaulois* pour l'obliger à insérer une lettre, quand un avocat présent a fait remarquer, ce qui avait échappé à tout le monde, que dans une lettre, je nommais un tiers. Il est vrai que le tiers était tellement misérable que personne n'y avait pris garde : c'était Esterhazy[134]. Mais en droit, je ne puis mettre dans une réponse en cause un tiers. Dans ces conditions, j'ai simplement livré à la presse une lettre au général Zurlinden[135].

Je tâcherai de vous rencontrer Mardi matin vers 10 h ½ afin de pouvoir bavarder quelques bons instants avec vous.

Mes hommages bien affectueux.

A. Dreyfus

67. Alfred Dreyfus à Marie Arconati Visconti

Lundi [8 juin 1903]

Chère amie,

Votre lettre m'a beaucoup intéressé ; elle me montre la bonté de M. Brisson. Mais je crains bien que, lorsque l'amour-propre est en jeu, les rapprochements soient difficiles[136], excepté pour les hommes comme Joseph qui n'ont aucune rancune et dont la bonté est infinie.

Votre idée de réunir en plaquette les articles de M. Brisson est certainement très bonne et fera, j'en suis sûr, beaucoup de plaisir à cet excellent homme. Mais c'est à lui qu'il faudra en parler d'abord[137]. Il y aura lieu dans ce cas, d'ajouter quelques notes – Ainsi les lettres publiées par Reinach et que M. Brisson ignorait et réclamait[138].

Il y a encore un bon article de lui ce matin dans le *Siècle*. Il a raison d'insister sur ce fait qu'on ignore le pourquoi des résistances qu'on rencontrait au ministère de la guerre, ou du moins qu'on l'ignore publiquement, car il y a tout lieu de croire qu'on sortait les fameux faux pour convaincre d'une manière occulte les hésitants[139].

À Jeudi et mes hommages bien affectueux.

A. Dreyfus

69. Alfred Dreyfus à Marie Arconati Visconti

Samedi soir [27 juin 1903]

Chère amie,

Vous avez fait œuvre utile et généreuse en gratifiant les universités populaires des 20 arrondissements de l'histoire de l'affaire par Joseph et je vous remercie d'y avoir joint la brochure de Raoul

Allier qui aidera à comprendre le rôle du bordereau annoté[140]. Mais je ne crois pas que la demande ait germé dans l'esprit de Jaurès. J'ai vu celui-ci ce matin ; il est toujours aussi optimiste. Les chambres se sépareront le 4 et j'espère qu'après leur départ, l'enquête se fera sérieusement[141].

Je suis heureux que vous en ayez été quitte pour la peur[142]... vous me raconterez vos émotions lundi prochain. Je viendrai vous causer vers 10 h ½.

En attendant le plaisir de vous voir, mes hommages bien affectueux.

A. Dreyfus

70. Alfred Dreyfus à Marie Arconati Visconti

Jeudi 30 juillet [1903]

Chère amie,

Je vous remercie de votre bonne lettre mais ne me plaignez pas, au point de vue du temps, d'être encore à Paris, car je vous assure qu'il fait loin d'y faire trop chaud et j'espère que vous êtes mieux partagée que nous au pied du Gd Som, autrement votre solitude ne doit pas être trop gaie.

Je me souvenais fort bien du pasteur Fontanès qui m'avait semblé une belle intelligence. J'ignorais qu'il fût de vos amis[143].

Comme nouvelle intéressante je n'ai pas grand-chose à vous dire car *ils* ne sont pas encore décidés à franchir le grand pas, c-a-d à interroger les juges de Rennes. Je les fais pousser l'épée dans les reins, mais cela même suffira-t-il. La veulerie est si grande[144].

Nous pensions partir ces jours-ci pour la Suisse. Car ma femme et mes enfants ont besoin de changer d'air, mais le mauvais temps m'a fait retarder et nous ne partirons que la semaine prochaine[145]. Je n'ai aussi choisi aucun lieu de villégiature et je crois que nous nous laisserons guider par la fantaisie. Nous serons ensuite le

1er septembre à Genève, chez des amis[146], et nous rentrerons à Paris du 15 au 20, à moins, ce que je souhaite, que je sois personnellement rappelé par les événements ; car cela prouverait qu'on fait quelque chose de sérieux.

À peu près tous les amis sont en vacances et quelles vacances ? De tous côtés, je reçois des lettres où on me signale le mauvais temps et où l'on regrette de ne pas être chez soi.

J'espère que votre santé est tout à fait bonne ; vous savez quels vœux je fais pour elle et quels vœux je forme pour que la vie vous soit agréable et douce.

Mes hommages bien affectueux.

A. Dreyfus

Ma femme se rappelle à votre bon souvenir.

72. Alfred Dreyfus à Marie Arconati Visconti

Samedi soir [15, 22 ou 29 août 1903]

Chère amie,

Je pense que vous êtes installée dans votre retraite[147], mais que vous ne faites pas trop pénitence. Je voulais vous écrire plus tôt, mais j'attendais toujours d'avoir quelques nouvelles intéressantes à vous donner, et comme elles se font attendre, je ne veux pas tarder davantage.

Il n'y a toujours pas d'acte décisif pour l'enquête, et je n'y croirai vraiment, malgré les belles promesses, que lorsque je l'aurai constatée par des actes[148].

Le temps ici a été très variable, assez mauvais pendant quelques jours, beau maintenant.

Les amis sont déjà un peu épars et la vie participe un peu de la tristesse des séparations. Pourvu que le retour des oiseaux au bercail, apprenne aussi le terme de cette situation fausse, que tant de faiblesses incroyables ont contribué à faire durer jusqu'ici.

Mes hommages bien affectueux.

A. Dreyfus

74. Alfred Dreyfus à Marie Arconati Visconti

17 sept[embre 1903]

Ma chère amie,

Merci de votre touchante dépêche et de votre aimable lettre. Dire qu'après 4 ans, malgré les sentiments que nos gouvernants affichent, malgré les protestations dont ils sont prodigues, nous en sommes toujours au même point. J'espérais trouver dans ce gouvernement moins de veulerie que dans le précédent, mais quand arrive le moment d'agir ouvertement et franchement, la chute est la même. Malgré tout j'espère, car la volonté d'aboutir finira par avoir raison de la timidité, pour ne pas dire la faiblesse de nos gouvernants.

J'ai écrit à Joseph à Athènes ; je n'ai pas encore reçu de réponse de lui, mais Madame Reinach nous a téléphoné l'autre jour qu'elle avait de bonne nouvelles de lui et de sa fille qui l'accompagne dans son voyage.

J'ai trouvé que dans les fêtes de Tréguier, on avait quelque peu oublié Renan ; de même, ceux qui en ont parlé, lui ont prêté des pensées qui l'eussent probablement fait sourire[149].

Je n'ai pas lu la suite des souvenirs de M. Brisson qui paraissent dans le *Siècle* mais je trouverai mon journal sur ma table à mon retour et je les lirai à ce moment. Je serai de retour à Paris Lundi prochain et je regretterai de ne pas vous y rencontrer. Mais si pendant les mois d'octobre ou de novembre, je trouve un moment où je puisse m'échapper – car à mon retour j'aurai à réveiller les bonnes volontés endormies – soyez assurée que je serai très heureux de jouir de votre hospitalité à Gasbeck [*sic*][150].

Mes enfants vont tout à fait bien ; ma femme me charge de vous remercier de l'article de journal que vous lui avez communiqué[151] et de la rappeler à votre bon souvenir.

Veuillez agréer mes hommages bien affectueux.

A. Dreyfus

76. Alfred Dreyfus à Marie Arconati Visconti

Dimanche [4 octobre 1903]

Ma chère amie,

Je vous renvoie ci-incluse la lettre intéressante que vous avez bien voulu me communiquer[152]. Elle montre aussi combien il serait utile d'avoir un résumé de l'affaire comprenant 200 ou 300 pages et qui serait à la portée de tous les lecteurs[153].

Vous me laisserez votre adresse[154] afin que je puisse vous tenir au courant des événements. Je viendrai aussi me rappeler à votre souvenir et rompre de temps en temps votre tranquillité, car je ne ferai pas les mêmes insinuations que l'auteur de la lettre que je vous renvoie, quoique je comprenne qu'on souhaite être le compagnon heureux de votre séjour à la campagne.........

Ma femme sera très heureuse de vous voir Mercredi soir à 5 heures.

Mes hommages bien affectueux.

A. Dreyfus

77. Alfred Dreyfus à Marie Arconati Visconti

Jeudi soir [8 octobre 1903]

Merci, chère amie, de votre aimable mot. Nous n'avons pas tout obtenu, mais la porte est ouverte[155]. Nos efforts et notre tenace volonté feront le reste.

Beaucoup de plaisir dans votre voyage, en attendant le plaisir de vous revoir.

Mes affectueux hommages.

A. Dreyfus

78. Alfred Dreyfus à Marie Arconati Visconti

12 octobre [1903]

Chère amie,

Je pense que vous êtes de retour de votre voyage en Allemagne et que vous y avez passé agréablement votre temps.

On a dû vous communiquer le *Gil Blas* d'il y a une dizaine de jours où il était parlé de vous à propos de la nomination de M. Haraucourt au poste de conservateur du musée de Cluny[156].

Il fait ici un temps abominable, très doux et très pluvieux, tout y est à la préparation des fêtes en l'honneur des souverains d'Italie[157]. La politique chôme, sinon dans les discours. Hier, M. Combes a prononcé un discours à Clermont-Ferrand, peu élégant dans la forme, mais vigoureux quant au fond, ce qui est l'essentiel[158]. S'il voulait enfin apporter la même vigueur à terminer l'affaire ! Il faudrait bien cependant en arriver là et ni ma patience, ni ma volonté ne se lasseront. En disant patience, ne vous méprenez pas, car c'est plutôt impatient que je suis et depuis trop longtemps, mais la patience qu'il faudra pour aboutir et triompher de toutes les faiblesses des gens qui aiment mieux la tranquillité que les devoirs de la conscience.

Joseph a dû rentrer hier, je ne l'ai pas encore vu.

Tous mes vœux de bonne santé et affectueusement à vous.

A. Dreyfus

81. Alfred Dreyfus à Marie Arconati Visconti

Dimanche [22 novembre 1903]

Ma chère amie,

Je vous remercie vivement pour nous deux du superbe gibier que vous avez bien voulu nous envoyer.

Je vous serais bien obligé de me prévenir quand vous serez de retour[159]. Outre le plaisir que j'aurai à vous revoir, j'aurai probablement à vous demander une démarche à faire, dont je vous serais très reconnaissant d'ailleurs de ne parler à personne[160].

Mes hommages bien affectueux

A. Dreyfus

82. Alfred Dreyfus à Marie Arconati Visconti

Vendredi [27 novembre 1903]

Chère amie,

Je n'ai pas eu un instant pour vous répondre car je n'ai pas eu un moment à moi. Les événements se sont précipités cette semaine avec une rapidité inouïe, presque d'heure en heure et j'espère que vous apprendrez bientôt des nouvelles importantes et très heureuses[161]. Aussi je crains de ne pas pouvoir venir demain matin et je pensais, pour ne pas vous faire perdre votre temps, remettre à la semaine prochaine le plaisir de vous voir ; je vous écrirai d'ailleurs. La démarche que je voulais vous demander est inutile maintenant.

Non, je n'ai pas lu le *Figaro* d'hier, ni aucun journal du reste, car j'ai trotté tout le long du jour. Soyez donc assez aimable pour me garder le n° du *Figaro* où il est parlé de votre père ; je serai heureux de le lire[162].

Bien à vous.

A. Dreyfus

83. Alfred Dreyfus à Marie Arconati Visconti

Vendredi [18 décembre 1903]

Ma chère amie,

Chaque jour je me dis : enfin je vais avoir une matinée libre et je pourrai venir prendre de vos nouvelles et chaque jour m'apporte une nouvelle corvée. Vous m'excuserez, j'en suis sûr, en pensant aux circonstances. Me Mornard pense que l'affaire viendra le 25 devant la Chambre criminelle[163].

Tout est actuellement à la guerre russo-japonaise[164].

Mes hommages bien affectueux.

A. Dreyfus

84. Alfred Dreyfus à Marie Arconati Visconti

Vendredi [25 décembre 1903]

Chère amie,

Enfin voici un premier succès. Espérons que les suivants seront aussi complets[165].

J'ai appris avec peine ce matin par M. Gustave Dreyfus[166] que vous aviez été souffrante. Si je l'avais su, je serais venu prendre de vos nouvelles.

J'espère qu'il sera possible de venir vous voir mardi prochain vers 10 h ½, car vous devez penser combien je suis occupé en ce moment. Je serai très heureux de vous causer quelques instants.

Mes hommages bien affectueux.

A. Dreyfus

85. Alfred Dreyfus à Marie Arconati Visconti

Lundi [4 ou 11 janvier 1904]

Ma chère amie,

Je n'ai pas oublié le déjeuner de Jeudi, j'ai trop de plaisir à me trouver avec vous et avec nos amis pour y manquer.

Nous avançons avec la lenteur de la tortue ; la Chambre criminelle n'est pas encore saisie par le procureur général[167]. Dans ces conditions, pour peu que le rapporteur qui sera désigné veuille tout examiner, il ne faut pas compter que le premier arrêt puisse être rendu avant commencement février[168].

J'espère que le temps froid et humide n'a pas ramené vos fièvres, le froid sec était bien préférable. Vous savez quels vœux je fais toujours pour votre santé.

Mes hommages bien affectueux.

A. Dreyfus

86. Alfred Dreyfus à Marie Arconati Visconti

14 janvier 1904

Ma chère amie,

Je me proposais, tous ces jours-ci, de venir prendre de vos nouvelles, mais matin et soir j'ai des rendez-vous. De nombreuses personnes, dont la bonne volonté est indéniable et c'est pour cela que je suis obligé de les écouter, croient nécessaire de venir me narrer tel ou tel potin, généralement peu intéressant. Et puis, je suis si peu fait pour attacher de l'importance aux petits potins, la menue monnaie de la vie intellectuelle ! J'espère que la fièvre vous a laissée en repos et que votre santé est tout à fait bonne.

J'ai été très heureux de l'élection de M. Henri Brisson[169] ; c'est une réparation méritée. L'échec de Jaurès[170] ne m'a que médiocrement étonné, car j'entendais depuis longtemps l'écho des jalousies que soulevaient son grand talent et l'autorité avec laquelle il présidait les séances. Cet échec ne l'atteint pas ; elle [*sic*] peut atteindre un homme qui tient sa valeur de sa situation et non pas un homme comme Jaurès qui la tient de ses grandes qualités personnelles.

Mes hommages bien affectueux.

A. Dreyfus

87. Alfred Dreyfus à Marie Arconati Visconti

Vendredi [15 ou 22 janvier 1904]

Chère amie,

J'ai les doigts crispés à force d'écrire pour terminer mon mémoire. C'est vous expliquer pourquoi il m'a été impossible de venir vous voir et de prendre des nouvelles de votre santé. J'espère que la semaine prochaine j'aurai un peu plus de liberté, durant l'espace qui s'écoulera entre le moment où je remettrai mon travail et celui de

Me Mornard[171] à l'imprimeur et le moment où j'aurai les épreuves à corriger[172]. Je tenterai alors de venir vous voir si rien d'autre ne surgit.

Mes hommages bien affectueux.

A. Dreyfus

89. Alfred Dreyfus à Marie Arconati Visconti

[26 février 1904]

Ma chère amie,

Je suis désolé de vous savoir souffrante et j'espère que l'aspirine vous remettra, puisqu'elle vous laisse généralement dans un état de stupeur.

Le l^{t}-colonel Hartmann[173] ayant été interviewé hier matin par le téléphone par un rédacteur du *Temps*, lui a répondu par le même moyen. Aussitôt après, il est venu chez moi et je lui ai fait remarquer qu'il aurait mieux valu ne rien dire[174]. Le l^{t}-col. H. est aigri par mille petites vexations qui lui auraient été faites, depuis le moment où il a pris l'attitude que vous connaissez au sujet de la mort de son fils[175]. Il a évidemment depuis cette époque l'esprit chagrin et le travail scientifique auquel il veut se livrer le distraira mais je regrette vivement qu'il s'en aille avant la fin de l'affaire. Il a déjà retardé à deux reprises son départ sur mon observation, mais finalement il a trouvé que cela durait trop longtemps. Je le regrette vraiment pour lui, qui est un garçon brave et loyal, que j'aime beaucoup.

Voudriez-vous être assez aimable pour me dire quels sont les amis qui viendront déjeuner Jeudi prochain, si le déjeuner a lieu, car, comme je pourrai à ce moment distribuer les mémoires de Mornard et le mien, je les apporterai chez vous.

Voudriez-vous être assez aimable aussi pour voir la semaine prochaine M. Brisson et le prier de causer avec le général André sur le sujet qui est l'objet de la note ci-incluse. Je voulais vous remettre cette note afin que vous puissiez vous rappeler ce que M. Brisson aura à demander au général André. Il serait bon qu'il insistât vraiment car je trouve cela important. Bien entendu tout cela entre nous. Il ne me reste plus qu'à vous souhaiter d'être débarrassée le plus vite possible de vos fièvres et de vos maux de tête. Mais n'abusez pas de l'aspirine.

Tout à vous.

A. Dreyfus

[note jointe]

Aussitôt après les débats des 3, 4, 5 mars, commencera l'enquête et la première personne qui sera vraisemblablement entendue, est le délégué du ministre de la guerre.

Quels que soient l'intelligence et le mérite du capitaine Targe[176], il n'a cependant pas l'autorité nécessaire pour représenter le ministre. Il serait donc nécessaire de lui adjoindre, pour être entendu par la Cour, un officier d'un grade beaucoup plus élevé, le général Percin[177] par exemple. Il en a été fait ainsi en 1898-1899, où l'on a adjoint au commandant Cuignet[178], le général Chamoin[179].

En outre, il serait non moins nécessaire, pour tous les points qui auront été élucidés par certains autres officiers du ministre, de faire déposer directement ceux-ci : on donnera ainsi, à l'action du ministre de la guerre, une autorité infiniment plus grande[180].

90. Alfred Dreyfus à Marie Arconati Visconti

Lundi [29 février 1904]

Ma chère amie,

Je suis désolé de vous savoir encore souffrante et j'espère que vous serez bientôt remise.

Jaurès a raison en fait, Targe connaît bien mieux l'affaire que le gén. P[ercin], mais ce dernier ne sera là que pour appuyer Targe de l'autorité de son grade, comme a fait le gén. Chamoin avec

Cuignet en 1899. C'est donc cela qu'il faut dire au président, c-à-d qu'il faut *à côté* de Targe (et non pour le remplacer[181]) quelqu'un qui par son grade ait l'autorité morale nécessaire pour représenter le ministre. Par conséquent la note que je vous ai laissée conserve toute sa valeur ; vous n'aurez qu'à y joindre les explications que je viens de vous donner afin de lui faire comprendre que, plus il y aura d'officiers, et d'un grade élevé, venant représenter le ministre, plus l'autorité morale de l'action de ce dernier sera grande et efficace. Quant à l'exposé des faits, c-à-d au détail, c'est, bien entendu, l'affaire de Targe.

Encore une fois tous mes souhaits pour votre santé et tout à vous.

A. Dreyfus

91. Alfred Dreyfus à Marie Arconati Visconti

Jeudi soir [3 mars 1904]

Ma chère amie,

J'ai été heureux de vous voir en meilleure santé et j'espère que vous allez jouir d'un long temps de tranquillité.

Je vous serais reconnaissant d'insister encore vivement auprès de M. Brisson pour qu'il obtienne ce que je vous ai dit. Il ne faut pas s'endormir sur des lauriers qui ne sont pas encore conquis mais tout préparer pour assurer la victoire. Je sais que Targe aimerait à être seul ou à peu près, c'est très humain, mais il faut voir plus haut et n'envisager que l'intérêt général qui est de gagner la bataille engagée. Il faut qu'à côté de Targe, dont le mérite est incontestable, il y ait des représentants des ministres, aussi nombreux que possible et du grade le plus élevé. Qu'ils ne viennent dire que quelques mots cela suffira, mais l'effet moral sera immense, et l'action du ministre de la guerre sera infiniment plus efficace s'il est représenté par un bloc d'officiers d'un grade élevé venant appuyer Targe. Je trouve cela tellement important que j'estime que cela entrera au moins pour moitié, si ce n'est plus, dans le gain à la bataille. Donc dites qu'on agisse et qu'on agisse vigoureusement dans ce sens, il faut absolument que M. Brisson l'obtienne.

Merci encore et mes hommages bien affectueux.

A. Dreyfus

92. Alfred Dreyfus à Marie Arconati Visconti

Lundi [7 mars 1904]

Ma chère amie,

J'ai reçu votre bonne lettre. Trop heureux de vous faire plaisir, j'enverrai mon livre[182] à M. de Mot, mais il faut auparavant que j'en réclame quelques exemplaires car je n'en ai plus. Cette affaire du roi n'est pas belle et ne rehausse pas l'éclat de son règne[183].

Le « beau geste » de Labori[184] a eu son écho dans tous les journaux nationalistes dont il fait la joie[185] ; ajoutez-y le verbe rageur et jaloux de quelques ratés dans des feuilles comme l'*Action*. Ainsi dans le n° d'aujourd'hui il y a un article intitulé « Un geste de Me Labori » et signé Patte Pelue qui est un chef-d'œuvre de méchanceté et de bêtise[186]. Mais je ne m'indigne même plus tant j'ai vu des laideurs ; je me contente du mépris. ...mais il faut laisser les chiens aboyer, la caravane passe...

Vous avez le temps de lire le beau livre de Joseph[187]. Moi hélas je suis trop pris par les événements journaliers. Il est vrai que je l'ai lu en épreuves.

Mes hommages bien affectueux.

A. Dreyfus

94. Alfred Dreyfus à Marie Arconati Visconti

21 mars 1904

Ma chère amie,

Je félicite M. Abel Lefranc et je vous félicite du succès qui vient d'être remporté[188]. Vous y avez une grande part et c'est à votre éloge, car cela prouve avec quel cœur vous vous intéressez à vos amis.

Le ministère a reçu un rude choc l'autre jour, mais grâce à Jaurès il s'en est tiré et ce n'est que juste[189].

Mes hommages bien affectueux.

A. Dreyfus

95. Alfred Dreyfus à Marie Arconati Visconti

Mardi [22 mars 1904]

Ma chère amie,

Vous ne lisez certainement pas le *Soleil*. Aussi je vous envoie ci-inclus une lettre de Soury[190] que publie ce journal. La rage éclate en venimeux propos à cause de la nomination de M. Abel Lefranc ; cette colère qui veut être méchante et qui n'est que répugnante[191] montre combien vous avez vu juste en combattant la candidature Brunetière[192].

Mes hommages bien affectueux.

A. Dreyfus

96. Alfred Dreyfus à Marie Arconati Visconti

Dimanche soir [27 mars 1904]

Chère amie,

Merci de votre télégramme qui me fait penser que vous allez mieux quoique vous ne parliez pas de votre santé.

J'ai rendez-vous demain Lundi à 2 h avec Painlevé qui aura, j'espère, terminé son mémoire[193]. De chez lui j'irai directement chez l'imprimeur avec le mémoire de Molinier et le sien[194] ; c'est vous dire que vers la fin de la semaine, tout sera vraisemblablement prêt. Mais la crainte qu'exprime M. Brisson montre combien, vis-à-vis de gens qui veulent trouver une raison de satisfaire leurs passions, il est dangereux de se soumettre à leurs appréciations. Il faudrait donc que M. Brisson *s'appliquât à obtenir que le procureur général demande la cassation sans renvoi* ; dans ces conditions nous aurions des chances de voir la Cour se ranger à l'avis de Me Mornard soutenu par M. Baudouin[195].

Mes hommages bien affectueux.

A. Dreyfus

99. Alfred Dreyfus à Marie Arconati Visconti

Jeudi [14 avril 1904]

Ma chère amie,

Merci beaucoup de votre petit mot. Je suis désolé de vous savoir toujours souffrante et regrette que vous ne puissiez vous mettre en route. Je suis constamment par monts et par vaux ; une erreur de clichage dans l'impression d'une planche du travail de Painlevé retarde encore l'apparition des mémoires conjugués de Molinier et de Painlevé. Il a fallu faire refaire un autre cliché ; mais je pense qu'en 48 heures le mal sera réparé[196].

Pour faire également des mathématiques, je vous dirai que mon travail effectif, c. à d. le travail intellectuel représente à peine 1/10e de mon temps et que tout le reste, c.à d. les 9/10e de mon temps, est employé à courir à gauche et à droite pour des renseignements ou pour faire faire le nécessaire. Je rentre chez moi le soir tellement fatigué, que je refuse systématiquement toutes les invitations à dîner, n'ayant plus qu'un désir, me coucher et dormir.

Mes hommages bien affectueux.

A. Dreyfus

100. Alfred Dreyfus à Marie Arconati Visconti

Vendredi [6 ou 13 mai 1904]

Ma chère amie,

Ci-joint 5 exemplaires du mémoire Molinier-Painlevé.

Ci-incluse une note[197] que vous voudrez bien remettre à M. Brisson. Je voudrais que vous obteniez que M. Brisson fasse le plus tôt possible la demande auprès du Général André afin que le Général Percin soit invité à déposer devant la Cour. Insistez aussi avec toute votre chaleur et toute votre générosité pour que M. Brisson fasse cette démarche de manière à obtenir satisfaction[198]. Voici plusieurs échecs que nous obtenons, en particulier pour les commissions rogatoires[199] ; il faut que cette fois M. Brisson obtienne un succès. C'est mon avis et c'est aussi l'avis de Me Mornard, de la dernière importance, qu'en face des officiers menteurs et accusateurs, se dresse un noyau d'officiers loyaux et droits, venant soutenir l'œuvre du ministre de la guerre. C'est en outre une belle mission patriotique à accomplir. Expliquez je vous prie tout cela à M. Brisson et remerciez-le à l'avance de ma part de tout ce qu'il fera à ce sujet.

Mes hommages bien affectueux.

A. Dreyfus

101. Alfred Dreyfus à Marie Arconati Visconti

Jeudi Soir [19 mai 1904]

Ma chère amie,

En rentrant chez moi je trouve votre carte-télégramme qui m'apprend une nouvelle qui me cause un profond chagrin. M. Molinier était un cœur généreux et un grand érudit, sa perte est irréparable. Mon cœur souffre avec le vôtre, car plus on connaissait cet excellent ami, plus on l'aimait[200].

Voudriez-vous être assez aimable pour me dire comment s'appelait sa sœur qui habitait avec lui, afin que je puisse lui écrire.

Mes hommages bien affectueux.

A. Dreyfus

102. Alfred Dreyfus à Marie Arconati Visconti

Jeudi [19 mai 1904]

Ma chère amie,

Vous savez si je partage votre tristesse et je comprends que vous ayez remis à Jeudi prochain le plaisir de nous retrouver autour de vous. Mais la loi de la vie suit son cours et au fur et à mesure que nous avançons en âge, nous verrons disparaître autour de nous ceux qui nous étaient chers, jusqu'au jour où notre tour viendra. Mais en attendant ce moment, retenons les amitiés précieuses et vivons des souvenirs de celles qui nous étaient chères.

À Jeudi prochain et mes hommages bien affectueux.

A. Dreyfus

103. Alfred Dreyfus à Marie Arconati Visconti

Vendredi [20 mai 1904]

Ma chère amie,

Je comprends votre chagrin et je le partage. Comme vous le dites, on connaissait l'érudit, on connaissait moins l'homme, ce qui se cachait de bonté, de générosité, de courage sous cette enveloppe délicate. C'était un cœur exquis, un esprit ouvert à toutes les productions de l'intelligence humaine. Plus je le connaissais, plus je l'appréciais.

Mais votre chagrin, si profond, si grand qu'il soit, ne doit pas vous conduire à vous laisser aller. Il faut que chacun de nous mène courageusement sa vie, si blessantes que soient les roues du chemin, si saignant que soit son cœur, jusqu'à ce que son tour vienne.

Mes hommages bien affectueux.

A. Dreyfus

J'ai écrit à M. Émile Molinier[201], mais comme je ne trouvais son adresse nulle part, je lui ai envoyé ma lettre à la maison mortuaire.

104. Alfred Dreyfus à Marie Arconati Visconti

Mardi [31 mai 1904]

Ma chère amie,

Je reçois à l'instant votre carte-télégramme. En effet, c'est un petit coup de théâtre. Tout est exact dans le récit de l'*Humanité* sauf le fait que Dautriche a été surpris faisant le grattage[202] ; celui-ci avait déjà opéré son grattage qu'on n'a fait que constater, grattage qui avait pour but de mettre les dépositions en concordance avec les livres[203]. L'enquête va se poursuivre et j'espère qu'on découvrira tout le pot aux roses, mais quel tas de bandits !

À Jeudi prochain.

Mes hommages bien affectueux.

A. Dreyfus

105. Alfred Dreyfus à Marie Arconati Visconti

Jeudi [2 juin 1904]

Ma chère amie,

J'espère que votre santé est tout à fait bonne ; je serais déjà venu prendre de vos nouvelles si mon temps n'était si pris.

La Cour a demandé au ministre des affaires étrangères la communication du dossier diplomatique. Or M. Delcassé[204] compte, paraît-il, proposer au conseil des ministres, qui va en délibérer, un refus de communication qu'il est impossible de comprendre. En effet, ce serait stupéfiant de refuser à la cour la communication d'un dossier qui a été communiqué au conseil de guerre et à moi-même à Rennes. Je vous serais donc profondément reconnaissant de prier M. Brisson d'agir auprès des ministres et de M. Delcassé pour que le dossier soit communiqué *au complet* à la cour.

Merci à l'avance et mes hommages bien affectueux.

A. Dreyfus

107. Alfred Dreyfus à Marie Arconati Visconti

Lundi [20 juin 1904]

Ma chère amie,

J'espère que vous êtes tout à fait remise.

M. Delcassé a fait présenter Samedi le dossier diplomatique à la cour par un secrétaire d'ambassade quelconque qui ne connaît rien de l'affaire et qui avait pour mission simplement de le présenter à la cour, sans explications ni commentaires[205]. La cour a alors rendu un arrêt enjoignant au ministre des affaires étrangères de faire présenter le dossier diplomatique dans les mêmes conditions qu'en 1899, c-à-d en l'expliquant et en le commentant.

Je voudrais que vous soyez assez aimable pour prier M. Brisson d'insister auprès du gouvernement et de M. Delcassé, pour que ce soit M. Paléologue qui connaît le dossier puisqu'il l'a déjà présenté en 1899, qui soit chargé de le présenter encore cette fois[206] ; en outre, pour qu'on joigne à ce dossier, qui s'arrête au procès de Rennes, les dépêches diplomatiques qui ont été échangées après le procès de Rennes (ou pendant) au sujet de l'audition des témoins étrangers.

Merci vivement à l'avance et mes hommages bien affectueux.

A. Dreyfus

108. Alfred Dreyfus à Marie Arconati Visconti

Mardi [21 juin 1904]

Ma chère amie,

Merci de votre télégramme et de la lettre que vous avez aussitôt écrite à M. B[risson]. Croyez-vous que Delcassé est lâche ! Ayant été attaqué en 1899 pour avoir fait son devoir, il préfère aujourd'hui ne pas le faire pour ne pas être attaqué[207] !

Le ministère me paraît bien malade. Et comment a-t-on laissé nommer une commission qui ne recherche que le scandale, le moyen de tomber le ministère ; la vérité sur la tentative des Chartreux lui est bien indifférente[208] – Hier la Chambre était très houleuse, paraît-il, dans les couloirs. Se ressaisira-t-elle aujourd'hui ?

Je serai très heureux de venir encore déjeuner le jeudi 30 mais j'aurai le regret de vous voir partir. Vous serez très bien à St Gervais, le pays est superbe. Si vos maux de gorge proviennent de poussées d'herpès, il n'y a rien d'étonnant que vous ayez en même temps de forts accès de fièvre car il n'y a rien qui en donne comme ces poussées.

Je compte m'installer à la fin de la semaine au Vésinet mais je viendrai presque journellement à Paris.

Mes hommages bien affectueux.

A. Dreyfus

Je rouvre ma lettre car je viens de recevoir votre seconde carte-télégramme. Merci de tout cœur.

109. Alfred Dreyfus à Marie Arconati Visconti

Mercredi [22 juin 1904]

Ma chère amie,

Je viens de déposer devant la Cour et je n'ai ménagé aucun de mes adversaires[209].

Je pars demain pour Le Vésinet mais je viendrai, au moins pour le moment, presque journellement à Paris.

En tous cas, à Jeudi 30.

Tout à vous
A. Dreyfus

Au moment de mettre ce petit mot à la poste, je reçois votre carte-télégramme. C'est bien ainsi que Me Mornard me l'a dit, c à d que la cour a rendu un *arrêt*[210], mais je vais aller chez lui vérifier et je vous enverrai une carte-télégramme qui vous parviendra peut-être avant cette lettre.

110. Alfred Dreyfus à Marie Arconati Visconti

Mercredi 6 heures [22 juin 1904[211]*]*

Chère amie,

Je sors de chez Me Mornard. Le procureur général en transmettant l'arrêt au ministère des affaires étrangères l'a qualifié de délibération, mais délibération ou arrêt, c'est exactement la même chose, et en réalité la cour a pris un arrêt.

Tout à vous.

A. Dreyfus

111. Alfred Dreyfus à Marie Arconati Visconti

Jeudi matin [23 juin 1904]

Ma chère amie,

Au moment de partir pour Le Vésinet, je reçois votre petit mot. J'achèterai le *Figaro* que je n'ai pas lu[212].

Je crois que la séance d'hier a été bonne pour le ministère, mais dans le cas où il y aurait changement, j'espère bien que M. B[risson] accepterait le pouvoir, ce serait de beaucoup la meilleure solution, en gardant A[ndré], qui a eu le courage, comme vous le dites, d'ouvrir les armoires et de voir ce qu'il y avait dedans. Avec un autre, il laisserait, comme Galliffet, les sous-ordres faire ce qu'ils voudraient et vous savez comme ceux-ci sont disposés vis-à-vis de tout gouvernement républicain[213]. Ils ne chercheraient qu'à lui créer des ennuis et des complications.

Tout à vous.

A. Dreyfus

Si vous avez quelque chose de pressé à me dire, écrivez-moi :

M. Dreyfus
18 route de la Passerelle
Le Vésinet (Seine-et-Oise)

112. Alfred Dreyfus à Marie Arconati Visconti

Lundi [27 juin 1904]

Ma chère amie,

Je suis venu à Paris aujourd'hui pour entendre la lecture de ma déposition devant la Cour.

La cour recevra Samedi prochain communication du dossier diplomatique et, j'espère, dans les conditions demandées[214]. Elle n'aura plus, je pense, que quelques dépositions à entendre ensuite et pourra clôturer bientôt son enquête. Il y a donc une action qu'il faut commencer à exercer maintenant et qui doit se poursuivre jusqu'à la fin : agir d'abord sur le procureur général pour qu'il demande la cassation sans renvoi ; puis sur le rapporteur, enfin sur les membres de la cour, dans le même sens. Je voudrais donc, quand vous verrez M. B[risson], que vous lui demandiez d'user de son influence pour obtenir ce résultat et de faire agir dans le même sens toutes les influences dont il pourra disposer, car c'est une question d'intérêt général. Mais dites-lui bien que cette action à exercer devra se poursuivre depuis maintenant *jusqu'à la fin*, car la lutte sur ce point sera dure.

Merci vivement à l'avance et tout à vous.

À Jeudi.

A. Dreyfus

113. Alfred Dreyfus à Marie Arconati Visconti

Mercredi [6 juillet 1904]

Ma chère amie,

J'espère que vous avez fait bon voyage et que vous êtes bien arrivée à St Gervais. Le pays est d'ailleurs ravissant et vous pourrez y faire de nombreuses excursions, si le traitement ne vous absorbe pas trop.

J'écrirai à M. B[risson] à la première occasion et je suivrai vos excellents conseils[215].

J'ignore encore, à l'heure actuelle, le nom qu'il y avait sous le grattage[216], sans cela je vous le dirais bien volontiers. Je n'en suis encore qu'aux racontars et je n'ai aucune information sûre.

Quant à Cuignet, il écrivait depuis quinze jours des lettres insolentes au ministre, aux membres de la Cour. J'estime qu'on ne pouvait pas le laisser faire ; mais en voulant être trop bienveillant, le Gén^al A[ndré], a je crois, commis une erreur. À sa place, je crois que je l'aurais, ou fait passer devant un conseil de guerre, ou frappé d'une peine disciplinaire ; c'était au médecin ensuite, s'il y avait lieu, à plaider l'irresponsabilité[217].

Mes hommages bien affectueux.

A. Dreyfus

114. Alfred Dreyfus à Marie Arconati Visconti

18 Route de la Passerelle
Le Vésinet
Mercredi [13 juillet 1904]

Chère amie,

Avez-vous reçu ma lettre adressée à St Gervais ? Et comment vous trouvez-vous de votre séjour ? Je vous adresse cette lettre à Paris avec prière de faire suivre.

Voici le ministère hors de cause jusqu'à la rentrée et c'est bien heureux[218].

J'ai écrit à M. B[risson] pour lui demander d'agir vigoureusement dans le sens que vous savez. C'est plus nécessaire que jamais dans l'intérêt du pays et de la République, car non seulement les adversaires du régime actuel préparent de véritables complots en cas de révision ; mais encore s'y joignent des hommes qui, tout en étant favorables à la cause, *lui nuisent beaucoup* par haine de certains membres du cabinet actuel.

Soyez donc assez bonne pour continuer à insister auprès de M. B[risson] quand vous aurez l'occasion de lui écrire – l'action, à l'heure actuelle, doit s'exercer sur le procureur général, sur le premier président[219] et sur le rapporteur[220] – *faites-en autant* auprès de M. Jaurès, auquel j'en ai déjà parlé d'ailleurs, pour qu'il insiste auprès du président du conseil et du ministre de la Justice[221] qui peuvent agir sur les membres de la Cour, dont ceux cités ci-dessus[222]. En un mot, je crois qu'il ne faut rien négliger et faire de grands efforts pour qu'il soit possible d'aboutir à la solution que nous désirons.

Si vous m'écrivez, je crois qu'il sera préférable de m'adresser vos lettres 101 Bd Malesherbes où je les trouverai en venant à Paris.

Soignez-vous bien et profitez de la campagne. Ici il fait une chaleur torride et nous regrettons bien de ne pas pouvoir nous rendre en Suisse, sur les hauteurs alpestres. Mais rêvons de glaciers !

Mes hommages bien affectueux.

A. Dreyfus

115. Alfred Dreyfus à Marie Arconati Visconti

Dimanche [24 juillet 1904]

Ma chère amie,

J'ai envoyé hier à Paris chercher mon courrier – car malheureusement je n'ai pu y aller depuis quelque temps – et j'ai eu le plaisir de trouver une lettre de vous. Je m'inquiétais en effet d'être sans nouvelles de vous. J'espère que votre santé est de nouveau bonne.

Quant à moi j'ai été de mal en pis. Le coup de soleil que j'ai attrapé – qui n'était qu'une cause accidentelle – a développé une inflammation de toute la tête et de toute la figure. Mon médecin habituel a tout d'abord cru à un eczéma ordinaire et m'a mis à un régime conforme, mais voyant que cela allait de plus en plus mal, j'ai fait venir un spécialiste de Paris, le Dr Sabouraud[223], qui m'a dit que je n'avais pas un eczéma ordinaire mais que je supportais le résultat de longues années de souffrance avec sa suite de misères physiologiques. Au lieu d'un régime adoucissant, il m'a mis au régime fortifiant, à la suralimentation. Il a même ajouté que je devais être content d'en être quitte pour si peu (!) et qu'il est étonnant que je ne sois pas devenu tuberculeux.

Quoi qu'il en soit, je ne suis pas sortable et jusqu'à présent je ne vois aucune amélioration. Pour combien de temps en ai-je ? Je ne le sais et je rage furieusement.

Comme vous je suis d'avis que cette guerre russo-japonaise est un moment dans la vie contemporaine. C'est l'écroulement de l'autocratie russe dans un temps limité et l'apparition sur la scène du monde d'une race que je n'apprécie pas plus que vous[224].

Je ne sais rien, cloué que je suis dans ma chambre. C'est à peine si je lis les journaux. Écrivez-moi longuement, vous me ferez bien plaisir.

Mes hommages bien affectueux.

A. Dreyfus

116. Alfred Dreyfus à Marie Arconati Visconti

Mardi 2 août [1904]

Ma chère amie,

Je trouve ce matin, en venant à Paris, vos deux bonnes lettres. Il est malheureusement trop tard pour que je donne encore rendez-vous à Jaurès pour aujourd'hui, il ne recevrait pas mon mot à temps[225]. Mais cela ne presse pas, nous aurons le temps d'agir en octobre, quand il reviendra, car je ne partage pas son avis, ni celui de M. Brisson. Certainement il y a une bataille à livrer et qui dit bataille, dit lutte pour acquérir la victoire. Celle-ci, à l'heure actuelle, est loin d'être acquise, car la cour est très partagée, mais il suffirait de faire comprendre au premier président M. Ballot-Beaupré et au procureur général M. Baudouin, l'intérêt qu'il y aurait, pour le pays, à ce que la Cour solutionne elle-même l'affaire, pour influencer beaucoup ceux-ci, car au point de vue juridique, cela est parfaitement possible et aucun scrupule de droit ne peut venir à l'encontre de cette solution[226]. Vous pouvez donc écrire dans ce sens, à l'occasion, à M. Brisson et à Jaurès, mais comme je vous l'ai dit, leur action ne pourra s'exercer qu'à la rentrée, car tout le monde est en vacances. En outre, je suis comme eux, contre une polémique de presse à ce sujet qui serait infiniment nuisible ; c'est par une action directe sur les personnes en question qu'on peut agir.

Je ne sais pas à qui je rêvais en mettant Savoie sur votre adresse ; c'est Dauphiné que j'avais dans l'idée – ou ce qui vaudra mieux, comme vous le dites, Isère.

Je partage absolument votre sentiment sur M. Combes. Lui seul, jusqu'à présent, a eu le courage de vouloir et c'est une erreur de croire qu'on désarme des adversaires sans scrupules par de bonnes paroles ou par la mansuétude. Ils en profitent encore davantage pour vous combattre ; le seul moyen de défense est de les réduire à l'impuissance.

J'ai reçu également des lettres bien tristes de Monod. Cet excellent et brave ami est bien éprouvé[227].

Je verrai Reinach Vendredi ; je pense qu'il ne tardera pas à partir.

Je crois bien que c'est à Bessoulet qu'habite Jaurès[228], mais je lui ai toujours écrit simplement M. Jaurès, député du Tarn, à Villefranche d'Albigeois (Tarn) et mes lettres lui sont toujours parvenues.

Je vous envoie ci-joint la copie d'une lettre de Jules Soury que je trouve dans le *Soleil* d'aujourd'hui. Un homme, occupant une situation dans le France intellectuelle, a-t-il jamais écrit quelque chose d'aussi abject[229] ? Moi, je n'ai que le mépris pour de pareilles élucubrations, mais j'en suis peiné pour notre pays.

Merci de vos photographies ; combien je vous envie d'être au frais pendant que nous grillons ici. Cela me rappelle la température de certaine île dont le souvenir n'a rien d'agréable.

Vous me dites que vous nous quittez le 24. Vers quelles régions vous envolez-vous ?

En attendant le plaisir de vous lire, mes hommages bien affectueux.

A. Dreyfus

117. Alfred Dreyfus à Marie Arconati Visconti

11 août [1904]

Ma chère amie,

Merci de votre bonne lettre. Reinach devait en effet partir hier mais je me demande si la mort de M. Waldeck-Rousseau[230] ne l'a pas arrêté. Ce dernier disparaît dans la plénitude de son talent mais il lui manquait le vouloir et il était trop artiste pour être un véritable conducteur d'hommes. Avec des qualités indiscutables, il n'a pas fait ce qui lui eût été possible et il a laissé à d'autres le soin d'achever sa tâche et de se jeter en pleine bataille.

Merci aussi du mot que vous m'avez communiqué de M. Gustave Dreyfus. Il est certain qu'il y a du changement mais est-il bien profond[231] ? J'en doute car la lutte aujourd'hui est surtout une lutte politique contre un gouvernement exécré.

Il n'y a plus aucun ami à Paris de sorte qu'on vit surtout dans les livres, avec les quelques rares promenades que permet la chaleur.

En attendant le plaisir de vous lire, mes hommages bien affectueux.

A. Dreyfus

118. Alfred Dreyfus à Marie Arconati Visconti

Lundi [15, 22 ou 29 août 1904]

Ma chère amie,

Merci de votre bonne lettre et de votre précieux concours.

Par suite de la lenteur de l'instruction Cassel[232], la chambre criminelle ne clôturera son enquête[233] qu'à la rentrée en octobre, car il faut qu'elle attende que les instructions latérales soient terminées. Mais comme je vous l'ai dit, pour obtenir le non-renvoi, il faut que le procureur général et le rapporteur les demandent, ce sera ensuite une bataille à livrer avec la cour. Pour gagner la bataille, il faut mettre de son côté tous les éléments de succès et ne pas s'abandonner, car les adversaires travaillent vigoureusement de leur côté. Il ne faut donc pas, comme vous le dites si bien, s'endormir pendant les vacances mais au contraire préparer le terrain pour qu'à la rentrée d'octobre on puisse donner l'effort décisif.

Vous ne vous imaginez pas, ou plutôt vous vous imaginez trop bien les cabales qu'on monte contre le gouvernement dont la longévité gêne. N'a-t-on pas voulu encore le taxer de maladresse dans l'affaire des évêques avec le Vatican[234] !

J'ai lu dans la *Revue Historique* l'article consacré à ce cher et excellent Molinier que nous regrettons si profondément[235]. Monod qui m'a écrit avant-hier, n'est pas rassuré sur le sort de son fils.

Comment allez-vous ? Le Traitement de S[t] Gervais vous a-t-il réussi ? Vous ne me parlez pas de votre santé et vous savez combien elle m'intéresse.

En attendant le plaisir de vous lire, mes hommages bien affectueux.

A. Dreyfus

120. Alfred Dreyfus à Marie Arconati Visconti

101 Boul[d] Malesherbes *Mercredi [12 octobre 1904]*

Ma chère amie,

Votre dernière lettre, qui m'est parvenue la veille de mon départ du Vésinet, m'annonçait que vous alliez vous mettre en route et que vous ne seriez de retour à Gasbeck [*sic*] que le 15. J'attendais donc le 14 pour vous écrire, mais mon propriétaire, M. Gustave Dreyfus, que j'ai vu ce matin, m'a dit que changeant d'avis, vous ne vous étiez pas absentée. Je m'empresse donc de vous donner de mes nouvelles et d'en demander des vôtres. Je vais un peu mieux, mais c'est long, horriblement long, et par suite très agaçant.

J'ai reçu également des nouvelles de Gabriel Monod dont le fils va vaguement mieux.

Votre lettre à Joseph pour lui dire de faire son possible pour arrêter la publication des lettres que Waldeck-Rousseau a écrites depuis son départ du ministère n'a pas eu d'effet car le *Figaro* de ce matin publie précisément ces lettres[236]. D'ailleurs le *Figaro* fait en ce moment une drôle de besogne en se constituant l'avocat des inculpés dans l'affaire Dautriche[237].

Quand on commence la besogne que Waldeck a entamée, il faut la mener à fond, ou bien il ne fallait pas la commencer. Vouloir limiter la bataille, c'eût été la perdre d'avance. Il a eu une conception tout aussi mesquine de la politique quand il a fait l'amnistie[238].

On ne désarme pas des adversaires par de bonnes paroles mais en les empêchant de nuire.

Soyez assez bonne pour me donner des nouvelles de votre santé.

Ma femme se rappelle à votre bon souvenir.

Mes hommages bien affectueux.

A. Dreyfus

121. Alfred Dreyfus à Marie Arconati Visconti

Mercredi [26 octobre 1904]

Ma chère amie,

Je suis désolé de vous savoir souffrante et j'espère que dans votre prochaine lettre vous me donnerez de meilleures nouvelles de votre santé. Je vais infiniment mieux et suis presque présentable.

Les débats de l'affaire Dautriche ont commencé hier[239] ; j'ai passé la matinée à étudier les documents parus. Le rapport et le réquisitoire sont bien faits. Que dites-vous de la révélation de la *masse noire* créée par Henry au moyen de dépenses fictives et de manière à avoir à sa disposition de l'argent qu'il était impossible de contrôler. Et la mentalité de François qui en 1904 trouve que Henry était *le plus droit et le plus loyal* des chefs qu'il ait eu au bureau des renseignements[240] !

Jaurès a donné dans l'*Humanité* de ce matin un compte rendu d'une clarté lumineuse[241]

Le *Temps* d'hier soir a donné dans un supplément, in extenso, le rapport de Cassel et le réquisitoire du lieutenant-colonel Rabier.

Quant au président du conseil[242] ; il semble connaître admirablement le dossier et vouloir la vérité. Cela nous change. Les interrogatoires des autres officiers[243] seront sans doute non moins suggestifs que celui de Dautriche.

En attendant le plaisir de vous lire, mes hommages bien affectueux.

A. Dreyfus

123. Alfred Dreyfus à Marie Arconati Visconti

Samedi [12 novembre 1904]

Ma chère amie,

J'attendais, pour vous remercier de votre aimable envoi, d'avoir des nouvelles de votre santé, mais comme elles tardent à venir, je vous écris.

Je pense que votre santé est tout à fait bonne et que nous ne tarderons pas à vous revoir, quoique la campagne doive être admirable en ce moment, dans ces jours d'automne si doux. La nature, il est vrai, prête à cette époque à la mélancolie, mais à une mélancolie faite de douceurs et de souvenirs.

Les événements qui se sont passés ces temps derniers ont été bien attristants. D'abord les faits qui se sont passés à la Chambre. Si nous ne pouvons que blâmer les procédés employés, fiches secrètes ou autres, le droit et le devoir des ministres est d'exiger des officiers le respect et le dévouement aux institutions républicaines et c'est ce qu'il fallait déclarer bien franchement, sans se cacher, mais en entourant les enquêtes de toutes les garanties d'exactitude, de publicité et de lumière[244]. Après est venue la fin de l'affaire Dautriche qui s'est terminée, comme il était prévu, par un acquittement général, mais jamais je ne me serais imaginé une déroute semblable à celle dont la commissaire du gouvernement nous a donné le spectacle[245]. Il devait prendre acte des faits avérés (reconnaissance de la dépense de 25 000 frs après avoir nié énergiquement au premier interrogatoire[246] ; grattage et surcharge opérés par Dautriche, etc...) puis conclure en disant qu'il demande l'acquittement *faute de preuves* sur l'emploi exact de cet argent.

Pendant ce temps, les amateurs de portefeuilles font leurs petites combinaisons, se distribuent les ministères, les font puis les défont... et ce petit jeu peut durer encore longtemps.

En attendant le plaisir de vous lire, mes hommages bien affectueux.

A. Dreyfus

124. Marie Arconati Visconti à Alfred Dreyfus

Gaesbeck, 14 novembre 1904

..... Quant aux derniers événements, ils sont aussi attristants qu'écœurants. Cet acquittement dans les conditions où il s'est fait, est une honte de plus – plus tard, l'histoire n'arrivera jamais à comprendre que dans le XIXe siècle, dans une France républicaine, les grands chefs de l'armée auront pu pendant plusieurs années fabriquer des faux et accumuler mensonges sur mensonges, sans trouver des juges qui aient oser les condamner[247].

Clemenceau, en continuant sa campagne pour vous faire renvoyer devant un conseil de guerre, se conduit comme un misérable, ça aura certainement été l'homme le plus malfaisant de sa génération[248].

Quant à l'affaire André[249], je laisse aux hermines parlementaires et autres, le soin de la blâmer. Ce qui affole en ce moment la faction romaine, c'est que l'armée de la république se républicanise, c'est que le contrat du pape et de la dictature pour la commune exploitation du peuple français est sur le point d'être déchiré. La sécularisation de l'armée enlève au pape le dernier espoir d'un retour offensif contre les institutions républicaines.

Je trouve qu'André – et c'est aussi l'avis de Monod qui n'est pas Jacobin comme moi – qu'André aurait dû revendiquer hautement « le droit de se renseigner et montré [*sic*] qu'il a toujours contrôlé et rectifié les renseignements reçus » – Mais vraiment les Jésuites sont moins bêtes que les Francs-Maçons.

.... Quand un pays s'ouvre le ventre pour voir comment il digère, le spectacle est laid et dangereux. Moi je n'ai pas peur des mots et je trouve qu'il en est de certaines opérations comme de la dictature, qui est une institution non seulement utile mais nécessaire quand il s'agit de sauver l'État et quand elle n'est pas réclamée ou usurpée par l'ambition d'un homme. La droiture et le désintéressement d'André sont absolument hors de cause – ses intentions sont connues et moi, je trouve bon, honnête et nécessaire qu'un ministre de la République refuse de donner un commandement dans l'armée française à des hommes qui sont en bataille contre le régime qu'ils prétendent « *servir* ». Pourquoi se cacher de cela, tout au contraire. Que les tenants de l'ancien régime, que les *condottières* de l'Église qui osent encore prendre parti pour les moines révoltés, apprennent donc qu'il n'y a pas de place pour eux dans l'Armée française. Et ces gens-là osent parler de capacité militaire ! Nous les avons vus à Sedan et à Metz.

Que tous ces gens de la haute travaillent, et ne viennent pas tous les mois toucher l'argent de la République qu'ils insultent, outragent et trahissent – les trois quarts d'entre eux ont des ancêtres qui ont préféré le drapeau de l'Étranger envahissant la France au glorieux étendard de la nation libérée. Leurs aïeux de l'émigration croyaient injurier nos pères de la grande époque par la qualification de « patriotes », synonime [*sic*] de républicains.

Boisdeffre, Du Paty, Henry, Kermartin, Pellieux, ah ! ah ! les beaux généraux de la République que nous avons là[250] !! C'est vous qui avez sauvé ce pays-ci, car c'est « l'affaire » qui en éclatant peut-être un peu trop tôt pour ces misérables, a montré les résultats du travail à laquelle [*sic*] dans l'ombre se livrait la réaction.

Quant aux amateurs de portefeuilles dont vous me parlez, la guerre au couteau qu'ils font au Ministère sera une des hontes de l'histoire. Chez certains d'entre eux – Millerand[251] et Leygues[252] – la haine a détruit le jugement ; ils ne parlent et n'agissent que pour renverser Combes, sans se préoccuper des conséquences, ou plutôt n'envisagent pas celle qui peut faire passer un portefeuille à portée de leur main. Leur impuissante rage ne sert qu'à les discréditer et Harduin m'écrit ce matin : « La bande à Waldeck plus acharnée que jamais croit toucher au but, mais elle aura peut-être des désillusions – si le ministère tombe, elle aura des désillusions – Quant à Leygues, il sera obligé, même avec Combes par terre, de continuer à vivre aux crochets de Chauchard[253]. »

En voilà un farceur ! venir en 1904 faire une profession de Dreyfusisme à la tribune ! Un homme qui a été ministre dans le cabinet de ce misérable Dupuy[254] ! Un homme qui a gardé son portefeuille après la loi de dessaisissement[255], s'il n'y avait que lui pour faire la révision !!! Ça a été un lâche comme tant d'autres qui se disaient Dreyfusards avec les Dreyfusards, mais qui remettaient prudemment leur opinion dans leur poche quand ça aurait pu les compromettre ou leur coûter quelque chose[256]. Pauvre Molinier, s'il avait vu Leygues venir à son tour libérer *sa conscience* !!

Ah ! dans quelle époque de lâcheté nous vivons !! Assez...

J'ai l'idée que le voyou nationaliste aurait mieux aimé recevoir une égratignure du capitaine de Gail que de recevoir en pleine poitrine les lettres de Geslin de Bourgogne[257]. Les compliments du monde de sacristie et d'écurie le consoleront du mépris général. Il pourrait avec Christiani[258] proposer à la « Patrie Française[259] » de fonder un ordre de chevalerie, dont la première règle sera d'attaquer les gens par-derrière...

Croyez mon bien cher ami à ma plus profonde affection.

M[ise] Arconati Visconti

125. Marie Arconati Visconti à Alfred Dreyfus

[15] novembre 1904

Le voilà parti[260] !! les sacristies vont illuminer et les gens de la « haute » doivent nager dans la joie.

Moi, *qui sais* comment les choses se sont passées, je lui ai envoyé ma carte avec ces seuls mots : « salue bien bas le général André, et déplore pour la France qu'il y ait tant de lâches dans le parti républicain[261] »...........

Mes bonnes amitiés.

M[ise] Arconati Visconti

126. Alfred Dreyfus à Marie Arconati Visconti

Vendredi [18 novembre 1904]

Excusez-moi si je ne vous ai pas écrit tout de suite pour vous remercier de l'envoi de votre excellent gibier et des photographies si intéressantes des allées de votre parc seigneurial, pour lesquelles vous ne m'avez pas oublié[262], mais j'ai été débordé tous ces jours-ci. Outre toutes les courses pour essayer de mettre un peu d'huile dans les rouages entre amis, car le temps passe à se chamailler sur des vétilles, j'avais presque chaque soir des dîners de famille, car j'ai en ce moment à Paris, mon frère aîné[263], sa femme et ses enfants, ma sœur Madame Valabrègue, sa fille et son gendre. Cette vie de Paris si active, a le grave défaut de vous laisser fort peu de temps pour soi, pour ce qu'on voudrait faire de sérieux et il serait utile d'avoir une maison de campagne où l'on puisse de temps en temps se réfugier pour se ressaisir.

Je suis comme toujours absolument de votre avis au sujet des événements qui viennent de se passer. Je trouve que la façon de débarquer le Gén. A[ndré] a été bien misérable. Son remplaçant[264] est animé de bons sentiments – le cabinet qu'il a choisi vous le prouve[265] – mais il flirte un peu avec tout le monde et je doute qu'il soit aussi courageux que l'a été le Gén. A[ndré] ; en tous cas, lui, ou son cabinet, surtout son cabinet, ne laissera rien faire contre nous.

Vous avez certainement lu l'article de Ranc hier dans le *Radical* en réponse à Cl[emenceau]. Il est parfait[266], mais bien entendu Cl[emenceau], ce matin, dans l'*Aurore*, s'empresse d'y répliquer et sur mon dos[267]. Or il sait fort bien que ma reconnaissance pour tous ceux qui ont défendu ma cause m'empêche de lui répondre ; – et la réponse serait facile – il abuse donc – j'emploie des termes modérés – de la situation. Nous verrons, suivant son mot, l'Histoire juger entre lui et moi et je ne crains pas son jugement.

Je pense que la chambre criminelle se décidera à rendre son arrêt de clôture fin du mois[268] car je ne vois plus ce qu'elle pourrait avoir à faire. Aussitôt après on nommera le rapporteur devant les chambres réunies et il faudra que Me Mornard dépose son rapport. Cela va nous donner un gros travail ; j'ai déjà fait le chapitre sur la discussion technique que j'avais ébauché au Vésinet.

On combat toujours aussi violemment le ministère Combes. Il y a deux ministères *prêts* (!) dans les coulisses avec les portefeuilles distribués (!), un ministère Clemenceau et un ministère Millerand-Doumer[269]. Quels appétits.

Faites un signe quand vous serez de retour pour que je puisse venir aussitôt passer quelques bons moments de causerie auprès de vous.

Mes hommages bien affectueux.

A. Dreyfus

127. Alfred Dreyfus à Marie Arconati Visconti

Jeudi [8 décembre 1904]

Ma chère amie,

J'ai été si occupé qu'il m'a été impossible de disposer d'un seul instant pour venir vous voir. Outre les travaux qui m'incombent dans la préparation du mémoire de Me Mornard[270], j'ai été pris chaque jour par des réunions de famille. J'ai, en effet, eu le plaisir de fiancer ma nièce, une fille d'un de mes frères, avec mon beau-frère (un frère de ma femme)[271].

J'ai été heureux du résultat du duel Jaurès-Déroulède, car toute la peau de ce dernier ne vaut pas une lanière de celle de Jaurès.

Quant au ministère, le déconte [*sic*] de ses actes, me paraît le mettre en bien mauvaise posture – l'affaire Thalamas est déplorable[272].

Je viendrai vous voir Lundi matin vers 11 heures du matin et je serai très heureux de constater par moi-même l'état de votre santé.

Mes hommages bien affectueux.

A. Dreyfus

128. Alfred Dreyfus à Marie Arconati Visconti

Lundi [12 décembre 1904]

Ma chère amie,

Eh bien, que dites-vous du drame Syveton ? Est-ce assez macabre ? Cet homme était une brute impulsive, tel que devait être l'homme de l'âge de pierre. Les mots grecs sous lesquels le *Matin* voilait sa pudeur offensée sont-ils assez suggestifs[273] ?

Comment allez-vous ? J'espère que votre santé est aussi bonne que lorsque je vous ai vue la dernière fois. J'essaierai de vous rencontrer Samedi prochain vers 11 heures afin d'avoir le plaisir de causer quelques instants avec vous.

Mes hommages bien affectueux.

A. Dreyfus

131. Marie Arconati Visconti à Alfred Dreyfus

[25 décembre] 190[4[274]]

.... J'ai eu hier la visite de Jaurès qui a passé près de deux heures chez moi. Il m'a raconté des tas de choses, dont une que voici :

Guyot de Villeneuve[275] est un pédéraste et les nationalistes frémissent à l'idée qu'il se fasse pincer – il est connu dans *son* monde sous le nom de *Mémé*.

Jaurès avait dans sa poche, un numéro de l'*Intransigeant* du matin, dans lequel Rochefort[276] avec la peur de ce qui pouvait arriver prenait les devants (Guyot lui prend..... les autres). Il annonce, que le gouvernement furieux que Guyot continue la publication des fiches, allait lui tendre un traquenard pour le déshonorer ; il ajoutait : « qu'il ne reçoive chez lui ni *homme*, ni femme, qu'il se méfie des *petits bruns frisés* qui lui offriraient du feu, ou lui ouvriraient la portière[277]... ».

Ce serait trop beau !! ce parti des grands justiciers, ces hermines qui « vomissent le gouvernement abject... ».

Berteaux est un pleutre, il avait dit à la tribune : « nous avons voté à l'occasion de l'affaire Dreyfus, une amnistie pour des officiers *faussaires* » et le lendemain, le *Journal officiel* nous offre une formule tout à fait vague[278] !!

Vous ne trouvez pas que tous ces gens-là (je laisse de côté la lâcheté) sont des imbéciles – ils se figurent désarmer l'adversaire.

Je viens d'envoyer à Joseph une coupure de l'*Intransigeant* d'hier, qui le couvre de fleurs et le trouve « noble[279] » d'avoir donné sa démission de la ligue[280] – il aura lu probablement l'article de Pressensé de ce matin, qui est dur est injuste, car Joseph ne mérite pas ce qu'il dit de son *Histoire*[281]. C'est La Fontaine n'est-ce pas[282] qui a dit des cocus :

« L'honnête homme trompé
S'éloigne et ne dit mot »

Remarquez que je proteste sur ce mot de *trompé*. J'ai été très contente, car Jaurès – le grand honnête homme pour qui j'ai autant d'estime que d'admiration – pense de toutes ces crises de vertu absolument ce que j'en pense – toutes les fois qu'un gouvernement s'ouvre le ventre pour voir comment il digère, le spectacle ne sera pas beau – seulement il est admis, et même vous le voyez par des républicains, que la République, Elle, n'a pas le droit de se défendre[283].

Bonne année, bonne santé, pour vous et votre famille.
Votre fidèle et dévouée amie

M^ise^ Arconati Visconti

132. Alfred Dreyfus à Marie Arconati Visconti

Dimanche [25 décembre 1904]

Ma chère amie,

Je veux, avant votre départ, vous envoyer tous mes souhaits de bon voyage et tous mes vœux pour la nouvelle année, vous remercier aussi des excellents chocolats que vous avez envoyés et dont ma femme et mes enfants feront leurs délices. C'est l'époque heureuse pour ces chers petits êtres que sont les enfants, et la mélancolie que m'a laissée ma vie douloureuse s'adoucit quand je vois leur joie et leur plaisir à la vue de toutes les bonnes choses qui leur sont envoyées. Heureux âge où l'on ne connaît de la vie que les joies.

Je suis heureux que cet excellent Jaurès soit venu vous voir. La bonne humeur toujours optimiste fait plaisir à contempler. Ce qu'il vous a raconté au sujet de Guyot est drôle : ils sont propres, les vertueux champions de l'honneur ! On ne désarme pas de pareils adversaires en les cajolant ; il faut leur mettre le nez dans leurs ordures, sans scrupule. C'est en écrasant à tout jamais, devant l'opinion éclairée sur leur compte, les vertueux tenants de l'hermine, qu'on aura raison d'eux. Toute faiblesse serait plus qu'une faute.

Le bon Joseph ne mérite certainement pas d'être encensé par Rochefort. Mais pourquoi ce brave garçon a-t-il la manie de parler quand on ne lui demande rien ?

Il ne me reste qu'à vous souhaiter un bon bain de soleil dans cet exquis pays qu'est le midi. J'aime la voix sonore, le verbe exubérant de ses enfants, tant joyeux de vivre sous un ciel clément. Je vous envie… et je reste dans le brouillard à préparer la revanche du droit, de la vérité et de la bonne foi contre le parti des menteurs et des faussaires[284].

Mes hommages bien affectueux.

A. Dreyfus

À Jeudi 12 et merci de votre aimable invitation.

136. Alfred Dreyfus à Marie Arconati Visconti

Vendredi [1904]

Ma chère amie,

Je vous renvoie ci-inclus la lettre de M. de Mot[285]. Son avis est celui de tous les amis raisonnables, mais à côté de ceux-là il y a celui de ceux qui déraisonnent[286]. Cependant il faut bien reconnaître que la Cour, à l'heure actuelle, penche plutôt vers le renvoi, sous des prétextes juridiques. L'avenir nous dira ce qu'elle fera.

Ma femme a espéré vous voir Samedi dernier. Son espoir a été déçu.

À Jeudi. Mes hommages bien affectueux.

A. Dreyfus

137. Alfred Dreyfus à Marie Arconati Visconti

Samedi [14 janvier 1905]

Ma chère amie,

Eh bien que disais-je Jeudi ? L'affaire des fiches domine toute la situation politique et je ne sais comment on s'en tirera ? Pourquoi ne demanderait-on pas la radiation des membres de la Légion d'honneur compromis dans l'affaire et qui eux, ont commis de véritables crimes ? Cela calmerait peut-être les signataires des listes de protestation[287]. Mais quel gouvernement osera le faire ? Le petit jeu des combinaisons ministérielles recommence et les appétits sont éveillés.

On dit ce matin que le ministère actuel se retirera après un vote favorable pour céder la place à un ministère Brisson[288]. Nous verrons ce soir ce qu'il y a de vrai dans ces pronostics. Mais vraiment il y a longtemps que je n'avais pas vu un gâchis pareil et je ne vois pas comment on s'en tirera, ou du moins l'homme assez énergique pour écarter résolument toutes les questions de personnes.

Tout à vous.

A. Dreyfus

138. Alfred Dreyfus à Marie Arconati Visconti

Lundi [16 janvier 1905]

Ma chère amie,

Comme vous le dites si bien, ce qu'il aurait fallu leur crier depuis longtemps, c'est ce que Jaurès leur a jeté à la face : Vous ne vous êtes pas indignés quand Mercier et ses complices entassaient les crimes sur les mensonges ; votre indignation d'aujourd'hui n'est qu'un leurre[289]. Mais pour ne pas avoir vu dès le premier jour le péril de l'affaire des fiches, on se trouve aujourd'hui dans une situation pire et je ne sais pas comment un gouvernement quelconque s'en tirera. Quel avis [lecture incertaine] de vertu de la part des protecteurs d'Esterhazy !

Mais la journée de Samedi a ceci de bon qu'elle oblige, je pense, à prendre le gouvernement dans la gauche proprement dite, avec M. Brisson comme président du conseil. Mais les appétits sont éveillés et les combinaisons se nouent dans les mystères des conciliabules. Qu'en sortira-t-il ? Je ne veux pas faire de pronostics car les ambitions sont tellement éveillées et chacun se croit si nécessaire, que la lutte – dans l'ombre – sera vive. Qui décrochera la timbale ?

Je ne l'envie pas mais je souhaite que ce soit un homme énergique, qui ait la main ferme, autrement cette fin de législature se terminera dans le gâchis le plus complet.

Tout à vous.

A. Dreyfus

139. Marie Arconati Visconti à Alfred Dreyfus

[20 ou 21 janvier 1905[290]]

.... Je viens d'écrire à Joseph. Il devient... écoutez ce que m'écrit Harduin ce soir : « Je vous raconterai Dimanche le nouveau Reinach que, Dimanche dernier chez les Strauss [*sic*][291], nous a déclaré très emballé que l'armée française est une armée admirable attendu qu'elle n'a pas fait un coup d'État et le général Roget lui-même est le modèle des guerriers car il n'a pas suivi Déroulède[292]. Ah ! nous sommes loin des temps héroïques. Et je ris encore en pensant au ton avec lequel Strauss [*sic*] au salon, après le déjeuner, me disait avec une fureur comique : Je n'ai jamais connu un homme plus bête que Joseph ! »

En même temps que je reçois cette lettre d'Harduin, Joseph reçoit celle que je lui ai écrite dans la journée et dans laquelle je lui disais : « Je suis enchantée qu'on continue la publication des fiches, car on est fixé aujourd'hui sur l'armée antirépublicaine que nous a [*sic*] faite les Jésuites. Il est temps que le gouvernement agisse au grand jour et fasse en sorte que l'armée échappe à la domination de Rome d'une façon définitive, pour être au sens véritable du mot, l'armée de la République française. Remarquez que si ces gens-là n'ont pas étranglé celle qu'ils appellent *la gueuse*, c'est par peur, car le jour de l'attentat, il y aurait beaucoup de chances pour que leurs hommes leur f... une balle dans le dos[293]. »

Entre nous, je trouve que Strauss [*sic*] a raison, qu'est-ce qui le [*sic*] prend aujourd'hui de défendre ces gens-là – moi, je ne suis pas une *apaisée*, au contraire, et ce qui se passe me fait crever de rage. Quand je vois toutes ces hermines – je ne parle pas de la droite – s'évanouir de douleur, souffrir dans leur vertu de voir de pareilles mœurs, et que tous ces gens-là sont restés muets comme des carpes pendant la saturnale des crimes de « l'Affaire », ah ! non –

Ah ! Joseph admire l'armée !! Boisdeffre aux genoux du Père du Lac, Henry, du Paty, Kermartin, Pellieux, Roget, Cuignet, François, Fritsch[294], etc. etc., tous ces misérables qui ont déshonoré la France et rétabli la torture pour un innocent, tous ces officiers qui désertent le drapeau français pour le service de Rome.

Assez ! le cœur me bat, et ma main tremble – à part ça j'arrangerai cette année à Gaesbeck les lettres qui doivent entrer dans les archives du château, j'y fais celles de Reinach, entre autres, celle où il me dit : « nos généraux ne sont plus foutus que de faire des faux[295] ».

Adieu, cher ami, je serai bien contente de vous revoir.

M[ise] Arconati Visconti

140. Alfred Dreyfus à Marie Arconati Visconti

Dimanche soir [22 janvier 1905]

Ma chère amie,

Eh bien, ils vont bien en Russie. Défaite sur défaite en Mandchourie, guerre civile dans l'intérieur de la Russie continentale, en voici plus qu'il n'en faut pour ébranler sur ces bases ce pays encore si arriéré. On est vraiment stupéfait de lire, dans notre siècle, à notre époque, les oukases du tsar où il parle de sa mission divine. Ce pauvre homme est un revenant du moyen-âge – il a oublié que le temps a marché depuis que ses ancêtres ont conquis la prédominance dans toute la Russie actuelle. Si ce n'était si triste, s'il ne s'agissait pas de la vie de millions d'êtres humains, on serait tenté de sourire de ce pauvre tsar entouré de ses icônes[296].

Le ministère Rouvier paraît formé[297]. Que donnera-t-il ? En tous cas, je doute qu'il brille par l'énergie et par les solutions franches et radicales. Il louvoiera, il vivra peut-être aussi, si c'est vivre que de se percher sur une branche qui peut se rompre au moindre coup de vent.

J'espère que votre santé est bonne par ce froid si vif. Je me proposais tous ces jours-ci de venir prendre de vos nouvelles mais j'ai été absorbé par un travail bien fastidieux. Nous travaillons avec Me Mornard au mémoire à présenter devant la Cour[298] et vous ne vous figurez pas le temps qu'on perd à rechercher où (procès Esterhazy, procès Zola, l'enquête de la Cour en 1899, procès de Rennes) et par qui, a été dit telle ou telle chose dont on a le souvenir. Le travail personnel n'est presque rien à côté du travail de recherches.

À Jeudi prochain le plaisir de déjeuner avec vous et nos amis.

Mes hommages bien affectueux.

A. Dreyfus

141. Alfred Dreyfus à Marie Arconati Visconti

Vendredi [27 janvier 1905]

Chère amie,

Quel admirable exposé de la situation Jaurès nous a fait hier et qu'il expose ce matin dans l'*Humanité*[299]. Mais la phrase lapidaire par laquelle hier, il résumait la situation est plus saisissante encore ! Il est immoral de vouloir frapper des gens qu'on a fait agir, bien ou mal, par une méthode critiquable, mais dans l'intérêt supérieur de la République, quand on a fait l'amnistie pour des faits ressortissant à la même période et s'appliquant à des hommes qui ont commis des crimes de droit commun, pour maintenir une iniquité et jusqu'à nous amener à la veille d'un coup d'État[300].

D'après les journaux de ce matin, le Conseil des ministres serait encore hésitant. Quand vous recevrez ces quelques lignes, vous connaîtrez les résultats de la séance de la Chambre[301].

Mes hommages bien affectueux.

A. Dreyfus

142. Alfred Dreyfus à Marie Arconati Visconti

Lundi [30 janvier 1905]

Ma chère amie,

Si le ministère, dans la fixation de l'ordre du jour, n'affirme pas une politique nettement et fermement réformiste, ce sera un ministère de statu quo, c. à d. de recul, qui peut-être pourra vivoter mais qui causera de profondes déceptions dans le pays. Le peuple veut des réformes, la raison et la justice commandent de les lui donner et si l'on hésite à les lui accorder, nous aurons nécessairement des convulsions qui ne devraient pas se produire dans un pays libre.

Je serai très heureux de vous voir Vendredi prochain avant que vous ne descendiez déjeuner chez M. Gustave Dreyfus, mais soyez assez aimable pour venir un peu avant midi car nous déjeunons le Vendredi plus tôt que d'habitude, ma fille ayant un cours à 1 heure.

Mes hommages bien affectueux.

A. Dreyfus

J'ai des nouvelles de cet excellent Monod. Il est bien triste, bien accablé par son affreux chagrin[302].

143. Alfred Dreyfus à Marie Arconati Visconti

Mercredi soir [8 février 1905]

Ma chère amie,

J'ai été désolé de vous savoir de nouveau souffrante, mais j'espère que vous serez bien vite remise après la bien cruelle opération qui consiste à vous enlever une dent.

Ayant eu quelques heures libres cette après-midi, j'en ai profité pour aller jusque chez Jaurès prendre des nouvelles de sa fille. Celle-ci s'était levée aujourd'hui pour la première fois et comme preuve qu'on n'avait plus aucune inquiétude à son sujet, Madame Jaurès était sortie. J'en suis bien heureux pour tous deux.

Je ne sais si vous avez lu dans le *Gaulois* de ce matin un article abject de Zurlinden sur l'affaire. Le « brave » général écrit avec une plume à la mode d'Esterhazy et se range dans [*sic*] la bannière des apologistes du faux et du mensonge. Il ne dément pas ainsi sa conduite antérieure, mais quand on le présentait simplement comme un fieffé imbécile on se trompait singulièrement sur son compte. C'est plus qu'un imbécile, c'est une canaille, ou, plutôt, il est les deux à la fois[303].

À Jeudi 16.

Tout à vous.

A. Dreyfus

144. Alfred Dreyfus à Marie Arconati Visconti

Lundi [20 février 1905]

Ma chère amie,

Quel temps de bourrasques ! La neige tourbillonne et n'incite pas à la promenade.

Quelle merveilleuse conférence nous avons entendue Jeudi dernier ! D'une part le concept de la politique que j'aurais appeler [*sic*] barbare et qui est celle qui régnait jusqu'à ces dernières années : la mainmise violente sur tout ce qu'on pouvait saisir, quand on était le plus fort, politique que nous appliquons d'ailleurs aux races dites inférieures, sous prétexte de civilisation – d'autre part le concept de la politique de l'avenir, de celle fondée sur le droit des gens, mais qui ne peut être assurée que lorsqu'un tribunal aura le moyen d'imposer ses décisions. Quand verrons-nous ce moment ? Je le crois encore fort éloigné mais ce n'est pas une raison pour que tous les efforts ne tendent pas vers ce moment.

La politique – sensationnelle – chôme. Mais les officiers qui ont appartenu au cabinet du général André font bien vilaine besogne. Après Mollin[304], voici qu'Humbert livre ou fait livrer ses confidences à... l'*Éclair*[305].

Je viendrai vous causer un instant Vendredi matin entre 10 h ½ et 11 heures, sauf avis contraire de votre part.

J'espère que votre santé est bonne, méfiez-vous de la grippe par ce temps détestable.

Mes hommages bien affectueux.

A. Dreyfus

145. Alfred Dreyfus à Marie Arconati Visconti

Samedi [courant mars 1905 ?]

Ma chère amie,

Vous ne vous figurez pas combien vos déjeuners du Jeudi sont intéressants en dehors du plaisir toujours aussi vif de se retrouver autour de vous. Outre une vision plus nette des événements présents, il se dégage de ce choc d'idées entre des hommes également sincères mais d'opinions politiques fort divergentes, le sentiment que nous sommes dans une période de transition bien remarquable pour l'Histoire. Nous nous dépouillons de nos vêtements usés, allègrement, pour aller vers des horizons nouveaux où l'humanité trouvera sinon le bonheur (les souffrances et les douleurs existeront de toute éternité) mais chaque jour plus de joie à la vie. Je ne suis pas socialiste, en ce sens que je ne suis pas collectiviste, mais j'estime que la masse qui peine et qui travaille a droit à sa part de bonheur et que nous devons nous efforcer à la lui donner. La conception de la bourgeoisie intelligente de notre époque est aux antipodes de celle de la bourgeoisie d'il y a quelques années qui de jour en jour, ou sera annihilée, ou ira rejoindre le parti des réactionnaires, chaque jour davantage réduit à l'impuissance.

J'espère que votre santé est tout à fait bonne et que le beau soleil d'aujourd'hui vous met la joie au cœur. Quand la nature sourit ainsi, je voudrais que toute l'humanité puisse en jouir.

Mes hommages bien affectueux.

A. Dreyfus

146. Alfred Dreyfus à Marie Arconati Visconti

Mardi [7 mars 1905]

Ma chère amie,

Vous avez certainement vu l'article sur Marcel Schwob[306] paru ce matin dans l'*Humanité*[307] mais vous n'avez probablement pas lu celui que je vous envoie ce midi et qui a paru dans l'*Européen*[308].

M. Baudouin a terminé son volumineux réquisitoire, mais il a encore à le revoir et ne le déposera que dans quelques jours[309]. On nommera alors le rapporteur. Le mémoire que prépare Me Mornard gonfle tous les jours car nous voulons tout liquider et c'est inouï de voir toutes les légendes bêtes et insensées qui se sont données libre cours pendant les 5 années que j'ai passées à l'île du Diable. L'imagination même la plus vive n'aurait jamais pu concevoir un tel amas de folies. Et il faut tout détruire même les choses les plus niaises, même celles qui n'ont aucun rapport avec l'affaire. Mais je veux au moins profiter d'une force qui est de ne craindre rien ni personne car mon passé est intact. Nous[310] arriverons certainement à un millier de pages de manuscrit, ce qui correspond à plus de 500 pages imprimées, format de nos mémoires. Peu, il est vrai, auront le courage de lire tout cela, mais il fallait qu'on pût y trouver réponse à tout. Je crois que nous aurons encore du travail jusque fin avril et que nous ne pourrons guère terminer notre mémoire avant cette époque. Vous dire que ce n'est pas écœurant de fouiller dans toutes ces ignominies, ce serait mentir.

Comment allez-vous ? J'espère que votre santé est tout à fait bonne.

Les Russes me semblent recevoir encore une bonne pile en Mandchourie. Ils font la guerre, comme ils la faisaient du temps de Napoléon, passivement, sans réagir, sans esprit d'initiative, se contentant de se faire tuer sur place. Ils n'ont rien appris de leur vainqueur tandis que les Japonais, en véritables singes, ont profité de ces leçons.

Mes hommages bien affectueux.

A. Dreyfus

147. Alfred Dreyfus à Marie Arconati Visconti

Samedi [11 mars 1905]

Ma chère amie,

Merci de vos aimables lettres. J'espère que votre mal de tête se sera dissipé.

Ce n'est que ce matin que j'ai eu la confirmation du bruit qui avait commencé à courir hier. Jusqu'à il y a quelques jours, en effet, le procureur général avait l'intention de conclure simplement à la cassation, dans ses réquisitions écrites, se réservant d'indiquer le mode de cassation qui s'impose suivant lui, lors des débats oraux.

Il s'est décidé finalement à exprimer dès maintenant son opinion[311] et c'est inouï comme cela s'est su vite, puisque Mercredi dernier il n'avait pas encore pris de décision à ce compte, c-à-d qu'il était bien décidé à demander la cassation sans renvoi mais n'avait pas encore pris la décision de la demander dans ses réquisitions écrites.

À Lundi. Tout à vous.

A. Dreyfus

149. Alfred Dreyfus à Marie Arconati Visconti

Samedi [18 mars 1905]

Ma chère amie,

M. Puech ayant refusé pour raisons de santé[312], la mission d'être rapporteur dans l'affaire, et M. Delcurrou[313] qui le suivait sur le tableau, ayant refusé pour les mêmes motifs, M. Ballot-Beaupré a désigné M. Michel Jaffard[314], qui était le 3e sur le tableau et qui a accepté. Je croix que ce choix, ou plutôt cette désignation automatique est heureuse. M. Michel Jaffard est consciencieux et intelligent.

J'ai admiré la manière dont Jaurès a expliqué Fouché[315] mais je ne partage pas son avis. Il est certain qu'il est admissible, pour un homme d'État qui a parcouru une longue carrière et qui s'est plus préoccupé de l'intérêt du pays que de celui des personnes, qu'après avoir donné tous les conseils pour éviter aux gens de se noyer, il abandonne ceux-ci quand la barque fait eau de toutes parts, pour sauver la barque. La pensée est noble, comme tout ce que dit Jaurès, mais je doute qu'elle s'applique à Fouché. Fouché a trahi ses maîtres à toutes les époques, même au moment de la grandeur, ne songeant qu'à son intérêt personnel et, en 1815, il avait bien plus en vue cet intérêt que celui de son pays.

Mes hommages bien affectueux.

A. Dreyfus

150. Marie Arconati Visconti à Alfred Dreyfus

[19 mars] 1905

....

Vous avez raison dans votre appréciation sur Fouché – Jaurès se grise de mots et d'images – Il m'a écrit hier 8 pages pour me demander comment papa « si dur – justement – pour les Girondins, est si favorable pour les Presbytériens dont le rôle politique, tel qu'il lui paraît, ressemble trait pour trait à la Gironde ». Il ajoute : « Je ne connais pas assez l'histoire de la Révolution anglaise pour parvenir à me l'expliquer. » Moi, qui ne suis qu'une médiéviste encroûtée et dont le côté faible est surtout le XVIIe siècle, je ne peux lui répondre. Je reconnais que mes dix ans à l'École des Chartes n'ont pas eu un résultat folâtre ; plus j'ai travaillé et plus j'ai constaté que l'étude de l'histoire pure est une école de scepticisme absolu – *rien n'y résiste* et pour garder quelque illusion, il faut être comme Michelet un admirable poète doublé d'un historien.

En voyant le titre : « de Clovis à Mirabeau[316] » je me disais justement, que pour Clovis on n'a pas 10 pages authentiques, tout le reste est traditionnel.

Je viens de lire le rapport de Briand que très aimablement il m'a envoyé. C'est sûrement la plus grande chose qui se soit faite depuis la révolution. C'est un admirable chef-d'œuvre, il y a mis tout son talent ce qui n'est pas peu dire. Quel malheur que Jaurès l'ait empêché (ceci entre nous) d'entrer dans le Ministère, vous savez qu'on lui donnait la Justice et les Cultes[317].

Brisson m'est arrivé Jeudi après votre départ, tout affolé de l'affaire Puech. Il venait de chez Chaumié[318] lui dire que s'il ne nommait pas Bard[319], il l'écartait, ce qui est très juste. Il croyait que je connaissais Chaumié personnellement et venait me demander de marcher. Il est hypnotisé par « l'Affaire » ; tout ce qui se passe, mais surtout la chute d'André, de Combes, la sienne[320], tout ça, *c'est pour qu'au moment décisif les sûrs n'y soient pas*. Je dois dire que je trouve juste tout ce qu'il m'a dit à l'appui de sa thèse.

J'ai envoyé hier à Levasseur, administrateur au Collège de France[321], mon offre de créer au Collège une chaire rétablissant celle de Michelet, transformée pour Longnon en chaire de Géographie politique de la France. À propos de Longnon vous avez vu dans le *Matin* la façon dont il a fêté Fustel[322] !!

C'est un savant, mais il a l'âme la plus basse que je connaisse, il a la haine de Monod, ça dit tout, un Jean-Baptiste Rousseau qui rougit de son père qui est cordonnier et qui se trouvait flatté de pérorer sur une estrade entre Cavaignac[323] et Mercier. Comme les intellectuels de marque ne pullulaient pas parmi les antidreyfusards, toutes les canailles lui faisaient fête. L'idée que j'ai créé une chaire pour Monod[324] va le rendre enragé, ainsi que Foucart[325], celui qui a une banderole dans son antichambre avec ces mots : « les membres de la Cour de cassation sont des vendus », sa belle-fille, les jours de réception, reçoit sur un fauteuil au-dessus duquel se balance un singe avec la tête de Reinach – quelle mentalité !!!

Adieu cher ami – à bientôt – il faut que j'écrive à Briand pour le couvrir de fleurs[326], à Jaurès pour lui avouer que je suis une romaniste assez calée – grâce au pauvre Auguste[327] – mais que je suis au moins aussi faiblarde que lui sur la Révolution anglaise, et enfin à Monod pour lui dire que ma lettre à Levasseur a été envoyée hier..........................

Mes meilleures amitiés.

M^ise^ Arconati Visconti

151. Alfred Dreyfus à Marie Arconati Visconti

Lundi [20 mars 1905]

Ma chère amie,

Je vous renvoie ci-inclus la lettre de M. de Moot [*sic*][328] car je ne pourrai pas venir vous voir avant Vendredi matin, entre 10 h ½ et 11 heures. Je voudrais, en effet, activer un peu notre mémoire et outre le travail matériel de recherches dans les dossiers, je passe beaucoup de temps avec l'imprimeur auquel je donne le travail au fur et à mesure. L'imprimeur est en effet malade d'une fièvre typhoïde et je suis obligé de surveiller moi-même la composition[329].

Vous pouvez répondre à de M. de Moot [*sic*] qu'il n'y a rien de caché sous la nomination du rapporteur. Pour avoir l'air de ne céder à aucune considération de personne, le premier président a fait une désignation pour ainsi dire automatique, en choisissant le plus ancien des conseillers n'ayant pas encore connu l'affaire. Celui-ci, de M. Puech, ainsi que le suivant de M. Delcurrou, s'étant récusés, c'est automatiquement que le rapport est revenu à de M. Michel Jaffard, magistrat intelligent et consciencieux. Dans quel sens conclura-t-il au sujet du mode de cassation, c'est ce que je ne saurais dire, et il est probable qu'il n'en sait rien lui-même, puisqu'il n'a pas encore vu le dossier.

Les réflexions de M. de Moot [*sic*] sont parfaitement judicieuses et d'un grand bon sens.

Comme vous le dites, il faudrait non pas seulement connaître, mais encore étudier à nouveau l'Histoire de la révolution anglaise pour répondre à la question de Jaurès. Si le temps ne me faisait défaut, la chose en vaudrait la peine, car l'Histoire de la révolution anglaise est très intéressante.

M. Brisson a tout à fait raison. La situation du président de la chambre criminelle de la cour de cassation revient de droit à M. Bard qui est non seulement le doyen de cette chambre, ce qui ne serait qu'un titre à ce poste, mais qui en outre a une grande valeur et une autorité incontestées. Ne pas le nommer, ce serait un véritable passe-droit. Tout ce qu'on pourra faire pour M. Bard, ne sera donc qu'absolument mérité.

À Vendredi. Mes hommages bien affectueux.

A. Dreyfus

152. Marie Arconati Visconti à Alfred Dreyfus

28 mars 1905

Cher ami,

Vous serez bien aimable de venir un peu plus tôt Jeudi, car Briand et Jaurès doivent être à la Chambre à 2 heures, on se mettra à table à midi un quart.

C'est la première fois que je verrai Briand, mais je lui ai écrit 4 fois depuis dix jours. Il m'a envoyé son rapport avec un mot, ça a été le clou où j'ai attaché mes lettres. Je l'admire pour son talent d'écrivain et d'orateur, mais aussi pour sa crânerie contre Guesde et le guesdisme[330]. Son rapport est un monument historique qui le classe parmi les hommes d'État et les historiens. Sans Jaurès (ceci entre nous) il serait ministre aujourd'hui – c'est Brisson qui me l'a dit – il a ajouté : « C'est peut-être la *plus grande force de la République.* »

Malgré les blagues de Roujon et d'Harduin (ce qu'ils se moquent de moi !!), on n'a pas besoin d'être une passionnée comme moi, pour sentir que l'instant est solennel et que c'est une minute décisive de l'histoire. Il n'y a de salut pour la République et de garantie pour ses libertés que dans la lutte contre la puissance cléricale, dans l'élimination définitive, non pas d'un système de croyance, mais du privilège politique de l'Église – la séparation complète des Églises et de l'État, l'organisation d'un enseignement national et laïque sont pour la République des conditions vitales.

Comme j'écrivais hier à Briand, quand on a jeté une corde au cou de son ennemi, il faut tirer, si on ne veut pas qu'il vous étrangle, Lui – Avoir exaspéré l'Église sans l'atteindre pourrait, lui disais-je, avoir les conséquences les plus graves. L'Église ne connaît et ne peut connaître que les droits de Dieu dont elle se proclame investie, pour conscience l'exercice de l'autorité absolue dont elle a écrit l'histoire dans nos annales en lettres de feu et de sang.

Voyez ce qui se passe dans le Midi, leurs journaux commencent à parler « de terreur démagogique ». Depuis que les bûchers sont éteints, sur lesquels ils brûlaient les hérétiques, les schismatiques, les infidèles et les athées, ils croient à la persécution. Dès le moment où ils ne peuvent plus persécuter personne, ils se considèrent comme des martyrs............

Adieu cher ami Jeudi. Mes meilleures amitiés.

M^ise Arconati Visconti

153. Alfred Dreyfus à Marie Arconati Visconti

Mercredi [29 mars 1905]

Ma chère amie,

Je serai exact au rendez-vous. Je serai très heureux de faire la connaissance de M. Briand, son talent est très vigoureux et très mordant. C'est certainement un énergique qui ne craint pas de dire nettement sa pensée[331]. Son discours à Rouen le prouve[332]. Jaurès a parlé hier mais l'*Humanité* ne donne pas encore son discours[333].

La *Patrie* a effectivement publié avant-hier un article sur l'affaire qui est une véritable tentative de chantage, invitant le gouvernement, le ministre de la guerre, le premier président de la Cour, pourquoi pas tout de suite le rapporteur à ne pas s'occuper de l'affaire et à... laisser à nos adversaires toute liberté pour manœuvrer comme en 1899[334]. Ils voudraient que la révision soit refusée ou vienne, en renvoi devant un conseil de guerre, afin de pouvoir s'asseoir, toujours comme en 1899, sur l'enquête et l'arrêt de la Cour, les tenir comme nuls et non avenus[335]. Mais j'espère bien que ces tentatives de chantage ne prendront plus et qu'on n'aura pas la faiblesse d'y prêter attention.

Je souhaite que la discussion sur la Séparation permette d'aboutir dans cette législature[336] mais combien vrai l'article d'Harduin de ce matin[337]. À qui servent tous ces discours ? À répéter tout ce qui a été dit, redit. La question n'est pas nouvelle et les positions sont prises à l'heure actuelle. Qu'on abrège donc toutes ces joutes oratoires pour en arriver à la discussion des articles. Il y aura déjà bien assez de besognes à ce moment pour les innombrables amendements déposés.

À demain. Mes hommages bien affectueux.

A. Dreyfus

Le pèlerinage à Rome des Monod sera bien douloureux ! Ils avaient conservé jusqu'ici l'appartement de Mlle de Meysenbug pour leur pauvre Bernard[338] !

157. Alfred Dreyfus à Marie Arconati Visconti

Samedi [22 avril 1905]

Ma chère amie,

J'avais l'intention de venir vous voir ces jours-ci mais toutes mes matinées ont été prises par Me Mornard. Celui-ci désirait partir pour Pâques et terminer pour cette époque le manuscrit de notre mémoire. Mais je reste pour surveiller l'impression et corriger les épreuves[339], si vif qu'ait été mon désir de prendre également l'air et des champs ou des monts [lecture incertaine] pour faire un voyage que nous avions projeté avec ma femme à Rome et à Naples. C'est encore partie remise mais j'espère bien me rattraper que je serai enfin libre d'entraves, c-à-d quand ce cauchemar qu'on poursuit depuis plus de dix ans sera enfin évanoui.

Jaurès à fait hier un admirable discours mais il fera bien de se ménager et de ne pas se prodiguer ainsi[340]. Quelles luttes pour cet article 4. J'espère qu'après que cet article aura été voté, le reste marchera plus rapidement[341].

On a dit ce matin M. Delcassé démissionnaire. Ce ne sera pas une grosse perte. Il est tellement infatué de lui-même qu'il a considéré comme une humiliation l'intervention du président du conseil pour le sauver[342] !

Reinach villégiature en mettant à flot des cuirassés[343] – j'espère que le vent ne l'emportera pas au milieu des vagues déchaînées. Puis il ira inaugurer la statue de Gambetta à Bordeaux[344].

Et vous que faites-vous par ces frimas ? L'hiver nous fait un retour offensif, mais j'espère que son offensive sera aussi courte que celle des Russes[345].

Mes hommages bien affectueux.

A. Dreyfus

159. Alfred Dreyfus à Marie Arconati Visconti

Samedi [fin avril 1905]

Ma chère amie,

J'espère que votre santé est tout à fait bonne et que vous ne souffrez pas trop de vos névralgies.

La question de la séparation me paraît être en bonne voie en ce sens que je crois qu'il faudra aboutir. La seule question en suspens est de savoir si l'on aboutira dans cette législature, d'une manière définitive.

J'ai beaucoup admiré la poésie qui se dégageait des discussions philosophiques de Jeudi dernier, mais pour moi qui suis un scientifique, j'avoue que les questions métaphysiques actuelles me paraissent absolument comme de la scolastique. Elles ne concordent plus avec les notions scientifiques actuelles et si la beauté de la raison consiste surtout dans le doute, la philosophie de l'avenir ne consistera plus qu'à enregistrer les découvertes faites par des spécialistes dans le domaine de la biologie, de l'anthropologie et des sciences naturelles. Nous sommes, de toutes parts, enserrés par les lois de la nature que nous nous efforçons de découvrir et les discussions de philosophie pure, si elles m'ont montré un fonds de poésie admirable chez la plupart des interlocuteurs, ne peuvent rien contre les lois inexorables de la nature dont nous sommes les très obéissants serviteurs. Les plus graves reproches que je fasse à Brunetière, c'est d'avoir à ce point méconnu les conquêtes de la science qu'il a annoncé la faillite de la science[346], alors que les progrès de celle-ci sont énormes dans notre siècle et que le rationalisme ne pourra plus être fondé que sur elle. Dire par là que la science nous donnera tout le bonheur, c'est la méconnaître, car elle ne peut que nous assurer chaque jour plus de vérité, partant plus de justice.

Mes hommages bien affectueux.

A. Dreyfus

160. Alfred Dreyfus à Marie Arconati Visconti

Lundi [1er mai 1905]

Ma chère amie,

L'article de Jaurès était exquis de tristesse et d'indignation contenue avec une pointe légère de poésie qui illuminait le tout. Quel beau caractère et quelle admirable langue il emploie[347]. Mais l'autre a du talent ; il retourne le fer dans la plaie sans craindre de faire souffrir. Avec quels sous-entendus mordants, il distille le venin dans son article d'hier[348]. Et puis toujours les grandes phrases sur son intransigeance dans les circonstances critiques de ces dernières années ! L'intransigeance était facile à qui ne risquait rien et jouait sur le velours. S'il s'était agi de lui, il eût parlé autrement, ainsi que le grand ténor L[abori][349].

Jaurès a raison d'aller se reposer chez sa mère. Être constamment sur la brèche finit par épuiser, si vigoureux qu'on soit, et il est besoin d'aller de temps en temps retremper ses forces et prendre un bain d'air pur au sein de la nature.

Je n'ai aucune nouvelle de Joseph. Je ne sais donc s'il est de retour, mais je le pense, car les voyages ne sont guère agréables par ce temps gris et pluvieux.

À Jeudi et mes hommages bien affectueux.

A. Dreyfus

161. Alfred Dreyfus à Marie Arconati Visconti

Samedi soir [6 mai 1905]

Ma chère amie,

Merci de votre carte-pneumatique et de votre lettre. Je ne comprends pas non plus ce que vous a dit M. Brisson. Aucun texte n'est précis – aucun n'est absolument formel. Si on examine la loi de 1895 avec le bon sens, on conclut nécessairement à la solution que vous connaissez, mais c'est une interprétation et comme toutes les interprétations, avec un peu de mauvaise foi, et beaucoup de casuistique, on peut conclure dans le sens exactement opposé[350]. Nous boirons j'espère un bon verre de champagne quand tout sera terminé, quand je serai délivré de cet abominable cauchemar et que je pourrai – enfin – après 11 ans d'une vie annihilée, reprendre la liberté de parole et de plume. Voilà longtemps que j'attends ce moment que je vois enfin poindre à l'horizon ! Nous penserons en même temps aux disparus, à cet excellent Molinier qui aurait été si heureux. M. Roujon ferait effectivement mieux de se soigner. L'enthérite [*sic*] n'est rien quand elle est prise à temps et bien soignée. Je ne veux pas aller le voir car cela serait l'inquiéter inutilement[351].

Avez-vous vu l'article de ce matin dans l'*A[urore]* [?] La polémique continue à propos de l'art. 4 et n'a pas l'air de finir. Il en sera ainsi jusqu'à la rentrée. Il faut bien remplir les colonnes des journaux[352].

Soignez-vous bien et tâchez de ne pas prendre froid par ce temps venteux et pluvieux. Je fais du feu comme en plein hiver. Un peu de soleil réjouirait l'âme et réchaufferait le corps.

J'ai ma matinée prise tous les jours de cette semaine jusqu'à Vendredi. Mais Vendredi prochain je viendrai vous voir entre 10 h ½ et 11 heures – sauf avis contraire.

Mes hommages bien affectueux.

A. Dreyfus

162. Alfred Dreyfus à Marie Arconati Visconti

Lundi [8 mai 1905]

Ma chère amie,

Quelle cacophonie ! Heureusement que les chambres rentrent et que nous pourrons constater si l'on veut définitivement en finir avec cette question de la séparation ou aboutir à une faillite lamentable. Une interpellation grosse de surprises peut être celle de Pressensé sur la politique extérieure. La situation de M. Delcassé me paraît difficile et n'eût-il pas mieux valu le laisser s'en aller[353] ? Ajoutez à cela la ridicule course de canots automobiles organisée avec le concours de toutes les autorités, bien heureux encore si elle ne finit pas dans le drame car à l'heure actuelle, on n'a aucune nouvelle de l'un des canots et de son convoyeur[354].

Heureusement que le ciel est bleu, que le soleil brille ; la nature apporte ainsi sa gaieté pour dissiper les ombres produites par les événements. C'est là le tableau de la vie où la nature impénétrable et impossible, continue à travers les siècles sa formation, si indifférente aux tristesses des êtres et aux convulsions des peuples. À Jeudi.

Mes hommages bien affectueux.

A. Dreyfus

163. Marie Arconati Visconti à Alfred Dreyfus

1[6[355]] mai 1905

Mon bien cher ami,

Je suis profondément attristé de ce qui se passe. Il faut que Jaurès prenne un parti et ne se laisse pas embourber dans le marais fétide – de cet excès du mal sortira peut-être le bien.

Pour la première fois je trouve que le *Temps* a raison[356] et Clemenceau ce matin a fait un Post-scriptum à son article qui est de la bonne guerre[357].

Jaurès est-il avec les Républicains ou avec les anarchistes ? Acculé de cette façon, il faut qu'il réponde – voyons ce que demain dira l'*Humanité* ? Il me paraît difficile que malgré son immense talent, il puisse sortir de ce dilemme : êtes-vous pour ou contre Hervé[358] ? Ce professeur, qui comme dit l'*Humanité* de ce matin, « a des opinions excentriques et paradoxales[359] » !!! Oser juger l'article infâme lu hier à la tribune par ces simples mots !! ça m'a fait de la peine, et beaucoup même, car je sais le mal que cela fait à Jaurès, aux yeux de ceux qui ne le connaissent pas comme nous[360].

Je me demande s'il viendra Jeudi – vous ai-je dit que je lui avais écrit Dimanche une longue lettre où je m'expliquais très carrément. Je suis vieille, je suis la fille d'un homme qui a donné sa vie à la République, j'ai cru de mon devoir de lui crier casse-cou[361].

Que pensez-vous des mamours de Guillaume avec la papauté ? L'Empire allemand ne pourrait sans se perdre, cesser d'être le pays de la [R]éforme, pour devenir l'outil du Vatican. Maintenant se rapproche-t-il de Rome parce que la France s'en éloigne ? [P]rodigue-t-il les coquetteries à la Papauté parce qu'il a besoin du centre catholique pour résister au mouvement socialiste ? Si l'Allemagne se lie étroitement à la Papauté[362], c'est la fin de la Réforme et il ne restera plus en Europe que deux forces en présence : le catholicisme et le socialisme.

Quand j'aurai vu la fin de votre cauchemar, je ne demanderai plus qu'à crever, j'ai fini ma vie et l'avenir me fait peur – les hommes me dégoûtent, quand ce ne sont pas des coquins, ce sont des lâches. Il y a quelqu'un qui doit les mépriser plus que moi, c'est vous..................................

Roujon continue à souhaiter que « ces pochards de Russes fourrent une tripotée aux rongeurs japonais ». J'ai bien peur que son souhait ne soit pas exaucé.

Bédier[363] ne viendra pas Jeudi, à cause de la première communion de son fils !!! Je l'ai regardé avec de tels yeux, qu'il m'a dit : « Quand je me suis marié, je l'avais juré à ma femme. » Quand j'ai regardé autour de moi dans ma vie, je me suis trouvée *seule* à être pure – ça a été le contraire de Bédier, le marquis m'adorait, et sans que je lui aie dit un mot, la parole Église n'a jamais été prononcée. Je ne connais que la femme de Roujon qui soit aussi athée que moi, mais je n'ai jamais osé lui demander si elle était passée par l'Église en se mariant.

M[ise] Arconati Visconti

164. Alfred Dreyfus à Marie Arconati Visconti

Vendredi [19 mai 1905]

Ma chère amie,

La séparation marche cahin cahin [*sic*] et d'une manière plutôt boiteuse. L'essentiel cependant est d'arriver au but et de voter la loi, car ce serait une faillite lamentable si elle ne l'était pas.

Avez-vous vu dans l'*A[urore]* ce qu'a publié la Fédération de l'Yonne [?] C'est inadmissible et dangereux pour le parti lui-même[364]. Ajoutez-y les incitations de la Confédération Générale du Travail à propos de la prochaine visite du roi d'Espagne[365], et tout cela forme un ensemble médiocre, bien loin du rêve de la cité future tout occupée au travail et vivant dans la concorde. Un parti se diminue par de telles exagérations.

Affectueusement à vous.

A. Dreyfus

165. Marie Arconati Visconti à Alfred Dreyfus

[21[366]] mai 1905

Mon bien cher ami,

.... Je pense toujours comme vous en tout et sur tout. Je suis bien sûre que, comme moi, vous regrettez que ce qu'a dit hier Viviani n'ait pas été dit par Jaurès. Jaurès, lui, répète toujours à propos de ce misérable Hervé la parole « paradoxes[367] », mais lui Viviani a fait suivre le mot *paradoxes* de celui d'*assassins*[368].

Après ce que Reinach lui avait dit Jeudi[369], je lui ai écrit, moi, une grande, très longue lettre. Hier, S. Lacroix a fait un très bon article[370], ce matin c'est le père Ranc[371], il (Jaurès) doit commencer à comprendre, que nous sommes tous, des amis bien désintéressés, et qui ne pensent qu'à lui et à la République dont il est la plus grande force. J'ai envoyé à Reinach la copie de la lettre que je lui ai écrite Jeudi soir (j'avais été très remuée quand l'accompagnant il me dit dans l'antichambre avec ses bons yeux où toute son âme se reflète : « alors vous aussi »[)]. Joseph m'a répondu : « Votre lettre à X est très belle, digne de votre père » ; en faisant ce que je crois mon devoir, je suis aussi le conseil de mon vieil ami Brisson qui, lorsqu'il m'a présenté Jaurès, m'a recommandé « de lui donner de bons conseils ». Comme c'est drôle, je vous écris sur une feuille de la lettre dont je vous parle, vous voyez, *Jeudi soir*, et le commencement de l'épigraphe que j'ai mise à ma lettre : « Ceux qui nous avertissent sont les compagnons de nos travaux. » C'est de Montesquieu.

Je disais à Jaurès : « Hervé a l'intention de soumettre au prochain Congrès du parti unifié[372] *la question de l'attitude des socialistes en cas de guerre*, j'espère que vous y soutiendrez qu'on doit défendre la patrie[373]. En le faisant, vous resterez avec nos grands aïeux de la Révolution qui savaient que le développement de l'humanité s'est fait par patries et dont le patriotisme humanitaire conciliait sans effort le devoir contre l'envahisseur en armes et la prédication d'une paix de droit entre les hommes dans la patrie, entre les peuples sur les continents de la terre. »

Et je finissais ma lettre en lui disant : « Jusqu'au jour – que je n'ai pas l'espérance de voir – où cette paix pourra s'imposer entre les citoyens d'un même pays, entre les nations des divers territoires, par un autre arbitrage que celui de la force, il nous faudra rester en armes pour veiller sur notre indépendance comme sur le plus précieux trésor[374]. »

J'ai été Vendredi au cimetière porter des fleurs au pauvre Auguste (Molinier). J'ai passé près de 3 heures à me promener dans ce cimetière où j'ai tant d'amis... Je pensais au mot de Luther errant dans le cimetière de Worms : *invideo quia quiescunt*[375]...

Voilà Guillaume qui flirte avec le pape, je trouve qu'il en remet. Comme si on ne savait pas qu'il a besoin du centre catholique pour résister au mouvement socialiste. Ça ne fait rien, je crois que l'Empire allemand se perdrait, s'il cessait d'être le pays de la Réforme pour devenir l'outil du Vatican.

Lisez-vous *le Cri de Paris* ? Il est terrible pour Berteaux, si ce qu'il dit est vrai[376].

Adieu, cher ami, ... à Jeudi pour déjeuner.

Mes meilleures amitiés.

M^ise^ Arconati Visconti

166. Alfred Dreyfus à Marie Arconati Visconti

Mardi [23 mai 1905]

Ma chère amie,

Je regrette que vous ne soyez pas montée Samedi dernier en venant au 101 B^d^ Malesherbes[377]. Vous ne m'auriez pas trouvé car j'étais sorti, mais vous auriez rencontré une femme qui aurait été très heureuse de vous voir[378].

Vous voilà à nouveau prête à vous mettre en route, heureuse voyageuse. J'ai malheureusement déjà deux rendez-vous demain dans la matinée, sans cela je serais venu vous souhaiter bon voyage et surtout de trouver dans le Midi meilleur temps que celui dont nous jouissons ici. Je ne vous verrai pas alors Jeudi prochain au mariage de Mlle Marcelle D[379] ?

Je trouve que la situation de J[aurès] vis-à-vis du parti unifié est très délicate. N'eût-il pas mieux valu qu'il en restât comme il était avant de faire l'unification et ne se berce-t-il pas d'illusions généreuses en croyant, comme il nous l'a dit, qu'il pourra infuser beaucoup de raison à un parti qui compte tant d'énergumènes du genre Hervé. Je ne vois pas ce que le parti Jaurésiste a gagné à s'identifier au parti Guesdiste, tandis que je vois ce qu'il peut y perdre. Et les faits eux-mêmes viennent le prouver. Au congrès d'Amsterdam[380] on a dénoncé violemment l'alliance avec les partis bourgeois c-à-d la délégation de gauche où figurait jusqu'alors le parti socialiste. Or que deviendrait la séparation, si Briand ne s'entendait pas précisément avec la délégation des gauches ? Et quelle réforme sociale pourrait aboutir sans l'union du parti républicain ? La lutte des classes est une absurdité ; elle l'était quand la classe possédante opprimait le prolétariat, elle le serait si le prolétariat voulait opprimer les autres classes, qui existeront toujours, car il y aura toujours des travailleurs et des paresseux, des intelligents et des imbéciles, des heureux et des malchanceux. La lutte pour que le prolétariat ait sa place au soleil, participe aux bénéfices du capital, puisse améliorer sa valeur morale et sa situation matérielle, voilà ce que pourrait obtenir un parti socialiste fortement organisé, conscient de ses droits et de ses devoirs, qui s'allierait comme troupe d'avant-garde aux autres formations du parti républicain pour les entraîner dans le mouvement, au lieu de l'en séparer et de vouloir faire bande à part, ce qui n'aboutit qu'au statu quo et à la résistance. Tout ce que vous avez écrit à J[aurès] à propos d'Hervé est parfait.

Bon voyage et agréable déplacement. À Jeudi en huit.

Mes hommages bien affectueux.

A. Dreyfus

168. Alfred Dreyfus à Marie Arconati Visconti

Vendredi [2 juin 1905]

Ma chère amie,

Je crois que le choc s'est produit hier entre deux conceptions entièrement différentes[381]. Il y a des abîmes entre ces deux modes de concevoir, mais je crois que la vérité – de l'heure actuelle – car les idées sont fonction de l'époque et du milieu où elles éclatent, est entre les deux. La paix, sans contredit, permet d'employer toutes les forces vives d'une nation à son développement économique et social et par suite allège les souffrances et les misères du peuple, mais je ne suis pas pour la paix humiliée, qui n'est que de la faiblesse. La paix doit être basée sur le sentiment que s'il le faut, on se défendra et que l'on défendra, non pas une dynastie, non pas une coterie d'intérêts, mais son pays, jusqu'à la dernière goutte de son sang.

Si on considère les enseignements de l'histoire, car c'est à l'histoire qu'il faut toujours en revenir, non pas pour regretter le passé, mais pour tâcher de voir clair dans l'avenir, on voit que les guerres ont été d'abord nationales, c-à-d des luttes pour la vie et ont été par suite souvent des nécessités sociales. Elles sont ensuite devenues dynastiques, c-à-d odieuses. Puis elles semblent aujourd'hui reprendre la forme nationale, car elles engagent toutes les forces vives de la nation. C'est pourquoi la prudence chez ceux qui dirigent la politique extérieure, doit être extrême, sans pour cela aller jusqu'à la faiblesse. Mais si les divergences sont si profondes sur le principe, c'est parce qu'on ne veut pas voir en face les réalités de l'heure présente. Si on commençait par se demander quel est le but, la raison d'être de l'instrument, c-à-d de l'armée, son mode d'organisation en découlerait naturellement. Quand on veut établir une machine, on commence par établir les conditions auxquelles elle doit satisfaire dans le milieu où elle est appelée à fonctionner. Mais il y aurait des pages à écrire sur ce sujet, tant des idées s'éveillent en entendant discuter par des hommes également sincères et tant il est vrai que c'est par la discussion que la lumière se fait.

Aussi je crois, comme on le disait hier, que c'est bien plus par la discussion que par la force qu'on détruit des idées fausses ou néfastes. Mais je m'arrête…

L'odieux attentat d'avant-hier semble bien être l'œuvre d'anarchistes espagnols[382]. Pendant ce temps, le soleil nous sourit et la nature impassible assiste à nos convulsions, convulsions que je crois très profondes car nos idées, depuis le début d'une affaire que vous connaissez et cela dans toutes les couches de la société, ont subi une transformation immense. Mes enfants seront étonnés du mouvement des idées à notre époque.

Mes hommages bien affectueux.

A. Dreyfus

169. Alfred Dreyfus à Marie Arconati Visconti

Mercredi [7 juin 1905]

Ma chère amie,

Eh bien, voilà Delcassé débarqué. Dans quel pétrin nous conduisait-il. Nous nous serions trouvés un beau jour en face d'une guerre continentale et cela pour le Maroc. N'est-ce pas le suprême de la maladresse et de l'inconséquence[383] ?

Je vais aller m'installer à la campagne pour le mois de juin et de juillet, jusqu'à la fin des cours du lycée (à Chatou[384]). Mais je viendrai de temps en temps à Paris où vous pourrez toujours m'écrire. Je viendrai également un matin prendre de vos nouvelles ; je vous préviendrai d'ailleurs.

Mes hommages bien affectueux.

A. Dreyfus

172. Marie Arconati Visconti à Alfred Dreyfus

2 juillet 1905

Mon bien cher ami,

.... Je vois dans le *Temps* de ce soir que Jaurès va faire un discours en allemand[385] !? Je ne savais pas qu'il avait la chance de le savoir. J'ai vu du monde aujourd'hui, notamment les professeurs Dreyfusards de l'École des Chartes où j'ai été pour la dernière fois – eh bien ce n'est qu'un cri, quant à ce qu'en pensent Joseph et Roujon je n'ai pas besoin de vous le dire – c'est navrant[386] !!!

Comme vous avez raison, il y a aujourd'hui une conscience de l'Europe, il y a comme vous disiez une conscience des peuples qui jadis n'étaient point consultés sur le règlement de leurs propres affaires et dont l'opinion n'est pas sans peser aujourd'hui dans la redoutable balance des décisions qui engagent la paix ou la guerre.

Ce qui fait notre force aujourd'hui, c'est que nul ne peut nous accuser d'avoir cherché querelle à l'Allemagne – l'Agité de Berlin le sait bien et c'est parce qu'il sent qu'il a contre lui tout le monde, que tout ce qui vient de se passer n'est qu'un bluff.

J'ai compris de la conversation d'hier que ce ministère ne ferait pas de vieux os et qu'en tout cas, il ne fera pas les élections.

Je continue à trouver l'avenir très noir. Avant tout, il faut lutter pour nous refaire une armée nationale unitaire sans laisser le nationalisme reprendre des forces.................................

Je vois aussi qu'à Berlin ils ont 43° centigrades, gare au cerveau de Guillaume, son araignée s'agitera... Joseph disait qu'avec lui on ne sait jamais ce qu'il est capable de faire. Il peut faire couvrir Jaurès de fleurs ou lui envoyer quelqu'un à la frontière qui le prie d'aller voir le temps qu'il fait à Paris.

Et la Russie !! Vous souvenez-vous quand les nationalistes nous vantaient les beautés de la discipline de l'armée russe ? S'il ne se passait des choses graves et qui vous ôtent l'envie de plaisanter, comme ça serait amusant de leur remettre leur prose sous le nez.

Déroulède va rentrer[387], allez la musique !... on va recommencer à reprendre l'Alsace et la Lorraine dans les brasseries.

Adieu, cher ami, mes meilleures amitiés.

M[ise] Arconati Visconti

173. Alfred Dreyfus à Marie Arconati Visconti

Mardi [4 juillet 1905]

Ma chère amie,

Voilà la loi sur la séparation votée par la Chambre[388]. C'est un grand événement car si les faits qui ont occupé le devant de la scène dans les derniers temps ont fait vibrer des cordes sensibles, ils n'en ont pas moins, au point de vue de l'avenir, un effet très restreint, tandis que la loi qui vient d'être votée aura une répercussion profonde et préparera l'affranchissement des esprits.

Mes hommages bien affectueux et encore bon voyage.

A. Dreyfus

174. Marie Arconati Visconti à Alfred Dreyfus

[5-6] juillet 1905

Cher ami,

Je pars demain – quoique bien patraque...

J'ai vu Joseph hier matin et nous avons causé – il a causé politique – pendant une heure et demie – nous avons parlé de *l'Affaire*... Il est évident qu'il est impossible que ce ministère-ci ne liquide pas définitivement et dans le sens que nous savons[389] *l'Affaire*. Il serait criminel s'il ne le faisait pas et c'est l'opinion de Monod que j'ai vu aujourd'hui.

Une chose drôle. J'avais cru comprendre que Joseph m'avait dit que le rapporteur était dans l'Aveyron[390]. Monod a vu Targe au banquet de Versailles[391], lequel lui a dit qu'il travaillait avec lui tous les jours.

Monod est enthousiasmé de la Loi qu'il trouve « un chef-d'œuvre d'équité, de bon sens et de modération. » Moi, je trouve, et je suis sûr que mon père parlerait en ce sens au Sénat, que la Loi a fait la part trop large à l'Église et pas assez large à l'État. Maintenant, je pense, que l'Église perdra en forces tout ce qu'elle va gagner en liberté. En attendant, les réactionnaires sont atterrés comme le prouve l'article de M. de Mun[392] qui est lumineux à cet égard[393].

Nous marchons lentement mais sûrement à la conférence[394]. Il n'y a pas à se dissimuler que l'entente franco-anglaise est ce qui préoccupe le plus le cabot de Berlin. Nous savons par les cyniques menaces de la presse allemande, que l'idée profonde de la diplomatie germanique est de nous conduire par la terreur à abandonner ceux qui font front aujourd'hui avec nous dans l'intérêt de la commune cause, pour nous jeter dans les bras de ceux qui nous tendent le poing.

Aujourd'hui, les Allemands convaincus qu'ils n'obtiendront rien de nous par la menace, nous voyons la même presse qui demandait hier que leur kaiser tranche-montagnes nous… en « otager » [*sic*] pour garantir « la bonne conduite de l'Angleterre », essayer gauchement de nous expliquer que c'était pour rire. Si Guillaume a cru se rapprocher de la France par son théâtral coup de théâtre à Tanger, il doit commencer à voir qu'il s'est mis le doigt dans l'œil[395].

Et Jaurès ? La fait-il ou ne la fait-il pas sa conférence…

Adieu, cher ami, je vous envoie mes meilleures amitiés…

M[ise] Arconati Visconti

Anatole France qui entre à l'*Action*[396] !!! pourquoi pas à l'*Humanité* ??

175. Marie Arconati Visconti à Alfred Dreyfus

[6] juillet 1905

.... Le voyage de X [Jaurès] à Berlin[397] désole tout le monde ! Il n'y a pas que les torpilleurs qui sombrent[398] !

Mille bonnes amitiés.

M[ise] Arconati Visconti

176. Alfred Dreyfus à Marie Arconati Visconti

Lundi [10 juillet 1905]

Ma chère amie,

Merci de votre carte-télégramme et de votre bonne lettre. Je regrette également de n'avoir pas pu être des vôtres Vendredi Soir et de n'avoir pas pu passer quelques bons moments auprès de vous avant votre départ. Nous voilà séparés jusqu'à l'entrée de l'hiver – chacun prend son vol de son côté – vous allez vous percher dans la Grande Chartreuse, sous les ombrages du Grand Som d'où vous pourrez juger de haut les agitations souvent vaines d'ici-bas. Je vous souhaite bon voyage et espère vous lire souvent et longuement.

Voici la politique extérieure qui entre dans le calme à moins que la conférence internationale ne nous réserve encore des surprises. Quant à la politique intérieure, la loi sur la séparation va être heureusement votée[399] et chacun commence déjà à penser aux élections prochaines. Ce ministère durera-t-il ? Les pronostics sont toujours incertains, mais en tous cas, il restera maintenant jusqu'à la rentrée des Chambres qui se fera assez tôt, à cause de l'approche des élections, probablement en octobre[400].

Encore une fois bon voyage et bonne santé.

Mes affectueux hommages.

A. Dreyfus

177. Alfred Dreyfus à Marie Arconati Visconti

Lundi [10 juillet] 1905

Ma chère amie,

Merci de votre bonne et intéressante lettre. Tout est de nouveau au calme[401], sauf cet atroce accident arrivé au *Farfadet* dans la rade de Sfax[402]. Vous avez certainement lu dans l'*Humanité* le discours qu'avait prononcé J[aurès]. C'est un beau morceau oratoire[403].

Vous avez de la chance d'avoir pu vous échapper de la fournaise. Il doit faire délicieux au pied du Grand Som, loin du fracas des villes et de ses petites agitations.

Ma femme se rappelle à votre bon souvenir.

Je n'ai pu voir personne tous ces jours-ci ayant été très pris par les déplacements des miens qui s'en vont les uns à la mer, les autres aux bains [lecture incertaine], d'autres enfin à la montagne.

Mes hommages bien affectueux.

A. Dreyfus

178. Marie Arconati Visconti à Alfred Dreyfus

St Pierre de Chartreuse, 14 juillet 1905

Mon bien cher ami,

Je ne vous répondais pas car j'attendais d'être de meilleure humeur pour le faire. J'ai été toujours souffrante et encore maintenant je suis sous bandelettes comme une vieille momie que je suis. Le Gendre (mon médecin)[404] me conseille d'aller à Aix, mais avec cette chaleur-là, le remède serait pire que le mal. Je garde mes rhumatismes, mais ce qui me désole c'est que, c'est ici que je faisais mes plus belles promenades et depuis huit jours je ne suis pas descendue de ma voiture.

L'affaire marocaine me paraît avoir été terminée honorablement[405], ceux qui ont le plus eu peur de la guerre, trouvent que Rouvier a trop cédé. *Passato il pericolo gabbato il santo* – quand le péril est passé, on se moque du saint. Nous avons bien des progrès à faire avant d'être des politiques. Si Aristote a donné une bonne définition de l'homme en l'appelant « un animal politique », les Français ne sont pas des hommes, ce sont des artistes !

Bülow[406] a rendu service à Jaurès. Cela ne valait pas la peine d'être dit à Berlin – aller offrir à l'Allemagne comme gage de la réconciliation, l'Alsace et la Lorraine, c'est raide !! il a couvert la victime de belles phrases, mais cela n'en est pas moins monstrueux. Il est peu probable que je lui écrive une seule fois avant ma rentrée à Paris, en décembre. « La patrie internationale » ! c'est de l'Hervé, que du reste il s'entête à ne pouvoir lâcher, sans compter qu'il est enfantin de croire que c'est le socialisme *seul* qui empêche la guerre. Il faut cependant reconnaître que l'*esprit socialiste* est pour beaucoup dans le pacifisme actuel – dans le bon comme dans le mauvais nous assistons à une transformation du monde[407].

Les événements de Russie sont délirants. Quelle décomposition[408] ! Le remède sera pire que le mal, ils vont être secoués du despotisme à l'anarchie – Jaurès, trace en poète, un tableau idyllique de la République russe de demain[409]. Hélas ! C'est du Florian[410]. Il n'y aura pas plus de République russe que je suis N.S. Père le Pape !! Il y aura des bavardages, des Jacqueries, des massacres, des bombes et du gâchis. Et cela se terminera par un changement de czar et l'avènement d'une nouvelle couche de pillards à la mangerie du colosse aux pieds de boue…

Nous, tâchons de faire de la politique sérieuse ! sans cela, nous tomberons dans les hontes des républiques de l'Amérique latine… Mon impression est fort pessimiste, la situation reste mystérieuse et menaçante. Quoi qu'on imprime et dise nous avons dû céder sur toute la ligne – toute cette intrigue marocaine aboutit à un four et à une humiliation et cependant… il fallait passer par là !

Mille bonnes amitiés…

M^ise^ Arconati Visconti

179. Alfred Dreyfus à Marie Arconati Visconti

Mercredi [19 juillet] 1905

Ma chère amie,

J'ai été heureux de vous lire mais désolé de vous savoir rhumatisante. Une saison à Aix vous ferait certainement beaucoup de bien ; il est évident qu'il y fait très chaud à cette époque de l'année mais à partir du 15 ou 20 août la température y devient supportable.

L'affaire marocaine est arrangée… provisoirement, et la conférence peut encore nous réserver des surprises. On semble trouver que dans le ministère actuel, il y a trop d'Africains, mais il est certain qu'il s'est tiré très habilement de ce pétrin. La critique est facile… après coup.

Vous avez tout à fait raison. Le socialisme, s'il se contentait d'être le parti d'avant-garde de la République, pourrait faire beaucoup et bien et empêcherait de s'endormir dans un statu quo trompeur. Mais il ne faut pas qu'il vienne nous parler de la « lutte des classes » et de l'internationalisme, quand même, ce qui n'est pas du tout la même chose que le pacifisme.

En Russie, je crois comme vous également que la République idéale est encore loin. Il faut commencer par faire l'éducation du peuple, l'éducation de cette masse énorme de moujiks ignorants et superstitieux. Ce n'est pas par un décret qu'une pareille évolution est possible. Mais je crois que le tsarisme est malade, car les masses instruites se mêlent au mouvement, et, comme chez nous, en 1889 [*sic*], engendrent la modification de l'état des choses actuel, avec une lenteur infiniment plus grande. Quel pauvre hère que ce tsar qui ne sait vouloir, ni dans un sens, ni dans un autre. Ordre, puis contre-ordre [*sic*], voilà toute sa politique, c-à-d le gâchis. Je relisais ces jours-ci l'histoire de Catherine II, quel autre caractère et quelle puissance dans le bien comme dans le mal. Mais dans ses pires débordements, elle n'oubliait pas le bien de la Russie.

Le point d'interrogation pour tout le monde sera les élections prochaines. Que donneront-elles ? Les pronostics sont difficiles mais la lutte devra être menée vigoureusement. S'abandonner c'est se perdre et ce n'est pas par des concessions qu'on désarme des adversaires irréductibles.

J'ai déjeuné ce matin avec Gabriel Monod qui est très bien. Il doit partir [à la] fin du mois pour la Suisse et il compte venir vous voir quand nous aurons trouvé l'endroit où nous gîterons. Pour le moment nous avons l'intention d'aller passer quelques jours à Dieppe chez mon frère[411] qui y est installé, puis de nous rendre en Suisse [au] commencement du mois prochain.

J'ai appris aussi ce matin que l'*Humanité* bat de l'aile[412]. Je plains sincèrement J[aurès] qui est le plus excellent cœur que je connaisse.

Mes hommages bien affectueux.

A. Dreyfus

182. Marie Arconati Visconti à Alfred Dreyfus

St Pierre de Chartreuse, [29] juillet 1905

Mon bien cher ami,

J'espère arriver à temps pour vous souhaiter une bonne villégiature en Suisse, moi, heureusement, je commence à marcher, je me souviendrai de cette crise de rhumatismes ! Je continue à voir l'horizon très noir – évidemment nos affaires s'arrangent, mais c'est sur une paix plâtrée comme on disait autrefois.

Les difficultés *continuent* – pour l'instant il n'y a aucun danger, mais sûrement dans quelques années il faudra en découdre. Il faut tenir notre poudre sèche, faire des *gros* canons (c'est une des moralités les plus certaines des batailles de Mandchourie) et refaire des âmes viriles…

Amitiés…

M^ise Arconati Visconti

185. Marie Arconati Visconti à Alfred Dreyfus

Château de Gaesbeck, 7 sept[embr]e 1905

Mon bien cher ami,

Je viens d'être souffrante, une crise violente de rhumatismes a salué ma « joyeuse entrée » à Gaesbeck, comme à St Pierre. Je vais mieux seulement depuis hier – et vous, comment allez-vous ? Comment va Madame Dreyfus, vos enfants ? J'ai reçu hier une lettre de Reinach (en Russie il ne m'a envoyé que des cartes) datée de Berlin, il partait le soir pour La Motte-Servolex[413]. Je viens de lui répondre, car j'espère qu'il donnera quelques conseils à nos tristes ministres.

Je crois qu'il ne sera pas de mon avis, mais je lui donne mon opinion sur Rouvier que je trouve inférieur à la situation, et voilà ce que je lui dis pour motiver mon opinion, ce qui se passe depuis les derniers jours me donne hélas raison.

Quand Delcassé sacrifié[414] (justement, je le reconnais, mais ça a été une victoire pour l'Allemagne) nous acceptâmes d'aller à la conférence, Rouvier avait proposé très justement de rappeler simultanément Tattenbach et Taillandier[415]. C'était le bon sens, c'était la loyauté – l'Allemagne refusa et Rouvier se résigna. Si Rouvier mis en défiance avait insisté jusqu'à faire du rappel des deux plénipotentiaires la condition expresse de son adhésion, il me paraît impossible qu'il ne l'eût pas emporté, car l'Allemagne qui désirait si vivement soumettre la question marocaine à l'Europe n'aurait point renoncé au succès moral qu'elle tenait déjà, pour l'avantage suspect de laisser à Fez un agent de discorde dont les actes ne pouvaient aboutir qu'à dénoncer ses mauvais desseins.

La faute commise, il n'y avait qu'une manière de la réparer, c'était d'abréger l'intervalle qui séparait l'acceptation de la réunion de la conférence. Ce fut tout le contraire qui fut fait. Taillandier immobile est resté à Fez, pendant que Tattenbach assiégeait le sultan et en obtenait tout ce qui lui a plu de demander.

Or, l'Allemagne qui n'avait pas d'intérêt spécial au Maroc avant le discours de Tanger, va se présenter à la Conférence en qualité de puissance ayant dans l'Empire des intérêts directement engagés.

Ce tour de déloyauté[,] mettre la Conférence en présence du fait accompli, et les plénipotentiaires européens n'auront pas d'autre tâche que de sanctionner des prises de possession pour lesquelles on n'avait point attendu leurs délibérations.

L'Allemagne a accepté de jouer avec nous, mais avec des cartes biseautées.

Encore une fois la besogne de la Conférence consistera à enregistrer purement et simplement les volontés de l'Allemagne et à sanctionner le résultat de ses fourberies.

Je n'ai pas le courage de vous parler de Jaurès, c'est navrant, navrant ! il vaut mieux que ce qu'il dit, mais dès aujourd'hui toute influence doit lui être refusée. Il est réellement inconscient. Joseph m'écrit : « à Thorn, j'achète un journal allemand, en première page tout l'article de Jaurès sur le Maroc[416]... il est inconscient. Ma vieille amitié pour lui ne peut pas lui trouver d'autre excuse – en revanche Clemenceau depuis trois mois tient la plume de la France »............

Beaucoup de gens ici, notamment de Mot, le bourgmestre de Bruxelles, me demandent avec intérêt et *stupéfaction* où en est votre affaire.

Adieu cher ami, nommez-moi je vous prie à Madame Dreyfus et croyez à ma fidèle amitié.

M^ise^ Arconati Visconti

J'ai reçu ce matin une lettre de Ferdinand[-]Dreyfus[417], il est à Budapest. Voilà son post-scriptum : « Comment va le capitaine ? J'ai rencontré ici un délégué des États-Unis qui l'appelle "le second Jésus-Christ" excusez du peu ! les Juifs fournissent l'humanité de martyrs. »

À propos de rencontres. Avant de venir ici je me suis arrêtée 3 jours à Bruxelles. J'avais pour voisin à l'hôtel un jeune homme blond, très gentil. En sortant de mon appartement, il y avait trois marches. Un soir, le couloir n'était pas encore allumé, j'ai failli me casser le nez, sans mon voisin, qui me reçut dans ses bras – nous faisons une causette tout le long du couloir et arrivés au clair, je vois les domestiques qui s'inclinent jusque par terre. Il me salue très gracieusement, je demande son nom – le fils de l'Empereur d'Allemagne – tableau ! Adalbert de Prusse.

186. Alfred Dreyfus à Marie Arconati Visconti

Ce Dimanche [10 septembre] 1905

Ma chère amie,

J'ai été très étonné, en arrivant ici, de ne pas trouver de lettres de vous ; je me demandais si vous n'étiez pas souffrante et je m'apprêtais à vous en écrire quand j'ai reçu votre bonne lettre de ce matin. J'ai été heureux de vous lire et de constater que votre santé était relativement bonne.

Joseph également ne m'a envoyé de Russie que des cartes postales mais j'ai eu la bonne surprise de le voir arriver ici il y a quelques jours. Il avait une mine superbe et était enchanté de son voyage de Russie, quoique je n'aie pas partagé son optimisme. Les événements de Bakou[418] semblent d'ailleurs me donner raison ; ceux-ci terminés, l'incendie se rallumera ailleurs et je crains bien qu'il ne s'arrêtera plus qu'après avoir fait bien des dégâts sur son passage et modifié profondément le régime russe. Quant à ce qui se passa à Tokio [*sic*], montre combien les gouvernements sont faibles quand ils sont [illisible] avec l'opinion publique qu'ils ont négligé d'éclairer et de diriger. Avec l'éducation actuelle du peuple, il est impossible de les compter comme quantités négligeables et le devoir de tout gouvernement est d'être un organe de direction.

J'ai lu avec beaucoup d'intérêt vos appréciations sur la politique de M. Rouvier et elles me paraissent absolument justifiées. Dès le début, après trop d'arrogance, on a fait preuve de trop de faiblesse. D'autre part, d'après les nouvelles que j'ai, le gouvernement n'a pas l'intention de convoquer les chambres avant le mois de novembre et dans ces conditions, je crois bien que le Sénat ne puisse pas voter la loi sur la séparation avant les élections. Ce serait une grande faute.

Votre rencontre à l'hôtel de Bruxelles est très amusante. Vous tombez maintenant dans les bras des princes royaux !! Peste.

Ma femme a été très sensible à votre bon souvenir, elle me charge de la rappeler au vôtre. Elle va très bien ainsi que mes enfants qui ont pris une mine superbe à la montagne.

J'ai été il y a quelques jours en automobile à Chamonix ; le temps était superbe et le Mt Blanc resplendissant. J'ai l'intention de faire encore quelques courses aux environs et je rentrerai définitivement à Paris le 20 septembre. Enfin l'échéance si impatiemment attendue approche et j'espère bien qu'en novembre j'aurai atteint le but de ma vie et que je serai enfin délivré de ce cauchemar[419].

Mes affectueux hommages.

A. Dreyfus

La Duse[420] étant de passage à Genève, j'ai été la voir jouer dans le rôle d'Hedda Gabler, la pièce d'Ibsen[421]. Son jeu est admirable mais j'ai trouvé la pièce aussi détestable à la scène qu'à la lecture. Cette détraquée cérébrale qui est [illisible] sans mobile et sans passion est invraisemblable. J'aurais voulu voir la Duse dans un rôle de passion où elle peut se donner tout entière et s'extérioriser.

188. Marie Arconati Visconti à Alfred Dreyfus

Gaesbeck, 2[4[422]] septembre 1905

Mon cher ami,

D'après ce que vous me disiez dans votre dernière lettre vous devez être réinstallé à Paris[423] ? Pourquoi si tôt, c'est si beau l'automne à la campagne.

Le général Pelloux vient de passer quinze jours avec moi – nous n'avons guère parlé que de l'*Affaire*, il a relu le 4e volume de Reinach, (celui-ci m'écrivait qu'il corrige les épreuves du Ve[424]) et du Maroc. Il a pour l'Allemagne et Guillaume les mêmes sentiments que moi. Il est de ces italiens – « à commencer par le Roi » – qui ne pardonnent pas à ce reïtre [*sic*] d'avoir apporté à Rome un escadron de cuirassiers pour aller faire une visite au Pape[425].

Je continue à être très inquiète. J'ai horriblement peur de la conférence. J'ai peur de tout, de l'insuffisance de nos ministres, de l'état de l'armée, de la mollesse des âmes, des disproportions qu'il y a entre nos devoirs et notre énergie.

Voilà pourquoi je bondis de colère et de mépris contre le béat optimisme qui *feint* de croire à l'embrassade universelle... Ah ! il s'agit bien de déclarer la guerre à la guerre ! Il s'agit de demeurer libre et vivant dans un monde qui ne connaît que la force.

Jaurès devient inconscient, c'est sa seule excuse – il aura senti passer l'admirable leçon que Clemenceau lui a donnée avant-hier[426]. Quand on pense que quelques-uns voyaient en lui un second Gambetta[427] ! ses ménagements pour Hervé qu'il ne désavoue que d'une façon doctrinale sont honteux. Cette obstination malgré les faits à voir l'humanité comme il la rêve est déplorable – il est en train de sombrer et pas crânement, oh ! non... Il avortera misérablement entre Hervé qui le hait et Guesde qui le dédaigne, triste ! bien triste !!

Ranc, le dernier qui l'aura soutenu, lui demande avant-hier de répondre à cette question : « êtes-vous avec Guesde quand il dit que la République n'est qu'un mot[428] ». Voilà deux jours que j'ouvre l'*Humanité* pour trouver la réponse, *rien*. Avant-hier il fait un article sur les sucres et hier sur le congrès d'Iéna, dans lequel il continue du reste à être du côté de l'Allemagne contre nous[429] ! C'est de l'aberration – le voyez-vous à la Chambre voulant traiter une question de politique étrangère !!!

Roujon a fait deux délicieux articles sur le patriotisme. Jaurès a répondu à l'un, mais comme avec Clemenceau, défend une mauvaise cause et ne fait que des phrases[430].

Notre malheureux pays crève de la politique. Quant à moi, je me refuse à me passionner désormais que [*sic*] pour autre chose que la défense du pays, sa dignité et sa force en face de l'étranger.

Alors c'est pour novembre vous ?!........................

J'ai des nouvelles de tous nos amis. Roujon à Villers m'écrit des lettres... Monod me dit : « Vous devriez bien insuffler à nos ministres un peu de vigueur de votre esprit et de votre cœur, et donner de votre bon sens à Jaurès qui déraille[431]. »

Bédier – qui reconstruit de vieilles épopées[432] – m'écrit (il est dans la Drôme) qu'il a fait de longues promenades (au moment des manœuvres) avec le lieut^t-colonel Martin, officier républicain et libre-penseur[,] « oiseau rare, qui lors de l'affaire des fiches – il n'est pas franc-maçon – a giflé un journaliste réactionnaire et l'a blessé en duel. Naturellement il a perdu par là toutes chances de devenir colonel – homme excellent, très intelligent, très Dreyfusard et qui a pratiqué à fond les 4 volumes de Reinach[433] ».

Harduin se promène sur les côtes normandes et Lefranc potasse son cours de l'année prochaine à Royan.

Voilà – vous me disiez un jour (et Claretie[434] aussi, lequel m'écrit hier qu'il avait fait avec Cambon[435], notre ambassadeur à Londres, une promenade mélancolique dans les bois de Versailles) que l'*Humanité* n'allait pas. Je la verrai disparaître avec joie – du reste il n'y a plus que Lui (Jaurès) et pour la besogne qu'il fait ! Vous n'avez pas l'idée de la peine que cela me fait, car l'homme est aussi sympathique que le politique est... mettons fou.

Croyez, cher ami, à ma plus fidèle et chaude amitié.

M^ise Arconati Visconti

189. Alfred Dreyfus à Marie Arconati Visconti

Jeudi [28 septembre 1905]

Ma chère amie,

J'ai eu de vos excellentes nouvelles par M. Gustave Dreyfus qui revenait de Gasbeck [*sic*] et j'ai reçu votre bien bonne lettre. Je suis rentré à Paris sans enthousiasme et je vous envie d'être encore à la campagne, au grand air. Mais vous oubliez que j'ai un fils[436] qui grandit et qui rentre au lycée Mardi prochain.

J'avoue que je ne vois pas bien clairement dans la situation pour les élections prochaines et je crains bien qu'elles ne se passent au profit des partis extrêmes. Si, aussi bien, j'estime qu'il ne faut pas rejeter a priori les propositions sociales des révolutionnaires, mais au contraire les examiner avec le désir de faire aboutir les réformes susceptibles d'apporter un véritable progrès dans la condition si misérable encore d'une partie de la classe ouvrière, par contre je ne saurais approuver leurs idées communistes et je m'élève de toutes mes forces contre les théories antinationales de certains d'entre eux. Mais ce n'est pas une raison, parce que nous avons le devoir de combattre certaines de leurs idées, pour vouloir les exclure du bloc républicain et je crois que ce serait une faute irréparable. Le devoir, la tactique des modérés est, non pas de se heurter à un mur contre lequel ils se briseraient, mais de s'approprier celles des idées des socialistes qui sont vraiment sociales et humaines. Il est certain que les conditions de travail, pour certaines catégories, sont encore déplorables. Si je vous racontais comment, maintenant qu'on a créé les inspecteurs du travail, on remplace le travail à l'atelier, par le travail à domicile, impossible à surveiller puisque les inspecteurs n'y ont pas accès, où l'ouvrière en s'épuisant à la peine touche de 1 fr 50 à 2 frs par jour, les cheveux s'en dresseraient sur votre tête. Non, il y a beaucoup à faire, et il faut le faire...

Merci des excellentes nouvelles que vous me donnez de tous les habitués de vos aimables Jeudis. Je n'ai pas lu le discours de Reinach[437] et n'ai pas de nouvelles de lui depuis que je l'ai vu à Cologny.

Me Mornard n'est pas encore de retour et je ne sais pas où en est exactement le rapporteur[438].

Mes hommages bien affectueux.

A. Dreyfus

190. Alfred Dreyfus à Marie Arconati Visconti

Jeudi [12 octobre] 1905

Ma chère amie,

Ma femme me charge de vous remercier de l'excellent lièvre que vous nous avez envoyé ; ce dont je m'acquitte avec plaisir.

Comment allez-vous ? Et quand aurons-nous le plaisir de vous revoir ?

Que dites-vous des incartades de Delcassé ? Et quelle est cette politique de casse-cou qu'il voulait nous faire suivre[439]. Cela me rappelle Napoléon III en 1870 comptant sur l'appui – problématique – de l'Italie qui dès nos premiers revers s'est tenue coi [*sic*]. Delcassé me paraît aujourd'hui coulé définitivement à moins… car on oublie tant de choses et si vite.

Avez-vous lu le discours prononcé par Jaurès à Limoges et que donnait l'*Humanité* d'hier[440] ? Il est remarquable dans la forme, comme d'habitude, et dévoile franchement la doctrine collectiviste, mais que d'utopies irréalisables, au moins dans l'état actuel de la société. Oh ce serait tout à fait drôle un pays où tout le monde serait enrégimenté sous la même bannière, où l'individualité disparaîtrait dans la collectivité ! Que ce serait monotone et embêtant.

Mes hommages bien affectueux.

A. Dreyfus

191. Alfred Dreyfus à Marie Arconati Visconti

Vendredi 3 nov[embre] 190[5[441]]

Ma chère amie,

Merci pour nous deux de vos superbes faisans. Et que devenez-vous ? Comment va votre santé ?

La séance d'aujourd'hui à la Chambre sera dure pour Berteaux à propos des incidents de Longwy. S'en tirera-t-il[442] ? Un officier m'a raconté que dans les mess on a mis en chanson les circulaires... innombrables de Berteaux.

Et en Russie, ça a l'air d'être l'anarchie. Tout le monde parle et personne n'agit. Mais il est difficile d'être correctement renseigné.

Toujours rien à propos de l'affaire ; le rapporteur, à la rentrée le 15 octobre, a demandé environ 6 semaines. Espérons qu'il ne dépassera pas le délai[443].

Mes hommages bien affectueux.

A. Dreyfus

192. Marie Arconati Visconti à Alfred Dreyfus

Gaesbeck, [3 novembre[444]] 1905

Mon bien cher ami,

Je suis bien en retard pour vous écrire, mais je suis dans un état d'esprit tel, que je me sens tourner en saule pleureur, et alors je reste dans mon coin. Joseph et Roujon m'écrivent des lettres noires, Monod aussi, bref, je manquais d'entrain pour venir vous raser.

Les grossièretés après boire du reïtre [*sic*] de Berlin m'ont un peu remonté le moral – « Quand le mulet rue, c'est qu'il a senti le coup de fouet ». Il lasse et agace tout le monde. Il se forme contre lui peu à peu un syndicat d'inquiétudes et de mécontentements, sous la direction de l'Angleterre – le « dominateur de Bretaigne » (comme nous disons nous autres rabelaisiens) est un rude syndic de faillite. Napoléon en a su quelque chose. Tenez, ce qui m'enrage, ce qui m'agace contre Jaurès, ce qui m'indigne, c'est de le voir choisir justement le moment où l'Allemagne perd son prestige pour exiger que nous renoncions à tout espoir de revanche. Plus que jamais il faut maintenir notre droit, demeurer libre vis-à-vis de tout le monde et armer, armer de corps et armer de l'âme – *tout le reste est de la fichaise.*

Le discours du Lohengrin en carton-pâte est un bon symptôme, ne trouvez-vous pas ? quand « on gueule » si fort, c'est qu'on a un peu de frousse. Il sent que le syndicat se forme, il est embêté[445].

L'intérieur aujourd'hui me fait presque plus peur que l'extérieur, les dernières nominations sont un scandale – la révocation d'Henri Monod est une mauvaise action qu'ont faite en commun Étienne et... Loubet[446]. Monod a refusé de l'argent au *Matin* et celui-ci a fait marcher Étienne qui – étant donné son passé et son présent – est à la merci de tous les maîtres chanteurs du monde[447].

L'avenir est très noir, et si on ne donne pas un vigoureux coup de reins, nous allons dégringoler et tomber dans les hontes des républiques de l'Amérique latine... ce qui se passe à Brest[448] est très grave, l'autorité se perd et c'est l'anarchie en perspective partout.

C'est vous dire que je suis tendre pour les manifestations antimilitaristes de tous les pitres affolés. Ah ! c'est bien le moment de chanter la fraternité des peuples. Ah ! les sales blagues ! j'en ai la nausée.

Ah ! non ! assez de la guitare humanitaire ! il s'agit de savoir si nous resterons un peuple indépendant ou si nous deviendrons de misérables tributaires – toute la politique d'aujourd'hui se réduit à cela, tout le reste est moins que rien.

Je n'ai plus le courage de parler de Jaurès. S'il n'est pas fou, il est criminel. Je me demande s'il reviendra déjeuner le Jeudi. En tout cas, en tête à tête, je me propose de lui dire : la lutte des classes, l'avènement du prolétariat, la socialisation du capital, l'avènement de l'ordre collectiviste dans l'Humanité, l'imposition de la Paix quand même par l'union des classes ouvrières, je m'en f..., archif...

et contref… Je donnerais toutes ces blagues-là pour un bon canon perfectionné.

Étant donné le mal qu'il pourrait faire, je souhaite et j'espère que toute influence politique lui sera refusée – il n'a pas brillé dans sa polémique avec Clemenceau, qui seul a prononcé des paroles de sagesse et de patriotisme[449].

Et la Russie !!! elle est dans de jolis draps ! Ils auront 93 tout de suite. Ils sont las du despotisme et impropres à la liberté – jolie situation ! Je crois que les Russes sont incapables de se conduire et impossibles à conduire – leur système gouvernemental est pourri et ils arrivent malheureusement au régime constitutionnel à un moment où le socialisme révolutionnaire est déjà trop développé. Comme m'écrit Monod (Gabriel) ce matin : « Ce mélange de la barbarie mongole du moyen-âge, avec Bysance [*sic*] du xᵉ siècle, l'Angleterre du xviiiᵉ, la France révolutionnaire et le socialisme du xxiᵉ siècle, ne peut produire que la plus effroyable des anarchies – la Russie ne pourrait vivre qu'avec une constitution fédérative. »

C'est demain que Monod (Gabriel) va être nommé – à l'unanimité – (professeur) au Collège de France[450]. Avez-vous lu son volume sur Michelet[451] ? Michelet était un génie ; mais un beau monstre ! Inhumain ! fou de son moi !….. Alors « l'affaire » encore reculée[452] !!!…..

Mes meilleures amitiés.

M^ise Arconati Visconti

193. Alfred Dreyfus à Marie Arconati Visconti

Lundi [13 novembre 1905]

Ma chère amie,

Merci de vos deux bonnes lettres. Le livre de Reinach est admirablement écrit et très émouvant[453]. Son talent est tout à fait remarquable et j'envie sa plume.

Nous pataugeons dans la boue et le temps est détestable. La campagne doit présenter moins de charme en ce moment et je comprends que vous la quittiez. Je serais très heureux de vous revoir ; je viendrai prendre de vos nouvelles le Mardi de la semaine prochaine vers 10 h ½.

Le ministère est retapé. Comme c'est drôle de voir les portefeuilles joués aux dés suivant, non les compétences, mais les convenances politiques. Il aurait fallu au ministère de la guerre un homme ferme, énergique, très compétent, qui ne soit pas à la merci de cette oligarchie qu'on appelle le conseil supérieur de la guerre et capable de mettre de l'ordre dans l'armée où règne l'anarchie la plus complète par suite de l'antagonisme entre la minorité vraiment républicaine et la majorité qui est réactionnaire[454]. Par-dessus tout, il y a un petit clan d'arrivistes, républicains de nom mais très bruyants, faisant de la surenchère dans les idées pour se faire bien voir de groupes avancés et qui font plus de mal que de bien aux vrais républicains.

À bientôt et mes hommages bien affectueux.

A. Dreyfus

194. Marie Arconati Visconti à Alfred Dreyfus

Gaesbeck, [13] novembre 1905

Mon bien cher ami,

..... J'ai reçu hier une longue lettre de Combes qui pense absolument comme nous. C'est désespérant ! navrant ! Quelle triste comédie – dégoûtante même – donnent les députés et le populo qui continue à les prendre au sérieux. Si le mot n'était pas prudhomesque [*sic*], je vous dirais que nous allons aux abîmes. Si Jaurès et ses amis sont jamais les maîtres, nous finirons comme la Russie...

Ce qui se passe là-bas dépasse en horreur, tout ce qu'on avait pu rêver des folies sanguinaires où se délecte encore au vingtième siècle toute la barbarie de notre « civilisation »[455].

Ce qui était inévitable et ce que personne n'avait prévu, c'est que la réaction tzarienne, abandonnée du Tzar, voudrait avoir sa revanche. Tels nos émigrés cherchant le salut de la monarchie (c-à-d de leurs privilèges d'antan) sans le roi, et au besoin contre le roi lui-même. Seulement les forces de la réaction russe sont autrement puissantes que ne le furent, après 1789, celles de notre autocratie appuyée du fanatisme romain.

Convenu, à Mardi bien heureuse de vous revoir.

M^ise^ Arconati Visconti

Avez-vous lu le dernier numéro de la *Revue Historique* et ce que Monod dit de l'*Affaire*[456] ?

195. Alfred Dreyfus à Marie Arconati Visconti

Mardi [28 novembre 1905]

Ma chère amie,

Décidément vous n'avez pas de chance cet hiver et à chaque instant vous êtes reprise par de méchantes fièvres. Soignez-vous bien, c'est le souhait que vos amis forment pour vous.

Voici l'article 4 voté[457]. Je crois que Jaurès et Briand ont raison en fait et en bonne justice, peut-être les événements leur donneront-ils tort au point de vue de l'habileté politique et dans ce cas, et à ce point de vue seulement, Clemenceau aurait raison, quoique je n'approuve nullement, loin de là, ses procédés de polémiques. Pourquoi, au lieu de se contenter de discuter les idées, ce qui est son droit absolu et ce qu'il fait souvent avec un talent remarquable, y joint-il toujours des attaques personnelles qui ne diminuent que lui[458].

J'ai également reçu une très bonne et très longue lettre de cet excellent Monod. Il me dit les mêmes choses qu'à vous. Au point de vue de M. Delcassé, je ne partage pas entièrement ses idées. Il valait mieux, dans les circonstances présentes, le conserver, car le Lohengrin qui règne sur l'autre bord du Rhin aurait pu entonner un chant de victoire. Mais c'est une politique mesquine et ce qui est plus grave, contraire à la réalité, que d'avoir voulu ignorer l'Allemagne. Quelle que soit la blessure inoubliable qu'elle nous a faite, elle a voix au chapitre dans les affaires du Maroc et vouloir la négliger, quand on l'avait déjà froissée à plusieurs reprises, c'était lui donner l'occasion d'une revanche. Elle a saisi l'occasion, lourdement il est vrai, brutalement même, mais il eût été préférable de l'éviter.

Je viendrai prendre des nouvelles de votre santé Jeudi prochain entre 10 h ½ et 11 heures et j'espère avoir le plaisir de vous voir.

Mes hommages bien affectueux.

A. Dreyfus

196. Alfred Dreyfus à Marie Arconati Visconti

Samedi [2 décembre 1905]

Ma chère amie,

J'espère que votre santé continue à être bonne malgré le temps humide et pluvieux dont nous jouissons.

Le rapport[459] n'est toujours pas encore déposé. C'est enrageant. La justice est boiteuse et surtout lente ! Plus de onze ans que cela dure !

Avez-vous vu les histoires de Clémentel ? C'est du propre. Il divorce, il ne divorce pas... il ne sait plus que faire. Le conseil des ministres s'en est même occupé. Tout Paris en jase et en rit. Ne ferait-il pas mieux de s'en aller que d'éclabousser le gouvernement de la République[460].

Mes hommages bien affectueux.

A. Dreyfus

197. Alfred Dreyfus à Marie Arconati Visconti

Mardi [5[461] décembre 1905]

Ma chère amie,

Merci vivement de m'avoir signalé l'article du *Gil Blas*. Je ne l'avais pas lu[462]. Oui, finissons-en mais aura-t-on le courage et ne cherchera-t-on pas à passer la main à d'autres, comme si la faiblesse avait jamais été un moyen de gouvernement.

On dirait vraiment qu'on a peur d'avoir fait son devoir et de dire la vérité. C'est révoltant.

Sauf empêchement imprévu, j'irai demain au cours de Monod. J'espère avoir le plaisir de vous y voir.

Mes hommages bien affectueux.

A. Dreyfus

199. Alfred Dreyfus à Marie Arconati Visconti

Samedi Soir [16 décembre 1905]

Ma chère amie,

Je ne sais si vous vous amusez, moi j'enrage. C'est en octobre 1902 que j'ai été trouver Jaurès avec les éléments que je croyais susceptibles de m'amener au but tant désiré ; c'est en avril 1903 qu'il faisait son discours à la Chambre, c'est en novembre 1903 que la cour de cassation était saisie et nous voilà bientôt en 1906 sans que l'affaire soit terminée !!

Je ne vous parle pas des coulisses politiques… c'est un jeu qui peut amuser les malins à faire des pronostics pour telle ou telle personne qui décrochera l'une des présidences, mais qui n'intéresse point le pays qui s'occupe, avec raison, de ses affaires. La déclaration de M. Rouvier aujourd'hui à la Chambre est bonne[463] ; nous voulons une paix honorable – mais il ne s'agit pas seulement de bien parler, c'est aux actes qu'on juge les hommes et j'attends comment on se tirera de cette joute difficile qui s'appelle la conférence d'Algésiras[464]. Cédera-t-on toujours ou maintiendra-t-on avec fermeté et droiture des présentations légitimes, sans les exagérer ?

Je viendrai vous voir Mardi matin vers 10 h ½ sauf contre avis [*sic*] de votre part.

Mes hommages bien affectueux.

A. Dreyfus

202. Alfred Dreyfus à Marie Arconati Visconti

Vendredi [22 (?) décembre 1905]

Ma chère amie,

Comprenez-vous ce qui se passe en Russie ? Un journal nous dit que la Révolution est étouffée à Moscou, un autre qu'elle y est triomphante, un 3e, qui est probablement dans le vrai, que la lutte y continue. Enfin les uns parlent de tués par milliers, un autre raconte qu'il y a eu 36 tués, ce qui d'ailleurs est encore beaucoup trop. Les dépêches nous arrivent tronquées, exagérées ou atténuées, de sorte qu'il est impossible d'avoir une notion même approchée des convulsions de ce grand pays. Pendant ce temps nous divaguons sur le nationalisme et l'internationalisme, nous cherchons le candidat idéal à la présidence de la République et nous ne le trouvons pas[465]. Les ambitions s'éveillent aux approches des élections – il y en aura pour tout le monde – élections sénatoriales, présidentielles, législatives, vont se succéder à la grande joie des badauds. Pour celui qui fait partie de M. tout le monde, le spectacle ne manque pas de gaieté. Quant à moi, qui espérais que 1905 verrait la fin de mon cauchemar, je puis attendre encore... et j'ignore jusqu'à quand !

Comment va votre santé ? Je suis tellement pris en ce moment par de multiples obligations de famille que je ne trouve pas un moment pour venir prendre de vos nouvelles. Vous m'excuserez j'en suis sûr. Si cette période constitue une corvée pour nous, nous en sommes récompensés par les cris de joie des enfants auxquels on apporte leurs cadeaux du jour de l'an. Quel heureux âge avec toutes ses illusions, avec toute sa joie de vivre. Je vous souhaite pour l'année qui va s'ouvrir une excellente santé afin de vous conserver encore longtemps à vos amis qui pensent souvent à vous.

Mes affectueux hommages.

A. Dreyfus

204. Marie Arconati Visconti à Alfred Dreyfus

[29] décembre 1905

Cher ami – J'allais vous écrire quand votre petit mot m'arrive[466]. Je fuis Paris et les baisers du 1er janvier, je vais voir de belles cathédrales pendant quelques jours – Beauvais, Chartres, etc…

J'ai bien regretté que vous ne soyez pas là Mercredi. Vous auriez entendu dire Roujon qu'il n'aurait pas voté la Séparation et que député, il voterait pour Doumer[467] !! Quand on n'a plus rien à demander à la République, et qu'on loge inamoviblement à l'Institut, on flirte avec les réactionnaires et on devient un snob en politique. Joseph, lui, voterait pour Fallières[468] et a même expliqué son vote, en donnant une belle leçon de politique républicaine au Perpétuel[469]. En attendant, à 22 jours des élections[470], quand la réaction cléricale et monarchiste range déjà ses bataillons derrière son candidat, Doumer[471], le parti républicain n'a pas encore officiellement fait choix de celui qui aura l'honneur de le représenter.

J'ai vu Brisson qui a été voir Chaumié, Étienne et Rouvier : « Il est difficile de peser sur les magistrats[472]. »

De l'avis de Reinach et de Roujon, nos déjeuners ne doivent reprendre qu'après l'élection présidentielle [:] « on se disputerait, cela pourrait mal finir ».

Bonne année, cher ami. Je vous embrasse de toutes les forces de mon cœur et envoie mes respectueuses amitiés à Madame Dreyfus.

M^{ise} Arconati Visconti

205. Alfred Dreyfus à Marie Arconati Visconti

Jeudi [courant 1905]

Ma chère amie,

Je suis désolé de vous voir si triste et je vais vous gronder. Nous avons tous nos moments de lassitude mais il faut réagir. Il faut vivre notre vie jusqu'aujourd'hui qui arrive pour tous, courageusement et résolument. Et puis, en disant que vous êtes inutile, vous vous calomniez. D'abord vous avez des amis auxquels vous êtes chère, ensuite vous avez une fortune qui vous permet de faire du bien. Quelle plus noble jouissance que de pouvoir aider ses semblables, que de pouvoir donner un peu de joie autour de soi. Dernièrement je passais devant une pâtisserie où je vis deux pauvres enfants arrêtés, et regardant avec des yeux gourmands les bonnes choses étalées devant eux et qu'ils ne pouvaient pas s'offrir. Je leur ai procuré cette petite jouissance et je vous assure que j'ai été égayé pour toute la journée de leur joie. Vous voyez que si douloureuse qu'ait été la vie, et je crois que la mienne a été une des plus douloureuses, on peut encore avoir des joies.

Je suis de votre avis sur la politique ; vraiment elle n'est pas intéressante en ce moment.

J'essaierai de vous rencontrer Lundi prochain entre 10 h ½ et 11 heures, sauf avis contraire de votre part, et j'espère vous trouver en meilleure disposition.

Mes hommages bien affectueux.

A. Dreyfus

207. Marie Arconati Visconti à Alfred Dreyfus

Paris, [7] janvier 1906

....

L'année a bien fini, la condamnation d'Hervé m'a remplie de joie[473]. Nous sommes réveillés pour 10 ans, nous avons comme m'écrit Reinach ce matin « vomi toute l'eau du Léthé qu'on avait fait boire à la France ».

Mercier est renommé ! J'en étais sûre, mais quand on a apporté le *Temps* ce soir, j'avais cinq personnes chez moi, en même temps, sont sortis de six bouches : « Ah ! le misérable, à la c... le s... c'est ignoble quelle honte[474] »...

Je continue à avoir très peur de la Conférence et le jour où Algésiras deviendra la ville la plus importante de l'Europe, je ne serai pas tentée de mettre des lampions à ma fenêtre.....

Je trouve l'idée de fêter l'anniversaire de « J'Accuse » idiote – le moment est mal choisi[475].

Mes meilleures amitiés.

M^ise^ Arconati Visconti

208. Marie Arconati Visconti à Alfred Dreyfus

Paris, [8] janvier 1906

Cher ami – Nos déjeuners recommenceront le Jeudi 18 – nous boirons à Fallières élu de l'avant-veille certainement – à l'unanimité des républicains, je n'en doute pas. Comme je vous le disais, devant l'attitude [de] l'Empereur allemand, l'élection du Président de la République à l'unanimité des voix serait un grand acte de politique nationale.

Je viens d'écrire à Jaurès, *la première fois* depuis mon départ de Paris, 6 mois !!! J'étais embarrassée, car nous n'avons plus rien de commun, que notre haine et mépris pour Doumer. Voyons – si le sentant, il continuera à être des nôtres, je l'espère.

Mes meilleures amitiés.

M^ise Arconati Visconti

209. Alfred Dreyfus à Marie Arconati Visconti

Mardi soir [9 janvier 1906]

Ma chère amie,

Voilà Doumer réélu[476] ! Mais je doute fort de son succès Mardi prochain[477]. Ce qu'il y a de navrant, c'est de voir le président de la Chambre l'élu des droites avec l'appoint de quelques républicains arrivistes à tout prix.

Voilà aussi Mercier réélu comme sénateur, n'est-ce pas scandaleux ! Et cela par veulerie, par faiblesse. L'affaire devrait être close depuis longtemps et les crimes de Mercier dévoilés au grand jour... Que de lâchetés on voit chaque jour ; les uns les commettant par intérêt, les autres par indifférence. Mais tout cela est top *triste*. On me remonte à l'instant votre aimable lettre ; en vous lisant j'oubliais de finir la phrase précédente. Merci de votre bonne invitation ; vous savez avec quel plaisir je me retrouve chaque année à votre table parmi d'excellents amis. Je suis curieux de voir si Jaurès reviendra. Vous savez combien j'aime l'homme, mais au point de vue des idées, dans quelle piteuse voie il s'est engagé et ne sent-il pas combien il sera débordé par des hommes qui n'ont que la haine de ce qui leur est supérieur ?

Mais avant de vous revoir à votre aimable table, je me proposais de venir prendre de vos nouvelles. Je viendrai Samedi prochain à 10 h ½ sauf avis contraire de votre part.

Mes hommages bien affectueux.

A. Dreyfus

210. Marie Arconati Visconti à Alfred Dreyfus

[15] janvier 1906

Cher ami – J'ai reçu une lettre de Jaurès. Il viendra Jeudi. Nous boirons à la santé de Fallières, car son élection est sûre[478]...

Je ne crois pas que Doumer se retire. Jusqu'au dernier moment, il espère crocheter la porte de la République, pour y faire entrer sa clientèle...

J'ai fait votre commission à Fallières[479]. J'ai reçu ce matin une lettre de Monod, il a raison quand il dit de Clemenceau : « il a une âme d'inquisiteur cet ennemi des dominicains ».

Mille bonnes amitiés et à Jeudi.

M^ise^ Arconati Visconti

211. Alfred Dreyfus à Marie Arconati Visconti

Jeudi Soir [18 janvier 1906]

Ma chère amie,

Il faudra installer un phonographe afin de recueillir les anecdotes si amusantes qui sont racontées à votre table si hospitalière et qui forment un chapitre de l'histoire contemporaine.

Avez-vous vu M. Brisson et soutiendra-t-il la candidature de M. Valabrègue[480] à la présidence de chambre de la cour d'appel ? J'en serais très heureux.

Mes hommages bien affectueux.

A. Dreyfus

212. Alfred Dreyfus à Marie Arconati Visconti

Dimanche Soir [21 janvier 1906[481]]

Ma chère amie,

Merci de votre aimable mot. Vous me direz si M. B[risson] fera une démarche – *sérieuse* – pour J. Valabrègue.

Voici où en est l'affaire. Le rapport n'est toujours pas déposé officiellement[482]. On le garde dans le tiroir. Malgré la promesse faite de faire venir l'affaire avant les élections[483], on n'en fait rien et on laisse croire qu'on préfère l'ajourner. Tout cela est d'une lâcheté sans nom. De quoi a-t-on peur ? De la vérité enfin dévoilée ? C'est inouï de bêtise, et non seulement bête au point de vue moral, mais peut-être encore plus bête au point de vue politique. On a l'air d'avoir peur de quelque chose, alors qu'on a tout pour soi, la vérité, la justice et l'anéantissement d'adversaires sans scrupules. Et on n'ose pas...

Tout à vous.

A. Dreyfus

213. Alfred Dreyfus à Marie Arconati Visconti

Mercredi [24 janvier 1906]

Ma chère amie,

Merci de votre carte-télégramme qui malheureusement ne m'apportait pas les nouvelles que j'espérais. Mais je n'abandonne pas la lutte car M. Valabrègue a pour lui tous les droits d'ancienneté et de services. Remerciez également de ma part M. B[risson].

Tout est aux élections, comme je le prévoyais, et on ne veut plus entendre parler d'autre chose. Penser que l'enquête est terminée depuis le mois de juillet 1904 et que nous sommes en janvier 1906. C'est navrant !

J'espère que le temps froid et sec vous a enlevé vos fièvres et vos rhumatismes que la pluie entretenait. Je viendrai d'ailleurs prendre de vos nouvelles Vendredi prochain à 10 h ½ sauf avis contraire de votre part.

Mes hommages bien affectueux.

A. Dreyfus

214. Alfred Dreyfus à Marie Arconati Visconti

Samedi [27 janvier 1906]

Ma chère amie,

Je suis désolé de vous savoir souffrante. J'espère que votre accès de fièvre est passé. Soignez-vous bien pour vous et pour vos nombreux amis.

On discute toujours au Conseil des ministres pour savoir si on fera venir l'affaire devant la cour de cassation avant ou après les élections. La résistance vient du groupe des ministres radicaux, Trouillot[484], Dubief[485], etc... Je vous serais donc profondément reconnaissante de demander à M. Brisson d'agir auprès de ces ministres, avant la séance du conseil de *Mardi*, pour les décider dans le même sens que les ministres de la justice, de la guerre, de la marine et que le président du conseil[486] qui sont pour qu'elle vienne avant les élections. Je vous disais l'autre jour qu'agir autrement ce serait avoir l'air d'avoir peur – mon argument est justifié par l'article de tête de l'*Éclair* d'aujourd'hui[487] dont vous avez pu lire la reproduction dans le *Matin*. Il est d'un intérêt politique évident que l'affaire soit liquidée devant la cour de cassation avant les élections.

Merci à l'avance et tout à vous.

A. Dreyfus

215. Alfred Dreyfus à Marie Arconati Visconti

Dimanche [28 janvier 1906]

Ma chère amie,

M. Lalance[488] m'a demandé ce matin combien j'avais payé Lasies pour lui faire écrire sa lettre. C'était, sous une forme humoristique, dire quel service cet adversaire me rendait. J'espère que le gouvernement comprendra enfin quel intérêt politique il y a à liquider l'affaire. J'avais l'air d'un raseur à force de le répéter ; les événements me donnent raison. Le gouv^t^ n'a qu'une réponse à faire à Lasies, faire venir le plus tôt possible les débats publics devant la Cour.

Comment va votre santé ?

Mes hommages bien affectueux.

A. Dreyfus

216. Alfred Dreyfus à Marie Arconati Visconti

Mardi [30 janvier 1906]

Ma chère amie,

Je reçois à l'instant votre carte-télégramme. Merci de tout cœur, mais je suis désolé de voir que vous êtes si souvent reprise par vos accès de fièvre. Il faudrait cependant arriver à vous en débarrasser.

Espérons que cette fois-ci le gouvernement ne reculera pas et qu'il osera... laisser la justice suivre son cours. Je n'aurais jamais cru qu'il fallût se donner tant de mal pour obtenir simplement qu'on fût jugé. La question a dû être agitée et probablement résolue au conseil de ce matin. Je vais tâcher d'en connaître le résultat.

À jeudi et mes hommages bien affectueux.

A. Dreyfus

2 h – D'après un renseignement téléphonique qui me parvient, il semble que la question n'a pas été résolue ce matin (!!) on me dit simplement : « je crois que cela va marcher ». Il faudrait donc que M. B[risson] continue à agir vigoureusement. Merci à l'avance.

218. Alfred Dreyfus à Marie Arconati Visconti

Mercredi [février-avril 1906]

Ma chère amie,

Je suis heureux de vous savoir bien portante. Je viendrai le constater par moi-même Vendredi prochain vers 11 h moins un quart.

Je comprends que vous soyez effrayée de l'anarchie qui règne. Chaque ministre veut être un petit potentat comme le chef, qui n'a d'énergie que contre les individualités qu'il peut bafouer et écraser, mais qui perd pied, n'ayant rien su prévoir, devant la révolution montante. Que nous préparent les élections ? J'avoue que je n'en sais rien, mais ce dont je suis sûr, c'est ce que je vous ai dit il y a fort longtemps déjà : nous aurons la révolution contre la bourgeoisie, comme nous avons eu la révolution contre la noblesse.

Tout à vous.

A. Dreyfus

220. Alfred Dreyfus à Marie Arconati Visconti

Mardi [6 février 1906]

Ma chère amie,

J'ai de meilleures nouvelles mais je doute encore. Je crois savoir que le ministre de la justice a invité le procureur général à presser le plus possible – il s'agit maintenant de savoir si la résistance ne viendra pas du premier président[489] qui prétextera que la chambre civile de la cour de cassation va être saisie de 1 000 à 1 500 pourvois sur la révision des listes électorales, pourvois qui doivent être jugés avant les élections[490]. Si on n'avait pas tant tardé, on ne se trouverait pas acculé aujourd'hui à une situation infiniment plus difficile par suite du peu de temps dont on dispose – Attendons... la suite. Dès que je saurai quelque chose de définitif, je vous aviserai.

Comment va votre santé ?

Mes affectueux hommages.

A. Dreyfus

221. Alfred Dreyfus à Marie Arconati Visconti

Jeudi [15 février 1906]

Ma chère amie,

L'affaire reste toujours indiquée, d'une manière générale, pour le mois de Mai, à raison de nécessité de service, les pourvois sur la révision des listes électorales devant absorber les audiences de la Cour. On a tant tardé qu'on s'est trouvé acculé, ce qui était à prévoir[491].

La lutte pour la nomination de président de chambre à la cour d'appel reste toujours ardente. M. Valabrègue est un de ceux qui paraissent avoir le plus de chances mais il ne faut pas se reposer sur des lauriers non conquis encore. Si vous pensez que M. Brisson peut encore faire quelque chose pour lui, je vous serais reconnaissant de le lui demander.

L'accusation de Cuignet[492] porte bien, comme je l'ai pensé dès le premier jour, sur la pièce de comparaison pour établir la date réelle de la pièce des chemins de fer[493]. Reinach pensait que cette accusation portait sur [illisible] dépêche Panizzardi – cela m'étonnait fort. Elle a d'ailleurs la valeur de toutes les élucubrations de Cuignet[494].

Sauf avis contraire de votre part, je viendrai prendre des nouvelles de votre santé Samedi prochain à 10 h ½.

Mes affectueux hommages.

A. Dreyfus

222. Marie Arconati Visconti à Alfred Dreyfus

[16] février 1906

Cher ami. Je reçois votre petit mot, ne venez pas Samedi matin, je suis toujours souffrante, je me lève depuis hier, de 2 à 6, à ce moment de la journée je vous recevrai, mais si cela vous dérange, nous nous verrons sûrement Jeudi et Le Gendre – mon docteur – que j'ai invité à déjeuner, m'a demandé de le mettre à côté de vous.

Je pense – qu'à défaut d'autres choses !!! – toutes les pitreries Lasies-Cuignet vont faire comprendre à ce gouvernement qu'il serait temps d'en finir, pour vous d'abord, et pour la France qui devient la risée de l'Europe. Moi, qui reçois souvent des lettres de l'étranger, je lis quelquefois des choses pénibles, mais justes. Le Général Pelloux, l'autre jour, lors de la cabotinade Lasies dans l'*Éclair*[495] – qu'il avait lue au cercle des Étrangers de Monaco – était outré.

Je pense que la fripouillerie cléricale va se tenir tranquille – vous savez que *mon* curé est furieux (celui de Ste Clotilde). Ses fidèles l'ont traité « d'andouille », ont fermé les portes et sonné les cloches *contre sa volonté.* Ce qu'il y a de bon, c'est que tous ces *ultras* vont former le personnel des futures associations cultuelles.

MM. les curés habitués au pouvoir absolu, vont connaître l'agrément de gouverner avec des gens de droite – notre bon clergé a vu dans les formalités de l'inventaire cette occasion d'agiter l'opinion publique et de provoquer, à la veille des élections, des manifestations publiques dont la chance leur a échappé jusqu'ici, malgré leurs tentatives de révolte contre la loi de séparation.

Ils avaient annoncé que le peuple français aller se soulever, si on osait séparer l'Église et l'État. Ils n'ont pu obtenir dans l'indifférence générale que des signatures de vieilles dévotes, de sacristains et d'enfants de l'école primaire au bas de leurs protestations répandues en tous lieux par les soins de l'évêché. Ce n'est pas cette armée-là, qui pourra même recommencer la fameuse chouannerie au zinc d'art, organisé par les moines de Bretagne il y a deux ans, avec l'aide des grandes héroïnes de la fronde moderne, qui remplacent les canons de la bastille par les pompes à purin.

Comme toujours, le gouvernement manque de « poil » avec ses déclarations vagues – au sujet des tabernacles – qui ont donné en apparence raison à tout le monde et pourrait [*sic*] aboutir à laisser la rébellion maîtresse du terrain[496].

Somme toute, quand l'Église est toute-puissante, elle brûle ses adversaires, la République, elle, se contente de les doucher.

Le canaille d'en haut me dégoûte plus que celle d'en bas – celle-ci a quelquefois la passion ou la misère pour excuse, l'autre, *la chic*, fait ça froidement, bassement, lâchement. Pouah !............

Le divorce de Boni est peut-être une bonne chose – nous allons voir si ses électeurs l'aimaient pour lui-même ou pour sa galette.

Cet homme qui a dépensé 25 millions par an, réduit à 4000 frs par mois, que lui jette dédaigneusement cette rasta de Gould. Quel monde !! Les noms des femmes dont les lettres ont été pincées sont connus de tous les clubs, Austin Lee (femme du 1er secrétaire de l'ambassade anglaise), Mme de Janzi, la Mise de Serizy, deux autres dont j'oublie le nom et enfin la Baronne Henri de Rothschild qu'on a raison d'appeler *le veau de Cernay* (son mari escoculap [*sic*])[497].

À la fête donnée aux vaux de Cernay par Henri de Rothschild au roi de Portugal, Castellane n'y alla pas, pour ne pas se rencontrer avec ce Dreyfusard prince de Monaco[498].

Si Syveton n'avait pas rendu sa belle âme à Dieu, ce divorce faisait un trou dans son budget[499].

Voilà ce parti d'hermines composé de m.... comme Syveton ou Castellane, ou pédérastes comme Guyot de Villeneuve et autres fripouilles. Pouah !

Quelle bavarde je fais, je me lance dans les « mondanités » comme dit Roujon..................

Mes meilleures amitiés de votre fidèle et dévouée

M^ise Arconati Visconti

223. Alfred Dreyfus à Marie Arconati Visconti

Vendredi Soir [16 février 1906]

Ma chère amie,

J'ai trouvé votre lettre en rentrant et je reçois à l'instant votre carte-télégramme. Merci de votre aimable démarche pour M. V[alabrègue] et merci non moins vivement de votre lettre si débordante d'ardeur et de réflexions piquantes et justes. Vos lettres sont un délice pour moi et vous ne pouvez pas me faire plus de plaisir qu'en laissant courir allègrement votre plume.

Pourquoi le général André se laisse-t-il accuser de faux par Cuignet ? On frappera ce dernier mais on ne dira pas que son accusation est mensongère, ce qui est l'essentiel. On veut donc faire croire que c'est un martyr de la vérité, tandis que ce n'est qu'un héros du mensonge. La date mise sur la pièce dite du télémètre[500], qu'il prétend fausse et mise sous l'administration du général André existait déjà sur cette pièce même avant que Cuignet ait pris connaissance du dossier ainsi que cela est prouvé par le rapport Gonse Wattine [*sic*] de juin 1898[501] où la date de cette pièce est relevée[502]. On a donc les moyens de confondre péremptoirement Cuignet. Alors qu'attend-on[503] ?

Précisément aujourd'hui, avant de recevoir votre lettre, j'ai pris rendez-vous pour demain après-midi. Cependant si j'ai un instant à moi avant d'aller dîner (car je dîne en ville) je viendrai vous soir. Sinon à Jeudi.

En tous cas, soignez bien votre santé pour vous d'abord, pour vos nombreux amis ensuite.

Mes affectueux hommages.

A. Dreyfus

225. Alfred Dreyfus à Marie Arconati Visconti

Samedi [24 février 1906]

Ma chère amie,

Le ministère sort victorieux de la séance d'hier[504] mais cette victoire même ne prouve-t-elle pas la lassitude de tout le personnel parlementaire. Toutes ces fins de législatures sont pitoyables ; les uns, ceux qui ont l'espoir d'être réélus ne pensent qu'à leur circonscription, les autres, ceux dont les chances sont incertaines ou nulles se raccrochent au gouvernement quel qu'il soit dans l'espoir d'en obtenir une grasse sinécure. Et l'on va aller aux élections sans programme, sans direction, sans volonté nettement affirmée dans un sens ou dans l'autre.

Je ne veux pas vous parler davantage de la conférence d'Algésiras… qui, selon toute vraisemblance, aboutira à un résultat nul. Ce qui est le plus amusant, c'est la tête des délégués marocains qui assistent, muets, à un repas dont leur pays fait les frais. On se dispute pour savoir quel pays gagnera le plus d'argent à l'exploitation méthodique du Maroc… tout cela couvert sous le mot de civilisation. La comédie humaine est parfois amusante quand on la regarde d'un sourire indulgent.

À Jeudi. Mes hommages les plus affectueux.

A. Dreyfus

227. Alfred Dreyfus à Marie Arconati Visconti

Samedi [3 mars 1906]

Ma chère amie,

Eh bien ils ont voulu commencer leur boucan à la séance d'hier mais Jaurès leur a rivé leur clou[505]. Quelle faute politique de n'avoir pas fait venir l'affaire avant les élections !

Avez-vous pensé à demander à M. Brisson quand M. Valabrègue pourra venir le remercier des démarches qu'il a bien voulu faire pour lui[506] ?

Mes hommages bien affectueux.

A. Dreyfus

228. Marie Arconati Visconti à Alfred Dreyfus

3 mars 1906

Mon bien cher ami,

Henri Brisson est venu me voir, je n'y étais pas.................... (je lui écris)

Et alors... oubliant qu'il est député, qu'il a peut-être voté tout ce que vous savez, je lui dis ce que je pensais de ces dernières séances à la Chambre, qui ont donné le plus triste spectacle de décomposition morale auquel on puisse assister. Lui parlant de la platitude de nos députés (à plat ventre devant les bouilleurs de cru), du sans-gêne avec lequel ils gaspillent la fortune de la France et finissant par l'affaire des bouilleurs de cru jette un jour cruel sur notre état moral. Quelles minutes après le départ de mon bleu, je me suis demandé s'il avait voté. Quand Monod est venu à 4 heures, je lui ai fait part de mon émotion, il m'a dit qu'en sa qualité de *marseillais*, il ne devait pas avoir voté. « Cruelle énigme ». S'il a voté, je crois que nous serons quelque temps sans nous voir, vous savez qu'il ne parle plus à Joseph depuis le IVe volume[507]. S'il n'a pas voté[508], je le verrai sûrement cette semaine et je ferai votre commission.

J'avais écrit ce matin à Jaurès – avant de partir pour Bruxelles, il m'a écrit une lettre tout à fait gentille – quel malheur qu'il ait des idées si… car c'est bien le plus grand cœur et la plus belle âme qui soit au monde[509].

Je déjeune mercredi au Sénat et Dubost[510] me dit que j'irai placer le buste de papa à l'endroit qui me conviendra le mieux – vous savez que c'est un vieil ami à moi –

….. L'article de ce matin de Clemenceau était parfait, l'armée est gangrenée jusqu'aux moelles par l'esprit clérical et réactionnaire[511]. Quel ignoble brute que ce Galliffet, quel sinistre pitre[512].

Vous avez cent fois raison, ça a été une grande faute que de n'avoir pas fait venir « l'affaire » avant les élections……………

Mille bonnes amitiés.

Mise Arconati Visconti

229. Alfred Dreyfus à Marie Arconati Visconti

Lundi [5 mars 1906]

Ma chère amie,

Je ne crois pas que M. Brisson se fâche contre une vieille amie qui lui dit… des vérités, s'il a voté pour le privilège des bouilleurs de cru. Et vous le verrez vraisemblablement cette semaine – de la sorte vous pourrez lui faire ma commission.

L'*Éclair* d'aujourd'hui publie un article de Judet commentant une nouvelle lettre de Cuignet injurieuse pour le gouvernement et pour la cour[513]. Si les insultes de cet énergumène qui élève le mensonge à la hauteur d'un dogme pouvait seulement faire l'effet d'un coup de fouet… à tous les timorés qui tremblent rien qu'à la pensée d'agir ! Mais je reste sceptique et pour cause.

Je serai rentré Vendredi à midi et serai très heureux de causer quelques instants avec vous avant que vous n'alliez déjeuner chez mon aimable propriétaire. Il me semble que vous dérogez à vos habitudes – vous déjeunez dehors Mercredi et Vendredi ! Mais il est vrai que Mercredi ce sera pour rendre un pieux et bien doux hommage à votre père.

Quand je vois le soleil qui brille comme aujourd'hui et le renouveau de ce matin, j'ai une envie folle de fuir Paris, le bruit et le monde et d'aller courir à travers champs et bois, en humant l'air pur de la campagne. Mais hélas ! tout me retient à Paris.

Mes hommages bien affectueux.

A. Dreyfus

230. Alfred Dreyfus à Marie Arconati Visconti

Mercredi [21 mars 1906]

Ma chère amie,

Merci de votre lettre et de votre télégramme. Je crois comme vous que la lutte sera vive pour le sans-renvoi et personne ne peut prédire qui l'emportera, mais comme l'arrêt sera délibéré et que chaque conseiller peut prendre la parole, plus il y en aura qui auront le courage de soutenir leur opinion pour le sans-renvoi, plus les chances augmenteront. Il est donc utile que M. B[risson] engage les magistrats qu'il connaît à prendre la parole au délibéré et à soutenir vigoureusement leur opinion.

Voilà Cl[emenceau] débordé dans le Nord. Peut-être a-t-on été un peu pressé de faire sortir les troupes et eût-il mieux valu attendre que les circonstances fussent plus graves… Mais souvent ne vaut-il pas mieux prévenir que d'avoir à agir ensuite[514] ?

L'affaire des officiers de St Servan va-t-elle enfin aboutir à la suppression – dans la prochaine législature – des conseils de guerre[515] ?

Je viendrai bavarder un peu avec vous Lundi prochain à 10 h ½, sauf avis contraire de votre part.
Mes hommages bien affectueux.

A. Dreyfus

232. Alfred Dreyfus à Marie Arconati Visconti

Jeudi [29 mars 1906]

Ma chère amie,
En quel temps croit-on vivre quand on lit cette déclaration du capitaine de Fonlongue au conseil de guerre devant lequel il comparaissait :
« J'ai vu devant moi, non pas seulement une église isolée, mais l'Église tout entière, qui domine l'univers... J'ai vu le lieu béni où vont se soulager sous l'œil de l'Être Suprême les douleurs et les peines de la vie... Et j'ai refusé l'obéissance pour ne pas fouler aux pieds les hosties consacrées qui sont le corps même de mon Dieu[516] !... »
Les lettres que vous m'avez montrées hier sont fort intéressantes – Je regrette de n'avoir pas eu le temps de lire la seconde mais j'espère que je la lirai la première fois que j'aurai le plaisir de venir bavarder avec vous le matin.
Mes hommages bien affectueux.

A. Dreyfus

233. Alfred Dreyfus à Marie Arconati Visconti

Samedi [14 avril 1906]

Ma chère amie,

J'espère que cette lettre vous parviendra malgré la grève des postiers[517]. Le gouvernement me paraît dans une situation assez embarrassante ; il a débuté par la manière forte[518], et quand on s'est engagé dans cette voie-là, il est difficile de revenir en arrière. Regardons-le faire en spectateurs amusés et voyons s'il s'en tire autrement que les autres gouvernements. Je viendrai bavarder quelques instants avec vous Mardi prochain à 10 h ½ sauf avis contraire de votre part.

Mes hommages bien affectueux.

A. Dreyfus

235. Alfred Dreyfus à Marie Arconati Visconti

Mercredi [18 avril 1906[519]]

Ma chère amie,

Je crois, qu'avec ce vilain temps, j'aurais pu me risquer à venir ce matin, mais j'ai craint de vous déranger. Je ne puis venir aujourd'hui ni demain après le déjeuner, car je marie mon neveu[520], mais je pense venir vous voir soit Vendredi soit Samedi et je serai très heureux de bavarder quelques instants avec vous.

La candidature de Maret me paraît dangereuse pour Reinach[521]. Qui a bien pu lui susciter ce candidat de dernière heure ? Je ne savais pas que Théodore se présentait. Où donc ? Dans la Savoie peut-être[522] ?

Je n'ai pu encore aller au Salon[523] car toute ma famille est à Paris pour le mariage de mon neveu et tout mon temps se perd à courir chez les uns ou les autres.

Donc à Vendredi ou Samedi entre 2 et 3 h.
Mes affectueux hommages.

A. Dreyfus

Cl[emenceau] doit trouver que le ministère de l'Intérieur est moins drôle qu'il ne le pensait.

236. Alfred Dreyfus à Marie Arconati Visconti

Samedi [21 avril 1906[524]]

Ma chère amie,
Cl[emenceau] ne me paraît guère avoir réussi et cela n'a rien d'étonnant. Et plus cela durera, plus il est à craindre que la foule ne s'exaspère et qu'on en soit réduit à une répression violente – tout ceci pour ne pas avoir pris à temps les précautions voulues et pour avoir oublié que les foules ne sont jamais sages.
Je suis désolé comme vous des nouvelles qui nous sont parvenues au sujet de la candidature de Joseph ; je veux encore espérer qu'elles sont erronées – en tout cas, je vais faire travailler vigoureusement pour lui.
Avez-vous eu du plaisir hier soir à l'Opéra[525] – Je trouve la musique de Wagner écrasante et fatigante au théâtre. Je l'aime mieux au concert en tranches découpées, d'autant plus que les livrets sont généralement insignifiants.
Tout à vous.

A. Dreyfus

237. Alfred Dreyfus à Marie Arconati Visconti

Samedi [28 avril 1906]

Ma chère amie,

Eh bien, je n'ai plus le plaisir de vous lire ? Auriez-vous quitté Paris ? J'espère que non et que vous n'avez pas fui devant les bruits alarmants qu'on propage. Il ne se passera rien, croyez-le bien. Tout cela c'est de l'agitation stérile[526]. Et le complot, le grrrand complot, qu'en dites-vous[527][?] Décidément, on devient bien radoteur, on n'innove plus. Plus ça change, plus c'est la même chose. Je viendrai vous voir un jour de la semaine prochaine après le déjeuner et j'espère vous trouver en excellente santé.

Mes hommages bien affectueux.

A. Dreyfus

238. Alfred Dreyfus à Marie Arconati Visconti

Vendredi Soir [4 mai 1906]

Ma chère amie,

Merci vivement de votre petit mot d'hier et de votre carte-télégramme et soyez assez bonne pour remercier de ma part M. Brisson pour sa demande en faveur de M. V[alabrègue][528].

J'espère que M. Br[isson] agira aussi de toute son influence auprès des conseillers de la cour de cassation qu'il connaît pour les amener à la solution que nous préconisons[529].

Il ne nous reste qu'à attendre les résultats des élections d'après-demain. Un homme politique très fin me disait cet après-midi : « Les élections ont prouvé combien M. Combes était populaire dans les masses. »

Tout à vous.

A. Dreyfus

239. Alfred Dreyfus à Marie Arconati Visconti

Lundi 10 heures [7 mai 1906]

Ma chère amie,

Les élections sont excellentes. Jaurès a passé[530], Joseph arrive en tête et j'espère bien qu'il passera au 2e tour[531]. Quelques nationalistes notoires font un plongeon dont ils ne se relèveront pas[532].

Tout à vous.

A. Dreyfus

240. Marie Arconati Visconti à Alfred Dreyfus

8 mai 1906

Cher ami,

Je n'ai pas besoin de vous dire ma joie. Quel effondrement de tous les ennemis de la République, de tous nos adversaires.

Le Pape a la parole comme dit si justement Harduin ce matin[533].

Zurlinden battu[534], Mercier hué[535] – ah que je suis contente, si ce pays était sage (!!), il serait le premier du monde.

J'ai des nouvelles de Brisson, de Jaurès, de Joseph. Je pense que ses deux adversaires qui l'ont mis « au ban de la démocratie » vont voter pour lui[536]. Je suis un peu préoccupée et (entre nous seuls) je viens d'écrire à Combes (il est à Pons) à ce sujet. J'ai reçu 22 dépêches me félicitant les unes de la nomination de Brisson[537], les autres du triomphe du Bloc – Combes est vengé, pauvre vieil ami.

Amitiés.

Mise Arconati Visconti

241. Alfred Dreyfus à Marie Arconati Visconti

Mercredi [9 mai 1906]

Ma chère amie,

Les élections sont excellentes – elles confirment la politique courageuse et ferme de M. Combes, c'est lui qui sort vainqueur de la lutte[538]. Pourvu que la discipline soit exactement observée au second tour, la circulaire de M. Combes est excellente à ce point de vue[539]. J'espère qu'elle produira son effet dans les Basses-Alpes et que les deux radicaux qui ont obtenu un nombre infime de voix se désisteront en faveur de Joseph, ce qui leur permettra de battre à plat de couture Henry Maret.

J'ai été très heureux de la réélection de Brisson[540] et je lui ai envoyé aussitôt un mot de félicitations.

J'espère bien que Doumer ne sera pas réélu président de la Chambre. Sa carrière politique me semble bien près de sa fin[541].

Je viendrai vous causer quelques instants au commencement de la semaine prochaine car en ce moment j'ai presque toutes mes après-midi prises.

Tout à vous.

A. Dreyfus

243. Alfred Dreyfus à Marie Arconati Visconti

Jeudi [17 mai 1906]

Ma chère amie,

Exquis, délicieux, l'article d'Aulard sur Jaurès. Et comme c'est ce que nous pensons tous[542]. Et voilà Doumer qui se désiste[543]. Les raisins sont trop verts. J'espère bien que l'on nommera M. B[risson].

La situation de Joseph me paraît bien meilleure, grâce d'ailleurs à M. Combes. J'espère donc qu'il sera nommé Dimanche prochain.

Amitiés à vous.

A. Dreyfus

244. Alfred Dreyfus à Marie Arconati Visconti

Lundi [21 mai 1906]

Ma chère amie,

La victoire est complète[544] – Je suis heureux de tout cœur de l'élection de cet excellent Joseph[545] qui a été assez aimable pour m'envoyer une dépêche annonçant son succès.

Je crois que les nationalistes et cléricaux ont reçu une tape dont ils ne se relèveront pas.

Il s'agit maintenant d'assurer *notre* victoire. Il faudra que M. Br[isson] nous aide de toute son influence auprès des magistrats qu'il connaît pour aboutir au non-renvoi.

Tout à vous.

A. Dreyfus

245. Alfred Dreyfus à Marie Arconati Visconti

Lundi [4 juin 1906]

Ma chère amie,

C'est une préface à un livre de M. Franck [*sic*] Puaux que Monod a écrite[546]. Je serai heureux de la lire quand vous me la remettrez Jeudi. Que ces articles de journaux sur l'affaire sont souvent absurdes, ils ne voient que les « à-côtés » et nullement les choses essentielles, qu'ils ignorent d'ailleurs. Pourquoi n'attendent-ils pas l'ouverture des débats ?

Je suis heureux de la réconciliation de Br[isson] et de Joseph[547]. Je n'ai pas vu ce dernier depuis quelques jours mais je pense le voir demain matin.

J'ai été passer la journée d'hier avec tout mon monde dans la forêt de Fontainebleau. Mais quelle cohue dans les trains ces jours de fête[548]. C'est une véritable bataille pour avoir des places ; au départ le matin, il fallut former des trains supplémentaires et je ne pus avoir que le second.

Aujourd'hui en quinze *ouverture des débats publics*[549]. Puisse la cour de cassation en finir. Il y a assez longtemps que cela dure. À Jeudi.

Mes hommages bien affectueux.

A. Dreyfus

246. Alfred Dreyfus à Marie Arconati Visconti

Vendredi [8 juin 1906]

Ma chère amie,

Encore huit jours et la bataille recommencera ardente. Il faut arriver à la clore à la Cour, profiter de ces derniers jours pour aboutir à ce résultat et donner le dernier effort. J'espère que M. Br[isson] s'y emploiera de son mieux et je compte sur vous pour le lui rappeler.

Merci à l'avance et tout à vous.

A. Dreyfus

250. Marie Arconati Visconti à Alfred Dreyfus

[22[550]] juin 1906

Cher ami,

J'étais là et mémoire[551] et carte ont eu le temps de partir ce soir[552] – De Mot a tous ses enfants et petits-enfants à dîner le Dimanche, voyez quelle émotion en lisant et touchant votre carte.

Ah ! que je me souviens du mot de mon pauvre Auguste (Molinier) « il a créé une religion ». Je me souviens de mon émotion quand vous m'avez envoyé votre portrait – c'était la première fois que je voyais votre écriture[553]. J'ai tellement embrassé et baigné de larmes l'adresse que les caractères disparaissent presque. Je ne vous parle pas de mon émotion quand je vous ai vu chez Joseph.

Ah ! le mot de Sorel[554] que nous a dit Monod Jeudi !!! Je l'ai dit à Briand qui est venu me voir hier – il a passé une heure et demie chez moi et m'a raconté de drôles de choses sur le 1er Mai !! Il m'a rassuré sur le sort de l'École des Chartes[555] et venait me donner une réponse à la lettre « angoissée », disait-il, que je lui avais écrite.

J'ai écrit à Monod pour lui donner la bonne nouvelle.......

On s'y attendait, mais les conclusions de Moras (je laisse l'épithète dans ma plume) ont fait froid à bien des gens[556]....

Il est bien le mot de Lermina[557] : « Cet état-major au service des Jésuites est un des groupes les plus odieux qui ait jamais déshonoré l'humanité[558]. »

Votre amie bien émotionnée.

Mise Arconati Visconti

252. Alfred Dreyfus à Marie Arconati Visconti

Dimanche [24 juin 1906]

Ma chère amie,

Merci de votre bonne lettre. Je me serais avec grand plaisir arrêté chez vous hier, mais j'avais encore plusieurs rendez-vous. La cuisine matérielle pour la sténographie des débats, pour la faire publier par les journaux d'abord, en volumes ensuite[559], me fait perdre beaucoup de temps.

Je ne veux pas qualifier la fin de l'œuvre de M. M[oras]... J'ai été indigné des arguments qu'il a employés. Il n'a pas osé dire le mot qu'il devait dire après avoir reconnu tout le long de son rapport le néant de l'accusation. Mais la semaine prochaine nous aurons des réponses vigoureuses[560]. Quel sera le résultat final ? Nul ne peut le dire avec certitude.

Tout à vous.

A. Dreyfus

253. Alfred Dreyfus à Marie Arconati Visconti

Lundi matin [25 juin 1906]

Ma chère amie,

J'ai aussi vivement regretté de ne pas vous avoir vue, mais j'avais été obligé de sortir. Quand je suis rentré, j'ai vu votre voiture devant la porte, mais quand je suis monté, vous étiez déjà descendue chez M. Gustave Dreyfus. J'y serais bien venu si je n'avais été obligé de conduire ma fille chez sa grand-mère ; là, j'ai trouvé mon beau-frère qui m'a proposé, pour me changer un peu d'ambiance, de nous emmener déjeuner à la campagne dans son auto. Je suis encore une fois revenu chercher ma femme et enfin à midi nous partions tous. Comme il était déjà tard, nous nous sommes arrêtés à Ville d'Avray chez Cabanier [lecture incertaine] où nous avons déjeuné et de là nous avons fait une excellente promenade dans la vallée de la Bièvre. Cela m'a fait du bien et détendu mes nerfs.

Pour la rue Jacob[561], tout ce que je puis vous dire, c'est qu'on m'a délivré pour ce que j'ai versé un reçu « pour la publication de la révision devant la cour de cassation ». Mais si vous le préférez, peut-être sera-t-il plus prudent d'attendre qu'on ait annoncé les volumes, d'en souscrire le nombre correspondant à ce que vous voulez donner et de les faire envoyer à la librairie de la rue Cujas (Œuvre du livre pour tous) pour être distribués. Je vous en parlerai d'ailleurs Jeudi prochain. Il est 9 heures et je vais de nouveau me mettre en route car j'ai des rendez-vous ce matin.

Tout à vous.

A. Dreyfus

254. Alfred Dreyfus à Marie Arconati Visconti

Mardi [26 juin 1906]

Ma chère amie,

Je n'ai pas lu l'article de Zurlinden dans le *Figaro* mais je comprends que l'affaire doit peser *sur lui* comme un cauchemar[562] !!

L'*Éclair* ce matin fulmine d'une rage impuissante[563] et le *Gaulois*, sous la plume de Léon Daudet[564], est ignoble comme toujours[565].

Quelle sera la solution définitive ? Nul ne peut le prévoir avec certitude. Tout ce qu'on peut dire, c'est qu'il y a de l'espoir pour que la solution soit celle que nous désirons[566].

Mes hommages bien affectueux.

A. Dreyfus

255. Marie Arconati Visconti à Alfred Dreyfus

27 juin 1906

Cher ami,

Je croyais n'avoir plus de larmes. Baudouin m'a remué au fond de l'être[567], j'ai dû m'arrêter hier soir quand il a entrouvert la porte de votre enfer – toutes mes plaies se sont rouvertes et mises à saigner.

Alors vous croyez... j'ai tellement peur que je n'ose y penser.

Donnez-moi donc l'adresse de Baudouin, je voudrais lui écrire un mot.

Jamais je n'aurai le courage d'aller au Palais le dernier jour comme j'en avais l'intention[568]...

Je persiste à dire que les magistrats qui vous renverraient devant un conseil de guerre seraient plus coupables que les brutes qui vous recondamneraient.

L'*Aurore* continue à bien marcher. Souberbielle ce matin a fait une colonne parfaite[569].

Je viens de relire la préface de Monod (*Vers la Justice* de Puaux), elle est admirable.....

Tout le monde recommencera à être angoissé, de Belgique, d'Italie surtout (ce matin 5 lettres), tout le monde se demande *si la folie* va recommencer...

Devinez tout ce que je suis incapable de vous écrire.

M^{ise} Arconati Visconti

256. Alfred Dreyfus à Marie Arconati Visconti

Jeudi [28 juin 1906]

Ma chère amie,

Merci de votre bonne lettre à laquelle il m'a été impossible de vous répondre hier.

L'adresse de M. Baudouin est 3 rue Corneille.

Les renseignements sont toujours les mêmes. De l'espoir sans pouvoir avoir une certitude quelconque.

Je viendrai vous voir Samedi prochain entre 3 h et 4 h si cette heure vous convient. Sinon, dites-moi votre heure ?

Tout à vous.

A. Dreyfus

257. Marie Arconati Visconti à Alfred Dreyfus

[28] juin 1906

Convenu cher ami – à Samedi de 3 à 4 – Vous n'avez pas l'idée de l'état dans lequel j'ai les nerfs. Ma lettre à Baudouin va les détendre.

Le compte rendu du *Temps* est trop écourté – la déposition de Chamoin est étranglée, l'*Aurore* et d'autres lui ont donné l'importance qu'elle méritait[570] – C'est comme cette publication des lettres de ces deux rescapés du Bagne, du Paty et Gribelin[571] – ils ont attendu pour *rouspéter* – comme disait Bossuet – de n'avoir plus à craindre de changer leurs vestons en casaques de forçats. Ah ! les misérables lâches, les bandits[572]. Ça ne fait rien, Mercier est marqué à l'épaule avec un fer rouge. Beaucoup de gens apprennent leurs crimes seulement aujourd'hui.

M^{ise} Arconati Visconti

258. Alfred Dreyfus à Marie Arconati Visconti

Mercredi [4 juillet 1906]

Ma chère amie,

Merci de votre bonne lettre. Si la réparation n'a pas lieu de suite, alors… on ne sait plus. Il faudra battre le fer tant qu'il sera chaud et le battre vigoureusement aussitôt l'arrêt rendu, si celui-ci est ce que nous espérons. L'impression générale est favorable… mais on n'a aucune certitude.

Mon fils a vu sur vos enveloppes le nouveau timbre de 10 centimes. Or, me dit-il, il a déjà été dans plusieurs bureaux de poste pour s'en procurer de non oblitérés pour sa collection, et il n'en a pas trouvé. Aussi je vais vous demander de lui faire un cadeau, c'est d'être assez aimable pour m'envoyer 3 ou 4 timbres de 0 fr 10 non oblitérés, du type rouge brique.

À Jeudi.

Mes hommages bien affectueux.

A. Dreyfus

259. Marie Arconati Visconti à Alfred Dreyfus

[6] juillet 1906

Cher ami. Si ce n'est pas vous qui avez acheté Gaston Méry[573] c'est moi – la Justice immanente ! Mercier a commis tous ses crimes par peur de la presse immonde, c'est la presse immonde qui l'attache au pilori. J'ai acheté ce matin 20 numéros de la *Libre Parole* pour consoler ceux de ses lecteurs que cette lettre navreraient [*sic*]…..

A. V

260. Marie Arconati Visconti à Alfred Dreyfus

[6 ou 7] juillet 1906

Mon bien cher ami,

Je vous suis bien reconnaissante de ce que vous faites pour moi[574], malheureusement, *rien* ne peut calmer mes pauvres nerfs – nous sommes quelques-uns à revivre les heures terribles de 1899[575].

Je n'ai jamais vu Brisson dans cet état-là – « Je ne peux pas dormir, je pense à Dreyfus, à la France, qui attendent le sans-renvoi comme un cri de délivrance et de salut. » Il m'a dit hier en me quittant : « Il me sera impossible de présider Lundi. »

J'ai pris deux bains de tilleul depuis 24 heures, rien n'y fait. J'ai fait venir Le Gendre, très émotionné lui aussi (et sa femme !!...).

J'ai reçu entre hier soir et ce matin, 11 lettres d'Italie, d'Angleterre, de Hollande, de Belgique me demandant « si des magistrats seraient assez fous pour vous renvoyer à vos bourreaux ».

En lisant hier soir ce qu'a dit Mornard[576], j'ai pleuré toutes les larmes de mon corps et ai dîné avec une tasse de camomille. C'est à crever. Comment arriverons-nous à Mardi ou Mercredi[577] ?!!

Je pense à mon père – lui, aurait forcé les républicains à sortir de la salle du Sénat quand l'homme qui devrait être au bagne y serait entré. Vous ai-je dit qu'hier, Magnin[578] m'avait dit que deux ou trois personnes à peine parlaient à Mercier.

Devinez tout ce que je suis incapable de vous écrire.

M[ise] Arconati Visconti

261. Alfred Dreyfus à Marie Arconati Visconti

Samedi matin [7 juillet 1906]

Ma chère amie,

Merci pour vos timbres et pour votre lettre.

Non, il ne faut pas de cérémonie. Joseph m'en a parlé hier et je l'ai convaincu qu'il fallait abandonner cette idée[579].

Je compte donc sur vous pour que M. Br[isson] *marche à fond* pour obtenir, aussitôt l'arrêt rendu, les deux choses que je vous ai indiquées[580]. Merci encore.

L'article d'hier dans la *L[ibre] P[arole]*[581] était un curieux signe du temps. J'attends qu'on y réponde.

On aura probablement l'arrêt Lundi soir.

Tout à vous.

A. Dreyfus

262. Marie Arconati Visconti à Alfred Dreyfus

[7[582]] juillet 1906

Brisson a passé 1 h ½ chez moi, il est presque aussi angoissé que moi. Il tremblait en me montrant la liste[583], il croit pouvoir compter sur 28[584]........................

Brisson pense tellement à l'émotion qu'il aura Lundi qu'il ne présidera pas. « Je ne le pourrai pas. »

Et la lettre de Mercier[585]. Il ne l'a peut-être écrite que pour calmer G. Méry. Si Méry et Drumont[586] s'en contentent, ils ne seront pas difficiles......................

Brisson n'attache pas une grande importance au grade[587], mais il a dit que, à peine l'arrêt rendu, on doit vous donner la Légion d'honneur. Encore en partant, Brisson m'a dit : « Je commence à croire que nous embrasserons de joie et que nous ne pleurerons plus. »

Joseph me dit : « J'ai bon espoir, le courant est au *sans-renvoi*. Je ne vous garantis encore pas, mais je sens un bon vent. »

J'ai vu Magnin ce matin, il m'a dit que « Mercier vient au Sénat tous les jours, mais qu'il a l'air inquiet. »

Brisson a emporté ma dernière photographie de :

Mercier-Esterhazy[588].

Je vais aller respirer dans les bois, mes nerfs sont tendus à se briser. J'ai vu Le Gendre ce matin, très agité aussi, sa femme plus que lui – À bientôt.

M^ise Arconati Visconti

263. Alfred Dreyfus à Marie Arconati Visconti

Samedi [7 juillet 1906]

Ma chère amie,

Merci de votre carte-télégramme. Pour l'opinion publique, il faut les deux[589].

Je ne sais rien de précis. Mes pronostics concordent avec ceux de Br[isson] et il y a bon espoir pour la solution que nous désirons. Mais jusqu'au dernier moment, on ne saura rien de définitif.

Je vais de ce pas chez Me Mornard. Si j'y apprends quelque chose de nouveau, j'ajouterai un mot à ce pneumatique que je ne jetterai à la boite qu'en sortant de chez lui.

Tout à vous.

A. Dreyfus

C'est bien ce que je vous disais, il y a de l'espoir. L'arrêt sera rendu Lundi ou Mardi.

264. Alfred Dreyfus à Marie Arconati Visconti

Dimanche [8 juillet 1906]

Ma chère amie,

M. Loubet a vu hier soir M. Baudouin lequel lui a dit être sûr d'avoir la majorité. Je crois que son pronostic est exact d'après mes renseignements sauf une saute de vent toujours possible.

Tout à vous.

A. Dreyfus

265. Alfred Dreyfus à Marie Arconati Visconti

Mardi matin [10 juillet 1906]

Ma chère amie,

Merci vivement et de tout cœur des renseignements que vous avez bien voulu m'envoyer encore hier soir. Ils confirment ceux que j'ai reçus et ceux qui me parviennent encore ce matin. Tout le monde a bonne impression, ce qui prouve que la saute de vent toujours possible ne s'est pas produite jusqu'à présent et ce qui permet de conserver ferme espoir. L'arrêt pour ce soir ou plus probablement pour demain.

Si j'apprends quelque chose de net dans le courant de la journée, je vous en ferai part.

Tout à vous.

A. Dreyfus

266. Alfred Dreyfus à Marie Arconati Visconti

Mardi 6 heures [10 juillet 1906]

Ma chère amie,

L'arrêt ne sera pas rendu avant demain Mercredi très tard ou Jeudi.

Tout marche bien. Les impressions sont excellentes.

Tout à vous.

A. Dreyfus

267. Alfred Dreyfus à Marie Arconati Visconti

Mercredi matin [11 juillet 1906]

Oui, ma chère amie, huit conseillers seulement ont opiné hier. Si tous les conseillers parlent autant que ces huit, nous en aurons pour quinze jours, mais il est vraisemblable, qu'en général, les autres suivront le mouvement qui est tout à fait favorable. En tous cas nous n'aurons pas l'arrêt aujourd'hui, peut-être demain, ou après-demain – ou Lundi – tout dépendra des petits discours que chaque conseiller fera en opinant...

Il faut avoir de rudes nerfs je vous l'assure, ma femme est brisée.

Harduin ce matin n'est pas très aimable[590].

Tout à vous.

A. Dreyfus

J'espère savoir ce soir combien de conseillers auront opiné. Je vous en aviserai aussitôt.

268. Alfred Dreyfus à Marie Arconati Visconti

Mercredi 7 h Soir [11 juillet 1906]

Ma chère amie,

Dormez tout à fait tranquille, *immense espoir*, arrêt demain à midi.

Soyez assez bonne pour faire *marcher à fond* M. Br[isson], ainsi que J[aurès] s'il est de retour de son douloureux voyage[591], pour les ***deux** choses* que je vous ai dites, car le gouv^{t} hésite, a peur !! Il faut que les ***deux*** choses soient faites[592], pour l'opinion publique, mais il est nécessaire que nos amis marchent à fond, car pour que cela ait toute sa portée, il faut que cela soit fait le lendemain de l'arrêt. Merci à l'avance de tout cœur pour tout ce que vous ferez.

Je vous embrasse.

A. Dreyfus

269. Alfred Dreyfus à Marie Arconati Visconti

Mercredi 9 h Soir [11 juillet 1906]

Ma chère amie,

Dormez tout à fait tranquille. *Ça y est.* Comme je vous l'ai dit, arrêt demain à midi[593].

Je viendrai vous voir demain Jeudi entre 10 h ½ et 11 h du matin.

Tout à vous.

A. Dreyfus

271. Alfred Dreyfus à Marie Arconati Visconti

Vendredi [20 juillet 1906]

Ma chère amie,

Merci de votre petit mot. Ce sont les lettres des amis des jours sombres qui me font le plus plaisir.

Je suis sur les dents. J'ai dû répondre à Bédier[594]. Je n'arrive plus à dormir. Ce matin, m'agitant dans mon lit, je me suis levé à 4 heures du matin et ai répondu à des lettres pressantes. Je n'attends plus que de pouvoir en échapper[595]. Je ne sais encore ni quand je partirai ni où j'irai en Suisse. Je vous préviendrai aussitôt.

J'ai vu cet excellent Olivier[596]. C'est un brave cœur.

Affectueusement à vous.

A. Dreyfus

272. Alfred Dreyfus à Marie Arconati Visconti

Mardi [24 juillet 1906]

Ma chère amie,

Un mot à la hâte. J'ai eu l'immense plaisir de voir ce matin M. Brisson. J'ai été profondément touché de son accueil si cordial et si simple. L'homme est exquis ; j'admirais sa belle conscience et son beau caractère mais quand on le connaît, on ne peut s'empêcher de l'aimer[597].

Je suis sur le flanc. Je pars Jeudi. Nous pensons aller à Lenk au-dessus de Zweizimmen. Dès que je serai niché quelque part, je vous écrirai. Toutes mes pensées, tout mon cœur, ma chère amie, vont aux amis des mauvais jours qui m'ont soutenu pendant ces années terribles.

Tout à vous.

A. Dreyfus

Je ne trouve même plus d'enveloppe. Je vais prendre mon enveloppe de carte de visite. J'ai déjà reçu plus de dix mille lettres[598]...

274. Marie Arconati Visconti à Alfred Dreyfus

St Pierre de Chartreuse, 31 juillet 1906

Mon bien cher ami,

Vous n'avez pas l'idée du plaisir que j'ai eu en recevant hier votre carte[599]. Enfin ! Vous allez donc vous reposer !! Il est probable que plusieurs cartons à chapeau de Madame Dreyfus vous auront suivis[600] !...

Moi j'ai aussi une table pleine de lettres et depuis 8 jours je ne reçois que des cartes représentant la Cour de l'École militaire[601]. Je dis comme Monod, ah ! si j'avais su, je ne serais pas partie.

J'ai bien regretté qu'un malentendu ait empêché Joseph d'être là. Étienne a manqué à son devoir en ne l'avertissant pas.

J'avais reçu une longue et exquise lettre d'Halévy[602] me disant qu'il faudrait raccommoder Joseph et Picquart et qu'il comptait sur moi[603]. Je lui ai répondu que Picquart qui était venu chez moi pendant deux ans n'y avait plus mis les pieds, depuis le jour où il était venu me demander de l'argent pour Clemenceau (*Le Bloc*[604]), argent que je lui avais refusé[605]. J'ai envoyé la lettre à Reinach, lequel m'a répondu – en me priant de communiquer sa lettre à Halévy – une lettre très touchante[606], ou entre autre chose il me racontait que Picquart avait refusé la main à votre frère, qui était venu à lui le premier[607].

Moi, je n'ai jamais varié d'opinion sur Picquart – opinion partagée par Roujon – c'est une conscience, mais l'homme est tout autre que sympathique. Il en veut à mort à Joseph, parce que celui-ci a été un admirable historien, qui a dit *tout* du reste[608], Leblois[609] n'a rien caché non plus dans son interview du *Temps*[610] et j'attends son livre avec impatience[611].

Vous souvenez-vous des belles discussions sur Pascal entre Jaurès et Roujon ? Lefranc depuis des mois travaille à réfuter Mathieu[612] et il m'écrit hier qu'il ne reste rien des accusations portées contre celui que Roujon appelle « un sale moine ».

Si votre carte avait été signée, elle ne me parvenait pas – pourvu qu'on vous laisse tranquille et qu'on ne vous fasse pas bénir trop d'enfants, comme cela arriva à mon cher et vieil ami La Fayette, la dernière fois qu'il alla en Amérique.

Et la croix de Sarah ? Comme m'écrit Roujon : « Zut, zut et zut ! Dire que nous pouvons être si bêtes, nous qui sommes si intelligents[613]. »

Je regrette que les dépositions de 1904 paraissent [dans] le *Gil Blas*, car c'est un journal peu lu[614]. Celle de Mercier est effroyable[615]. Je suis comme Monod : « Je voudrais quand même voir Mercier rayé de la Légion d'honneur et les faussaires et menteurs mis en disponibilité[616]. »

Adieu mon bon et cher ami, respirez, marchez, faites une vie de coquillage si vous pouvez...

Mes plus chaudes amitiés pour vous et mes plus respectueuses pour votre femme.

M^ise^ Arconati Visconti

275. Alfred Dreyfus à Marie Arconati Visconti

Dimanche [5 août 1906]

Ma chère amie,

J'allais vous écrire quand j'ai reçu votre seconde lettre me communiquant celle du gén. P[icquart][617]. Celui-ci juge très exactement le gén. M[ercier], bien mieux que le gén. A[ndré] dans ses mémoires publiés dans le *Matin*. La psychologie de ce dernier est vraiment un peu courte[618].

Il a fait étouffant toute la semaine dernière ; on ne se serait pas cru dans la montagne. Nous avons même pensé un moment nous sauver plus haut, croyant que cela tenait à l'endroit où nous étions, mais de tous les côtés des plaintes nous arrivaient sur la chaleur et je vois que vous n'avez pas été mieux partagée que nous.

Quant à ce que vous dites de P[icquart] c'est parfaitement juste. Vous connaissez depuis longtemps mon opinion sur lui.

La reconnaissance profonde que j'ai pour lui ne m'aveugle pas et je regrette vraiment que son caractère ne soit pas à la hauteur d'une conscience incontestablement très belle. Il est au pinacle aujourd'hui et tant mieux pour lui.

Où Abel Lefranc va-t-il publier sa réfutation de Mathieu[619] ? Qu'il ne la donne pas pendant les vacances, ce serait perdu et ce serait dommage.

Je n'ai pas de nouvelles de Jaurès. Je lui ai écrit à mon arrivée ici et depuis je n'ai rien de lui.

J'ai reçu ce matin une lettre de Joseph [de] retour des Alpes. Il a été follement acclamé par les mêmes gens qui voulaient il y a quelques années le ficher dans la Durance[620]. Il part pour Marienbad.

Vous qui êtes en correspondance avec tous les amis de nos si agréables Jeudis, rappelez-moi à leur bon souvenir et faites à tous mes amitiés.

Je rencontre ici pas mal de Russes ; qu'ils soient de Kiew, de Tiflis, de Moscou, ou de St Pétersbourg tous sont exaspérés contre le Tsar et surtout contre son entourage et espèrent tout d'une révolution. Mais que sera cette révolution avec un peuple encore si barbare et si inculte, c'est le point d'interrogation que se posent tous les Russes que je vois ici et qui ont eu un développement intellectuel très grand, ayant fait leurs études dans les universités allemandes et françaises.

Affectueusement à vous.

A. Dreyfus
Hôtel Wildstrubel
Lenk
Canton de Berne
Suisse

276. Alfred Dreyfus à Marie Arconati Visconti

Hôtel Wildstrubel *Jeudi [9 août 1906]*
Lenk
C[ant]on de Berne

Ma chère amie,

Merci de vos bonnes et excellentes lettres.

J'ai remis à Monod qui est arrivé hier soir les coupures qui lui étaient destinées. Je lui ai trouvé bonne mine ainsi qu'à Madame Monod ; j'ai déjà fait une bonne promenade dans la montagne avec lui ce matin et nous recommençons tout à l'heure.

J'ai été très heureux de voir que Joseph avait été acclamé à Digne ; c'est la juste réparation de son inlassable courage.

J'ai lu l'article de Jaurès commentant les mémoires d'André. C'est bien cela... tous, tous, même les meilleurs esprits, quelle piètre mentalité et quel pauvre esprit critique[621].

Nous pensons rester encore une huitaine de jours ici, puis je courrai la montagne pendant une dizaine de jours pour être finalement le 5 septembre à Cologny, près Genève. J'y resterai jusqu'au 20 Sept^e pour rentrer alors à Paris.

Monod reste avec nous jusqu'à Dimanche.

Affectueusement à vous.

A. Dreyfus

277. Marie Arconati Visconti à Alfred Dreyfus

13 août 1906

....

Les dépositions du *Gil Blas* sont les seules choses qui m'intéressent – [...] ! réellement il n'y a qu'un seul bandit de grande allure, c'est Mercier.

Dites à Monod que le travail de Lefranc ne laisse rien debout de ce qu'a écrit Mathieu sur Pascal. Je suis contente d'apprendre que Pascal n'est pas un Gribelin, à cause de la joie rétrospective qu'aurait eue le Gésu, mais cela ne me fera pas aimer ceux qui préfèrent le ciel à la terre et le nommé Dieu aux créatures.............

Adieu, cher ami, je vous envoie mes meilleures amitiés.

M^ise^ Arconati Visconti

280. Marie Arconati Visconti à Alfred Dreyfus

Bruxelles, 3 sept[embre] 1906

Mon bien cher ami,

....

J'ai trouvé qui m'attendait une carte de Joseph le représentant se promener sous les ombrages de Marienbad avec Campbell Bannermann[622]. « La révision de l'affaire Pascal, me dit-il, me remplit d'une joie pure. » J'ai dit à Koechlin[623] à qui je les ai prêtés de vous envoyer les trois articles de Lefranc[624]. Les « En marge » de Roujon sur ces articles en ont fait vendre beaucoup, paraît-il[625].

Ce qui a aussi un grand succès, c'est le *Gil Blas* avec les dépositions d'il y a deux ans... Lisez-vous la *Libre Parole* ? voilà ce que ces torrents de lumière font écrire à Drumont : « Cavaignac a fait la seule chose qui pût rendre la révision possible, il a été impitoyable pour le vaillant et dévoué colonel Henry[626] !!!! »

Quant au journal du Roy, le *Soleil* voilà ce qu'il dit : « Les noms de Pellieux, Mercier, Gonse et Boisdeffre méritent d'être glorifiés – la France en les écoutant, a eu le sentiment que l'État-major, chargé de sauvegarder les intérêts et l'honneur du pays était, par son caractère et ses talents, à la hauteur de sa mission[627]. » Quelle mentalité représente celle des lecteurs de ces feuilles immondes !

Je continue à ne pas croire à une guerre religieuse, espoir suprême et suprême pensée de la réaction – la République, appuyée sur une formidable majorité électorale qui s'est formée précisément sur la loi de séparation, ne se troublera pas devant le désarroi de nos adversaires.

Il est évident que l'une des choses les plus cocasses que les premières années du xxe siècle auront vues, cela sera de voir des évêques français et le Vatican échanger sur la loi de séparation un décalogue après lequel ils déclarent tous qu'on leur a fait dire des choses qu'ils n'avaient pas dites.

Je suis bien tranquille, je ne sais pas la formule qui sera adoptée, mais ce que je sais, c'est qu'au moment d'abandonner l'argent, tout s'arrangera.

Adieu, cher ami – j'espère que vos pauvres nerfs sont calmés et que vous allez vous remettre pour de bon[628].

Les meilleures amitiés de votre fidèle.

M^ise^ Arconati Visconti

281. Alfred Dreyfus à Marie Arconati Visconti

Samedi [8 septembre] 190[6[629]]

Villa Hauterive
Cologny près Genève
Suisse

Ma chère amie,

J'ai été très heureux en arrivant ici de trouver des lettres de vous. Rien n'est plus doux en voyage que de recevoir des nouvelles des personnes que l'on aime et votre bonne amitié m'est précieuse. Elle m'a consolé souvent aux heures sombres. Mais j'ai été désolé de vous savoir de nouveau souffrante. J'espère qu'au reçu de ma lettre vous serez délivrée de toutes vos misères et que vous pourrez jouir tranquillement du séjour de la campagne. La chaleur continue a été accablante, même en Suisse.

J'ai trouvé également ici les trois articles si documentés de Lefranc. Merci. Vous savez que la vraisemblance me paraissait déjà pour la thèse que soutient Lefranc ; celui-ci vient de démontrer d'une manière claire et décisive que Pascal n'était pas un faussaire. Je n'ai pas ici l'adresse de Lefranc, voudriez-vous être assez aimable pour lui faire parvenir la carte ci-incluse.

Joseph était il y a quelques jours à La Motte-Servolex chez son frère Théodore ; je ne sais où il est en ce moment.

Non seulement je lis la *L[ibre] P[arole]* mais j'ai fait répondre par voie d'huissier à la lettre de Soury[630] et comme ma réponse n'a pas été insérée, je fais poursuivre la *Libre Parole* en police correctionnelle pour refus d'insertion[631].

Le *Gil Blas* de Mercredi a raconté de moi des voyages invraisemblables et des pensées idiotes[632]. J'ai écrit à Ollendorff pour lui exprimer ma surprise de voir imprimer dans son journal des récits aussi inexacts que perfides.

Je ne crois pas plus que vous à une guerre religieuse. Il suffit de laisser le pape accumuler maladresses sur maladresses et d'en profiter. Dans ces conditions, le gouvernement aura tout le pays pour lui.

Je serai de retour à Paris le 21 septembre car j'y ai de la besogne. Il n'y a presque pas de jours où je ne sois obligé de faire signifier une réponse à un article d'un journal de la presse immonde, d'un « nouvelliste » quelconque[633].

Soignez-vous bien et revenez-nous bientôt.

Affectueusement à vous.

A. Dreyfus

282. Marie Arconati Visconti à Alfred Dreyfus

8 septembre 1906

Mon bien cher ami – J'ai reçu votre lettre ce matin et à l'heure qu'il est vous voilà à Paris[634]. Nous pensons bien à vous ; le général Pelloux lit les dépositions du *Gil Blas* et a toujours Reinach en main... Le général part Dimanche 30, en reconnaissant votre écriture, nous avons dit ensemble : « Qui sait s'il ne fera pas une course jusqu'ici » – un aller et retour ce n'est pas beaucoup ?? hein ?

J'ai envoyé votre carte à Lefranc, ça lui aura fait grand plaisir. Je suis bien heureuse du succès – très grand – de ses articles, la vérité rétablie et rétablie par un ami : double joie. Quelle belle activité qui lui a permis en si peu de temps de se débrouiller dans des livres peu familiers aux critiques littéraires. Quelle extraordinaire richesse d'information, quelle justesse et quelle vigueur dans les coups portés ! Quoi de plus grave et de plus noble en même temps que cette page que, selon l'hypothèse de Mathieu, Périer, Gilberte, Jacqueline, Étienne Pascal forment avec Blaise une famille de faussaires – ce qui ruine la théorie en la réduisant à l'absurde. Mathieu ne s'en tirera pas. Je voudrais savoir ce qu'il pourra répondre à tant de faits précis où il est pris en flagrant délit d'ignorance, de légèreté, d'affirmations sans preuves, et pour tout dire, de mauvaise foi.

La seule chose que je reproche à Roujon (avez-vous lu ses deux articles « En marge » sur l'affaire Pascal ?), c'est de parler de la bonne foi de Mathieu. Son erreur comique sur le libraire Savreux[635] prouve qu'il ne sait pas travailler, et, ce qui est aussi très grave, c'est le fait que, dans un recensement des savants qui ont pu parler de Pascal au XVIIe siècle, il oublie simplement les témoignages favorables de Huygens et de Leibnitz [*sic*]. Vous ne trouvez pas que cette omission étrange fait douter de la bonne foi de Mathieu [?].

Le brave Lefranc aura bien employé ses vacances et justifie brillamment l'espoir qu'on a fondé sur lui en le nommant au Collège de France à la place de Brunetière[636] (vous avez vu que ce disciple de Bossuet change son fusil d'épaule ; après avoir conseillé un essai loyal de la loi de séparation, le voilà comme les autres aux pieds de Sarto[637]).

Connaissez-vous rien de plus ignoble que ce troupeau d'évêques tremblant sous le fouet de ce curé italien ?? On ne peut pas dire qu'ils subissent le fouet malgré eux ; ils vont au-devant, ils tendent le dos et fouaillés, ils remercient – devant le mensonge du pape, ils n'osent rien dire, ils avalent la couleuvre romaine, gluante et sale, sans même se permettre une grimace publique.

Je mérite plus que jamais l'épithète de « sectaire », car je suis enchantée de ce qui se passe – car on voit clairement aujourd'hui que la lutte est bien évidemment entre la République française et le Pape-Roi.

Les laïques sont aussi lâches que les autres, car ils n'ont pas osé signer leur protestation du *Temps*[638] ; ils restèrent masqués et Rome se fiche d'eux.

L'*Osservatore Romano* signale avec dédain l'élucubration anonyme qui avait paru dans ce qu'il appela « les colonnes d'un grand journal huguenot ».

Et la Russie !!! Je ne crois pas à la grandeur possible de la Révolution de ce peuple de pochards comme m'écrit Roujon, d'hallucinés aussi, de névrosés, de déments. Avez-vous lu rien de plus niais (par un manque d'adaptation à la réalité) que l'appel de Gorki aux ouvriers français[639].

Adieu cher ami, faites mes respectueuses amitiés à Madame Dreyfus et pour vous un gros baiser de votre amie qui vous aime de tout son cœur.

M[ise] Arconati Visconti

283. Alfred Dreyfus à Marie Arconati Visconti

Mardi [25 septembre] 190[6[640]]

Ma chère amie,

J'ai été si absorbé depuis mon retour que je n'ai pas trouvé une minute pour répondre à votre bonne et intéressante lettre ni pour vous remercier de votre excellent lièvre.

J'ai vu Joseph hier. La politique chôme en ce sens que peu d'hommes politiques sont rentrés et que par suite, il n'y a pas de potins ni de bruits de couloirs. Les appétits s'endorment dans le farniente des vacances.

J'assigne cette semaine la *Libre Parole* pour n'avoir pas inséré ma réponse à Jules Soury. J'espère les pincer ainsi successivement en les obligeant à insérer tout ou partie de l'arrêt de la Cour de cassation et en cas de refus, en les poursuivant en police correctionnelle et en leur demandant de forts dommages-intérêts. Quant au placard affiché par l'Action française[641], c'est très habile car la loi sur la presse ne poursuit pas le placard. Je cherche toutefois comment on pourrait s'y prendre pour les attraper[642].

Quand nous revenez-vous ? Sauf Joseph je n'ai encore vu personne, car mes occupations ont surtout consisté en visites de famille et en conférences chez mon avoué et ce sont surtout ces dernières qui ont absorbé tout mon temps. Je cherche aussi à mettre un peu d'ordre dans mon courrier ; j'ai travaillé à cela l'autre nuit jusqu'à 1 heure du matin.

Affectueusement à vous.

A. Dreyfus

284. Alfred Dreyfus à Marie Arconati Visconti

Vendredi [19 octobre 1906]

Ma chère amie,

Que devenez-vous ? Où êtes-vous ? J'espérais que vous me feriez signe à votre passage à Paris pour que je puisse venir vous embrasser.

Je suis pris du matin au soir à Vincennes[643]... reçu plus qu'aimablement ! Ils viennent tous, les uns après les autres, se présenter à moi et me faire la cour... les sincères, j'en suis très touché... mais les autres, que je connais, quel mépris ils m'inspirent. L'arrivisme à tout prix...

Le ministère est démissionnaire[644]. C'est un ministère Cl[emenceau] qu'on nous promet, mais avec qui à la guerre ? Étienne a fait des nominations détestables. Il y faudrait un homme énergique, clairvoyant... et intact[645].

Donnez-moi de vos bonnes nouvelles.

Tout à vous.

A. Dreyfus

286. Marie Arconati Visconti à Alfred Dreyfus

Gaesbeck, 24 oct[obr]e 1906

Comment, cher ami, pouvez-vous croire que je traverserais Paris sans vous embrasser ?!! Il fait si bon, si chaud que je reste encore ici quelques jours, du moins jusqu'à la Saint-Hubert[646].......

Que sera le ministère Clemenceau[647] ? Pelloux m'écrit que « Picquart à la guerre[648] fera un très bon effet et serait une réponse à l'infamie de la médaille au bandit[649] ». Moi j'en serais enchanté pour la même raison et je voudrais vous voir chef de cabinet, c'est aussi l'opinion de Monod. Clemenceau chef du gouvernement – Rodrigues, qui l'eût cru ? et Jaurès !!! pendant ce temps-là, cet idiot de Berlin bénit les canons et il est dans le vrai, lui ! Il veut que sa nation soit forte et chez nous le pacifisme béat coule à pleins bords. Nous nous réveillerons un de ces quatre matins avec la faillite dans nos finances et l'étranger à nos portes. Jaurès avec son antimilitarisme est en train de s'aliéner bien des sympathies.

Adieu cher ami, si vous saviez ce que j'ai et ce que je pense à vous !

M^{ise} Arconati Visconti

Et Claretie qui inaugure le monument de ce porc immonde de Silvestre[650] !

287. Alfred Dreyfus à Marie Arconati Visconti

Vendredi [26 octobre] 190[6[651]*]*

Ma chère amie,

J'ai été bien heureux de vous lire et de voir que votre santé était bonne.

Que va faire le ministère Cl[emenceau] ? L'avenir nous le dira, mais il est certain qu'il ne sera pas banal. L'arrivée de Picquart aux affaires fera un très bon effet au point de vue de la confirmation par le Gouvt de l'arrêt de la Cour.

Je suis désigné pour commander l'artillerie de l'arrondissement de St Denis. Ce poste, où je suis chef de service, me laissera plus de libertés qu'à Vincennes, jusqu'au jour, que j'espère prochain, où je me libérerai complètement.

Donnez-moi de vos bonnes nouvelles. Vous savez quel plaisir j'ai toujours à vous lire.

Tout à vous.

A. Dreyfus

En rentrant chez moi, car je vous ai écrit de mon bureau, je trouve la vôtre. Merci de votre aimable envoi. M. de Mot a raison, comme je vous le disais plus haut, au sujet de l'entrée de P[icquart] dans le ministère, mais pour lui personnellement je crains que la situation ne soit difficile. S'il fait quelque chose, on dira qu'il se venge, s'il ne fait rien, on l'attaquera.

290. Alfred Dreyfus à Marie Arconati Visconti

Samedi [10 novembre 1906]

Ma chère amie,

Je veux, avant votre départ, vous souhaiter encore bon voyage et la guérison de vos rhumatismes afin de passer un hiver tranquille[652]. J'espère que vous nous donnerez de vos bonnes nouvelles.

La guerre dans les coulisses continue mais sans résultat appréciable. Le discours de Briand a fait rentrer sous terre les appétits, mais pour combien de temps ? Je trouve qu'on abuse de l'affichage[653].

Que vous a raconté Brisson ?

Tout à vous.

A. Dreyfus

291. Marie Arconati Visconti à Alfred Dreyfus

11 novembre 1906

Mon bien cher ami,

Je n'ai pas le courage de partir, j'ai décidé ça hier, et je viens de l'écrire à Le Gendre. Je remets cette partie de plaisir quand les journées seront plus longues.

J'ai vu Brisson hier... il nous a raconté quelques nominations d'Étienne qui sont honteuses – enfin[654] !

Je n'ai pas besoin de vous dire que le discours de Briand m'a enthousiasmé. C'est la première fois que sans rien céder sur les principes, le gouvernement républicain tient le langage de la paix publique. Jamais le bon sens n'a emprunté une forme plus éblouissante. Brisson me disait que la droite était atterrée littéralement – dans les couloirs de Mun a dit à Denis [*sic*] Cochin[655] : « C'est vous qui avez tout perdu » faisant allusion à la manœuvre que vous savez. Briand deux fois a carrément fixé Pelletan[656].

Par ce discours, Briand vient de se révéler l'homme de demain. Roujon que j'ai vu tout à l'heure me disait qu'à la répétition générale de *Ste Thérèse*[657], toute la salle regardait avec sympathie l'homme qui quelques heures auparavant prononçait cet admirable discours, et pendant ce temps-là Jaurès est à la remorque d'Hervé ! il n'y a pas que les cuirassés qui sombrent[658].

Brisson m'a beaucoup demandé de vos nouvelles.

Nous reprendrons nos déjeuners le mois prochain.

À bientôt, cher ami, et mes meilleures amitiés.

M^ise^ Arconati Visconti

292. Alfred Dreyfus à Marie Arconati Visconti

St Denis *Mercredi [14 novembre 1906]*

Ma chère amie,

Il pleut et le temps est triste à… pleurer. Il faut cependant, sinon rire, du moins sourire, en considérant le spectacle de la comédie humaine.

La grande bataille des inventaires recommence mais sans les combattants[659]… si là seulement le gouvernement fait preuve d'une énergie facile [lecture incertaine], c'est peu. Enfin, attendons-le à l'œuvre et faisons-lui un long crédit.

Quand j'entends parler autour de moi, je m'aperçois chaque jour combien les amitiés sérieuses et sûres sont rares, aussi faut-il cultiver précieusement celles que l'on a, parmi lesquelles je suis heureux de vous compter.

Affectueusement à vous.

A. Dreyfus

294. Alfred Dreyfus à Marie Arconati Visconti

Jeudi [15 novembre 1906]

Ma chère amie,

Mon enthousiasme pour la politique de Briand et du Cabinet à l'égard de la loi de Séparation n'est pas aussi vif que le vôtre. Je crains qu'on confonde le « désir de la paix publique » avec l'obtention de cette paix. Donner un nouveau délai d'un an à l'application de la loi[660], c'est perpétuer le trouble et le malaise sans amener à composition le pape et l'église catholique. Je souhaite me tromper sans en être bien sûr, mais avec des gens pour qui le temps ne compte pas, je crains que temporiser ne serve à rien. Enfin l'avenir nous dira qui a raison.

Je viendrai bavarder avec vous un jour de la semaine prochaine, dans l'après-midi, car le matin je ne suis plus jamais libre, et parfois seulement l'après-midi. Je vous préviendrai d'ailleurs auparavant.

Souvenirs affectueux.

A. Dreyfus

295. Marie Arconati Visconti à Alfred Dreyfus

[1]7[661] novembre 1906

Cher ami – Nos lettres se sont croisées, votre petit mot n'est pas gai. Je pense comme vous et un des grands bonheurs de ma vie, c'est que j'ai eu toujours autour de moi de bonnes et fidèles amitiés. Oh ! oui, vous pouvez compter sur la mienne, je vous aime de toutes les forces de mon cœur, vous m'avez fait souffrir à crever et je donnerais je ne sais quoi pour vous prouver l'adoration que je vous ai vouée............ Je reçois à l'instant une lettre de Jaurès qui m'annonce sa visite, il est désolé, car Jeudi prochain il ne sera pas des nôtres, il doit être dans le Midi ce jour-là. Il me demande de lui envoyer les articles de Lefranc qu'il n'avait pas lus [: «] me voilà sorti (dit-il) enfin des ennuis et soucis qui m'avaient pendant des mois submergé, et impatient de retrouver le vif et chaud rayon d'esprit et de générosité des réunions amicales de la rue Barbet de Jouy [»].

J'ai vu Roujon aujourd'hui – très ennuyé de son fils, je vous raconterai ça quand nous serons seuls. J'ai détourné la conversation et nous avons fini par rire à mourir d'histoires que je vous ferai raconter Jeudi. Périer[662] a aussi un fils auquel il ne pardonne pas – il mourra sans le revoir – Roujon, lui, cède sur toute la ligne.

Je viens de lire l'*Officiel*. Clemenceau avec son « Je vous salue[663] » m'a fait l'effet de Lasies !! pour un Président du Conseil ce n'est pas fameux, ça manque d'allure.

[...]

Je me prépare à aller voir *Jules César*[664] – une des choses qui nous a tant fait rire avec Roujon, était la distinction d'Antoine[665] !! L'autre jour, à une répétition, il engueulait, selon son habitude les machinistes, et à un moment donné, il leur cria : « Mais nom de Dieu, foutez-moi donc une projection sur la gueule des sénateurs. »

Adieu cher ami – Je vais me coucher... avec Renan. Je relis : *Études sur la politique religieuse de Philippe le Bel* [;] vous n'avez pas l'idée de ce que c'est amusant de relire ça aujourd'hui.

Ci-inclus deux gros baisers. À Jeudi.

M^ise^ Arconati Visconti

296. Alfred Dreyfus à Marie Arconati Visconti

Vendredi [23 novembre 1906]

Ma chère amie,

Merci de vos deux bonnes lettres. Je n'étais pas gai, en effet, quand je vous ai écrit ma dernière lettre – chaque fois que je constate une vilaine action, le souvenir des écœurements passés me revient aussi vif, ce qui prouve que, quoi qu'on en veuille, on n'est jamais blasé. Mais pourquoi Joseph n'était-il pas gai, lui, au déjeuner qu'il a fait chez vous ? Il devait être blasé aussi par la comédie humaine ?

Comme Jaurès a raison quand il dit « qu'on est impatient de retrouver le vif et chaud rayon d'esprit et de générosité des réunions amicales de la rue Barbet de Jouy ».

Affectueusement à vous.

A. Dreyfus

297. Marie Arconati Visconti à Alfred Dreyfus

[24 ou 25] novembre 1906

Cher ami – Nos déjeuners recommencent Jeudi prochain 29, ne l'oubliez pas. Si vous saviez quelle lettre gentille j'ai reçue de Jaurès, me disant qu'il sera heureux de retrouver etc. etc.[666]..., il est évident qu'il est plus dans son élément chez moi avec vous tous, qu'avec les compagnons de tous les congrès passés, présents et futurs !

....

Décidément vous aviez raison de ne pas vous emballer sur le discours de Briand, ce que j'ai fait. L'avocat a été admirable, mais l'homme d'État a trop laissé voir sa peur d'appliquer la loi et somme toute – certaines lettres que je reçois d'Italie me le prouvent – le gouvernement incline la loi française devant le refus de la cour de Rome...... Vu Lefranc hier, il m'a expliqué pourquoi il tenait à faire paraître sa brochure avant la réponse de Mathieu. Vous la recevrez cette semaine... il vous est très reconnaissant de ce que vous m'avez dit au sujet du libraire Savreux, ça lui a permis de faire une dernière recherche dont il vous parlera, mais que vous trouverez du reste dans le tirage à part que vous allez recevoir[667].

Joseph m'envoie à traduire un long article de la belle-sœur de Ferrero, mademoiselle Lombroso, sur ses cinq volumes[668], paru dans le *Secolo* de Milan................

Mes meilleures amitiés et à Jeudi.

M^ise^ Arconati Visconti

298. Alfred Dreyfus à Marie Arconati Visconti

Lundi [26 novembre 1906]

Ma chère amie,

J'ai vu Monod Samedi Soir ; il était fort bien disposé et délicieux comme toujours. Quant à Jaurès, il a la mine moins soucieuse ; j'espère pour lui qu'il est sorti de tous ces embarras qui l'ont accablé pendant un an[669]. Quelle triste cuisine que celle de la presse actuelle.

J'ai reçu la défense de Pascal par Lefranc. Je la lirai ce soir après dîner, tranquillement, sous la lampe. C'est mon meilleur moment, quand j'en dispose, car j'ai une si nombreuse famille que, soit chez les uns ou les autres, nos soirées sont trop souvent prises.

Que vous a raconté M. Combes ? À mon humble avis, avec le budget et la loi de séparation dont l'application est remise à un an, la Chambre aura du travail pour toute la session et alors adieu aux autres questions.

À Jeudi 6 déc[embre][670] le plaisir de vous retrouver tous autour de votre table hospitalière. Affectueusement à vous.

A. Dreyfus

299. Marie Arconati Visconti à Alfred Dreyfus

27 nov[embre] 1906

Cher ami – Je reçois votre lettre au moment où j'allais vous écrire pour vous dire la joie que j'avais eue hier à connaître votre admirable et sympathique frère Mathieu[671]. Samedi matin, Monod m'avait dit que Ferrero avait un succès mérité et que je devais lire son histoire[672], j'avais donc été la chercher chez Achille et c'est là que j'ai rencontré votre frère.

....

....

Vous me demandez ce que m'a dit Combes ? Il m'a expliqué pendant plus d'une heure, ce que vous m'avez dit dans deux lignes d'une de vos dernières lettres. C'est que nous serons dans un an dans la même situation qu'aujourd'hui, et que l'attitude du gouvernement donnait à Rome la certitude qu'il n'osait pas appliquer la loi. Il vient après-demain déjeuner avec Reinach qui voudrait le remercier de ce qu'il a fait pour lui au moment des élections (je puis dire franchement que j'ai été assez heureuse de pouvoir rendre ce service à Joseph, qui, pour des raisons qu'il serait trop long d'expliquer, ne pouvait rien demander à Combes[673]), et, aussi le questionner au point de vue de son VIe volume, lequel je crois est remis aux calendes grecques[674]. Ceci, très entre nous, Joseph le dira s'il veut, moi, je n'en parle qu'à vous. Ce tête-à-tête à trois sera amusant.

Si vous saviez quelle combativité il[675] a encore ! c'est extraordinaire ! Quel honnête homme ! et puis aucun homme politique depuis la Révolution n'aura plus fait pour nous amener à la réalisation d'un État, d'une société libre de toute ingérence cléricale que lui – Aux privilèges séculaires de l'Église romaine, il a porté les coups les plus hardis, et la haine qu'il a soulevée parmi nos adversaires montre clairement qu'il n'aura pas passé en vain. Il me disait que ses secrétaires étaient en train de mettre en ordre toutes les adresses qu'on lui avait envoyées pendant son ministère et après !! il fait mettre aussi de côté les lettres de haine et de menaces

– Voyez-vous, cher ami, ça c'est un homme de gouvernement, il sait ce qu'il veut, et il marche crânement à l'ennemi – de l'opinion de ses amis et de ses ennemis, c'est le seul homme qui ait des troupes derrière lui ; n'en déplaise à Roujon qui le déteste, je l'ai embrassé sur les deux joues de tout mon cœur.

Adieu, cher ami, je n'ai pas tout donné à mon « vieil amoureux », comme l'appelle Joseph, et j'ai encore deux gros baisers pour vous.

À Jeudi 6 (décembre). Vous n'avez pas l'idée de ce que tout le monde est content de se retrouver.

M^ise^ Arconati Visconti

N.B. Lefranc vous est bien reconnaissant, grâce à vous il a pu faire son Addenda[676].

300. Alfred Dreyfus à Marie Arconati Visconti

Dimanche Soir [9 décembre 1906]

Ma chère amie,

Il est inutile de vous dire le plaisir que j'ai eu Jeudi à me retrouver à votre table hospitalière au milieu d'amis dont la conversation est un régal pour l'esprit.

Je sors d'entendre *Jules César* à l'Odéon[677]. Je suis entièrement de l'avis de Roujon. Il y a des longueurs comme dans toutes les pièces de Shakespeare qu'on aurait pu utilement couper, les acteurs sont plus que médiocres. Ils disent mal et sont souvent incompréhensibles. J'ai mieux aimé *Jules César* à la lecture qu'au théâtre.

Affectueusement à vous.

A. Dreyfus

301. Alfred Dreyfus à Marie Arconati Visconti

Mardi [11 décembre 1906]

Ma chère amie,

Eh bien à quoi ont abouti les circulaires[678], les tergiversations, les concessions… à rien. Comme je vous l'ai dit, pour l'Église le temps ne compte pas. Il y avait une loi dont on peut critiquer certaines dispositions car ce sont elles qui amènent les complications, mais qui était la loi. Il aurait fallu l'appliquer de suite, et fermement. Nous prolongeons – inutilement – l'agitation car on sera obligé vraisemblablement à en arriver par là [*sic*] où il aurait fallu commencer. Il est vrai que cela donne du pain sur la planche au gouvernement et pendant ce temps on peut se dispenser de faire autre chose, si vivre est agir.

Affectueusement à vous.

A. Dreyfus

302. Marie Arconati Visconti à Alfred Dreyfus

1[1[679]] décembre 1906

Cher ami – Vous avez cent fois raison. Briand doit commencer à se rendre compte, que les meilleures circulaires ne suppléent pas au Code et que les lois caduques doivent être retapées. Il faut que la loi de 1905 soit remise sur le chantier – en attendant nous voilà dans l'inconnu ! Ce que disait Jaurès ce matin[680] est très juste : « Peut-on mobiliser tous les agents de la sûreté, tous les gardes champêtres pour faire procéder dans 40 000 paroisses à 40 000 procès-verbaux [?] » En attendant, Briand va se trouver dans un sérieux embarras, car il va être pris entre ses adversaires de gauche qui vont lui reprocher son libéralisme et ses adversaires de droite qui vont tout faire pour exciter les populations… Espérons que le gouvernement tienne bon, mais espérons aussi que Clemenceau ne fasse pas quelque frasque. Cet homme-là me fait peur, voilà pourquoi je trouve fou de lui avoir confié les destinées de la France.

Quelle grande date historique – minuit sonne – le Concordat est mort[681] !

Chaudes amitiés.

M^ise^ Arconati Visconti

303. Alfred Dreyfus à Marie Arconati Visconti

Samedi [15 décembre 1906]

Ma chère amie,

Qu'on leur laisse donc, comme le dit Jaurès, le droit commun dans la liberté[682] et qu'on en finisse avec les circulaires, les lois, caduques aussitôt que votées.

Le discours de Joseph était très bien mais changera-t-il quelque chose au régime du fonctionnarisme[683] ? J'en doute.

J'ai été voir hier *Ste Thérèse* au théâtre Sarah Bernhardt[684] et ai été présenter mes hommages à Sarah Bernhardt, fort émue. J'ai été très touché de ses paroles.

J'ai maintenant si peu de temps que je n'ai pas encore trouvé un instant pour venir vous voir et je ne sais à quelle heure on peut vous trouver ? Quand êtes-vous chez vous ?

Affectueusement à vous.

A. Dreyfus

304. Marie Arconati Visconti à Alfred Dreyfus

17 décembre 1906

Cher ami – Vous avez sans fois raison en tant que manière d'avoir appliqué la loi de séparation – nous voyons aujourd'hui le Ministère, après avoir épuisé les moyens de conciliation forcé d'entrer en lutte avec Rome.

Ce résultat montre l'inanité de la politique de concession à laquelle Briand s'attachait obstinément. Cette politique révélait un singulier manque de clairvoyance. On ne désarme jamais un adversaire qui cherche un conflit violent.

Avec toutes ses subtilités, Briand dans son désir d'apaisement finissait par imaginer des interprétations insoutenables. Cette formalité insignifiante de déclaration « pour une fois, sais-tu monsieur » était grotesque. Toutes les discussions de texte n'ont qu'une importance secondaire. C'est contre la législation républicaine dans son ensemble que le Pape entre en lutte. Il interdit sans équivoque au clergé de se soumettre : il lui ordonne la révolte[685]. Ce que veut cette sinistre brute de Sarto, c'est prendre la revanche de la rupture du Concordat en appelant les fidèles à l'insurrection. Ainsi posée la question est claire, le conflit s'élève sur l'indépendance de la France, à laquelle le Vatican prétend dicter des ordres.

....

Alors, vous avez vu Sarah ! Elle a été très Dreyfusarde, autant que Réjane[686].

....

Je viens du Collège (de France) où on a nommé mon ami Morel-Fatio[687]. Si vous aviez vu la joie du bon Lefranc ! À propos de Lefranc, Mathieu ne se presse pas – les textes qui doivent écrabouiller Lefranc ne sont pas faciles à trouver.

Les lettres de Gambetta continuent – celles d'hier m'amusent, d'autant plus que… j'étais en Italie[688].

Adieu, cher ami, mes meilleures amitiés et à Jeudi.

M^ise^ Arconati Visconti[689]

305. Alfred Dreyfus à Marie Arconati Visconti

Dimanche [23 décembre 1906]

Ma chère amie,

Aussitôt votre aimable petit mot reçu, j'ai fait prendre le *Gil Blas*. L'article, sauf quelques inexactitudes de fait, est très bien et je serais profondément heureux si cet excellent M. Demange[690] pouvait recevoir la croix[691]. J'ai fait tout ce que j'ai pu pour lui, car je l'aime et l'estime de tout mon cœur.

L'interview de Pelletan dans l'*Aurore* d'hier est dur mais mérité[692] – quel dommage que ce soit Pelletan qui dise ces choses-là.

N'oubliez pas de m'envoyer le portrait de Cl[emenceau] par C[ombes][693]. Vous savez qu'il ne sortira pas de mes archives.

Il fait froid mais le temps est superbe. Il fait délicieux à marcher par cette froideur... en rêvant.

Affectueusement à vous.

A. Dreyfus

306. Alfred Dreyfus à Marie Arconati Visconti

Mardi [25 (?) décembre 1906]

Ma chère amie,

Je me doutais également que Jaurès devait avoir eu du chagrin cet hiver et je me demandais si le départ de Mme Jaurès ne se rattachait pas à ce chagrin[694]. Vous me le direz Jeudi prochain. En tous cas, je le plains sincèrement car c'est un brave cœur, d'une grande générosité native, sans parler de son admirable talent. Quel dommage qu'il se soit acoquiné avec ces fous de la Confédération générale du Travail qui ne rêve que plaies et bosses[695]. Dans mon quartier, on voit partout des affiches pour une grande réunion des « gens de maison » à la Salle Wagram réclamant à leur tour le repos hebdomadaire, avec le concours de Sembat[696] et de Jaurès[697]. Il est certain que leur situation, dans certains ménages, est parfois triste et je ne connais rien de plus immonde, de plus honteux, que cette promiscuité [illisible] où les jeunes filles qui nous viennent de la campagne sont débauchées par des valets de chambre sans scrupules et abandonnées ensuite. Mais d'autre part, quelle vilaine race souvent aussi, et, avant de leur accorder des libertés justes, s'ils en usaient sainement, ne faudrait-il pas élever leur moralité ?

Plus je vais, plus la politique m'écœure. Quand je vois aujourd'hui celui qui prétendait être au-dessus des contingences journalières pour ne livrer bataille que pour les « Idées », s'abaisser au jeu des petits papiers, des petites salissures, je me demande si tout n'est que vaines paroles et si, au fond des hommes, ne subsiste que l'intérêt particulier, quand ils sont eux-mêmes en cause.

À Jeudi, ma chère amie, le plaisir de vous retrouver autour de votre table.

Affectueusement à vous.

A. Dreyfus

307. Alfred Dreyfus à Marie Arconati Visconti

Jeudi [27 décembre 1906]

Ma chère amie,

Merci de votre bonne lettre que j'ai reçue hier soir. Les deux de C[ombes] sont intéressantes et incisives[698] ; je partage son avis. Je comprends une Chambre qui suit le berger qui le conduit d'une main ferme dans la bonne voie et qui s'incline devant la supériorité du caractère et de l'intelligence mais je doute qu'ici ce soit le cas. On se laisse conduire par la férule et par la crainte d'une langue qui ne ménage rien ni personne ; or se laisser mener par la crainte est loin d'être un beau sentiment.

Pour le moment, je ne prévois pas non plus la chute du ministère, mais les événements peuvent se précipiter et j'espère que je vous verrai présider la formation du nouveau ministère avec « votre vieil amoureux », mais si vif, si pétillant, si animé d'intentions bonnes et entières. Vous savez, chère amie, tous les vœux que je forme pour vous : bonne santé et la joie de pouvoir nous réunir encore pendant longtemps à votre table si hospitalière.

En attendant le plaisir de vous voir, je vous embrasse bien affectueusement.

Tout à vous.

A. Dreyfus

308. Alfred Dreyfus à Marie Arconati Visconti

Dimanche [30 décembre 1906]

Ma chère amie,

J'ai lu avec le plus vif intérêt les admirables lettres de M. C[ombes]. Elles s'élèvent à une très grande hauteur de vues et montrent chez lui un jugement sain et une parfaite sincérité. Ses appréciations sur la Chambre actuelle et sur le ministère qui nous gouverne sont d'une justesse cinglante. La manière dont il fouaille Cl[emenceau] est de bonne matière et ne se brise pas entre ses mains, il semble qu'on l'entende siffler dans les airs pour retomber à coups redoublés sur les reins du patient. Je vous rapporterai ces lettres Jeudi prochain mais je vous remercie de suite du plaisir intense que vous m'avez procuré[699].

Tout à vous.

A. Dreyfus

309. Marie Arconati Visconti à Alfred Dreyfus

[30] décembre 1906

Mon bien cher ami,

En même temps que votre lettre, j'en recevais une autre de mon « vieil amoureux » toujours à propos du « Jaune » comme l'appelle Roujon[700], il me dit [: «] Je ne m'inscris pas en faux contre le jugement sévère de Reinach. Ceux qui ne connaissent pas l'homme ainsi jugé ont le vague sentiment qu'il mérite ce qu'on en dit – ceux qui le connaissent ont une opinion pire. Aussi loin qu'on remonte dans l'histoire de la troisième République, on le trouve parmi les malfaisants. Votre père l'avait en exécration. Je le lui ai entendu dire plus d'une fois. Les sottises que son incommensurable vanité lui fera commettre à l'[I]ntérieur pourront se réparer. Je tremble, comme vous, à la seule idée de ce qui peut nous arriver par son intempérance de langue à l'étranger. L'Allemagne épie avec une attention à peine dissimulée chacun des gestes de la France personnifiée actuellement dans le comédien le moins maître de lui. Je me plais à espérer que son ministre des affaires étrangères (que je ne connais pas beaucoup[701]) lui servira à propos de tampon. »

....

Adieu, cher ami. Je ne vous dis pas tout ce que vous devinez, parler de ce que je vous souhaite ! est bien inutile, hein ?

Je vous embrasse de toutes les forces de mon cœur. À Jeudi.

M^ise^ Arconati Visconti

312. Alfred Dreyfus à Marie Arconati Visconti

Samedi 5 janvier 1907

Chère amie,

Vous souvenez-vous du Samedi 5 janvier 1894 [*sic*[702]] ? Comme c'est loin déjà, et cependant comme c'est encore vivant et douloureux dans nos mémoires ! J'en frissonne encore rien que d'y penser. Quelle vie étrange et tragique que la mienne... Je n'avais jamais pu connaître les consignes des surveillants qui me gardaient à l'île du Diable, puisqu'elles leur étaient reprises et détruites dès qu'ils étaient relevés. Un surveillant cependant a pu les conserver et me les a envoyées il y a quelques jours. Il est impossible de lire un plus grand exemple de la déraison et de la folie humaine, produites par la peur de la presse[703].

Affectueusement à vous.

A. Dreyfus

314. Alfred Dreyfus à Marie Arconati Visconti

11 janvier [1907]

Ma chère amie,

Merci de vos deux intéressantes lettres reçues hier. Nous serons très heureux de vous voir Lundi à midi avant que vous alliez déjeuner chez mon propriétaire.

Il faut que la jeune fille qui s'est fiancée avec Édouard Monod ait du courage. Je connaissais sa première femme qui était charmante à tous égards et qu'Édouard trompait à « bouche que veux-tu[704] ».

Alors on a fini par se décider à mettre le monument de Scheurer-Kestner[705] dans le jardin du Luxembourg. Ce n'est pas malheureux ! Il y a peu d'hommes qui méritent autant que lui cette consécration de sa droiture et de son courage civique ; c'était un républicain du temps jadis, probe, honnête et sincère.

Vous me paraissez triste et vous avez tort. Il faut regarder la vie avec indulgence et avec un sourire, prendre d'elle ce qu'elle comporte de joies et dominer avec sa volonté les forces mauvaises.

Au revoir, ma chère amie, et que la bonne humeur reparaisse sur votre visage et dans votre cœur. Vous êtes entourée de tant d'amis sincères et dévoués, que vous n'avez pas le droit de vous laisser aller au découragement.

Affectueusement à vous.

A. Dreyfus

315. Alfred Dreyfus à Marie Arconati Visconti

Dimanche [13 janvier 1907]

Ma chère amie,

Nos lettres se sont croisées – Merci de votre aimable pensée de m'avoir envoyé l'article sur cet excellent Me Demange[706]. Voici le délicieux petit mot par lequel il a répondu à mes félicitations :

« Mon cher commandant,

« Veuillez partager mes sincères remerciements avec Madame Dreyfus à qui j'offre mes respectueux hommages. Avoir pu peut-être vous faire un peu de bien, c'est une joie qui dépasse toutes les autres.

« Entièrement

« Edgar Demange »

À Jeudi 24 puisque la réception du « sadique des lettres » nous prive du plaisir de nous réunir le Jeudi 17[707].

Affectueusement à vous.

A. Dreyfus

316. Alfred Dreyfus à Marie Arconati Visconti

Lundi [14 janvier 1907]

Ma chère amie,

Je suis désolé de vous savoir souffrante. Soignez-vous bien. Le temps morne et pluvieux apporte la grippe avec lui. Dès que j'aurai un instant dans l'après-midi, je viendrai prendre de vos nouvelles.

Comme vous le dites, l'Harduin de ce matin est sceptique sur les résultats qu'on peut attendre d'une proposition de loi aussi peu radicale. Quand le mal est aussi profond, il faut avoir le courage de trancher dans le vif et malheureusement c'est souvent chez les marchands de vins que se font les élections. Sur toute ma route de Paris à St Denis, il n'y a que des débits de boisson, presque de maison en maison[708].

Affectueusement à vous.

A. Dreyfus

317. Alfred Dreyfus à Marie Arconati Visconti

St Denis *Vendredi [18 janvier 1907]*

Ma chère amie,

J'ai vivement regretté de ne pas vous rencontrer hier et de ne pas avoir le plaisir de bavarder un peu avec vous, mais d'autre part j'ai été heureux de vous savoir sortie et par conséquent mieux portante.

J'ai lu avec beaucoup d'intérêt les deux articles de Combes dans la *Neue freie Presse*[709] mais j'aime moins son article de ce matin dans le *Matin*[710]. Quant au gouvernement, il parle beaucoup, enfle la voix, crie fort, mais en somme ne fait rien. Je crains que les députés ne le laissent conduire encore longtemps à la cravache. Mais le temps est beau, le soleil radieux, la nature même à St Denis si attrayante que l'on oublie tout pour laisser la pensée chevaucher sur les rêves… souvent, pour ne pas dire toujours, plus gais que la réalité.

À Jeudi. Affectueusement à vous.

A. Dreyfus

318. Alfred Dreyfus à Marie Arconati Visconti

Vendredi [25 janvier 1907]

Ma chère amie,

Durant le long trajet de Paris à St Denis, ce matin, j'ai bien ri en lisant Harduin. Décidément cela le touche… Moi je lui répondrai par son refrain habituel : qu'est-ce que cela nous fait que la rente baisse[711].

Comme l'a dit très justement Jaurès, il n'y a plus de vie parlementaire à la Chambre. Il semble que celle-ci fût tellement épuisée par son effort contre l'Église, qu'elle en est comme accablée et qu'elle ne sait plus ni que vouloir, ni que faire.

Le temps est merveilleux aujourd'hui, le soleil luit et j'espère que vous en profiterez pour faire une bonne promenade.

Mes affectueux hommages.

A. Dreyfus

319. Marie Arconati Visconti à Alfred Dreyfus

25 janvier 1907

Cher ami – Moi aussi, j'ai bien ri en lisant l'Harduin de ce matin – sa vessie ne l'empêche pas d'être inquiet ! Ci-inclus deux articles de

La Libre Parole sur lui et sur moi[712]. J'ai appris que papa aimait l'argent, que j'avais été « une belle mondaine » et que je ne me consolais pas de ne pas avoir été Présidente de la République !! La vérité se résume dans ce peu de mots : Gambetta a été très amoureux de moi, il est venu me trouver à Rome, où en effet j'avais un salon politique, là, il a connu des hommes politiques et naturellement, pendant qu'il écrivait des lettres tendres à Madame Léon, je vous prie de croire qu'à *ce moment-là*, il n'en pensait pas un mot. Ce qui est vrai, c'est que j'ai été un peu son « ambassadeur » pendant quelques années – Jeudi, je n'ai rien dit, trouvant inutile que ce soit répété.

J'ai passé trois heures aujourd'hui chez mon « amoureux ». Je l'ai ensuite accompagné au Sénat. À une époque de veulerie et de lâcheté, c'est un homme et un honnête homme. J'ai pour lui autant d'affection que d'estime et d'admiration.

N'oubliez pas....... Que nous déjeunons Jeudi prochain 31.

M^ise^ Arconati Visconti

Clio, comme m'appelait Gambetta.

321. Alfred Dreyfus à Marie Arconati Visconti

Mercredi [février-avril (?) 1907]

Ma chère amie,

Merci de votre bonne lettre. Aujourd'hui c'est Cl[emenceau] qui prend sa revanche sur Briand et dans le fait je crois qu'il a raison en disant dans sa fameuse interview[713] – inconvenante d'ailleurs pour son collègue – qu'il estime que celui-ci se paie d'illusions. La lutte serait intéressante entre le vieux rentier de la politique et le jeune premier de la Séparation, si le pays n'en faisait les frais. Qu'on en finisse donc avec tous ces pourparlers et toutes ces circulaires et qu'on laisse simplement les églises ouvertes, à charge pour les occupants de l'entretien sans quoi c'est la fermeture.

Quant aux Bourses du travail, vous avez mille fois raison. Créées dans un but limité et utile, elles sont aujourd'hui le centre de l'activité révolutionnaire qui déborde l'action socialiste et Jaurès avec. C'est la lutte des classes dans toute sa laideur et la société future créée, non dans l'amour comme le dit Jaurès avec son admirable verve poétique et sa grande sincérité, mais dans la haine.

Tout à vous.

A. Dreyfus

322. Marie Arconati Visconti à Alfred Dreyfus

5 février 1907

Cher ami – .... Depuis Jeudi soir, je suis couchée avec la fièvre et la grippe. Le Gendre m'a permis de me lever aujourd'hui, mais je ne mettrai pas le nez dehors avant la semaine prochaine. Je tousse à crever.

Mon « vieil amoureux » devait déjeuner avec moi et J[aurès] (chut !) hier, mais lui aussi est au lit, ce qui m'a fait écrire par Joseph cette plaisanterie : « tous deux au lit, à distance » signé Sganarelle.

Mon voisin Henri[714] vient me voir et me bourre de pastilles, il croit que mon v.a. (« vieil amoureux ») pourra seul succéder au moribond[715]. Moi, je n'en suis pas si sûre que ça. J'ai été le voir hier (H. B.), tout le monde est d'accord que ce mélange de Gavroche et de Louis XIV ne peut pas rester Président du Conseil. Voyez-vous un affaire extérieure comme celle d'il y a dix-huit mois[716] ?!

Je pense que vous n'avez pas la naïveté de croire que les souverains anglais ont choisi ce joli temps pour uniquement visiter Versailles[717] ?

(On dit que Méline[718] ne va pas. Cette vieille brute fera peut-être le voyage avec Sallandrin[719]).

Même les enfants, tout le monde remarquera la coïncidence entre cette visite inopinée et les élections allemandes. Ces élections ont consolidé la situation personnelle de Guillaume – pour moi, Édouard[720] qui aujourd'hui est le premier diplomate d'Europe, a tenu à montrer que l'Entente cordiale existe toujours.

Vous souvenez-vous de la nocturne harangue de Bülow au balcon de la Wilhelmstrasse ? Le monde entier reconnaîtra que le peuple allemand tient bien en selle, et abattra à cheval, sur son passage, tout ce qui vient barrer la route à sa prospérité et à sa grandeur[721].

Maintenant est-ce pour admirer cette magnifique chevauchée qu'Édouard a pris Paris pour observatoire ?

Vous souvenez-vous que Guillaume s'est tenu coi dans la période préparatoire des élections ? Après le 1er tour de scrutin, arrive le rescrit impérial qui flamboie dans « l'Officiel » de Berlin. C'est une fulgurante rentrée en scène, précédée, en guise de héraut, par Bülow claironnant « que le peuple allemand a montré qu'il sait encore monter à cheval ». Guillaume qui laisse échapper un cri de triomphe, il prend acte « de l'attitude nationale des électeurs allemands ». Il salue avec allégresse cette « grande majorité qui a donné une preuve éclatante de l'inébranlable attachement du peuple allemand à l'***Empereur*** et à l'Empire ». C'est bien Guillaume lui-même, le pouvoir personnel, que « la grande majorité » réclame et acclame. C'est du bluff, du chichi, *car les chiffres sont là* qui prouvent que *noirs* et *rouges* (catholiques et social-démocratie) ont réuni plus de 6 millions de voix, tandis que les groupes du gouvernement tant conservateurs que libéraux n'ont réuni qu'un peu plus de 4 millions. Quelle bavarde je fais. J'aime Combes, mais j'aime aussi Édouard parce qu'il a le don d'embêter son neveu[722].

Tendresses d'une patraque.

M^ise^ Arconati Visconti

323. Alfred Dreyfus à Marie Arconati Visconti

5 février [1907]

Ma chère amie,

J'ai vu qu'il y avait une nouvelle circulaire Briand[723]. Ma foi, je n'ai pas eu le courage de la lire. Quand B[riand] aura fini, il pourra faire paraître toutes ses circulaires en volume et on verra alors qu'il avait tout prévu sauf ce qui s'est passé. Qu'on nous débarrasse enfin de cette question et qu'on en finisse avec ces petites niaiseries. D'ailleurs si le portrait que Jaurès nous a fait de Briand est exact, celui-ci n'a que des parties d'homme d'État. La connaissance des hommes, le don de l'observation, l'habileté à manier la matière parlementaire, sont des choses fort précieuses pour faire *aboutir* des lois, mais pour *faire* des lois qui aient une valeur durable, il y faut autre chose qu'on ne peut acquérir que par l'étude approfondie des questions et par le travail.

La neige, à St Denis, s'étale comme une nappe blanche immaculée, mais à Paris, quelle bouillie noire et glaciale ! J'espère que vous ne souffrez pas de ce mauvais temps.

Que dit le « vieil amoureux » de cette politique à bâtons rompus ?

Tout à vous.

A. Dreyfus

Voilà Joseph dans la délégation des gauches[724]. Mais je crains fort qu'elle ne soit parfois mal reçue par Cl[emenceau] quand elle viendra lui faire « des remontrances ».

324. Marie Arconati Visconti à Alfred Dreyfus

7 février 1907

Cher ami,

.... Cinq minutes après je recevais une lettre de Brisson, claqué par sa journée d'hier qui a commencé à 8 h du matin et a fini à 1 h ½ ! sans compter la séance d'aujourd'hui, qui ne s'annonce pas, dit-il, « comme devant être très reposante ».

Je suis comme vous, je n'ai pas lu la dernière circulaire Briand, j'en ai plein le dos. Clemenceau repousse du pied « l'insolent » papier dont les évêques avaient souffleté le gouvernement.

Briand le remanie, se met en devoir de faire ce que veut le Pape, en tâchant par un nouvel effort d'ingéniosité d'adapter nos lois et nos volontés à l'ultimatum papal, zut ! zut ! zut !

Que voulez-vous, quand un ministre vous dit : « Nous ne voulons plus que nos lois soient d'airain – il faut qu'elles soient perpétuellement modifiées pour les adapter aux circonstances. » Vous avouerez, qu'il est extraordinaire qu'un tel langage ait pu être tenu à la tribune au nom d'un gouvernement républicain[725].

Ainsi, n'est-ce pas seulement de l'incohérence, c'est de l'obscurité et du désordre que cette politique, menée par des gens qui ne sont que des journalistes. Quand les représentants de la majorité veulent se concerter avec le gouvernement, ils sont *reçus* de telle façon, que ça leur ôte l'idée de recommencer.

Je continue à croire que la visite d'Édouard a été parfaitement combinée, et n'est nullement une coïncidence.

....

Je vous embrasse.

M^ise^ Arconati Visconti

325. Alfred Dreyfus à Marie Arconati Visconti

Jeudi [7 février 1907]

Ma chère amie,

Continuez à bavarder avec autant de verve et d'attrait, car c'est toujours avec le même plaisir et avec le même intérêt que je vous lis.

J'ai été désolé de vous savoir souffrante et j'espère que vous allez mieux. J'ai eu également une atteinte de grippe. Pris brusquement de mal de gorge et de fièvre dans la nuit d'avant-hier, j'ai absorbé hier trois cachets de Pyramidon – je me traite toujours à dose massive – et aujourd'hui je tiens debout, quoiqu'un peu courbaturé.

J'ai bien ri encore ce matin en lisant cet excellent Harduin. Il s'est mis vraiment en colère, mais je doute que les électeurs, comme il le dit, partagent sa mauvaise humeur, car peu nombreux sont ceux qui possèdent des rentes[726].

Pendant ce temps « Louis XIV[727] » règne ; il fait des nominations qui venant d'un autre feraient hurler, mais « tel est son bon plaisir » et on s'incline, tant est grande la peur de sa langue.

Comme vous le dites, sous sa bonhomie massive, Édouard VII est le plus habile diplomate de l'Europe, mais pourvu qu'il ne nous entraîne pas trop loin, pour tirer ensuite les marrons du feu. Les Anglais sont avant tout des « insulaires » ; ce qui se passe à propos du tunnel sous la Manche le prouve surabondamment[728].

Aujourd'hui, réception de Son Éminence à l'Académie française[729]. Sardou[730] a été assez aimable pour envoyer une carte [illisible] à ma femme qui n'avait jamais assisté à une séance de réception.

Affectueusement à vous.

A. Dreyfus

326. Alfred Dreyfus à Marie Arconati Visconti

11 février [1907]

Ma chère amie,

Carle Dreyfus[731] a été assez aimable pour m'apporter de vos nouvelles et j'ai été heureux de savoir que vous alliez mieux.

Je ne lis plus rien sur la Séparation. Il y en a assez et les circulaires de B[riand] sont un vrai casse-tête chinois. Quant à ce que vous me dites de la manière dont les représentants de la majorité sont reçus par le gouvernement quand ils veulent se concerter avec lui, cela ne m'étonne nullement.

J'ai été Samedi dernier au mariage de Mlle Thomson[732]. À la mairie de Neuilly, le Président Fallières se tenait très simplement dans un coin et recevait très aimablement. C'est ainsi que je conçois le Président de la République, et non pas entouré de « ses maisons civiles et militaires ».

J'y ai revu Étienne plus souriant que jamais.

Je vois que Jaurès se promène en province, mais il n'y a que lui de sage dans « l'unité socialiste ». Que sera-ce quand il ne sera plus là pour contenir les appétits ?

Ma femme n'a pas trouvé le discours du cardinal Mathieu intéressant mais « la salle » l'a amusée. J'ai voulu essayer de le lire, je n'ai pas pu.

Affectueusement à vous.

A. Dreyfus

327. Alfred Dreyfus à Marie Arconati Visconti

St Denis, 14 février [1907]

Ma chère amie,

Votre dernière lettre est un chef-d'œuvre de bon sens et de sens politique[733].

Voilà Briand qui prépare une nouvelle circulaire pour une nouvelle concession[734]. Cela devient décidément grotesque.

Je trouve en outre le projet déposé par Caillaux[735] très dangereux. Non pas que je ne sois pas partisan de l'impôt sur le revenu, mais son projet présente deux défauts graves. Le premier est l'impôt *progressif* sur le revenu global, ce qui veut dire que chaque année, quand on manquera d'argent, il suffira d'augmenter le taux de progression, de manière que les revenus à partir de 20 000 frs par exemple, soient de plus en plus chargés. C'est ce qui est arrivé dans certains cantons en Suisse, où des municipalités socialistes qui s'étaient lancées dans des constructions dépassant les limites de leur budget, ont chaque année augmenté le taux de la progression pour en arriver presque à 10 % du revenu à partir de 20 000 frs. Qu'est-ce qui s'est produit ? Un tel envol des capitaux, qu'on a dû enrayer.

Le second défaut du projet est l'inquisition en permanence établie chez les particuliers[736].

J'espère que vous ne souffrez pas du temps détestable dont nous jouissons.

À Jeudi prochain le plaisir de vous retrouver autour de votre table.

Affectueusement à vous.

A. Dreyfus

328. Alfred Dreyfus à Marie Arconati Visconti

Lundi [18 février 1907]

Ma chère amie,

Je regrette l'échec de Ferdinand[-]Dreyfus en Seine-et-Oise[737].

Quel gâchis que la politique religieuse du cabinet. Malheureusement, ni le ministère, ni la chambre ne savent au juste ce qu'ils veulent. Aucune direction, aucune vue d'ensemble ne préside aux résolutions qu'on prend au jour le jour. J'augurais mieux du ministère Cl[emenceau] ; quelles que soient les légèretés de caractère de ce dernier, je lui croyais une vue plus lucide des hommes et des événements. Au lieu de dire dernièrement à la Chambre : « Nous sommes dans le gâchis, j'y suis, j'y reste », il aurait mieux fait d'agir pour en sortir.

Harduin ce matin devient tout à fait agressif. Mais vraiment ce projet de Caillaux est par trop impossible[738].

À Jeudi.

Affectueusement à vous.

A. Dreyfus

329. Marie Arconati Visconti à Alfred Dreyfus

18 février 1907

Cher ami – Vous m'écrivez juste la même chose que Combes, c'est de la télépathie – la même poste m'apporte la même phrase. Vous me dites [:] « aucune direction, aucune vue d'ensemble ne préside aux résolutions qu'on prend au jour le jour ». Lui, Combes, m'écrit : « Le Ministère sans idées arrêtées, où l'incident du jour décide de l'attitude du lendemain. »

La note du *Temps* annonce que le ministère est d'accord pour la déclaration à faire demain. Ils ont bien envie, tous, de rester ministres, ils s'arrangeront sur le dos de la République. Roujon m'écrit ce soir [:] « Ils me dégoûtent tous » et moi donc !!

....

Je lis *Rome et Napoléon III*[739]. J'en suis malade ! c'est tragique et poignant comme drame – la vérité est sortie toute nue des cartons du quai d'Orsay. De *1849 à 1870* la diplomatie napoléonienne, avant de songer à la France, a constamment pensé à Rome – il y a des pages qui m'étranglent de rage – à Jeudi, nous vaticinerons à l'aise.

Tendresses.

M^ise^ Arconati Visconti

330. Alfred Dreyfus à Marie Arconati Visconti

Mardi [12 mars 1907]

Ma chère amie,

Eh bien que dites-vous de la séance d'hier ? La thèse de Jaurès était insoutenable mais combien Cl[emenceau] a été malveillant à son égard[740]. Cet excellent Jaurès sera-t-il toujours aussi naïf à l'égard des hommes ?

Si la société future qu'on nous offre est celle que les compagnons de la Bourse du travail nous ont décrite dans le *Matin* d'hier[741], je n'en suis pas. Je ne veux pas plus de la tyrannie d'en bas que de celle d'en haut et c'est à cette première qu'on nous mène.

Affectueusement à vous.

A. Dreyfus

331. Alfred Dreyfus à Marie Arconati Visconti

Mardi Soir [12 mars 1907]

Ma chère amie,

J'ai trouvé votre lettre de Lundi en rentrant chez moi, après avoir été vous porter mon livre[742]. J'ai bien regretté de ne pas vous rencontrer.

Le procédé qu'indique Harduin est bien violent et je ne suis pas aussi sanguinaire que lui[743]. Je crois qu'on peut faire mieux en employant simplement des moyens légaux ; il y suffit d'une main ferme et qui ne soit pas gênée par son passé. Mais d'autre part, il ne faut pas se faire d'illusions ; tous les prolétaires, quels qu'ils soient, ont compris quelle immense force ils ont entre les mains avec le syndicat et ils tiendront à tout prix à cette forme d'association qui leur permet une lutte efficace. Il paraît impossible aujourd'hui de revenir en arrière sur ce point pour les ouvriers ; tout ce qu'on peut et doit faire, c'est rendre aux syndicats les attributions pour lesquelles ils ont été créés et ne pas leur permettre, *sous aucun prétexte*, d'en sortir.

Affectueusement à vous.

A. Dreyfus

332. Alfred Dreyfus à Marie Arconati Visconti

Jeudi [21 mars 1907]

Ma chère amie,

Je souhaite que la réunion d'aujourd'hui aboutisse à créer une belle édition et définitive des œuvres de Rabelais[744]. Comme vous le dites très justement, il vaut mieux souvent vivre avec les livres, cependant il est difficile de se désintéresser des événements journaliers, d'autant plus que nous sommes sur une pente où l'on peut aller loin. Ce gouvernement a promis tant de choses qu'il est certain qu'on éprouve une déception de ne pas les voir se réaliser, et qui en portera encore la peine, ce sont ceux qui n'avaient rien promis du tout. Il est toujours dangereux de promettre de beaux jouets à des enfants ; gare à leur colère quand on ne les leur donne pas.

Il est évident que, comme vous le dites, c'est Jaurès avec son admirable talent qui fait figure politique au parti socialiste. Mais d'autre part il faut reconnaître que c'est grâce au droit de grève que les ouvriers ont pu obtenir les avantages qu'ils détiennent aujourd'hui. Les coalitions des grands capitalistes ont appris aux ouvriers la force qu'on tire de l'association… et il sera difficile d'y résister. Nous aurons nécessairement des soubresauts, que je veux espérer peu violents, jusqu'au jour où les ouvriers s'apercevront qu'ils ont tant abusé de leur force, tant demandé, qu'ils auront arrêté net l'essor du commerce et de l'industrie, et amené la grève des patrons, l'exode des capitaux… et ils seront bien obligés de s'arrêter. Je crains même qu'ils ne s'arrêtent que ce jour-là.

Affectueusement à vous.

A. Dreyfus

333. Alfred Dreyfus à Marie Arconati Visconti

Vendredi [22 mars (?) 1907]

Ma chère amie,

Je vous félicite sincèrement d'aider avec votre générosité habituelle à la publication d'un Rabelais[745]. J'ai écouté avec une vive attention la discussion qui s'est ouverte au sujet d'une publication illustrée. Je suis de l'avis de Roujon ; en général, ces illustrations, qui ne sont que des images modernes tripatouillées pour leur donner le caractère – problématique – de l'époque, choquent et nuisent au charme de la lecture qui se suffit à elle-même, quand l'œuvre est intéressante. Je n'admets l'illustration que lorsqu'on retrouve des estampes du temps ; celles-ci nous donnent alors une image vivante du milieu dans lequel se mouvaient les personnages et ajoutent à la compréhension[746].

Harduin s'amuse ce matin[747]… mais je crois que le projet de M. Caillaux, pour avoir trop voulu, a du plomb dans l'aile, comme d'ailleurs tous les projets du gouvernement, généralement trop hâtifs, trop peu étudiés et mûris.

Affectueusement à vous.

A. Dreyfus

334. Alfred Dreyfus à Marie Arconati Visconti

Samedi [23 mars (?) 1907]

Ma chère amie,

Ce sont ces poussées d'herpès qui doivent vous donner vos accès de fièvre. Il faut vous soigner car les accès de fièvre sont épuisants. Je suis comme vous, la politique et le gouvernement actuel sur lequel on fondait tant d'espoirs, sont profondément déplaisants. Vous souvenez-vous des articles de Cl[emenceau] où il disait ne se battre que pour les « Idées »[748], je n'entends parler de bataille que pour les personnes.

Remerciez, en attendant que je puisse le faire moi-même, M. Roujon pour son volume que je prendrai chez lui Jeudi prochain[749].

Je lirai l'article de Mathieu dans la *Revue de Paris*[750] mais de quel numéro de la *Revue des Deux Mondes* me parlez-vous[751] ? Je ne le reçois pas mais je me le procurerai.

Encore une fois soignez-vous bien et à Jeudi.

Affectueusement à vous.

A. Dreyfus

335. Alfred Dreyfus à Marie Arconati Visconti

Mardi [26 mars 1907]

Ma chère amie,

J'espère que ce beau soleil et ce temps admirable dont nous jouissons vous procurent une santé meilleure et la gaieté qu'on puise dans la beauté de la nature.

Voilà les Chambres qui s'en vont aller en vacances après une fin de session occupée bien plus aux potins qu'aux choses graves et sérieuses. Il faut bien rire un peu c'est certain, mais la plaisanterie n'est pas la vie. J'espère que les pronostics sévères de Jaurès ne se réaliseront pas et que le beau mois d'avril ne nous réservera pas les grèves de l'alimentation qu'il nous présageait[752].

Donnez-moi des nouvelles de votre santé en attendant que j'aie le plaisir de vous revoir.

Tout à vous.

A. Dreyfus

336. Alfred Dreyfus à Marie Arconati Visconti

Jeudi [11 avril 1907]

Ma chère amie,

J'ai assisté avant-hier au mariage très simple mais très touchant de Mlle Jeanne Monod[753]. On sentait un milieu tout à fait familial et j'étais heureux du bonheur de cet excellent Monod.

Par contre votre vieil « amoureux » vient d'être éprouvé par un immense chagrin[754]. Je lui ai écrit hier pour lui faire mes bien sincères condoléances et lui envoyer mes souvenirs émus.

Joseph est rentré hier. Il m'a demandé quand on déjeunait chez vous. Je lui ai répondu que c'était pour Jeudi prochain.

J'espère que vous n'avez pas d'inquiétude pour la journée d'aujourd'hui. J'ai la conviction que la CGT ne sera pas suivie et qu'elle fera un fiasco bien mérité[755].

Affectueusement à vous.

A. Dreyfus

338. Alfred Dreyfus à Marie Arconati Visconti

Samedi [20 avril 1907[756]]

Ma chère amie,

Jeudi dernier, beaucoup de nos amis, sauf Joseph, n'avaient plus guère d'optimisme. Je le conçois, car la veulerie est telle qu'on se laisse aller au gré des événements, n'ayant qu'un seul souci, ne pas voir la barque chavirer. Qui aura le courage de prendre en main les rênes du gouvernement et de le conduire d'une main ferme, en proscrivant les tyrannies de quelque côté qu'elles viennent. J'avoue que je ne vois pas l'homme. M. Combes est-il à [la] hauteur de ce rôle et aurait-il surtout le courage de s'entourer d'hommes se plaçant au-dessus de leurs intérêts personnels pour ne considérer que le bien du pays ?? Le courage moral est devenu si rare et il faut bien reconnaître que c'est un peu excusable car vraiment il faut être profondément cuirassé pour résister aux injures et aux calomnies que la presse déverse sur ceux dont elle ne partage pas les idées… Alors on aime mieux sa tranquillité ; la dose de force de résistance s'émousse et on cède, on cède… jusqu'à ce qu'on fasse la culbute.

M. Roujon avait l'air bien fatigué Jeudi dernier. Comment va-t-il ?

Tout à vous.

A. Dreyfus

339. Marie Arconati Visconti à Alfred Dreyfus

20 avril 1907

Cher ami.......................................

Tout ce que vous m'écrivez est très juste : « Je ne vois pas l'homme. »

Ce ministère est une des choses les plus extraordinaires que l'on puisse voir – chacun s'applique à défaire ce qu'il a fait la veille, les uns avancent, les autres reculent et certains sont aux prises, tous les jours, avec les doctrines qu'ils ont propagées.

Remarquez que la situation ne serait pas si grave qu'elle en a l'air, si nous avions un gouvernement courageux, un gouvernement, qui comme vous le dites aurait le courage de rétablir l'ordre, qu'essaient de troubler cette masse d'anarchistes et de cabotins. La CGT, ses agents, ses journaux de propagande, les associations révolutionnaires groupées autour d'elle seraient vite réduits à l'impuissance s'ils voyaient devant eux un gouvernement résolu à leur appliquer la loi d'un bout de l'année à l'autre et non pas seulement, par caprice et par saccades, pendant les quelques semaines qui précèdent le 1er Mai.

L'attitude indécise du gouvernement à l'égard des syndicats de fonctionnaires crée une situation de plus en plus anarchique dans les différentes administrations de l'État[757].

Il est évident que Clemenceau manque de courage pour punir tous les insurgés qui se révoltent – ce terrible ministre de l'Intérieur est un couard purement et simplement[758].

Que va faire la Chambre ? jusqu'ici elle s'est laissé conduire par un gouvernement qui n'avait lui-même aucune direction – elle a, tour à tour, édifié et démoli des lois, au gré des événements et des fantaisies ministérielles ; elle a tout entrepris et n'a rien fait aboutir ; l'incohérence gouvernementale est devenue l'incohérence parlementaire – c'est en pleine incohérence que s'est clos [*sic*] la première partie de la session, voyons ce qu'elle va faire à la rentrée ?!!

Vous faites l'objet d'un numéro dans la revue de « Bataclan », la scène de l'École Militaire le 21 juillet 1906[759]. C'est M. Sévène, inspecteur de la Banque de France qui me l'a dit ce matin – Dreyfusard enragé, quoique toute sa famille soit réactionnaire – il est parent de Du Paty ! Vous seriez gentil de me signer votre *Cinq années de ma vie*, vous lui ferez un vrai plaisir.

....

Adieu, cher ami, je vous envoie mes plus chaudes amitiés.

M^ise^ Arconati Visconti

340. Alfred Dreyfus à Marie Arconati Visconti

Mardi [23 avril 1907]

Ma chère amie,

Merci de vos deux charmantes lettres. Je demanderai à cet excellent Roujon de me raconter les ignominies inédites de Bertin-Mourot[760]

Joseph rit des fiches et il a peut-être raison, mais moi elles m'ont indigné et je ne comprends pas qu'on les ait laissées dans un dossier judiciaire. On est bien obligé de vivre avec certaines ordures, mais on n'en parle jamais[761].

Je suis heureux de savoir que M. Roujon va mieux.

Avez-vous vu l'article de Jaurès ce matin dans l'*Humanité*[762] ?

On a laissé par faiblesse se constituer un foyer d'anarchie qui s'appelle la CGT et ceux qui nous gouvernent sont peu qualifiés pour agir contre elle. Aussi hésitent-ils, ne sachant quelle conduite tenir, car les paroles ne sont pas des actes.

Ci-joint mon livre avec ma signature pour M. Sévène.

Affectueusement à vous.

A. Dreyfus

341. Alfred Dreyfus à Marie Arconati Visconti

[25 avril 1907[763]]

Ma chère amie,

J'espère que le beau temps vous fera du bien et dissipera vos vilaines fièvres. Il faut vous soigner et vous ménager.

J'ai bien lu l'article de Sembat hier. Il était drôle et Sembat n'a pas tout à fait tort quand il reproche à Cl[emenceau] d'avoir beaucoup d'idées mais de les oublier aussitôt pour en adopter d'autres[764]. Ce qui fait la faiblesse de ce ministère dans la situation présente, c'est sa composition. Comment voulez-vous qu'il réagisse sérieusement après les doctrines que les uns et les autres ont professées ouvertement. Je crois que nous sommes à un tournant grave ; revenir en arrière ne me paraît pas possible mais ce qui serait parfaitement possible à un ministère énergique et ayant une doctrine, c'est limiter l'action des syndicats à la défense de leurs intérêts économiques.

Tout à vous.

A. Dreyfus

Du Paty est impayable. Il voit toujours des mystères[765] ; le souvenir de la dame voilée[766] le hante !!

342. Alfred Dreyfus à Marie Arconati Visconti

Vendredi [26 avril 1907]

Ma chère amie,

Je regrette que le temps ne soit pas plus favorable pour que vous puissiez beaucoup vous promener et beaucoup moins lire.

L'article de Bédier sur Van Hamel est tout à fait délicieux et d'une exactitude parfaite[767]. J'ai écrit à Bédier pour le lui dire.

D'après l'*Humanité* de ce matin, Jaurès était à Carmaux où il a rendu compte de son mandat. Quel dommage que... mais c'est inutile que j'en dise plus, puisque nous pensons de même.

Je n'ai pas la confiance de Joseph, je crois que le ministère ne tombera pas, car au fond, les peureux sont heureux de lui voir faire une besogne, bonne ou mauvaise, mais pour laquelle le courage leur manquerait.

Tout à vous.

A. Dreyfus

343. Alfred Dreyfus à Marie Arconati Visconti

[27 avril 1907[768]]

Ma chère amie,

Je suis désolé de vous savoir encore souffrante. Soignez-vous bien et prenez garde aux changements de température.

Du Paty est toujours la dame « voilée », car il voile si bien ce qu'il a à dire, que personne n'y comprend rien. Comme le fait le *Gil Blas* il faut l'inviter à s'expliquer clairement et d'une manière compréhensible[769].

C'est toujours la même comédie aux approches du 1er Mai. Quelques arrestations pour rire et puis on relâche tout le monde aussitôt que l'alerte est passée, jusqu'au jour où la situation sera devenue telle qu'on ne pourra plus en sortir que par une réaction violente... qui amènera à son tour des mouvements révolutionnaires. Tout le monde devient incohérent, on ne sait plus ni qui entendre, ni ce qu'on veut. Le parti radical et radical-socialiste se divise, les socialistes sont débordés par Hervé et la C.G.T.... chacun nage. Mais soignez-vous bien, cela est plus important.

Affectueusement à vous.

A. Dreyfus

344. Alfred Dreyfus à Marie Arconati Visconti

Lundi [29 avril 1907[770]]

Ma chère amie,

Merci des journaux que vous nous avez envoyés. Du Paty continue à rester la « dame voilée » procédant par insinuations incompréhensibles[771]. Quant à l'article de Huc[772] dans la *Dépêche*, il est très bien et il a malheureusement raison. Quel dommage que J[aurès] se soit laissé englober au milieu de ces énergumènes qui ont fini par lasser toutes les bonnes volontés[773].

J'espère que votre santé est meilleure malgré le mauvais temps dont nous jouissons. Le froid est revenu avec son cortège habituel de rhumes et de grippes. J'avoue que j'aime mieux la chaleur et le soleil.

Affectueusement à vous.

A. Dreyfus

345. Alfred Dreyfus à Marie Arconati Visconti

Vendredi [3 mai 1907[774]]

Ma chère amie,

J'espère que le beau temps revenu vous permettra de sortir beaucoup et de vous reposer de vos lectures.

Le ministère aura je crois sa majorité mais vraiment il n'est pas qualifié par ses antécédents pour faire la besogne que la Chambre désire et le pays non moins. Et quand on voit jusqu'à quel point le favoritisme règne, on conçoit les colères soulevées et le besoin qu'ont les fonctionnaires de se réunir pour y résister.

Gardez surtout votre bonne santé et votre belle humeur ; le reste n'en vaut vraiment pas la peine.

Tout à vous.

A. Dreyfus

Du Paty est hilarant[775].

346. Alfred Dreyfus à Marie Arconati Visconti

Lundi [6 mai 1907[776]]

Ma chère amie,

Merci de l'envoi de l'article de Brunschvicg. Il confirme ce dont nous nous étions doutés dès le début de cette controverse, que la base même de l'accusation portée contre Pascal n'existait pas[777].

Quel joli printemps ! Je le regrette pour nous, car j'aimerais à vous voir vous promener et vous reposer et le mauvais temps dont nous jouissons ne le permet guère.

Je ne vous parlerai pas politique aujourd'hui, elle m'écœure. Aucun principe, aucune ligne de conduite, aucun souci du bien et de la grandeur du pays, uniquement le désir de vivre. Vraiment je ne croyais pas qu'un portefeuille eût tant d'attraits. Que dit « votre vieil amoureux » ? C'est encore lui que j'aimerais le mieux voir revenir.

Affectueusement à vous.

A. Dreyfus

347. Alfred Dreyfus à Marie Arconati Visconti

Samedi [11 mai 1907]

Ma chère amie,

L'article d'Aulard que vous m'avez envoyé est parfait. Il exprime admirablement notre sentiment à tous[778].

Je n'ai pas encore lu le discours de Jaurès hier à la Chambre[779].

Du Paty continue non seulement à dire des bêtises, mais cette fois il y ajoute des mensonges flagrants. Je n'ai jamais été mêlé à cette histoire de lanterne sourde et pour cause, puisque j'étais enfermé ; mais entre la parole de Forzinetti[780] et celle de cet infâme du Paty je n'ai pas un instant de doute, c'est Forzinetti qui a dit la vérité. En outre il ajoute qu'il est venu – la 1re fois – de jour, ce qui est exact, mais il omet d'ajouter que par la suite, il est venu plusieurs fois le soir[781].

Tout à vous.

A. Dreyfus

348. Alfred Dreyfus à Marie Arconati Visconti

Lundi [13 mai 1907[782]]

Ma chère amie,

Je comprends votre ennui de ne pas pouvoir lire, mais le temps étant beau, je crois qu'il est bon aussi pour votre santé d'aller beaucoup à l'air.

J'ai vu Monod Samedi à l'ouverture de l'exposition de Carrière[783] et je l'ai aperçu hier à la cérémonie de l'inauguration du monument Trarieux qui a été fort belle d'ailleurs[784], mais je n'ai pas encore eu une minute pour lire son article dans la *Revue Historique*[785]. J'ai enfin une soirée à moi ce soir, la première depuis fort longtemps, et j'en profiterai pour lire son article.

Je comprends la déception de cet excellent Roujon, c'est triste pour lui et pour sa femme[786].

La 2e partie du discours de Jaurès[787] est très belle mais pourquoi ne va-t-il pas jusqu'au bout et ne se sépare-t-il pas nettement d'Hervé et de ses adeptes. Quelle force admirable ce serait pour la République sans épithète. À Jeudi et promenez-vous beaucoup.

Tout à vous.

A. Dreyfus

349. Alfred Dreyfus à Marie Arconati Visconti

Mercredi [15 mai 1907]

Ma chère amie,

J'ai lu ce matin dans l'*Éclair* que la fille de Jaurès entrait au couvent et que sa femme était tombée dans une grande dévotion. Je ne sais si c'est exact car je n'ai qu'une confiance ***limitée*** dans les informations de l'*Éclair*, mais si c'est vrai, je plains profondément Jaurès qui doit souffrir en ce moment, et de toutes façons[788].

Du diable si j'ai compris le vote d'hier à la Chambre… à qui a-t-on accordé sa confiance[789] ?

À demain.

Affectueusement à vous.

A. Dreyfus

350. Marie Arconati Visconti à Alfred Dreyfus

25 mai 1907

D'abord que je vous dise quelque chose – ce matin, à l'exposition des fleurs, j'ai rencontré… Mercier. Vous n'avez pas l'idée de ce que cela m'a fait de rencontrer cette fleur de bagne au milieu des roses – *mon cœur battait à se rompre*. J'étais au bras du fils d'un général, ça, et l'émotion, je n'ai pu que cracher à un cheveu de son soulier. Sa femme m'a jeté un coup d'œil, ce qui m'a prouvé, comme je l'écris à Joseph, qu'elle n'avait pas coupé dans ma quinte.

J'ai – [*sic*] une très longue lettre de mon « vieil amoureux », sur le conseil de B[risson], je lui avais écrit une longue lettre pour le mettre au courant de la situation actuelle et savoir si….. Il ne croit pas qu'on pense à lui, et croit lui, qu'il y a de nombreux partisans d'une combinaison Sarrien[790]-Millerand-Rouvier.

Ma réponse a été facile, étant donné, une conversation de deux heures avec B[risson] et une heure et demie avec Dubost, la voilà en quelques lignes : « Les chances de cette combinaison, mon cher Président, ont été considérablement diminuées par la dernière interpellation et le silence des amis de Sarrien, sinon de Sarrien lui-même, devant la mise en demeure de Clemenceau des radicaux. Au jour, prochain ou lointain, où tombera le ministère Clemenceau, il sera indispensable d'avoir un gouvernement qui ne donne pas l'impression du provisoire ou de l'équivoque, qui reforme le parti républicain dans la Chambre et dans le pays, qui inspire confiance aux républicains aujourd'hui troublés et désorientés. Ce n'est pas un ministère avec Sarrien pour chef qui arrêtera la désorganisation des forces républicaines. Il faut un républicain chevronné, incontesté, comme Brisson, comme vous, pour retenir ceux des radicaux-socialistes qui s'en vont au socialisme par colère soit contre Clemenceau soit contre Briand, et pour retenir ceux des républicains qui par colère contre Jaurès et contre Guesde s'en vont à un modérantisme voisin de la réaction. »

Avant d'envoyer ma réponse je l'ai fait à lire à B[risson], qui l'a trouvée « parfaite ».

Jeudi je vous ferai lire la lettre de C[ombes], il me parle de R[einach] qu'il croit être partisan de la combinaison Sarrien-Millerand-Rouvier. Je l'ai détrompé, d'autant plus fermement que R[einach] insiste depuis un mois pour que j'écrive à C[ombes] ce qui se passe.

Je vais ce soir à l'Opéra entendre la délicieuse Farrar[791] dans *Tannhäuser*. Je préfère cette soirée au fond d'une baignoire à celle de mon ami Dubost.

Adieu cher ami, si Tardieu[792] savait à quelle orgie d'écriture je me livre, il me gronderait.

Tendrement à vous et à Jeudi.

M^ise^ Arconati Visconti

351. Alfred Dreyfus à Marie Arconati Visconti

Lundi [27 mai 1907]

Ma chère amie,

Aller admirer les fleurs, aller sentir l'odeur des roses épanouies, et rencontrer cette fleur de bagne qui s'appelle Mercier, ce n'est pas de chance...

Votre lettre « au vieil amoureux » est parfaite[793]. C'est le tableau exact de la situation qui est si mauvaise parce que les hommes au pouvoir ne sont pas qualifiés pour la politique que veut le pays. Et comme vous le dites, ce n'est pas un ministère avec Sarrien comme chef, qui arrêtera la désorganisation des forces républicaines. Il faut une autre main et un autre caractère.

Mais que durera encore le ministère actuel ? S'il passe la semaine, il ira probablement encore jusqu'aux vacances. Mais ce qu'il y a de plus drôle, c'est que, pris séparément, les ministres disent *pis que pendre* les uns des autres. C'est tout à fait édifiant.

À Jeudi et soignez-vous bien.

Affectueusement à vous.

A. Dreyfus

353. Alfred Dreyfus à Marie Arconati Visconti

Samedi [8 juin 1907]

Ma chère amie,

Merci de votre aimable envoi. Je suis de votre avis, la Vérité et la Justice sont admirables dans le monument Scheurer, mais je me demande quel sera l'effet de la colonne nue surmontant le soubassement[794]. En tous cas, le jour de l'inauguration, nous saluerons une belle figure d'honnête homme.

Je ne sais rien relatif à Jaurès. J'ai simplement vu ce matin dans l'*Humanité*, comme vous probablement, un pressant appel de fond[,] ce qui me semble prouver que le journal ne marche pas tout seul[795]. Je plains profondément Jaurès d'être en proie à ces difficultés administratives.

Oh oui, ma chère amie, ces réunions du Jeudi sont exquises car elles sont reposantes pour le cœur. On y parle au moins à cœur ouvert, sans crainte des arrière-pensées… La loyauté qui préside à nos discussions, l'estime réciproque qui nous unit, font de ces déjeuners un régal délicieux. Je vois approcher avec effroi l'été qui nous séparera.

Je crois de plus en plus que le gouv^t^ fera les vacances. Il est probable qu'au Sénat on tâchera de ne pas faire venir avant la rentrée les projets qui peuvent mettre en péril l'existence du gouvernement… et celui-ci se dit, qu'à ce moment, beaucoup d'eau aura coulé sous les ponts.

Affectueusement à vous.

A. Dreyfus

354. Alfred Dreyfus à Marie Arconati Visconti

Mardi [11 juin 1907]

Ma chère amie,

Le soleil luit ce matin et réchauffe le cœur. Il n'y a rien de tel pour calmer les nerfs que l'harmonie de la nature et une journée radieuse. Je souhaite que vous en profitiez pour lire moins et vous promener davantage.

Je suis heureux que Jaurès ne soit plus rien dans son journal au point de vue administratif[796]. Il ne pouvait qu'y récolter des déboires et des ennuis successifs... pour ne pas dire davantage.

Je regrette comme vous que Billot soit mort avant l'inauguration du monument à Scheurer. Il eût mérité ce châtiment d'assister à l'apothéose de cet ami qu'il avait si indignement trompé[797].

Je ne vous parle pas de politique aujourd'hui, car il n'y a rien à dire...

Affectueusement à vous.

A. Dreyfus

355. Alfred Dreyfus à Marie Arconati Visconti

12 juin 1907

Ma chère amie,

Eh bien, vous avez votre article d'Harduin ; mais celui-ci vous renvoie à... Jaurès[798].

Ils vont bien dans le Midi ! Je n'ai jamais vu un gâchis pareil à celui auquel nous assistons en ce moment[799]. On se fiche de tout et de tout le monde. Il est vrai que c'est pour rendre sceptique [*sic*] que de voir un Briand aujourd'hui arrivé, abandonner ses amours de la veille, ses belles phrases à l'usage du peuple, pour chanter le vieil air que nous connaissons depuis longtemps. Des phraseurs tous… mais pas une doctrine, pas un acte.

À demain.

Tout à vous.

A. Dreyfus

356. Marie Arconati Visconti à Alfred Dreyfus

[17[800]] juin 1907

Cher ami – Je viens vous remercier du plaisir que vous m'avez fait – de Mot a été si heureux de vous voir – en venant chez moi hier.

……………………………………………………………………………

Je viens – sur la prière de Brisson – d'écrire une longue lettre à mon « vieil amoureux ». Voyons ce qu'il me répondra[801]. Brisson, consulté par Fallières ne prononcera que « son nom ».

J'ai bien peur que notre courageux ami n'ait ce jour-là, – si ce jour arrive – une grande déception. Il voudrait l'Instruction publique (qu'il mérite du reste plus que quiconque). Je suis comme vous, cherchant le pourquoi de son impopularité et cependant, je me chargerais très bien de l'expliquer. Comme nous disions hier, (et ce n'est qu'une constatation) il agace tout le monde, même ses amis – ajoutez que son frère, lui fait encore du tort, car il « embête » tout le monde[802].

……………………………………………………………………………

Vous avez vu que je suis dans la même promotion que Monod[803] ?!! C'est une idée de ce brave Liard[804] (Dreyfusard comme vous le savez).

Mes meilleures amitiés et à bientôt.

M^ise^ Arconati Visconti

357. Alfred Dreyfus à Marie Arconati Visconti

17 juin 1907

Ma chère amie,

Je voulais précisément vous écrire aujourd'hui pour vous prier d'aviser M. Brisson de ma détermination[805] ; je le considérais, en effet, comme un devoir vis-à-vis de lui. Soyez donc assez aimable pour lui dire ma pensée pour lui.

Je ne voulais vous écrire à ce sujet qu'aujourd'hui car je devais encore voir le général Picquart. J'ai eu un entretien avec lui dont les détails seraient trop longs à vous écrire, mais dont voici la conclusion. Le général P[icquart] a été obligé de constater que le nécessaire n'avait pas été fait à mon égard en juillet 1906, que les prétendues réparations, ont, en fait, arrêté toute possibilité de carrière pour moi, mais m'a déclaré qu'il était de toute impossibilité (?) pour le gouvernement de déposer une loi nouvelle. Je lui ai dit, alors, que, dans ces conditions, je demanderais, vers la fin du mois, ma mise à la retraite. J'ai ajouté pour terminer : Je resterai la victime jusqu'au bout, voilà tout[806].

Vous pourrez communiquer tout cela à M. Brisson et me rappeler en même temps à son bon souvenir.

L'article des *Débats* démontre – non pas avec des pièces nouvelles, comme le craignait Jaurès – mais d'après les archives municipales, la réalité de l'emploi de Périer. Le retard mis à réaliser l'expérience [illisible] par Pascal s'explique dès lors aisément[807].

Faites mes amitiés à Harduin quand vous lui écrirez. Sa santé est-elle de nouveau bonne ?

À Jeudi et affectueusement à vous.

A. Dreyfus

358. Alfred Dreyfus à Marie Arconati Visconti

18 juin [1907]

Ma chère amie,

Cela va bien dans le Midi ! Et tout cela parce que le « Malin » prétendait pouvoir arrêter le mouvement quand il le voudrait !! Aujourd'hui, le voilà réduit à une répression féroce[808]...

J'oubliais de vous dire hier que vous pourriez communiquer ma détermination au « vieil amoureux » quand vous aurez l'occasion de lui écrire. J'estime qu'il est également de mon devoir de l'avertir[809].

À Jeudi et affectueusement à vous.

A. Dreyfus

359. Alfred Dreyfus à Marie Arconati Visconti

Mercredi [19 juin 1907]

Ma chère amie,

C'est moi qui ai été heureux de vous voir Dimanche et de faire la connaissance de M. de Mot. Celui-ci est d'ailleurs venu le lendemain matin chez moi voir ma femme ; nous avons beaucoup parlé de l'admirable château de Gasbeck [*sic*] et de son aimable châtelaine.

Je crois que le ministère, sauf anicroche impossible à prévoir, a maintenant de la vie pour quelque temps. Quand on ne saisit pas l'occasion et qu'on la remet à la prochaine fois, souvent elle passe, et je ne serais pas étonné que le ministère soit encore là à la rentrée d'octobre. Je pense comme vous sur notre « courageux ami » qui mérite plus qu'aucun autre pour sa compétence et son talent, un portefeuille important. Mais qui osera le prendre ?

Je plains M. Roujon ; sa femme et lui doivent être désolés[810].

Je regrette que le temps ne soit pas meilleur et que vous ne puissiez pas vous promener davantage. Ce serait le meilleur repos pour vous.

Affectueusement à vous.

A. Dreyfus

360. Alfred Dreyfus à Marie Arconati Visconti

Vendredi [21 juin 1907]

Ma chère amie,

J'ai été tout bouleversé en lisant les nouvelles que donnent les journaux de ce matin. Que d'imprévoyance ! Le cœur saigne en pensant à tous ces morts ! C'est le cœur serré d'angoisse qu'on lit les nouvelles qui nous viennent du Midi[811].

Je vous communique ci-inclus une lettre bien touchante de Madame Émile Zola à qui j'avais fait part de ma détermination[812]. Soyez assez bonne pour me la renvoyer.

Tout à vous.

A. Dreyfus

361. Alfred Dreyfus à Marie Arconati Visconti

Samedi [22 juin 1907]

Ma chère amie,

Je vous ai porté un mot hier, mais il m'a été impossible de m'arrêter, ayant des courses pressées à faire. N'oubliez pas de me renvoyer la lettre de Madame Zola.

Eh bien, que dites-vous de la séance d'hier ? Pourvu que le calme renaisse dans le Midi et que nous n'ayons pas à enregistrer de nouveaux malheurs, si navrants pour nos cœurs[813].

362. Alfred Dreyfus à Marie Arconati Visconti

24 juin 1907

Ma chère amie,

J'ai bien trouvé chez moi Samedi en rentrant votre aimable petit mot et la lettre que je vous avais communiquée. Je reçois ce matin votre lettre d'hier.

La mesure qui devait être prise à mon égard était une mesure de justice et d'équité[814], je ne saurais en faire une question dépendante de la bonne volonté aléatoire d'un ministère problématique. J'aime mieux me retirer dignement, avec tristesse je l'avoue, mais tout au moins avec la satisfaction d'avoir accompli partout et toujours mon devoir.

À Jeudi et affectueusement à vous.

A. Dreyfus

363. Marie Arconati Visconti à Alfred Dreyfus

27 juin 1907

J'ai passé une heure et demie avec Brisson ce matin. J'ai promis – sûre cependant que vous ne m'écouteriez pas – de vous supplier encore de ne pas donner votre démission[815].

« Pourquoi ne pas prendre un congé de quelques mois. »

« Pourquoi ne pas attendre un autre Ministère ?! »

Non – c'est fait – hélas – je connais votre réponse – si vous voulez je la mettrai encore sous les yeux de Brisson.

On a des preuves que la réaction pousse à fond les viticulteurs[816].

À Jeudi.

M^ise^ Arconati Visconti

N.B. André partage votre opinion sur l'injustice commise[817].

364. Alfred Dreyfus à Marie Arconati Visconti

Vendredi [28 juin 1907]

Ma chère amie,

Je ne vous demandais pas de ne pas dire ma résolution aux amis une fois qu'elle a été définitive. J'aurais mieux préféré que ce fût vous qui la fassiez connaître, parce que j'ai l'horreur de parler de moi, mais cela prouve en faveur de votre discrétion [*sic*]. Ce qui m'est pas contre un grand réconfort, c'est de sentir votre sympathie et celle des amis et vous pouvez leur dire combien elle m'est précieuse dans ces heures tristes.

Que sera la séance d'aujourd'hui à la Chambre ? J'avoue sincèrement que je n'en sais rien. Il n'y a plus de majorité réelle, sur aucune question ; il n'y a plus de direction. Alors tout est livré au hasard des événements et de l'impression que produiront les interpellateurs. Si ces derniers sont uniquement des socialistes, si les ordres du jour sont déposés par eux ou par des dissidents, c'est évidemment le succès pour le ministère.

Tout à vous.

A. Dreyfus

365. Marie Arconati Visconti à Alfred Dreyfus

2[9[818]] juin 1907

Cher ami – Je n'ai pas besoin de vous dire que votre commission est faite. J'ai encore vu Brisson hier matin qui est navré « de votre résolution ». La veille, paraît-il, il avait causé longuement de vous avec « un officier très supérieur » ??

Avez-vous vu le mot de Desachy[819] ce matin dans le *Siècle*[820] ?

Vous, tout ce qui se passe, l'avenir – terrible ! – tout me fait venir du cœur aux lèvres, le « pourquoi vivre » qui ouvre le *Faust* sym[b]olique de Goethe et clôt le livre de la destinée de tant de désespérés.

Après les violences des socialistes, on ne pouvait pas renverser Clemenceau, surtout après ce qu'il a dit[821].

À Jeudi. Votre triste amie.

M[ise] Arconati Visconti

366. Marie Arconati Visconti à Alfred Dreyfus

29 juin 1907

Cher ami – Moi qui croyais que « le Jaune » ferait les vacances ! Il paraît que beaucoup de députés considèrent comme un crime de lèse-République de le laisser au pouvoir pendant les vacances. La Chambre paraît disposée à le renverser sur n'importe quoi d'ici 8 à 10 jours.

En voilà une nouvelle, à laquelle je ne m'attendais pas.

De plus, Poincaré[822] a dit à quelqu'un hier qu'il ne prendrait pas actuellement le pouvoir.

On[823] veut que j'écrive encore à C[ombes] qui m'a écrit une grande lettre avant-hier à ce sujet. ***On*** le considère comme pouvant seul nous sortir de ce gâchis.

Je vais me coucher, je suis abrutie de ce qu'on vient de me dire.

Affectueusement à vous.

M^ise Arconati Visconti

367. Alfred Dreyfus à Marie Arconati Visconti

Lundi matin [1er juillet 1907]

Ma chère amie,

Merci de vos deux bonnes lettres et de me tenir au courant de ce qui se passe. Je comprends qu'il soit dangereux pour la République de laisser Cl[emenceau] faire les vacances, mais je doute qu'on arrive à le renverser avant elles. Les intentions sont nettes dans les couloirs, dès qu'on arrive au scrutin, on lâche pied[824]. Il est certain cependant que c'est C[ombes] qui serait le mieux désigné pour prendre le pouvoir, surtout s'il sait bien s'entourer, et je souhaite qu'il y soit appelé. Mais… je crains bien que nos désirs ne se réalisent pas.

Affectueusement à vous.

A. Dreyfus

368. Alfred Dreyfus à Marie Arconati Visconti

Mardi [2 juillet 1907[825]]

Ma chère amie,

D'après mes renseignements, on ne croit pas que le ministère tombe avant les vacances. Les radicaux ont peur de Cl[emenceau].

Pour finir un mot de Cl[emenceau] qu'on dit authentique : « J'ai de drôles de collaborateurs, pour ministre de la guerre j'ai un pianiste, pour ministre des finances j'ai un hanneton[826]. »

À Jeudi et tout à vous.

A. Dreyfus

369. Marie Arconati Visconti à Alfred Dreyfus

3 juillet 1907

Cher ami,

Reçu les mots de Clemenceau sur ses ministres.

Je me demande si Jaurès viendra demain[827] après la lettre que je lui ai écrite l'autre jour, je lui disais : « Je m'étais promis de ne plus vous parler politique, mais je n'y tiens plus. Ce manifeste qui fait l'éloge des révoltes contre la loi et des mutineries militaires est un coup de poignard au cœur de la France. Je trouve cela abominable, impardonnable, criminel[828].

« Nos vrais amis sont ceux qui nous avertissent, disait Montesquieu. Je vous avertis donc, que le nom de tous ceux qui vous entourent n'existe pas, le vôtre seul subsistera. Vous assumez sur votre tête – hélas ! sur votre mémoire – la haine de tous ceux qui aiment la France – nous, vos amis, savons ce que vous valez, quelle belle âme est la vôtre, mais les autres diront comme Nigra[829] – mort hier – qui m'écrivait il y a deux ans : "Jaurès est le mauvais génie de la France" ; en vous voyant l'autre jour, prononcer, sous la présidence d'Hervé, le vilain discours applaudi où vous parliez avec émotion attendrie des soldats mutinés[830], je pensais au mot de Cromwell, à ceux qui lui faisaient remarquer l'enthousiasme qu'il provoquait ["] Ceux mêmes qui m'applaudissent aujourd'hui, applaudiraient plus fort, si l'on me menait pendre ["]. Le jour où vous reconnaîtrez le mal que vous aurez fait, il sera trop tard, prenez garde à l'histoire qui clouerait votre nom au pilori – pensez à vos enfants.

« Faut-il que je vous aime pour avoir le courage de vous écrire cette lettre[831]. »

....

Très triste, je vous envoie mes plus chaudes amitiés. À demain, j'ai l'idée qu'on ne rira pas beaucoup. En venant demain, montez dans ma Bibliothèque, vous trouverez sur mon buvard, la dernière lettre de Combes et la réponse de Joseph à ma question : « Est-ce que le vieux paillasse d'Étienne avait une mission officielle ? »

M^ise^ Arconati Visconti

370. Alfred Dreyfus à Marie Arconati Visconti

Samedi [6 juillet 1907]

Ma chère amie,

Quelle excellente mise au point, Jeudi dernier, des idées que nous avons tous et quel dommage que J[aurès] ne sente pas combien il se grandirait en se séparant des éléments d'anarchie qui se servent de lui.

Cette Chambre finit sa session dans un gâchis effroyable, discutant sur tout sans possibilité de solutions, ébauchant des réformes réalisables dans un avenir que nous ne connaissons pas. C'est triste et c'est piteux. Il y a ce matin dans l'*Humanité* un excellent article sur ce sujet de J.L Breton qui est un très brave et très loyal garçon[832].

Affectueusement à vous.

A. Dreyfus

373. Alfred Dreyfus à Marie Arconati Visconti

Mardi [16 juillet 1907]

Ma chère amie,

Vous remercierez M. B[risson] de ce qu'il a fait pour Mornard[833]. J'en suis bien heureux.

J'ai bien lu l'*Éclair* et ce qu'il disait était idiot[834], mais je n'ai pas lu la *L[ibre] P[arole]*[835].

Je comprends que M. B[risson] soit préoccupé. Mon neveu qui habite le Midi est venu me voir hier. Il m'a dit que dans tout le pays, c'était, pour le moment, la mort du radicalisme. Les uns iront au socialisme, les autres à la réaction. Chez tous, même ici, le malaise est général ; on ne sait, ni ce qu'on veut, ni ce qu'on ne veut pas. Tous les projets que le gouvernement a mis sur le chantier et qui sont cependant dans le programme des radicaux, font maintenant peur à ceux-ci mêmes. Alors quoi...

À Jeudi, hélas le dernier.

Affectueusement à vous.

A. Dreyfus

374. Alfred Dreyfus à Marie Arconati Visconti

Mercredi matin [17 juillet 1907]

Ma chère amie,

Merci de votre bonne lettre. J'ai prévenu Mornard et j'en suis fort heureux pour lui.

C'est dommage que Br[isson] ne soit pas libre Jeudi matin. Il eût été drôle de le voir assis à la place de J[aurès] et nous aurions entendu l'autre son de cloche, ce qui est toujours utile.

L'*Humanité* m'a consacré un article hier. Il eût mieux valu se taire. S'il y a lieu de s'expliquer, je le ferai moi-même, nettement, en temps et lieu[836].

Vos projets me paraissent changés. Je crois en effet qu'il vaudrait mieux que vous alliez vous soigner pour passer un excellent hiver et pour que nous ayons le plaisir de jouir entièrement de votre société sans souci pour votre santé.

À demain et affectueusement à vous.

A. Dreyfus

375. Alfred Dreyfus à Marie Arconati Visconti

Jeudi [18 juillet 1907]

Ma chère amie,

Je veux encore vous souhaiter bon voyage et bonne santé.

Quelle admirable lettre que celle de M. C[ombes]. Quelle justesse dans l'appréciation de la situation[837].

J'ai eu aussi un assaut à subir de la part de cet excellent Joseph[838]. Si j'ai pris ma décision, ce n'est qu'après mûre réflexion.

La loi de juillet 1906 m'a fait perdre 5 ans sur mes droits. J'ai estimé, ainsi que je vous l'ai déjà dit, que je ne saurais accepter une diminution morale, que je ne pouvais rester qu'en possession de tous mes droits. Je me retire avec du moins la conscience en paix et la satisfaction d'avoir accompli partout et toujours mon devoir.

Affectueusement à vous.

A. Dreyfus

377. Alfred Dreyfus à Marie Arconati Visconti

Villa Lucette *Dimanche 4 août [1907]*
Villers s/Mer[839]

Ma chère amie,

J'ai reçu votre bonne lettre hier au soir et je me demandais déjà ce que vous deveniez. Vous avez raison de rester à Thonon puisque vous y êtes bien ; les eaux valent celles d'Évian. Mais il est heureux que l'année ne soit pas trop chaude, car les bords du lac de Genève sont étouffants au mois d'août.

Vous me dites que Monod après un séjour de quelques jours à Zermatt, ira rejoindre les Rist[840], pension Waldesruhe. Mais où est située la pension Waldesruhe ?

Je comprends que vous gardiez les lettres du « vieil amoureux ». Elles dénotent une grande sérénité et de très justes vues politiques ; les parties tendres reposent des affaires graves.

Vous avez bien fait d'aller consulter à Lausanne, quoique j'estime que Trousman [lecture incertaine] vaut tous les médecins suisses et que nous allons souvent chercher bien loin ce que nous avons sous la main à Paris. Mais nul n'est prophète dans son pays.

La politique me paraît au calme plat, sauf quelques fusillades de temps en temps[841]. Le conflit entre les grévistes et la troupe me paraît devenir aigre, pourvu qu'un jour on n'enregistre pas un désastre ou une désertion.

On annonce ici l'arrivée de Barthou[842] et de votre ami Aristide [Briand]... qui aura à sa disposition un yacht. Est-ce pour promener ses nombreux amis... on lui en prête probablement plus qu'il ne peut en satisfaire...

Je crois que je commence aussi à dire des bêtises... est-ce l'air de la mer qui fait l'effet de l'eau de Jouvence ?

Reposez-vous bien, ma chère amie, et soyez assez aimable pour me tenir au courant de vos déplacements.

Mes amitiés aux « Jeudistes » quand vous leur écrirez.

Affectueusement à vous.

A. Dreyfus

378. Alfred Dreyfus à Marie Arconati Visconti

Villa Lucette
Villers s/Mer

Jeudi [8 août 1907]

Ma chère amie,

Je comprends votre tristesse[843], mais il faut la surmonter. Il faut vivre sa vie jusqu'au bout – autrement où serais-je ? – avec le sourire sur les lèvres et au fond du cœur, comme un parfum aimé, le souvenir de ceux qu'on a chéris. Malgré tout, il faut conserver la foi dans un avenir meilleur… pour ceux qui nous suivront. La loi de l'humanité est celle de l'évolution, à chacun de nous d'y apporter sa modeste participation sans chercher à y voir pour lui-même [*sic*] le résultat de ses efforts.

Je me promène beaucoup, je cause aux gens de mer… et une immense pitié m'envahit pour ces gens simples et de vie parfois si précaire. Je ne suis pas collectiviste, vous le savez, mais nous avons de grands devoirs envers le prolétariat. C'est une source d'activité à laquelle j'espère pouvoir consacrer une partie de mon temps et elle en vaut bien une autre.

J'ai reçu une lettre très touchante des officiers supérieurs des régiments et de la Direction de l'artillerie de Vincennes qui m'ont exprimé leur vif désir de me faire leurs adieux en m'offrant un dîner[844]. Malheureusement je ne rentrerai pas à Paris avant fin septembre.

Soignez-vous bien surtout. Chassez vos idées tristes et revenez-nous avec une mine superbe.

Affectueusement à vous.

A. Dreyfus

380. Alfred Dreyfus à Marie Arconati Visconti

27 août [1907]

Ma chère amie,

J'ai reçu votre bonne lettre datée encore de Thonon dans laquelle vous m'annoncez votre départ le 27. Je veux donc que cette lettre vous trouve à votre retour à Paris avant que vous ne partiez pour Gasbeck [*sic*].

Je suis heureux que le séjour à Thonon vous ait été agréable. J'espère surtout que votre santé s'en ressentira.

L'amitié, comme vous le dites si justement, est une des choses les plus précieuses de la vie, c'est elle qui vous donne les satisfactions les plus pures et les plus vives. Vous en connaissez d'ailleurs les joies, puisque vous êtes entourée d'amis, dont j'ai la fierté d'être, et qui vous sont tant dévoués.

Hélas, comme vous, je suis navré de l'attitude de Jaurès. Quel admirable rôle il eût pu jouer s'il ne s'était pas laissé entraîner dans un groupe qui compte Hervé parmi ses membres. Cela est d'autant plus triste que nous assistons à un retour en arrière, où vous voyez prôner l'alliance des radicaux repentis et des progressistes. C'est un ministère Ribot[845] que nous prépare le ministère actuel qui a fait faillite à tous les espoirs que nous fondions sur lui. Je lirai avec beaucoup d'intérêt les lettres de C[ombes] que vous m'avez mises de côté, mais je prévois ce qu'il peut dire avec une force et une autorité que je ne possède pas. Mais malgré tout, malgré toutes les fautes, je ne renie rien de mon idéal. Les hommes passent heureusement, les idées restent. Si ceux que l'[A]ffaire a amenés au pouvoir ne font pas la besogne que nous pouvions espérer d'eux, n'en abandonnons pas pour cela les idées qui nous sont chères.

Et que sommes-nous allés faire au Maroc ?

Comme toujours, pour tirer les marrons du feu pour les autres. Quand nous y aurons dépensé des centaines de millions – avec des finances déjà obérées – sacrifié inutilement de nombreuses vies humaines, les Allemands et les Anglais qui se sont réservé « la porte ouverte[846] » viendront y faire du commerce et en tirer tout le profit[847]...

Le temps ici est très beau, pas trop chaud, et on s'y repose délicieusement. Je compte rester à Villers jusqu'à fin septembre.

En attendant le plaisir de vous lire[,] affectueusement à vous.

A. Dreyfus
Villa Lucette
Villers s/Mer

Le *Temps* annonce ce matin que Joseph a déjeuné avec Édouard VII à Marienbad.

382. Alfred Dreyfus à Marie Arconati Visconti

19 septembre [1907]

Ma chère amie,

J'ai été bien heureux de vous lire car je me demandais ce que vous deveniez et je craignais que vous ne fussiez souffrante encore. Le temps, s'il est le même qu'ici, doit être merveilleux à Gasbeck [*sic*] sous les ombrages du parc. D'ailleurs, j'aime beaucoup l'automne ; il apporte une grande douceur à mes rêveries qui s'effeuillent comme les arbres.

Je suis navré pour Jaurès. Que vous dire que nous ne pensions tous ? Qu'est-ce qui l'a saisi ? Je ne comprends plus[848].

Je suis heureux des nouvelles que vous me donnez des amis. Chacun courre [*sic*] la prétentaine avant de reprendre le collier. Avez-vous vu dans la *Revue Bleue* les articles de Havet sur Pascal et Mathieu ? Ils sont très intéressants[849].

Je souhaite qu'on profite des pourparlers engagés[850] – qui d'ailleurs ne peuvent avoir aucune valeur durable dans un pays anarchique comme le Maroc – pour se tirer du guêpier et pour éviter tous les sacrifices en hommes et en argent qu'il nous coûterait. Mais en aura-t-on le courage ?

Nous restons encore ici jusqu'à Mercredi prochain puis il faudra rentrer à Paris car les classes reprennent le 1er octobre. Mon fils[851] qui a passé les vacances en Allemagne pour apprendre la langue nous rejoindra après-demain. Nous serons heureux de le revoir car il nous a bien manqué cet été.

Soignez-vous bien et revenez-nous avec une santé florissante.

Affectueusement à vous.

A. Dreyfus

384. Alfred Dreyfus à Marie Arconati Visconti

Vendredi matin [27 septembre 1907]

Ma chère amie,

Figurez-vous qu'en arrivant avant-hier à St-Germain[852], j'ai appris que Joseph avait été très souffrant la veille. Sur sa phlébite était venu se greffer un point pleurétique qui avait rendu la respiration très difficile. Quand je me suis trouvé à St-Germain, il allait déjà mieux, mais bien entendu je n'ai pas pu le voir. J'ai prié son fils Adolphe de me tenir au courant de l'état de son père et voici le petit mot que j'ai reçu de lui hier soir :

« Je suis heureux de pouvoir vous annoncer une sensible amélioration dans l'état de mon père. La fièvre a diminué, une légère ponction l'a beaucoup soulagé et, grâce à une piqûre de morphine, il a pu dormir cinq ou six heures. La fatigue et la lassitude restent cependant très grandes et on peut compter le voir s'affairer avant la fin de la semaine. »

Je souhaite de tout cœur que cet excellent Joseph se remette vite. Dès qu'il sera possible de le voir, sans le fatiguer, je retournerai à St-Germain.

Il est certain que J[aurès] a été très maladroit et qu'il y a des moyens qu'il préconise pour maintenir la paix – que nous désirons tous – qu'on ne saurait que blâmer. Mais ceux qui crient haro sur lui avec une violence inouïe après s'être servis du parti socialiste, me dégoûtent, car ce qu'ils recherchent au fond dans cette querelle, ce n'est pas la défense noble de l'idée de patrie, mais le recul aux calendes grecques de toutes les réformes sociales. C'est leur poche qu'ils défendent, avec une belle colère, mais sans franchise, puisqu'ils se couvrent de l'idée de patrie.

Le temps est détestable depuis quelques jours. Quand les feuilles jauniront et que la terre sera détrempée, j'espère que notre fugitive nous reviendra et que nous nous retrouverons devisant gaiement autour de la table hospitalière.

Affectueusement à vous.

A. Dreyfus

387. Alfred Dreyfus à Marie Arconati Visconti

Jeudi [3 octobre 1907]

Ma chère amie,

Que devenez-vous ? J'espère de tout cœur que vous n'êtes pas souffrante car voilà quelque temps que vous ne m'avez plus donné de vos nouvelles.

J'ai vu Joseph avant-hier. Il est beaucoup mieux et enfin pourrait être transporté bientôt à Paris.

Je ne vous parle pas de la politique sinon qu'on a fait la concentration de la peur autour de Cl[emenceau], et que nul ne peut plus prévoir la chute de ce ministère.

Que dites-vous de l'affaire Thomas ? Elle est vraiment curieuse de l'état d'esprit qui régnait dans le clergé au moment de la Séparation[853].

Affectueusement à vous.

A. Dreyfus

388. Alfred Dreyfus à Marie Arconati Visconti

Jeudi [10 octobre 1907]

Ma chère amie,

Votre lièvre a été bienvenu mais votre lettre encore davantage car je commençais à me demander si vous étiez souffrante.

Je vous remercie de me mettre de côté les lettres de votre « amoureux ». Je suis convaincu qu'elles contiennent une vue juste et intéressante de la situation actuelle. J'ai eu l'occasion, depuis la rentrée des Chambres, de causer avec quelques députés et la situation me paraît être celle-ci. La Chambre se sent tellement impopulaire, par suite du fait que la seule loi qu'elle ait encore pu faire aboutir est celle relative à l'indemnité de 15 000 frs, qu'elle s'est allouée pour ses membres[854], que tous les députés font bloc autour d'une poigne capable *de faire* les prochaines élections. Or cette poigne, il [*sic*] croit l'avoir trouvée en Cl[emenceau]. Dans ces conditions, sauf incidents que nul ne peut prévoir dans un si long laps de temps, tout ce que fera le ministère Cl[emenceau] sera approuvé afin de le laisser au pouvoir jusqu'à la fin de la législature. Il n'y a peut-être que l'impôt sur le revenu, très impopulaire tel que l'a présenté Caillaux, qui pourrait être un obstacle grave à cette ligne de conduite. Mais Cl[emenceau] est de taille à esquiver cette difficulté par des pirouettes habiles.

Comme vous le pensez bien, peu m'importe où je serai classé dans la réserve[855]. Cela n'a aucune importance.

L'allée dont vous m'avez envoyé la photographie est merveilleuse. Quels beaux arbres avec leurs fûts bien droits qui s'élancent vers la lumière et vers le soleil.

Affectueusement à vous.

A. Dreyfus

Je croyais que Joseph avait été transporté à Paris, mais j'ai appris hier qu'il était encore à St-Germain. Je retournerai l'y voir.

390. Alfred Dreyfus à Marie Arconati Visconti

Lundi [mi-novembre-mi-décembre 1907]

Ma chère amie,

Vous avez bien fait de ne pas aller à Bruxelles par le froid qui sévit. Vous ne pouviez qu'y attraper du mal.

Je me demande si Cl[emenceau] ne remettra pas encore l'inauguration du monument Scheurer sous le prétexte des affaires du Maroc[856]. Quelle absurdité d'avoir été mettre le doigt dans un engrenage dont, pour sortir, il faudrait avoir le courage de dire que nous en avons assez de faire les affaires des autres. Mais ce courage, on ne l'aura pas. Et alors que nous réserve l'avenir ? L'optimisme béat de nos gouvernants serait amusant si la chose n'était si sérieuse.

J'ai reçu un mot de Joseph qui est toujours au Cap-Martin[857]. Il me dit qu'il va presque tout à fait bien et qu'il se propose de faire bientôt un tour en Italie.

Je vais beaucoup mieux quoique je tousse encore. Il me faudrait un peu de soleil, moi qui jadis ne craignais pas le froid. Mais décidément, je me ressentirai toujours de mes cinq années à l'île du Diable.

J'ai déjeuné hier avec un gouverneur des colonies qui m'a remis la photographie... de ma case. Il était au ministère des Colonies quand parvenaient les infâmes rapports de mon tortionnaire, le n[ommé] Deniel[858], et ces rapports, en même temps, qui l'ont indigné, l'ont convaincu en ma faveur par les protestations inlassables d'innocence qui s'échappaient paraît-il de mes lèvres dans mes nuits de cauchemar comme dans la tourmente de la fièvre.

Affectueusement à vous.

A. Dreyfus

391. Alfred Dreyfus à Marie Arconati Visconti

Lundi [29 novembre 1907]

Ma chère amie,

J'ai été tellement absorbé par des affaires de famille que je n'ai pas trouvé un instant pour vous écrire encore à Gasbeck [*sic*]. Mais je veux que vous trouviez un mot de moi à votre retour à Paris pour vous souhaiter la bienvenue et vous dire la joie que nous procure votre arrivée.

La candidature d'André est fortement combattue ; je souhaite de tout cœur qu'il réussisse car ce que vous a dit M. B[risson] est parfaitement juste. Mais on oublie tous les services qu'il a rendus et qui sont grands pour ne penser qu'à l'ennui qu'il a causé par suite de l'affaire de franc-maçonnerie[859].

J'ai vu Monod. Il est mieux au point de vue de la santé, mais que son fils lui donne encore des ennuis, à propos du petit-fils !

La semaine dernière Joseph pensait pouvoir rentrer à Paris ces jours-ci. Je n'ai plus eu de nouvelles de lui et j'ignore où il est en ce moment.

À bientôt donc le plaisir de vous revoir.

Affectueusement à vous.

A. Dreyfus

392. Alfred Dreyfus à Marie Arconati Visconti

Mercredi [4 décembre 1907]

Ma chère amie,

Ma femme a vivement regretté d'avoir été obligée de déjeuner en famille lundi mais elle espère que vous la dédommagerez la prochaine fois que vous viendrez 101 b^{d} Malesherbes.

Le séance d'avant-hier à la Chambre a été piteuse. Quel gouvernement ! Il n'a pas d'opinion, sinon celle de demeurer. M. Combes fait bien de se réserver ; son nom commence de nouveau à être prononcé dans le milieu parlementaire, comme successeur probable et avec lequel il serait possible de faire de la bonne besogne.

On me dit que le général André a peu de chances dans la Côte d'or. Je le regrette.

À jeudi 12.

Tout à vous.

A. Dreyfus

393. Alfred Dreyfus à Marie Arconati Visconti

Lundi [30 décembre 1907]

Ma chère amie,

J'ai signé pour vous Samedi dernier à l'enterrement de ce pauvre Cornély[860]. Mais j'étais déjà ce jour-là sous l'influence d'une grippe, le froid qu'il faisait à cet enterrement m'a achevé et le soir je me suis couché avec une fièvre violente, réveil de vieux souvenirs. Aujourd'hui cependant je vais mieux, sans sortir encore.

J'avais l'intention de vous envoyer pour le jour de l'an des « ciseaux ». Mais ma femme m'a fait remarquer que cela coupait l'amitié, car la vôtre m'est trop précieuse, je tiens trop à votre affection, pour risquer de la diminuer, même par une apparence. Aussi, ne pouvant sortir et vous les apporter moi-même, je me contente de vous envoyer mes souhaits bien affectueux de santé et de bonheur et l'expression de mes sentiments bien dévoués.

Tout à vous.

A. Dreyfus

398. Alfred Dreyfus à Marie Arconati Visconti

Dimanche [5 janvier 1908]

Ma chère amie,

Vous avez été prise à votre tour ! Heureusement que vous avez évité la grippe. Je vais beaucoup mieux mais il me reste encore beaucoup de faiblesse et de courbatures.

Votre B[riand] à la justice[861]. Il grimpe. Je viens de lire *L'École des ministres*. C'est drôle et vivant[862]. Mais Cl[emenceau] au fond dit être content de l'enquête demandée par M. C[ombes] car elle lui permettra de jouer avec les parlementaires compromis, comme le chat avec la souris. Vous savez que c'est toujours sa tactique et comme il n'a aucun scrupule, elle lui réussit généralement[863].

Quant à P[icquart], comme vous le dites fort bien, si c'est une belle conscience, c'est un petit caractère et tout le monde finit par le constater. Il est dans une situation au-dessus de ses capacités ; il eût mieux fait de rester ce qu'il croit habile aujourd'hui – avec erreur – pouvoir faire oublier[864].

À Jeudi et tout à vous.

A. Dreyfus

400. Alfred Dreyfus à Marie Arconati Visconti

Samedi [18 janvier 1908]

Ma chère amie,

Si je n'ai pas répondu plus tôt à votre aimable lettre, c'est que j'ai beaucoup souffert des dents et attrapé une bonne fluxion. J'ai toutes les veines cet hiver. Aujourd'hui heureusement cela va mieux.

J'ai été très heureux de la réélection attendue de M. Henri Brisson[865]. Quant au gouvernement, il continue son bonhomme de chemin en suivant les fluctuations de la majorité. Qu'en sortira-t-il ? Rien.

J'espère que votre santé est tout à fait bonne.

À Jeudi et affectueusement à vous.

A. Dreyfus

401. Alfred Dreyfus à Marie Arconati Visconti

Jeudi Soir [23 janvier 1908]

Ma chère amie,

En sortant de chez vous, j'ai acheté la *Patrie* sur laquelle il y avait en manchette : « la Vérité sur le combat de Settat[866] ». Je vous envoie ci-inclus l'article ; c'est exactement ce que nous racontait Jaurès au déjeuner. Mais je crois qu'il est fâcheux qu'il ait dès l'abord démasqué nos batteries ; le gouvernement va arriver demain avec des dépêches optimistes comme celle que publie le *Temps* de ce soir et on s'endormira de nouveau jusqu'au réveil qui sera, je le crains, désastreux.

En même temps, je trouvais chez moi en rentrant, comme n° de propagande, le dernier bulletin du Comité de l'Afrique française. On y dit que la proclamation de Moulay Hafid à Fez n'a pas l'importance qu'on lui attribue, que c'est une absurdité que de vouloir rester neutre entre lui et son frère, qu'il est de toute nécessité de soutenir vigoureusement Abdul-Aziz [*sic*] tant en argent qu'en forces militaires[867]. C'est le fameux comité Étienne[868] qui prône cette politique de conquête.

La discussion sur l'œuvre de Taine était fort intéressante. Comme Jaurès donne toujours à ses arguments une forme imagée et oratoire ! Mais en fait, si l'œuvre de Taine est surtout négative, c-à-d qu'elle n'apporte aucune solution, aucune vue sur l'avenir, elle est cependant une œuvre critique considérable et peut être retenue comme telle. Elle montre les limites du rationalisme et doit nous rendre modestes. C'est déjà quelque chose.

Tout à vous.

A. Dreyfus

402. Alfred Dreyfus à Marie Arconati Visconti

Mercredi [29 janvier 1908]

Ma chère amie,

Eh bien, cela y est. Le gouvernement a son blanc-seing[869]. Quant à croire, comme Joseph, que les paroles prononcées et l'ordre du jour voté, lieront le gouvernement, c'est une pure illusion, et étonnante chez un historien. En cela, d'ailleurs, il faut reconnaître que c'est juste, car la vérité d'hier peut ne pas être celle du lendemain. Du moment qu'on maintient les troupes au Maroc, celles-ci seront fatalement amenées à combattre et même à prendre l'offensive, dans ces conditions nul ne peut prévoir jusqu'où on peut être obligé d'aller et ce n'est pas un ordre du jour qui arrêtera la marche des événements.

Jaurès a fait hier un très beau discours[870], mais visiblement, il n'a plus aucune autorité sur la Chambre, et tout cela à cause de cet imbécile d'Hervé. Quel dommage qu'une si grande force soit devenue inutile.

Je vais tout à fait bien et j'espère qu'il en est de même de vous.

Tout à vous.

A. Dreyfus

405. Alfred Dreyfus à Marie Arconati Visconti

Lundi [10 février 1908]

Ma chère amie,

Merci de l'avis que vous m'envoyez, mais je ne sais si arriver à l'avance aura grande utilité. On doit, en effet, à 10 heures précises, se trouver devant le monument[871] pour voir tomber le voile qui le couvre, puis se rendre, tout le monde ensemble, dans le grand vestibule du Sénat, pour entendre les discours. Donc arriver à l'avance devant le monument ne me paraît pas devoir servir à grand-chose pour être bien placé dans le vestibule. Ce que peuvent faire ceux qui ne sont pas obligés d'être devant le monument au moment où on le découvrira, c'est de se rendre directement dans le grand vestibule du Sénat et cela me paraît devoir être pareil pour vous qui avez des intelligences au Sénat.

Quant au Maroc, vous avez mille fois raison. Vous savez ce que j'en pense depuis le commencement, ce que j'en disais l'autre jour à Joseph, et les événements malheureusement me donnent raison. Si l'on continue ainsi, avec plus ou moins de rapidité, avec plus ou moins d'hésitations contenues en hommes et en argent, on sera amené fatalement à la conquête du Maroc.

À Jeudi et probablement aussi à demain si nous parvenons à nous voir dans la foule qui assistera à la cérémonie.

Tout à vous.

A. Dreyfus

On me dit que Cl[emenceau] prononcera un très beau discours[872]. Les paroles ne lui coûtent rien.

406. Alfred Dreyfus à Marie Arconati Visconti

Mardi [25 février 1908]

Ma chère amie,

Un ami m'a signalé hier l'article si touchant du général André. J'en ai été très ému et c'est un acte de courage d'oser dire tout haut ce que beaucoup pensent… tout bas[873]. Mais il me reste tout au moins la satisfaction d'avoir fait partout et toujours mon devoir et je vous assure que ce sentiment donne une grande tranquillité et une grande force.

Jaurès a dit hier des paroles fortes et vraies avec sobriété. Il est regrettable que la Chambre n'ait pas voulu l'écouter[874]. Je ne puis aussi que me répéter ; le système employé est détestable, car on expose nos héroïques soldats à être écrasés sous le nombre et le fanatisme musulman. Ou il fallait rester à Casablanca et c'était là la vérité, ou il faudrait donner à notre corps expéditionnaire les moyens de faire face à toutes les éventualités.

À Jeudi et affectueusement à vous.

A. Dreyfus

407. Alfred Dreyfus à Marie Arconati Visconti

Vendredi [6 mars 1908]

Chère amie,

Avez-vous lu le livre de Bourdon sur les journées de Casablanca[875] ? Il montre clairement que l'erreur du début est la cause de la situation dans laquelle nous nous débattons actuellement. Et que faut-il faire maintenant ? Je trouve le système du gouvernement mauvais, car c'est le système des petits paquets avec lequel on n'aboutit à rien qu'à s'engager chaque jour davantage, à faire tuer beaucoup de braves gens, et à dépenser beaucoup d'argent, tout cela inutilement puisqu'en définitive l'acte d'Algésiras et les engagements pris depuis nous interdisent la conquête du Maroc. D'autre part je reconnais que l'évacuation pure et simple est impossible aussi à l'heure actuelle, tant au point de vue de l'honneur national qu'à celui de la répercussion qu'elle aurait sur nos pioupious africains. Enfin nous avons pris l'engagement d'organiser la police dans les ports. Que faire alors ?

Il y aurait peut-être une solution qu'on accepterait si on la définissait franchement dans son esprit et dans son but. Ce serait d'envoyer 50 000 hommes au Maroc, force suffisante, non pour faire la conquête mais pour imposer le respect aux [illisible] hafidiennes qui n'oseraient venir l'attaquer et, sous la protection de cette force de *couverture*, organiser la police dans les ports, puis s'en aller. Il me semble que pour sortir de ce guêpier, il n'y a plus que cela à faire.

Qu'est-ce que c'est que cette reprise du *Rappel* par les combistes[876] ? Auront-ils les reins assez solides pour donner à ce journal une vie qui lui assure une influence politique ?

Affectueusement à vous.

A. Dreyfus

408. Alfred Dreyfus à Marie Arconati Visconti

Samedi [7 mars 1908]

Ma chère amie,

Jaurès a fait un admirable discours hier, aussi bien dans la forme que dans le fond[877]. Quelle force il apporterait au parti républicain s'il se détachait des extravagances de quelques-uns de son parti. L'impôt sur le revenu sera voté et vous savez que j'y suis favorable malgré ses inconvénients ; il est incontestablement plus juste que les « quatre vieilles[878] ». Seulement le projet Caillaux a besoin de nombreuses modifications et j'espère que la Chambre sera assez sage pour les y apporter. Ce qui est cependant amusant, c'est que beaucoup le voteraient sans voir où ce projet les conduit et il ne fait aucun doute pour moi qu'il peut nous conduire très loin, car au fur et à mesure qu'on votera les lois d'assistance sociale qui exigent de grandes subventions de la part de l'État, on sera obligé d'augmenter la progressivité et peut-être même la proportion de l'impôt global. Les fortunes moyennes – car les grandes fortunes sont en nombre insuffisant – seront de plus en plus imposées... et l'on gémira.

Ce qui se passe au Maroc est risible. D'Amade[879] fait attendre sa réponse au gouvernement, puis quand elle arrive, elle n'est pas ce qu'on attendait de lui. Alors on prépare des renforts quand même, on va consulter Lyautey[880], on va préparer des plans de campagne dans le cabinet Cl[emenceau]. Et on ne peut faire autre chose, car en réalité, on ne sait pas ce qu'on veut, ou peut-être on n'ose pas dire ce que l'on veut[881].

Affectueusement à vous.

A. Dreyfus

409. Alfred Dreyfus à Marie Arconati Visconti

Lundi [9 mars 1908]

Ma chère amie,

Merci vivement des coupures que vous m'avez envoyées. Elles sont toutes intéressantes.

L'article de Chaumeix sur Bédier[882] définit admirablement son talent, tel que je l'avais apprécié en lisant ses articles dans la *Revue Historique*. Les œuvres de M. Bédier sont d'une grande probité et d'une rare modestie ; il y joint en outre une forme littéraire tout à fait remarquable.

J'ai lu également avec beaucoup d'intérêt l'article d'Aulard sur « Jaurès historien[883] ». C'est parfaitement juste. Tous les discours de Jaurès supposent des études historiques très approfondies et si parfois il en tire des conclusions inattendues et même excessives, il n'en reste pas moins un fond de vérité. Témoin, comme je vous le disais, son discours sur l'impôt sur le revenu où ses aperçus sur les doctrines économiques, tirés de l'histoire, ont forcé même l'approbation de M. Aynard[884].

Quelle cacophonie en ce moment, autour du ministère. Comme un petit incident, celui des « deux attachés » révèle un état d'âme d'une puérilité sans exemple[885]. Mais les députés auront-ils le courage de se dérober à la cravache qui les fouaille ou ne rentreront-ils pas dans le droit chemin dès que la lanière s'abattra de nouveau sur leurs épaules. Problème mystérieux que personne ne peut résoudre à l'heure actuelle.

Le ministère peut durer longtemps encore, comme il peut tomber à la première occasion. Ce qu'il y a de certain, c'est que s'il a encore l'autorité de la force, il est dépourvu d'autorité morale.

À Jeudi le plaisir de nous retrouver autour de votre table.

Affectueusement à vous.

A. Dreyfus

411. Alfred Dreyfus à Marie Arconati Visconti

Lundi [16 mars 1908]

Ma chère amie,

Un ami m'a envoyé le n° du 7 mars du *Censeur*[886]. À propos des articles du général André, une petite revue militaire *Armée et Démocratie* écrit ce qui suit :

« Ces articles ont produit une grosse émotion dans le milieu politique et littéraire.

« En haut lieu, il fallait s'y attendre, on s'est ému également. Si nos renseignements sont exacts, le Président du Conseil a eu, paraît-il, en lisant le *Censeur*, un de ces accès de fureur noire qui deviennent d'ailleurs, chez lui, de plus en plus fréquents[887]..... »

On me racontait aussi hier, l'historiette suivante. Un sénateur avait demandé audience à Cl[emenceau], pour lui présenter la municipalité d'une petite ville de son département. Cl[emenceau] fut d'abord fort aimable avec tous, leur parlant de choses et d'autres, puis tout d'un coup leur dit : « Mais à propos, pourquoi êtes-vous venus me trouver. » Pour vous transmettre une requête de la municipalité, lui répondit le chef de celle-ci. Eh bien, vous pouvez vous la f.... au c...., répliqua Cl[emenceau]. Ces braves gens sortirent complètement ahuris du ministère de l'intérieur. Il semble cependant que la « manière » de Cl[emenceau] plaît à la majorité, puisqu'elle approuve tous ses actes.

Ci-inclus une coupure qui répond au même ordre d'idées[888].

À Jeudi et affectueusement à vous.

A. Dreyfus

413. Alfred Dreyfus à Marie Arconati Visconti

Samedi matin [21 mars 1908]

Ma chère amie,

J'ai beaucoup souffert pendant deux jours car à mon mal de dents étaient venus se joindre des accès de fièvre. J'ai été obligé de me tenir au coin du feu et j'aurais été bien heureux de vous voir. Mais je viens enfin de passer une bonne nuit et ma figure se dégonfle. Aussi j'espère que je pourrai recommencer à sortir demain.

Je navre aujourd'hui un de mes cousins qui donne une fête ce soir pour célébrer son anniversaire de 25 ans de mariage et je lui avais *absolument* promis d'y assister, contrairement à mes habitudes. Mais j'ai encore la figure trop de travers et il ne serait pas prudent de sortir encore ce soir dans ces conditions[889].

Je suis navré de savoir Joseph encore étendu. Comme vous, cela me paraît long[890] !

Claretie, en réclamant une sténographie pour vos déjeuners du Jeudi, me prend mon idée[891]. Il est désolant de voir se perdre tout cet échange d'idées, tout ce heurt de personnalités également sincères et intelligentes.

Je suis heureux de venir déjeuner chez vous de nouveau le 26. Comme je vous l'ai déjà dit, ces déjeuners sont certes mon plus vif plaisir de l'hiver, au sortir [lecture incertaine] des banalités que l'on entend à la plupart des dîners auxquels on assiste.

Affectueusement à vous.

A. Dreyfus

421. Alfred Dreyfus à Marie Arconati Visconti

Jeudi [30 avril 1908]

Ma chère amie,

Je vous renvoie ci-inclus les deux cartes que vous m'avez confiées. Elles ont vraiment intéressé ma femme ; elles sont en effet fort curieuses pour l'état d'esprit qu'elles dénotent chez Havet[892]. Mais cela ne m'étonne pas quand je me souviens de ce qu'il me disait dans le jardin de la villa Hauterive, à Coligny quand il vint me voir pour me décider à « marcher » sur la déposition d'Esterhazy à Londres qui venait de paraître dans les journaux. Comme je lui exposais les raisons d'ordre moral et juridique qui s'opposaient à son plan, il me répondit : « Vous avez raison, mais comme c'est l'avis de P[icquart] de "marcher", vous devez le faire. » Il n'y avait plus qu'à tirer l'échelle[893].

Affectueusement à vous.

A. Dreyfus

422. Alfred Dreyfus à Marie Arconati Visconti

Samedi Soir [9 mai 1908]

Ma chère amie,

J'ai été désolé en apprenant par votre carte pneumatique la mort de cet excellent Halévy[894] et j'ai partagé votre douleur. J'avais eu le plaisir de le rencontrer à plusieurs reprises soit chez Reinach, soit chez vous, et j'avais pu apprécier ses grandes qualités de cœur, la finesse de son intelligence, sa connaissance très avisée des hommes et des choses de notre temps. Il laissera un grand vide parmi ses amis.

Les lettres de lui que vous me communiquez ce soir et que je vous rapporterai Jeudi prochain sont très touchantes. Mais hélas cette réconciliation que nous eussions tous souhaitée à ce moment eût été impossible à réaliser. On eût couru à un échec certain. Il manque à P[icquart] la noblesse de cœur, l'humaine tendresse[895].

Aussitôt après avoir reçu votre carte j'ai écrit un mot à Madame Halévy. Mais je l'ai adressé rue de Douai, croyant qu'il y habitait encore. Je pense qu'il lui sera cependant parvenu. Il me sera impossible de me rendre demain à la maison mortuaire, devant reconduire ma belle-sœur qui part. Comme il est vraisemblable que vous y serez, voudriez-vous être assez aimable pour signer pour moi.

À Jeudi et affectueusement à vous.

A. Dreyfus

423. Alfred Dreyfus à Marie Arconati Visconti

Lundi [11 mai 1908]

Ma chère amie,

Je vous remercie des lettres que vous m'avez communiquées hier. Je vous les rapporterai Jeudi car il me suffit de faire connaître à mon camarade l'aimable intervention de M. Brisson[896].

J'ai vu Joseph ce matin. Je l'ai trouvé mieux. Il a pu marcher cinq minutes hier sans inconvénients et continue aujourd'hui.

Les résultats des élections d'hier sont un échec très franc pour le parti socialiste et pour notre ami J[aurès]. Du jour où ce parti a cessé d'être l'avant-garde de la démocratie pour s'allier à la CGT et aux hervéistes, il s'est considérablement diminué et a fait beaucoup de tort à la République[897]. Les radicaux battent les socialistes et sont eux-mêmes battus par les progressistes, surtout dans les grandes villes, c'est un recul vers le centre gauche, Méline et Ribot, soutenu par l'Action libérale[898].

Affectueusement à vous.

A. Dreyfus

424. Alfred Dreyfus à Marie Arconati Visconti

Jeudi [14 mai 1908]

Ma chère amie,

Je viendrai vous voir Samedi matin vers 10 h ½ et lirai avec intérêt les lettres de M. Combes car j'avoue que je trouve la situation plus trouble que jamais et j'estime qu'une grande part en revient à J[aurès] qui n'a pas su se dégager nettement des hervéistes et de la CGT. Il est non moins vrai que Cl[emenceau] a énervé la majorité républicaine qui n'est plus capable d'aucun effort pour faire aboutir les lois sociales. Alors quoi ? Allons-nous revenir en arrière pour aboutir un beau jour à une révolution... contre la bourgeoisie. D'autre part, il est impossible de marcher avec la CGT. Il y avait jadis un parti d'avant-garde qui s'appelait le parti jaurésiste... mais qui n'a plus Jaurès, et ce parti est également décapité.

Comme vous, je trouve que ce que l'on joue au théâtre n'est plus de la [illisible] mais de la pornographie sale et abjecte.

À Samedi et affectueusement à vous.

A. Dreyfus

425. Alfred Dreyfus à Marie Arconati Visconti

Samedi Soir [16 mai 1908]

Ma chère amie,

J'ai eu tant de plaisir à me trouver ce matin auprès de vous, à lire à vos côtés les admirables lettres de Combes et de Monod, que j'ai oublié de vous rendre les lettres d'Halévy que j'avais dans ma poche. Je vous les envoie ci-inclus, car je serai encore capable d'en faire autant jeudi prochain.

Ma femme me charge de vous remercier de la carte pour l'exposition des pastels. Elle a été très émue quand je lui ai fait connaître votre gracieuse pensée de nous envoyer votre superbe *Coleone*, dont nous avons tant admiré l'orignal à Venise, devant l'hôpital. Ce beau don de votre part nous rappellera toujours notre affectueuse et si profonde amitié, en même temps qu'il restera comme un souvenir de notre voyage en Italie. Nous vous en remercions tous deux de tout cœur.

J'ai lu les articles de la *Dépêche*. Ce pauvre Jaurès ! Pourquoi n'est-il pas resté lui-même ?

Notre cœur ne peut se résoudre à penser qu'il demeurera toujours avec certains de ceux qui l'entourent actuellement et qui ne font que compromettre son parti et la République. J'ai retrouvé dans ces articles de la *Dépêche*[899] l'écho de ma pensée intime dont je vous ai déjà fait part dans ma dernière lettre.

À vous de tout cœur.

A. Dreyfus

426. Alfred Dreyfus à Marie Arconati Visconti

Dimanche matin [24 mai 1908]

Ma chère amie,

Je n'ai pu aller voir Joseph ces jours-ci, mais je compte y aller la semaine prochaine. Je pense qu'on n'a pas dû comprendre Madame Reinach qui emploie quelquefois un langage tellement hyperbolique, qu'il est impossible de savoir au juste ce qu'elle a voulu dire. La pauvre femme d'ailleurs n'en peut rien et fait tous ses efforts pour être intelligible.

Le *Matin* d'hier annonçait l'échec de Théodore. Je le regrette vivement car il aurait fait honneur à cette assemblée dont beaucoup sont des empotés[900]...

L'Action française essaie vainement de revenir sur une cause entendue[901] et si les étudiants républicains du Quartier latin avaient de la vigueur et ce bel enthousiasme de la jeunesse d'autrefois (je me rappelle notre émotion au 16 Mai), il y a beau temps que cette agitation superficielle aurait disparu. Quant à la cérémonie du 4 juin, il y aura un tel déploiement de forces de police et de troupes – j'eusse préféré la masse populaire conviée à cette cérémonie et faisant sa police elle-même – qu'il n'y aura rien du tout.

Mon propriétaire[902], avec l'ardeur d'un jeune homme, se fait donc le Cicérone de tous les grands personnages, puisqu'il vous a amené le prince de Radolin[903] mais je conçois l'admiration qu'on éprouve pour vos belles œuvres d'art qui sont toutes des chefs-d'œuvre.

Le ministère est plus solide que jamais et je comprends que notre ami J[oseph] pense à se remettre au professorat. Quant à M. C[lemenceau], son moment n'est pas encore venu, et ce n'est pas cet excellent Joseph qui pourra rallier le groupe des « apeurés » à la Chambre.

Affectueusement à vous.

A. Dreyfus

Si vous voyez M. B[risson], voudriez-vous être assez aimable pour lui demander quelle réponse on lui a faite au ministère de la Guerre relativement à mon ami le l^{t}-colonel Meyer[904].

427. Alfred Dreyfus à Marie Arconati Visconti

Vendredi matin [29 mai 1908]

Ma chère amie,

Nous avons vivement regretté que vous ne fussiez pas chez vous hier, car nous aurions été heureux, ma femme et moi, de vous remercier et de vous dire de vive voix toute notre affection.

Je ne suis pas aussi sombre que Jaurès, quel que soit le mécontentement de l'Allemagne. On ne s'engagera pas à la légère dans une partie dont les conséquences seront nécessairement redoutables et au prix de sacrifices que personne ne peut mesurer.

Si vous ne voyez pas M. Brisson cette semaine, je lui écrirai pour savoir ce qu'on lui a répondu au sujet de mon ami.

Je comprends votre sentiment à l'égard de Coppée[905]. On peut pardonner des erreurs de bonne foi – nous n'avons nulle prétention à l'infaillibilité – mais ce que l'on ne saurait pardonner, c'est de marcher les yeux ouverts, contre la vérité et la justice, avec les armes les plus basses de la calomnie et du mensonge. Ah ! lui non. Aussi l'article que Claretie a consacré hier à Coppée m'a peiné pour lui. Il n'y avait qu'à se taire, si l'on ne voulait pas oublier le souvenir de jadis[906].

Je suis à votre disposition pour aller quand vous voudrez voir M. Sévène[907]. Vous n'aurez qu'à me faire signe un peu à l'avance.

J'ai vu Joseph dernièrement. Je l'ai trouvé beaucoup mieux.

Affectueusement à vous.

A. Dreyfus

428. Alfred Dreyfus à Marie Arconati Visconti

Dimanche Soir [31 mai 1908]

Ma chère amie,

Je suis désolé de ne pouvoir être des vôtres Jeudi prochain et de manquer à un de ces déjeuners qui sont une joie pour l'esprit et un plaisir pour le cœur. Mais je serai obligé de déjeuner avec Madame Zola après l'émouvante cérémonie du 4 juin[908]. Nous viendrons, ma femme et moi, vous voir Vendredi matin à 10 h ½, et en même temps que nous admirerons vos œuvres d'art, vous me raconterez le déjeuner de la veille.

Les vilenies d'un Maurras[909], dont le scepticisme élégant et les sophismes extravagants peuvent séduire des esprits sans honnêteté et des êtres sans conscience, ne méritent que le mépris et le dédain[910].

À Vendredi donc et affectueusement à vous.

A. Dreyfus

429. Alfred Dreyfus à Marie Arconati Visconti

Mardi Soir [2 juin 1908]

Ma chère amie,

J'ai lu ce soir votre lettre dans le *Temps*[911]. Elle était parfaite.

Quel drame bizarre que celui de la famille Steinheil ! Madame Steinheil aura assisté dans sa vie à bien des tragédies[912] !

Je ne vous parle pas de l'élucubration de Du Paty parue aujourd'hui dans l'*Aurore*. Il a mis dix ans à trouver une réponse piteuse à la lettre « J'accuse » et il eût mieux fait de se taire[913].

Je vais déjà demain soir au Panthéon recevoir le corps de Zola que je veillerai une partie de la nuit. Figurez-vous que le gouv[t] n'ose pas laisser défiler le peuple de Paris devant le cercueil après la cérémonie !

À Vendredi matin et affectueusement à vous.

A. Dreyfus

Je reçois, au moment de fermer ma lettre, votre aimable petit mot. Merci.

On me dit maintenant que le gouvernement laissera défiler le peuple après la cérémonie.

431. Alfred Dreyfus à Marie Arconati Visconti

Lundi [22 juin 1908]

Ma chère amie,

J'ai trouvé hier soir en rentrant de St-Cloud, trempé comme un barbet, votre bonne carte-télégramme et j'ai donné l'ordre ce matin de me faire rechercher le *Gil Blas* d'hier[914].

En rentrant ce soir de diverses courses, je trouve sur ma table la lettre de M. B[risson] et la vôtre. Je suis désolé de vous savoir toujours souffrante ; je viendrai prendre de vos nouvelles demain Mardi dans l'après-midi et vous rapporterai la lettre de M. B[risson]. Vous savez quelle profonde estime j'ai pour M. B[risson] mais je ne saurais partager entièrement son avis. Je pense comme lui qu'il ne faut nullement craindre un acquittement, – qui serait fâcheux au point de vue de la moralité publique et c'est tout – mais d'autre part s'il appartient au ministère public de plaider contre G[régori], il ne m'appartient pas de faire plaider… pour moi[915]. Évidemment on pourrait déverser tout ce qu'il y a dans mon cœur d'indignation contre ces hommes qui fomentent chaque jour la haine et propagent le mensonge, mais G[régori] est-il leur produit ? J'en doute fort et l'homme ne mérite pas un tel honneur. C'est un déclassé cynique, ayant médité froidement son acte pour faire parler de lui et se ménager peut-être des avantages futurs... Mais nullement un exalté ou un passionné. Et alors si nous nous mettons à répondre aux questions ou aux observations relatives à l'affaire et on y sera amené nécessairement, si je suis représenté par des avocats, l'écluse est ouverte et il n'y a nulle raison pour qu'on ne recommence pas à discuter sur la pièce des chemins de fer, la dépêche Panizzardi, les divagations interminables de Cuignet[916], etc., etc.... Vous voyez donc d'ici non point le danger, de danger réel il n'y en a point, mais le gros ridicule de laisser de nouveau discuter devant le jury, une affaire qui a été jugée souverainement par la Cour. Et c'est ce que nos adversaires cherchent depuis deux ans. Des convictions, ils n'en ont pas, mais ils veulent faire du tapage et essayer de jeter de nouveau le trouble dans les esprits. Au contraire, peut-être en limitant fermement l'action sur le terrain à la tentative d'assassinat, arriverait-on à faire punir l'acte sans permettre aux adversaires de sortir de ce terrain. Vous connaissez d'ailleurs ma première impression qui est la même que celle de M. B[risson] – j'avais flairé la poudre et j'étais pour la bataille. Mais comme je suis loin de me croire infaillible, j'ai écouté les raisons qu'on me donnait contre mon plan, et j'avoue qu'elles m'ont ébranlé. D'ailleurs je vous remets ci-inclus une note que j'ai prise au sortir de ma conversation avec Me Demange – vous pourrez la communiquer à M. B[risson][917].

Reinach à qui j'ai également communiqué cette note, me répond ceci : « Il y a, comme dans toutes choses, du pour et du contre. Mais je conviens surtout qu'il vous est difficile de ne pas suivre l'avis de Me Demange[918]. »

Vous comprendrez, ma chère amie, que je suis loin d'avoir encore pris une décision ferme. Je vais écouter les avis de nos amis, j'irai ensuite en causer avec M. B[risson], puis je prendrai ma décision.

Soignez-vous bien et affectueusement à vous.

A. Dreyfus

Les cartes que j'ai envoyées au nombre de plus de 1 200 sont autographiées : ci-joint un exemplaire[919].

[note]

Me Demange est absolument, totalement opposé à ce que D se porte partie civile, ni même qu'il intervienne d'aucune façon. Voici les raisons qu'il en donne :

Il pose d'abord en principe qu'il ne faut à aucun prix qu'on puisse mettre en discussion devant le jury l'arrêt de la cour. Or si D se porte partie civile, ce serait obliger les avocats de [*sic*] répondre à des questions ou à des observations relatives à l'affaire, seul cas où ils auraient à prendre la parole, au cours des audiences, puisque D ne demande pas de dommages-intérêts et qu'ils n'ont pas à requérir contre l'accusé. N'intervenir que par des conclusions pour prendre acte au cas où D. serait diffamé, ce serait entamer une poursuite *en cour d'assises* pour diffamation et là encore la discussion porterait sur l'affaire. De toutes façons donc, ce serait permettre de rouvrir la discussion sur l'affaire devant le jury et par conséquent faire le jeu des adversaires puisque c'est l'unique but qu'ils poursuivent depuis longtemps. En outre, par un procédé ou par un autre, si G[régori] venait à être acquitté après qu'on aurait laissé se rouvrir la discussion sur l'affaire, outre que D paierait tous les frais du procès, ce serait considéré comme un échec à l'arrêt de la Cour.

Me Demange est d'avis que D se présente seul, qu'il ne parle absolument que sur les faits de la tentative d'assassinat et qu'il refuse énergiquement de recommencer la discussion sur l'affaire.

Me Demange estime que c'est alors obliger le président de la Cour à ne pas permettre qu'on sorte du terrain de l'acte commis par G[régori] et que c'est aussi laisser au ministère public le devoir de requérir pour la peine à appliquer.

432. Alfred Dreyfus à Marie Arconati Visconti

Mardi Soir [23 juin 1908]

Ma chère amie,

Je vous renvoie ci-inclus la lettre de Monod.

Comme j'avais à écrire à Reinach[920], je lui ai dit que j'avais rencontré Brisson chez vous et je lui ai communiqué ce que vous dit Monod. Bien entendu je ne lui ai pas parlé de la lettre qu'il vous a adressée[921].

Vous devriez également communiquer à M. Brisson la lettre de Monod[922].

Je vais encore solliciter l'avis de quelques amis compétents et puis je prendrai ma décision[923].

Je suis entièrement de l'avis de Monod au sujet de l'attitude de M. Combes. On ne doit jamais, même pour nuire à un adversaire, voter contre ce que l'on trouve juste. Une grande force dans la vie, peut-être la plus grande, est d'avoir l'estime de soi-même[924].

Affectueusement à vous.

A. Dreyfus

433. Alfred Dreyfus à Marie Arconati Visconti

Mercredi midi [24 juin 1908]

Ma chère amie,

J'ai vu Me Mornard ce matin. Il partage entièrement l'avis de Demange.

Le rachat n'est pas encore voté mais je crois qu'il le sera sous la pression gouvernementale.

Demain s'ouvre le procès Humbert contre le *Matin*[925]. Y aura-t-il grand déballage ou bien les compères se seront-ils entendus ? Tout est possible dans ce monde-là.

Affectueusement à vous.

A. Dreyfus

434. Alfred Dreyfus à Marie Arconati Visconti

Jeudi Soir [25 juin 1908]

Ma chère amie,

Si M. C[ombes] croit que le rachat est un mauvais choix, il est certain qu'il ne doit pas le voter, même si cet article figure sur le programme radical[926]. Un programme n'est pas intangible, il vaut mieux reconnaître s'être trompé que de faire sciemment une bêtise. Mais, ou je me trompe fort, le rachat sera quand même voté. Cl[emenceau] viendra avec sa cravache et cinglera de tous côtés ; aussitôt vous les verrez tous s'incliner devant le « Maître ».

Le procès Humbert contre le *Matin* a commencé aujourd'hui et le dialogue que donne le *Temps* dans ses dernières nouvelles est vraiment bien amusant.

Je ne sais toujours rien au sujet du procès Grégori et je voudrais bien être fixé sur la date approximative à laquelle il viendra.

Comment va la candidature Loisy[927] ?

Affectueusement à vous.

A. Dreyfus

435. Alfred Dreyfus à Marie Arconati Visconti

Jeudi Soir [25 juin 1908]

Ma chère amie,

Comme Ferdinand-Dreyfus me l'a expliqué, si l'on ne peut pas faire venir l'affaire en juillet, il est très facile de la retarder jusqu'à fin septembre, en renvoyant seulement sous quinze jours ou 3 semaines le dossier devant la Chambre des mises en accusation, celle-ci le gardant ensuite de nouveau pendant une quinzaine de jours et ne statuant que de façon à faire venir l'affaire que fin septembre.

Je vous serais très reconnaissant de me dire ce que vous aurez appris demain.

Il faut insister aussi sur le choix du président de la Cour d'assises et sur le représentant du ministère public.

Merci toujours et affectueusement à vous.

A. Dreyfus

436. Alfred Dreyfus à Marie Arconati Visconti

26 juin 1908

Ma chère amie,

Il est certain que l'opinion de Me Mornard venant corroborer celle de Demange et l'avis si judicieux donné à Monod par M. Patissier[928], est d'un grand poids.

Comme je le prévoyais, le principe du rachat a été voté, mais le ministère a failli être par terre sur la motion présentée par la Commission du Sénat[929]. Et je crois que nous ne l'eussions pas pleuré.

Les journaux de ce matin, rendant compte du procès intenté au *Matin* par Humbert, sont vraiment trop drôles. Chacun prend uniquement dans les débats ce qui peut être nuisible à son adversaire personnel : ceux qui sont contre le *Matin*, prennent ce qui sert à la décharge d'Humbert, ceux qui sont contre Humbert ne relatent que ce qui lui est défavorable. Et on appelle cela « la Vérité ». Pouah ! Ou il faut ne rendre compte de rien, ou l'on doit tout donner. Mais si le spectacle des défaillances journalières est attristant, il faut néanmoins faire confiance à l'humanité dans la marche ininterrompue vers le progrès. Vous qui aimez et connaissez l'histoire, vous serez certainement de mon avis. Au-dessus des intérêts momentanés des politiciens qui s'agitent autour de nous, il y a l'humanité qui travaille, qui pense, et qui fait entrer les idées nouvelles dans la conscience des masses. Et ces idées, tôt ou tard, finissent par s'imposer.

Affectueux souvenirs de la part de ma femme.

Tout à vous.

A. Dreyfus

437. Alfred Dreyfus à Marie Arconati Visconti

Samedi Soir [27 juin 1908]

Ma chère amie,

Je trouve en rentrant votre carte-télégramme. Merci de tout cœur.

Demandez à B[risson] de nous fixer le plus tôt possible pour savoir *définitivement* si *ça* ne vient pas en juillet car dans ce cas je voudrais emmener ma femme en Suisse vers le 15 et il faut que j'écrive à l'avance pour retenir des chambres à Wengen.

Si *ça* vient en septembre, je préférerais la 2e quinzaine, la période du 10 au 15 sept [*sic*] à cause du président[930]. Merci toujours.

Affectueusement à vous.

A. Dreyfus

438. Alfred Dreyfus à Marie Arconati Visconti

Dimanche [28 juin 1908]

Ma chère amie,

Je suis désolé de vous savoir souffrante. Soignez-vous et faites attention à ce temps si changeant. J'espère que votre accès de fièvre est passé maintenant.

Je serais très heureux si l'affaire G[régori] pouvait venir encore [lecture incertaine] en juillet ; on en serait débarrassé.

Me Demange est tout à fait opposé à ce que je me porte partie civile. Il pose en principe qu'il ne faut pas laisser discuter devant le jury l'arrêt de la cour de cassation et qu'il faut absolument se limiter au fait brutal : la tentative d'assassinat commis contre moi. Celle-ci ne regarde que le ministère public. Mais si nous nous amusons à répondre à des questions ou à des observations relatives à l'« Affaire », nous risquons de rouvrir tout le débat et ce serait faire le jeu de nos adversaires qui ne demandent que cela.

Claretie[931] me paraît bien embarrassé. Il voudrait une certitude et il ne peut en avoir[932].

Affectueusement à vous.

A. Dreyfus

441. Alfred Dreyfus à Marie Arconati Visconti

Lundi 7 heures [29 juin 1908]

Ma chère amie,

En rentrant chez moi, je trouve votre bonne lettre ainsi que celle de M. B[risson]. Merci toujours et vous remercierez de ma part M. B[risson].

En sortant à 6 heures d'une conférence que je venais d'avoir avec mes conseils, je vous ai envoyé une carte-télégramme[933]. Il est impossible, en effet, comme le dit M. [Brisson] que cela vienne maintenant, il faut donc obtenir l'assurance qu'on fera venir *ça* entre le 10 et le 15 septembre. Je vous ai dit dans ma carte-télégramme la voie qu'il fallait suivre. J'espère qu'on me donnera cette assurance.

Je suis également heureux de voir la candidature Loisy en bonne position[934]. Non seulement, il a tous les titres pour la chaire qu'il

sollicite, mais encore, comme vous le dites, ce sera un soufflet à Rome. À Jeudi donc, puisque vous sortez demain et après-demain.
Affectueusement à vous.

A. Dreyfus

442. Alfred Dreyfus à Marie Arconati Visconti

Jeudi Soir [2 juillet 1908]

Ma chère amie,
Mon concierge, qui fait le cerbère, à cause de toutes les sollicitations dont je suis l'objet journellement, n'a pas laissé monter la personne qui a porté votre bonne lettre. Merci toujours. Je l'ai trouvée ce soir en revenant d'une longue conversation avec Me Demange. J'avais précisément à écrire à ce sujet à M. B[risson].
Comme vous dites que vous le verrez demain Vendredi, je passerai chez vous demain matin à 10 h ½ pour vous remettre une lettre pour lui. Si vous ne pouvez pas me recevoir, je laisserai la lettre chez votre concierge.
Affectueusement à vous.

A. Dreyfus

443. Alfred Dreyfus à Marie Arconati Visconti

Samedi [4 juillet 1908]

Ma chère amie,
La rectification au scrutin sur le vote du rachat est bien édifiante[935]. Je ne vois plus aucune raison pour que le ministère ne

dure pas indéfiniment ou du moins jusqu'à ce qu'il en soit las lui-même.

L'instruction contre Grégori a été close hier et transmise au parquet. Il est donc nécessaire que B[risson] agisse pour que l'affaire vienne à l'une des dates que nous avons indiquées et que le ministère public soit occupé par un magistrat énergique.

Affectueusement à vous.

A. Dreyfus

444. Alfred Dreyfus à Marie Arconati Visconti

Samedi [4 juillet 1908]

Ma chère amie,

Joseph a fait hier un beau et courageux discours[936].

Pouvez-vous nous recevoir, ma femme et moi, Jeudi matin vers 10 h ½ [?]. Nous voudrions vous faire nos adieux.

Nous comptons partir vers le 15[937] et j'espère avoir par M. [Brisson], avant mon départ, l'assurance que ça viendra entre le 10 et le 14 septembre.

Affectueusement à vous.

A. Dreyfus

445. Alfred Dreyfus à Marie Arconati Visconti

Jeudi [9 juillet 1908]

Ma chère amie,

Les Chambres vont se séparer et cette fin d'année dévoile une anarchie politique qui laisse bien perplexe. C'est le résultat le plus clair du ministère Clemenceau. Tout idéal de progrès social semble avoir disparu et la réaction prend une offensive qui, si elle ne paraît pas dangereuse actuellement, est cependant un indice grave.

Il serait temps que le pays républicain se ressaisisse.

Affectueusement à vous.

A. Dreyfus

Comment va Roujon ?

447. Alfred Dreyfus à Marie Arconati Visconti

Lundi [13 juillet 1908]

Ma chère amie,

Ne vous plaignez pas d'être obligée de partir ! Il est si bon parfois de s'échapper pour quelques jours de la routine journalière et des mensonges mondains. Si je pouvais me substituer à vous pour faire ce voyage, je m'offrirais volontiers.

Cl[emenceau] est au fond un individualiste et un aristocrate. Il se f... de ce qui arrivera après qu'il nous aura menés au bord de l'abîme. Rien n'est plus pressant aujourd'hui que d'organiser ces mouvements tumultueux dont tout le danger réside dans leur état anarchique. Mais nos députés ont bien d'autres soucis, en particulier celui de s'amuser.

Je viendrai vous voir Vendredi prochain vers 10 h ¾ et vous apporter nos affectueux souhaits de voyage.

Tout à vous.

A. Dreyfus

448. Alfred Dreyfus à Marie Arconati Visconti

Mardi Soir [14 juillet 1908]

Ma chère amie,

Merci de m'avoir communiqué aussi rapidement la lettre de M. B[risson]. Je lui ai fait porter cet après-midi un mot pour lui dire que Me Demange avait prévu le cas et qu'il ne serait pas difficile d'obtenir que la Cour de cassation statuât rapidement sur le pourvoi, si celui-ci se produit[938]. Je crois donc qu'il sera possible, quand même et malgré les manœuvres de G[régori], de faire venir l'affaire en Cour d'assises dans la 2e semaine de septembre.

Que si ensuite G[régori] veut se payer le luxe de faire venir les misérables qui ont figuré dans l'affaire[939], eh bien je vous assure que je me charge de leur jeter à la face, devant le jury et devant le pays, tous leurs crimes et tous leurs mensonges. Et j'estime qu'ils regretteront plutôt de s'être laissé entraîner à vouloir faire la parade. Nous ne sommes plus à Rennes, où l'on m'a jeté, revenu à peine d'un climat mortel, comme une proie, aux passions inassouvies, alors que je ne connaissais rien des événements qui s'étaient passés, et que j'avais le corps et l'esprit épuisés.

Affectueusement à vous.

A. Dreyfus

452. Alfred Dreyfus à Marie Arconati Visconti

26 juillet 1908

Ma chère amie,

J'ai bien reçu votre carte de Chambéry et vous devez être maintenant installée à St Pierre. Après quelques jours de pluie torrentielle, nous avons enfin eu le beau temps avec un soleil resplendissant. Nous en avons profité pour faire quelques longues courses.

Le pays est admirable. La Jungfrau avec ses glaciers qu'on aperçoit de toutes parts, domine la contrée de ses cimes neigeuses et d'une blancheur éclatante. Hier soir, au coucher du soleil, la vue était de toute beauté et on ne pouvait se lasser de l'admirer.

J'ai de bonnes nouvelles de Paris. G[régori] a déjà été soumis à l'interrogatoire préliminaire et son pourvoi envoyé à la Cour de cassation. Je pense que celle-ci va se prononcer rapidement sur ce pourvoi[940]. L'avocat général désigné est *excellent*[941].

Portez-vous bien et donnez-nous souvent de vos nouvelles. Mes amitiés aux « Jeudistes » avec lesquels vous correspondez.

Souvenirs affectueux de ma femme.

Tout à vous.

A. Dreyfus

453. Alfred Dreyfus à Marie Arconati Visconti

Wengen, 3 août 1908

Ma chère amie,

Le temps est admirable et l'atmosphère d'une pureté radieuse. Nous faisons chaque matin de longues promenades et jouissons pleinement de ce beau pays. J'espère que vous avez le même temps que nous et que vous en profitez pour faire provision de bon air et de santé.

Les nouvelles de Paris que je lis dans les journaux sont bien tristes. Il me semble qu'on aurait pu facilement éviter les troubles de Draveil en prenant quelques mesures préventives et les précautions nécessaires. La légèreté et l'insouciance continuent à régner, on gouverne au jour le jour[942].

Affectueusement à vous de tous deux.

A. Dreyfus

454. Alfred Dreyfus à Marie Arconati Visconti

Wengen, 11 août 1908

Ma chère amie,

Merci de votre bonne lettre et des nouvelles que vous me donnez de tous les amis. Le temps s'est remis au beau et j'espère que vous en profitez également pour faire de longues promenades.

Je vous envoie ci-inclus la liste des jurés de la première quinzaine de septembre[943]. Il serait utile, nécessaire même de se renseigner sur les sentiments de chacun d'eux au sujet de l'affaire.

Il me semble que M. B[risson] pourrait obtenir, soit de la Sûreté générale, soit de la préfecture de police, les renseignements souhaités. Il faudrait que l'enquête soit menée très discrètement, mais très rapidement.

Une fois qu'on aurait les renseignements, il faudrait que M. B[risson] fasse donner des instructions à l'avocat général d'audience pour qu'il exerce les récusations des jurés « *notoirement hostiles au gouvernement* » (ça c'est la formule à employer). Je me charge ensuite quand l'enquête nous les aura signalés, de faire connaître à l'avocat général, les *noms* des jurés « sentiments hostiles au gouvernement ».

En résumé, il faudrait :

1°) que M. B[risson] obtienne les renseignements désirés sur les sentiments des jurés.

2°) qu'il me fasse communiquer ces renseignements, ou peut-être mieux encore, qu'il les fasse parvenir directement à Me Demange, 13 rue Jacob, à Paris.

3°) qu'il fasse donner des instructions à l'avocat général d'audience pour qu'il exerce les récusations des jurés « notoirement hostiles au gouvernement ».

Je vous serais très reconnaissant si vous vouliez être assez aimable de demander à M. B[risson] s'il veut bien se charger d'obtenir ce qui serait si utile de savoir.

Merci de tout cœur à l'avance et affectueusement à vous.

A. Dreyfus

455. Alfred Dreyfus à Marie Arconati Visconti

Lundi 17 août [1908]

Ma chère amie,

Je reçois à l'instant votre lettre. Nous avons eu également un temps détestable ces jours derniers, pluvieux et froid, mais ce matin il fait de nouveau beau.

Pour combien de temps ! J'espère que le soleil est également revenu à St Pierre et que vous ne souffrez plus de vos rhumatismes. Nous partirons Samedi prochain 22 août, pour nous rendre chez nos amis Naville, Villa Hauterive, à Cologny près Genève, où j'espère recevoir de vos nouvelles.

Vous avez tout à fait raison pour M. B[risson]. C'est évidemment délicat à lui demander et si Demange ne m'en avait pas prié, je n'aurais pas osé le faire. Si vous avez l'occasion de le voir à votre passage à Paris, tâtez le terrain, car il paraît que cela se fait pour les procès politiques[944], sinon ne lui écrivez rien. Merci toujours.

J'ai reçu également de bonnes nouvelles de Monod qui est chez son gendre. Peut-être le verrai-je quand je serai à Genève.

Affectueusement à vous.

A. Dreyfus

Il y a ici deux Italiennes ravissantes, qui habitent Rome, l'une s'appelle la comtesse Piccolinioni [lecture incertaine], l'autre Madame Menotti. Elles sont sœurs.

456. Alfred Dreyfus à Marie Arconati Visconti

Samedi 22 août [1908]

Ma chère amie,

En passant hier en gare de Berne, j'ai vu sur un *Matin* étalé à la devanture d'un libraire l'en-tête « Mort d'Harduin ». Douloureusement ému, j'ai acheté le journal et j'ai vu que ce pauvre et excellent ami avait été enlevé en 48 heures par une crise d'urémie. Les meilleurs d'entre nous partent ainsi les uns après les autres !... mais hélas, c'est la vie, avec ses tristesses, et il faut la regarder courageusement en face jusqu'à ce que son propre tour arrive. J'espère que votre santé est bonne et que ce nouveau chagrin ne vous aura pas trop éprouvée. Ma première pensée, à la lecture de cette douloureuse nouvelle, a été pour vous.

D'après le *Journal de Genève* de ce matin, le procès G[régori] viendra le 9 septembre. Je serai donc obligé de rentrer à Paris vers le 5 ou 6 septembre.

Nous avons quitté Wengen hier par un soleil splendide, mais ce matin il pleut ici à torrents. Quel vilain été !

Affectueusement à vous.

A. Dreyfus

457. Alfred Dreyfus à Marie Arconati Visconti

24 août [1908]

Ma chère amie,

Vous devez être à Paris ou sur la route de Paris. Je vous souhaite de ne pas y avoir trop chaud.

J'ai pensé à une meilleure solution pour ce que nous voudrions demander à M. B[risson], que celle que je vous avais proposée d'abord.

Ne pourriez-vous pas écrire à M. B[risson] une lettre où, faisant allusion à l'affaire dont les journaux annoncent aujourd'hui la date, vous lui poseriez cette question : « ne croyez-vous pas qu'il y aurait intérêt à ce que le Procureur général exerçât son droit de récusation vis-à-vis des membres du jury et écartât ceux qui paraissent animés de l'esprit de parti et qu'il lui serait facile de connaître par les moyens dont il dispose quand il veut se renseigner » et vous ajouteriez « Je vous laisse le soin d'apprécier ». Dans ces conditions ce serait le Procureur général qui ferait l'enquête et il me semble alors qu'il n'y aurait rien là qui puisse froisser M. B[risson].

Quant à la liste des membres que je vous avais envoyée vous n'aurez qu'à la brûler ainsi que la lettre qui l'avait accompagnée.

Je rentrerai à Paris le 6 septembre, le procès étant fixé pour le 9.

Affectueusement à vous.

A. Dreyfus

458. Alfred Dreyfus à Marie Arconati Visconti

Lundi 31 août [1908]

Ma chère amie,

Je pense que vous avez fui Paris et que vous voilà installée sous les beaux ombrages de Gasbeck [*sic*]. Reposez-vous-y bien et revenez-nous bientôt pour reprendre nos délicieux déjeuners du Jeudi où règne une cordialité affectueuse. Hélas, cette année il y aura un nouvel absent ! mais la vie est ainsi faite et il faut la vivre courageusement jusqu'à ce qu'arrive notre tour.

Puisque M. B[risson] est absent, vous avez eu raison de ne rien faire. Nous verrons bien. Le procès est remis au Jeudi 10 sept[embre] et au Vendredi 11 sept[embre]. J'ignore quels sont les témoins cités par G[régori][945].

Je serai de retour à Paris Dimanche Soir et j'espère y trouver de vos bonnes nouvelles.

Nos souvenirs affectueux à tous deux.

A. Dreyfus

459. Alfred Dreyfus à Marie Arconati Visconti

Lundi [14 septembre 1908]

Ma chère amie,

Merci de votre bonne dépêche. Vous ne pensez pas que je m'émeuve de ce verdict imbécile du jury de la Seine[946]. Non que j'eusse voulu que ce Grégory [*sic*] fît de la prison, son attitude piteuse, son âge, sa mentalité, tout appelait sur lui le mépris dédaigneux. Mais le jury appelé à juger sur la question de fait devait le condamner et pour tout concilier, il n'avait qu'à lui donner deux ans de prison avec la loi de sursis[947].

L'attitude du Président a d'ailleurs été très faible, à mon avis. Et que dites-vous de Bertaut[948] qui la veille me serre chaleureusement la main et qui ne trouve pas, en déposant, un mot de réprobation pour l'acte de G[régori][949]. Mais passons et oublions vite toutes ces vilenies.

J'espère que votre santé est bonne et que vous profitez bien des belles journées que nous avons en ce moment. Mon fils nous était revenu très fatigué et ces journées d'émotion n'ont pas été faites pour lui donner meilleure mine. Aussi l'avons-nous expédié hier à Berck s/Mer finir les vacances.

Ma femme vous envoie ses affectueux souvenirs.

Tout à vous.

A Dreyfus

460. Alfred Dreyfus à Marie Arconati Visconti

Vendredi [18 septembre 1908]

Ma chère amie,

J'espère que vous avez retrouvé le sommeil, mais comme je comprends votre indignation. Penser qu'un jury peut mentir à la vérité, en déclarant qu'un fait matériellement établi n'existe pas !... mais passons, c'est trop triste. Je suis de votre avis, le Président des assises a été d'une faiblesse inouïe, et tout cela pour être ménagé par la presse. Ah les caractères énergiques sont rares... La peur des coups de gueule de la presse immonde est pour beaucoup le commencement de la sagesse.

J'ai expédié le lendemain du procès mon fils, qui avait été très émotionné, se reposer à Berck. Nous-mêmes irons demain le rejoindre pour voir comment il est ; nous serons de retour à Paris Lundi soir.

Comme vous avez de la chance d'être sous de frais ombrages d'un admirable parc, mais combien aussi nous avons hâte que vous reveniez pour retrouver nos excellents Jeudis.

À vous de tout cœur.

A. Dreyfus

461. Alfred Dreyfus à Marie Arconati Visconti

28 sept[embre] 1908

Ma chère amie,

Nous avons été passer quelques jours à Berck et Pierre avait déjà repris meilleure mine. Nous l'y laissons jusqu'au dernier moment, il ne rentrera que Mercredi soir, la rentrée des classes ayant lieu Vendredi matin.

J'espère que la tranquillité dont vous jouissez à Gasbeck [*sic*] vous aura remise, cependant depuis quelques jours le temps est moins favorable. Après m'avoir déconseillé l'action civile que je voulais engager il y a deux ans contre ceux qui m'injuriaient[950], les mêmes m'y poussent aujourd'hui. Comme j'y suis toujours aussi favorable – faute de mieux – j'ai convoqué pour demain mardi mes conseils judiciaires et je verrai ce qu'ils me diront.

Quant au gouvernement, tout lui est indifférent, pourvu... qu'il dure.

Au Maroc, où les incidents se multiplient et s'aggravent avec les prétentions de Moulay Hafid, soutenu par l'Allemagne[951], nous finirons par être obligés de faire... ce que nous aurions dû faire dès le début : ne pas nous engager dans ce guêpier. Mais il nous en aura coûté pour faire cette triste expérience beaucoup d'argent et surtout beaucoup de sang inutilement versé.

Je crains aussi que la lassitude ne finisse par gagner le régime parlementaire. Beaucoup de projets mis sur chantier et aucun en voie d'aboutir. Les seuls sur lesquels on semble se mettre d'accord, ce sont ceux qui ont pour but des œuvres de mort.

Affectueusement à vous.

A. Dreyfus

462. Alfred Dreyfus à Marie Arconati Visconti

3 oct[obr]e 1908

Ma chère amie,

Vous avez fait une fugue à Bruxelles – par cette chaleur – mais je pense que vous avez retrouvé les ombrages de Gasbeck [*sic*], où l'on doit être mieux que dans les villes.

J'ai commencé la bataille et je la mènerai à fond, jusqu'au succès définitif. L'*Action Française* a refusé l'insertion de ma 2e lettre[952] – la lumière la gêne – je vais la poursuivre devant le Tribunal correctionnel pour refus d'insertion. De même de la *Libre Parole*. J'ai écrit hier à l'*Éclair* et à la *Croix*. Lundi je commencerai les journaux de province. Et nous ne sommes qu'au début de la danse[953].

D'autre part je vais assigner la *Libre Parole* et l'*Action Française* en dommages-intérêts pour injures devant le Tribunal Civil. Vous voyez que la besogne ne manque pas.

À vous de cœur.

A. Dreyfus

463. Alfred Dreyfus à Marie Arconati Visconti

Jeudi Soir [8 octobre 1908]

Ma chère amie,

Je suis si fatigué quand je rentre chaque soir que je n'ai pas eu le courage jusqu'à présent de vous recopier ma 6e [*sic*[954]] lettre à l'*Action Française*[955]. Cependant ce soir j'ai pris mon courage à deux mains et j'ai fait taire mes nausées pour vous la copier, au moins dans les parties essentielles.

J'avoue d'ailleurs que je n'ai plus pu m'occuper de rien tous ces temps-ci mais j'espère bien que cette crise sera la dernière ; pour que les tribunaux appliquent la loi et infligent à cette presse infâme des dommages-intérêts sérieux. Mais la lâcheté humaine est si grande.

Pierre va tout à fait bien.

Sur ce, je vais me coucher et nous vous envoyons tous deux nos affectueux souvenirs.

A. Dreyfus

464. Alfred Dreyfus à Marie Arconati Visconti

Samedi [10 octobre 1908]

Ma chère amie,

Je suis tellement occupé par mes réponses à tous les journaux nationalistes de Paris et de la province que je n'ai pas trouvé un moment pour vous écrire. J'en suis aujourd'hui à ma 26e lettre et à ma 6e à l'*Action française*[956]. Ajoutez cela la préparation de tous les procès en refus d'insertion ! C'est écœurant et le soir j'en ai la nausée, mais je marcherai jusqu'à ce que les bandits de la presse infâme se taisent.

Merci vraiment de votre lièvre, de la part de tous deux. Il était délicieux.

C'est la curée en Extrême-Orient et le débordement de toutes les convoitises[957].

Et la France ne peut rien dire pour ces Jeunes-Turcs qui ont instauré chez eux, sans violence et avec une sagesse admirable, une religion de liberté[958], puisqu'elle a au flanc cette épine du Maroc, la grande pensée du Comité d'Étienne[959].

Le temps a été admirable jusqu'aujourd'hui, mais il est en train de se gâter. J'espère que cela vous fera revenir au plus vite parmi nous.

Jaurès veut reconstituer le parti socialiste réformiste... mais alors qu'il était à sa tête et qu'il eût pu, peut-être, le maintenir contre la CGT, je crains bien qu'aujourd'hui il ne soit trop tard. Il ne sera suivi par personne.

Affectueusement à vous.

A. Dreyfus

465. Alfred Dreyfus à Marie Arconati Visconti

Dimanche [18 octobre 1908]

Ma chère amie,

Je profite du Dimanche pour faire ma correspondance. Je suis, en effet, tellement pris par cette lutte dans laquelle je me suis engagé, que je n'ai plus un moment à moi[960]. Espérons que ce sera la dernière[961].

Ce pauvre Monod a une fin de vie qui lui donne bien des soucis. Il a, à lui tout seul, à peu près la charge de toute sa famille. Édouard[962] a assez de cordes à son arc, puisqu'il est licencié ès sciences, pour se tirer d'affaire tout seul. Pourquoi ne donne-t-il pas aussi des leçons ?

Hélas, les tristesses sont plus fréquentes que les joies et si courtes que soient ces dernières il faut savoir en profiter. Des joies, il est vrai depuis quatorze ans, nous n'en avons pas eu beaucoup. Heureusement que je conserve mon humeur égale.

Jaurès heureusement a fait un léger retour en arrière et je souhaite ardemment qu'il en revienne franchement aux tendances réformistes qui permettront au parti socialiste assagi d'être triomphalement l'avant-garde du parti républicain. Je suis très heureux des idées qui se sont faire jour au congrès de Toulouse[963] et qui montrent que le gros des socialistes est loin de partager les idées de la CGT.

Je ne crois pas à la guerre dans les Balkans mais à de grandes difficultés diplomatiques. Tant d'intérêts, tant de vanités exaspérées s'y heurtent, que la solution de la question sera longue et difficile.

Quand nous revenez-vous ?

Affectueusement à vous.

A. Dreyfus

466. Alfred Dreyfus à Marie Arconati Visconti

Vendredi 30 octobre 1908

Ma chère amie,

Je vous écris les fenêtres ouvertes, par un temps merveilleux. Quelle chance vous avez d'être encore à la campagne et en dehors de nos luttes quotidiennes, où trop souvent la mauvaise foi s'allie à la bêtise et à la méchanceté.

J'ai reçu votre excellent lièvre et je vous en remercie ainsi que M. Duseigneur[964] auquel vous voudrez bien présenter mes meilleurs souvenirs.

Je suis attrapé ce matin par les journaux nationalistes... et hier par le *Figaro*, sous la plume de Calmette[965]... pour ma lettre à Jaurès. J'avais écrit il y a une dizaine de jours une lettre à celui-ci dans laquelle je lui disais que, tout en n'approuvant pas les théories subversives de la CGT (et vous savez ce que je pense de la propagande de celle-ci), cependant les règles du droit et de la vérité doivent être observées vis-à-vis de tous[966]. En un mot j'estime qu'il ne s'agit pas de savoir si Griffuelhes[967] et les autres sont membres de la CGT, mais s'ils sont innocents ou coupables en ce qui concerne les événements tragiques de Draveil. Du moment où, dans les dossiers judiciaires, il n'y a rien contre eux, qu'on les relâche et c'est ce que fera je pense le gouvernement aujourd'hui.

Mais comment ma lettre à Jaurès parvient-elle à la connaissance de la *Libre Parole*, je ne sais[968]. Ce qu'il y a de certain, c'est qu'avant-hier elle fit paraître à ce sujet un article virulent[969], sur lequel je fus interrogé par le *Temps*[970]. Je répondis ce que vous y avez peut-être lu et qui est à peu près ce que je vous disais ci-dessus.

Quant aux attaques des journaux nationalistes à ce propos, je les méprise, ayant fait mon devoir et n'écoutant que la voix de ma conscience, mais vraiment l'article de Calmette, qui aurait dû se souvenir du temps où il luttait pour la justice, est trop bête[971].

Comment je n'aurais pas le droit de dire mon mot dans une question de justice (!) ; victime moi aussi d'un déni de justice, je n'aurais pas le devoir de venir au secours de ceux qui, quelles que soient les opinions qu'ils professent, sont également victimes d'une iniquité. C'est creuser plus avant le fossé qui tend à séparer la bourgeoisie du prolétariat que de vouloir combattre ceux qui prétendent le représenter à armes déloyales et c'est au contraire contribuer à l'apaisement que de faire que la justice de la République, de la démocratie, soit la même pour tous.

Tout à vous.

A. Dreyfus

470. Alfred Dreyfus à Marie Arconati Visconti

Mercredi [18 novembre 1908]

Ma chère amie,

J'ai été heureux de vous lire car je me demandais si vous n'étiez pas souffrante. Je comprends votre plaisir à demeurer à Gasbeck [*sic*], au milieu d'une admirable nature. Mais ce sont vos amis qui sont privés.

Vous faites bien d'aller vous soigner à Dax, vous nous en reviendrez plus vaillante et avec une bonne provision de santé pour l'hiver.

Je doute en effet que Loisy soit nommé à la Chaire d'histoire des religions[972]. Il aura contre lui, tout à la fois, l'extrême droite et l'extrême gauche.

L'Allemagne passe en ce moment par une crise bien intéressante pour l'historien. Si l'opinion publique sait vouloir, si le Reichstag a une capacité de lutte suffisante, nous verrons bientôt le ministère responsable devant les Chambres et ne dépendant plus uniquement de l'Empereur. Cependant je ne crois pas que le moment soit proche encore, tant le respect de « l'autorité » est inné en Allemagne. Quant aux articles que J[aurès] a fait paraître sur cette question, au moment de la période de tension entre la France et l'Allemagne, dans le journal l'*Humanité*, je les ai trouvés comme vous déplorables[973]. Autant je l'approuve quand il soutient une cause juste, autant ma liberté d'appréciation subsiste pour critiquer quand il fait une campagne que je ne saurais admettre. Et je m'aperçois chaque jour davantage, combien dans les questions de politique, on tient bien plus compte des intérêts de parti, que de la justice pure. Et cependant quelle meilleure politique que celle de la loyauté et de la droiture.

Ma femme vous envoie ses affectueux souvenirs. Mes enfants vont parfaitement bien.

Tout à vous.

A. Dreyfus

476. Alfred Dreyfus à Marie Arconati Visconti

Lundi [28 décembre 1908]

Ma chère amie,

Que vous avais-je prédit ? Devant l'impunité qui leur était accordée, nos bons réactionnaires n'ont plus connu aucune retenue. L'acte a fini par suivre les excitations journalières... S'il n'y avait encore que les personnes en cause, peu importerait, mais il y a les institutions[974].

Sauf contre avis [*sic*] de votre part, je viendrai vous voir Mercredi prochain vers onze heures moins le quart.

Tout à vous.

A. Dreyfus

477. Alfred Dreyfus à Marie Arconati Visconti

Mardi 7^{h} Soir [début 1909]

Ma chère amie,

En rentrant chez moi, je trouve votre aimable carte-télégramme. J'avais en effet oublié de vous donner le nom du substitut, il s'appelle : Matter[975]. Mais il m'avait été impossible de vous prévenir auparavant, car c'est sur un renseignement que je venais de recevoir que je vous ai écrit. Remerciez vivement M. *X*[976] pour moi. Je suis de son avis pour *Me D*[emange], il est incontestablement fatigué, mais il m'est impossible de l'abandonner aujourd'hui.

D'après les nouvelles de ce soir données par un ami, le ministère est recollé.

Merci encore et tout à vous.

A. Dreyfus

Je ferai mon possible pour venir demain à la séance de la Sorbonne[977].

483. Alfred Dreyfus à Marie Arconati Visconti

Jeudi [4 février 1909]

Ma chère amie,

J'oubliais de vous dire[978] que l'*Action française* a déclaré qu'elle ne laisserait pas faire son cours à l'abbé Loisy « l'insulteur du fils de Dieu[979] ». Devant cette menace et ce chantage, le gouvernement est capable d'avoir peur et pour ne pas avoir d'histoire, de nommer quelque autre.

Hier soir, vers 7 h ½, une trentaine de jeunes gens[980], revenant du quartier latin, sont venus faire du chahut devant mon domicile[981]. Pauvres imbéciles, à quoi peuvent-ils aboutir ? Mais voilà le résultat de plus de 2 ans de ministère Cl[emenceau]. La rue appartient aux royalistes.

Tout à vous.

A. Dreyfus

À Lundi sauf contrordre de votre part.

484. Alfred Dreyfus à Marie Arconati Visconti

Vendredi [5 février 1909]

Ma chère amie,

Oui, c'est une levée de boucliers formidable qu'on a bien tort de traiter par le mépris. On accroît ainsi l'audace de ces misérables qui se croient tout permis, jusqu'à envahir les domiciles privés. Je crains bien, comme vous, qu'ils n'aient pas le courage de nommer Loisy ; ils auront peur du bruit, de la boue remuée par les amateurs de fange qui ne se complaisent que dans l'ordure. Si c'est cela qu'on appelle la liberté, c'est triste. La liberté des idées, oui, mais pas la liberté des injures, des calomnies et du chantage éhonté.

Tout à vous.

A. Dreyfus

485. Alfred Dreyfus à Marie Arconati Visconti

Mercredi [10 février 1909]

Ma chère amie,

La note de M. de Mot, sur la R. P.[982] est très intéressante. Il est certain que ce qu'il dit est parfaitement exact. La R. P. n'est pas la panacée universelle et peut avoir de grands inconvénients si l'on se trouve devant un grand nombre de partis. Mais elle a des avantages que, combinée avec le scrutin de liste et une éducation politique qui se fera petit à petit ; je la préfère encore au système des majorités. Je vous rapporterai la note de M. de Mot en venant vous voir.

Avez-vous vu que ces nuisibles de l'Action française étaient revenus chez moi Lundi soir vers minuit, ont sonné ; pénétré dans le vestibule en jetant des cris[983]. Il est inouï que la police laisse faire et qu'une poignée de royalistes, menés par l'Église, soit maîtresse de la rue. J'ai écrit au préfet de police, en lui disant que si personnellement je méprisais les attaques d'adversaires sans scrupules et de mauvaise foi, il était inadmissible qu'on laisse des bandes de manifestants envahir une demeure privée et troubler le repos des habitants.

Vous m'avez montré Lundi dernier le joli article d'Ernest-Charles dans le *Gil Blas* sur l'Action française[984]. Celle-ci hier déclarait qu'elle rendrait dorénavant les directeurs Ollendorff et Périvier responsables[985]. C'est toujours par la menace et l'intimidation qu'ils agissent, et malheureusement nous ne sommes pas assez nombreux qui osons leur tenir tête. Les procès que je leur fais les embêtent, mais j'irai jusqu'au bout et j'espère que les tribunaux feront leur devoir. Mais la veulerie universelle est tellement grande devant les procédés de l'Action française, qu'on a parfois des doutes.

Affectueusement à vous.

A. Dreyfus

486. Alfred Dreyfus à Marie Arconati Visconti

Lundi [15 février 1909]

Ma chère amie,

Voici Cl[emenceau] qui reçoit Real del Sarte[986] et lui fait l'honneur d'une enquête dirigée par le directeur même des services pénitentiaires[987]. Si ç'avait été un pauvre diable, vous auriez vu comment sa réclamation aurait été reçue, mais à ces messieurs les « Camelots du Roi » qui manient l'injure, la basse calomnie et la trique avec une maestria digne de « Gamelle », on réserve toute la prévenance. Décidément, c'est le gâchis le plus insensé.

Je viendrai vous voir Vendredi prochain vers 10 h ¾ sauf contre-avis de votre part.

Tout à vous.

A. Dreyfus

487. Alfred Dreyfus à Marie Arconati Visconti

Samedi [20 février 1909]

Ma chère amie,

Hier après-midi j'avais une course à faire au Quartier latin et j'ai vu devant le Palais de Justice un déploiement considérable de forces policières. En outre à chaque avenue ou rue venant du Palais, il y avait des agents cyclistes : tout cela pour la comparution de Gaucher et de Pujo devant les tribunaux[988]. Est-ce qu'on va mettre tous les jours les forces policières sur pied pour ces messieurs les « Camelots du Roi » qui acquièrent toujours plus d'audace et ne finira-t-on pas par les mettre à la raison et par les obliger à nous laisser tranquilles ?

Ce matin, je relève dans l'*Action française* les commentaires suivants à un entrefilet du *Rappel*. Voici la coupure. Ils ont raison de ne plus se gêner puisqu'on les laisse faire[989].

Des amis de Cl[emenceau] me disaient hier soir que ce dernier avait l'intention bien ferme de s'en aller prochainement et d'abandonner le pouvoir sans aucun vote de la Chambre. Mais ne sont-ce pas des boutades comme il en lance journellement ?

Affectueusement à vous.

A. Dreyfus

488. Alfred Dreyfus à Marie Arconati Visconti

Mardi [23 février 1909]

Ma chère amie,

Merci vivement d'avoir aussitôt écrit à M. B[risson][990].

Nous sommes tous également heureux de nous retrouver à votre table hospitalière et dans cette atmosphère affectueuse. Alors c'est pour Jeudi en huit. Nous pousserons je l'espère un vigoureux et chaleureux : vive la marquise.

Pour le cas où vous n'auriez pas lu l'*Action française* d'aujourd'hui, je vous envoie ci-inclus une coupure où elle donne un article inepte et odieux de Junius, de l'*Écho de Paris*[991]. J'ai remarqué souvent les articles venimeux et perfides de ce Junius ; qui est-ce qui se cache sous ce pseudonyme[992] ?

Quoi qu'en dise Cl[emenceau] à ses amis, dans ses boutades, je crois, comme vous, qu'il ne lâchera pas le pouvoir. Il en aurait eu une excellente occasion au moment du vote de la loi sur le maintien de la peine de mort qui était en contradiction flagrante avec l'opinion professée par lui toute sa vie ; il n'a pas saisi cette occasion et ceci prouve qu'il tient au pouvoir[993]. Mais s'il laisse grandir l'agitation royaliste pour jouer le petit rôle de « sauveur », il provoque dans le pays un élément nouveau de mécontentement, alors qu'il y en a déjà tant. Ce dont j'ai été le plus frappé c'est de voir, depuis ce réveil violent de l'action de l'Église, qui en réalité est derrière l'Action française, qu'on pense de nouveau à M. Combes comme président d'un ministère futur. On se rend compte que lui seul a eu l'énergie nécessaire et la continuité d'idées permettant une action efficace pour réduire les éternels adversaires de la République laïque. C'est un curieux signe des temps car il y a quelques mois il n'eût pas été possible de parler de M. Combes dans les milieux parlementaires.

Nos plus affectueux souvenirs à tous deux.

Tout à vous.

A. Dreyfus

489. Alfred Dreyfus à Marie Arconati Visconti

Samedi [27 février 1909]

Ma chère amie,

Monod me prie de vous communiquer la lettre ci-incluse de M. Matter[994]. Il demande qu'elle lui soit renvoyée sans la montrer à personne autre.

Voici d'ailleurs ce que je réponds à Monod à ce sujet :

« Je ne doute pas des bonnes intentions de M. Matter, mais ce qu'il y a de très curieux c'est que trop souvent ces bonnes intentions vont à l'encontre du but. Il prétend qu'il a dit le droit. Si la question était aussi nette que M. Matter le croit, je serais tout le premier à dire qu'il a eu raison. Mais voilà ce qu'on lit dans le *Traité de la Presse* de Le Poittevin :

« "T II. P. 202 § 691. Différences entre l'injure et la diffamation – Comme on le voit, il y a entre l'injure et la diffamation une différence essentielle : l'un et l'autre délits supposent une expression outrageante, mais la diffamation seule contient l'imputation d'un fait déterminé. Par suite, l'imputation, tout en portant atteinte à l'honneur ou à la considération de celui contre lequel elle est dirigée, manque de précision, reste vague et indéterminée, elle est punissable comme délit d'injure – ["]

« Il me semble donc que lorsque dans un entrefilet de journal ou à propos de la souscription Grégori[995] on accole à mon nom une épithète outrageante, sans rien plus, c'est bien le délit d'injure qu'on commet.

« M. Matter accepte la thèse de mes adversaires qui prétendent eux que le tout ne fait qu'un bloc, articles diffamatoires et injures journalières[996]. Et ainsi, en acceptant la thèse de M. Matter, il se produira ceci, c'est que, jusqu'à la fin de ma vie, chaque fois qu'un journal m'injuriera sans plus, je serai obligé de lui faire un procès en cour d'assises, sous le prétexte que cette injure se lie à ce qui a été dit en 1894 à Paris et en 1899 à Rennes[997]. »

Le rhume de cerveau que j'avais déjà Mercredi s'est transformé en grippe et j'ai dû rester couché hier. Aujourd'hui je suis levé.

Comment allez-vous ? N'attrapez pas froid par ce vilain temps.

Tout à vous.

A. Dreyfus

490. Alfred Dreyfus à Marie Arconati Visconti

Dimanche [28 février 1909]

Ma chère amie,

Oui j'ai lu l'article infâme que l'*Action française* vous a consacré ainsi qu'à Monod[998]. Je ne devrais cependant plus lire cette prose exécrable qui me donne le dégoût et la nausée.

Je suis mieux mais devant le mauvais temps persistant, je me résigne à rester chez moi. J'ai reçu ce matin un petit livre de Salomon Reinach intitulé *Orpheus* et qui traite de l'histoire des religions[999]. Je le lirai avec intérêt.

Vous pouvez être sans crainte car qui peut oublier que nous déjeunons chez vous Jeudi prochain ? J'espère même que nous viderons un « hanap[1000] » à la santé de l'aimable et aimée maîtresse de maison.

Nous vous embrassons tous deux.

A. Dreyfus

493. Alfred Dreyfus à Marie Arconati Visconti

8 mars 1909

Ma chère amie,

L'article de M. Levasseur était parfait et très courageux[1001]. Mais si le gouvernement ne fait pas son devoir contre les… 250 Camelots… qui troublent toutes les conférences républicaines, je crains bien qu'ils n'essaient de faire beaucoup de bruit autour des cours de M. Loisy[1002], parce que l'occasion est trop belle pour eux de concentrer toutes les forces cléricales. Toutes les explications que M. Loisy ou ses adhérents pourront donner sur la portée réelle de son cours et sa valeur scientifique ne prévaudront pas contre le parti pris de la facilité qu'auront les Camelots du Roi d'agiter toute la cléricaille. Vous avez bien vu l'article de M. Baudrillart ; il est symptomatique[1003]. Il faut ajouter à cela que nous sommes dans une période très trouble où toutes les forces ouvrières, pénétrées d'un tas de sophismes irréalisables dans la société actuelle s'agitent non moins violemment contre le gouvernement. Mon fils a été hier à l'inauguration du monument Floquet[1004] et m'a dit qu'on avait hué copieusement

Cl[emenceau][1005]. Dans ces conditions, il ne serait pas étonnant, comme le dit Joseph, que Cl[emenceau] apportât une grande mollesse à réprimer l'agitation royaliste pour se poser en sauveur devant la bourgeoisie radicale.

J'ai été hier matin par une tempête de neige et de pluie au cimetière Montmartre où l'on enterrait le beau-frère de Salomon Reinach. Cela n'a pas arrangé ma grippe. Quant au livre de Salomon, je pense comme vous qu'il est parfait et j'admire sa véhémence chaleureuse.

Tout à vous.

A. Dreyfus

495. Alfred Dreyfus à Marie Arconati Visconti

Jeudi [11 mars 1909]

Ma chère amie,

M. Loisy doit être édifié sur les procédés de l'Église, mais quant à croire que les « Camelots du Roi » ne s'en mêleront pas, c'est une illusion. Le nationalisme intégral sera trop heureux de saisir cette occasion et d'autre part, l'Église ne fait jamais agir directement, elle suscite et soutient. Mais où il a parfaitement raison et cela peut s'appliquer à tous les désordres créés par l'Action française, c'est quand il dit : « Je crois qu'on ferait sagement de considérer les désordres éventuels – qui ont toute chance de devenir réels – comme une manœuvre de l'Église et non comme un petit tapage n'intéressant que la liberté de circulation autour du Collège de France. »

Je ne lis d'ailleurs plus l'*Action française*. Puisque je ne puis rien contre elle, – et vous avez vu le jugement rendu hier par le Tribunal civil[1006] – il est inutile que je me fasse chaque jour du mauvais sang.

Mon rhume va mieux quoique je tousse encore beaucoup. Je viendrai vous voir Samedi matin vers 10 h ¾ sauf contre-avis de votre part.

Tout à vous.

A. Dreyfus

496. Alfred Dreyfus à Marie Arconati Visconti

Lundi [15 mars 1909]

Ma chère amie,

Je suis désolé de vous savoir souffrante et d'être ainsi privé du plaisir de vous voir. Soignez-vous bien et guérissez vite. Dès que vous serez en état de me revoir, soyez assez bonne pour me prévenir ; je viendrai aussitôt vous voir.

Ce que les « Camelots du Roi » ont fait chez cet excellent Monod est indigne. Ils s'attaquent aux plus purs : Monod, après Trarieux et Scheurer-Kestner[1007], pour bien montrer la bassesse de leurs sentiments. Et le gouvernement se croise les bras devant eux. Il est vrai qu'il tape ferme sur les travailleurs et parvient ainsi à s'aliéner tout le monde. Quand finira ce gâchis [?] Heureusement que nous avons pour nous consoler, nos livres, notre travail et nos amis, comme vous l'avez dit justement dans une précédente lettre.

Guérissez-vous vite et affectueusement à vous.

A. Dreyfus

498. Alfred Dreyfus à Marie Arconati Visconti

Dimanche [21 mars 1909]

Ma chère amie,

Comme le service se fait à Paris tant bien que mal, je me décide à livrer cette lettre à la poste[1008], d'autant plus que le temps dont nous jouissons n'est pas engageant pour faire sortir quelqu'un. J'espère d'ailleurs que vous soignez votre restant de grippe en demeurant chez vous.

Je suis toujours hésitant pour savoir si je ferai appel du jugement rendu par le tribunal civil sur la question des compétences. Vous savez que j'ai été battu sur cette question. Pourriez-vous demander à M. B[risson] son avis et s'il croit que j'ai des chances de gagner en appel ? Son opinion me sera très précieuse.

Tout à vous.

A. Dreyfus

499. Alfred Dreyfus à Marie Arconati Visconti

Vendredi [26 mars 1909]

Ma chère amie,

Vous remercierez vivement M. B[risson] d'avoir bien voulu me donner son avis. J'ai consulté également des magistrats de la cour d'appel qui croient peu probable que le jugement du tribunal civil soit réformé. Dans ces conditions et étant donné la veulerie générale qui fait qu'on préfère se débarrasser des affaires gênantes, je pense que je me résoudrai à ne pas faire appel[1009].

Le coup Delcassé-Berteaux n'a pas réussi hier à la Chambre[1010]. Celle-ci est entièrement à la dévotion de Cl[emenceau]. Mais que nous réserve l'avenir ? Le gouvernement a tardivement un sursaut d'énergie vis-à-vis des postiers – le maintiendra-t-il ? et s'il le maintient, qu'adviendra-t-il ? Ce qui m'amuse c'est d'entendre beaucoup de bons bourgeois ou d'intellectuels qui étaient plus ou moins socialisants tant qu'on restait dans le domaine des idées, tout à fait apeurés maintenant qu'ils voient ceux dont ils allumaient les désirs vouloir passer à la réalisation pratique. C'est cependant logique. Leurs mines effarouchées d'aujourd'hui font sourire après qu'on les a entendus discourir à grands gestes que le progrès social, la solidarité humaine, etc...

Tout à vous.

A. Dreyfus

500. Alfred Dreyfus à Marie Arconati Visconti

Jeudi Soir [1er avril 1909]

Ma chère amie,

Je trouve votre carte-télégramme. Avant de prendre une décision définitive, et il fallait pour des motifs de procédure la prendre avant Mercredi à midi, j'ai fait consulter M. Baudouin qui a estimé que, quoique nous ayons raison en droit, il était *de toute invraisemblance* que la cour réformât le jugement du Tribunal. Dans ces conditions, il nous a paru plus prudent de ne pas faire appel, pour ne pas avoir l'air d'attacher aux lâches injures d'adversaires sans scrupules une importance excessive. Ce qu'il y a de certain, c'est que les justes lois ne sont pas faites pour moi et rares sont les magistrats qui ont eu le courage de faire leur devoir dans mon affaire.

Sauf contre-avis de votre part, je viendrai vous voir Samedi matin vers 10 h ¾.

Tout à vous.

A Dreyfus

501. Alfred Dreyfus à Marie Arconati Visconti

Mardi [4 mai 1909]

Ma chère amie,

Vous devez être heureuse du vif succès obtenu par votre ami M. Loisy[1011]. Les Camelots du Roi n'ont pas osé intervenir et je crois qu'ils ont agi sagement, car ils eussent été mal reçus[1012].

Je crains que vous n'ayez eu froid le 1er mai sur les bords du lac de Genève. Heureusement que le temps se remet au beau et que vous pourrez jouir pleinement de votre voyage.

On me paraît commencer à être las du gouvernement Cl[emenceau], mais la Chambre est si hésitante, si apeurée, que le fouet du berger fera encore se soumettre la meute des moutons bêlants.

Nous serons heureux de nous retrouver autour de vous le jeudi 20.

Affectueusement à vous.

A. Dreyfus

508. Alfred Dreyfus à Marie Arconati Visconti

Vendredi [16 juillet 1909]

Ma chère amie,

Bilan, non de la marine, mais de la journée : il pleut. C'est un temps d'une tristesse lugubre.

L'interpellation sur la politique générale[1013] s'est terminée comme il était à prévoir. D'une part, le parti radical qui a suivi jusqu'à présent Cl[emenceau], ne pouvait en le désavouant, se désavouer lui-même et nul dans ce parti n'était qualifié pour présenter un idéal qui eût pu réunir les suffrages. D'autre part le parti socialiste en se séparant du bloc républicain a perdu l'autorité nécessaire pour amener un changement dans l'orientation politique. D'ailleurs le discours de Cl[emenceau] avait été le discours d'un chef de parti à la veille des élections et non celui d'un chef de gouvernement : à ce point de vue il devait rallier les voix de son parti.

Nous pensons toujours partir fin du mois, mais nous n'osons prendre aucune décision quant à l'endroit, nous réservant le choix suivant le temps qu'il fera.

Tout à vous.

A. Dreyfus

510. Alfred Dreyfus à Marie Arconati Visconti

Mercredi [21 juillet 1909]

Ma chère amie,

Qui l'eût cru ? Le ministère par terre alors qu'on n'attendait plus que les vacances[1014] !

Nous comptons partir Jeudi 29 juillet. Sauf contre-avis de votre part, nous viendrons vous dire adieu, ma femme et moi, Lundi prochain vers 11 heures du matin.

Tout à vous.

A. Dreyfus

513. Marie Arconati Visconti à Alfred Dreyfus

10 août 1909

....[1015] auquel nous venons d'assister, il ne faut pas oublier que la question marocaine était passée au second plan – elle a fourni un prétexte à la grève générale de Barcelone, mais on est en présence d'un mouvement révolutionnaire propre, lequel n'est qu'une manifestation nouvelle de l'hostilité séculaire de la Catalogne et de la Castille[1016]. En attendant, la France fait ses blés et se moque de la politique. On prétend que si la Chambre ne fait pas de gaffe et si la CGT laisse la paix, les élections seront bonnes.

J'ai des nouvelles de Jeudistes : Roujon à Saint-Jean-de-Luz, Monod aux Marécottes, Lefranc à Fontainebleau, Claretie à Viroflay, Bédier dans le Drôme qui prépare les conférences qu'il va faire en Amérique[1017], Le Gendre à Sannois, etc... Brisson à Thonon.

Adieu, cher ami..................

M^ise^ Arconati Visconti

517. Marie Arconati Visconti à Alfred Dreyfus

Gaesbeck, [18] septembre 1909

Cher ami, c'est de mon lit que je vous écris ce mot. Voilà cinq jours que j'ai une fièvre de cheval qui m'enlève toutes mes forces.......

Je vous souhaite un beau temps, car l'endroit est joli[1018]. Ici il fait beau et sauf quelques ondées, on ne peut pas se plaindre. J'ai des nouvelles de tout le monde, il n'y a que moi de malade. Vous savez le potin ? Roujon m'écrit « Paris se tord ». Anatole France a ramené d'Amérique[1019], une comédienne de la troupe Silvain, Jeanne Brindeau (une ancienne de Joseph[1020]). On s'attendait à des drames, il paraît que Madame de Caillavet « le fait à la dignité »[1021]. Ici Léopold[1022] (il a 75 ans), dans un bal, a *levé* la fille d'un orfèvre de sa capitale et l'a mise dans ses meubles – le pis est qu'il ne se soit pas contenté de lever, mais qu'il aurait aussi *couché* (le piètre calembourg) et couché sans succès. Paris et Bruxelles se tordent, l'un à cause d'Anatole, l'autre à cause de Léopold. Êtes-vous « cookiste » ou « pearyste », le plus drôle – on se tordrait encore, serait qu'aucun des deux ne soit allé au Pôle[1023]. Comme je suis loin, je vous embrasse tous les deux.

Une vieille enfiévrée.

Arconati

520. Alfred Dreyfus à Marie Arconati Visconti

13 octobre 1909

Ma chère amie,

J'ai été heureux de vous lire et de vous savoir enfin sur pieds. Je me demande si ce climat humide n'est pas une des causes des douleurs dont vous êtes atteinte si souvent. Il me semble qu'un climat sec et chaud vous serait infiniment plus favorable. Nous ne sommes guère plus favorisés par le temps qui est généralement pluvieux.

J'envie Bédier qui vogue vers l'Amérique où d'ailleurs il doit être maintenant parvenu. Il verra un pays nouveau, des mœurs et des habitudes différentes des nôtres, une grande intensité de vie et rien ne repose l'esprit comme de vivre pendant quelque temps hors de ses habitudes journalières.

Ce que vous me dites de France ne m'étonne pas... Anatole devait finir ainsi. On me racontait hier un mot de sa fille qui, s'il n'est pas vrai, peint cependant bien le milieu dans lequel elle a été élevée. Au moment de son divorce, Mollin[1024] lui dit : « Telle que je te connais, tu ne pourras pas te passer d'un homme » – « Oh, répondit-elle, dans mon monde, on prend un amant ». Elle prit, ou du moins elle avait déjà un amant qui eut la naïveté de l'épouser[1025].

Vous avez certes lu le discours de Périgueux. La presse l'a admiré ; j'avoue n'y avoir trouvé rien qui dût provoquer ces louanges. Ce sont des lieux communs, irréalisables, car la lutte des hommes sur le terrain des idées comme sur le terrain économique est la forme de tous les progrès. Le président du Conseil me fait l'effet d'un homme assis maintenant dans un bon fauteuil et qui dit à ceux qui s'agitent : « Je sais ce qu'il nous faut, laissez-moi tranquille et vivez en paix. » Mais du fait qu'il a un bon fricot dans sa marmite, cela ne veut pas dire que tout le monde en a autant et cependant rien n'est plus urgent que de résoudre certaines questions sociales qu'il vaut mieux voir aboutir à temps que d'attendre d'avoir la main forcée par les événements[1026].

Merci de votre aimable invitation et venir à Gaesbeck, mais le temps jusqu'ici n'y est guère favorable, et au commencement du mois prochain je suis convoqué pour une période de 24 jours.

Mes meilleures amitiés à M. Duseigneur.

Affectueusement à vous.

A. Dreyfus

L'Espagne, sous la main des prêtres, s'apprête à commettre un crime. Si mauvaises que soient les nouvelles que donnent les journaux de ce matin, je veux encore me refuser à croire que le jeune roi laissera exécuter Ferrer[1027].

521. Alfred Dreyfus à Marie Arconati Visconti

Mercredi [20 octobre 1909]

Ma chère amie,

Comment vous, une ennemie déterminée du pouvoir romain, vous ne vous émotionnez pas de la mort de Ferrer[1028] ! Cependant, si on l'a jugé en dehors des formes qu'exige la vraie justice, si on l'a condamné quoiqu'on n'ait pu fournir aucune preuve de sa participation aux troubles de Barcelone, c'est qu'il était le créateur de l'école laïque qui tendait à supprimer en Espagne la suprématie de l'école cléricale. C'est là son vrai crime, impardonnable aux yeux de ceux qui ne veulent pas admettre la pensée libre. Vous avez vu le mandement des évêques[1029], c'est le cri de guerre contre l'école laïque, c'est l'appel aux pères de famille contre l'instituteur, c'est la mobilisation de toutes les forces d'oppression... Mais l'affaire Ferrer, loin de servir à l'Église dans ses tentatives, sera néfaste pour elle.

Le cortège qui a défilé devant mes fenêtres Dimanche dernier était vraiment impressionnant ; c'était comme une marée humaine qui si, elle n'avait pas été endiguée, aurait tout emporté sur son passage[1030]. C'est pourquoi il ne faut pas oublier les questions sociales et donner au peuple les satisfactions auxquelles il a légitimement droit ; autrement la bourgeoisie sera emportée par le torrent.

Le discours de Périgueux, qui est d'un optimisme béat, ne résout rien et cependant il faut marcher de l'avant... La justice humaine, comme l'intérêt bien entendu, l'exigent.

Adieu ma chère amie, portez-vous bien et profitez de ces dernières belles journées d'automne.

Affectueusement à vous.

A. Dreyfus

523. Alfred Dreyfus à Marie Arconati Visconti

Vendredi [5 ou 19 novembre 1909]

Ma chère amie,

J'ai été bien heureux de vous lire car je me demandais si vous n'étiez pas souffrante. Je partage vos inquiétudes quant à la santé de M. de Mot[1031] mais j'espère que, malgré son âge, il surmontera encore cette fois-ci la maladie.

Il est certain, comme vous le dites si bien, que c'est la guerre avec Rome qui recommence ; le mandement des évêques contre l'école laïque, les instructions journalières qu'ils donnent aux pères de famille, montrent bien qu'ils passent même de la défensive à l'offensive. À cette levée de boucliers, il faut répondre, pour ne pas laisser les instituteurs désarmés dans cette lutte. Et je ne vois qu'une réponse, c'est le monopole – au moins partiel – de l'enseignement.

La liberté de l'enseignement est un principe idéal auquel il faut toujours revenir, dès qu'on le peut, car elle est la source de l'émulation, provoque les initiatives hardies ; le monopole de l'enseignement est un moyen de combat, à employer momentanément comme tous les procédés de lutte, mais dont il est nécessaire d'user dans les circonstances actuelles, si l'on ne veut pas être dupe des mots. Je suis partisan de la limitation de ce monopole à l'âge où le cerveau n'est pas apte à juger par lui-même, c. à d. à l'enseignement primaire et peut-être aussi à l'enseignement secondaire jusqu'à la classe de 1re. Et l'argument le plus topique pour justifier ce monopole est que la méthode d'enseignement congréganiste qui s'adresse uniquement à la mémoire, au dogme d'autorité, n'est pas et ne saurait être la méthode de notre siècle qui s'adresse uniquement à la raison pour former le jugement.

Quand recommencent les cours de M. Loisy ? J'ai l'intention de les suivre cet hiver[1032].

Et vous quand nous revenez-vous ? N'oubliez pas que vous avez ici des affections qui vous attendent impatiemment.

Tout à vous.

A. Dreyfus

Jaurès a fait hier un joli discours à la Chambre[1033].

526. Alfred Dreyfus à Marie Arconati Visconti

Mardi matin [7 décembre (?) 1909]

Ma chère amie,

Je viens de dépouiller toutes les lettres de cette année et celle de M. de Mot ne s'y trouve pas. Je me souviens très bien que vous me l'avez lue, mais il me paraît certain que vous ne m'avez remis que sa note relative à la R. P. et que je vous ai rendue[1034].

Si la police qui est « le rideau de fer entre la société et l'incendie » venait à disparaître, croyez bien qu'il s'en reconstituerait bien vite une autre, volontaire, car un incendie n'est pas un procédé de vie, c'est un procédé de mort qui ne peut durer et à toute société, il faut une organisation. Le jour où le prolétariat serait au pouvoir, il s'apercevrait bien vite que l'état inorganique et anarchique le conduirait à une misère noire et il s'organiserait, tout comme de simples bourgeois.

À Vendredi, sauf avis contraire de votre part.

Tout à vous.

A. Dreyfus

527. Alfred Dreyfus à Marie Arconati Visconti

Mercredi matin [8 décembre 1909]

Ma chère amie,

J'ai encore dépouillé les lettres de l'année précédente et pas plus qu'auparavant, je n'ai trouvé la lettre de M. de Mot.

Reinach a raison. Si le parti radical veut lutter contre la R. P.[1035], il va se trouver en face d'une coalition de la droite, de modérés et de socialistes qui, aux prochaines élections, prendra pour plateforme cette réforme. Or comme on la présente au pays, comme une loi de justice et de réformes administratives, ce qui d'ailleurs est la vérité même, il est à craindre de voir le parti radical revenir très diminué au profit des partis extrêmes. Il est évident qu'il y a dans le résultat qui sera obtenu par la R. P. une fort part d'inconnu et qu'il est impossible de prévoir exactement ce qui en sortira, au point de vue du classement des partis, mais le système majoritaire présente de tels inconvénients, que la réforme électorale me paraît nécessaire.

J'espère que le soleil qui luit enfin ce matin hâtera votre guérison.

À Vendredi sauf contre-avis de votre part.

Tout à vous.

A. Dreyfus

528. Alfred Dreyfus à Marie Arconati Visconti

Paris, le 20 déc[embre] 1909

Ma chère amie,

J'ai assisté hier Dimanche – tandis que la pluie faisait rage – à deux réunions où l'on discutait sur la Représentation proportionnelle. Dans la première, qui avait lieu à l'occasion du Congrès des sections de la Seine de la Ligue des Droits de l'Homme, j'ai été stupéfait de voir, non seulement combien les passions étaient vives sur cette question, mais encore à quel diapason elles étaient arrivées. Un socialiste-anarchisant – en parenthèses il déclara que s'il m'avait défendu au nom de la justice, demain si la révolution sociale avait lieu, il me *fusillerait* comme capitaliste, et mes amis avec moi[1036] – traita tous les radicaux de réactionnaires. Les radicaux, en réponse, prétendirent que ceux qui défendaient la R. P. étaient des traîtres à la République. Un moment toute la salle était debout, s'invectivant. Mais je dus m'arracher bientôt à ce spectacle avant d'en avoir vu la fin, pour me rendre rue Visconti, à une réunion de « L'Union pour la Vérité » où l'on poursuivait aussi la discussion sur la R. P. Ici, ce fut un tout autre milieu, infiniment supérieur intellectuellement, mais où, si la discussion y fut courtoise, je m'aperçus que tenants et adversaires de la réforme électorale étaient non moins passionnés[1037].

En réalité je crois que si la R. P. dont je suis partisan, est un mode d'élection supérieur à ce que nous avons aujourd'hui, il ne faudra cependant pas croire comme certains de ces partis l'avancent imprudemment que c'est l'idéal trouvé qui nous délivrera à jamais de la sujétion qui lie l'élu à ses électeurs. Avec la R. P., au lieu de la tyrannie des électeurs, nous aurons celle des comités électoraux qu'on sera obligé de constituer partout pour former des listes ou celle des partis organisés, si ceux-ci sont appelés à les désigner.

Je me résume : trop d'emballement de part et d'autre. Dans l'état actuel, quels que soient les services immenses que nous ait rendus le scrutin d'arrondissement puisqu'il a permis l'établissement de la République en montrant par des exemples concrets aux populations qu'un républicain qui se présentait et qu'elles connaissaient personnellement puisqu'il habitait au milieu d'eux pouvait être un honnête homme et digne de leur estime, c. à d. en enlevant aux bourgeois timorés et aux paysans la méfiance native qu'ils avaient jadis contre tout ce qui porte l'épithète de républicain, quels que soient dis-je ces services, aujourd'hui le pays est assez républicain, les inconvénients du scrutin d'arrondissement sont devenus trop grands, pour qu'il ne faille pas adopter la R. P., qui ne sera pas encore l'idéal, mais qui réalisera un réel perfectionnement, ce qui est déjà beaucoup. Elle permettra en outre bien des réformes, comme la réforme administrative, qui sont impossibles avec le système actuel.

J'espère que votre santé est tout à fait bonne. Quand peut-on vous trouver ?

Affectueusement à vous.

A. Dreyfus

552. Marie Arconati Visconti à Alfred Dreyfus

Paris, [22 juillet] 1910[1038]

Mon bien cher ami,

J'ai reçu votre carte et j'espère que vous allez jouir d'un meilleur temps que nous !...

Je viens de recevoir 8 grandes pages de Monod à qui j'avais reproché d'avoir mis son nom sur les affiches de Pressensé[1039] et à qui j'avais écrit que j'étais avec Houtin[1040] contre lui – comme je suis encore à la chambre, je viens de relire la préface de Monod[1041] et je suis toujours de la même opinion – son indulgence pour les Jésuites est anti-historique, anti-scientifique. Si Monod avait raison, l'histoire des trois derniers siècles de l'Ancien Régime et du XIXe serait en partie inexplicable. Or, avec son esprit nourri de scrupules, il exagère toujours les qualités et les vertus de ses ennemis. Avec la peur de manquer d'impartialité pour ses ennemis, il devient partial pour ses amis[1042]. J'ai reçu, au sujet des Jésuites, une lettre bien intéressante et bien juste de Loisy. À propos de Loisy, voyez ce qu'il m'écrit ce matin : « Vous êtes impitoyable pour ce pauvre Pie X. Vous voulez qu'il démissionne ! mais, juste ciel ! ce pape-là tout seul a plus travaillé contre l'Église que tous ceux qu'il appelle les instruments de Satan. Pourquoi voulez-vous l'arrêter ? Pourquoi souhaitez-vous Léon XIV ? Pour qu'il cause avec Briand ?... Laissons Pie X sur le trône où François-Joseph l'a placé[1043]. Il n'a pas encore terminé son œuvre. Il faut encore qu'il condamne les démocrates-chrétiens, Sangnier[1044] et Lemire[1045], pour rendre à la France quantité de braves jeunes gens qui sont encore dévoués à Rome. Il faut qu'il canonise Pie IX, il faut qu'il définisse au dogme l'Assomption de la Vierge et la virginité de Saint Joseph, etc. etc. etc. Il a encore beaucoup de choses à faire. »

C'est demain que Lépine[1046] comparaît devant le grrrand justicier Jaurès[1047], à qui je viens d'écrire : tout le monde sait que vous cherchez beaucoup plus à ennuyer Briand et Lépine qu'à faire justice et que tous ceux qui mènent cette affaire les accuseraient de complicité dans les escroqueries si on ne l'avait pas arrêté et poursuivi[1048]. Comme je l'écrivais ce matin à Laurent[1049] : J'espère que l'homme courageux qu'est Lépine ne s'en ira pas devant cette tempête dans un seau de boue. Briand n'a pas osé, mais il est toujours absurde et dangereux de laisser une commission parlementaire juger une affaire pendante devant les tribunaux.

Un millier de tendresses pour vous et votre femme.

Arconati Visconti

557. Marie Arconati Visconti à Alfred Dreyfus

Paris, 11 août 1910

J'ai usé mon petit format, n'ayez pas peur, je m'arrêterai. C'est le format dont je me sers quand j'écris à « mon vieil amoureux », au sujet duquel Reinach m'écrit ce matin : « Votre amoureux a de la vigueur – oh oui ! mais il a tout juste autant de mesure, de sang-froid et de clairvoyance politique que Merry del Val[1050]. »

Je calcule que cette lettre vous trouvera sur votre départ[1051]. Je ne vous écrirai plus moi que de Gaesbeck où je serai à partir du 1er septembre. Je me réjouis tous les jours d'être restée à Paris. J'écris cette lettre en robe de velours ouatinée et une bouillotte aux pieds ! Le matin 9 degrés et maintenant (2 h) 16 – C'est plus que Monod qui avait 4 degrés et qui a dû lâcher Pontresina où il neigeait, pour aller au-dessus d'Évian chez le père de Rist[1052].

Je n'ai pas besoin de vous dire que je m'intéresse passionnément à ce qui se passe en Espagne – l'autre jour, à Rambouillet, le petit Roi a dit à *celui qui me l'a répété* : « Je sais que je pourrais y laisser ma couronne, mais j'irai jusqu'au bout. » Il est évident que l'Espagne est au seuil d'une lutte grave et longue, que tous les peuples modernes ont connue ou connaîtront – les polémiques sont des blagues, au regard des idées en présence – le pape est au-dessous de tout et mérite les lettres extraordinaires que Loisy m'écrit – les catholiques, les cardinaux verts[1053], doivent rééditer, avec les transpositions nécessaires, dans le secret de leur cœur, le vœu pieu que formulait dit-on, monseigneur d'Hulst[1054] à propos du comte de Chambord : « Je prie tous les soirs Dieu qu'il ouvre les yeux à Monseigneur, ou qu'il les lui ferme. » Les royalistes, eux, sont furieux contre le roi, et, si les choses continuent, les papes seront déposés par les catholiques et les rois seront détrônés par les royalistes – les royalistes d'Espagne disent que c'est par peur des violences révolutionnaires que le Roi se jette dans les bras des ennemis de Dieu, ils disent qu'il est l'esclave de sa femme, l'Anglaise, la protestante[1055], et que par lui, la noble Espagne de la tradition et de la foi va être livrée à la perfide Albion.

En attendant, l'Espagne n'échappera pas plus que la France à cette loi immanente d'accélération qui précipite les événements plus vite que les volontés – ce qui est certain, c'est que la vigoureuse action laïque de la France a contribué au mouvement qui, dans tous les pays latins, tend à la libération de la société civile.

Ici on continue à tuer de pauvres sergents de ville. Je pense que ça calmera les généreux idéologues qui ont dépensé tant de sensiblerie en faveur de Liabeuf[1056], et comme j'écrivais ce matin à Laurent (secrétaire général de la Préfecture de Police) : il est malheureux que les agents aient une consigne si débonnaire, et que la force dite armée ne soit pas autorisée à faire de ses armes un usage légitime.

L'*Humanité* continue à pousser à l'assassinat des agents[1057]. Jaurès est d'une lâcheté qui me dégoûte. Je lui ai écrit de telles lettres qu'il n'est pas venu me dire adieu[1058].......

Dubost est aussi à Paris, je le vois presque tous les matins au Luxembourg, nous parlons beaucoup de Briand, lui, Dubost, le trouve « intéressant », moi, je le trouve « inquiétant », et je dis comme la *Dépêche* de Toulouse « acceptera-t-il le Duché de Raguse que lui offre la droite[1059] ? ».

Quelle bavarde ! Il me reste juste assez de place pour vous embrasser tous deux.

Arconati Visconti

565. Alfred Dreyfus à Marie Arconati Visconti

Vendredi [14 octobre 1910]

Ma chère amie,

J'ai été désolé des nouvelles que vous me donnez de Roujon. J'espère qu'il surmontera encore cette crise !

Je ne suis pas sûr pour B[riand]. Si je lui reconnais de très grandes qualités, je trouve cependant qu'il va trop loin dans les lois et les moyens répressifs[1060]. Quant à J[aurès], je vous assure que si vous m'aviez entendu parler de lui à un de mes amis intimes, vous auriez vu que j'apprécie sévèrement son attitude dans la dernière grève et que je lui reproche vivement de n'oser pas être lui au lieu de traîner à la remorque des anarchistes de la CGT[1061]. Je tâche d'être juste pour chacun et cela m'est d'autant plus facile que je suis les événements d'un œil absolument désintéressé, navré seulement pour mon pays de cette abominable lutte des classes tandis qu'avec beaucoup de bonne volonté, avec beaucoup de cœur et des concessions légitimes de part et d'autre, il serait possible dans chaque cas d'arriver à une entente. Ce qui empêche précisément cette entente, c'est d'une part la conduite des meneurs qui ne vivent que de l'agitation ouvrière, qui ne rêvent que bouleversements pour mettre à la place quoi ? – la misère universelle, et d'autre part l'égoïsme forcené des classes possédantes. Mais je viendrai vous voir la semaine prochaine – en vous prévenant bien entendu – et nous causerons encore longuement.

Tout à vous.

A. Dreyfus

566. Alfred Dreyfus à Marie Arconati Visconti

Mardi 18 oct[obre 1910]

Ma chère amie,

Voilà la grève terminée et j'espère que les trains vont circuler normalement. Mais quelle alerte et quelle leçon pour tous ! Si on avait fait droit dès le mois de Mai, comme la Chambre l'avait voté, à leur demande d'un salaire minimum de 5 frs pour Paris[1062] et si l'on avait [illisible] plus rapidement la question relative à la rétroactivité de la retraite[1063], on aurait été d'autant plus fort pour refuser des prétentions illégitimes et vraisemblablement la grève n'aurait pas eu lieu. Mais que dire aussi de ceux dans le Parti Socialiste qui n'ont pas trouvé un mot pour blâmer les actes de sabotage, qui n'ont cherché qu'une chose : embêter le gouvernement !

Le lièvre est arrivé jeudi soir et a été encore délicieux vendredi matin. Vous m'avez fait honte en me racontant les prouesses de M. Duseigneur et de son neveu Kléber ; ceci prouve qu'en toutes choses, il faut continuer à pratiquer, autrement l'adresse disparaît.

J'ai reçu des nouvelles de Montreux où l'on m'apprend que Roujon a eu une nouvelle crise, immédiatement enrayée heureusement. Si cet excellent ami s'en tire et nous le souhaitons de toute notre âme, il aura encore besoin de beaucoup de ménagements et de soins.

Le beau temps persiste et j'en suis très heureux pour vous.

Bonne poignée de main à M. Duseigneur et affectueusement à vous.

A Dreyfus

568. Alfred Dreyfus à Marie Arconati Visconti

Vendredi Soir [4 novembre 1910]

Ma chère amie,

J'ai été aujourd'hui quai Voltaire chercher le n° de l'*Officiel* contenant le discours de Briand[1064]. Je vous l'enverrai demain à l'hôtel Bellevue à Bruxelles. Vous y trouverez enclos l'article de Meyer[1065] sur le « dreyfusisme ». Il est idiot, et le mot n'est pas trop fort, d'un bout à l'autre. Cet homme n'a rien vu, n'a rien lu, n'a rien compris, mais il a fait cette découverte « géniale » que Ranc était le « chef d'orchestre invisible ». Arthur aurait mieux fait de se taire ; il était méprisable déjà, il y joint une incommensurable bêtise[1066].

Je ne crois pas que les interpellations à la Chambre se terminent avant les vacances. Painlevé a l'intention de présenter une motion préjudiciable demandant que les votes sur l'ordre du jour n'aient pas lieu avant que le gouvernement ait fait connaître ses intentions sur l'avenir[1067]. Si cette motion était adoptée, la situation deviendrait dangereuse pour le cabinet car nul n'ignore que l'accord est loin d'être parfait sur les mesures qu'il y a lieu de prendre pour éviter le retour de pareilles grèves, intéressant les services publics. C'est Sartiaux[1068], de la Cie du Nord, qui a suggéré à Briand l'idée du décret de mobilisation, mais c'est, à mon avis, un jeu assez dangereux. Il faudrait réserver ces choses-là pour la défense nationale.

J'ai reçu de bonnes nouvelles de Montreux. Mais on ne croit pas qu'on puisse emmener notre cher ami dans le Midi avant le mois de décembre, et qu'il puisse rentrer à Paris avant mars ou avril. Roujon nous manque à vos déjeuners si charmants du Jeudi ; ceux qui restent tâcheront de vous entourer encore de plus d'affection.

Monod est venu me voir il y a quelques jours. Je ne puis l'aimer davantage, mais mon admiration pour lui s'accroît chaque jour. Quelle sérénité malgré les tristesses de la fin de la vie !

Je souhaite avec vous que Reinach obtienne le prix Peyrat[1069]. Ce serait une joie pour nous tous.

Tous mes compliments au « Prince des chasseurs et des amis », car M. Duseigneur n'est pas seulement un habile photographe, mais aussi un remarquable coup de fusil. Si j'étais lièvre ou faisan, je ferais « grève » à Gasbeck [*sic*].

À bientôt j'espère le plaisir de vous voir.

Affectueusement à vous.

A. Dreyfus

571. Alfred Dreyfus à Marie Arconati Visconti

Jeudi [10 novembre 1910]

Ma chère amie,

Votre belle indignation d'hier soir est-elle toujours aussi vive ? Quant à moi, je trouve la situation très grave car elle peut engager, non seulement le temps présent, mais encore et surtout l'avenir. Et plus que jamais je crois que la solution de l'heure présente, car aucune solution n'est éternelle, consiste dans une organisation rationnelle et logique de la classe ouvrière. Partout où il y a du népotisme, partout où il y a des passe-droits, l'esprit de tous ceux qui se sentent ou se croient lésés, se porte vers l'association, pour éviter l'écrasement individuel. Nous sommes donc en présence d'un mouvement irrésistible qu'on n'arrête pas, mais qu'on peut endiguer en donnant les satisfactions nécessaires. Si au contraire on laisse la situation dans le statu quo, on se trouve en face de l'anarchie la plus destructive, source de toutes les convulsions, de toutes les violences. Et aujourd'hui ce ne sont plus des mots ou des belles phrases qu'il faut, mais des actes, c-à-d des lois organisatrices et largement libérales.

Tout à vous.

A. Dreyfus

J'ai envoyé ma photo à madame Liorthoir[1070]. Je vous apporterai un de ces jours, celle destinée à M. Duseigneur.

572. Marie Arconati Visconti à Alfred Dreyfus

Paris, 10 novembre 1910

Cher ami,

Je ne sais pas si mon indignation était « belle », mais je n'ai pas été la seule à être indignée de la lâcheté, doublée d'ingratitude (demandez à Joseph) de Monsieur Painlevé.

Hier, j'ai été voir mon vieux Magnien[1071], à peine entré, il me dit : « Est-ce que M. Painlevé est de vos amis ? Dieu merci non. Je vous en félicite car il a commis hier une vilaine action. » Vous me direz que « l'apothéose de l'immoralité »[,] Briand « qui fait saigner le flanc du parti républicain » le font toucher du premier coup au sommet de l'éloquence parlementaire[1072].

En fait d'éloquence parlementaire je viens de relire pour la 3e fois le discours de Briand prononcé pendant que les 75 apaches semblaient vouloir le dévorer[1073], c'est, comme je ne cesse de le répéter, une des plus belles choses qui aient jamais honoré la tribune française. Monod a raison quand il dit : « C'est une page à mettre dans les anthologies. » Et dire que c'était improvisé ! L'homme capable de tirer de son cerveau et de son *âme* de pareils accents sous une forme aussi parfaite est un homme supérieur quelles qu'aient été ses erreurs.

Oh ! et puis vous savez, on en a assez de ses erreurs, comme je le lui écrivais avant-hier à propos de la lâcheté de Painlevé. On finit par en avoir assez de toutes les filles publiques de la Chambre qui font les étroites et ont toujours le mot de « moralité » à la bouche. Zut, zut, zut.

La seule chose drôle, c'est de voir le lâche démagogue qu'est Jaurès, appeler Briand « renégat[1074] ». M. Painlevé qui est un si parfait calculateur[1075] devrait bien nous dire en combien d'années celui que vous continuez à appeler « un brave homme » a accompli un cycle, infiniment plus long, dans ce même Palais-Bourbon, puisqu'il a parcouru successivement tous les groupes et appartenu à tous les partis de la Chambre, avant d'aboutir à l'anarchie, avec la grève générale du mois dernier – pour moi, je le méprise[1076].

Vous, je vous adore.

Arconati

575. Marie Arconati Visconti à Alfred Dreyfus

Paris, 17 novembre 1910

Cher ami,

Malheureusement, les nouvelles que vous me donnez de Roujon sont vraies[1077] – « pris froid » est une blague – la fièvre est revenue, le cœur ne va pas et il ne peut pas s'alimenter – dès le premier jour, j'ai dit qu'il était perdu et cela me navre sans m'étonner. Mes nouvelles sont de ce matin.

J'ai une trachéite et comme j'ai eu beaucoup de visites, j'ai beaucoup parlé et je suis sans voix.

Briand m'a écrit une lettre délicieuse, il me demande s'il peut venir me demander à déjeuner samedi. Il me remercie pour la troisième fois du réconfort que mes lettres lui ont apporté pendant les rudes batailles des jours derniers...... Je ne comprends pas votre dureté pour lui, étant donné votre indulgence pour l'autre démagogue[1078], lequel n'a pas eu une parcelle de courage et tend les mains à ceux qui lui donnent des coups de pied au derrière. Moi, je préfère les gens qui commencent mal et finissent bien que ceux qui partent de la droite pour finir les lèche-culs de la CGT. Maintenant il faut faire une loi, et comme vous le dites[1079], ce n'est pas facile. Il s'agit de mettre le pays à l'abri de nouvelles grèves des services publics. Il faut avant tout déclarer ouvertement que la grève des chemins de fer et de certains autres services publics est un délit, et à la traiter en conséquence. Le *Temps* d'hier soir disait une chose très juste : la grève des services publics est surtout une grève révolutionnaire dont les militants entendent se servir, beaucoup moins pour conquérir des améliorations professionnelles que pour transformer notre état social[1080].

J'ai vu Brisson. Il ne se fait aucune illusion sur sa réélection de Janvier[1081]. Deschanel[1082] flirte avec les 75 apaches quoiqu'il ait dit qu'il ne se présenterait pas contre Brisson – ce Ripollin [*sic*] est un farceur.

Adieu, cher ami, tendrement à vous.

M^ise^ Arconati Visconti

595. Alfred Dreyfus à Marie Arconati Visconti

2 mai [1911]

Ma chère amie,

L'histoire que raconte le *[J]ournal* que vous avez eu la bonté de m'envoyer par Carle Dreyfus est un admirable morceau de l'histoire contemporaine[1083]. C'est la course de tous les politiciens vers la richesse facilement acquise, sans efforts ni risques, en jouant des relations que leur situation leur procure. Autant la fortune acquise par une longue vie de travail est respectable, autant celle qui est le fruit de louches besognes est méprisable.

J'ai commencé le livre de Jaurès sur l'armée nouvelle[1084]. Il y a des pages admirables ; il y a des erreurs de fait et des idées irréalisables, à côté de choses très justes. Mais ce qu'il y a de plus extraordinaire chez ce diable d'homme, c'est la manière dont il s'est assimilé la tactique et la stratégie modernes, mieux souvent que beaucoup de nos professionnels. Mais je vous en causerai en venant vous voir Samedi prochain à 10 h ¾, sauf avis contraire de votre part.

Tout à vous.

A. Dreyfus

601. Marie Arconati Visconti à Alfred Dreyfus

Gasbeck [sic], 16 septembre 1911

Mon bien cher ami, vous avez dû rentrer hier à Paris. Pour y rester ? [D]epuis deux jours seulement, le temps est meilleur. Ici, il a toujours fait très bon et je jouis délicieusement du temps et de la tranquillité. Duseigneur est là et deux fois par semaine j'ai des visites d'amis ou de gens très agréables. Ici, on est préoccupé de la guerre, pas moi – nous ne l'aurons pas, mais la paix et la paix encore, avec un peu plus d'humiliation que devant, et il n'en sera que cela. Nous aurions dû relever l'affront d'Aguadir [*sic*] en envoyant nous aussi un vaisseau[1085]. Puisque l'Angleterre n'a d'autre désir que d'en finir avec la flotte et la concurrence allemande, puisqu'elle a dit si haut qu'elle serait à nos côtés, et puisque les Allemands la craignent autant qu'ils nous méprisent, la partie était belle pour nous. Il n'y avait qu'à nous refuser à toute « conversation nouvelle », à invoquer la lettre et l'esprit des conventions existantes et attendre. Les Allemands n'auraient pas bronché, parce qu'ils se sentent enveloppés de la méfiance ou de la haine de presque toute l'Europe, et surtout parce qu'ils ont peur de l'Angleterre. Que gagnons-nous à attendre d'eux de mauvais affronts ? Autant maintenant que plus tard. Qui sait ! Nous avons l'air moins trembleurs que nos gouvernants. Nos hommes de 20 à 40 ans n'ont plus nos âmes de vaincus et Sedan est presqu'aussi loin d'eux qu'Austerlitz. Qui sait, ce serait peut-être le réveil immédiat de toute notre hérédité guerrière....... Hélas, nous ne tenterons pas l'aventure – nous « causerons » tant que les Allemands daigneront causer. Nous donnerons tout ce qu'ils voudront, trop heureux de leur faire plaisir, et de recevoir en échange quelques affronts de plus – lorsqu'ils referont le coup d'Agadir, nous le recevrons aussi humblement que les précédents.

J'ai de bonnes nouvelles de Monod et de Roujon, ils viendront ensemble me faire une visite en octobre, si vous voulez les accompagner ?......

Je n'ai pas l'estomac de vous parler de nos affaires intérieures.......

J'ai une joie en perspective, l'Opéra de Munich vient donner une représentation des *Maîtres chanteurs* à Bruxelles, pendant que j'écouterai le sublime chef-d'œuvre, j'oublierai tout.

Je vous embrasse tous les deux bien fort.

Arconati

605. Marie Arconati Visconti à Alfred Dreyfus

Gasbeck [sic], 24 octobre 1911

Cher ami – Vous me demandez de vous écrire avec ma « verve coutumière » [;] hélas ! où voulez-vous que je la trouve ? Ce qui se passe est si humiliant, que les quelques mots de Clemenceau[1086] m'ont un instant fait oublier la haine que j'ai pour le triste personnage qui mérite le mot de je ne sais plus qui sur Talleyrand : fera son épitaphe qui crachera sur sa tombe[1087].

Une chose m'a un peu fait oublier la patience (!) de la France, la chute ici des cléricaux qui étaient au pouvoir depuis 27 ans ! – tous les chefs sont par terre – dans ces conditions-là (c'étaient des élections communales) le Ministère actuel aura-t-il l'autorité suffisante pour arriver aux élections de mai, ça paraît impossible. J'ai eu à déjeuner l'autre jour le chef des libéraux de Bruxelles, Paul Hymans (Dreyfusard enragé, sachant l'histoire de Reinach par cœur)[1088] qui croit qu'il faudra dissoudre la Chambre à peine celle-ci sera convoquée. J'ai l'intention de donner Gaesbeck à la Belgique de mon vivant. Je n'ai pas peur – selon le joli mot de Lépine – de « me déshabiller avant de me coucher » – au dessert, Jeudi, j'ai annoncé à Hymans que le jour où il sera Président du Conseil je donnerai Gaesbeck, ce qui me permettra de faire une lettre où je dirai que j'attendais la chute des catholiques pour faire ma donation. Inutile de vous dire que je garde la jouissance de mon manoir ma vie durant.

....

Ce pauvre Monod a eu une série d'ennuis et de tristesses, comme vous devez être au courant, je ne vous en parle pas. Il a vu Duchesne l'autre jour qui lui a dit : « On a ou on n'a pas de conscience. J'ai juré en devenant prêtre de ne jamais appeler le bien mal, ni le mal bien. Je n'appellerai non plus jamais le vrai faux, ni le faux vrai, ni un chat un chien. » Monod ajoute : « Mais la persécution dont il est l'objet et qui vient de Pie X l'affecte beaucoup. » Je suis bien contente que Duchesne, si on le met à l'index, soit décidé à ne pas se courber[1089]. Lefranc, à Noyon (pour être plus tranquille), travaille comme un nègre à la Préface de Rabelais, qui est à la veille de paraître. Quelle joie[1090] !!

.... Je vous embrasse tous les deux, de tout mon cœur.

La dernière « dame » de Gaesbeck

616. Alfred Dreyfus à Marie Arconati Visconti

Dimanche [7 janvier 1912]

Ma chère amie,

Vous avez dû savoir, comme moi, que l'état de santé de notre excellent Monod était meilleur et après avoir vu M. et Mme Amphoux ce matin, je prenais tout à fait bon espoir. Mais hélas, cet espoir était assez vain et j'en suis encore tout bouleversé. J'ai en effet rencontré, en sortant de la rue Bizet, un médecin ami des docteurs qui soignent Monod ; eh bien, il paraît que cela peut encore durer un temps que nul ne peut fixer, mais que la situation est à peu près ou tout à fait désespérée. Quand on m'a dit cela, après la lueur d'espoir que je venais d'avoir la chose a été si violente que j'en suis devenu blême. Surtout n'en parlez à personne, puisque c'est une confidence qu'on m'a faite, mais j'en suis profondément triste. Perdre cet excellent, ce bon, ce dévoué ami, je ne veux et je ne peux y croire. Le chagrin serait trop grand[1091].

Tout à vous.

A. Dreyfus

617. Alfred Dreyfus à Marie Arconati Visconti

Mercredi 2 h [10 janvier 1912]

Ma chère amie,

Les nouvelles de Monod ne sont pas bonnes. J'ai été ce matin rue Bizet pour voir ma nièce qui y est entrée hier soir et qui sera opérée demain par Gosset[1092] de l'appendicite ; j'ai pu parler à une sœur qui m'a paru très pessimiste sur l'état de notre pauvre Monod. Cela ne vaudra-t-il pas hélas mieux pour lui ? Quelle triste chose.

Il est étonnant que le coup de théâtre d'hier soir ne se soit pas produit plus tôt après tous les racontars et les cancans qui couraient depuis deux mois. Quelle vilaine chose que ces papotages dans le dos des gens, que ces piqûres d'épingle auxquelles il est impossible de répondre, que ces traquenards ourdis dans l'ombre. Quand donc la politique deviendra-t-elle une chose loyale et franche, se traitant au grand jour et à la lumière des discussions contradictoires[1093].

À demain et tout à vous.

A. Dreyfus

629. Alfred Dreyfus à Marie Arconati Visconti

Dimanche [17, 24, 31 mars ou 7 avril 1912]

Ma chère amie,

J'ai été désolé des nouvelles que vous m'avez données de Monod mais je m'y attendais car ma femme a vu hier la mère de M. Amphoux qui lui a dit que notre ami avait eu une syncope la veille. C'est je le crains la fin proche, mais hélas j'en suis réduit à la lui souhaiter, comme je le voudrais pour moi dans une situation semblable. L'issue est fatale, alors à quoi bon souffrir inutilement quand on ne peut même pas vivre sa vie et être utile aux autres.

Mais quel vide immense il laissera parmi ses nombreux amis ! C'est une des plus belles âmes qu'il m'ait été donné de connaître.

On m'a raconté l'autre jour, à propos de la pièce donnée au Français sur Molière[1094], qu'on ne possédait pas un seul autographe de lui, pas une lettre, pas un manuscrit de ses pièces[1095]. Il me semble dès lors qu'il est assez difficile de faire la psychologie vraie de Molière.

La situation à l'intérieur nous paraît améliorée sur ce qu'elle était il y a peu de temps encore, la situation extérieure me paraît au contraire très grave. Qu'en sortira-t-il ? Je ne suis pas prophète et ne peux le prévoir, mais elle commande une attention soutenue et une vive clairvoyance. Ce qu'il faudrait surtout c'est une politique probe, loyale et franche.

Affectueusement à vous.

A. Dreyfus

631. Alfred Dreyfus à Marie Arconati Visconti

Jeudi Soir [28 mars 1912]

Ma chère amie,

Je suis revenu désolé et navré de Versailles. Notre excellent et pauvre ami, dort presque tout le temps avec des hallucinations terribles. Juste au moment où j'arrivais, il se réveillait et j'ai pu lui serrer la main. Il m'a reconnu et m'a adressé ces quelques paroles : Je viens de passer par une crise terrible mais j'en ai réchappé et peut-être maintenant guérirai-je !! Il est complétement changé et a maintenant l'aspect cachectique des cancéreux. Combien de temps encore durera cet épouvantable calvaire ? Personne ne peut le dire.

Madame Monod m'a chargé de vous dire, tout en vous remerciant vivement de votre chaude sympathie qu'il est inutile que vous vous dérangiez, car vous ne pourriez voir son mari. C'est un hasard extraordinaire qu'il ait eu hier un moment où j'ai pu le contempler. Quant à ces dames, elles ne le quittent pas. C'est navrant.

Tout à vous.

A. Dreyfus

633. Alfred Dreyfus à Marie Arconati Visconti

10 avril 1912

Ma chère amie,

J'ai lu le livre imbécile et bête d'Arthur Meyer[1096] et qui, écrit par cet homme dont vous connaissez l'origine[1097], est encore plus répugnant peut-être par sa bassesse et son verbe onctueux.

Quel monde il nous découvre ! superficiel, vain, sans doctrine et sans moralité, préoccupé uniquement d'arriver et de se pousser. Personnages de théâtre, qui se croient constamment sur la scène, devant un public frelaté de snobs, qui ne connaissent rien de la vie profonde du pays et du monde qui travaille, et qui ne s'en préoccupent pas. Petites cervelles, petites gens, cœurs vides, voilà toute l'impression qui me reste des êtres qui évoluent dans ce livre que je vous rapporterai un de ces jours, quand on l'aura lu autour de moi.

Affectueusement à vous.

A. Dreyfus

634. Alfred Dreyfus à Marie Arconati Visconti

Jeudi matin [11 avril 1912]

Ma chère amie,

Mes pressentiments hélas n'étaient que trop fondés quand nous l'embrassâmes pour la dernière fois Lundi de Pâques. Notre pauvre et excellent ami[1098] a cessé de souffrir, sans avoir pu mettre à profit pour ses travaux les dernières années qu'il pensait encore avoir à vivre !

J'ai reçu hier par le courrier de 9 heures le mot de Madame Kahn[1099] et j'ai respecté les dernières volontés de Monod, si cruel que soit pour ses véritables amis de ne pouvoir l'accompagner à sa dernière demeure. Qu'il n'ait pas voulu de la foule des indifférents, je le conçois, mais je regrette que ses intimes n'aient pu suivre son cercueil. Quel excellent ami nous perdons ! si profondément honnête, si sûr, d'une admirable conscience ! C'est le cœur brisé que je vous écris. Je vous remercie de votre aimable proposition de m'emmener dimanche à Versailles. Mais j'y irai demain avec ma femme, ne voulant pas aujourd'hui troubler la douleur de Madame Monod et de ses filles.

Tout à vous.

A. Dreyfus

635. Alfred Dreyfus à Marie Arconati Visconti

14 avril 1912

Ma chère amie,

Que de chagrins, que de deuils ! Voilà encore un excellent et vieil ami que vous perdez[1100]. Ce qu'on peut dire de Brisson, c'est que c'était un grand honnête homme, qualité bien rare aujourd'hui. Il fut un des fondateurs de la République et son idéal fut toujours désintéressé. J'ignorais qu'il fût malade et en même temps que je recevais votre coup de téléphone, je lisais la nouvelle dans le *Matin*. Qui va le remplacer[1101] ? J'espère que ça ne sera pas cette f... d'Étienne ; ce serait vraiment trop méprisable[1102].

Je viendrai, sauf contre-avis de votre part, vous voir Mardi matin vers 10 h ½. Nous causerons de nos chers disparus.

Affectueusement à vous.

A. Dreyfus

666. Alfred Dreyfus à Marie Arconati Visconti

Dimanche [12 janvier 1913]

Chère amie,

Millerand a couronné son œuvre néfaste par une réintégration qui était une indignité, celle-ci a enfin ouvert les yeux aux républicains qui ont exigé – heureusement – son départ. On sentait revivre les heures héroïques si tôt oubliées – cependant il a suffi d'un incident pour les réveiller[1103].

Avez-vous vu la belle notice de Lavisse sur Monod parue dans le *Temps* de ce soir[1104] ?

Je viendrai bavarder avec vous Mercredi prochain vers 10 h ½.

Affectueusement à vous.

A. Dreyfus

674. Marie Arconati Visconti à Alfred Dreyfus

31 mars 1913

Cher ami – c'est sûrement avant-hier que Jaurès a répondu à ma lettre, lettre où je le traitais de « criminel[1105] »[,] la voilà :

« Ma bien chère amie,

« Je n'ai pas répondu plus tôt à votre lettre. Elle m'a été extrêmement pénible. Il m'est douloureux de voir quel malentendu nous sépare en une période aussi grave et combien vous méconnaissez l'effort vraiment *national* que je fais. J'ai la conviction absolue qu'on détourne le pays de l'effort utile et qu'on égare sa bonne volonté. L'erreur que vous commettez à mon égard n'est pas une des moindres épreuves que j'ai à traverser en ces jours difficiles.

« Je ne reviendrai, seul ou avec d'autres, que quand votre esprit m'aura rendu justice et je serai fidèle, inaltérablement à mon affection comme à mes convictions.

« De tout cœur [à vous]

« Jean Jaurès »[1106]

Je ne sais pas le temps que vous avez là-bas[1107], ici, il pleut tous les jours, j'ai aujourd'hui mon électricité allumée toute la journée.

....

Bien tendrement à vous.

M^ise^ Arconati Visconti

Ci-inclus un article des *Débats*. Notre bon Joseph a beaucoup de succès – le mot courageux accompagne toujours son nom[1108].

675. Alfred Dreyfus à Marie Arconati Visconti

Mercredi [2 avril 1913]

Ma chère amie,

Vite un mot avant d'aller faire un tour en auto, par un temps admirable, pour vous dire que je trouve la lettre de Jaurès très belle, digne de vous et de lui.

À bientôt le plaisir de vous voir.

Tout à vous.

A. Dreyfus

676. Alfred Dreyfus à Marie Arconati Visconti

Samedi [12 avril 1913]

Ma chère amie,

J'ai vivement regretté, comme vous, que nous n'ayons pu nous rendre Jeudi sur la tombe de notre pauvre Monod[1109], trop tôt enlevé à notre ardente affection, mais cela était prudent, surtout par ce mauvais temps, après la petite opération que vous aviez subie. J'espère que vous n'en souffrez plus et que vous avez évité la fâcheuse fluxion.

La discussion reste toujours aussi passionnée sur la loi de trois ans et des deux côtés on emploie de bons arguments. Mon principe est le suivant : existe-t-il un moyen autre que la loi de trois ans qui impose au pays une charge très lourde, peut-être trop lourde pour augmenter la puissance de l'armée ? Et ma réponse est : Je crois que oui et je vous ai déjà souvent exposé mon système. Tandis que si l'on adopte la loi de trois ans je crains qu'au bout de peu de temps on ne revienne en arrière par suite de la lourde charge qu'elle impose au pays, sans avoir fait les améliorations qui sont possibles. Je viendrai sauf contre-avis vous voir Mardi prochain vers 10 h ½ et nous bavarderons un bon moment ensemble.

Affectueusement à vous.

A. Dreyfus

678. Alfred Dreyfus à Marie Arconati Visconti

Samedi [juin 1913]

Ma chère amie,

Je trouve votre bonne lettre en venant ce matin à Paris. Nous sommes comme toujours absolument du même avis. Nous voulons la paix mais il est bien entendu que nous la voulons avec l'honneur et la dignité, que nous voulons être indépendants et ne pas agir sous la menace ou la pression de qui que ce soit. Pour cela il faut être forts et organiser une armée en rapport avec nos conceptions démocratiques, c-à-d susceptible de défendre avec succès le sol de la patrie. Mais j'ai la crainte qu'après avoir eu très peur, nous ne tombions dans l'excès contraire et que notre politique devienne une politique de faiblesse et... d'humiliation. Nous passons notre temps à aller d'un extrême à l'autre par manque de sang-froid.

Je compte venir à Paris Jeudi prochain et viendrai vous voir entre 10 h ½ et 11 heures.

Mes hommages bien affectueux.

A. Dreyfus

679. Alfred Dreyfus à Marie Arconati Visconti

68 route de Croissy *11 juin 1913*
Le Vésinet

Ma chère amie,

J'ai bien reçu votre envoi du *Figaro* du 9 juin[1110]. Il est bien évident que le projet déposé par J[aurès] paraît d'une ironie amère, au moment où il est nécessaire de faire un effort sérieux[1111]. Mais je ne suis toujours pas convaincu que la solution préconisée par le gouvernement soit la meilleure. Ce n'est pas d'aujourd'hui que je dis – et vous devez vous en souvenir – qu'il nous faut une préparation militaire intense et une organisation adéquate à notre population, à notre état social et à notre tempérament particulier. Sur le terrain des effectifs nous ne pourrons jamais lutter avec les Allemands et je ne crois pas du tout, qu'au-delà de certains effectifs, on y gagne quoi que ce soit, sinon de l'encombrement et de l'embarras. La guerre de 1870 a été surtout et principalement une faillite du commandement et non pas celle du nombre.

Après une belle journée hier où il faisait délicieux dans le jardin, le temps se gâte aujourd'hui et le vent est froid. Quand vous vous promenez dans votre auto, ne venez-vous jamais de mon côté ? Nous serions très heureux de vous voir.

Affectueusement à vous.

A. Dreyfus

687. Marie Arconati Visconti à Alfred Dreyfus

Gaesbeck, 25 septembre 1913

Mon bien cher ami,

Pendant que vous avez un temps médiocre, nous sommes ici en plein été, 20 degrés et un soleil d'août. J'ai des nouvelles des amis, une longue lettre du Chalet Cahen[1112]. Il aurait l'idée de se présenter à l'Académie pour remplacer Ollivier[1113] – personne ne le mériterait plus que lui, mais il ne passera pas – naïf, il me dit de tâter Roujon et Claretie. Claretie, oui, mais Roujon !! Il ne fréquente là que les réactionnaires et *n'oserait* jamais voter pour lui[1114]. Avez-vous vu la lâcheté de son dernier « En marge » à propos de Villon ? Il parle de la mémoire vénérée de Longnon !! qui siégeait dans toutes les réunions aux côtés de Mercier !! Longnon qui a été ignoble avec Monod, ne lui pardonnant pas tout le bien que lui, Monod, lui avait fait. Gaston Paris disait de lui « Il a l'âme d'un vilain » tout ça *Roujon le savait*, mais comme le fils Longnon écrit dans l'*Action française*... Pouah ! Je vomis tous les arrivistes, surtout... quand ils sont arrivés..................................

Aussi, je vis dans le passé, dans mes livres, et j'oublie l'ignoble présent............

Je vous embrasse tous les deux.

Arconati

690. Alfred Dreyfus à Marie Arconati Visconti

Mardi soir [21 (?) octobre 1913]

Ma chère amie,

J'allais vous écrire, car je m'inquiétais de ne plus avoir de vos nouvelles, quand ma femme m'apprend votre aimable envoi. Nous vous en remercions tous deux, mais nous espérons surtout que votre santé est toujours bonne.

Le ministère[1115] va être très attaqué et je crois que l'affaire « Faurie » ne lui portera pas bonheur. Thomson a paraît-il passé tout une matinée à chercher à expliquer à Étienne quelle gaffe celui-ci allait faire sous l'inspiration de ce jésuite de Castelnau, mais il s'est heurté à une bûche. Étienne ne voulait rien entendre[1116].

Clemenceau a fait quelques beaux articles et les deux où il fustigeait Klotz sur son attitude dans « l'affaire » m'ont fait plaisir[1117].

Je lis ce soir dans la *Revue critique des livres nouveaux* dont Salomon Reinach est l'un des principaux rédacteurs, les lignes suivantes :

« J. Reinach. L'armée toujours prête[1118]. Recueil d'articles, de rapports, de discours, ayant trait à des questions militaires. C'est intéressant, substantiel, correct mais foncièrement faux. Il est impossible de raisonner plus "à côté", de montrer autant d'incompétence, malgré les soins mis à étudier les questions, et de tirer des conclusions moins justifiées, bien qu'elles soient étayées de nombreux arguments, soutenues par une érudition considérable. C'est un modèle achevé de ce que l'on doit attendre des parlementaires, puisqu'un des plus intelligents, des plus instruits, des plus consciencieux, des plus indépendants en arrive à émettre avec cette inconsciente tranquillité des avis sur des questions auxquelles il n'entend rien. »

Sans commentaires, n'est-ce pas ?

Affectueusement à vous.

A. Dreyfus

693. Alfred Dreyfus à Marie Arconati Visconti

Mardi [23 décembre 1913]

Ma chère amie,

Vous voilà bien en colère contre le nouveau ministère[1119] ! Qu'il n'ait rien d'extraordinaire cela est évident, mais quand en avons-nous eu un répondant à notre idéal ? J'espère qu'en tous cas il ne fera pas la besogne régressive du précédent.

Sauf contre-avis de votre part, je viendrai bavarder avec vous Vendredi prochain vers 10 h ¾.

Affectueusement à vous.

A. Dreyfus

694. Alfred Dreyfus à Marie Arconati Visconti

Mercredi [24 décembre 1913]

Ma chère amie,

Ce pauvre Claretie n'est plus[1120]. Quel chagrin pour vous que cette nouvelle disparition ! Mais cela ne vaut-il pas mieux ainsi que de le voir comme nous, quand je me suis rencontré avec lui chez vous ! Il n'aura pas connu la décrépitude sénile qui s'abattait sur lui ! Les meilleurs et les plus purs de vos amis s'en vont ainsi les uns après les autres. Sauf contre-avis de votre part, je viendrai en causer avec vous Samedi prochain vers 10 h ¾.

Affectueusement à vous.

A. Dreyfus

695. Marie Arconati Visconti à Alfred Dreyfus

25 décembre 1913

Cher ami,

Je m'y attendais, mais j'ai été profondément, douloureusement émue. Nous nous aimions depuis 45 ans ! Avez-vous lu l'article de ce matin dans l'*Homme libre* sur lui[1121] ?

C'est une des grandes cruautés de la vie, de semer un à un sur la route tous ceux qu'on a associés à son être intime. À mon âge on vit dans un cimetière et le jour le plus pénible n'est certes pas celui de notre fin...

Bien tristement à vous.

Arconati

713. Alfred Dreyfus à Marie Arconati Visconti

Vendredi [20 mars 1914]

Ma chère amie,

J'ai été si violemment ému, si fatigué aussi ces jours-ci, que je n'ai pas eu le courage de vous écrire.

Je n'ai pu goûter quelques heures de sommeil que grâce à l'absorption de Véronal, tant le souvenir cruel des années douloureuses me revenait à la mémoire. Mais en même temps s'élevait dans mon âme un hommage d'admiration plus intense peut-être que jamais, pour les hommes qui eurent le courage de lutter, au mépris de tous leurs intérêts, contre toutes les forces d'oppression coalisées et surent faire triompher la justice et la vérité.

Quel exemple admirable de conscience et de désintéressement[1122].

Tout à vous.

Alfred Dreyfus

720. Marie Arconati Visconti à Alfred Dreyfus

17 mai 1914

Cher ami,

Ne venez pas demain matin, je vais chez Roujon que je crois perdu ! Il y a trois jours j'avais reçu une lettre de sa femme qui me disait qu'une crise d'intestins le tenait alité depuis huit jours. Quel n'est pas mon étonnement tout à l'heure en recevant une lettre de sa femme me disant qu'on avait dû le ramener hier à Paris et que le « voyage avait été atroce » – tout est pris, *intestins, cœur, reins*. On lui met ventouses et on lui fait des piqûres !!

Je ne peux pas y aller aujourd'hui, mais je viens de lui écrire que j'irai demain matin – Je vous tiendrai au courant, mais n'écrivez pas, il est évident qu'on va cacher la gravité du mal...

Quelle vague de noir je traverse !

J'arrive à Milan pour voir mourir deux vieux amis et dans ce moment-ci j'ai trois amis gravement malades dont G. Dreyfus et Roujon.

....

Renan a dit sur le régime tout ce qui se vérifie aujourd'hui : « La République sera spartiate ou tombera dans la démagogie. » Or personne n'a voulu de la République spartiate, pas même Gambetta. La France a préféré se saouler. Quant au sabre, il viendra mais d'Allemagne lorsque la poire sera bien mûre et qu'il n'y aura qu'à tendre le bras pour la cueillir.

Voyez-vous cher ami ce dont la République meurt, c'est de la pénurie, de la pauvreté lamentable du personnel qui la dirige, *elle n'a plus d'hommes*.

....

Bien tendrement et bien tristement à vous.

Arconati Visconti

726. Alfred Dreyfus à Marie Arconati Visconti

26 juillet [1914]

Ma chère amie,

Nous sommes sous l'eau, mais j'apprécie néanmoins le repos que je trouve ici[1123], après cette vie agitée et trépidante de Paris. Je reçois peu de lettres mais je lis malheureusement les journaux et les nouvelles d'aujourd'hui sont sinistres. Le coup de force de l'Autriche-Hongrie vis-à-vis de la Serbie est criminel[1124], mais la monarchie dualiste va profiter de la situation pour l'accomplir. La Russie en effet est aux prises avec une grève formidable, l'Angleterre avec la question de l'Irlande[1125] ; quant à la France, M. Poincaré et M. Viviani étaient sur mer[1126]. Notre ambassadeur à Vienne s'est laissé endormir par les affirmations fallacieuses du Ballplatz et n'y a rien vu[1127]... Qu'en sortira-t-il ? Je veux encore espérer que la question sera localisée et qu'il n'en sortira pas une guerre européenne.

Je doute que vous ayez pu faire la promenade que vous projetiez en auto, mais le temps paraît devenir plus favorable. Nous comptons encore rester ici une dizaine de jours puis nous irons... nous ne savons encore où[1128] !

Affectueusement à vous.

A. Dreyfus

728. Alfred Dreyfus à Marie Arconati Visconti

Dimanche midi [2 août 1914[1129]]

Ma chère amie,

Je vous ai demandé deux fois votre n° de téléphone, mais vous ne me l'avez pas envoyé. Je rejoins demain Vincennes pour être envoyé je ne sais où[1130]. Je vous écrirai si cela m'est possible.

Maintenant haut les cœurs !

L'Allemagne est infâme et elle mérite de recevoir un vigoureux coup de torchon.

Je vous embrasse de tout cœur.

A. Dreyfus

729. Alfred Dreyfus à Marie Arconati Visconti

Lundi 10 août [1914]

Ma chère amie,

Que devenez-vous ?

La nouvelle de la prise de Mulhouse m'a causé une émotion profonde, mais j'attends avec anxiété des nouvelles de mon fils qui fait partie des troupes qui ont marché sur Mulhouse[1131].

Notre enthousiasme est grand et notre confiance infinie. Je crois que nous pouvons avoir de grands espoirs. Il faut cependant considérer les combats actuels comme de simples épisodes et attendre l'issue de la grande bataille, qui, j'en ai le ferme espoir, marquera pour nous le commencement de l'ère des victoires.

Tout à vous.

A. Dreyfus

730. Alfred Dreyfus à Marie Arconati Visconti

Dimanche 16 août [1914]

Ma chère amie,

J'ai été tellement occupé que je n'ai pas trouvé un instant pour vous répondre. Ne vous inquiétez pas et ayez confiance. Je crois fermement à la victoire définitive et à la suppression de l'hégémonie allemande. Les Allemands par leur arrogance ont fini par lasser la patience des peuples civilisés ; j'espère que la leçon qu'on va leur donner aura une action assez forte pour qu'on puisse envisager ensuite une longue durée de paix. Mais que de vies humaines sacrifiées ! J'ai reçu ce matin une lettre de mon fils, la 1re depuis le 5 août. Il a assisté à tous les combats devant Altkirch et a été nommé maréchal des logis. Il n'a pas été blessé et est très courageux. Écrivez-moi souvent. Tout à vous.

A. Dreyfus

731. Marie Arconati Visconti à Alfred Dreyfus

17 août 1914

Cher ami, je viens de recevoir votre lettre datée d'hier (de ce côté-là ça va bien). Je n'ai pas besoin de vous dire la joie que m'a donnée la nouvelle que votre fils après de pareilles journées (!!) n'avait pas été blessé. Quelle vie d'angoisses, et penser que cela peut durer des mois. Enfin, je commence à espérer car la conscience armée « de l'Europe se met en marche ». Joseph qui passe ses journées à la place de Paris me disait hier que « civils et militaires les mieux renseignés avaient une bonne impression ». On s'attendait que la bataille Belge et la bataille Lorraine se seraient déclenchées hier ou aujourd'hui, c'était aussi l'impression belge.

Maintenant il faut attendre, écouter passer les heures, armer nos cœurs de la triple cuirasse qui les défendra des impatiences, des enthousiasmes et… des découragements. Le mot de Kosciusko : *Finis Polonioe*[1132] reçoit un démenti éclatant, ah ! si les Italiens marchaient et qu'on s'entende : *Finis Austria*. J'ai des lettres d'Italie qui me donnent de l'espoir, car me dit-on « tous les trains sont bondés de troupes se rendant à la frontière », une lettre de Rome me dit que la police laisse tranquilles les manifestants qui crient : « À bas l'Autriche. » La nouvelle de l'ultimatum du Japon à l'Allemagne[1133] contribue à prouver que tout le monde en a assez de ces brutes qui nous ont embêtés 40 ans pour aller se faire battre par les Belges. Le *Temps* est admirablement fait – les *Débats* aussi. Je pense que vous les recevez. On vient de me dire que le drapeau pris aux Allemands est accroché au ministère de la Guerre.

Je vous embrasse vous savez de quel cœur !

Arconati Visconti

732. Alfred Dreyfus à Marie Arconati Visconti

Pierrefitte, 20 août [1914]

Ma chère amie,

Je n'ai plus eu d'autres nouvelles de mon fils que celles du 11 [*sic*] août où il m'annonçait qu'il était vivant et qu'il avait été nommé maréchal des logis sur le champ de bataille. Quelles journées d'angoisse nous vivons, que de mères versent de larmes ! Mais il fallait en finir avec les menaces perpétuelles, avec ces hordes de barbares qui voulaient mettre la France sous le talon de leurs bottes.

La grande bataille est engagée avec des péripéties diverses ; elle peut parfaitement durer 8 à 15 jours. Je crois à la victoire.

Affectueusement à vous.

A. Dreyfus

733. Marie Arconati Visconti à Alfred Dreyfus

22 août 1914

Cher ami,

J'ai reçu hier votre lettre qui m'a fait grand bien, car elle m'a détendu les nerfs... ici on ne sait rien – on sent qu'il se passe quelque chose, c'est tout. C'est un silence nécessaire et personne ne dit rien. Oh ! oui, vous avez raison, il faut en finir, la paix ne sera assurée en Europe que lorsque l'Allemagne sera vaincue, ce n'est pas une guerre entre des peuples, c'est une lutte entre la civilisation et une horde de barbares. Il faut que l'Allemagne soit détruite. En même temps que votre lettre, j'en recevais une de Cumont, vieille de 6 ou 7 jours, une heure après les journaux annonçaient l'entrée des Prussiens à Bruxelles. Le fils de Lefranc est ? (il croit à Lunéville, il est au milieu de la cannonade [*sic*] et couche sous les ailes de son aéroplane – sa flotille [*sic*] va au-dessus des Allemands et c'est lui qui centralise et rédige les informations sur les mouvements des troupes de nos adversaires[)]…..

Vous n'avez pas l'idée de ce qu'est Paris, presque toutes les boutiques sont fermées, plus d'autobus, quelques rares tramways et taxis, c'est impressionnant et on dit que ça peut être très long !

Joseph, comme tout le monde, comme vous, croit à la victoire finale – ses articles du *Figaro* (depuis qu'il est rentré dans l'armée, il signe Polybe) sont remarqués.

Je devais partir aujourd'hui pour *Gaesbeck* !! pourvu qu'on ne me le fasse pas sauter comme celui du prince d'Arenberg[1134] ! lui, qui a résisté aux bombardements des XVe, XVIe et XVIIe... Je m'en ficherais comme d'une guigne si nous sommes victorieux.

Bien tendrement à vous.

Arconati Visconti

735. Marie Arconati Visconti à Alfred Dreyfus

2[7-28[1135]] août 1914

Mon bien cher ami,

Je réponds tout de suite à votre petit mot que je viens de recevoir. Je n'ai pas besoin de vous dire la joie que me donne [*sic*] les nouvelles de votre fils[1136]. Le pauvre Duseigneur croit que son filleul est tué ou prisonnier[1137], il a une masse de neveux et cousins éparpillés un peu partout.

Les nominations de Millerand et Delcassé[1138] ont fait bon effet. Il n'était que temps que Messimy fût mis à la porte[1139]. Lisez-vous les articles de Clemenceau[1140] ?

Quelle vie d'angoisses est la nôtre. Je crois comme vous au succès final, mais d'ici là que de douleurs ! que de larmes ! que de ruines ! Le choix de Gallieni[1141] m'a dit Reinach tout à l'heure est excellent.

Et maintenant courage et souvenons-nous du mot de Wellington à ses aides de camp qui le soir de Waterloo lui demandaient des ordres : « tenir, tenir jusqu'à la mort ».

Que vous dirai-je de plus ? Je suis déjà à bout de forces et de courage et on parle de six, sept ou huit mois ! Je ne sais rien de nos amis de Bruxelles, les dernières lettres sont du 15. Je ne sais rien non plus de Gaesbeck – le château est à 6 kilomètres de Hal et à 7 de Ninove où ils sont sûrement passés.

Bien tendrement à vous.

Arconati Visconti

736. Marie Arconati Visconti à Alfred Dreyfus

30 août 1914

Cher ami – Ce que j'ai dit dès le premier jour arrive. Voilà les Allemands à La Fère et dans quelques jours à Paris. Pendant que j'écris ces lignes cette bataille de la Somme a commencé. Malgré la fatigue des Allemands et l'ardeur de nos troupes, je ne crois pas que nous serons victorieux. Je ne crois qu'à la victoire finale. Mais d'ici là que d'horreur allons-nous encore voir ! J'ai vu Lefranc hier, il ne sait rien de son fils et pleurait à chaudes larmes[1142]. J'en étais malade. En 1870 j'avais vingt ans[1143], j'ai tout supporté, aujourd'hui je suis déjà à bout de forces et de courage. Je vois souvent Reinach, ses Polybe sont remarqués, il ne sait pas où est son gendre [*sic*[1144]], il est allé ce matin avec Duseigneur à la caserne Bellechasse. On n'a rien su leur dire. Duseigneur a perdu son filleul, il en est malade[1145]. Ah ! cher ami, que de larmes ! que de tristesses.

Tendrement à vous.

Arconati

737. Alfred Dreyfus à Marie Arconati Visconti

Mardi 1er septembre 1914

Ma chère amie,

Dites à Duseigneur la part que je prends à son chagrin.

Ce pauvre Joseph a été frappé dans ses plus chères affections ! Je viens de lui écrire.

Je n'ai aucune nouvelle de mon fils depuis son passage à Pierrefitte où je n'ai même pas pu le serrer dans mes bras !

Que de tristesses et de deuils. Mais il n'y faut pas penser et faire son devoir, tout son devoir, jusqu'au bout.

Tout à vous.

A. Dreyfus

738. Marie Arconati Visconti à Alfred Dreyfus

11 septembre 1914

Mon bien cher ami,

Votre mot m'arrive à l'instant. J'avais téléphoné chez vous et la femme de chambre m'avait dit que votre femme avait eu de vos nouvelles ce matin. Alors, vous êtes plein d'espoir, moi j'ai peur et comme je ne comprends rien à ce qui se passe, cette affaire de Mulhouse reperdue après 48 heures m'avait affolée, quelle belle page aura l'héroïque petit peuple belge ! Il n'y aura pas dans tout le champ de l'histoire, un pilori aussi infâme que celui où sera cloué le sinistre cabotin de Berlin. Il a cru que tout le monde plierait devant lui et que les neutres s'agenouilleraient devant ses menaces.

Ici, on vit dans l'angoisse, on ne comprend pas comme vous dites si justement que jusqu'à présent ce ne sont que de simples rencontres d'avant-garde et on est troublé. Moi, la première – par l'inévitable silence qui suit les dépêches. Quels beaux « En marge » nous aurait fait Roujon[1146] et quels beaux articles aurait fait [*sic*] Jaurès[1147]. L'Italie me préoccupe sans m'inquiéter – s'ils écoutaient leur Machiavel ils viendraient avec nous. Écrivez-moi quelques fois et surtout sitôt que vous aurez des nouvelles de votre fils. Je ne vis plus et je souffre à crever.

Je vous embrasse de tout ce qui me reste de force.

M[ise] Arconati Visconti

739. Alfred Dreyfus à Marie Arconati Visconti

Vendredi 11 septembre [1914]

Ma chère amie,

Où vous êtes-vous réfugiée[1148] ? Donnez-moi de vos nouvelles.

Nous avons été sous les armes pendant quelques jours et prêts à recevoir l'ennemi. Il a été rejeté et j'espère que ce premier succès se poursuivra.

Je n'ai aucune nouvelle de mon fils depuis 15 jours et je suis très inquiet à son sujet. Il s'est battu constamment tous ces jours-ci sur l'Oise et la Marne.

Tout à vous.

Commandant Dreyfus
Adjoint au commandant de l'artillerie
Pierrefitte (Seine)

740. Marie Arconati Visconti à Alfred Dreyfus

Angers, 22 septembre 1914

Mon bien cher ami,

J'ai reçu avant-hier votre mot du 11, ce qui se passe aux postes est une honte. Je ne me suis pas senti le courage de rester tristement enfermée à Paris, sans auto, et sans respirer. J'ai été... à Tours, à La Flèche voir Le Gendre qui est médecin militaire et me voilà ici où nous passerons octobre pour rentrer comme d'habitude à Paris les premiers jours de Novembre.

Joseph est comme vous sans nouvelles de son fils, voilà ce que mon bon Laurent (il travaille tous les matins avec Joseph à la place de Paris avec Gallieni) m'écrivait hier : « Il a appris aujourd'hui 14 que son fils était disparu. On lui a dit à l'État-major que cela doit signifier qu'il est prisonnier, mais on ajoute qu'il a été blessé[1149]. Votre ami s'est adressé à l'ambassade des États-Unis pour avoir un renseignement. »

Quoi qu'il arrive maintenant l'honneur est sauf – les terribles batailles de la Marne sont des victoires, et les Allemands ni personne ne pourront plus parler avec mépris de nos soldats. Évidemment la guerre a changé de face. Mais c'est toujours la guerre et une guerre formidable. L'Allemagne joue sa vie comme nous – ces parties-là ne se règlent pas en un jour ni en une bataille.

Ce qui a été pour moi un soulagement, c'est la déclaration de Londres (pour la paix). Elle était indispensable – c'est un acte – c'est un avertissement – c'est le pont coupé derrière les armées – c'était la réponse nécessaire aux pleutreries valaisiennes[1150].

Cher ami soyez bien gentil et écrivez-moi deux lignes quand vous aurez des nouvelles de votre fils.

Arconati Visconti

741. Alfred Dreyfus à Marie Arconati Visconti

25 septembre 1914

Ma chère amie,

J'ai eu enfin, il y a trois jours, une dépêche de mon fils. Il allait bien.

J'ai téléphoné aujourd'hui avec [*sic*] Joseph. Il espère que son fils n'est que prisonnier et blessé. Je souhaite de tout cœur que cet espoir se réalise.

On m'apprend tous les jours la mort devant l'ennemi d'amis ou de jeunes gens, camarades de mon fils. Que de vies fauchées. Mais espérons que la victoire finira par nous sourire et que nous chasserons les Allemands hors de France.

Hier la situation était médiocre, aujourd'hui elle est meilleure...

Nous avons déménagé. Ci-dessous ma nouvelle adresse. Mes meilleures amitiés à M. Duseigneur.

Tout à vous.

Commandant Dreyfus
Adjoint au Com^t^ de l'art^ie^ Montmorency (S^e^ et O).

742. Marie Arconati Visconti à Alfred Dreyfus

Angers, lundi 5 octobre 1914

Mon bien cher ami,

Votre lettre m'a fait un bien grand plaisir, malheureusement les lettres sont du passé et on ne sait jamais quand on les lit… hier, j'ai reçu du 2 une lettre de Joseph qui me dit : « Je n'ai toujours pas de nouvelles de mon fils – voilà un mois qu'il a disparu. Comme sa médaille n'a pas été renvoyée, j'ai lieu de croire qu'il est à la fois blessé et prisonnier. » Quelques personnes croient qu'on pourrait bien lui interdire d'écrire car son père est un peu l'auteur de la loi de 3 ans – un autre auquel on ne fera pas d'amabilités, sera le fils de Delcassé.

J'ai reçu hier une lettre de Bédier qui me demande votre adresse car il a lu dans les journaux que votre fils avait été fait Maréchal des Logis sur le champ de bataille, lui est infirmier dans une ambulance à Valence, on dresse [lecture incertaine] son fils qui veut partir. Lefranc est sans nouvelles de son fils. Il a peur que sa maison de Noyon qui renferme ses livres, ses notes et ses souvenirs de famille ne soit brûlée.

Gaesbeck est occupé par les Allemands. Von der Goltz[1151] va le piller, comme le duc d'Albe le pilla au XVIe siècle – ils se promèneront et chasseront dans les belles allées Alfred Dreyfus, Reinach et Molinier. J'ai remplacé Picquart[1152] par Cumont dont je suis sans nouvelles depuis l'entrée des Allemands dans Bruxelles. Mon ami Max[1153] est prisonnier ! Vous avez vu le grand succès d'Hymans en Amérique[1154] ?

Et pendant ce temps-là la bataille continue ! Là-dessus je me tais car je n'y comprends rien, sinon que les Allemands n'ont plus l'illusion de descendre les Champs-Élysées, le Kronprinz à leur tête. Je crois plutôt que les ponts qu'ils établissent sur la Meuse prouvent qu'ils pensent à une retraite – la défaite de l'Allemagne sera terrible, mais d'ici là que de douleurs ! que de larmes !!

……………………… Je vous embrasse de tout mon cœur.

Arconati Visconti

P.S. Le Gendre qui soigne 2 000 blessés vous envoie ses amitiés. Combes, lui, n'en a que 350. Il constate avec joie que « les dames de Pons ont répondu à mon appel. Je retrouve en elles, sans distinction d'opinions, toutes les qualités de l'âme française ». Au sujet de la suppression de l'*Homme libre*[1155], il ajoute : « cela se règlera plus tard ».

743. Alfred Dreyfus à Marie Arconati Visconti

Jeudi 8 octobre [1914]

Ma chère amie,

Merci de votre bonne lettre. Elle m'a distrait des nombreux et divers travaux auxquels je suis astreint. Quelle différence entre la situation des travaux de défense de Paris, à l'heure actuelle, et l'état dans lequel ils étaient encore au moment critique, le 3 septembre ! Ils n'étaient guère avancés, à cette date !

J'ai toujours de bonnes nouvelles de mon fils ; les dernières datent du 4 octobre. On ne sait toujours rien au sujet d'Ado Reinach.

Hier, en allant voir des positions en avant de Villiers-le-Bel, j'ai passé [*sic*] devant une petite église gothique ravissante et je me suis arrêté pour la visiter. Est-ce que cette église n'a pas une histoire ? N'y avait-il pas une abbaye très florissante à Villiers-le-Bel ?

Nous attendons chaque jour anxieusement les résultats de la bataille qui se livre et qui dure sans interruption depuis près d'un mois ! Quand aura-t-elle une fin ? J'espère en la victoire. Nous nous préparons d'ailleurs à une campagne d'hiver.

Faites mes amitiés à M. Duseigneur ainsi qu'à tous les amis avec lesquels vous correspondez et *écrivez-moi souvent.*

Affectueusement à vous.

A. Dreyfus

744. Marie Arconati Visconti à Alfred Dreyfus

Angers, 12 octobre 1914

Mon bien cher ami,

J'ai reçu hier votre petit mot qui me donne de bonnes nouvelles de votre fils, mais qui me dit que le malheureux Joseph est toujours sans nouvelles de son fils. Duseigneur a 15 neveux ou cousins à la guerre, un seul est mort, mais sur les 14 autres six sont blessés ou prisonniers – Kleber (la mère de Duseigneur est petite-nièce du général Kleber), son neveu, son héritier, est prisonnier à Stuttgard [*sic*] où il balaye les rues !!

Cher ami, les nouvelles de Belgique recommencent à m'enlever le sommeil. Comme dit Reinach [:] « J'ai mal à la Belgique » – pour l'évacuation comme pour l'invasion, c'est la malheureuse Belgique qui portera le poids de la lutte, qui servira de champ de bataille et qui sera dévastée par un ennemi que l'échec a rendu complètement fou.

Je ne sais naturellement rien de Gaesbeck. Von der Goltz doit l'avoir vidé. Je ne sais plus rien de Cumont, sa dernière lettre est du 15 août. Mon pauvre Max – il aura une belle page – est enfermé dans sa forteresse, sa dernière lettre est du 17 ou 18 août. Quant à Hymans il est en Amérique envoyé par le Roi pour dire aux Américains tous les crimes commis par les bandits.

Les amis ? ce que je vous ai dit l'autre jour : Lefranc sans nouvelles de son fils et tremblant, à cause de ses livres et de ses notes, que sa maison de Noyon soit brûlée. Bédier – dont le fils va partir – soigne les maladies à Valence. Le Gendre à La Flèche, ne sait plus où mettre ses blessés et mon bon et cher Combes en soigne 300 à Pons.

....

Ah ! cher ami, combien de temps allons-nous vivre dans l'angoisse ? Je ne comprends rien à tous les communiqués officiels. Ce que je comprends, c'est qu'ils sont toujours là et que la Belgique leur appartient ! le roi Albert – blessé dit-on – va probablement venir en France avec ses soldats ?

Je vous embrasse tendrement.

M^{ise} Arconati Visconti

745. Alfred Dreyfus à Marie Arconati Visconti

Jeudi 15 octobre 1914

Ma chère amie,

Oui cette guerre est sauvage et nous avons tous des morts et des blessés dans nos familles, mais toute la responsabilité retombe sur celui qui l'a déchaînée et j'espère bien que c'est lui et son pays qui en supporteront les conséquences.

J'ai déjà perdu un neveu direct, un fils de mon frère aîné[1156] – j'ai un neveu par alliance, le fils de Joseph, dont on est sans nouvelles ! Je ne parle pas des cousins, la liste serait trop longue. Mais quelle famille a été épargnée ?

Le roi de Belges et son peuple ont été admirables et ils supportent aujourd'hui douloureusement les conséquences de leur bravoure – il faut espérer que l'avenir les en récompensera.

Je ne vous parle pas des communiqués officiels, car je défie qui que ce soit d'y comprendre quelque chose. Même les professionnels comme nous, qui suivons autant que nous pouvons les opérations sur la carte, y perdent leur science. Je ne sais qui les rédige, mais il vaudrait mieux n'en pas rédiger du tout et nous demander un acte de foi.

Mon impression est que, à l'heure actuelle, les deux armées s'équilibrent. À quel moment, et au profit de qui se produira la rupture d'équilibre, c'est ce que nul ne saurait dire. Mais notre confiance reste invincible et le temps travaille pour nous.

Bons souvenirs à tous les amis et bien affectueusement à vous.

A. Dreyfus

746. Marie Arconati Visconti à Alfred Dreyfus

Angers, 23 octobre 1914

Mon bien cher ami,

Je crois que pendant que j'écris ces lignes on se bat furieusement ! Les Allemands m'ont l'air (?) de vouloir tenter en ce moment un suprême effort. J'ai ri (ri !!!) en recevant votre lettre en me disant que vous ne compreniez rien aux communiqués. J'avais écrit la même chose à Reinach, et en même temps que votre lettre j'en recevais une de lui me disant : « Je m'étonne qu'avec une carte sous les yeux vous ne compreniez rien aux communiqués. » Je viens de lui répondre et lui ai cité votre phrase, du reste je reçois pas mal de lettres et elles me disent ***toutes*** la même chose que vous. J'en ai cité quelques-unes à Reinach. « C'est peut-être Reinach qui fait les communiqués » dit Duseigneur.

Quelle vie est la nôtre, (celle) des gens qui ne sont bons à rien ! Ne penser qu'à une seule chose, vivre dans cet éternel cauchemar. Quand on ne dort pas, ce qui m'arrive souvent, c'est odieux. En lisant hier l'article de Clemenceau sur les socialistes allemands[1157], j'ai pensé à Jaurès. Quand on pense qu'Hervé fait des articles patriotiques[1158]. Jamais Jaurès n'aurait signé un de ses derniers en réponse au manifeste des « Intellectuels » allemands. À propos de ces derniers, je trouve l'Institut faiblard, ça me dégoûterait de nos intellectuels. Ils attendent !! Quoi ? Ce qui se passe et ce que ces misérables ont signé ne leur suffit [*sic*] pas[1159] !

C'est le fils de votre Mathieu qui a été tué[1160] ? Je constate que beaucoup sont dans le cas d'Ado[1161][,] espérons.

Liard m'écrivait l'autre jour : « Dans les rangs de l'Université les pertes sont énormes. Il n'est pas un jour que je n'en apprenne de nouvelles et de cruelles. Et ce ne sont pas seulement des vies, ce sont des valeurs qui sont tranchées. Combien de temps il faudra à ce pays pour se remettre après une telle saignée. »

Les Anglais partent pour Dunkerque. Angers les regrettera car ils donnaient une grande animation à cette jolie ville. ....

Et notre pauvre Belgique ! Je suis républicaine, mais un roi Albert ne me ferait pas peur, le peuple a trouvé le moyen d'être encore plus admirable dans la défaite que dans sa résistance. Il s'est retiré noblement, sans récrimination, sans discuter l'attitude de ses alliés et il attend courageusement, avec confiance la fin de la lutte ! Je ne connais rien de plus beau.......................................

Arconati Visconti

747. Alfred Dreyfus à Marie Arconati Visconti

Mercredi 4 novembre 1914

Ma chère amie,

Le temps passe et aucune décision ne survient. Nous résistons et c'est déjà beaucoup, mais j'espérais qu'une victoire sérieuse viendrait couronner nos efforts et mettre fin au séjour des Boches sur notre territoire. Les ruines s'accumulent dans le nord et tout est détruit par eux systématiquement ! Quand pourrons-nous en faire autant de l'autre côté de la frontière et détruire Essen et tout le bassin de la Ruhr ?

J'ai de bonnes nouvelles de mon fils qui se bat toujours sur l'Aisne. Ce n'est pas le fils de mon frère Mathieu qui est mort, mais le fils de mon frère Jacques[1162]. On n'a toujours aucune nouvelle d'Ado Reinach et le silence me paraît terriblement inquiétant[1163].

Chaque jour j'enregistre un deuil nouveau ; peu de familles sont épargnées. Mais les courages doivent rester invincibles, sans défaillance, car c'est une question de vie ou de mort pour la France. Nous nous compterons après la guerre...

En attendant le plaisir de vous lire, amitiés à M. Duseigneur et affectueusement à vous.

A. Dreyfus

748. Alfred Dreyfus à Marie Arconati Visconti

Mardi 10 novembre 1914

Ma chère amie,

J'ai reçu vos deux cartes et j'attends vos lettres. Donnez-moi souvent de vos nouvelles.

Comme vous le dites justement, c'est long, très long, et je crains que nous n'en ayons encore pour longtemps. Il semble que nos armées attendent les résultats de l'offensive russe sur le territoire allemand qui obligera le kaiser à dégarnir la frontière occidentale et nous permettra de prendre l'offensive à notre tour, sans sentir des pertes trop cruelles, et avec les plus grandes chances de victoire.

En avant de nous, et jusqu'à la frontière, tout le territoire est couvert de retranchements. Ce sont de véritables villes souterraines, où l'on mange, où l'on dort et où l'on se fait également tuer.

Mon fils est toujours sur l'Aisne et voici ce qu'il m'écrit dans sa dernière lettre qui est du 7 novembre :

« Nous en sommes toujours au même point, au même endroit, depuis bientôt deux mois ; c'est presque la vie de garnison, à part les obus échangés de temps en temps de part et d'autre, mais on s'habitue à tout et l'on n'y fait plus attention, même aux blessés ou aux tués qu'on emporte parfois...

« Je travaille beaucoup car je veux si la guerre dure longtemps et si je suis un jour appelé à commander une batterie, remplir efficacement mon rôle...

« Nous nous sommes enfin installés des lits : un matelas sur de la paille et de bons draps blancs, ce qui nous permet enfin de nous déshabiller complètement. Cela est bien agréable........ »

Meilleurs souvenirs à M. Duseigneur et bien affectueusement à vous.

A. Dreyfus

750. Marie Arconati Visconti à Alfred Dreyfus

Angers, 6 décembre 1914

Mon bien cher ami,

Je n'y comprends plus rien, j'écris des lettres, j'envoie des cartes et vous me demandez ce que je deviens.

C'est honteux ! Je pense que vous lisez l'*Homme enchaîné*. On s'explique que notre livre jaune ait paru bon dernier. Quand on pense qu'une dépêche de Cambon [de] mars 1912 annonçait que Guillaume voulait la guerre et que rien – ou presque – n'était prêt. Et encore on ne saura jamais les commencements de cette guerre tragique.

Les nouvelles « du front » ne varient pas et les petits drapeaux sont à peu près à la même place depuis un mois. J'ai renoncé – et beaucoup d'autres – à rien comprendre, sinon que tout le monde a la meilleure confiance dans les dispositions de Joffre[1164].

Koechlin m'écrit ce matin : « J'ai reçu ces jours-ci une lettre intéressante de mon frère me racontant la visite à Thann de Joffre qu'il y a reçu – les extraits du bulletin des armées publiés par les journaux ont dû vous en donner les concluants détails. Mais ce qu'ils n'ont pas dit, c'est la confiance du généralissime. Le général a déclaré[,] m'écrit mon frère et de sa part c'est significatif car il ne parle pas en l'air, que l'Allemagne était maintenant au point de vue militaire sur une pente descendante sur laquelle elle ne pourrait pas s'arrêter. C'est l'avis de tout son État-major. Évidemment il y aura des luttes sérieuses, mais le dénouement ne peut pas tarder. » C'est encourageant, mais que d'hécatombes pour en arriver là !

Voilà l'Italie et la Roumanie qui m'ont l'air de se réveiller. Ces deux pays font penser aux vieux baromètres où l'on voyait un capucin sortir de son ermitage ou y rentrer précipitamment suivant les prévisions du temps. Le capucin italo-roumain semble, en ce moment, s'apprêter à une sortie énergique. Il faut en conclure que le temps est beau pour les alliés. En attendant, l'Italie, en affirmant qu'elle n'était pas liée par son traité, parce que dans cette guerre, c'est l'Allemagne qui est l'agresseur, a donné un véritable soufflet au chancelier prussien – du reste vous avez vu que les journaux allemands ont publié le discours de Sallandra [*sic*][1165] sans commentaires.

Vous avez raison, nous en avons pour un bon bout de temps ! sans doute, nous avons tout sujet de compter sur une victoire définitive. Mais je vous avoue en ce qui me concerne qu'elle brille à mes yeux dans un avenir tellement lointain qu'elle est impuissante à me rendre la tranquillité morale de ma vie ordinaire.

....

Je vous embrasse de tout mon cœur.

Arconati Visconti

751. Alfred Dreyfus à Marie Arconati Visconti

Lundi 7 décembre 1914

Ma chère amie,

Je vous ai écrit la semaine dernière et j'espère que vous avez reçu mes quelques lignes. Quand cela finira-t-il ? Nul ne peut le prévoir !

Les russes paraissaient d'abord obtenir une victoire décisive, puis ils ont été arrêtés net et semblent même avoir subi quelques légers échecs. Il est inouï de penser qu'avec les masses considérables dont ils disposent, ils n'arrivent pas à vaincre les forces allemandes qui leur sont opposées ! Dans ces conditions, quand pourrons-nous reprendre l'offensive ? Dans peu de temps j'espère, car cette inaction finit par être pesante. Ici, nous sommes prêts à partir de l'avant.

J'ai toujours de bonnes nouvelles de mon fils qui n'a pas bougé de tranchée sur l'Aisne depuis deux mois. Meilleurs souvenirs à M. Duseigneur.

Affectueusement à vous.

A. Dreyfus

752. Alfred Dreyfus à Marie Arconati Visconti

Mardi 8 décembre 1914

Ma chère amie,

Nos lettres se sont croisées ; mais j'avais reçu précédemment une carte de vœux où vous m'annonciez une lettre qui ne m'est jamais parvenue.

Non, je ne lis pas l'*Homme enchaîné* qui n'arrive pas ici. Est-il intéressant ? D'ailleurs, les journaux que nous trouvons à Montmorency, *Petit Parisien*, *Matin*, *Journal*, *Écho de Paris*, sont aussi insignifiants les uns que les autres. On sent trop bien que les rédacteurs ne savent que ce que l'on veut bien leur dire, c-à-d pas grand-chose. Aussi tous leurs articles sur les opérations militaires sont, ou incompréhensibles, ou absolument nuls. Je ne lis plus que les communiqués qui parfois sont si sybillins [*sic*], que tout notre état-major y perd toute sa science, sans pouvoir en tirer quelque chose de clair.

Aussi me suis-je abonné au *Journal de Genève* (j'ai même fait venir toute la collection de ce journal depuis le 1er août), où je trouve des correspondances venant de tous les pays belligérants, qui me permettent souvent de mieux comprendre ce que l'on ne veut pas nous dire.

J'ai pleine confiance dans le résultat final, malgré les erreurs du début. Cependant d'aucuns trouvent que notre inaction se prolonge trop et qu'il serait préférable, maintenant, de montrer plus d'activité. C'est l'opinion de quelques très grands chefs. Ont-ils tort, ont-ils raison ? Je ne puis le dire, n'ayant pas assez d'éléments d'appréciation. A priori, je serais assez de leur avis. En tous cas, dès qu'il se produira un sérieux mouvement de recul des Boches, nous quitterons le camp retranché de Paris, qui n'aura plus rien à craindre, pour constituer de nouvelles formations allant renforcer le front.

Les Russes paraissent arrêtés dans leur offensive – c'est regrettable, car j'aurais voulu voir enfin la Silésie envahie. Les Allemands ne sentiront le fer dans la plaie que lorsqu'on sera vraiment sur leur territoire, et non pas seulement dans les provinces pauvres de la Prusse orientale.

Nous ne pourrons retrouver toute tranquillité qu'avec la paix, et une paix glorieuse qu'il nous faudra aller chercher en Allemagne. Ce sera donc encore long, très long, je le crains, et nous aurons encore beaucoup de morts à déplorer.

J'ai toujours de bonnes nouvelles de mon fils qui se bat depuis le 13 septembre sur l'Aisne, sans bouger pour ainsi dire de place. Il attend impatiemment le moment de reprendre la marche en avant. Il nous a fait parvenir les souvenirs qu'il a écrits au jour le jour, jusqu'aujourd'hui. D'abord la marche enivrante sur Mulhouse, puis le transport dans le Nord, enfin les journées poignantes et tragiques devant lesquelles s'échappent parfois des cris de désespoir, où il fallut battre en retraite jusque sous Paris, enfin le soulagement immense apporté par la victoire de la Marne où son corps d'armée, le 7e, prit une si grande part. Puis, de nouveau, l'arrêt sur l'Aisne...

Rappelez-moi au bon souvenir de M. Duseigneur et recevez mes plus affectueuses pensées.

A. Dreyfus

753. Alfred Dreyfus à Marie Arconati Visconti

27 décembre [1914]

Ma chère amie,

Si vous voulez vous abonner au *Journal de Genève*, vous n'avez qu'à écrire à ce journal, 57 rue Général Dufour, à Genève et envoyer un mandat soit de 11 frs, soit de 20 frs, soit de 37 frs, suivant que vous voulez un abonnement de 3, 6 ou 12 mois.

L'ordre a bien été donné, comme on vous l'a dit, de prendre l'offensive (cet ordre date du 17 déc.), mais comme vous pouvez le constater, la marche en avant est difficile, pénible, sans résultats très décisifs.

On espérait un moment que les [illisible] des Russes seraient tels (je n'ai jamais partagé cette illusion), que les Allemands seraient obligés de dégarnir fortement leur front occidental et que dans ces conditions, notre offensive serait relativement facile. Cet espoir a été déçu. Cependant je crois que les Russes nous rendront cet immense service d'user à la longue les forces allemandes et qu'à un moment donné, qui peut être encore lointain, notre offensive pourra s'exercer sans trop de pertes et avec des résultats tangibles. Mais ce qui me paraît certain, c'est que les Allemands résisteront jusqu'à la dernière minute, qu'ils chercheront à conserver le plus longtemps possible les territoires qu'ils occupent et qui sont pour eux des gages. Ces gages pèseront énormément dans la balance si, comme ils le croient, il arrive un moment où par suite d'un épuisement général, la paix paraît devenir possible. Et alors quel [*sic*] paix serait-ce ?

Il nous faut donc envisager l'éventualité d'une guerre longue, difficile, si nous voulons obtenir des résultats en rapport avec nos sacrifices et abattre l'hégémonie allemande. Il nous faut en arriver là, coûte que coûte, c'est ce que tout le monde comprend, et le monstre ne sera abattu que lorsque nous serons enfin nous-mêmes en Allemagne.

J'ai appris la mort du fils de Marene [lecture incertaine] par un architecte des monuments historique qui est employé dans les bureaux de l'état-major de l'artillerie comme dessinateur.

Chaque jour nous nous attendons à partir, dans l'espoir d'une avancée qui permettra de lever la défense de Paris et chaque jour notre espoir est déçu. Nous nous impatientons ici et nous voudrions bien prendre notre part du bon combat.

J'ai toujours d'excellentes nouvelles de mon fils qui je crois, après avoir été deux fois à Mulhouse, s'est battu dans le Nord, puis sur l'Aisne, va retourner en Alsace avec son corps d'armée.

Meilleurs souvenirs à M. Duseigneur.

Affectueusement à vous.

A. Dreyfus

754. Marie Arconati Visconti à Alfred Dreyfus

Angers, 1er janvier 1915

Mon bien cher ami,

En souhaitant la bonne anné [*sic*] (!) à votre femme, je lui disais que depuis quelques jours je ne savais plus rien de vous. Ce matin arrive votre lettre.

L'année qui finit a été cruelle, que sera celle qui vient – ce qu'il y a d'horrible c'est qu'il n'y a aucun doute sur la durée de cette horrible guerre.

Nous sommes à peine à la fin de la première phase et il faut s'attendre je le comprends bien à une deuxième phase plus longue et certainement plus difficile et plus meurtrière.

On voudrait tout de même que la bête fut [*sic*] enfin délogée de sa tannière [*sic*], que la vie de la marmotte que mènent nos malheureux soldats dans leurs tranchées glaciales prit [*sic*] fin ! Voilà trois mois que cela dure !! De part et d'autre les munitions ne sont pas suffisantes – on en fait. On attend paraît-il qu'il y en ait assez pour recommencer la bataille. Jusque-là contentons-nous de savoir que hier on a avancé de 10 mètres, aujourd'hui reculé de 15, que demain on reprendra et consolidera ce qu'on avait perdu.

Le temps devenant horrible, nous nous préparons à rentrer à Paris, probablement le 10, de cette façon je verrai Cumont qui va quitter Bruxelles et retourner à Rome et Combes qui vient pour la réunion des Chambres. Vous n'avez pas l'idée des articles que fait Clemenceau sur la mauvaise organisation des services sanitaires – Millerand et Poincaré doivent être furieux. Ci-inclus l'article d'hier. Il a raison et sa méchanceté aujourd'hui fera du bien aux soldats[1166].

Les vœux individuels se confondent à cette heure avec les vœux nationaux. Nous ne vivons plus, au milieu de cette crise immense, d'une vie personnelle, mais d'une sorte de vie collective qui absorbe toutes nos pensées et toute notre énergie.

Les amis ? Le Gendre a ses hôpitaux pleins de typhiques : « Un nouveau convoi venu hier de Furnes m'en a mené une masse. Tous ces pauvres gens ont été si courageux qu'ils n'ont quitté les tranchées qu'à la dernière extrémité. Que de courage et de patience parmi nos soldats. » Lettre reçue ce matin avec la vôtre.

....

Je vous embrasse de toutes les forces de mon cœur.

Arconati Visconti

755. Alfred Dreyfus à Marie Arconati Visconti

Dimanche 17 janvier 1915

Ma chère amie,

Êtes-vous rentrée à Paris comme vous en aviez l'intention ? J'attends de vos nouvelles que je serai très heureux de recevoir.

La situation se prolonge avec des alternatives diverses. Cette malheureuse affaire de Soissons n'est qu'un incident dans cette guerre gigantesque, mais un incident pénible car il causera la ruine d'une nouvelle ville et qu'il aurait pu, je crois, être évité avec quelques précautions prises à temps sur la rivière de l'Aisne[1167].

La dernière lettre que j'ai de mon fils est du 10 janvier, il était à ce moment à quelques km au sud de Soissons où il pouvait suivre à la jumelle les péripéties du début de la lutte sur la cote 132. Un post-scriptum ajouté à la hâte au crayon le 12 au matin, m'apprend qu'il monte à cheval et que sa batterie est appelée à prendre part à la bataille qui se développe.

Mais j'imagine qu'il n'a plus pu franchir l'Aisne et qu'il est resté, avec les forces qui avaient été appelées en tout hâte, sur la rive sud de l'Aisne, en spectateur impuissant, pouvant tout juste couvrir la retraite de nos troupes franchissant la rivière. J'attends maintenant impatiemment de ses nouvelles. Mon fils a pris part à toutes les batailles meurtrières depuis le début de la campagne et il en est sorti indemne jusqu'à présent. Mais que d'émotions !

Nous, nous rongeons notre frein ici, attendant impatiemment notre tour de prendre part au bon combat. Ce sera long, ce sera dur, il ne faut pas se payer d'illusions, mais nous finirons bien par avoir raison des Barbares.

À bientôt le plaisir de vous lire et affectueusement à vous.

A. Dreyfus

756. Marie Arconati Visconti à Alfred Dreyfus

Cannes, 22 janvier 1915

Mon bien cher ami,

Sur le conseil de Le Gendre qui est venu me voir à Angers je suis venu ici guérir une grippe tenace. J'ai laissé Angers et Paris dans l'eau et j'ai trouvé ici un temps admirable... Ici personne, les hôtels sont vides et la plupart sont convertis en ambulances.

J'avais l'intention de passer trois mois à Paris, mais j'ai d'autant plus suivi le conseil de Le Gendre – qui me demande toujours de vos nouvelles et de celles de votre fils – que Paris est lugubre et qu'il y fait un temps affreux. J'y ai de bons amis c'est vrai, mais si vous saviez comme je trouve pénible d'entendre toujours répéter les mêmes choses et quelles choses !! sans compter que mon personnel mâle étant tué, blessé ou sur le front, je n'avais plus que mon brave Julien et que j'avais fixé de rester à l'hôtel.

Je n'ai averti de mon passage à Paris que Laurent, Combes et Reinach, pauvre Joseph ! ci-inclus une coupure du *Temps* d'avant-hier qui vous aura peut-être échappé[1168] ? Cela lui aura valu des lettres de félicitations de gens qui ignorent que le malheureux Ado a justement disparu le lendemain du fait qui l'a fait citer à l'ordre de l'armée.

Malgré les Polybe réconfortants, je ne l'ai pas trouvé aussi *rose* que d'habitude. Il est évident qu'il ne faut se faire aucune illusion et que, comme vous le dites, ce sera long et dur. ....

Quelle vie mon pauvre ami et quand on pense qu'on ne sait pas quand elle se finira. Si encore on était sûr qu'il n'y aura pas une seconde campagne d'hiver ?????...

Les plus chaudes amitiés d'une amie qui vous aime de tout son cœur.

Arconati Visconti

757. Alfred Dreyfus à Marie Arconati Visconti

Lundi 25 janvier 1915

Ma chère amie,

J'ai appris, par l'aimable mot que vous avez adressé à ma femme, que vous étiez à Cannes. Vous avez joliment bien fait d'aller vous reposer dans le Midi et d'y chercher le soleil qui nous manque complètement ici.

Je vous ai écrit une longue lettre il y a une huitaine de jours à Paris, rue Barbet de Jouy. L'avez-vous reçue ?

Je vous disais que mon fils avait pris part à la fin de la lutte autour de Soissons. Il en est heureusement sorti indemne.

J'ai été très touché pour ma nièce de la mise à l'ordre du jour d'Ado Reinach, mais cette citation qui vient 4 mois après sa disparition est bien pénible. Je n'ai pas osé écrire à Joseph, car malgré le grand espoir qui règne encore dans la famille, je n'en ai plus guère, quant à moi. Cependant le hasard est si grand, qu'il faut espérer encore, quand même.

Nous sommes toujours ici, rongeant notre frein. Quand partirons-nous ? Nous n'en savons plus rien !

Toutes mes amitiés aux amis quand vous leur écrirez. Mon meilleur souvenir à M. Duseigneur.

Affectueusement à vous.

A. Dreyfus

Voudriez-vous être assez aimable pour me dire si l'hôtel Gonnet est ouvert à Cannes. C'est un officier de mon état-major qui désirerait le renseignement.

758. Marie Arconati Visconti à Alfred Dreyfus

Cannes, 5 février 1915

Mon bien cher ami,

J'espère que ma lettre vous trouvera encore à Montmorency. Malgré le temps radieux que nous avons, je suis toujours très angoissée. Je sens que nous sommes à la veille de quelque chose et la lettre de Le Gendre que je viens de recevoir est là pour me le prouver : « Je viens d'avoir une recrudescence de travail pour organiser mon nouvel hôpital. On prépare le plus de lits qu'on peut en vue des opérations qui seront certainement plus actives et plus meurtrières dans quelques semaines » – dans toutes ses lettres il me demande de vos nouvelles et de celles de votre fils.

J'ai souvent des lettres de Reinach, il m'a envoyé la copie d'une lettre de Joffre qu'il venait de recevoir. Je ne vous transcris que cette phrase : « Mes raisons de confiance sont de plus en plus sérieuses, mais il faut au pays de la patience et de la sérénité – entre ceux qui se battent et le reste de la nation, il est nécessaire qu'il y ait communauté de vues et de sentiments dans le sens que nous désirons. Vous êtes pour nous dans cet ordre d'idées un très précieux auxiliaire. »

....

La lâcheté du pape a fait un rude effet. Inutile de vous dire ma joie – son attitude, sa lâcheté vis-à-vis de la Belgique est la faillite de la puissance spirituelle de la Papauté. Pas un cri du cœur, pas un sursaut de la conscience. Et dire qu'aucuns [*sic*] voudraient nous faire envoyer un ambassadeur extraordinaire auprès de lui ! L'Angleterre est bien récompensée de l'avoir fait[1169].

Quant à l'Italie, je crois qu'elle se prépare à voler au secours de la victoire – si elle ne marche pas, cela sera une inexplicable sottise et qui pourrait coûter son trône à la *Casa Savoia*. J'ai quelque espoir que le pays de Machiavel ne deviendra pas celui de Jocrisse. Joseph me dit ce soir : « J'ai de Rome, une bonne lettre de Diamandy[1170], peut-être trop optimiste. Il persiste à affirmer l'intervention des Roumains. »................

Adieu cher ami, je vous embrasse de toutes les forces de mon cœur.

M[ise] Arconati Visconti

760. Alfred Dreyfus à Marie Arconati Visconti

8 février 1915

Ma chère amie,

Nos pensées se sont jointes ; je vous ai écrit quelques lignes hier soir et ce matin je reçois votre bonne lettre.

Je suis toujours à Montmorency, ce qui prouve qu'on ne juge pas encore prudent de dégarnir le camp retranché de Paris. Mais comme je vous l'ai écrit, je crois, dès que les beaux jours seront revenus, à une reprise d'offensive générale et j'ai la conviction qu'elle nous apportera la victoire tant désirée. D'ailleurs les Russes font en ce moment d'excellente besogne [*sic*], en tuant beaucoup de Boches et en retenant tout ce qui est disponible sur la frontière d'Orient.

Je ne lis plus guère les articles des journaux, car je suis las des mots qui ne signifient rien et anxieux des actes [lecture incertaine]. Les communiqués seuls m'intéressent, tant ceux publiés par nous sous une forme parfois trop sybilline [*sic*], que ceux que nous donnent toutes les puissances belligérantes. Je les compare les uns aux autres, je lis les articles si rares des correspondants de guerre, et avec l'aide de la carte, je cherche à percer les mystères qu'entoure [*sic*] les opérations. Et c'est à la suite de cette étude au jour le jour, que je me fortifie dans la conviction que nous devons aboutir à la victoire définitive, à moins de défaillances qui seraient inexplicables.

Faites, je vous prie, toutes mes amitiés au Dr Legendre [*sic*] et dites-lui que mon fils, quoiqu'ayant pris part à toutes les batailles meurtrières, est jusqu'à présent heureusement indemne.

J'ai écrit à M. Bédier pour lui dire combien j'avais été ému en lisant sa brochure si admirablement composée sur les atrocités allemandes[1171].

Rappelez-moi aussi au bon souvenir de MM. Lefranc et Marion quand vous leur écrirez.

Maintenant encore de la patience et toujours de la patience, avec la ferme volonté d'aboutir au but et nous verrons enfin luire le beau jour de la victoire du droit et de la justice, sur la barbarie et l'orgueil le plus immense et le plus injustifié.

Affectueusement à vous.

A. Dreyfus

761. Alfred Dreyfus à Marie Arconati Visconti

Mercredi 3 mars [1915]

Ma chère amie,

Il me semble qu'il y a un temps infini que je n'ai plus eu de vos nouvelles ! Que devenez-vous et comment allez-vous ?

Après un recul momentané, les Russes ont repris leur manœuvre familière de contre-offensive stratégique et paraissent avoir arrêté entièrement les Allemands après leur avoir infligé des pertes effroyables. Je crois que, dès que les circonstances climatiques deviendront favorables, cela va « barder » suivant un terme d'argot militaire.

La diversion de Constantinople peut entraîner des conséquences considérables ; je sais en effet, qu'un corps de débarquement anglo-français est en route pour la presqu'île de Gallipoli et sera rejoint par un corps russe parti d'Odessa. Cet ensemble entraînera presque nécessairement les peuples balkaniques dans la danse et et permettra de prendre l'Autriche et l'Allemagne à revers. Si ce mouvement de grande envergure réussit, je prévois de grandes choses pour cet été et peut-être verrons-nous alors l'Allemagne réduite enfin à s'incliner devant les alliés. Ajoutez à cela le blocus économique de l'Allemagne qui devient effectif.

Il y a donc lieu d'avoir toujours bon courage et grande confiance.

Affectueusement à vous.

A. Dreyfus

762. Alfred Dreyfus à Marie Arconati Visconti

Jeudi 11 mars 1915

Ma chère amie,

J'ai été bien heureux de vous lire mais j'aurais voulu pouvoir aujourd'hui vous raconter quelque chose de décisif et rien encore ne permet de prévoir une action efficace.

J'attends évidemment beaucoup de l'action sur Constantinople, car il me paraît invraisemblable qu'on ait résolu le forcement des Dardanelles dans l'intention limitée d'agir sur les Turcs et de rendre libre le paysage des détroits. Le but de la guerre, en effet, est de réduire l'Allemagne à l'impuissance ; on ne peut obtenir ce résultat que dans la direction de Berlin. Je ne vois donc, dans cette opération à grande envergure, que la possibilité de prendre l'Autriche-Hongrie, puis l'Allemagne à revers, puisque les fronts orientaux et occidentaux sont tellement couverts de lignes successives de retranchements, que leur rupture devient une chose extrêmement difficile.

Je souhaite que je sois dans la vérité, car c'est le seul moyen de hâter la fin de cette guerre, mais je voudrais que cette opération soit conduite énergiquement et avec toute la célérité possible.

Les Allemands cherchent à y parer par leurs manigances avec l'Italie ; ils lui font des offres tentantes mais que l'Autriche-Hongrie refuse.

Même si ces offres étaient acceptées, je doute qu'après la guerre, la réalisation s'ensuive et les Italiens pourraient bien être joués par M. de Bülow.

Enfin, tout cela c'est de la conjecture, ce qui est plus réel, c'est cette action sur Constantinople à laquelle j'attache une grande importance, si elle a pour conséquence nécessaire la prise à revers de l'Autriche-Hongrie et de l'Allemagne.

J'ai toujours de bonnes nouvelles de mon fils qui est au milieu des balles et des shrapnels qui pleuvent autour de lui, mais qui est toujours encore indemne.

Mes meilleures amitiés à M. Duseigneur et affectueusement à vous.

A. Dreyfus

764. Alfred Dreyfus à Marie Arconati Visconti

17 mars 1915

Ma chère amie,

J'ai bien reçu votre bonne lettre du 13.

Je viens d'être cruellement frappé. Mon frère aîné, M. Jacques Dreyfus, qui a perdu deux fils depuis le commencement de la guerre[1172], vient d'être enlevé lui-même en trois jours par une pneumonie, à Belfort où il habite. C'était un brave cœur et un frère admirable. J'ai éprouvé un profond chagrin et cependant il faut garder son courage, faire son devoir jusqu'au bout, sans fléchir.

Dans une de mes dernières tournées, en arrivant sur une crête à 10 km au nord de Dammartin, j'ai entendu une canonnade formidable et ininterrompue ; j'en ai eu le cœur serré.

J'ai toujours de bonnes nouvelles de mon fils, que les bombes et les marmites qui pleuvent autour de lui, ont épargné jusqu'à présent.

Il est vrai que le contingent franco-anglais qui se dirige vers l'Orient n'est que de 65 000 hommes, mais je crois savoir qu'il sera renforcé par un fort contingent russe ; autrement je serais aussi de l'avis qu'il est insuffisant.

Quant aux peuples balkaniques, comme aussi bien l'Italie, ils cherchent à profiter de la situation sans vouloir en partager les périls, mais c'est un jeu dangereux qu'ils jouent.

J'avoue que je ne me sens plus le courage de lire les articles sur la guerre, qui ne sont que de la belle littérature. Il faut laisser la parole aux canons et aux fusils et se contenter d'enregistrer les résultats acquis, au jour le jour, chèrement parfois.

La guerre sera longue, très longue, sauf imprévu et il faut s'armer d'une patience inlassable et d'une ténacité à toute épreuve.

Mes meilleures amitiés à M. Duseigneur et bien affectueusement à vous.

A. Dreyfus

766. Marie Arconati Visconti à Alfred Dreyfus

Cannes, 6 avril 1915

Mon bien cher ami,

J'ai bien reçu votre lettre du 3 qui comme toujours m'a fait grand plaisir. Votre phrase « des forces inviolables de part et d'autre, voilà la situation » est navrante, car elle est vraie[1173]. Alors ? Il est évident que la partie se joue en Orient et dans les Karpathes [*sic*] – a-t-on envoyé en Orient un nombre suffisant de troupes !! Car les Turcs – aidés des Allemands – feront une forte résistance – vainqueurs ou vaincus, nous verrons alors tout se déclencher, l'Italie, la Grèce, la Roumanie et la perfide Bulgarie (qui continue à garder l'attitude de l'oiseau de proie prêt à s'abattre sur la première victime). Ils n'ont tous qu'une idée et ils ont toujours eu la ferme intention de tomber sur les vaincus pour en manger un morceau, seulement ils ont peur de se tromper. Quand nous les verrons se porter de notre côté, c'est que la partie sera perdue pour nos ennemis. Ils se précipiteront bravement sur eux, et nous tâcherons d'oublier qu'ils se seraient jetés sur eux avec autant d'appétit et de vaillance si l'Allemagne avait été la plus forte[1174].

J'espère bien si nous sommes vainqueurs que la Triple Entente saura quoi répondre quand on viendra lui parler sentiments, souvenirs, équitable répartition des bénéfices, etc. etc. Quand les belligérants voudront faire la paix, ils n'auront besoin ni des neutres ni d'un congrès.

Cette vie d'angoisses est une horreur. On ne s'intéressera plus à rien, je n'ai pas ouvert un livre depuis Septembre ! Je suis brisé et je me demande si j'arriverai au bout car je ne suis pas malheureusement de ceux qui croient que « cela ne peut plus beaucoup durer ».

Les blessés continuent à arriver, tous les hôtels de Nice et ici sont pleins, 300 depuis 5 jours – Le Gendre et Combes m'écrivent la même chose, il n'y a plus de lits.

Adieu, cher et bon ami, écrivez-moi. ....

Arconati Visconti

767. Alfred Dreyfus à Marie Arconati Visconti

12 avril 1915

Ma chère amie,

La situation évidemment est difficile, mais il faut vouloir quand même et aboutir à une victoire décisive.

Ce que je vous écrivais au sujet des « fronts inviolables » est malheureusement encore exact actuellement. Les deux offensives sérieuses qui ont eu lieu ont prouvé une avance sensible, mais n'ont pas permis de percer le front ennemi. La première, celle de Champagne, nous a fait gagner du terrain au-delà de Perthes-lès-Hurlus, mais n'a pas permis d'atteindre l'objectif qu'on se proposait et qui était Vouziers[1175].

La deuxième, la plus récente, qui a donné des résultats très appréciables, en particulier la conquête de la position des Éparges, n'a cependant pas abouti jusqu'à Thiaucourt qui était l'objectif visé.

Mais j'espère que parmi les offensives qui suivront, l'une d'elles réussira et procurera des résultats plus décisifs, c-à-d un recul sensible du front allemand. Ce recul se produira, j'en suis convaincu, mais ce ne seront que des reculs successifs qu'il faudra poursuivre.

Quant à l'opération des Dardanelles, elle paraît suspendue pour le moment, car conçue en novembre, époque favorable, elle n'a reçu de commencement d'exécution qu'en février, époque défavorable.

Pour les neutres[1176], il faut s'en tenir à la parole si expressive de M. Cambon : « Ils voleront au secours de la victoire. »

Il faut donc envisager certainement une campagne d'été ; j'espère que nous n'aurons pas une nouvelle campagne d'hiver, à laquelle cependant, en tout état de cause, il faut savoir se préparer.

J'ai toujours de bonnes nouvelles de mon fils qui continue à tirer le canon sur l'Aisne où il est depuis la victoire de la Marne.

Bien affectueusement à vous.

A. Dreyfus

771. Marie Arconati Visconti à Alfred Dreyfus

Cannes, 30 avril 1915

Mon bien cher ami,

Je ne mérite plus votre compliment de conserver mon sang-froid quelles que soient les vicissitudes momentanées[1177]... Les deux coupures du *Times* que j'ai lues et relues n'y ont pas peu contribué et le coulage du *Léon Gambetta* hier m'a achevée[1178].

Cette guerre stationnaire, cette lâcheté des neutres qui attendent, tout cela me rend malade. Je suis trop vieille, trop usée pour supporter de pareilles émotions – l'histoire les jugera sévèrement ces lâches ? Au moment où s'accomplissait l'attentat contre le peuple belge[1179], les neutres pouvaient, s'ils l'avaient voulu, remplir la plus glorieuse des missions et s'élever – probablement sans péril – jusqu'à l'héroïsme. Il leur suffisait de s'unir dans une coalition de probité et d'intérêt commun, non pas afin de favoriser tel ou tel belligérant, mais pour sauvegarder leur propre dignité et proclamer les droits de la civilisation humaine en face de barbares ne voulant connaître que l'iniquité de la force. Ils ne l'ont pas voulu ! L'Europe était en feu, des actes de sauvagerie ensanglantaient le monde, des populations désarmées étaient traînées en servitude et martyrisées : les neutres, beaucoup de neutres se contentaient de garder une attitude compatissante et chez deux ou trois, presque hostile aux victimes de la cruauté teutonne !

Quelques-uns se représentent aujourd'hui et ont enfin le courage de dire et d'écrire que la responsabilité de cette guerre abominable pèse sur l'Allemagne, sur l'horrible Kaiser, qui tenant sa précieuse personne éloignée de tout danger, a conseillé de massacrer les prisonniers et a inauguré, selon la tragique expression de Verhaaren [*sic*] [,] « l'état de férocité[1180] » dans le monde.

....

Les plus chaudes amitiés.

Arconati Visconti

775. Marie Arconati Visconti à Alfred Dreyfus

Cannes, 23 mai 1915

Mon bien cher ami,

Je n'ai pas besoin de vous dire ma joie[1181], j'en ai été malade d'émotions – j'avais tellement peur !! fini le règne des Crispi, des Giolitti[1182] et autres crapules – pardon le mot m'a échappé, – qui avait détourné l'Italie de ses visées naturelles pour en faire une serve de l'Allemagne – c'est l'Italie de Mazzini, de Garibaldi, de Cavour, de Victor-Emmanuel, l'Italie latine qui renaît ! Puissent ces armes être victorieuses ! Le Roi a autrement compris son rôle et son devoir que n'a fait le Constantin de Grèce, il est resté fidèle aux traditions de son aïeul.

Toutes les lettres que j'ai reçues d'Italie me disent toutes que Salandra a joué la partie avec une supériorité admirable, c'est quelqu'un. Quand il a vu l'infâme Giolitti venir s'embusquer comme un sous-marin pour le torpiller à la rentrée des Chambres, il a fait le plongeon. Ce plongeon a déterminé un fort remous de l'opinion publique et une vague de fond l'a ramené au rivage. (Comme on voit que j'écris face à la mer). Enfin voilà l'Italie purgée des mauvais éléments qui voulaient la maintenir au service de l'Allemagne. À elle maintenant avec notre aide, de se délivrer complètement. Quelle joie aurait eue mon pauvre père de voir les Latins du Tibre et du Danube défendre avec nous notre idéal de liberté et d'humanité et nous aider à détruire la force de ceux qui prêchèrent le culte de la force, car malgré toutes les petites négociations sur tel ou tel bout de territoire, les grands principes impondérables auront été les facteurs essentiels de la faillite allemande.

Vous ai-je dit que mon père ayant refusé toute décoration, Cavour lui envoya une plume d'or par Minghetti[1183], le 2e mari de la belle-mère de M. de Bülow. Quant à Madame de Bülow, elle était amoureuse folle de mon mari qu'elle avait rêvé d'épouser. Quant à mon beau-père[1184] il a été condamné à mort par l'Autriche et pendu en effigie, ce qui vous explique que mon mari soit né à Pau.

………………………………………………

Arconati Visconti

776. Alfred Dreyfus à Marie Arconati Visconti

27 mai 1915

Ma chère amie,

J'ai reçu votre bonne lettre du 23. Voici les Italiens partis et dans un bien beau geste, il faut le reconnaître, alors que les Russes avaient été battus en Galicie et forcés à la retraite, alors que nos fronts restaient à l'état stagnant, car les succès locaux que nous avons obtenus près d'Arras n'ont aucune importance stratégique. Nous n'arrivons à percer nulle part et les petits gains que nous avons obtenus, l'ont été au prix de très gros sacrifices.

J'espère que l'entrée en ligne de l'Italie, surtout si elle est suivie à bref délai de celle de la Roumanie[1185] abrégera sensiblement la durée de la guerre et peut-être ne verrons-nous pas ainsi une nouvelle campagne d'hiver. Mais il ne faut pas nous bercer d'illusions. Les Austro-Allemands sont encore forts, très forts. En outre la puissance de feu de l'infanterie et de l'artillerie est telle dans les guerres modernes, qu'une troupe ne peut plus cheminer en rase campagne et à découvert, tant que celui-ci n'est pas éteint. Alors c'est la guerre des taupes, terrible, meurtrière, et avec des progrès minimaux.

Cependant si les Italiens arrivent jusqu'en Dalmatie pour donner la main aux Serbes, si les Roumains se mettent en marche et pénètrent en Transylvanie pour donner la main aux Russes en passant par la Bukovine, les Austro-Allemands seront entièrement encerclés et leur défaite, à un moment donné, est certaine.

Quand se produira-t-elle ? Bien fin celui qui peut le dire. Car, ainsi que vous le dites justement, outre les éléments connus et sur lesquels on peut raisonner, il y a les « impondérables », facteurs moraux [lecture incertaine] et économiques qui sont les inconnues du problème et qui peuvent précipiter ou ralentir les événements.

Ma femme a commencé son traitement radiothérapique (2 séances) et hier son traitement radium thérapique. J'espère que nous éviterons une opération[1186].

Quant à mon fils, il est toujours plein d'ardeur et aspire au moment où l'on se portera en avant. Les jeunes gens rongent leur frein.

Vous avez bien fait d'abandonner Cannes par cette chaleur. Je vous écris à Annecy, donnez-moi votre adresse – à Menthon St Bernard.

Amitiés à M. Duseigneur et bien affectueusement à vous.

A. Dreyfus

777. Alfred Dreyfus à Marie Arconati Visconti

Mercredi 9 juin [1915]

Ma chère amie,

Les jours se suivent et se ressemblent dans l'attente angoissante de résultats un peu décisifs...

Les Italiens ont procédé prudemment et sagement à leur déploiement stratégique ; c'est déjà de bon augure et cela prouve un haut commandement bien organisé. Quelle sera la valeur combative des troupes et leur résistance dans les péripéties du combat, l'avenir nous le dira. Les avis sont partagés à ce sujet ; je n'en ai point et j'attends les événements.

La *Guerre Sociale* d'hier a été saisie pour un article cependant bien plus modéré que ceux que publie par exemple le *Times*[1187]. Je vous envoie ci-inclus cet article où il y a des choses parfaitement justes. Nous avons tous une confiance absolue dans la justesse de notre cause et dans la victoire finale, mais nous aimons qu'on nous dise la vérité sans rien celer et qu'on nous permette la critique, non pour dénigrer, mais pour améliorer ce qui pèche. Il faut savoir voir les choses en face, sans rien cacher des difficultés afin de chercher les moyens pour les surmonter.

La santé de ma femme laisse toujours à désirer et je crains bien, qu'en fin de cause, nous soyons obligés d'en arriver à une opération.

Je n'ai pas de nouvelles de mon fils depuis dix jours, je sais qu'il se bat du côté d'[illisible] et il est probable que les lettres sont retenues pendant quelques jours.

Oui, je connais Annecy et les rives de son lac qui sont délicieuses. Profitez-en pour calmer l'agitation de votre cœur qui, j'en suis sûr, palpite avec les nôtres à toutes les émotions joyeuses ou tristes.

Meilleurs souvenirs à M. Duseigneur et affectueusement à vous.

A. Dreyfus

778. Alfred Dreyfus à Marie Arconati Visconti

14 juin 1915

Ma chère amie,

J'ai reçu votre lettre du 11 juin et votre carte du 12 juin. Je regrette de ne plus avoir les n^os de la *Guerre Sociale* qui ne vous sont pas parvenus, car les articles d'Hervé étaient parfaits de bon sens et de logique. Comme vous le dites très justement, notre excellent ami R[einach], que nous aimons tous beaucoup, est trop sensible à la louange et alors son sens critique, si éveillé, disparaît. Ce n'est pas en admirant tout les yeux fermés, que l'on fera face à une situation sans précédents [*sic*] dans l'histoire et qui nécessite la concentration de toutes les forces vives de la nation. Il faut voir clair et exercer librement la critique, comme le font les Anglais ; non point pour dénigrer, mais pour améliorer et renforcer tous nos moyens de défense. Si la presse n'avait pas été bâillonnée, si on avait pu faire entendre la voix de ceux qui depuis des mois réclament la fabrication intensive de munitions et de canons lourds, on ne se serait pas endormi sur des lauriers qui ne sont pas encore conquis. Notre brave ami R[einach] fait de la littérature, de la très belle littérature, mais ce n'est hélas que de la littérature[1188].

Cependant ayez bon courage. Peu à peu, tout s'organise, les moyens se perfectionnent et les canons se fabriquent mais il ne faut pas s'endormir dans une béatitude illusoire ; toujours plus d'efforts et encore plus d'efforts et la victoire finale sera certainement à nous.

J'ai eu enfin des nouvelles de mon fils qui se bat du côté d'Hauberton. Jusqu'à présent, il est toujours indemne.

Faites mes amitiés au Dr Legendre [*sic*] et à M. Lefranc quand vous lui écrirez.

Affectueusement à vous.

A. Dreyfus

779. Marie Arconati Visconti à Alfred Dreyfus

Annecy, 30 juin 1915

Mon bien cher ami,

.... Ah quelle vie on mène ! plus je vais, plus je me demande si je verrai la fin de cette horrible guerre, les Balkans ne marchent pas, sûrement nous aurons une guerre d'hiver – rien que cette perspective me jette par terre.

Je viens d'avoir la visite de Cumont qui en rentrant à Paris – il vient de passer cinq mois à Rome – est venu passer deux jours à Annecy. Quel plaisir il nous a fait ! Quelle nature droite, quel esprit juste et bien équilibré – toutes les lettres qu'il m'a écrites cet hiver étaient du plus grand intérêt et j'en ai fait lire deux à Poincaré et Delcassé. Il m'a bien demandé de vos nouvelles, souvent dans ses lettres il me disait : « Que pense le Commandant[1189] de la situation ? »

Je dois dire que les potins du Vatican me font boire du lait – les lettres de Loisy là-dessus feront le pendant de celles de Cumont, tout ce qu'il m'écrit se résume par cette phrase : « La curie romaine n'a ni le sens profond du droit, ni l'idée vraie de l'humanité et c'est pourquoi le Pape est incapable de représenter l'un et l'autre. »

Vous n'avez pas l'idée de la campagne cléricale qui se fait en ce moment-ci. Je disais à Combes l'autre jour qu'il faudra après la guerre se préparer à se défendre – ce cabot de Barrès[,] « le littérateur du Territoire »[,] n'a pas dit un mot de l'interview du pape dans sa sale feuille cléricale et il fait une campagne contre l'incinération des cadavres sur les champs de bataille, que cette sale bête appelle « une provocation ». Il oublie les autodafés ordonnés par l'inquisition – tous ces sales calottins [*sic*] qui à cor et à cri ont réclamé « l'union sacrée » font tout ce qu'ils peuvent pour la détruire[1190]. Ayant vu dans un article des *Débats* que nous devions la « victoire de la Marne au Sacré Cœur[1191] » je me suis désabonnée. Je leur ai fait dire par Koechlin – qui m'annonce sa visite pour le 7 – de se méfier de ces punaises de sacristie...........................

Je vous embrasse bien fort.

Arconati Visconti

780. Alfred Dreyfus à Marie Arconati Visconti

Vendredi 2 juillet 1915

Ma chère amie,

Je suis rentré ce matin à Montmorency et je suis heureux de pouvoir vous dire que ma chère femme va aussi bien que possible. J'espère que nous en avons fini avec les angoisses que nous avons traversées ; il ne restera plus qu'à lui rendre des forces, ce qui sera chose facile puisque la cause du mal a disparu.

La situation évidemment n'est pas brillante, mais j'ai une confiance inébranlable dans la victoire finale, basée sur la valeur héroïque de nos troupes. On s'est malheureusement endormi pendant de longs mois, en se congratulant et en se décernant, les uns aux autres, des brevets de capacité que les événements ne justifiaient pas. Combien de fois vous ai-je dit que les succès locaux dont on se glorifiait, étaient en réalité des échecs stratégiques, puisqu'on n'avait pas atteint le but qu'on s'était assigné, et cela seul compte. Il fallait, depuis onze mois que la guerre dure, fabriquer matériel et munitions sans lesquels l'offensive et l'action de l'infanterie sont impossibles, quelle que soit la valeur des hommes. On s'en aperçoit aujourd'hui ; mieux vaut tard que jamais.

Mais ce qui, je l'avoue, vous arrache le cœur, c'est de voir tous ces jeunes hommes dans la fleur de l'âge, les uns aveugles, les autres avec une jambe ou un bras en moins ! Et cependant quelle que soit la douleur que l'on éprouve, il faut aller vaillamment jusqu'au bout, pour échapper à l'asservissement total qui nous attendrait, si nous fléchissions. Le moral de l'armée est parfait ; je le constate aussi bien par les lettres que je reçois de mon fils ou de mes neveux, que par celles des camarades qui sont au front. Nous tous nous aspirons au moment d'y aller à notre tour.

Soyez donc courageuse et patiente, si longue que puisse être cette guerre, qui certainement est loin de sa fin.

Mes amitiés à M. Duseigneur et bien affectueusement à vous.

A. Dreyfus

782. Marie Arconati Visconti à Alfred Dreyfus

Annecy, 16 juillet 1915

Mon bien cher ami......................Vous avez raison, je suis un peu paresseuse et je continue à ne pas broyer du rose – c'est si long et quand on voit ce qui se passe en Russie et l'Angleterre qui commence seulement à faire des munitions, on se demande si nous ne recommençons pas une guerre de... 7 ans !

Je n'ai écrit ces jours-ci qu'à Joseph pour taper sur son ami Millerand – est-ce que vous savez ce qui s'est passé à la commission de l'armée et le pourquoi de l'interrogation Favre[1192] ? L'armée avait émis un ordre du jour déclarant que Millerand[1193] constituait un péril national – le Gouvernement a marché à fond pour le faire modifier. La commission a fait ce que voulait le Gouvernement à condition que Millerand ne prendrait pas la parole dans la discussion des crédits. Millerand a parlé, d'où fureur de la commission. Clemenceau voulait que la commission démissionnât, mais il a été outrageusement battu « m'écrit mon vieil amoureux ».

Voilà deux faits que Charles Humbert porta à la connaissance de Poincaré dans une lettre privée.

« Le premier de ces faits concerne le général Baquet, directeur de l'artillerie au ministère de la guerre[1194] – ce directeur en novembre dernier a annulé – et Millerand n'a pu l'ignorer – une commande de 100 batteries de 75 à l'industrie, pour la raison que nous avons trop de canons. Le second fait qui engage aussi la responsabilité du ministre n'est pas moins grave. Le général de brigade Ste Claire Deville[1195], inspecteur des études et expériences techniques de l'artillerie au ministère de la guerre, s'est permis à la même époque que ci-dessus d'abaisser de 1 400 à 400 la pression d'épreuve de nos obus – d'où éclatement de 900 canons, mort de servants et disparition de la confiance de notre artillerie en ses canons. Quand ces faits ont été découverts et signalés à la commission de l'armée, il s'est produit une telle émotion que Millerand a cru devoir relever de leurs fonctions les deux chefs coupables de pareils actes. Mais aussitôt après – méditez bien ceci – il a inscrit le général Baquet au tableau pour la croix de Commandeur et il a nommé le général de brigade Ste Claire Deville général de division.

Comme ajoute Combes, « quelle opinion vous faites-vous d'un gouvernement capable d'infliger de pareils camouflets à une commission et d'une commission qui les reçoit sans sourciller ? ».

Inutile de vous dire que j'écrivis immédiatement à Joseph pour lui dire ce que je pensais de son ami Millerand. Il me répondit :

« Millerand n'est ni Carnot, ni Dubois-Crancé, ni Freycinet[1196], ni Gambetta, mais dans ce misérable Parlement, Millerand est de beaucoup le meilleur ministre de la guerre qui soit – les candidats à sa succession sont des incapables, des rhéteurs, ou même des coquins. Je connais tout ce qui s'est passé à la commission de l'armée, elle a rendu des services. Il y a eu des fautes commises, *depuis* la guerre, *avant* la guerre. Ste Claire Deville est l'un des deux inventeurs du 75 ; Baquet a eu le tort de ne pas croire à la grosse artillerie, ni plus ni moins que Langlois[1197], grand soldat et grand honnête homme. »

Très bien, mais les f... à la porte, en les récompensant, c'est raide, hein ? ....

783. Alfred Dreyfus à Marie Arconati Visconti

Samedi 24 juillet 1915

Ma chère amie,

J'ai bien reçu votre intéressante lettre du 16 juillet. Oui, ce sera encore long, suivant toutes probabilités, et nous marchons vers une nouvelle campagne d'hiver. Ceux qui sont sur le front acceptent maintenant cette idée ; ils se rendent bien compte qu'il faut d'abord encore user davantage l'ennemi et ensuite avoir une provision de munitions presque inépuisable pour réduire les travaux défensifs formidables qui ont été élevés sur le front.

Je connaissais, en partie tout au moins, ce que vous me dites au sujet de ce qui s'est passé à la commission de l'armée et je vous remercie d'avoir complété et confirmé mes renseignements. Il est juste, comme dit Joseph, que beaucoup d'artilleurs, parmi les plus éminents, comme le général Langlois, ne croyaient pas à la nécessité d'avoir de l'artillerie lourde, mais ceci se passait *avant la guerre*. Or dès la bataille de la Marne, il était possible de se rendre compte de la nécessité d'avoir, au contraire, beaucoup d'artillerie lourde et on aurait pu se mettre à l'ouvrage dès ce moment-là. Or ce n'est que maintenant qu'on pense à mettre les gros canons de la marine sur des affûts leur permettant de participer à la guerre sur terre ; il aurait fallu faire cela il y a dix mois déjà. À qui incombe au juste la faute commise, je ne saurais le dire, mais j'estime qu'en premier lieu, il appartient au commandant en chef de demander et d'exiger ce qui, dès le début, était évident.

Enfin ne revenons pas sur le passé et espérons que la leçon sera profitable et que nous n'attendrons plus que nos adversaires aient fait quelque chose pour nous mettre à la remorque de leurs procédés. Le génie inventif, les bonnes volontés, l'ardeur existent chez nous ; ce qui manque trop souvent totalement, c'est l'esprit d'initiative hardi et novateur, c'est l'audace dans l'application de procédés nouveaux.

J'ai appris – brutalement – la mort de ce pauvre Ferdinand[-] Dreyfus, que je ne savais pas malade. Je l'avais rencontré peut-être trois semaines auparavant et il avait beaucoup insisté pour qu'en venant un jour à Paris, j'aille déjeuner chez lui. Hélas, nous ne déjeunerons plus ensemble.

Meilleurs souvenirs à M. Duseigneur et affectueusement à vous.

A. Dreyfus

784. Alfred Dreyfus à Marie Arconati Visconti

9 août 1915

Ma chère amie,

J'ai été heureuse d'apprendre par la carte de M. Duseigneur que vous étiez bien arrivée à La Flèche et je le remercie de m'avoir donné de vos nouvelles. J'espère que, grâce aux bons soins du Dr Legendre [*sic*], vous serez bien vite remise ; soyez assez aimable pour me rappeler à son bon souvenir.

Les nouvelles de la guerre sont toujours les mêmes : attendre avec patience et ténacité. L'armement continue à se poursuivre, mais que de retards et que de négligences. Il nous manque une tête qui sait ce qu'elle veut et qui a l'énergie nécessaire pour l'obtenir de tous. On passe son temps en parlottes, en conciliabules et on laisse passer l'heure d'agir.

Bien affectueusement à vous.

A. Dreyfus

785. Marie Arconati Visconti à Alfred Dreyfus

25 août 1915

Mon bien cher ami,

.... Je vous avoue que je traverse une forte « vague » de découragement – ce piétinement depuis octobre – ils prennent, nous reprenons, nous prenons, ils reprennent, a fini par avoir raison de ma patience, comme m'écrit Loisy ce matin : « Cette campagne se déroule avec une majestueuse lenteur. » Il m'est arrivé cette semaine de déchirer deux lettres au moment de les faire partir ne voulant pas troubler mes amis de mes angoisses. « Heureux ceux qui sont morts !... » a dit Péguy dans d'admirables vers[1198].

Quel rôle nous est réservé à nous et aux Anglais d'ici la fin de la guerre ? Je crains que ce ne soit pas le rôle brillant que [*sic*] nous avons rêvé. Après toutes les tentatives vaines pour percer, percerons-nous ? Et si nous y réussissions, ne nous heurterions-nous pas à [*sic*] quelques kilomètres plus loin à des défenses organisées encore plus formidables ? Nous serons peut-être réduits à soutenir la ruée finale et désespérée de l'Allemagne le jour où elle pourra dégarnir son front de l'Est.

Qui sait si le rôle principal et décisif n'est pas réservé à l'Italie qui entre en ligne, dix mois après nous, avec des troupes fraîches et un matériel intact ? Il est vraiment extraordinaire que l'Autriche lui oppose si peu de résistance, et que les Allemands n'envoient pas de forces contre elle.

On se demande quelle en est la raison et les journaux italiens d'un côté et le colonel Enrico Barone dans le *Temps*[1199] se sont indignés contre les voix « de l'escalier de service », comme on dit en Anglais, qui laissaient murmurer qu'il y avait peut-être entre l'Italie et l'Allemagne une convention secrète de ne pas aller plus loin ! c'est peut-être tout simplement que l'Allemagne et l'Autriche n'ont pas trop de toutes leurs forces réunies contre la Russie et qu'ils ne peuvent dégarnir le front sans s'exposer à la défaite – ce serait signe qu'elles n'ont plus de forces nouvelles à mettre en ligne et que pour la Russie et pour nous l'essentiel est de tenir bon le plus longtemps possible.

L'interview du Pape m'a détendu les nerfs[1200]……………………

Ah ! cher ami, que c'est long et que toutes ces angoisses vous usent ! Si encore je pouvais lire, m'intéresser à quelque chose, mais c'est impossible, chaque jour nous apporte une émotion nouvelle. Il est impossible de ne pas se laisser dominer exclusivement par le grand drame qui ensanglante le monde et les événements auxquels nous assistons sont si épouvantables, que tout le reste de l'histoire paraît insipide à côté d'eux.

Il y a quelques jours que je n'écris plus à Joseph. Je ne veux pas plus de pape à Rome qu'à l'avenue Van Dyck[1201] – l'opinion des autres ne compte pas et quand on lui met le nez dans son erreur, il ne répond pas. Il a tant d'autres qualités, qu'on oublie ses travers.

………………………………

Meilleurs souvenirs.

Arconati Visconti

788. Alfred Dreyfus à Marie Arconati Visconti

25 septembre 1915

Ma chère amie,

J'ai été bien heureux de lire votre lettre qui m'est parvenue hier. Elle était datée du 3 septembre, mais l'enveloppe portait le

23 septembre. Je suppose donc que vous aviez fait erreur et que vous aviez oublié le 2 devant le 3.

Vous voilà par bonheur guérie de votre entérite, j'espère qu'aucun nouvel ennui ne vous guette.

J'ai de bonnes nouvelles de mon fils qui se bat maintenant en Champagne et qui couche depuis un mois sur de la paille dans un bois. Figurez-vous que je circule maintenant dans la 6e armée où nous faisons des travaux et à laquelle mon fils a appartenu pendant 10 mois – juste au moment où j'ai pu y aller, il la quittait de sorte que je n'ai pu le voir. Il n'a pas encore eu de permission, voilà 14 mois que je n'ai pu l'embrasser.

Voilà la Bulgarie qui mobilise. Il fallait vraiment avoir la cervelle bouchée pour douter que, tôt ou tard, la Bulgarie se tournerait contre nous. Du jour où il y a 8 mois, j'ai appris que les Allemands faisaient des avances de fonds aux Bulgares, ma conviction a été faite. Mais saurons-nous prendre virilement les mesures que la situation comporte ? J'aurais voulu apprendre ce matin que nos troupes avaient débarqué à [illisible] au moins à Salonique, car il nous faut absolument garder la ligne du Vardar. Mais hélas, les résolutions énergiques et prises à temps, on les voit rarement chez nous.

Je ne crois pas que nous puissions prendre une offensive générale avant le printemps de 1916, c-à-d avant que nos réserves en munitions de tous calibres et notre approvisionnement en pièces lourdes soient suffisantes. Nous nous sommes endormis après la Marne dans un optimisme béat que nous payons aujourd'hui.

J'ai cependant la conviction absolue de la victoire finale, si nous savons tenir et persévérer. Mon raisonnement est simple. Dans les prévisions les plus optimistes pour nos adversaires, les Austro-Boches ont pu mettre sur pied 17 millions d'hommes. Ils ont perdu 5 millions d'hommes, tant en tués, qu'en blessés hors d'état de retourner au combat et qu'en prisonniers, dans les 14 premiers mois. Il reste donc 12 millions d'hommes. Il est vraisemblable de compter sur une perte égale dans les 14 mois qui vont suivre, ils seront donc réduits à 7 millions d'hommes, dont il faut déduire 3 millions d'hommes employés dans les services de l'armée.

Les Austro-Boches ne pourront donc plus disposer que de 4 millions d'hommes, dans 14 mois, sur les divers fronts de combat, c-à-d qu'ils seront incapables de résister aux forces alliées, qui par contre progressent chaque jour, tandis que les Austro-Boches ne peuvent plus se renouveler. Les Anglais ont actuellement 1 million d'hommes en France, dans l'été de 1916, ils en auront 2 millions.

Mathématiquement donc, nous devons vaincre, si nous savons persévérer énergiquement dans nos efforts. Cela ne veut pas dire qu'il n'y aura pas encore des sacrifices pénibles, des moments très durs à passer, mais il faut que les caractères s'élèvent à la hauteur des circonstances.

Écrivez-moi souvent, vous savez quel plaisir j'ai à vous lire, faute de pouvoir vous voir.

Mes meilleurs souvenirs à M. Duseigneur et affectueusement à vous.

A. Dreyfus

789. Marie Arconati Visconti à Alfred Dreyfus

4 octobre 1915

Mon bien cher ami,

.... Je traverse une crise de rhumatismes bien embêtants. 12 jours que je suis clouée dans un fauteuil. J'en ai profité pour lire le livre le plus intéressant qui se sera écrit sur l'Allemagne. C'est *L'Allemagne avant la guerre* du baron Bayens qui, au moment de la déclaration de guerre, était ministre de Belgique à Berlin depuis 3 ans[1202]. Vous aurez vu qu'avant-hier le volume a été présenté à l'Académie des Sciences Morales[,] « ce livre d'une documentation précise et étendue aura un retentissement considérable ». C'est très juste. Ce livre avait paru en partie dans la *Revue des Deux Mondes* et je viens de le relire avec le même intérêt. Avec le ton modéré d'un diplomate, il a écrit contre le Kaiser et la caste militaire le plus formidable réquisitoire. Pour lui la guerre n'a été provoquée ni par l'excès d'une population débordante, ni par nécessité de trouver à la surproduction de l'industrie des débouchés nouveaux. C'est le rêve d'une domination universelle qui a hanté le cerveau du Kaiser, épigone malavisé de Hohenstaufen[1203], c'est la crainte de la poussée socialiste qui a fait trembler une noblesse menacée dans ses privilèges et lui a fait désirer une diversion sanglante à l'extérieur. Sanglante elle le sera pour elle, plus qu'elle ne pouvait se l'imaginer....................

Cette affaire des Balkans se traîne d'une façon désespérante, l'ami de Joseph, le pédéraste Cobourg[1204] préfère être laquais dans une plus grande Allemagne que maître dans une plus petite Bulgarie et cet ambitieux vexé de n'avoir pu entrer en maître dans Constantinople consent à y pénétrer en complice.

....

Joseph m'écrit : « J'essaie de pousser le gouvernement à une action énergique en Orient – débarquer à Salonique et marcher sur Misch. Avec le consentement des Grecs, l'opération n'est pas trop difficile. Cela permettra de quitter honorablement Gallipoli où les Anglais ont manqué de chefs. Ils ont tenu la victoire, mais les généraux ne savaient pas l'A.B.C. du métier. Kitchener en a rappelé 4, mais trop tard. »

Étonnez-vous qu'après tout ça qu'on attribue la victoire de la Marne – comme le général Cherfils[1205] – à Sainte Geneviève et à Jeanne d'Arc...

« L'âme de la France est dans les camps » comme disait Michelet.

.... Adieu cher et bon ami, je vous embrasse de tout mon cœur.

Arconati Visconti

790. Alfred Dreyfus à Marie Arconati Visconti

5 octobre [1915]

Ma chère amie,

Je reçois ce matin votre bonne lettre alors que j'enrageais de voir qu'on n'avait pas encore débarqué à Salonique. On palabre depuis huit jours, alors que l'attitude de la Roumanie n'était pas douteuse. Comme je l'écrivais dernièrement à Joseph : « Il faut frapper vite et fort. À cette condition, et à cette condition seule, l'entrée en lice de la Bulgarie peut être une chose heureuse, car elle permettra de dénouer la situation dans les Balkans et de prendre Constantinople. Mais il n'y a pas une minute à perdre. » Si nous hésitons, Grecs et Roumains se tiendront cois et quand nous arriverons, trop tard, l'armée bulgare, dirigée par les Boches, aura déjà su prendre des positions très fortes. Hélas ! nous croyons agir quand nous parlons. À l'heure qu'il est, les paroles sont vaines – il faut savoir prendre les responsabilités et les décisions qui en sont le corollaire.

Mon fils prend part, en ce moment, aux combats en Champagne. Les cartes qu'il m'envoie témoignent d'un grand entrain.

Voici les textes des dernières :

« 28 sept.

« Tout va bien. On leur en met. Il y a des moments durs, mais quand on avance, on est heureux. »

« 30 sept.

« Ça va. Nous avançons. »

« 1er oct.

« Les cinq derniers jours du mois de septembre ont été heureux pour nos armées. Ce mois-ci verra-t-il le succès final ? Espérons-le. En tous cas, nous mettons tous tout notre cœur à y arriver. Le temps n'est malheureusement pas favorable, mais qu'importe. Je me demande si la souffrance a prise sur l'homme qui se bat. »

Je ne connais pas le livre dont vous me parlez (l'*Allemagne avant la guerre* du baron Bayens). Je le lirai avec grand plaisir, si vous voulez être assez aimable pour me l'envoyer.

Nous avons été très bousculés tous ces jours-ci par l'envoi au front de munitions et de batteries. Je doute que l'offensive actuelle puisse donner un résultat stratégique. Je vous en ai donné la raison à diverses reprises : nos réserves en munitions de gros calibres ne sont pas encore suffisantes. Il faut en avoir de façon à pouvoir arroser l'adversaire à jet continu pendant 30 ou 40 jours ; nous ne serons pas dans ces conditions avant février ou mars. Je pense donc que l'offensive de ces derniers jours a été plutôt une offensive politique et diplomatique, que militaire. Elle n'a d'ailleurs pas arrêté la Bulgarie.

Faites, je vous prie, mes amitiés à MM. Courmont et Lefranc, ainsi qu'au Dr Legendre [*sic*] quand vous leur écrirez. Dites-moi si Lefranc a reçu des nouvelles de son fils.

Mon bon souvenir à M. Duseigneur. À bientôt le plaisir de vous lire et bien affectueusement à vous.

A. Dreyfus

Ma femme, à son retour de Deauville, a passé 15 jours à la campagne. Elle doit rentrer à Paris aujourd'hui, mais elle a encore besoin de grands ménagements afin de reprendre ses forces. Je voudrais la décider à partir pour le Midi.

792. Marie Arconati Visconti à Alfred Dreyfus

10 octobre 1915

Mon bien cher ami,

Merci de votre lettre dans laquelle vous m'avez envoyé la copie de celle de votre fils[1206]. Duseigneur l'a copiée et envoyée à Le Gendre qui le jour même me demandait de vos nouvelles et de celles de votre fils. Pauvre docteur ! Je reçois à l'instant une lettre de lui où il m'annonce la mort du fils de Lanson[1207], son neveu : « Mon neveu, le fils unique de Lanson, vient d'être tué en

Champagne d'un éclat d'obus en pleine poitrine à 20 ans – enfant très bien doué et dont la disparition peut avoir sur la raison de ma sœur le plus fâcheux effet car elle idolâtrait son fils et a toujours été d'une impressionnabilité extrême. » Ah ! cher ami, que de douleurs !! Cela dépasse et écrase l'imagination.

Je suis très angoissée. Je ne lis que le *Temps*, le *Journal de Genève* et Polybe. Je sais qu'on ne dit pas tout et que la situation est bien grave. La *maladie* de Delcassé prouve qu'il sent le crime qu'il a commis, oui, le crime qu'il a commis en ne voulant pas comprendre qu'il y avait autre chose à faire que de « bavarder pendant 8 mois » comme le dit le *Temps* il y a quelques jours. Reinach m'écrit très souvent et ce matin il me dit : « C'est Brisson qui a fait Delcassé ministre des affaires étrangères. C'est sous le règne de Combes que Delcassé a fait une politique à la Émile Olivier [*sic*][1208]. C'est Monis[1209] et Caillaux qui l'ont rappelé au pouvoir[1210] – la diplomatie radicale, la voilà ! Elle vaut tout le reste de la politique radicale. J'ai eu avec Delcassé des scènes très vives. »

Cette maladie de Delcassé serait-elle aussi une manière de le débarquer ? En attendant les choses commencent mal, les Bulgares payeront comme les autres, je l'espère – l'imprudence commise par les peuples enfants, qui, demandant un roi, vont le choisir à l'étranger parmi les principicules affamés qui encombrent les marches des trônes.

....

Je vous embrasse comme je vous aime, bien fort.

Arconati Visconti[1211]

794. Alfred Dreyfus à Marie Arconati Visconti

17 octobre [1915]

Ma chère amie,

Je réponds maintenant un peu plus longuement à votre lettre du 10 octobre. L'offensive, comme je m'en doutais, est arrêtée en Champagne, elle nous a coûté cher, sans rapporter aucun résultat stratégique. Il est inutile de rien tenter de décisif avant que nous ayons une telle réserve de munitions pour artillerie lourde, qu'on puisse arroser à jet continu l'adversaire pendant tout le temps que durera l'action et jusqu'au résultat final. Cette réserve ne pourra pas être constituée avant février ou mars et encore, à condition qu'on ne s'endorme pas comme l'hiver dernier.

Que dire des Balkans ? Nous arriverons peut-être trop tard et avec des forces insuffisantes. Mais je n'ai pas les éléments qui me permettent d'asseoir une opinion. Toute opération lointaine, non préparée et improvisée, comme semble l'être celle-ci, est chose fort difficile, car il ne suffit pas seulement d'armer des hommes, mais il faut pouvoir les ravitailler constamment en vivre et en munitions, remplir les trous qui se forment par les maladies et les combats. Si j'avais été député, je serais monté à la tribune à la suite du discours de Viviani[1212] et j'aurais simplement dit ceci : « Vous ne pouvez rien dévoiler, et c'est parfaitement juste ; c'est donc à vous de prendre les responsabilités. Si vous disposez des forces suffisantes pour aller au secours des Serbes et si des concours vous sont assurés, il faut le faire sans tarder. Si au contraire vos forces sont insuffisantes, il ne faut rien tenter. Pas de demi-mesures qui nous conduiraient au désastre. »

Mais cette responsabilité que je voudrais laisser au gouvernement, il faudrait qu'elle soit *effective*... Alors, je demande un Comité de Salut Public, avec toutes ses conséquences.

Notre armée est admirable de courage et de vaillance... il lui faudrait des chefs à hauteur des circonstances et un gouvernement sachant où il veut aller.

J'ai toujours de bonnes nouvelles de mon fils. Il me dit que ces dix jours de combat ont été plus durs que les dix mois qu'il vient de passer, depuis l'Aisne.

Vous ai-je dit que le fils de mon frère Mathieu a été blessé à la tête par 3 éclats d'obus ? Il a dû être trépané. On donne maintenant un peu d'espoir de le sauver[1213].

Mais il nous faut toujours conserver notre fermeté d'âme impassible et notre tenace volonté. Je voudrais cependant – je me répète, – y joindre un Comité de Salut Public.

Mes amitiés à M. Duseigneur et bien affectueusement à vous.

A. Dreyfus

800. Alfred Dreyfus à Marie Arconati Visconti

Montmorency, 10 janvier 1916

Ma chère amie,

Je suis heureux que vous soyez tout à fait rassurée sur le sort de M. Duseigneur[1214]. J'espère que maintenant sa convalescence se fera normalement.

J'ai été heureux de la nomination du général Sarrail comme grand Croix de la Légion d'Honneur – je lui ai envoyé mes chaleureuses félicitations – mais on aurait dû, en même temps, comme le demandait Hervé, donner le bonnet d'âne à Cl[emenceau][1215]. Il est heureux que nous nous soyons maintenus à Salonique, en y mettant des forces suffisantes pour y tenir. C'est une porte qui reste ouverte. Mais le gouvernement grec, y compris son pleutre de roi, continue à se déshonorer.

Les russes attaquent ferme en Bukovine et s'ils réussissent à prendre Czernowitz en sautant Kowel, il y a des chances pour que la Roumanie se décide enfin à entrer dans la danse, à nos côtés, par crainte surtout de l'ambition bulgare.

Quant à l'Allemagne, elle agonise économiquement et j'ai bon espoir qu'à la première grande victoire remportée par les alliés, la façade qui subsiste encore, si forte qu'elle soit, s'écroulera d'un bloc. Aussi, je prévois la fin de la guerre pour cette année. Mais il nous faut toujours de la patience et une volonté à toute épreuve.

Le bombardement de Nancy a été un crime inutile. Il a fait beaucoup de dégâts matériels. Je regrette, qu'à titre légitime de représailles, on n'ait pas bombardé au moyen d'avions, quelques bonnes villes allemandes.

J'ai toujours d'excellentes nouvelles de mon fils qui garde son imperturbable bonne humeur. Il espère avoir une permission pour assister au mariage de sa sœur[1216].

Toutes mes amitiés à M. Duseigneur et affectueusement à vous.

A. Dreyfus

819. Alfred Dreyfus à Marie Arconati Visconti

Vendredi 16 février [1917]

Ma chère amie,

Si j'ai tant tardé à vous écrire, c'est que j'attendais d'avoir rejoint mon nouveau poste.

Depuis avant-hier, je suis dans un village enseveli sous la neige, dans une chambre sans feu possible. J'ai beaucoup à faire pour organiser les unités dont j'ai pris le commandement et qui sont en voie de formation, mais cela m'occupe et je suis assez indépendant.

Donnez-moi vite de vos nouvelles ainsi que de nos amis et de Paris.

Bien affectueusement à vous.

A. Dreyfus

Commandant Dreyfus
Com^t le parc d'artillerie de la 168e division
Secteur *postal* 207[1217]

829. Alfred Dreyfus à Marie Arconati Visconti

Aux armées, le 25 octobre [1917]

Ma chère amie,

Merci de votre bonne lettre qui m'a apporté de vos nouvelles. Elle m'a aussi informé de ce qui se passe à Paris car la lecture des journaux très censurés renseigne bien incomplètement. Quel est ce remaniement ministériel ? Sommes-nous donc si pauvres en hommes d'énergie qu'on ne parvient pas à constituer un gouvernement qui conduise la guerre avec une ardeur tenace et grandissante pour en finir[1218]. Voilà le 4e hiver et il s'annonce pluvieux pour nos braves poilus. J'ai déménagé et je suis dans un village sale où mes hommes sont plus que médiocrement logés. En ce moment, pendant que je vous écris, il vente très fort et la pluie fouette les vitres.

J'ai eu de bonnes nouvelles de tous les miens. Mon fils est à Verdun où il fait très mauvais comme ici. Sa « cagne » a été inondée par deux fois.

Écrivez-moi souvent. J'attends toujours vos lettres avec impatience.

Amitiés à tous nos amis.

Bien affectueusement à vous.

A. Dreyfus

843. Alfred Dreyfus à Marie Arconati Visconti

25 juillet [1918][1219]

Ma chère amie,

Je reçois à l'instant votre bonne lettre. Ou vous m'avez mal compris, ou je me suis mal exprimé. J'ai dit que j'espérais que l'offensive *boche* ne donnerait aucun résultat décisif et les événements sont hautement venus confirmer mes pronostics car cette fois nous n'avons pas été surpris et avons pris les précautions nécessaires, d'autre part, j'ajoutais que je réservais mon enthousiasme, non pas pour les revues si belles soient-elles, mais pour une victoire de nos troupes. Et ma joie a été grande en constatant la belle contre-offensive que nous avons prise[1220].

Je reçois ce matin les quelques lignes suivantes de mon ancien capitaine adjoint quand j'étais au front :

[«] 20 juillet

« Depuis samedi soir nous sommes sur route, voyageant chaque nuit et bivouaquant dans la journée n'importe où. Arrivés hier il a fallu ravitailler d'urgence cette nuit ; nous sommes à moitié morts de fatigue et de manque de sommeil. Les hommes sont "épatants", pas une plainte, pas un murmure. Tout s'est passé sans incident.

« La Division a attaqué ce matin, un mot de l'État-major nous dit que "ça colle" et que nous progressons ; nous avançons nous-mêmes de quelques kilomètres ce soir ; nous attaquons du côté de la Marne et j'espère que nous allons y noyer de nombreux boches. »

Vous voyez que l'entrain de ceux que j'ai commandés est toujours le même ; je vous ai toujours dit que mes hommes étaient admirables.

Ce que je ne puis pas encore digérer c'est la perte du Chemin des Dames et des rives de l'Aisne que nous avons eu tant de mal à conquérir l'année dernière. Il y a eu là des fautes graves commises par le haut commandement[1221].

Je vais partir en permission le 2 août et rejoindre ma famille à Bagnères-de-Bigorre. Je serai de retour ici le 12 août.

Mes meilleurs souvenirs au Dr Legendre [*sic*] et bien affectueusement à vous.

A. Dreyfus

848. Alfred Dreyfus à Marie Arconati Visconti

15 octobre 1918

Ma chère amie,

J'étais inquiet de votre silence quand j'ai reçu votre bonne lettre, mais je ne savais où vous écrire.

Les événements se précipitent beaucoup plus rapidement que l'on ne se l'était imaginé ; la bête de proie est acculée et ne sait plus où donner de la tête. Le Bocherie et son empereur cherchent à tirer leur épingle du jeu, au meilleur compte, mais j'espère bien qu'on ne se laissera pas duper et qu'on exigera l'acceptation de toutes nos conditions, sans discussion. Il suffit d'ailleurs de relire le discours de Guillaume II au banquet anniversaire de la naissance d'Hindenburg[1222] il y a 6 mois environ, pour se rendre compte qu'il faut les obliger à plier sans condition[1223]. Leur fourberie est incommensurable et leur cynisme impudent.

Mon fils a livré de dures batailles avec l'armée Mangin[1224] ; il a couché un mois sur la terre, mais depuis trois jours il est au repos. Pour combien de temps, je l'ignore.

Il y a trois semaines, j'ai trouvé à l'*Officiel* ma nomination comme lieutenant-colonel. Je ne m'y attendais plus. J'avais été proposé étant au front et j'aurais voulu être nommé étant au front[1225].

Nous travaillons toujours dur et ferme, mais nos voies ferrées sont engorgées et le matériel met des semaines pour arriver. J'ai des tubes de canon qui sont en route depuis le 18 septembre, venant de Tulle, et ne me sont pas encore parvenus ! Il me faut encore le temps de les faire monter et de les envoyer au front ! Tout notre matériel de chemin de fer est usé, archiusé, et il faudra tout refaire après la guerre. D'ailleurs la période d'après-guerre sera intéressante pour l'observateur, par suite des transformations sociales qui se produiront. Que vont devenir toutes les femmes employées dans les usines et qui ont pris l'habitude de vivre libres en gagnant largement leur vie ? Que de questions qui vont se poser ?

Bien affectueusement à vous.

A. Dreyfus

Lt-colonel Dreyfus
Commandant du parc d'artillerie
Orléans

850. Alfred Dreyfus à Marie Arconati Visconti

Mercredi 13 nov[embre 1918[1226]]

Ma chère amie,

Voici la guerre terminée, d'une manière triomphale et l'Allemagne effondrée plus profondément que je n'osais l'espérer. Quelle joie ce doit être en Alsace-Lorraine !

J'ai reçu ce matin une lettre de mon fils datée du 9 nov. Il allait bien et m'annonçait sa nomination comme capitaine[1227]. Il aura fait vaillamment et courageusement son devoir pendant cette guerre et j'espère qu'il entrera en Alsace – peut-être à Mulhouse – à la tête de sa batterie. Son régiment a reçu également la fourragère à la couleur de la médaille militaire.

Je pense venir à Paris soit dimanche prochain, soit le dimanche suivant. J'essaierai de vous voir et je vous téléphonerai à l'hôtel pour vous demander votre heure. Vous me remettrez les deux articles de la *Revue de Paris* dont vous me parlez et que je ne connais pas.

L'article de M. Lanson que vous m'avez envoyé est parfait[1228].

Bien affectueusement à vous.

A. Dreyfus

Lt-colonel Dreyfus
Commandant du parc d'artillerie à Orléans

852. Alfred Dreyfus à Marie Arconati Visconti

4 janvier 1919

Ma chère amie,

J'ai été heureux d'avoir de vos bonnes nouvelles. J'attends toujours mon successeur qui tarde à arriver, car je voudrais bien rentrer chez moi maintenant que cette terrible guerre est terminée ; j'ai hâte de reprendre ma vie habituelle. J'espère bien que j'en ai au plus pour quinze jours ici.

Les difficultés d'après-guerre seront grandes. La vie continue à être chère et les exigences des ouvriers très grandes. Je les entends parfois causer dans mes ateliers et leur état d'esprit fait qu'on arrivera difficilement à les satisfaire. Il faudra adopter des modalités toutes nouvelles des conditions de travail.

Bien affectueusement à vous.

A. Dreyfus

853. Alfred Dreyfus à Marie Arconati Visconti

Samedi [11 janvier 1919]

Ma chère amie,

Je reçois ce matin votre bonne lettre.

Ce que vous écrit Reinach ne m'étonne pas. C'est partout la même chose, un désordre extraordinaire. Les usines civiles ne peuvent pas se remettre au travail car les matières premières ne leur parviennent pas. J'ai ici de quoi charger 60 wagons de matériaux pour des industriels qui les attendent avec impatience et il m'est impossible d'obtenir un seul wagon. J'en ai rendu compte, j'ai hurlé partout par téléphone, j'ai envoyé un de mes officiers adjoints exprès à Paris à la commission de réseau, mais sans obtenir satisfaction. Par suite, les industriels ne veulent pas embaucher les ouvriers renvoyés par les usines de guerre, et ceux-ci se trouvent sur le pavé et réclament... Il serait temps de remédier à tout cela, si l'on ne veut pas avoir de difficultés avec la classe ouvrière.

Je compte quitter Orléans mercredi prochain, et partir jeudi pour Strasbourg. J'irai ensuite chez mon frère à Mulhouse. Je pense être de retour définitivement à Paris vers la fin du mois et avoir le plaisir de vous voir dans les premiers jours du mois prochain.

Bien affectueusement à vous.

A. Dreyfus

864. Alfred Dreyfus à Marie Arconati Visconti

29 avril 1923

Ma chère amie,

J'ai vivement regretté de ne pas pouvoir vous voir hier quand je suis venu chez vous et ai été très peiné de vous savoir toujours aussi souffrante.

J'ai été il y a peu de temps à Lyon pour le mariage d'un de mes neveux avec une nièce de madame Focillon[1229]. Je voulais vous parler de ma visite au musée de cette ville sous la conduite de M. Focillon[1230] et de tous les souvenirs qui s'y rattachent pour vous.

Bien affectueusement à vous.

A. Dreyfus

865. Alfred Dreyfus à Marie Arconati Visconti

5 mai [1923]

Ma chère amie,

Je réponds à votre question. Madame Castell[1231] est une femme charmante et extrêmement bien. D'origine lyonnaise, elle a épousé un Américain et à vécu en Amérique jusqu'à la mort de son mari. Madame Castell est alors revenue habiter à Lyon avec sa fille. Elle a été déléguée pendant la guerre de la Croix Rouge américaine et s'est occupée avec un dévouement admirable des œuvres de guerre auxquelles la Croix Rouge américaine s'est intéressée. En outre, depuis l'armistice, elle s'est occupée des régions libérées, toujours comme mandataire de la Croix Rouge américaine. D'une activité et d'un dévouement inlassables, elle a fait l'admiration de tous ceux qui la connaissent, payant aussi bien de sa personne que de son argent. Vous voilà dûment renseignée.

Les événements ne sont pas favorables. Il faut que la CGT prenne ses adhérents pour de vulgaires naïfs pour oser prétendre qu'elle ordonne la grève pour combattre ainsi la vie chère. Ce sont les grèves continuelles qui augmentent toutes les difficultés de ravitaillement aussi bien en vivres qu'en charbon et qu'en matières premières et qui font la vie chère. Il faudrait au contraire travailler d'arrache-pied pour augmenter la production afin que l'offre dépasse la demande, ce qui est le contraire aujourd'hui.

Bien affectueusement à vous.

A. Dreyfus[1232]

Notes

1. Et essentiellement la biographie que Vincent Duclert a consacrée à Dreyfus : *Alfred Dreyfus. L'honneur d'un patriote*, Paris, Fayard, 2006.

2. Sur la marquise on lira les travaux de Gérard Baal : « Jaurès et la marquise Arconati-Visconti », *Bulletin de la Société des études jaurésiennes*, n° 73, avril-juin 1979, p. 3-10 ; « Un salon dreyfusard, des lendemains de l'Affaire à la Grande Guerre : la marquise Arconati-Visconti et ses amis », *Revue d'histoire moderne et contemporaine*, juillet-septembre 1981, p. 433-463 ; « Jaurès et les salons », Madeleine Rebérioux et Gilles Candar (dir.), *Jaurès et les intellectuels*, Paris, Les éditions de l'Atelier, 1994, p. 91-118 ; et « L'Affaire dans les salons parisiens », dans Michel Winock, *L'Affaire Dreyfus*, Paris, *L'Histoire*/ Points Histoire, 1998, p. 169-177. On pourra aussi lire : Gaston Migeon, *La Marquise Arconati Visconti*, Paris, Société des Amis du Louvre, 1924 ; Claude Laforêt, « La marquise Arconati-Visconti et ses amis politiques », *Mercure de France*, CCXCIV, 15 août-15 septembre 1939, p. 45-65 ; Anne Martin-Fugier, *Les Salons de la III*[e] *République. Arts, littérature, politique*, Paris, Perrin, Tempus, 2009, p. 291-293 ; Thérèse Charmasson, « La marquise Arconati-Visconti bienfaitrice de l'université de Paris », dans Adeline Gargam (dir.), *Les Femmes de science de l'Antiquité au xixe siècle. Réalités et représentations*, Dijon, EUD, 2014, p. 275-294 ; et Ruth Harris, *L'Homme de l'île du Diable. Une histoire des passions dans l'affaire Dreyfus*, Paris, Presses de la Cité, Documents, 2015, p. 482-493. On se doit aussi de signaler la biographie que lui a consacrée Carlo Bronne et dont nous reparlerons bientôt : *La Marquise Arconati, dernière châtelaine de Gaasbeck*, Tervuren, *Les Cahiers historiques*, 1970.

3. Lettre de Georges Duruy à la marquise du 18 février 1903, MsVC 276, f. 3456.

4. Voir la lettre n° 250 du [22] juin 1906.

5. Lettre de Jaurès à la marquise du 1er juin, MsVC, f. 4008.

6. Grâce aux travaux de Gérard Baal dont les références sont données note 2.

7. Lettre de Jaurès à Reinach, s.d., BNF n.a.fr. 24879, f. 247.

8. Lettre de « Mercredi » de la marquise à Jaurès, citée dans Michel Launay, « Jaurès et les intellectuels parisiens », *Bulletin de la Société d'études jaurésiennes*, 4e année, n° 8, janvier-mars 1963, p. 7.

9. Lettre de la marquise à Dreyfus du 2[4] septembre 1905 (lettre n° 188).

10. Lettre à Combes [octobre 1906], AD Charente-Maritime, 13J43, f. 121.

11. Lettre à Reinach de « Mercredi » [août 1910], BNF n.a.fr. 24890, f. 147.

12. Lettre à Combes, 2 juillet [1910], AD Charente-Maritime, 13J43, f. 248.

13. Vendredi 22 [1910], BNF n.a.fr. 24890, f. 72 v°.

14. Voir lettre 165.

15. Lettre de la marquise à Dreyfus du [19 juillet] 1905 (lettre n° 179).

16. En attendant celle qu'annonce Martine Poulain.

17. *La Marquise Arconati, dernière châtelaine de Gaasbeck*, *op. cit.*, p. 125-126.

18. « L'accusé Mercier », *La Petite République*, 14 août 1899. Repris dans *Œuvres de Jean Jaurès*, t. 7, *L'Affaire Dreyfus I*, Paris, Fayard, 2001, p. 721.

19. *La Révision du procès de Rennes. Enquête de la chambre criminelle de la Cour de cassation (5 mars 1904-19 novembre 1904)*, Paris, Ligue française pour la défense des droits de l'homme et du citoyen, 1908, t. II, p. 779.

20. « Alfred Dreyfus et les "éléments de connaissance" », *Gil Blas*, 26 juillet 1906.

21. Et qui ont fait l'objet en 1998 d'une édition chez Calmann-Lévy sous le titre : *Carnets (1899-1907)*.

22. Dreyfus, *Carnets (1899-1907)*, *op. cit.*, p. 28-29.

23. Voir notre *Histoire de l'affaire Dreyfus de 1894 à nos jours*, Paris, Les Belles Lettres, 2014, p. 973-993.

24. Voir lettres 357-365.

25. Lettre de Bernard Lazare à Dreyfus du 17 V 1901, citée dans Philippe Oriol, *Bernard Lazare*, Paris, Stock, 2003, p. 296.

26. Voir par exemple sa lettre du 18 novembre 1904 (n° 126).

27. Lettre du 24 février 1909, BNF n.a.fr. 25646, f. 144 v°.

28. Lettre de la marquise à Reinach de [1908], BNF n.a.fr. 24890, f. 77.

29. Cité dans Victor Basch, « Alfred Dreyfus et l'"Affaire" », *Cahiers des droits de l'homme*, 15-30 juillet 1935 et *La Lumière*, 27 juillet et 2 août 1935.

30. Rappelons que quelques jours plus tôt, le 9, Dreyfus avait été une nouvelle fois condamné devant le conseil de guerre de Rennes. À la date de cette lettre, gracié par le président Loubet, il avait été rendu à la liberté.

31. Auguste Molinier (1851-1904), professeur à l'École des Chartes, avait témoigné au procès Zola, à l'occasion de la première révision et au procès de Rennes. En 1904, il donnera une étude sur les expertises de Bertillon et de ses suiveurs (voir lettre 96).

32. Le comte d'Egmont et le comte de Hornes avaient été condamnés à mort et décapités le 5 juin 1568 par le comte d'Albe. On trouvera au cabinet des Estampes de la Nationale, un recueil de photographies du château sous la cote PET FOL-VG-79 (A).

33. Est-il besoin de rappeler que Joseph Reinach (1856-1921), ancien député de Digne, fut une des grandes figures du dreyfusisme et le premier historien de l'Affaire ?

34. *Cinq années de ma vie* qui venait de paraître chez Fasquelle.

35. Beaucoup de dreyfusards, suivant en cela le gouvernement, prêchaient l'apaisement que la loi d'amnistie (voir note 68) était venue forcer à la fin de décembre 1900. Sur cette question voir notre *Histoire de l'affaire Dreyfus de 1894 à nos jours*, *op. cit.*, p. 909-920.

36. Stanislas du Lac de Fugères (1835-1909), jésuite, forma en son école de la rue des Postes de nombreux cadres de l'armée dont il était parfois, à l'image du général de Boisdeffre, le confesseur et le directeur de conscience. Nous savons que contrairement à ce dont étaient persuadés beaucoup de dreyfusards, il ne fut pas plus responsable de tous les maux qu'il fut l'homme qui avait fait main basse sur l'armée dont il dictait les nominations et les avancements et que, plus largement, le « complot jésuite » dont il aurait été le grand ordonnateur est pour le moins à relativiser.

37. Le rôle des Assomptionnistes, éditeurs et rédacteurs de *La Croix*, fut en revanche tout à fait actif et surtout dans le cadre des élections. On pourra pour en savoir plus se reporter à notre *Histoire de l'affaire Dreyfus de 1894 à nos jours*, *op. cit.*, p. 709-710.

38. Le premier tome de son *Histoire de l'affaire Dreyfus* venait de paraître aux éditions de la Revue Blanche dont « Mercier » était le titre du premier chapitre. Auguste Mercier (1833-1921), on s'en souvient, était le ministre de la Guerre en 1894. Dreyfus le considérait comme le « criminel en chef ».

39. Mercier venait en effet d'être élu le 28 janvier 1900 sénateur de la Loire-Inférieure par 703 voix contre 287. Il avait donc eu à ce titre à voter la loi d'amnistie qui le lavait de ses propres crimes...

40. Joseph Reinach fut en effet, pendant toute l'Affaire, la cible favorite des nationalistes et des antisémites.

41. Allusion à la lettre de « Vendredi » que nous n'avons pas reprise (lettre 9 de la « Provenance des textes »).

42. D'Henri-Charles Lea et qui avait paru en 1900 dans une traduction de Salomon Reinach à la Société nouvelle de librairie et d'érudition.

43. Date de la seconde condamnation de Dreyfus, à Rennes.

44. En application à la loi de 1901 sur les associations, le cabinet Combes, au pouvoir depuis juin précédent, avait décidé de fermer les écoles non autorisées des congrégations. Le colonel de Saint-Rémy avait refusé d'obéir à l'ordre de son supérieur, le général Frater, de procéder à l'exécution de la réquisition préfectorale contre une congrégation, au motif que l'ordre en question « bless[ait] [s]es sentiments et [s]a foi ». La veille de cette lettre, le conseil de guerre de Nantes l'avait condamné pour cela... à un jour de prison (pour des motifs à vrai dire qui semblaient plus juridiques qu'uniquement corporatistes : voir Odile Roynette, « Les conseils de guerre en temps de paix entre réforme et suppression (1898-1928) », *Vingtième siècle. Revue* d'histoire, n° 73, 2002/1, p. 20).

45. La marquise démarquait ici purement et simplement – elle le faisait souvent – Jaurès, reprenant ce qu'il avait écrit quelques trois mois plus tôt dans *La Petite République* : « Il y a des crimes politiques et sociaux qui se payent, et le grand crime collectif commis par l'Église contre la vérité, contre l'humanité, contre le droit et contre la république, va recevoir enfin son juste salaire » (« La conclusion », 3 août 1902).

46. Le général marquis Gaston de Galliffet (1831-1909) avait été ministre de la Guerre dans le cabinet de défense républicaine présidé par Waldeck-Rousseau.

47. Suite à un article d'Hugues Le Roux publié dans le *Baltimore Sun* qui accusait Dreyfus d'avoir avoué par sa grâce une culpabilité qui ne concernait pas la seule Allemagne mais aussi la Russie, Dreyfus avait envoyé une lettre au *Radical* (1er août), lettre dans laquelle il avait mis en cause Galliffet en rapportant des propos privés de lui par lesquels il s'était fait le vecteur de cette nouvelle fable (la « légende russe »). L'ancien ministre de la Guerre avait à son tour réagi par une lettre au *Journal des Débats* dans laquelle il avait glissé qu'« en signant son recours en grâce, [Dreyfus s'était] reconnu coupable » (2 août 1902) et Dreyfus avait à son tour répondu le 6 août dans le *Journal des Débats* pour dire ce qu'avait été réellement l'histoire de cette grâce. Sur cette polémique, voir Dreyfus, *Carnets (1899-1907), op. cit.*, p. 108-109 et 113-115. Sur la grâce, voir notre *Histoire de l'affaire Dreyfus de 1894 à nos jours, op. cit.*, p. 901-914.

48. Et en grande partie à cause de son ambivalence : pour Dreyfus avec les dreyfusards et contre avec ses adversaires. Voir notre *Histoire de l'affaire Dreyfus de 1899 à nos jours, op. cit.*, p. 869, 870-872 et 911-914 et sa notice dans notre *Dictionnaire biographique et géographique de l'affaire Dreyfus* à paraître chez Champion.

49. Gabriel Monod (1844-1912), professeur à la Faculté des lettres de Paris, fondateur et directeur de la *Revue historique*, ardent dreyfusard, venait de prendre position contre les lois visant à restreindre la liberté d'enseignement des congrégations au motif qu'il était navrant « de voir les anticléricaux d'aujourd'hui manifester à l'égard de l'Église catholique des sentiments et des doctrines identiques à ceux que les catholiques ont manifestés naguère à l'égard des protestants et des hérétiques de tout ordre » (*Le Siècle*, 1er août 1902). Quant à Michel Bréal (1832-1915), professeur au Collège de France, dreyfusard, il venait de faire publier dans *Le Temps* du 7 août une lettre dans laquelle il considérait que ces mêmes mesures étaient « une erreur et une faute politique ».

50. Nombreux étaient les dreyfusards qui demandaient la suppression des conseils de guerre. « Entre 1898 et 1909, pas moins de 21 projets de loi tendant à la réforme ou à la suppression des conseils de guerre sont discutés devant les chambres », écrit Odile Roynette (article cité). Rappelons qu'il faudra attendre 1982 pour que Robert Badinter en obtienne enfin la suppression.

51. La marquise avait donné aux allées de son parc les noms de ses amis dreyfusards (voir lettre 742). Dreyfus avait donc « son » allée.

52. Dreyfus venait d'emménager avec sa famille au 101, boulevard Malesherbes. Devenir locataire d'un appartement ne se fit pas, pour lui, en toute simplicité. Il cherchait depuis le début de l'année et, la presse ayant rendu

l'information publique, les propriétaires les uns après les autres avaient refusé d'accueillir un si encombrant locataire (voir Michael Burns, *Histoire d'une famille française, les Dreyfus*, Paris, Fayard, 1994, p. 351-354).

53. Ainsi sont signalées par Dreyfus les coupures opérées par lui dans la recopie qu'il fit des lettres de la marquise.

54. En Bretagne, de nombreuses écoles dépendant de la congrégation des Filles du Saint-Esprit ayant refusé de se soumettre, leur expulsion avait été ordonnée par décret (le 1er août). La troupe avait été envoyée et une partie de la population s'était insurgée contre ces expulsions.

55. Émile Combes (1835-1921), sénateur de la Charente-Inférieure, était président du Conseil depuis le 7 juin précédent.

56. Relativement aux conditions dans lesquelles s'était déroulé le procès de Rennes et à la manière dont avait été proposée à Dreyfus la grâce (voir note 47). Nous ne savons précisément de quels articles il s'agit mais ce qu'en dit Dreyfus nous laisse comprendre qu'ils présentent une version fantaisiste des faits.

57. Dreyfus, en effet, n'avait plus eu de « chez [lui] » depuis 1894. Il avait successivement habité – après l'île du Diable et la prison militaire de Rennes – chez sa sœur près de Carpentras (jusqu'en avril 1900), en Suisse chez les Naville (jusqu'en novembre 1900) et enfin à Paris, rue de Châteaudun, chez son beau-père.

58. Henry Roujon (1853-1914), romancier et essayiste, était membre de l'Académie des Beaux-Arts dont il deviendra l'année suivante le secrétaire perpétuel.

59. Émile de Mot (1834-1909).

60. *Esterhazy*, deuxième volume de l'*Histoire de l'affaire Dreyfus*, paraîtra en effet le 27 novembre chez Fasquelle.

61. La mort de Zola, le 29 septembre, et celle de son beau-père, David Hadamard, le 15 octobre (voir la lettre 20, non reprise et résumée dans la « Provenance des textes »). Si cette lettre, pour la date de laquelle il ne nous est pas permis d'être plus précis, date de janvier 1903, il faudrait ajouter à cette macabre liste le décès de son beau-frère, Joseph Valabrègue, mari de sa sœur Henriette, décès survenu le 19.

62. Jeudi, jour de ses fameux déjeuners.

63. Henri Harduin (1846-1908), journaliste, rédigeait les très lus et très estimés « Propos d'un Parisien » du *Matin*. Comme l'écrira *Le Radical* pour signaler son décès, « il était considéré, dans certains milieux, comme l'homme qui donnait le *la* de l'appréciation politique, économique et parisienne » (20 août 1908).

64. Le deuxième volume de son *Histoire de l'affaire Dreyfus*, précédemment évoqué (lettre 21).

65. Le lieutenant-colonel Georges Picquart (1854-1914), chef de la Section de statistique à partir de juillet 1895, avait découvert que Dreyfus était innocent et que le véritable traître était Esterhazy. Voulant dire la vérité et obtenir la justice, il devint le responsable de tous les maux pour un état-major qui se débarrassa de lui avant de le faire emprisonner pour faux et usage de faux. Mais celui qui

avait été le héros de l'Affaire (quand Dreyfus en aurait été la victime) ne fut ni sans ambiguïtés ni sans ambivalences. À son sujet, et sur cette ambivalence, on pourra lire notre *Histoire de l'affaire Dreyfus de 1899 à nos jours*, *op. cit.*, ainsi que l'essai que nous lui consacrons à paraître aux éditions Grasset. Relativement à ce qu'en dit Reinach dans son *Histoire*, voir lettre 63.

66. Erreur de la marquise ou, plus probablement, défaut de transcription de Dreyfus ? Il s'agit bien sûr du « *guarda e passa* » du chant III de *L'Enfer*.

67. Francis de Pressensé (1853-1914), journaliste et député du Rhône, était alors vice-président de la Ligue des droits de l'homme dont il deviendra président en octobre suivant en remplacement de Ludovic Trarieux, malade. Ce libéral s'était rapproché des anarchistes et des socialistes pendant l'Affaire et avait été une des principales plumes de *L'Aurore* et une des principales voix des meetings dreyfusards

68. Pour satisfaire une opinion publique qui ne voulait plus de l'Affaire, une loi d'amnistie avait été votée fin 1900, « loi d'effacement essentielle pour apurer l'apaisement définitif », ainsi que le dira Waldeck-Rousseau. Sur cette loi, à propos de laquelle la marquise écrivait à Louis Havet que « Waldeck [...] vient de déshonorer la France en mettant par un vote parlementaire le crime au-dessus de la loi » (lettre s.d., BNF n.a.fr 24886 f. 125 r°-126), voir notre *Histoire de l'affaire Dreyfus de 1899 à nos jours*, *op. cit.*, p. 911-936. Les deux articles évoqués (Pressensé, « Quand vous voudrez ! », *L'Aurore*, 4 janvier 1903 et Anonyme, « Pas de diversion », *La Lanterne*, 5 janvier 1903) dénonçaient la manière dont les antidreyfusards tentaient à l'occasion de l'affaire Humbert de, ainsi que l'écrit Pressensé, « reprendre l'offensive contre la victime d'Henry et de Mercier et d'empoisonner une fois de plus l'opinion de leurs inventions où la scélératesse le dispute à la bêtise ».

69. Jean-Pierre Manau (1822-1908) était le procureur général en charge du dossier Dreyfus lors de la révision de 1898-1899. Il avait été, à cette occasion, une des cibles des antidreyfusards qui l'accusaient d'être juge et partie (*Histoire de l'affaire Dreyfus de 1894 à nos jours*, *op. cit.*, p. 812-814). Nous ignorons tout de cette déclaration.

70. Henri Brisson (1835-1912) avait été président du Conseil du 28 juin au 26 octobre 1898, présidence sous laquelle avait été décidée la révision du procès de 1894. Son épouse décédera le 31 janvier (voir dans la « Provenance des textes », le résumé de la lettre 40, non reprise).

71. C'est à Armand Mercier Du Paty de Clam (1853-1916), membre de l'État-major, qu'avait été confiée en 1894 l'enquête contre Dreyfus. Officier obéissant, il avait été aussi la cheville ouvrière de la « collusion ». Après Rennes, il était demeuré un des accusateurs de Dreyfus.

72. Dans le cadre de l'affaire Humbert, Du Paty de Clam, le 11 décembre 1902 (AN BB^{19} 83), avait déposé auprès du juge d'instruction Leydet, déposition dans laquelle, une nouvelle fois, il déclarait que la version officielle de la « dépêche Panizzardi » était « un tripatouillage effronté ». *Le Gaulois* du 3 janvier ayant donné de cette déposition un résumé, Reinach avait écrit au juge,

le 9, une lettre dans laquelle il revenait précisément sur la véritable histoire de la « dépêche Panizzardi » de novembre 1894 dont la traduction, à la décharge de Dreyfus et transformée en 1898 en preuve de sa culpabilité, était l'objet de polémiques depuis 1899 (lettre publiée dans *Le Siècle* du 11 janvier). Sur cette « dépêche Panizzardi », la question complexe de sa traduction et les polémiques qu'elle suscita, voir notre *Histoire de l'affaire Dreyfus de 1894 à nos jours, op. cit.*, p. 696-698, 817-818, 838-839, 847-848 et 1064-1065.

73. Resman (1832-1899), dont le nom est généralement et fautivement orthographié « Ressmann » ou « Ressman », fut ambassadeur d'Italie en France de juillet 1892 à février 1895.

74. Cette lettre était connue et avait été rendue publique pendant le procès de Rennes. Voir la presse dreyfusarde des 24-26 août 1899.

75. René Waldeck-Rousseau (1846-1904) avait été président du Conseil (le cabinet de Défense républicaine) du 22 juin 1899 au 4 juin 1902. Combes lui avait succédé.

76. Suivant Littré : « Condition des biens qui, appartenant à des corps ecclésiastiques, soit séculiers, soit réguliers, sont inaliénables et ne produisent aucun droit de mutation. »

77. Sur la condamnation de la mainmorte, voir ses discours à la Chambre des 22 mai et 16 novembre 1900 (*Journal officiel. Débats parlementaires. Chambre des députés*, 23 mai et 17 novembre 1900, p. 1286 et 2129. Repris dans Waldeck-Rousseau, *La Défense républicaine*, Paris, Bibliothèque Charpentier, 1902, p. 108-109 et dans *Associations et Congrégations*, Paris, Bibliothèque Charpentier, 1901, p. 44 et 46) et son discours à Toulouse du 28 octobre suivant (*ibid.*, p. 40-41). Nous n'avons pas retrouvé le dernier discours qui la déclare « intangible ».

78. Discours à la Chambre du 26 janvier 1903 (*Journal officiel. Débats parlementaires. Chambre des députés*, 27 janvier 1903, p. 232). Combes reprenait une formule qu'il avait déjà utilisée devant le Sénat en 1901 (*Journal officiel. Débats parlementaires. Sénat*, 22 juin 1901, p. 1003. Repris dans Émile Combes, *Une campagne laïque : 1902-1903*, Paris, H. Simonis Empis, 1904, p. 28).

79. Les deux décrets du 29 mars 1880 par lesquels Jules Ferry (1832-1893), alors ministre de l'Instruction publique, ordonnait aux jésuites de quitter l'enseignement.

80. Cette lettre, comme les deux suivantes dont la dernière, non reprise, est résumée dans la « Provenance des textes » (lettre 37), ne nous donnent d'autre indication que la mention d'année que Dreyfus a portée. Dreyfus les ayant placées à la suite, et la dernière ayant pour réponse une lettre que nous n'avons pas non plus reprise (voir lettre 38 dans la « Provenance des textes ») mais où est encore présent le « Madame » qui sera abandonné courant d'avril, elles nous semblent devoir être datées du début de 1903.

81. Ou *Liber historioe Francorum*, Livre de l'histoire des Francs.

82. Lettre à d'Alembert du 7 août 1766.

83. Au chant XXVIII de *L'Enfer*.

84. Paul Meyer (1840-1917), directeur de l'École des Chartes, était, comme Molinier, un ardent dreyfusard. Comme lui, encore, il avait déposé au procès Zola, à l'occasion de la première révision et au procès de Rennes.

85. L'empereur Guillaume II.

86. Qui venait de mourir le 5 mars. Gaston Paris (1839-1903), philologue français, membre de l'Académie française, professeur et administrateur du Collège de France, fut un dreyfusard longtemps prudent par crainte d'engager sur son nom celui de l'institution qu'il représentait. Sa correspondance active et passive autour de l'Affaire a été publiée par Ursula Bähler : *Gaston Paris dreyfusard. Le savant dans la cité*, Paris, CNRS éditions, 1999.

87. Elle « viendra » en fait le 6 avril et se continuera le 7. Gabriel Syveton (1864-1904), député nationaliste de Paris, était un des fondateurs et le trésorier de l'antidreyfusarde Ligue de la patrie française. Son élection, contestée, était soumise à enquête. C'est au cours de cette discussion qui inquiétait Dreyfus et dont il attendait beaucoup – « qu'en sortira-t-il », écrira-t-il le 3 avril (lettre n° 48, non reprise ici et résumée dans la « Provenance des textes ») – que Jaurès avait décidé de relancer l'Affaire et prononcera un célèbre discours qui permettra en effet sa réouverture.

88. La mention d'une dédicace à *Cinq années de ma vie* pourrait laisser penser que cette lettre date de mai 1901, date de parution du livre dont Dreyfus avait déjà offert à la marquise un exemplaire (voir lettre 4). Mais le papier de deuil, utilisé après la mort de son beau-père (voir lettre 20) et la mention d'un départ imminent dans la lettre 47 qui fait allusion à ce présent, nous permet tout de donner cette date.

89. Quelques mots trop courts mais « admirables », comme elle le dit à Reinach (« Mardi soir », BNF n.a.fr. 24889, f. 73).

90. Le général Louis André (1838-1913) était alors ministre de la Guerre. Après le discours de Jaurès des 6 et 7 avril, à la Chambre, dans le cadre de la discussion sur l'élection de Syveton, discours qui relançait l'Affaire, il avait promis une enquête « administrative » que Dreyfus, on s'en doute, attendait avec impatience (voir notre *Histoire de l'affaire Dreyfus de 1894 à nos jours*, *op. cit.*, p. 997-1005).

91. L'interview de Parfait et Beauvais, juges de Dreyfus au procès de Rennes, avait paru dans *Le Temps* en date du 11 avril. Dreyfus espérait que ces interviews pourraient être l'occasion de lancer l'enquête promise et d'en savoir plus au sujet de la possible utilisation au procès de Rennes du pseudo-original du bordereau, original soi-disant annoté par l'empereur d'Allemagne. Les Dreyfus, Lazare, Reinach, étaient persuadés que ce « bordereau annoté » était la clé du procès de Rennes et menaient depuis 1901 une enquête à son sujet (voir notre *Histoire de l'affaire Dreyfus de 1894 à nos jours*, *op. cit.*, p. 975-988, 993-994 et 997-999). Dans cette perspective, Dreyfus avait ainsi déjà essayé, l'année précédente, de faire agir André (voir *ibid.*, p. 993-994) par l'intermédiaire de Trarieux.

92. Les juges avaient déclaré non seulement n'avoir « tenu aucun compte des racontars de la presse sur cette pièce vraie ou fausse » et ne s'être « jamais

préoccupés d'un second bordereau, celui que l'on prétend écrit sur papier fort et annoté de la main de l'empereur d'Allemagne » mais encore que leur conviction de la culpabilité du capitaine était née au cours des débats. Pourtant, s'ils ne virent pas un document qui n'a sans doute jamais existé, ils s'en préoccupèrent ainsi que l'indiquent quelques questions posées aux témoins lors du procès ou la discussion qu'avait eue avec eux Maurice Paléologue, conversation que ce dernier rapporte dans ses souvenirs (voir notre *Histoire de l'affaire Dreyfus de 1894 à nos jours*, *op. cit.*, p. 975-977).

93. André, comme il l'écrira dans ses souvenirs, craignant « de paraître [s]e substituer à la justice et [s]'ériger en juge unique », refusera « de scruter la conscience des juges ou des témoins de Rennes » et s'en tiendra à faire porter son examen « sur les pièces et documents dont [s]on administration était dépositaire » (André, *Cinq ans de Ministère*, Paris, Louis Michaud, [1907], p. 261. Voir aussi sa lettre à Combes du 19 octobre 1903 dans *La Révision du procès de Rennes. Débats de la Cour de cassation. Audiences des 3, 4 et 5 mars 1904*, Paris, Société nouvelle de librairie et d'édition, 1904, p. 403-406).

94. Gaston Laurent-Atthalin (1848-1912) avait pris part à l'enquête de la Cour de cassation en 1899, avait été rapporteur dans l'affaire Picquart et sera chargé de l'enquête de l'affaire Dautriche dont il sera bientôt question. Louis Sarrut (1850-1925), dreyfusard, était un proche de Scheurer-Kestner qui voyait en lui « la vertu et le courage personnifiés » (*Mémoires d'un sénateur dreyfusard*, Strasbourg, Bueb et Reumaux, 1988, p. 179). Il avait pris part, en 1897, au repas organisé par Scheurer-Kestner et auquel avaient aussi participé Leblois, Marcel Prévost et Émile Zola. Léon Bulot (1851-1922) s'était illustré dans les affaires anarchistes de 1892-1894. Il fut lointainement associé à l'Affaire par le rôle qui fut le sien dans le procès des Assomptionnistes. Jules Herbaux (1856-1933) n'avait en rien été mêlé à l'Affaire.

95. Datée du 23 avril. Elle est reproduite *in extenso* dans notre *Histoire de l'affaire Dreyfus de 1894 à nos jours*, *op. cit.*, p. 1008-1014.

96. Sans doute ceux dont il est question dans la lettre 55.

97. Selon les informations qu'il avait pu obtenir de Pressensé et d'Hément, du *Temps*, auxquels il avait demandé de se renseigner, Dreyfus avait appris que Combes, gêné par le vote de la Chambre du 7 avril qui rendait prohibitive l'enquête administrative promise par André (« La Chambre, confiante dans le Gouvernement, et résolue de ne pas laisser sortir l'affaire Dreyfus du domaine judiciaire, passe à l'ordre du jour »), lui avait demandé d'écrire une nouvelle lettre demandant que la première ne soit pas suivie d'effet. Un marché que Dreyfus ne pouvait accepter. Pour plus de détails voir les *Carnets* de Dreyfus, *op. cit.*, p. 147-148.

98. Parfait et Beauvais, en réponse à ce qui est dit dans la lettre 52.

99. Cette parenthèse est un ajout de Dreyfus dans sa recopie. Nous les avons la plupart du temps supprimées.

100. Il avait juste ajouté, évoquant les avocats Mornard et Demange, propos que la marquise ne transmit pas à Dreyfus : « Il est bien mal conseillé » (lettre de la marquise à Reinach de « 6 h », BNF n.a.fr. 24889, f. 124).

101. Mais qui ne donnera rien, à la différence de celles qui furent menées en parallèle, toujours à la demande de Dreyfus, par Jaurès, Hément et Ferdinand Buisson, démarches qui lui permettront d'en savoir plus et d'obtenir de claires réponses de Combes.

102. Le troisième tome de son *Histoire de l'affaire Dreyfus* qui allait paraître fin mai (voir lettre 65). Dreyfus évoque ici « Le Dossier de l'État-major », publié en deux volets les 14 et 15 avril 1903. Le 20 mai, paraîtra un dernier article, bonnes feuilles du volume à paraître la même semaine : « L'affaire Dreyfus et les partis de réaction ».

103. « L'Enquête est ouverte », « Stoffel, Henry, Mercier » et « Fuite inutile ». Le dernier avait paru le 25 et non le 24 comme dit par Dreyfus.

104. Autrement dit la cassation sans renvoi.

105. Reinach, dans *Le Temps* du 26 (postdaté du 27), avait publié une lettre que Münster lui avait envoyée le 20 mai 1901, lettre dans laquelle l'ambassadeur disait que Dreyfus, en 1894, n'était connu ni à l'ambassade d'Allemagne à Paris, ni à l'État-major ou au ministère de la Guerre à Berlin (cette lettre peut se lire dans Joseph Reinach, *Histoire de l'affaire Dreyfus*, Paris, Robert Laffont, 2006, t. 2, p. 956). Reinach considérait que cette révélation pouvait constituer un fait nouveau et donc ouvrir la voie à la révision, point de vue que la marquise avait adopté. Mais Dreyfus, après avoir consulté Leblois et ses avocats, Demange et Mornard, décida d'attendre les résultats de l'enquête promise par André. Une décision que le lendemain soutiendra Jaurès (voir *Carnets (1899-1907)*, *op. cit.*, p. 148-150 et notre *Histoire de l'affaire Dreyfus de 1894 à nos jours*, *op. cit.*, p. 1014-1015). À réception de la lettre de Dreyfus, la marquise écrira à Reinach pour, citant un passage de cette lettre, lui dire sa déception et sa colère : « Ah ! On recommence comme lors du suicide d'Henry !!! On attend !!!!! quoi ??? / On trouve que la lettre de Münster n'est pas le fait nouveau !!!! / [...] Moi, qui ai cru que la demande de révision allait être faite dans les 24 heures ! / Je suis sûre que je ne suis pas la seule à avoir eu cette idée – Je suis navrée – [...] Je vous le répète, j'en suis navrée ! La lettre de Münster a produit un effet de torpeur comparable à celui du suicide d'Henry – Il fallait marcher tout de suite – C'est à pleurer de colère – » (« Mercredi matin », BNF n.a.fr. 24889, f. 125 et v°).

106. Le ministre de la Guerre Cavaignac, le 7 juillet 1898, avait donné à la tribune de la Chambre, entre autres « preuves » de la culpabilité de Dreyfus, le « faux Henry ». Unanimement, les députés avaient voté l'affichage de ce discours (voir notre *Histoire de l'affaire Dreyfus de 1894 à nos jours*, *op. cit.*, p. 722-733).

107. Nous ne savons de quelle visite il peut bien s'agir. Une visite de Brisson ? Et quel rapport avec la *Gazette de Lausanne* ? Et l'article, ou plutôt les articles (trois – très durs et injustes pour Dreyfus – venaient d'être publiés à la date de cette lettre : « La reprise de l'Affaire », « L'Affaire » et « L'Affaire », 11 et 24 avril et 2 mai) de la *Gazette de Lausanne* par Picquart, le « dreyfusard de marque » auquel Brisson fait allusion, ne nous permettent pas d'éclairer ce propos. Notons toutefois que le premier article de la *Gazette* reprenait en commentaire un autre article de Picquart, publié dans *L'Aurore* du 10 avril, article auquel

fait allusion Brisson dans l'extrait ici cité, du 17 avril, de ses souvenirs. Il y écrivait, injustement, que « quand M. Cavaignac eut lu le document à la tribune [le faux Henry], je n'ai pas pensé faire un grand exploit en écrivant à M. Brisson pour l'avertir charitablement que son ministre de la guerre faisait fausse route. Mal m'en a pris, d'ailleurs, car M. Brisson s'est empressé de me faire fourrer en prison et quand j'ai été interrogé par son ami, M. le juge d'instruction Fabre, ç'a été sur tout autre chose que sur la pièce fabriquée par Henry » (« Le commandant Cuignet »).

108. Et essentiellement la lettre de Münster, précédemment évoquée.

109. La marquise, sur la base peut-être des lettres jointes dont il est question à la suite qui ne nous sont pas parvenues (celle de Molinier évoquée à la suite n'est pas dans le fonds Arconati), avait dû, après avoir défendu un autre point de vue (voir note 105), se rallier à la juste prudence de Dreyfus.

110. Indirectement Dreyfus se justifiait ici des reproches qui avaient été formulés depuis 1900 par Picquart, Labori, Havet et Clemenceau sur la manière qui était la sienne de rechercher le fait nouveau nécessaire à une nouvelle révision, manière selon eux peu énergique et qui dissimulait une volonté de se satisfaire de la grâce (à ce propos, voir notre *Histoire de l'affaire Dreyfus de 1894 à nos jours*, *op. cit.*, p. 937-955). Cette « patience » était dictée par la prudence et la raison. Comme il l'avait écrit quelques mois plus tôt à Naville : « L'enquête qui j'espère est ouverte peut seule nous le donner [le fait nouveau] et ce n'est pas pour une vaine satisfaction d'amour-propre, ou pour faire "un geste" que je compromettrai le résultat acquis » (lettre du 16 avril 1903, Bibliothèque de Genève (BEG), Ms. fr. 4491/21, f. 6a).

111. Alice Hadamard, mariée depuis 1900 avec Eugène Jules Duteil Deutsch, venait, le 28 avril précédent, de donner naissance à Germaine Pauline.

112. Sophie, qui avait donné naissance en 1900 à Jacques Kayser.

113. La lettre de la veille, n° 61, non reprise ici et résumée dans la « Provenance des textes ».

114. Lettre du 10 mai 1900 (MsVC 290, 6888v°-6889). Clemenceau avait quitté *L'Aurore* fin 1899 et, après un bref passage aux *Droits de l'Homme*, avait publié seul, à partir de 1901, une revue : *Le Bloc*. Comme l'avait appris Dreyfus à la marquise dans sa lettre de la veille, il revenait dans une *Aurore* affermée par Victor Simond, comme rédacteur en chef.

115. Arthur Gonse (1838-1917), était le sous-chef d'état-major en 1894 quant fut arrêté et condamné Dreyfus. Il fut le principal artisan, à partir de 1896, de la « collusion » visant à préserver la condamnation de 1894 et pour cela à sauver le véritable traître : Esterhazy. Il commit pour cela quelques faux et couvrit de sa protection ceux de ses subordonnés (voir notre *Histoire de l'affaire Dreyfus de 1894 à nos jours*, *op. cit.*, p. 370-462).

116. La marquise fait ici allusion à une discussion que Picquart, à l'époque chef de la Section de statistique, eut avec son supérieur, Gonse, sous-chef d'état-major : « "Eh bien voyons, qu'est-ce que cela vous fait que ce juif soit à l'île du Diable ? – Mais puisqu'il est innocent. – Comment voulez-vous revenir sur le procès ? ce serait une histoire épouvantable… le général Mercier, le général

Saussier qui sont engagés là-dedans... – Mon général, il est innocent, cela doit suffire pour revenir là-dessus ; mais à un autre point de vue vous savez que la famille travaille, qu'elle cherche partout le vrai coupable, et si elle le trouve quelle sera, pensez-vous, notre posture ? – *Si vous ne dites rien personne ne le saura.* – Mon général, ce que vous dites est abominable... je ne sais pas ce que je ferai... mais en tout cas je n'emporterai pas ce secret dans la tombe" » (lettre de Picquart au garde des Sceaux du 14 septembre 1898, AN BB[19] 105, f. 28). Gonse niera toujours la réalité de cet échange que Picquart soutiendra (voir *La Révision du procès de Rennes. Débats de la Cour de cassation (chambres réunies). 15 juin 1906-12 juillet 1906*, Paris, Ligue française pour la défense des droits de l'homme et du citoyen, 1906, t. II, p. 682 et 684).

117. *L'Iniquité*, Paris, P.-V. Stock, 1899. Et Clemenceau ajoutait : « Je n'ose le blâmer, mais je constate la faute. »

118. Reinach, qui s'était brouillé en 1901 avec Labori et Picquart (voir notre *Histoire de l'affaire Dreyfus de 1894 à nos jours, op. cit.*, p. 955-957), avait, dans le deuxième volume de son *Histoire* paru quelques mois plus tôt, parlé de la manière dont Picquart avait, à l'été 1897, « oublié » Dreyfus et « ceux qui veulent qu[’il] soit et reste coupable » (Reinach, *Histoire de l'affaire Dreyfus, op. cit.*, t. 1, p. 666), prenant ainsi le parti, comme l'écrivait la marquise à Anatole France dans la lettre dont il sera question à la suite, d'« av[oir] le tort de [se] souvenir de ce que disait G. Paris au sujet de la vérité [...] : "celui qui se permet la plus petite dissimulation, l'altération la plus légère, n'est pas digne..." » (citée dans la lettre de la marquise à Reinach de « lundi soir », BN n.a.fr. 24889, f. 126-127).

119. Dans sa lettre, Anatole France regrettait que Joseph Reinach, dans son *Histoire*, n'ait pas « mieux » parlé de Picquart et reprochait à la marquise d'avoir « fait cette chose sans nom » : se brouiller avec lui (lettre sans date, MsVC 277, f. 3563).

120. Le lieutenant-colonel Henry (1846-1898), qui est bien connu pour avoir fabriqué des pièces à charge qui manquaient contre Dreyfus, avait été, on le sait, arrêté après avoir avoué un de ses faux et retrouvé mort, la gorge tranchée, dans sa cellule. Dans les mois qui avaient suivi, Reinach avait publié dans *Le Siècle* une série dans laquelle il voulait démontrer qu'Henry avait été le complice d'Esterhazy dans sa trahison. La veuve Henry, soutenue par *La Libre Parole*, l'avait alors attaqué en justice. L'avant-veille de cette lettre, le 14 mai, l'affaire avait été jugée en appel (sur cette thèse et le procès, voir notre *Histoire de l'affaire Dreyfus de 1894 à nos jours, op. cit.*, p. 824, 916 et 1175-1179).

121. Le 25 mars, Picquart avait écrit au *Siècle* pour « [s]e dégager entièrement », après la publication d'un article qui citait son nom à propos du procès Henry-Reinach, de la thèse de Reinach qu'il considérait comme « inexact[e] » et comme une « grave erreur » qui lui faisait irrésistiblement penser aux légendes colportées par les antidreyfusards : « La cause de la vérité ne doit pas être servie de cette façon-là » (lettre publiée dans le numéro daté du 26).

122. Elle demandait aussi à France « s'il approuvait la conduite de Picquart choisissant pour "se dégager" d'une opinion que [Reinach] ne lui ava[ait] jamais

attribuée, la veille de [son] procès ». Elle ajoutait, expliquant ce qui pour elle était à l'origine de la lettre de Picquart, « que malheureusement pour Picquart son changement d'humeur coïncidait avec l'apparition [du] 2e vol [de Reinach] ». Pour elle, comme elle l'écrira à Reinach, cette lettre le jugeait : « *haineux, jaloux, antisémite* et *pas républicain* – » (lettre de « Dimanche », BNF n.a.fr. 24889, f. 60).

123. Picquart était vénéré par de nombreux dreyfusards (voir notre *Histoire de l'affaire Dreyfus de 1899 à nos jours, op. cit.*, p. 790-795 et notre essai à paraître aux éditions Grasset). Ainsi, pour exemple, Jean Psichari avait écrit à Reinach, après la lecture du deuxième volume de son *Histoire* : « Il est des êtres auxquels on ne peut même pas toucher. [...] L'historien, le plus impartial lui-même, quand il rencontre devant lui une figure pareille, s'il lui découvre des taches, s'il ne peut pas les dissimuler, les signale au moins avec tendresse » (lettre sans date [fin 1902-début 1903] publiée dans Marguerite-Fernand Labori, *Labori. Ses notes manuscrites. Sa vie*, Lausanne, Victor Attinger, 1947, p. 361-372). Quant à la réponse de la marquise à Picquart, il n'en demeure malheureusement rien dans les fonds que nous avons dépouillés.

124. Luigi Pelloux (1839-1924) avait été plusieurs fois ministre en Italie (Guerre : 1891-1893, 1896-1897, 1900 ; Intérieur : 1898-1900) et président du Conseil (1898-1900).

125. La migraine, selon Vigny dans *Stello ou les diables bleus (bleue devils)*, 1832.

126. Voir note 120 et lettre 66.

127. [*Sic*] pour Lailler. En décembre 1901, après sa rupture avec Labori, Reinach avait demandé à Me Lailler de prendre en charge sa défense.

128. Il s'agit de trois lettres qui soutenaient la thèse de Reinach relative à la complicité Henry-Esterhazy : la première, à Reinach, qui fut publiée dans *Le Radical* du 30 juin 1902 ; la deuxième, à Lailler, du 3 mai 1903 ; et la troisième, adressée au même Lailler mais primitivement pensée comme une réponse à la lettre de Picquart donnée au *Siècle* et que Monod avait alors décidé de ne pas envoyer.

129. À la différence de sa plaidoirie du 4 juin 1902, qui fut publiée, en tiré à part de la *Revue des grands procès contemporains*, à l'imprimerie Charles Colin (Mayenne), cette nouvelle plaidoirie, comme la sténographie du procès, ne fera pas l'objet d'une édition. On la trouvera toutefois dans la *Revue des grands procès contemporains* (t. XXI, novembre-décembre 1903, p. 641-728), plaidoirie qui reprend les lettres de Monod évoquées (p. 672-674). Les autres plaidoiries et l'arrêt se trouvent dans les numéros de janvier et février 1904 de la même revue.

130. Celles demandées dans la lettre précédente, non reprise et résumée dans la « Provenance des textes » (lettre 64).

131. En réponse aux souvenirs que Brisson publiait alors dans *Le Siècle* (ils paraissaient depuis le 10 avril et se continueront jusqu'au 23 novembre), le général Zurlinden (1837-1929), ministre de la Guerre en 1895 puis en 1898, poste dont il avait démissionné pour ne pas faire la révision (voir notre *Histoire de l'affaire Dreyfus de 1894 à nos jours, op. cit.*, p. 784-790), avait envoyé une lettre au *Gaulois*,

publiée dans le numéro du 23, lettre dans laquelle il déclarait que son opinion de la culpabilité de Dreyfus ne s'était pas modifiée.

132. Le troisième volume de son *Histoire de l'affaire Dreyfus* devait en effet paraître quelques jours plus tard.

133. Le jugement, rendu la veille, condamnait Reinach et le gérant du *Siècle* à 500 francs de dommages-intérêts à la veuve Henry et 500 francs à son fils.

134. Ferdinand Walsin Esterhazy (1847-1923) fut, on le sait, le véritable traître à la place duquel avait été condamné Dreyfus.

135. Le droit de réponse évoqué dans la lettre précédente avait été refusé par *Le Gaulois* (édition du 25) au motif qu'il jugeait n'avoir pas à publier un plaidoyer de Dreyfus et que s'il y avait une réponse à donner, c'était à Brisson, mis en cause, de le faire. Dreyfus avait en effet finalement adressé sa réponse à Zurlinden aux journaux amis qui l'avaient insérée dans leurs numéros en date des 31 mai ou 1er juin. Sur cette question voir les *Carnets (1899-1907), op. cit.*, p. 152-153 qui donnent intégralement la réponse refusée de Dreyfus.

136. Nous ne savons de quoi il peut s'agir. Sans doute une proposition de reprise des relations avec Picquart et Labori.

137. Ce projet de réunir en volume les souvenir de Brisson publié dans *Le Siècle* n'aboutira pas à ce moment et il faudra attendre 1908 pour le voir paraître chez Édouard Cornély sous le titre : *Souvenirs. Affaire Dreyfus.*

138. Voir note 105.

139. Cet article du 8 juin se trouve aux pages 121-128 de la reprise en volume.

140. Société nouvelle de librairie et d'édition, 1903. Cette brochure était la reprise d'une série publiée dans *Le Siècle* (12 avril-4 mai) et de la publication de laquelle Dreyfus avait informé la marquise la semaine précédente (voir le résumé de la lettre 68 dans la « Provenance des textes »).

141. Ainsi que le voulait Combes, voir note 97. L'enquête avait en fait déjà été entreprise par André mais, le 11 juin, après la publication d'un article dans *Le Gaulois*, Combes avait demandé à son ministre d'attendre le départ des Chambres. L'enquête était à ce moment en suspens et André la reprendra au début de juillet (voir notre *Histoire de l'affaire Dreyfus de 1894 à nos jours, op. cit.*, p. 1019-1025).

142. Nous ne savons de quoi il s'agit.

143. Le pasteur Ernest Fontanès (1928-1903) venait de mourir le 7 juillet précédent.

144. Voir lettre 93.

145. Ils partiront le 8 août (Dreyfus, *Carnets (1899-1907), op. cit.*, p. 156).

146. Les Naville.

147. Son château de Gaesbeck.

148. Dreyfus l'ignorait mais l'enquête était en cours et progressait à grande vitesse.

149. Du 12 au 14 septembre, Tréguier avait accueilli des cérémonies en souvenir de Renan. Supervisées par les Psichari, ces manifestations avaient été données en présence de Combes et de quelques-uns de ses ministres. Y avaient été

présents France, Zola, Clemenceau, Jaurès faisant de cet événement selon une partie de la presse locale, le rendez-vous des « jacobins, [d]es juifs et [d]es dreyfusards, [d]es chanteurs révolutionnaires de la *Carmagnole* et de l'*Internationale* » (voir Frédérique Neau-Dufour, *Ernest Psichari. L'ordre et l'errance*, Paris, éditions du Cerf, 2001, p. 32-33).

150. Il n'ira finalement pas comme nous le dit la lettre 79, non reprise et résumée dans la « Provenance des textes ».

151. Non identifié.

152. Lettre non identifiée.

153. En mars avait pourtant paru chez « Pages libres » la synthèse qu'espérait Dreyfus, un peu plus courte toutefois (72 pages) due au Dr Oyon sous le titre *Précis de l'affaire Dreyfus*. L'année suivante Théodore Reinach, sous le pseudonyme de R.L.M., publiera à son tour une *Histoire sommaire de l'affaire Dreyfus* à la Société nouvelle de librairie et d'édition, volume de 184 pages. Cette question reviendra quelquefois sous la plume de quelques dreyfusards. Ainsi, en 1909, la marquise racontera à Reinach que Brisson était venu la voir avec en poche l'antidreyfusard *Précis de l'affaire Dreyfus* de Dutrait-Crozon (voir note 1217), lui disant « que *nous n'avions pas fait ça* et que c'était plus facile à lire que nos volumes » (« Jeudi », BNF n.a.fr. 24890, f. 58).

154. La marquise, comme on le verra dans les deux lettres suivantes, devait partir quelques jours en Allemagne. Elle était pour cela repassée quelques jours à Paris, d'où la proposition de rendez-vous à la suite.

155. De retour de Nieuport le 21 septembre, Dreyfus, comme il l'écrit dans ses *Carnets*, avait « appris [...] que l'enquête au ministère de la Guerre s'était poursuivie sous l'impulsion active et intelligente du capitaine Targe, mais sans pouvoir obtenir de détails sur ses résultats » (*op. cit.*, p. 158). Sans doute, veut-il parler ici, en disant n'avoir pas tout obtenu mais que la porte était ouverte, de l'enquête qu'il réclamait auprès des juges de Rennes (voir lettre 70).

156. Edmond Haraucourt (1856-1941), poète et romancier, était conservateur au musée du Trocadéro depuis 1894 et venait d'être nommé au musée de Cluny. Dans le *Gil Blas* du 30 septembre, il était raconté que la marquise avait soutenu contre Haraucourt la candidature de Molinier et qu'elle avait annoncé que, si le premier était élu, elle déchirerait le testament qu'elle avait fait et par lequel elle léguait dix millions de francs aux musées nationaux.

157. Du 14 au 18, la France recevra Victor-Emmanuel III et son épouse Hélène.

158. Combes avait parlé le 11 au parc d'artillerie des Gravanches, près de Clermont-Ferrand, à l'occasion de l'inauguration de la statue de Vercingétorix (repris dans Émile Combes, *Une campagne laïque : 1902-1903*, *op. cit.*, p. 369-386).

159. De Gaesbeck, on l'aura compris.

160. Sans doute d'agir sur Brisson qui, nous apprennent les *Carnets*, avait dit à Leblois « qu'on ne pourrait rien faire avant le 15 décembre au plus tôt » (*op. cit.*, p. 160).

161. Ainsi qu'il le raconte dans ses *Carnets*, Dreyfus avait appris le 23 par Jaurès que le dossier de l'enquête avait été transmis au ministre de la Justice, et reçu, le 25, un mot de Mornard qui demandait à le voir pour l'informer que le ministre de la Justice, Vallé, était disposé, après avoir pris connaissance de l'enquête d'André (sur cette enquête voir notre *Histoire de l'affaire Dreyfus de 1894 à nos jours, op. cit.*, p. 1007-1025), à saisir la commission de révision. Pour couvrir son gouvernement en cas d'interpellation, suite au vote du 7 avril précédent (voir note 97), Combes avait fait demander à Dreyfus de rédiger sa demande de révision et lui avait fait pour cela part des résultats de l'enquête. « Notre indignation, à Me Mornard et à moi, fut vive en constatant une fois de plus tous les crimes qui avaient été commis contre la justice », écrira Dreyfus. Ce même 25, il avait donc rédigé et envoyé au ministre sa demande de révision. Le 26 novembre, Mornard avait revu un Vallé devenu hésitant qui lui avait demandé le silence jusqu'à la transmission à la commission de révision puis Thompson, envoyé par Combes, qui lui avait demandé une première fois d'attendre avant de le revoir un peu plus tard dans la journée pour lui dire d'agir. À 6 h 30, Mornard déposait la demande de Dreyfus à la chancellerie (voir *Carnets (1899-1907), op. cit.*, p. 165-166, qui donne le texte de la lettre de Dreyfus à Vallé et notre *Histoire de l'affaire Dreyfus de 1894 à nos jours, op. cit.*, p. 1025-1028.

162. Jean de Côme, « Bouquet de lettres », *Le Figaro*, 26 novembre 1903.

163. Voir lettre suivante.

164. La tension était à ce moment au plus haut entre les deux pays au sujet du contrôle de la Mandchourie et de la Corée. S'ils étaient encore à la recherche d'une entente et d'une solution pacifique, la guerre, qui ne faisait à ce moment guère de doute, sera officiellement déclarée en février suivant.

165. La veille, la commission de révision du ministère de la Justice avait jugé recevable la demande formulée par Dreyfus le 25 novembre précédent et ce jour même, comme Mornard l'avait annoncé (lettre précédente), le ministre de la Justice avait chargé le procureur général de déférer à la Chambre criminelle de la Cour de cassation le jugement de 1899 et d'en requérir la révision (*Révision du procès de Rennes. Débats de la Cour de cassation. Audiences des 3, 4 et 5 mars 1904, op. cit.*, p. 5-10).

166. Gustave Dreyfus (1837-1914), collectionneur d'art, était le propriétaire de l'appartement qu'habitait le capitaine et un grand ami de la marquise.

167. Manuel Baudouin (1846-1917) était procureur général depuis 1901. Il avait été mêlé à l'Affaire fin 1897 quand, président du Tribunal de première instance du département de la Seine, il avait eu à intervenir dans le cadre de l'instruction Ravary (voir notre *Histoire de l'affaire Dreyfus de 1894 à nos jours, op. cit.*, p. 504-505).

168. Ce ne sera que le 17 janvier que le procureur saisira la Chambre criminelle, le 30 janvier que Boyer sera nommé rapporteur et le 3 mars que s'ouvriront les débats de la Cour de cassation, débats au terme desquels sera jugée recevable la demande de révision et ouverte l'enquête.

169. Le 12 janvier, à la présidence de la Chambre.

170. Qui s'était présenté à la vice-présidence et n'avait obtenu que 199 voix contre 405 à Étienne, 269 à Lockroy, 255 à Gerville-Réache et 254 à Guillain (*Journal officiel. Chambre des députés. Débats parlementaires*, 13 janvier 1904, p. 2).

171. Henry Mornard (1859-1928), avocat, était intervenu dans l'Affaire au lendemain du procès Zola en plaidant son dossier devant la Cour de cassation. Représentant Lucie à l'occasion de la première révision (1898-1899), il représentait le capitaine dans ses nouvelles démarches.

172. Mémoires en appui à la demande de révision. Ils seront déposés les 30 janvier (Mornard) et 1er février (Dreyfus). On les trouvera dans *Révision du procès de Rennes. Débats de la Cour de cassation. Audiences des 3, 4 et 5 mars 1904, op. cit.*, p. 451-465 et 407-450. Dreyfus les fera imprimer, raison pour laquelle il en corrigeait les épreuves, à l'imprimerie G. Kadar.

173. Louis Hartmann (1851-1922), chef d'escadron, avait témoigné pour Dreyfus lors de la première révision et à Rennes.

174. Il avait juste dit qu'il « bris[ait] sa carrière » non pas uniquement « pour se livrer entièrement à ses travaux scientifiques sur la balistique » mais pour des raisons « plus hautes et pour des faits qu'il estime très graves ». Cette interview venait d'être publiée ce jour (numéro postdaté du 27 février 1904).

175. Son fils, Roger Hartmann, soldat au 39e Régiment d'artillerie de Rouen, était mort le 4 février de la fièvre typhoïde. Malade depuis quelques jours, très fiévreux, on lui avait donné pour tout soin une purge. Il n'avait été dispensé d'aucun exercice, pas même de la marche de 23 kilomètres, avec sac chargé, qui avait fini de le rendre tout à fait malade. Hospitalisé quelques jours après, il avait été soigné, quand la douleur le faisait hurler, avec de l'eau de sedlitz et des cataplasmes. Il devait décéder quelques jours plus tard. D'autres soldats, au même moment et dans la même caserne, étaient morts sans que s'émeuvent les médecins et la hiérarchie (cf. l'intervention de Clemenceau publiée au *Journal officiel* du 13 mars 1903 et particulièrement les pages 416-418 et, aussi, son volume, publié en 1903 chez Cornély : *Comment on soigne nos soldats. Le Cas Hartmann. L'Épidémie de Rouen*).

176. Antoine Louis Targe (1865-1942), était, dira de lui André dont il était l'officier d'ordonnance, un jeune officier « de tous points prometteur », « instruit, d'une activité sans limite, doué d'une mémoire prodigieuse et ce qui, dans l'espèce, était une grâce inappréciable, d'un manque de timidité, d'une audace "tactile" qui lui permettait de fouiller, sans vergogne et sans observance des rites, les tiroirs les mieux clos et les plus hiérarchiques » (Général André, *Cinq ans de ministère, op. cit.*, p. 244). Il avait été la cheville ouvrière de l'enquête administrative d'André de l'année précédente.

177. Le général Alexandre Percin (1846-1929) était le chef de cabinet du général André.

178. Louis Cuignet (1857-1936) avait été membre du cabinet du ministre de la Guerre Cavaignac puis de ses successeurs Zurlinden et Chanoine. C'est lui qui avait découvert le « faux Henry », découverte qui ne modifia en rien – bien au contraire – sa certitude de la culpabilité de Dreyfus. Chargé de mettre en ordre

le dossier secret de l'Affaire, c'est à ce titre qu'il avait déposé lors de la première révision. Par la suite, on le verra, plus antidreyfusard que jamais, il deviendra un des champions de l'Action française.

179. Eugène Chamoin (1845-1924) avait en effet déposé à l'occasion de la première révision avec Cuignet sur la « dépêche Panizzardi » et avait suivi le procès de Rennes comme délégué du ministre de la Guerre.

180. Ainsi par exemple du général Zimmer qui avait participé à la découverte d'un autre faux du dossier secret (voir notre *Histoire de l'affaire Dreyfus de 1894 à nos jours*, *op. cit.*, p. 1021-1022) et déposera en effet.

181. Targe avait en effet une connaissance parfaite du dossier et surtout de tous les faux qui avaient été réalisés pour conserver la condamnation de 1894 et protéger l'État-major coupable. Son travail avait fort impressionné déjà, en novembre précédent, la commission de révision. Gaston Moch, sur les informations de Dupré, membre de la commission, avait ainsi pu écrire à Dreyfus, son ancien condisciple à Polytechnique : « Épatement général de la commission à la vue de tant de faux. Sans l'amnistie, Mercier et Gonse seraient arrêtés dès aujourd'hui. Grande impression produite par l'exposé de Targe » (Dreyfus, *Carnets (1899-1907)*, *op. cit.*, p. 170).

182. *Cinq années de ma vie.*

183. Un procès opposait à ce moment le roi Léopold II de Belgique à ses filles après qu'il avait décidé de les déshériter au profit de la Belgique. Son image en fut pour le moins écornée comme en témoigne un article du *Matin* du 6 mars qui annonçait qu'après ce procès et ses révélations « la Belgique n'a plus de roi » (« La fin d'un roi »).

184. Fernand Labori (1860-1917) avait été l'avocat de Lucie au procès Esterhazy, celui de Zola à son procès, celui de Picquart et de Reinach dans leurs affaires respectives et celui de Dreyfus à Rennes. Il s'était brouillé avec Reinach et les Dreyfus et se répandait dans la presse en propos désagréables au sujet de ses anciens clients. À son sujet, et au sujet de cette brouille, on pourra lire notre *Histoire de l'affaire Dreyfus de 1894 à nos jours*, *op. cit.*, p. 937-972 et le volume que nous préparons à son sujet à paraître aux éditions du CNRS.

185. Voici comment Dreyfus, dans ses *Carnets*, raconta l'incident, survenu le 5 mars, dernier jour des débats de la Cour de cassation : « Le succès de ces trois journées eût été complet sans un incident misérable créé par Me Labori. Me Mornard, dans sa plaidoirie, après avoir décrit mon caractère et dit les sentiments de mon cœur, fit appel au témoignage de Me Demange et de Me Labori. Il eût mieux valu que Me Mornard n'en appelât pas au témoignage de Me Labori, connaissant son état d'esprit et son désir non dissimulé de faire un éclat. Quoi qu'il en soit, à peine Me Mornard eut-il prononcé les paroles où il en appelait à Me Labori que celui-ci se leva et quitta la salle d'audience » (*op. cit.*, p. 177-178). Sur les réactions de la presse nationaliste et des amis, voir dans les *Carnets*, les commentaires de Dreyfus et les notes qui accompagnent cette citation. Et plus largement sur cet incident, voir notre *Histoire de l'affaire Dreyfus de 1894 à nos jours*, *op. cit.*, p. 1029-1030.

186. Patte Pelue, pseudonyme de Laurent Tailhade, qui, après s'être rangé parmi les défenseurs du capitaine (cf. le volume de textes réunis par Gilles Picq pour les éditions Séguier), avait signé le court article évoqué dans lequel il laissait libre cours à son antisémitisme et apportait son soutien à Labori dont le geste « stigmatisa[it] l'homme sans cœur et sans révolte dont l'antipathique innocence demeure la seule vertu ». Gabriel Monod y répondit en une lettre publiée dans *L'Action* du 10 mars. Il s'élevait contre « l'incroyable caricature » et témoignait de « la fermeté inlassable avec laquelle [Dreyfus] a depuis dix ans crié son innocence ». « Jamais martyr ni héros, ajoutait-il, n'ont été plus dignes de la grande cause qu'il a représentée, et les dreyfusards peuvent être fiers, et de la cause et de l'homme pour lesquels ils ont combattu » (« A. Dreyfus, L. Tailhade et G. Monod »).

187. Le tome 4 de son *Histoire de l'affaire Dreyfus*.

188. Abel Lefranc (1863-1952), secrétaire du Collège de France, dreyfusard de longue date qui avait été contacté par Zola pour témoigner à son procès et avait refusé pour des raisons uniquement scientifiques, venait d'être élu à la chaire de langue et littérature françaises en succession d'Émile Deschanel.

189. À l'occasion de la discussion à la Chambre du projet relatif aux congrégations enseignantes, le 17, une « conspiration » avait éclaté menée par Millerand. Jaurès, prenant la parole, avait en effet sauvé le cabinet et, avec lui, le vote de la loi supprimant l'enseignement congréganiste (voir Combes, *Mon ministère 1902-1905)*, Paris, Plon, 1956, p. 149-157).

190. Jules Soury (1842-1915), neuropsychologue de renom, maître à penser de Barrès, prônait une guerre des races qui justifiait à ses yeux un antisémitisme forcené. Figure importante du nationalisme intégral mais marginalisée du fait de propos et d'attitudes qui révélaient une inquiétante perturbation psychologique, il collaborait au royaliste *Soleil* et surtout à *L'Action française*.

191. Pour féliciter Maurice Talmeyr d'un récent article publié dans *Le Soleil* (18 mars) et qui présentait le Collège de France comme « Le collège de Judée », Soury se perdait en considérations sur un système éducatif aux mains des juifs, des protestants et des francs-maçons, expliquait qu'un juif français, naturalisé ou converti même depuis plusieurs générations, demeurait juif et concluait en en appelant au mépris, dernière vengeance, qui serait aussi bientôt nécessaire « le jour où le traître sera réhabilité... » : « Quoi qu'on fasse il nous faudra crier bien haut que, *gracié ou réhabilité par l'artifice de fictions légales, Dreyfus, le traître Juif, restera dans l'histoire, pour tous les siècles, le traître juif Dreyfus.* »

192. Ferdinand Brunetière (1849-1906), universitaire, académicien français et directeur de *La Revue des Deux Mondes*, avait été un des fondateurs de la Ligue de la patrie française. Il avait été l'adversaire de Lefranc à la succession d'Émile Deschanel, faisant du coup de cette élection un combat entre dreyfusards et antidreyfusards.

193. Paul Painlevé (1863-1933), mathématicien et futur homme politique, terminera son mémoire le jour même de cette lettre à en croire la date qui le clôt.

194. Imprimés donc aux frais de Dreyfus par l'imprimerie G. Kadar. Ces mémoires seront repris dans *La Révision du procès de Rennes. Enquête de la chambre criminelle de la Cour de cassation (5 mars 1904-19 novembre 1904)*, Paris, Ligue française pour la défense des droits de l'homme et du citoyen, 1908, t. III, p. 891-911). Ces deux mémoires étaient importants qui constituaient une réponse à la « brochure verte », plaquette largement diffusée qui, sur la base des travaux de Bertillon et de Valerio, tentait à prouver la culpabilité de Dreyfus (voir notre *Histoire de l'affaire Dreyfus de 1894 à nos jours*, *op. cit.*, p. 1072-1075).

195. Tel sera, on le verra, le combat de Dreyfus : obtenir la cassation sans renvoi pour ne pas avoir ainsi à affronter une nouvelle fois le parti pris d'un conseil de guerre au sujet duquel il ne pouvait être raisonnable d'espérer, pour paraphraser le « J'Accuse… ! », qu'il déferait ce qu'un précédent conseil de guerre avait fait.

196. Voir à ce sujet la lettre de Painlevé à Dreyfus du 13 : MAHJ, 97.17.042.039.

197. Perdue.

198. Brisson agira-t-il ? Nos ne le savons mais ce qui est sûr c'est que Percin ne déposera pas.

199. Zurlinden, dans un « article venimeux » publié le 14 mars 1904 (« Révision »), article dans lequel au passage il considérait que « les israélites de toutes les nations, de toutes les classes, les plus pauvres comme les plus opulents, se sont coalisés et lui ont apporté [à Dreyfus] des ressources considérables », avait ouvert une voie que Dreyfus avait décidé d'emprunter : « Le général Zurlinden y disait, en effet, que la clef du mystère était à Berlin ; il n'y avait donc qu'à l'y demander par l'envoi de commissions rogatoires. Me Mornard partagea cet avis et déposa une demande de commissions rogatoires à adresser aux attachés militaires étrangers en 1894, le colonel de Schwartzkoppen et le colonel Panizzardi. Mais M. Delcassé, ministre des Affaires Étrangères, consulté officieusement par le procureur général, répondit par un avis défavorable. Très surpris, je fis faire des démarches pressantes auprès du gouvernement pour que celui-ci donnât un avis favorable à l'envoi de commissions rogatoires par la Cour de cassation. Je ne réussis pas, et voici ce que j'appris à ce sujet : "Plusieurs ministres sont du même avis de M. Delcassé, notamment le général André. […] M. Delcassé réussit à faire admettre par le Conseil des ministres un avis défavorable à l'envoi de commissions rogatoires » (*Carnets (1899-1907)*, *op. cit.*, p. 179-180, qui donne le détail des raisons du refus).

200. Dreyfus écrira à Reinach : « J'ai été douloureusement ému par la nouvelle de la mort du pauvre Molinier. C'était un cœur exquis, d'une rare générosité. La mort frappe impitoyablement les meilleurs d'entre nous ; après Duclaux, Molinier. Ce dernier était devenu dans les derniers temps un véritable ami pour moi » (B.N. n.a.fr. 13569, f. 32).

201. Émile Molinier (1857-1906), conservateur au musée du Louvre, était le frère du défunt. Comme lui, il avait déposé au procès Zola.

202. « Le nid de faussaires. Un émule d'Henry au Mont-Valérien ».

203. Voici le résumé de cette affaire complexe que Dreyfus donne dans ses *Carnets* : « J'appris également, à la même époque, l'arrestation de M. Dautriche, archiviste au bureau des renseignements du ministère de la Guerre. Voici les faits qui la motivèrent. Le capitaine Targe, officier d'ordonnance du ministre de la Guerre, avait signalé à la Cour un décaissement de 25 000 frs, porté sur la comptabilité du service des renseignements à une époque contemporaine du faux témoignage Cernuscki à Rennes. En vérifiant l'emploi de ces fonds, portés au compte d'un nommé "Austerlitz", il fut reconnu que les documents qui avaient été livrés par celui-ci, ne répondaient pas, par leur importance, au prix payé. M. Atthalin, conseiller à la Cour, chargé spécialement de l'instruction sur le faux témoignage Cernuscki, interrogea les capitaines Mareschal et François qui étaient, en 1899, au service des renseignements avec l'archiviste Dautriche. Tous deux nièrent énergiquement cette dépense de 25 000 frs. Mais en présence du registre de comptabilité, ils furent obligés de reconnaître sa réalité et arguèrent d'un oubli de mémoire. Cet oubli de mémoire simultané chez les deux officiers parut suspect à M. Atthalin qui demanda qu'on fît des recherches au bureau des renseignements. Mais le ministre de la Guerre ne voulut pas intervenir personnellement. La veille de la Pentecôte, il fit prier tous les officiers du bureau des renseignements de lui remettre les clefs de tous les tiroirs et y fit apposer les scellés. Le lendemain M. Atthalin se livra à une perquisition régulière. Celle-ci amena la découverte d'un registre de caisse où la somme de 25 000 frs était portée, mais où le nom d'"Austerlitz" recouvrait un autre nom qui avait été gratté, et d'un registre particulier où l'inscription de la dépense avait été faite récemment. Ces faits furent aussitôt signalés au ministre de la Guerre qui interrogea l'archiviste Dautriche. Celui-ci déclara qu'il avait mis la dépense relative à "Austerlitz" en surcharge sur le registre particulier pour le mettre en concordance avec sa déposition devant la Cour de cassation ; il déclara, en outre, ne plus se souvenir du nom qui avait été gratté sur le registre de caisse et remplacé par celui d'"Austerlitz". Le général André voulut faire arrêter Dautriche séance tenante, mais, à la réflexion, il préféra laisser agir la justice. M. Atthalin, informé, obtint les mêmes aveux de Dautriche sans pouvoir lui faire dire le nom qui avait été gratté. Le procès-verbal d'interrogatoire fut transmis par le procureur général au ministre de la Guerre, à toutes fins utiles. Le ministre fit alors conduire Dautriche à la prison militaire du Cherche-Midi, en prévention de conseil de guerre, et une instruction judiciaire fut ouverte » (*op. cit.*, p. 185-186).

204. Théophile Delcassé (1852-1923), député de l'Ariège, ministre des Affaires étrangères depuis 1898 et jusqu'en 1905, avait été précédemment sous-secrétaire d'État aux Colonies (cabinets Ribot et Dupuy, 1893) et ministre des Colonies (cabinets Dupuy, 1894-1895).

205. Fouques Duparc, qui ignorait tout de l'Affaire, avait été en effet désigné pour présenter le dossier diplomatique avec pour consigne de s'« absten[ir] de toute appréciation sur sa signification quant au fond de l'affaire » (*Révision du procès de Rennes. Enquête de la chambre criminelle de la Cour de cassation (5 mars 1904-19 novembre 1904)*, *op. cit.*, t. 1, p. 57-8).

206. Maurice Paléologue (1859-1944), diplomate français, a laissé un journal de l'affaire Dreyfus tout à fait passionnant (*Journal de l'affaire Dreyfus*, Paris, Plon, 1955). Concernant la demande de Dreyfus, voir lettre.

207. Delcassé avait été en effet violemment attaqué et tout particulièrement par Cuignet qui l'avait accusé d'avoir commis un faux pour réhabiliter Dreyfus.

208. Edgard Combes, secrétaire général du ministère de l'Intérieur et fils du président du Conseil, avait été accusé d'avoir essayé de faire payer à l'Ordre des Chartreux un million contre l'assurance qu'il pourrait demeurer en son abbaye. Une commission d'enquête parlementaire avait été nommée le 14 juin, composée de 21 « anitiministériels » et de 12 « ministériels ».

209. Il racontera dans ses *Carnets* : « Je fus entendu le 22 juin 1904 par la Chambre criminelle de la Cour de cassation. C'était la première fois de ma vie que je franchissais le seuil du Palais de Justice où cependant mon nom avait si souvent retenti. Comme j'attendais, avant d'être entendu, dans la galerie qui précède la salle où siège la Chambre criminelle, le procureur général vint à passer avec M. Melcot, avocat général, auquel il me désigna. M. Melcot quitta alors M. Baudouin et, venant à moi, me dit : "Je ne fais pas partie de la Chambre criminelle et n'aurai pas à intervenir dans votre affaire. Permettez-moi de vous exprimer toute ma sympathie et de vous serrer la main. J'ai été convaincu de votre innocence du jour où j'ai entendu le général Mercier mentir". Quelques instants après, on vint me prévenir que l'audience était ouverte. Je fis ma déposition en établissant, pièces en main, les audacieux mensonges de mes accusateurs » (*op. cit.*, p. 186). Cette déposition peut se lire dans *Révision du procès de Rennes. Enquête de la chambre criminelle de la Cour de cassation (5 mars 1904-19 novembre 1904)*, *op. cit.*, t. 1, p. 778-795.

210. Voir lettre suivante.

211. Selon le cachet de la poste.

212. Pour y lire l'annonce dans le numéro du jour du don fait par la veuve de Zola à la Bibliothèque nationale des manuscrits des Rougon-Macquart ?

213. Ministre plutôt autoritaire, Galliffet, dans sa gestion du procès de Rennes, avait en effet laissé le président du conseil de guerre, Jouaust, et Carrière, le commissaire du gouvernement, agir à leur guise, fût-ce au mépris du droit (voir notre *Histoire de l'affaire Dreyfus de 1894 à nos jours*, *op. cit.*, p. 868-872).

214. Il sera en effet présenté le 2 mais par le même Fouques Duparc et suivant les mêmes instructions de Delcassé (voir note 205). Dreyfus n'eut donc pas gain de cause et Paléologue ne présenta pas le dossier. Le ministre, toutefois, expliquait que la recommandation faite « n'implique pas que ce fonctionnaire ne pourra pas donner les explications que les pièces produites lui paraîtraient comporter. Elle a pour but de le mettre en garde contre toute expression d'opinion qui ne serait pas de la compétence d'un agent diplomatique, et qui ne serait admissible que de la part de personnes ayant pu étudier tous les côtés de l'affaire » (lettre du 24 juin au Procureur général dans *Révision du procès de Rennes.*

Enquête de la chambre criminelle de la Cour de cassation (5 mars 1904-19 novembre 1904), op. cit., p. 59).

215. Voir lettre suivante.

216. Assurément celui de l'affaire Dautriche. Voir lettre 104.

217. Depuis 1899, directement ou par l'intermédiaire du député Lasies, qui était sa « voix » à la Chambre, Cuignet menait une active campagne par laquelle il voulait se présenter en dernier rempart contre la réhabilitation de Dreyfus (voir notre *Histoire de l'affaire Dreyfus de 1894 à nos jours, op. cit.*, p. 1075-1079). Peu avant cette lettre, après avoir pris connaissance de la déposition de l'officier d'ordonnance d'André, le lieutenant-colonel Bourdeaux, il avait écrit à André pour l'informer qu'il avait l'intention de poursuivre son ordonnance pour faux témoignage. André, excédé, ne sachant plus que faire de Cuignet et « tenant compte des nombreuses marques d'incohérence données depuis quelques années par cet officier supérieur », avait demandé « à le faire visiter et contre-visiter au point de vue mental ». Lasies, la veille de cette lettre, avait porté l'affaire à la tribune de la Chambre, déclenchant ainsi un véritable tollé. Cuignet, une nouvelle fois, s'en était tiré avec juste une mise aux arrêts de rigueur pour avoir adressé une pétition à la Chambre (*Journal officiel. Débats parlementaires, Chambre des députés*, 6 juillet 1904, p. 1856. Voir aussi *Le Temps*, 2 juillet 1904. Cuignet racontera, à sa manière, ces différentes aventures dans une série donnée à *L'Éclair* : « La deuxième révision Dreyfus », 9-15 juin 1906).

218. Du fait des vacances parlementaires.

219. Manuel Baudouin, donc, et Alexis Ballot-Beaupré (1839-1917), premier président depuis le 2 octobre 1900.

220. Qui n'était pas encore nommé (voir lettre 149).

221. Ernest Vallé (1845-1920).

222. Rien dans la correspondance de Brisson et de Jaurès à la marquise n'indique que cette démarche fut entreprise.

223. Raymond Sabouraud (1864-1938) était alors un des plus célèbres dermatologues.

224. Comme tout le monde à l'époque, Dreyfus et la marquise cèdent ici à la crainte du « péril jaune » et si les défaites qu'accumule le « grand knout » peuvent les satisfaire, les Japonais les inquiètent. Rares à l'époque furent ceux comme Jaurès qui rappelaient que « ces races jaunes sont composées d'hommes et cela devrait suffire ; mais elles sont composées d'hommes qui pensent, qui travaillent, qui échangent et qui ne paraissent pas résignés à subir indéfiniment les violences d'une Europe qui abusait de leur apparente faiblesse » ou comme Anatole France qui tentait d'expliquer à ses lecteurs que s'il existait un péril jaune, il fallait se demander qui l'avait créé : « Ce ne sont pas les Japonais qui sont venus chercher les Russes. Ce ne sont pas les Jaunes qui sont venus chercher les Blancs. Nous découvrons, à cette heure, le péril jaune. Il y a bien des années que les Asiatiques connaissent le péril blanc » (Jaurès, « Le socialisme et les partis », *L'Humanité*, 11 octobre 1905, et France, *Sur la pierre blanche*, Paris, Calmann-Lévy, 1905, p. 212).

225. Jaurès devait revenir à Paris ce 2 août et la marquise en avait informé Dreyfus, comme nous l'indique sa lettre du 1er à Jaurès (citée dans Michel Launay, « Jaurès et les intellectuels parisiens », article cité, p. 6). Il était bien sûr question de parler de son Affaire comme nous le fait comprendre la suite de la présente lettre. Jaurès, prévenant la marquise de sa volonté de voir Dreyfus le 2, lui avait précisé : « [...] je ne crois pas à la possibilité d'éviter le conseil de guerre après la campagne qui a été menée par Clemenceau et par d'autres » (lettre du mardi 26 [juillet 1904], MsVC 279, f. 3980 v-3981).

226. Contrairement, comme on le verra à la suite, à ce que pouvait penser l'Action française, rien dans l'article 445 du code d'instruction criminelle – et précisément dans le cas précis qui était celui de Dreyfus – n'empêchait de prononcer au fond et de ne pas avoir recours au renvoi devant une nouvelle juridiction. À ce propos, voir notre *Histoire de l'affaire Dreyfus de 1894 à nos jours*, *op. cit.*, p. 1083-1084.

227. Son second fils, Bernard, était alors gravement malade.

228. Où était sa propriété familiale.

229. La lettre (conservée en copie dans le fonds Arconati sous la cote [MsVC 272, f. 2417-2418) est la suivante : « 28 juillet 1904 / Je vous remercie de votre souvenir et vous prie de me considérer toujours, à quelque moment que ce soit des honteuses parades judiciaires inventées pour distraire les indestructibles arrêts de condamnation du traître Dreyfus, comme inébranlablement convaincu des crimes de l'immonde Juif. / Je me fais fête, Monsieur, et ne désespère point de le voir, un jour, troué de douze balles par le peloton d'exécution. Ainsi s'accomplira la prédiction de Clemenceau, mon vieux frère d'armes en athéisme. / Mon maître Paul Bert qui, pas plus que Gambetta, aurait été dreyfusard, inclinait à croire en une justice immanente. Au fond, et dépouillée de tout mysticisme, cette formule exprime l'inexorable fatalité de l'enchaînement des choses. / Gracié ou réhabilité par l'artifice de fictions légales, Dreyfus demeurera à jamais condamné avec sa race, c-a-d voué à la haine et à l'exécration de tous les hommes de notre race. Vous pouvez tenir ce texte pour un texte *ne varietur*. / Signé : Jules Soury. » Soury avait déjà écrit un grand nombre d'articles ou de lettres aux journaux qui variaient à l'infini sa haine du « traître juif ». Elles ont, pour celles publiées par *L'Action française*, fait l'objet de brochures et l'essentiel de celles écrites avant 1902 a été repris dans son *Campagne nationaliste. 1899-1901* (Paris, imprimerie de la Cour d'appel, 1902), ouvrage dédié à « A M. le général Mercier, sénateur, ancien ministre de la Guerre, qui a bien mérité de la patrie en contribuant plus qu'homme de France aux deux condamnations, à Paris (1894) et à Rennes (1899), du traître juif Alfred Dreyfus ».

230. Waldeck-Rousseau, président du Conseil (22 juin 1899-4 juin 1902), prédécesseur de Combes, était mort la veille.

231. Nous ne savons de quoi il peut s'agir précisément ici, même s'il semble clair qu'il soit question de l'actualité politique.

232. Dans le cadre de l'affaire Dautriche.

233. Qui techniquement avait pris fin en juillet.

234. Le Vatican avait convoqué deux évêques français sans l'autorisation du gouvernement, entraînant une rupture des relations diplomatiques de la France avec la papauté.

235. Charles Bémont et Gabriel Monod, « Bulletin historique. France. Nécrologie. Auguste Molinier », *Revue historique*, t. LXXXV, juillet-août 1904, p. 306-313.

236. « Documents inédits. La politique de M. Waldeck-Rousseau, juin 1902-août 1904 ».

237. Voir « Le dossier de l'affaire Dautriche » dans le même numéro.

238. Voir note 68.

239. Voir note 203.

240. François avait écrit, dans une lettre du 28 avril 1900 : « J'ai de gros soucis et de gros embarras de service en ce moment, nous allons, je le crains, entrer dans une crise nouvelle plus terrible peut-être, et plus grave, dans tous les cas, que la première. Comment en sortirai-je ? À la garde de Dieu ! Mais j'ai toujours devant moi l'exemple de mes trois prédécesseurs ; le premier, mort fou [Sandherr] ; le deuxième, disqualifié et honni [Picquart] ; *le dernier, le meilleur de tous et le plus droit et le plus loyal suicidé d'un coup de rasoir* [Henry] » (révélé par le lieutenant-colonel Rabier, dans son réquisitoire : *L'Affaire Dreyfus. Le procès Dautriche. Compte rendu sténographique* in extenso, Paris, Société nouvelle de librairie et d'édition, 1905, p. 41). C'est par le supplément du *Temps* du jour, première publication du réquisitoire, que Dreyfus, comme nous l'apprenons à la suite, avait eu connaissance de ce propos.

241. « L'affaire Dautriche ».

242. Du conseil de guerre, le général Bertin (1847-1931).

243. François, Rollin et Mareschal, coinculpés de Dautriche.

244. Dreyfus évoque ici la célèbre « affaire des fiches » qui atteignait à ce moment son paroxysme et qui dans l'objectif de républicaniser l'armée avait organisé un service de renseignements sur les opinions religieuses et politiques des officiers, par le réseau des loges maçonniques. À ce propos, voir Serge Doessant, *Le Général André. De l'affaire Dreyfus à l'affaire des fiches*, Paris, Éditions Glyphe, 2009 et Emmanuel Thiébot, *Scandale au Grand Orient*, Paris, Larousse, 2008. Quant aux « faits qui se sont passés à la Chambre », Dreyfus évoque ici l'attentat dont fut victime André et dont il sera question à la suite.

245. Les débats s'étaient ouverts le 25 octobre et le 7 novembre, jour de la dixième audience, le commissaire du gouvernement, au lieu de prononcer le réquisitoire attendu, avait lu une déclaration aux termes de laquelle, jugeant que les généraux Delanne et Lacroix avaient, « à l'audience, modifié sensiblement dans un sens favorable aux accusés [les dépositions] qu'ils avaient faites à l'instruction », l'accusation était abandonnée et les accusés acquittés (voir *L'Affaire Dreyfus. Le procès Dautriche. Compte rendu sténographique* in extenso, *op. cit.*). Sans doute que l'affaire des fiches et, comme le dit Dreyfus dans ses *Carnets*, le « désarroi extrême qui régnait au ministère de la Guerre », en étaient l'explication.

246. Mis devant les faits et les documents, Mareschal avait déclaré au procès, revenant sur ses dépositions de l'instruction : « [...] je me suis trompé du

commencement à la fin. À la simple lecture de mes premières dépositions, je me suis aperçu, mais amplement, que c'est un tissu d'inexactitudes, du commencement à la fin : inexactitudes flagrantes, confusions à chaque ligne [...] » (*L'Affaire Dreyfus. Le procès Dautriche. Compte rendu sténographique* in extenso, *op. cit.* p. 105).

247. À Reinach, elle écrira, faisant allusion à un célèbre article de Rochefort dans lequel, en 1899, il demandait que les magistrats de la Chambre criminelle fussent soumis à la torture (voir notre *Histoire de l'affaire Dreyfus de 1894 à nos jours, op. cit.*, p. 814) : « Si après l'acquittement de ces mousquetaires du grattoir, la Cour de cassation renvoie Dreyfus devant un conseil de guerre, je me joins à Rochefort pour demander les araignées dans les coquilles de noix » (lettre de « Vendredi », BNF n.a.fr. 24889, f. 167).

248. Clemenceau, contre Dreyfus, demandait avec véhémence le renvoi devant un nouveau conseil de guerre. Il menait campagne pour cela depuis fin 1903 et venait de publier, quelques jours avant cette lettre, une nouvelle série qui ne ménageait pas le capitaine. Le 11 novembre, il avait ainsi écrit dans *L'Aurore* : « En d'autres temps la pitié pouvait mouvoir les âmes à demander une solution rapide quand le malheureux agonisait à l'île du Diable. Mais il s'est laissé gracier et vit, depuis ce jour, d'une honnête vie bourgeoise. Nous pouvons d'autant mieux négliger désormais tout ce qui lui est personnel qu'on a fait passer l'intérêt de sa personne avant celui de la cause » (« Une dette »). Sur cette question, voir notre *Histoire de l'affaire Dreyfus de 1894 à nos jours, op. cit.*, p. 1037-1045 et 1049-1051.

249. L'affaire des fiches.

250. Boisdeffre (1839-1919 ; chef de l'État-major en 1894-1898), Du Paty, Henry et Pellieux (1842-1900 ; qui fut chargé de la première enquête sur Esterhazy après la plainte de Mathieu Dreyfus), on le sait, furent les principaux artisans du martyre de Dreyfus. Le général de Kermartin (1837-1901) s'était signalé en 1899 quand, aux obsèques de Félix Faure, il n'avait pas, par erreur expliquera-t-il, tourné la tête vers la tribune où se trouvait le nouveau président de la République Loubet.

251. Alexandre Millerand (1859-1943), député socialiste, futur président du Conseil (1920) et président de la République (1920-1924), avait été ministre du Commerce dans le cabinet Waldeck-Rousseau (1898-1902).

252. Georges Leygues (1857-1933) avait été ministre de l'Instruction publique dans le cabinet Charles-Dupuy (1894-1895), ministre de l'Intérieur dans le cabinet Ribot (1895), puis à nouveau ministre de l'Instruction publique dans les deux cabinets Charles-Dupuy (1898-1899) puis dans le cabinet Waldeck-Rousseau (1899-1902).

253. Alfred Chauchard (1821-1909), collectionneur et hommes d'affaires, était lié à Leygues auquel il léguera 12 millions de francs à son décès.

254. Charles-Dupuy (1851-1923) avait été président du Conseil à cinq reprises entre 1893 et 1899 et tout particulièrement au moment de l'arrestation et de la condamnation de Dreyfus puis entre novembre 1898 et juin 1899.

255. Cette loi, votée le 10 février 1899, dessaisissait la Chambre criminelle de la Cour de cassation, jugée dreyfusarde et de parti pris, au bénéfice des chambres réunies.

256. Le 4 novembre précédent, Leygues avait pris la parole à la Chambre et s'était présenté comme ayant « été au premier rang de ceux qui ont lutté pour la justice et la vérité ». Au dreyfusard Francis de Pressensé qui lui rappelait l'existence de la loi de dessaisissement, il avait répondu qu'il l'avait « énergiquement combattue dans le conseil des ministres » (*Journal officiel. Débats parlementaires. Chambre des députés*, 5 novembre 1904, p. 2289), oubliant juste qu'il l'avait votée.

257. À la Chambre, le 4 novembre, à l'occasion de l'interpellation sur « l'affaire des fiches », le « voyou nationaliste », le député de Paris, Syveton, secrétaire de la Ligue de la patrie française, avait giflé le général André, ministre de la Guerre. Révolté par cette agression, le capitaine Jean de Gail avait envoyé une lettre à Syveton qui, la jugeant injurieuse, lui avait adressé ses témoins. Le duel avait été fixé au 10 novembre mais avait été empêché par la police (voir, entre autres, G. Davenay, « Duel interrompu », *Le Figaro*, 11 novembre 1904). Le 5, le très clérical général Geslin de Bourgogne, bien que mis en disponibilité par André (voir Serge Doessant, *Le général André. De l'affaire Dreyfus à l'affaire des fiches*, *op. cit.*, p. 146-150), lui avait écrit pour lui dire que tous les officiers, « cléricaux et réactionnaires tout autant que leurs camarades républicains et francs-maçons », « répudi[ai]ent l'acte infâme » dont il avait été la victime. Lui réécrivant le 9, il lui avait dit qu'il considérait qu'il était « une lâcheté de frapper brutalement un homme de soixante-cinq ans » et que « quand cet homme [était] un soldat, c'[était] un outrage fait à l'armée » et expliquait que « la seule pensée que l'on pourrait nous confondre, nous qui avons été mis à pied par le ministre, avec des assassins m'a révolté et m'a fait bondir à mon bureau pour écrire au ministre » (G. Davenay, « L'incident Syveton », *Le Figaro*, 12 novembre 1904).

258. Le baron Chevreau de Christiani avait, le 4 juin 1899, lors du *steeple chase* d'Auteuil, frappé le président Loubet.

259. La Ligue de la patrie française, fondée fin 1898, dirigée par Jules Lemaitre et François Coppée, était, malgré ses premières déclarations, un groupement d'intellectuels antidreyfusards en réponse à la Ligue des droits de l'homme dreyfusarde. À son sujet, voir notre *Histoire de l'affaire Dreyfus de 1894 à nos jours*, *op. cit.*, p. 825-847.

260. Le général André venait de démissionner. Dreyfus notera dans ses *Carnets* : « J'appris le 14 novembre 1904 que le général André avait donné sa démission de ministre de la Guerre ou plutôt qu'il avait été amené doucement, par ses collègues, à se retirer. Le procédé était peu digne. Quelles qu'aient été certaines maladresses du général André, il était animé des meilleures intentions et avait eu à faire face à une situation difficile. Je conserve pour le général André, qui est un brave homme, une infinie reconnaissance pour le courage avec lequel il avait entrepris de faire réparer l'effroyable erreur judiciaire dont j'étais encore victime alors » (*op. cit.*, p. 200).

261. Sur les circonstances à l'origine de la démission d'André et la « lâcheté » du parti républicain, voir la note 721 des *Carnets* de Dreyfus (*op. cit.*, p. 407).

262. Voir lettre 16.

263. Jacques Dreyfus.

264. Maurice Berteaux (1852-1911), député de Seine-et-Oise.

265. En conservant en grande partie le cabinet de son prédécesseur, sous la direction du colonel Mardochée Valabrègue (qui avait remplacé Percin en mai 1904 comme chef de cabinet d'André).

266. « Avec ou sans renvoi », dans le numéro postdaté du 18. On pourra lire une grande partie de cet article dans les *Carnets* de Dreyfus (*op. cit.*, p. 200-202). Arthur Ranc (1831-1908), sénateur de la Seine puis de la Corse depuis 1903, était une grande figure républicaine et avait été un dreyfusard de la première heure et une des principales signatures du *Rappel* et du *Radical*. En mars 1906, il deviendra rédacteur en chef de *L'Aurore*.

267. « Et, pour ce qui est de Dreyfus lui-même et de sa dette envers "*nous*", je vous supplie de croire que ce n'est pas nos personnes que je désignais par ce mot. Je parlais de notre cause, et si je n'étais pas plus explicite, c'était pour ménager un homme qui ne nous doit rien, assurément, mais qui doit beaucoup à l'idée de justice par laquelle tant de consciences françaises furent lancées dans la grande entreprise de salut. A-t-il payé toute sa dette à la cause, qui est celle de tous ? J'ai posé la question. L'histoire fera la réponse » (« Sans faiblir », 18 novembre).

268. Voir lettre 118.

269. Paul Doumer (1857-1932), futur président de la République (1931-1932), était alors député de l'Aisne.

270. Qu'il préparait pour la Cour de cassation et auquel, comme on l'a vu dans la lettre précédente, Dreyfus contribuait. Sur ce mémoire, voir *infra*, lettres 127, 140, 146, 151 et 157.

271. Rosalie Dreyfus, fille de Jacques, avec Paul Hadamard. Ils se marieront le 23 janvier.

272. Amédée Thalamas, professeur d'histoire à Condorcet, ayant fait un cours que les royalistes avaient jugé blasphématoire, était l'objet d'une violente campagne. Il avait par ailleurs reçu un blâme de Chaumié, ministre de l'Instruction, et avait été déplacé. C'est dans ce cadre que s'inscrivait le duel Jaurès-Déroulède. Pris à partie par *L'Humanité*, le poète nationaliste et leader de la Ligue des Patriotes, avait adressé à Jaurès une dépêche dans laquelle il disait le tenir « pour le plus odieux pervertisseur de consciences qui ait jamais fait, en France, le jeu de l'étranger ». Jaurès lui avait alors envoyé ses témoins et les deux hommes, le 4, avaient échangé deux balles, « sans résultat » (voir Bertrand Joly, *Déroulède. L'inventeur du nationalisme*, Paris, Perrin, 1998, p. 338-342).

273. Syveton avait été retrouvé mort, le 8 décembre, allongé au sol, la tête dans sa cheminée. Nous n'avons pas retrouvé l'article du *Matin* évoqué.

274. Daté erronément de « 1905 » par Dreyfus.

275. Jean Guyot de Villeneuve (1864-1909), officier démissionnaire, était député nationaliste de Neuilly depuis 1902. C'est lui qui, sur les informations

de Bidegain, secrétaire adjoint du Grand Orient de France, avait révélé à la Chambre, en octobre et novembre précédent, le système des fiches.

276. Henri de Rochefort-Lucay (1831-1913), ancien communard, une des principales figures antidreyfusardes, dirigeait le journal *L'Intransigeant*.

277. « Menaces et chantages » dans le numéro postdaté du 25. La marquise réécrit sensiblement le texte de Rochefort : « Qu'il ne reçoive chez lui aucun inconnu, homme ou femme [...]. Qu'il ne descende même pas de voiture dans la rue de peur de se trouver tout à coup nez à nez avec quelque jeune "frisé" dont Gérault-Richer a, dans l'affaire Santol, acheté le témoignage quarante sous [...]. »

278. « [N]ous avons voté à l'occasion de l'affaire Dreyfus une amnistie pour des officiers infiniment plus coupables » (*Journal officiel. Débats parlementaires. Chambre des députés*, 24 décembre 1904, p. 3282).

279. « Reinach et de Pressensé », dans le même numéro.

280. Reinach avait démissionné de la Ligue des droits de l'homme le 19, expliquant que depuis quelque temps déjà le comité central lui paraissait « se tromper gravement sur le rôle de la Ligue des Droits de l'Homme et du Citoyen » et que de se fait il considérait être « en désaccord avec la majorité du comité central sur des questions essentielles ». Il avait compté attendre le renouvellement du Comité pour faire savoir qu'il ne se représenterait pas mais devant les positions prises sur la question de « la délation dans l'armée », il préférait quitter une ligue avec laquelle il se trouvait maintenant en total désaccord (voir *L'Aurore*, 20 décembre 1904 qui publie sa lettre).

281. Dans son article de *L'Aurore*, « L'obstruction et la révolution », il opposait les nombreux « héros obscurs de la grande bataille du droit » à ceux qui « écrivent [...] eux-mêmes leur apologie sous la forme d'une prétendue histoire ».

282. Il s'agit en fait de Jean-Baptiste de La Noue, extrait de *La Coquette corrigée*.

283. Sur la position de Jaurès, voir lettre 141.

284. Il lui avait toutefois écrit le 17 (lettre 130 non reprise et résumée dans la « Provenance des textes ») qu'« à la Cour de cassation, cela marche bien ».

285. La lettre évoquée est perdue. Aucune lettre de De Mot, curieusement, n'étant conservée dans le fonds Arconati.

286. À propos de la question du renvoi et de la campagne que Clemenceau menait alors (voir note 248), relayée à ce moment par Louis Havet, Picquart (voir notre *Histoire de l'affaire Dreyfus de 1894 à nos jours*, *op. cit.*, p. 1037-1045 et 1048-1051) et même Leblois (Dreyfus, *Carnets (1899-1907)*, *op. cit.*, p. 190-191).

287. À l'initiative du général Février, une protestation avait été publiée le mois précédent (« Dernière nouvelles », *Le Temps*, 9 décembre) demandant que fussent radiés de la Légion d'honneur les légionnaires impliqués dans l'affaire des fiches.

288. Voir lettres suivantes.

289. Voir *Journal officiel. Débats parlementaires. Chambre des députés*, 15 janvier 1905, p. 46.

290. Erronément daté par Dreyfus de « 1904 ».

291. Émile Straus et son épouse Geneviève, née Halévy, très liés à Reinach qui les avait convertis au dreyfusisme, tenaient un célèbre salon où, pendant l'Affaire, se retrouvaient de nombreux dreyfusards.

292. Le général Gauderique Roget (1849-1917), chef du 4e bureau en 1897, chef de cabinet de Cavaignac, puis de Zurlinden et de Chanoine en 1898, avait en effet refusé, le 23 février 1899 aux obsèques de Félix Faure, de suivre Déroulède qui tentait de la faire marcher sur l'Élysée. Cela dit, il avait été et demeurait un des principaux tenants à l'État-major de la culpabilité de Dreyfus contre lequel il avait déposé à l'occasion de la première révision et à Rennes.

293. Ce que dit la marquise (« En même temps que je reçois cette lettre d'Harduin, Joseph reçoit celle que je lui ai écrite dans la journée ») nous laisse penser que cette lettre à Reinach fut écrite et envoyée avant de recevoir celle d'Harduin. Nous ne l'avons pas retrouvée mais avons retrouvé une lettre de « samedi matin » qui réagit aux propos tenus chez les Straus et dans laquelle la marquise écrit : « Savez-vous pourquoi les Roget et autres Pellieux – je n'ai pas le temps d'allonger la liste – n'ont pas fait de coup d'État, par lâcheté, par peur si le mot lâcheté vous fait trop souffrir appliqué à ces glorieux chefs de l'armée française, par peur, car le jour de l'attentat leurs hommes leur auraient (je l'espère) f... une balle dans le dos » (BNF n.a.fr. 24889, f. 162v°-163). La marquise en a-t-elle changé le texte ? A-t-elle écrit deux fois la même dernière phrase ? Nous ne le savons. Mais cette lettre à Reinach, faisant allusion à la fin à un article anticlérical du jour de Lermina qui semble être son « Bavardage » signé « Un Parisien » du *Radical* (postdaté) du 22 janvier, nous permet de proposer pour cette lettre la date du 20 (s'il y eut deux lettres à Reinach) ou 21 janvier (s'il n'y en eut qu'une dont elle changea le texte).

294. Le capitaine Jules Fritsch avait, en mai 1900, fourni au député Le Hérissé un certain nombre de documents relatifs à une pseudo-tentative de reprise de l'affaire par le gouvernement (voir notre *Histoire de l'affaire Dreyfus de 1894 à nos jours*, *op. cit.*, p. 927).

295. Que nous n'avons pas retrouvée mais que la marquise évoque dans sa lettre à Reinach mentionnée.

296. Il s'agit, on l'aura compris, de la guerre russo-japonaise.

297. Il le sera officiellement le 24. Maurice Rouvier (1842-1911) avait été précédemment ministre des Finances dans le cabinet Combes démissionnaire.

298. Sur ce mémoire, voir lettres 127, 140, 146, 151 et 157.

299. « Confusion ».

300. Dreyfus reprendra cette phrase dans ses *Carnets*, notant que Jaurès, la prononçant, « troubla dans les idées qu'ils avaient jusque-là sur la question, MM. Roujon, Jules Claretie et Joseph Reinach » (*op. cit.*, p. 204).

301. Où le gouvernement obtint la confiance sur un vote qui, selon *L'Humanité*, était « d'équivoque et sans nulle signification » (Gabriel Bertrand, « Les débuts du ministère Rouvier », 28 janvier 1905).

302. Son second fils était mort le 6 janvier.

303. « L'Affaire ». Évoquant l'affaire des fiches, il expliquait que l'entente des loges avec l'ancien ministre de la Guerre avait aussi eu pour but de « protég[er] ouvertement le traître deux fois condamné » et, plus largement, que le gouvernement n'avait été constitué que dans ce seul but. À la suite, reprenant en effet les mensonges de 1898-1899, il expliquait qu'Henry avait fait son faux pour contrer celui qu'il accusait Picquart d'avoir commis et laissait entendre que la plupart des preuves données pour confondre Esterhazy étaient des faux. Enfin, il insistait sur le fait qu'existaient « des preuves sérieuses de la culpabilité de Dreyfus ».

304. Henri Mollin, gendre d'Anatole France, membre du cabinet d'André et un des artisans des fiches, avait publié en avril de l'année précédente sa *Vérité sur l'affaire des fiches* à la Librairie universelle.

305. Charles Humbert (1866-1927), officier d'ordonnance d'André, avait démissionné de l'armée et était devenu, en 1904, secrétaire général du *Matin*. Il sera élu député (1906-1908) puis sénateur (1908-1920) de la Meuse. L'article évoqué (« L'honneur d'un officier ») avait paru dans le numéro de la veille.

306. Marcel Schwob (1867-1905) venait de mourir (26 février). L'auteur du *Roi au masque d'or* et du *Livre de Monelle* donnait depuis décembre un cours sur le *Grand Testament* de Villon à l'École des Hautes Études auquel assistait la marquise qui le considérait comme son « maître et ami » (lettre de Roujon à la marquise, 27 février 1905, MsVC 296, f. 7988).

307. Jean Ajalbert, « Propos de Paris et d'ailleurs. Le succès ».

308. Par André-Ferdinand Herold dans le n° 170 du 4 mars.

309. Il le déposera le 9.

310. Un « nous », comme on l'a vu lettre 140, qui inclut Dreyfus qui avait rédigé une partie de ce mémoire, travail qu'il avait commencé l'été précédent. Il parlera d'ailleurs à la suite systématiquement de « notre mémoire ».

311. Le 10 mars, nous disent les *Carnets*, Dreyfus apprendra que le procureur général Baudouin, terminant son réquisitoire écrit, avait conclu à la cassation sans renvoi (*op. cit.*, p. 205). Il a été publié sous le titre *La Révision du procès de Rennes (15 juin 1906-12 juillet 1906). Réquisitoire écrit de M. le procureur général Baudouin* (Paris, Ligue française pour la défense des droits de l'homme et du citoyen, 1907).

312. Xavier Puech (1840-1917), conseiller à la Chambre des requêtes depuis juin 1899 et qui avait assisté le Procureur général Manau lors de la première enquête, avait été désigné rapporteur le 15 mars.

313. Louis Delcurrou (1841-1931) avait été nommé à la Chambre civile en 1900.

314. Louis Michel-Jaffard (1842-1922) avait été nommé à la Chambre des requêtes en 1900.

315. Le jeudi précédent, chez la marquise.

316. « De Clovis à Mirabeau » est le titre du premier chapitre du rapport de Briand du 4 mars fait au nom de la commission en charge d'examiner le projet de loi de séparation des Églises et de l'État.

317. Selon ce que lui avait appris Brisson (voir *infra*, lettre 152).

318. Joseph Chaumié (1849-1919), ministre de l'Instruction dans le cabinet Combes, était ministre de la Justice dans le nouveau cabinet Rouvier.

319. Alphonse Bard (1850-1942) avait été rapporteur lors de la première révision et l'objet, pour cela, de très nombreuses attaques de la part des antidreyfusards. Brisson souhaitait qu'il fût nommé à la présidence de la Chambre criminelle, ce qu'il sera en effet.

320. Le 10 janvier précédent, candidat à sa propre réélection à la présidence de la Chambre, il avait été battu par Doumer (265 voix contre 240).

321. Pierre-Émile Levasseur (1828-1911), statisticien et géographe.

322. Malgré la désapprobation de sa veuve, qui en refusait le caractère nationaliste, s'était tenue, la veille, à la Société de géographie et sous la présidence d'Émile Gebhart, une manifestation en l'honneur de Fustel de Coulanges à l'occasion de son soixante-quinzième anniversaire. L'état-major de la Ligue de la patrie française y occupait l'estrade, dont Auguste Longnon (1844-1911), membre de son comité, qui y fit, nous dit *Le Matin*, « le procès de l'internationalisme » (« Un anniversaire »).

323. Godefroy Cavaignac (1853-1905), député et ministre de la Guerre dans le gouvernement Brisson (28 juin-5 septembre 1898). Radical passé au nationalisme, il avait démissionné de son poste pour que ne se fît pas la révision après la découverte du « faux Henry » à laquelle il avait participé. Il était ensuite rapidement devenu une des figures de l'antidreyfusisme et un des principaux zélateurs de la thèse de la culpabilité.

324. Et pour lequel elle avait écrit à Levasseur. Sur cette chaire, voir lettre 192.

325. Paul Foucart (1836-1926), titulaire de la chaire d'épigraphie et d'antiquités grecques au Collège de France.

326. Les lettres de la marquise à Briand sont malheureusement perdues.

327. Molinier.

328. Les lettres de De Mot ne sont malheureusement – et curieusement – pas conservées dans le fonds Arconati.

329. Voir lettre 146.

330. Jules Guesde (1845-1922), député du Nord, fondateur et dirigeant du Parti ouvrier français qui était devenu, en 1902, après son alliance avec le Parti socialiste révolutionnaire de Vaillant, le Parti socialiste de France. Le mois suivant, au congrès du Globe, il rejoindra la nouvelle SFIO.

331. Après cette première rencontre, Dreyfus notera dans ses *Carnets* : « M. Briand me parut un esprit froid, dépourvu de sentimentalité, mais d'une logique rigoureuse ; son éloquence très rigoureuse et très prenante est sans rhétorique ; sa connaissance des hommes, des milieux parlementaires, sa faculté d'adaptation sont tout à fait remarquables » (*op. cit.*, p. 207).

332. Le 26, au congrès national du Parti socialiste français.

333. *L'Humanité* en donnera le texte le lendemain 30.

334. « L'affaire Dreyfus », numéro postdaté du 28 mars.

335. Le commissaire du gouvernement nommé pour le procès de Rennes en 1899 avait en effet décidé de ne tenir aucun compte de l'enquête de la Cour de cassation et de revenir sur chaque point, ceux mêmes que son arrêt du 3 juin fermait. Sur cette question voir notre *Histoire de l'affaire Dreyfus de 1894 à nos jours*, *op. cit.*, p. 868-871.

336. Elle sera votée le 3 juillet à la Chambre et le 6 décembre au Sénat.

337. Ses « Propos d'un Parisien » que Dreyfus résume à la suite.

338. Son fils décédé, voir lettre 116.

339. Mornard achèvera sa rédaction le 25 avril (voir *Carnets (1899-1907)*, *op. cit.*, p. 208). Le mémoire sera imprimé, comme les précédents, par l'imprimerie G. Kadar et, en 1907, sera réédité par la Ligue française pour la défense des droits de l'homme et du citoyen, sous le titre : *La Révision du procès de Rennes (15 juin 1906-12 juillet 1906). Mémoire de Mᵉ Henry Mornard pour M. Alfred Dreyfus.*

340. *Journal officiel. Débats parlementaires. Chambre des députés*, 22 avril 1905, p. 1629-1630 et 1637-1640.

341. La discussion sur l'article 4, qui portait sur la question de la dévolution des biens de l'Église à des associations cultuelles, durera en effet du 17 avril au 18 mai (en incluant la discussion sur les articles 4bis et 4ter).

342. Il ne démissionnera que le 6 juin, attaqué de toutes parts pour sa gestion de la question marocaine et son manque de clarté à l'égard de l'Allemagne au sujet de sa politique d'entente avec l'Angleterre. Le 19, Rouvier était en effet venu à sa rescousse, objet de nombreuses interpellations (Jaurès, Deschanel, Pressensé) qui lui demandaient de s'expliquer sur son refus de parler avec l'Allemagne.

343. Non retrouvé.

344. Le monument commandé à Jules Dalou et fini, Dalou étant mort en 1902, par Camille Lefèvre. Il fut inauguré dans les allées de Tourny le 25 avril 1905 par Jules Loubet et en présence de Reinach. On trouvera sur Gallica des photographies de cette cérémonie.

345. Qui allaient, contre les Japonais, de défaite en défaite.

346. Dans son célèbre « Après une visite au Vatican » publié dans *La Revue des Deux Mondes*, LXVᵉ année, 4ᵉ période, t. 127, 1ᵉʳ janvier 1895, p. 97-118.

347. « À M. Clemenceau », *L'Humanité*, 29 avril 1905. Il répondait à un article publié le 27 dans *L'Aurore* (« Élus et électeurs »), article dans lequel Clemenceau variait, pour attaquer Jaurès, la polémique de 1901 au sujet de la première communion de sa fille (« J'admets bien volontiers que quelques-uns de ces fougueux séparateurs qui font des majorités de rechange avec la droite papaline contre les républicains laïcisateurs avaient besoin d'un temps convenable pour assister aux Pâques de leur progéniture »).

348. « À Jaurès ».

349. Voir note 110.

350. La loi sur la révision et la question du renvoi ou du non-renvoi tel que défini par l'article 445 du code d'instruction criminelle. Voir note 226.

351. La marquise parlera à Roujon des conseils de Dreyfus dont il le remerciera (voir lettre de Roujon à Dreyfus du 7 mai, MAHJ 97.17.043.051).

352. Clemenceau, « Les conséquences ».

353. Depuis le mois précédent, Pressensé menait une dure campagne dans *L'Aurore* et dans *L'Européen*, demandant la démission de Delcassé pour son traitement de l'affaire marocaine. « Parlez ou partez », avait-il écrit le 19 avril. La fixation de la date de son interpellation, annoncée pour la rentrée des Chambres, « au sujet des mesures prises par M. le ministre des affaires étrangères, conformément aux volontés manifestées par la Chambre, pour assurer le caractère pacifique de notre action au Maroc et le maintien de la neutralité de la France en Extrême-Orient », sera ajournée par vote (*Journal officiel. Débats parlementaires. Chambre des députés*, 16 mai 1905, p. 1693-1695).

354. *Le Matin* avait organisé une course de canots automobiles entre Alger et Toulon dont le départ avait été donné le 6. Six des canots au départ allèrent par le fond.

355. Dans la transcription de Dreyfus, cette lettre est datée du 17. Le contenu nous permet de corriger cette erreur.

356. « Le silence de M. Jaurès », 17 mai. Il reprochait à Jaurès de demeurer muet face aux déclarations de Gustave Hervé et « des énervés du *pacifisme* ».

357. « Toujours la neutralité française », 16 mai. Il demandait si la déclaration de Vaillant au sujet de la grève générale des réservistes qu'il prêcherait s'il n'approuvait pas la manière dont une guerre éventuelle pouvait être déclarée, était la doctrine officielle du parti socialiste unifié ?

358. Gustave Hervé (1871-1944), professeur, avocat et journaliste, était le directeur du journal *L'Avant-Garde*. Chantre de l'antimilitarisme et de l'antipatriotisme, fondateur, fin 1906, de *La Guerre sociale*, il entamera avant la guerre un virage au plus à droite de la droite qui fera de lui un des plus chauds partisans de l'Union sacrée pour l'entraîner, par la suite, dans la Collaboration.

359. Gabriel Bertrand, « La Chambre », 16 mai.

360. C'est ainsi que Dreyfus présentera « l'affaire Hervé » dans ses *Carnets* : « Après le pacte d'unité entre Jaurésistes et Guesdistes pour constituer le parti socialiste unifié, il avait été nommé une commission administrative permanente dont Gustave Hervé faisait partie. Celui-ci quelques jours plus tard, avait tenu un discours antipatriotique et prononcé des paroles outrancières. Aussi plusieurs députés du parti socialiste parlementaire refusèrent d'entrer dans le parti socialiste unifié. Jaurès y resta et de tous côtés on le somma de désapprouver les paroles d'Hervé » (*op. cit.*, p. 228). Hervé, lors d'une réunion tenue au Tivoli Vaux-Hall, puis dans un article de *L'Avant-Garde*, avait en effet appelé à répondre à un ordre de mobilisation par une grève générale des réservistes puis par l'insurrection. Hervé, depuis quelques années, s'était fait le champion d'un antimilitarisme pour le moins provocateur. En 1900, déjà, il avait suscité un beau scandale en écrivant, dans *Le Travailleur socialiste*, qu'il voudrait « qu'on rassemblât, dans la cour principale du quartier, toutes les ordures et tout le fumier de la caserne, et que, solennellement, en présence de toutes les troupes en tenue n° 1, au son

de la musique militaire, le colonel, en grand plumet, vînt y planter le drapeau du régiment ».

361. Il viendra, comme nous le raconte la lettre de la marquise à Dreyfus du [21] mai 1905 (lettre n° 165).

362. Guillaume II multipliait les signes en direction du Vatican et devait ainsi, le lendemain, être décoré de l'ordre du Saint-Sépulcre.

363. Joseph Bédier (1864-1938), philologue, professeur au Collège de France dont il deviendra par la suite directeur.

364. Les deux fédérations socialistes de l'Yonne avaient demandé à *L'Aurore* l'insertion d'un ordre du jour qui félicitait Hervé d'avoir, lors d'un précédent meeting, exprimé « les idées antipatriotiques qui sont les l'expression exacte des sentiments du Parti socialiste de l'Yonne » et blâmait ceux, tel Gérault-Richard, qui critiquaient Hervé (« L'étiquette nationale », 19 mai).

365. À l'occasion de la visite à Paris du roi Alphonse XIII, l'Union des syndicats de la Seine, pour la CGT, avait publié un manifeste dénonçant la visite du « tyranneau de dix-neuf ans » : « acclamer le roi d'Espagne, c'est approuver la conquête du Maroc et ses suites inévitables : la guerre en Europe ; c'est, en second lieu, se prononcer pour l'obscurantisme religieux ; c'est, enfin, approuver les tortures de Montjuich, les fusillades d'Alcala del Valle et les monstruosités judiciaires de la Mano Negra ».

366. Dans la transcription de Dreyfus, cette lettre est datée du 2. Le contenu nous permet de corriger cette erreur.

367. Il avait écrit dans *L'Humanité* du 17 mai : « [...] comment des socialistes peuvent-ils prendre texte, pour lui bouder ou pour s'en retirer, des paroles d'Hervé ? Elles n'engagent que lui. Les statuts mêmes de notre parti proclament, comme le proclame d'ailleurs toute la conscience socialiste, que la liberté de discussion et d'affirmation sur les doctrines, les méthodes, les tactiques est absolue dans le parti. Cette déclaration même, sans laquelle nous serions au-dessous d'une Église, rompt toute solidarité entre l'ensemble du parti et les libres affirmations de tel ou tel de ses membres. / Hervé a produit une thèse. Je ne recherche pas s'il a agi uniquement en vue du bien du parti, et s'il n'a pas cédé à la tentation mauvaise d'étonner, d'ameuter, de faire du bruit autour de ses paradoxes, de créer ainsi et des difficultés et des embarras à ceux qu'il dénonce volontiers comme les "états-majors". C'est affaire à sa conscience. Nous ne sommes pas juges des intentions. Mais je trouve puéril de répondre par un exode effaré. J'ai confiance pour ma part dans la raison du parti, dans la haute et ferme sagesse du prolétariat. S'il y a dans le paradoxe d'Hervé une parcelle de vérité révolutionnaire, elle se dégagera par le débat de tout l'alliage » (« Armentières et l'Unité Socialiste »). Et la veille de cette lettre, il était revenu sur la question Hervé dans son article de *L'Humanité*, écrivant que la commission administrative du parti, par ses ordres du jour du 18, avait réduit « la thèse d'Hervé aux proportions d'un paradoxe individuel et suranné » (« Le parti socialiste »). En 1907, dans son discours du 7 septembre au Tivoli, c'est toujours en ces termes qu'il parlera

d'Hervé (voir Jaurès, *Socialisme et internationalisme*, Paris, À L'Humanité, 1907, p. 7).

368. René Viviani (1863-1925), qui avait perdu son siège de député aux élections de 1902 et allait le retrouver en 1906, avait déclaré, dans une réunion publique organisée par la Jeunesse socialiste du Ve arrondissement, répudier, « au nom du socialisme "les paradoxes assassins" des anarchistes mêlés au parti socialiste » (« Réunion socialiste », *L'Humanité*, 21 mai 1905).

369. Dreyfus en parle ainsi dans ses *Carnets* : « Dans le milieu où nous étions, qui était loin d'être socialiste, mais dans lequel on avait un profond attachement pour la personne de Jaurès et une vive estime pour son caractère, on lui exprima la surprise qu'on avait de le voir rester dans ces conditions dans le parti unifié. Jaurès nous dit que quitter le parti maintenant unifié, c'était former un club des Feuillants en face du club des Jacobins, que lui restait au club des Jacobins pour faire entendre des paroles de raison au parti socialiste et pour tenter d'arriver, par l'évolution, à sa conception de la société future. S'il ne réussissait pas, ajoutait-il avec une certaine mélancolie, ce serait toute sa vie politique qui aura été inutile. Jaurès nous dit en outre qu'il désapprouvait les paroles d'Hervé qui n'engageaient que celui-ci et non le parti socialiste » (*op. cit.*, p. 228-229).

370. Zygmunt Kryzanowski dit Sigismond Lacroix (1845-1909), ancien député de la Seine, était une des principales plumes du *Radical*, où pendant l'Affaire il avait mené une importante campagne pour la révision. Dans « Le fossé », publié dans *Le Radical* postdaté du 21 mai, et auquel la marquise fait allusion ici, Lacroix exprimait sa crainte que Jaurès n'ait, par son attitude, « creusé entre la majorité des républicains et lui, [...] un fossé que les flots pourtant abondants de son éloquence ne réussiront pas facilement à combler ».

371. Arthur Ranc (1831-1908). Dans ses « Notes politiques » (publiées dans *Le Radical* postdaté du 22), Ranc expliquait que la République renvoyait dos à dos militaristes et antimilitaristes.

372. La SFIO, qui venait de se créer au congrès du Globe des 23-25 avril (voir Parti socialiste, Section française de l'Internationale ouvrière, *1er et 2e Congrès nationaux, tenus à Paris, en avril 1905 et à Chalon-sur-Saône en octobre 1905. Compte rendu analytique*, Paris, Conseil national du Parti socialiste S.F.I.O., 1905).

373. La question ne sera pas abordée à Chalon et Hervé y sera pour le moins contenu. Ainsi Marius Moutet, délégué du Rhône, l'accusera de manquement à la discipline après une conférence qu'il avait donnée à Lyon à la demande des groupes libertaires locaux. Le compte rendu ne retiendra pas ses justifications, se contentant d'un « Hervé (Yonne) présente sur ce fait ses observations » (*ibid.*, p. 118).

374. Dreyfus recopiera cette lettre dans ses *Carnets* (*op. cit.*, p. 229). On en trouvera une autre recopie quelque peu variante dans une lettre de la marquise à Joseph Reinach (BNF n.a.fr. 24889, f. 5). Le passage coupé, matérialisé par les points de suspension, se trouve dans cette dernière recopie : « Comme vous

l'a dit Reinach, vous êtes une des forces de la République qui n'a que de petits hommes pour de grands devoirs, et vous savez bien que, jusqu'à ce que la paix puisse s'imposer par un autre arbitrage que celui de la force, il nous faut rester aux armes pour veiller sur notre indépendance comme sur le plus précieux trésor. Ai-je besoin de vous dire que j'ai pour vous autant d'affection que d'admiration ? » (lettre sans date à Reinach, BNF n.a.fr. 24889, f. 5).

375. Je les envie parce qu'ils se reposent.

376. Qui brossait le terrible portrait d'un incompétent dont la principale activité était de présider des inaugurations et des vins d'honneur (« La journée de M. Berteaux », 14 mars 1905).

377. Pour rendre visite à Gustave Dreyfus, propriétaire du capitaine qui, on s'en souvient, habitait le même immeuble que lui.

378. On aura compris que Dreyfus parle ici de son épouse.

379. Marcelle Dreyfus, fille de Gustave dont il vient d'être question, qui épousait Paul Léopold Goldschmidt.

380. Qui s'était tenu du 14 au 20 août 1904.

381. Au déjeuner de la marquise.

382. Dans la nuit du 31 mai au 1er juin, Alexandre Farras avait lancé une bombe sur le cortège du président de la République dans lequel se trouvait le roi d'Espagne, Alphonse XIII, en visite à Paris.

383. Il avait démissionné la veille. Dreyfus en parlera en ces termes dans ses *Carnets* : « La question du Maroc n'avait pas été la seule cause du départ de M. Delcassé. L'empereur d'Allemagne avait prétendu avoir été outré des procédés de M. Delcassé à son égard, à tel point qu'il refusa d'envoyer à M. Loubet, Président de la République, une dépêche en même temps qu'il en adressait une à Alphonse XIII, roi d'Espagne, pour le féliciter d'avoir échappé à l'attentat anarchiste commis à Paris pendant son séjour et qui n'atteignit ni lui, ni M. Loubet. On ajoutait même que le prince de Radolin, ambassadeur d'Allemagne à Paris, qui s'était rendu à Berlin pour le mariage du prince héritier, ne devait pas rentrer à son poste. C'eût été la rupture des relations diplomatiques. Enfin, dans une conférence qui eut lieu à l'Élysée, entre M. Loubet, M. Rouvier et M. Delcassé, ce dernier qui avait sondé l'Angleterre, se prétendit fort de signer avec elle une alliance effective. Mais le gouvernement allemand, avisé de la possibilité de cette alliance, aurait déclaré qu'il en ferait un *casus foederis*. La situation était donc grave. Avec tous les ministres, M. Loubet se rendit à la nécessité de se priver des services de M. Delcassé. Il était profondément regrettable qu'on se crût obligé de se débarrasser de M. Delcassé, presque sur les menaces de l'Allemagne. Il semblait qu'il eût été préférable de chercher une autre solution qui, tout en apurant la paix, sauvegardât notre dignité et ne permît pas l'intrusion d'une puissance étrangère dans notre politique. Mais la faute primordiale fut de laisser M. Delcassé diriger sans contrôle pendant sept années notre politique extérieure » (*op. cit.*, p. 229-230).

384. Probablement dans la maison de campagne de sa belle-famille.

385. « M. Jaurès à Berlin ». Il y était dit que Jaurès allait se rendre à Berlin le 9 à l'invitation des groupes socialistes berlinois du *Vorwärts* pour affirmer l'union des prolétariats allemands et français contre toute politique de guerre.

386. Quant à Monod, il parlera à la marquise, dans une lettre du 27, de la « monomanie germanique » de Jaurès (MsVC 266, f. 794).

387. Déroulède avait été condamné en Haute-Cour en janvier 1900 à 10 ans de bannissement pour « attentat contre la sûreté de l'État ». Il avait été annoncé qu'avec ses co-condamnés il bénéficierait d'une amnistie en juillet. Mais la discussion tournant court après les insultes que le nationaliste Lasies, revenant sur les fiches, adressera au général André, la clôture sera prononcée et la loi ne sera pas votée. Loubet signera alors un décret de grâce que Déroulède s'empressera de refuser. La loi d'amnistie sera finalement votée le 30 octobre.

388. La veille, par 341 voix contre 233 (*Journal officiel. Débats parlementaires. Chambre des députés*, 4 juillet 1905, p. 2701-2707).

389. En obtenant la cassation sans renvoi.

390. Clément Moras (1844-1917), conseiller à la Cour de cassation depuis mars 1901, qui avait été nommé rapporteur en remplacement de Michel-Jaffard, démissionnaire le 15 mai précédent. Au sujet de cette démission voir les *Carnets* de Dreyfus (*op. cit.*, p. 227-228).

391. S'agit-il du banquet en souvenir de Hoche donné à Versailles le 25 juin ?

392. Albert de Mun (1841-1914), académicien français, légitimiste, était député du Finistère et fondateur de l'Action libérale populaire.

393. « Jour de deuil », *La Croix*, 5 juillet. « Une loi qui déshonore la nation et la trouble profondément », second acte, à ses yeux, après la rupture avec le Vatican, de ce « drame machiné par la Franc-Maçonnerie internationale ».

394. Pour régler le problème marocain. Voir lettre 405.

395. Le 31 mars, Guillaume II, non pour se rapprocher mais pour mettre « M. Delcassé dans l'embarras, s'oppose[r] à ses projets, et servir [les] intérêts économiques [de l'Allemagne] au Maroc » (lettre de Bülow à Guillaume II du 20 mars dans *Correspondance secrète de Bülow à Guillaume II*, Paris, Grasset, 1931, p. 94), avait débarqué à Tanger et, après avoir avec son cortège traversé la ville à cheval, rendu visite au sultan Abd al-Aziz pour lui affirmer son soutien face aux Français dont il condamnait l'action au Maroc.

396. *L'Action*, « quotidienne, anticléricale, républicaine, socialiste », fondée en 1903 par Henry Bérenger.

397. Il n'ira finalement pas, le chancelier Bülow ayant interdit la réunion (voir *L'Humanité* du 7 juillet).

398. Voir lettre 177.

399. Dans l'attente de son examen au Sénat.

400. Le 30 en fait.

401. Voir lettre suivante.

402. Le 6 juillet, le sous-marin *Farfadet* avait coulé à cause d'un panneau mal fermé avant l'immersion. Toutes les tentatives pour sauver les

14 hommes d'équipage échoueront et ce n'est que le 15 que le sous-marin sera remonté.

403. « La paix et le socialisme », publié la veille. Il s'agit du discours que Jaurès devait prononcer à Berlin.

404. Paul Le Gendre (1854-1936). Sa sœur était mariée avec Gustave Lanson.

405. Par l'acceptation du principe d'une conférence européenne sur la question marocaine et cela sur la base de la reconnaissance par la France du maintien de l'indépendance marocaine et par l'Allemagne des « intérêts spéciaux » de la France au Maroc.

406. Bernhardt von Bülow (1849-1929), ministre des Affaires étrangères allemand de 1897 à 1900 et, depuis cette date, chancelier du Reich.

407. Dans le discours qu'il devait faire à Berlin, discours internationaliste et pacifiste qui rejetait l'idée d'une guerre de revanche.

408. Après le « Dimanche rouge » de Saint-Pétersbourg où, le 22 janvier, l'armée avait répondu à la procession qui avait pour but de porter une pétition au tsar en tirant sur la foule, les grèves qui se multipliaient depuis la fin de 1904 avaient pris plus d'ampleur encore. Création du premier soviet, revendications paysannes sur la terre, révoltes et mutineries non nécessairement politiques (dont celle du cuirassé *Potemkine* le 27 juin) étaient l'actualité de la Russie en cet été.

409. Dans le discours de Berlin, il rêvait à cette « Russie nouvelle, cette Russie du peuple », « Russie de la liberté et de la loi » qui « sera pour toutes les nations de l'Europe une garantie ».

410. De l'*Estelle* du fabuliste Jean-Pierre Claris de Florian (1755-1794), Sainte-Beuve écrivait : « Il faut lire Estelle à quatorze ans et demi. À quinze ans, pour peu qu'on soit précoce, il est déjà trop tard » (« Florian », *Le Figaro*, 27 mai 1882).

411. Léon, le troisième des Dreyfus encore vivant (né après Jacques et Henriette).

412. Le tirage en avait toujours été assez modeste et ne permettait guère de rentrer dans les frais. Dreyfus essayait-il ainsi d'attirer l'attention de la marquise sur une réalité qu'elle aurait pu sans difficulté aider à arranger ? Nous ne le savons pas mais fin février 1906, Jaurès lui demandera pour son journal une aide financière qu'elle lui refusera (voir lettre du 27, MsVC 279, f. 3970). Elle acceptera en revanche, quelques mois plus tard, de l'aider à financer sa campagne électorale (lettre du 6 avril, MsVC 279, f. 3971).

413. En Savoie, chez son frère Théodore.

414. Voir note 383.

415. Ministres d'Allemagne et de France au Maroc.

416. Il pourrait s'agir de « La question marocaine » ou « Volonté », publiés respectivement dans *L'Humanité* des 2 et 3 septembre.

417. Ferdinand-Dreyfus (1849-1915), ancien député, futur sénateur (1909), enseignait à la Sorbonne.

418. Depuis le début de l'année, Azéris (à cette époque Tatars) et Arméniens s'entretuaient.

419. Il faudra, comme on le verra, qu'il attende encore un peu.

420. Eleonora Duse (1858-1924), comédienne, la grande rivale de Sarah Bernhardt.

421. Le 4 septembre, au Théâtre de la Ville.

422. Datée sur la recopie par Dreyfus du 25. Le contenu nous permet de corriger.

423. Dans sa lettre du [19 septembre] (n° 187, non reprise et résumée dans la « Provenance des textes »), il lui avait annoncé son retour pour le 21.

424. Qui paraîtra à la fin de l'année (16 novembre).

425. Aux premiers jours de mai 1903.

426. La polémique sur les questions relatives à la patrie, l'Alsace-Lorraine, le Maroc et les rapports entre les partis socialiste et radical courait depuis plusieurs mois. Clemenceau venait d'écrire, pour *La Dépêche de Toulouse*, un « Résumé » que publia *L'Aurore* du 22.

427. Elle, tout particulièrement. Voir Gérard Baal, « Jaurès et les salons », *op. cit.*, p. 100.

428. Dans ses « Notes politiques » du *Radical*.

429. « Sucre et locomotive » et « L'unité socialiste », 22 et 23 septembre.

430. « L'art de s'unifier » et « Le prix du silence », *Le Figaro*, 28 juin et 24 août. La réponse de Jaurès, titrée « La patrie de M. de Mun », avait paru dans *L'Humanité* du 7 septembre.

431. Le lendemain, écrivant à la marquise, Monod jugera « criminelle » la « politique de Jaurès » (MsVC 285, f. 5693).

432. Il travaillait alors à sa grande étude sur les *Légendes épiques. Recherches sur la formation des chansons de geste* dont les deux premiers volumes paraîtront en 1908 chez Champion.

433. Au début de décembre 1905, en réponse à un article publié dans le *Journal de Montélimar*, Martin avait giflé son directeur Bourron. Un duel s'en était en effet suivi au cours duquel Martin avait été superficiellement blessé.

434. Jules Claretie (1840-1913), romancier, dramaturge et critique, était depuis 1885 administrateur général de la Comédie-Française et depuis 1888 membre de l'Académie française.

435. Paul Cambon (1843-1924), fondateur de l'Alliance française, avait été, avant son poste à Londres, ambassadeur de France à Madrid puis à Constantinople.

436. Pierre, né en 1891.

437. Nous n'avons pas retrouvé ce discours qui ne fut pas prononcé à la Chambre qui n'avait pas encore repris ses travaux.

438. Voir note 390.

439. À propos des révélations publiées par *Le Matin* au sujet de l'affaire du Maroc que, malgré la signature de Stéphane Lauzanne, on lui attribuait (« La vérité sur l'affaire du Maroc », 6-8 et 11 octobre). Dans ses *Carnets*, Dreyfus écrira

à propos de ces révélations : « Bien loin d'apporter une justification quelconque, il montra qu'il nous avait conduit au seuil d'une guerre avec l'Allemagne pour une satisfaction illusoire et sans préparation suffisante. En outre la prétendue révélation de l'offre d'une intervention armée de l'Angleterre en notre faveur contre l'Allemagne ne pouvait que compromettre gravement les relations entre les deux pays. On pouvait se demander s'il appartenait à M. Delcassé de divulguer un secret d'État pour la satisfaction de ses ressentiments personnels alors surtout qu'il desservait ainsi, au seul profit de l'Allemagne, le gouvernement étranger qui, sous quelque forme que ce soit, nous avait offert son aide aux mauvais jours » (*op. cit.*, p. 231-232).

440. « Les socialisme et les partis ».

441. Cette lettre porte de la main de la marquise la date du « 3 nov. 1906 » que nous corrigeons.

442. À Longwy, où les ouvriers des aciéries étaient en grève, l'un d'eux, le 12 septembre, avait été tué par un sous-officier de dragons. Le 21, le ministre de la Guerre, Berteaux, s'était rendu sur place et avait été accusé accusation – renouvelée lors de la séance à la Chambre évoquée – d'avoir salué le drapeau rouge et assisté au défilé des grévistes chantant l'*Internationale*. Berteaux démissionnera le 12.

443. Le 7, au Conseil des ministres, comme nous le dit Dreyfus dans ses *Carnets* : « M. Chaumié, ministre de la Justice, annonça, ce qui ne se réalisa pas, que le conseiller Moras déposerait son rapport dans la première quinzaine de décembre et que l'affaire pourrait venir devant les Chambres réunies de la Cour de cassation en janvier. Une discussion s'engagea à ce sujet ; il fut décidé que la date des débats serait subordonnée aux conclusions de M. Moras. S'il concluait au non-renvoi devant un conseil de guerre, l'affaire viendrait le plus tôt possible après le dépôt du rapport ; s'il concluait au contraire au renvoi, l'affaire serait renvoyée après les élections législatives d'avril-mai 1906 » (*op. cit.*, p. 232).

444. Dans sa recopie, Dreyfus avait écrit par erreur : « septembre ».

445. En visite à Dresde pour rencontrer le roi de Saxe, Guillaume, à la fin du dîner de gala, avait fait un discours dans lequel, entre autres, considérant « dans quelle position nous sommes vis-à-vis du monde », il avait crié : « Hourra pour la poudre sèche et l'épée aiguisée » (*Le Temps* du 28 octobre).

446. Henri Monod (1846-1911) était conseiller d'État, directeur de l'Assistance et de l'hygiène publique au ministère de l'Intérieur. Émile Loubet (1838-1906) était, depuis février 1899, président de la République. Eugène Étienne (1844-1921), député d'Oran, était alors ministre de l'Intérieur.

447. Le 9 octobre, Monod, alors en mission à Venise, avait reçu une lettre d'Étienne l'informant que « le gouvernement a[vait] pensé que l'heure de la retraite avait sonné pour [lui] » et que « le gouvernement avait choix de [son] successeur » (voir « Nouvelles du jour », *Le Temps*, 25 octobre 1905).

448. Depuis quelques semaines, à Brest, l'agitation avait été continue suite à la peine disciplinaire dont avait été frappé le syndicaliste Victor Pengam, coupable d'avoir prononcé un discours antimilitariste.

449. Voir lettre 188.

450. Monod avait été nommé pour dispenser un cours complémentaire d'Histoire générale et de méthode historique grâce aux 50 000 francs de donation de la marquise. Le Collège de France en avait accepté le principe le 2 avril et Monod avait été nommé lors de la séance du 5 novembre. Voir l'article de Monod : « La chaire d'Histoire au Collège de France », *Revue Bleue*, 5e série, tome 4, nos 24, 25 et 26, 9, 16 et 23 décembre 1905, p. 742-746, 774-777 et 801-806.

451. *Jules Michelet, études sur sa vie et ses œuvres* paru chez Hachette.

452. Voir lettre précédente.

453. Le tome 5 de son *Histoire de l'affaire Dreyfus*.

454. En désaccord avec le président du Conseil, le ministre de la Guerre, Berteaux, avait démissionné la veille et avait été remplacé par Étienne, ministre de l'Intérieur, qui du coup laissait sa place à Dubief, ministre du Commerce, lui-même remplacé par Trouillot.

455. Les grèves succédaient aux grèves, paralysant des villes entières en réponse à l'attitude intransigeante et répressive du gouvernement. Les régiments se soulevaient les uns après les autres, des révoltes éclataient dans toutes les campagnes et les partis socialistes et de nombreux libéraux, face à une répression de plus en plus forte, exigeaient la chute du gouvernement.

456. En *post-scriptum* au « Bulletin historique », Monod annonçait la prochaine sortie du cinquième volume de Reinach, dans lequel on « voit revivre les scènes inoubliables du Conseil de guerre de Rennes, où l'audace des organisateurs du crime de 1894 sut aveugler ou séduire des juges ignorants ou prévenus, où une main restée inconnue alla jusqu'au meurtre pour protéger le général Mercier contre un interrogatoire qui l'aurait confondu, où enfin la faiblesse du gouvernement laissa le commissaire qui devait parler en son nom ne s'inspirer que des conseils étrangers à tout souci de vérité et de justice et arracher à la majorité des juges un verdict de condamnation en invoquant comme seul motif l'opinion des chefs dont ils dépendaient et en avouant que toute preuve de culpabilité faisait défaut : *Excidat illa dies !* » (t. XC, janvier-février 1906, p. 97).

457. Au Sénat, le 23 novembre, par 254 voix contre 6 (*Journal officiel. Débats parlementaires. Sénat*, 24 novembre 1905, p. 1488-1489).

458. Briand et Jaurès soutenaient en effet sur cette question de l'article 4, refusant de « faire une loi qui soit braquée sur l'Église comme un revolver » (Briand, *Journal officiel. Débats parlementaires. Chambre des députés*, 23 avril 1905, p. 1678), une ligne « conciliatrice » en défendant l'idée que les associations cultuelles recueillant les biens des Églises, ainsi que le formulait le texte amendé de l'article 4, « se conform[eraient] aux règles d'organisation générale du culte dont elles se proposent d'assurer l'exercice ». Clemenceau refusait une telle concession qui faisait le jeu et les intérêts de Rome et pour le dire attaquera en effet les hommes qu'il jugeait responsables de cette trahison : le « *leader* socialo-papalin » Jaurès (« La donation de Jaurès », *L'Aurore*, 14 mai 1905), qui, « guérite de gauche », avec de Mun, « guérite de droite [...] montent la garde à la porte du Vatican pour empêcher la Révolution d'y introduire la liberté (*Journal*

officiel. Débats parlementaires. Sénat, 23 novembre 1905, p. 1479). Dans ses *Carnets*, Dreyfus rapportera à propos des procédés polémiques de Clemenceau, cette phrase de Jaurès : « Clemenceau est toujours un fruit aigre, jamais un fruit mûr » (*op. cit.*, p. 230).

459. De Clément Moras, pour la révision de son affaire.

460. Étienne Clémentel (1864-1936), député du Puy-de-Dôme, ministre des Colonies depuis janvier (cabinet Rouvier), faisait l'actualité suite aux bruits répandus par la presse relatifs à son divorce. Il ne s'en ira pas et conservera son portefeuille jusqu'au 9 mars 1906, date de la chute du cabinet Rouvier.

461. Le cachet de la poste est du 6.

462. Jean Ernest-Charles, « Finissons-en ! », 4 décembre 1904. Prenant prétexte de la publication du nouveau volume de l'*Histoire de l'affaire Dreyfus* de Reinach, il écrivait : « Ce Dreyfus, coupable pour deux conseils de guerre, est aujourd'hui innocent pour le monde presque tout entier. Alors, pourquoi la Cour de cassation tarde-t-elle à statuer sur la nouvelle demande en révision du procès Dreyfus ? Ce pourrait être le point final à une affaire qui n'a que trop duré. Pourquoi tarde-t-elle à mettre le point final ? / Un conseiller a été chargé de faire un rapport sur la nouvelle enquête. Pourquoi ne dépose-t-il pas son rapport ? Lui faudra-t-il plus de temps pour écrire ce rapport qu'il n'en a fallu à M. Joseph Reinach pour écrire ses cinq volumes ? Non, n'est-ce pas ? et sans doute, malgré les on-dit, le rapport est-il déjà fait ? Alors pourquoi ce retard ? Pourquoi ? » (donné en grande partie dans les *Carnets* de Dreyfus, *op. cit.*, p. 233-235).

463. *Journal officiel. Débats parlementaires. Chambre des députés*, 17 décembre 1905, p. 4034-4035.

464. La conférence précédemment évoquée pour régler le « problème marocain » qui se tiendra du 16 janvier au 17 avril 1906.

465. Voir lettre 204.

466. Lettre n° 203, non reprise et résumée dans la « Provenance des textes ».

467. Pour les prochaines présidentielles, Émile Loubet, élu en 1899, arrivant au terme de son mandat.

468. Armand Fallières (1841-1931), sénateur du Lot-et-Garonne, ancien ministre (1882-1883), était président du Sénat depuis 1899. Dreyfus, dans ses *Carnets*, dira de lui qu'il « fut très courageux durant l'affaire ; ami de Scheurer-Kestner, il fut un des rares sénateurs qui osèrent assister aux obsèques de ce vaillant » (*op. cit.*, p. 237).

469. Roujon, rappelons-le, était secrétaire perpétuel de l'Académie des Beaux-Arts depuis 1903.

470. Les élections présidentielles. Le calcul de Dreyfus n'est pas bon : elles auront lieu le 17 janvier.

471. Dreyfus présentera Doumer dans ses *Carnets* comme une « figure équivoque, derrière laquelle s'étaient groupés tous ceux qui pouvaient espérer quelque chose d'un bouleversement » (*op. cit.*, p. 237).

472. Dans sa recopie, Dreyfus a noté en note : « pour faire activer la fin de "l'Affaire" pendante devant la Cour de cassation ».

473. Hervé, qui comparaissait avec 27 autres inculpés dont Yvetot, Grandjouan, Gohier, Almeyreda, Pataud, etc. pour une affiche antimilitariste au ton vigoureux, avait été condamné à quatre ans de prison et cent francs d'amende le 30 décembre précédent. Il sera amnistié en juillet suivant (voir Gilles Heuré, *Gustave Hervé. Itinéraire d'un provocateur*, Paris, La Découverte, 1997, p. 69-73).

474. Mercier, sénateur depuis janvier 1900, venait d'être réélu par 701 voix sur 1 005 votants. Les résultats en avaient été donnés dans l'édition du *Temps* en date du 8.

475. Sans doute la marquise fait-elle allusion à la manifestation qu'organisera la Ligue des droits de l'homme le 13 janvier au Nouveu Théâtre sous la présidence d'Anatole France et avec Louis Havet, le Dr Héricourt, Séverine, Alfred Bruneau, Paul Brulat, Ferdinand Buisson, Salomon Reinach, Paul Painlevé, Jean Psichari, etc. Voir le compte rendu et la publication des principaux discours dans *L'Aurore* du 14 janvier.

476. En tant que président de la Chambre des députés.

477. Pour la présidentielle, vote qui aura lieu le 17 et non le 16.

478. Fallières sera élu par 449 voix contre 371 à Doumer.

479. Nous ne savons de quoi il s'agit. Quelques encouragements, peut-être, à la veille de l'élection présidentielle ?

480. Jules Valabrègue (1843-1928). Il était le frère du mari de sa sœur Henriette.

481. Le cachet de la poste est du lendemain.

482. Il le sera quelques jours plus tard. Mais à cette date, Dreyfus, comme il le confiera à ses *Carnets*, savait déjà « que le conseiller Moras, dont le rapport était très favorable quant au fond, concluait cependant au renvoi devant un nouveau conseil de guerre, en s'appuyant derrière la jurisprudence suivie en 1899 » (*op. cit.*, p. 236).

483. Les législatives de mai. Le 29 octobre précédent, à son ami Naville, Dreyfus avait écrit : « Que le rapporteur trouve agréable d'être en congé et dispensé des séances de la Cour, et que par suite, il se hâte lentement, c'est parfaitement possible et humain, mais qu'il prolonge la préparation de son rapport sur les incitations du gouvernement, je ne le crois pas. Comme j'ai le plus vif désir d'en finir, d'ariver au terme de cette situation ambiguë, j'ai fait ces jours-ci de nombreuses démarches et j'ai acquis la certitude que le gouvernement, au contraire, ou du moins deux membres de ce gouvernement, désirent non moins vivement que mois que l'affaire soit terminée avant les élections [voir lettre suivante]. Ils m'ont donc promis de faire des démarches pour que l'affaire vienne au plus tard en janvier. J'aigirai sans me lasser pour ces démarches soient faites mais il ne faut pas oublier que l'influence gouvernementale n'est pas grande sur la Cour » (Bibliothèque de Genève (BEG), Ms. fr. 4491/24, f. 13-14).

484. Georges Trouillot (1851-1916), député puis sénateur du Jura, était ministre du Commerce, après avoir été ministre des Colonies dans le cabinet Brisson (1898) et du Commerce dans celui de Combes.

485. Fernand Dubief (1850-1916), député de Saône-et-Loire, était ministre de l'Intérieur après avoir été ministre du Commerce dans le même cabinet

486. Autrement dit : Joseph Chaumié, Eugène Étienne, Gaston Thomson et Maurice Rouvier.

487. Dans *L'Éclair*, le député nationaliste Lasies avait donné à lire une « Lettre ouverte à M. le Président du Conseil » dans laquelle il accusait André d'avoir commis un faux pour obtenir la révision du procès de Rennes.

488. Auguste Lalance (1830-1920), industriel, ancien député protestataire d'Alsace, avait été un des premiers à être convaincu de l'innocence de Dreyfus.

489. Ballot-Beaupré.

490. Dreyfus écrira dans ses *Carnets* : « Dans les premiers jours de février, le gouvernement se décida enfin à sortir de sa torpeur. M. Chaumié, ministre de la Justice, invita le procureur général à faire venir l'affaire le plus tôt possible devant la Cour. Mais le premier président, M. Ballot-Beaupré, répondit que toutes les audiences de la Chambre civile seraient occupées par les pourvois sur l'établissement des listes électorales qui devaient être jugés avant les élections législatives et que, par suite, il ne pourrait convoquer les Chambres réunies de la Cour de cassation qu'après les élections. On avait tant tardé qu'on se trouvait acculé à l'impossibilité de liquider l'affaire avant la période électorale » (*op. cit.*, p. 238).

491. Les débats commenceront en fait le 15 juin.

492. Le 1er février, Cuignet avait adressé une lettre au garde des Sceaux portant plainte pour faux contre le général André, lettre publiée dans *L'Éclair* du 8 février.

493. Une des pièces du dossier secret constitué contre Dreyfus et dont la date avait été changée pour en faire une charge contre lui. À son propos voir notre *Histoire de l'affaire Dreyfus de 1894 à nos jours*, *op. cit.*, p. 279, 553-556.

494. Voir note 217.

495. Voir note 487.

496. Dans le cadre du transfert des bâtiments des établissements publics du culte aux associations cultuelles et des inventaires qui en découlaient, une instruction du 2 janvier de la Direction générale de l'enregistrement, des domaines et du timbre demandant « également aux prêtres présents à l'opération l'ouverture des tabernacles », provoqua un important mouvement de colère chez les catholiques. Pour l'apaiser, le gouvernement, au Conseil des ministres, voulut considérer que la phrase à l'origine de la colère était « une erreur de rédaction » et que le gouvernement n'entendait « à aucun degré recourir à des mesures qui pourraient blesser les consciences religieuses » et s'efforcerait donc « d'empêcher [...] tout moyen qui pourrait être considéré comme portant atteinte aux croyances des fidèles » (« Conseil des ministres », *Le Matin*, 17 janvier). À la Chambre, le 19, le ministre des Finances, Merlou, déclara ainsi que les tabernacles ne seraient pas crochetés et que les agents de l'administration se contenteraient de la parole des prêtres (*Journal officiel. Débats parlementaires. Chambre des députés*, 20 janvier 1906, p. 66).

497. Boniface (dit Boni) de Castellane (1896-1946), député des Basses-Alpes, avait épousé Anna Gould (1875-1961), « surtout belle, vu sa dot ». L'épouse, lassée de l'inconstance et des excentricités de son mari, venait de demander le divorce qui sera prononcé en novembre.

498. Albert de Monaco (1848-1922) avait été en effet un dreyfusard plus qu'actif, tentant à plusieurs reprises d'intercéder auprès du président de la République en faveur de l'innocent de l'île du Diable. Pour plus de détails, voir sa notice dans notre *Dictionnaire biographique et géographique de l'affaire Drefus* à paraître chez Champion.

499. Boni de Castellane était en effet un des principaux bailleurs de fonds de la Ligue de la patrie française.

500. Une des pièces du dossier secret qui faisait suite à la pièce « des chemins de fer » précédemment évoquée (note 493) et sur laquelle portait l'accusation de faux portée par Cuignet contre André. À son propos voir notre *Histoire de l'affaire Dreyfus de 1894 à nos jours*, *op. cit.*, p. 280 et 695.

501. Adolphe Wattinne, gendre du général Billot, ministre de la Guerre en 1898, avait été chargé par son beau-père de classer, sous le contrôle du général Gonse, le dossier secret contre Dreyfus. Un rapport en avait été établi, rapport curieusement disparu et que nous avons retrouvé et analysé dans notre *Histoire de l'affaire Dreyfus de 1894 à nos jours*, *op. cit.*, p. 694-699.

502. Sur cet argument, voir notre *Histoire de l'affaire Dreyfus de 1894 à nos jours*, *op. cit.*, p. 1078-1079. Après la lettre de Lasies, celle au garde des Sceaux, toutes deux évoquées, le discours de Lasies à la Chambre dont il sera bientôt question, Cuignet, en mars, donnera une série à *L'Éclair* (« Le faux André », 6, 7 et 8 mars 1906) dans laquelle, pour arriver à soutenir l'insoutenable, il truquera purement et simplement les pièces (voir notre *Histoire de l'affaire Dreyfus de 1894 à nos jours*, *op. cit.*, p. 1077-1079).

503. On agira en effet. Ainsi que le racontre Dreyfus dans ses *Carnets* : « On mit Cuignet en non-activité par retrait d'emploi, pour mesure disciplinaire pour s'être adressé directement au Garde des Sceaux sans passer par la voie hiérarchique, mais sans répondre, tout au moins publiquement, à ce qui faisait le fond de sa plainte. On laissait ainsi croire aux esprits abusés que Cuignet pouvait être un martyr de la vérité, tandis qu'il n'était qu'un héros du mensonge. Tout cela eût été évité si les débats s'étaient ouverts plus tôt, car le dossier qui était encore à la Cour permettait de faire complètement justice des allégations audacieusement mensongères de Cuignet » (*op. cit.*, p. 237-238).

504. Le ministère Rouvier, démissionnaire, comme le voulait l'usage, après l'élection du nouveau président de la République, et aussitôt reconstitué, avait été attaqué de toutes parts mais soutenu au moment des votes.

505. *Journal officiel. Débats parlementaires. Chambre des députés*, 3 mars 1906, p. 1164-1165. La veille, Lasies avait pris la parole pour parler de Cuignet dont il avait lu la lettre précédemment évoquée de dépôt de plainte contre le général André. Jaurès avait répondu à Lasies en rappelant la mention de date de la pièce

« du télémètre », arguée de faux, dès le rapport Wattinne, ainsi que Dreyfus nous l'explique dans la lettre 223.

506. Il le lui avait déjà demandé, dans sa lettre précédente, non reprise et résumée dans la « Provenance des textes », lettre qui nous apprend aussi que son beau-frère n'avait pas été nommé.

507. Pour la manière dont Reinach avait présenté, relativement à l'Affaire, son manque d'action et d'énergie quand il avait été président du Conseil.

508. Il avait voté contre cette loi visant à rétablir le privilège des bouilleurs de cru (*Journal officiel. Débats parlementaires. Chambre des députés*, 28 février 1906, p. 1074 et 1077).

509. Il lui avait tout d'abord écrit le 27 février à propos de *L'Humanité* (lettre évoquée dans la note 412) et à nouveau le 25 février pour lui proposer de passer afin de l'entretenir « des graves difficultés qui pèsent sur sa vie » : « J'ai lutté, non sans peine mais efficacement, pour ne rien laisser de mon indépendance morale et de ma liberté d'action dans ces embarras et dans ces épreuves, les plus redoutables certainement que j'ai connues depuis que je suis dans la vie publique. Je vous en ferai part à cœur ouvert, sachant que vous m'estimez assez pour me répondre toujours avec une liberté égale à la mienne » (MsVC 279, f. 3989-3990).

510. Antonin Dubost (1844-1921), sénateur de l'Isère, venait d'être nommé président du Sénat (le 16 février). Il avait été, en 1893-1894, ministre de la Justice dans le cabinet Casimir-Perier. Le buste dont il est question à la suite semble être celui qu'avait réalisé Denys Puech et qui avait trouvé une première place au Sénat fin 1903 (voir Jules Claretie, « Un journaliste d'autrefois », *Le Figaro*, 26 décembre 1903).

511. « L'indiscipline impunie ».

512. Dans ce même numéro, *L'Aurore* reprenait une lettre de Galliffet adressée au *Journal des Débats*, lettre dans laquelle il expliquait que s'il était juge, il « n'oserai[t] pas condamner des officiers chrétiens que cette loi a exposés à fouler aux pieds le Dieu qu'ils invoqueraient au moment de se faire tuer pour l'honneur et le salut de la France ».

513. « Pour liquider l'affaire Dreyfus ».

514. Le 10 mars, à Courrières, une explosion avait tué plus d'un millier de mineurs. Plus que du fait de l'importance du drame, les mineurs étaient en colère non seulement parce qu'il eût été possible de l'éviter (un feu s'était déclaré quelques jours plus tôt et les ingénieurs n'avaient pas voulu entendre les appels à la prudence des délégués des mineurs) mais encore parce que la décision prématurée de renverser l'aérage ne pourrait qu'asphyxier les possibles survivants. Une grève ayant été décidée, Clemenceau, nouveau ministre de l'Intérieur dans le cabinet Sarrien en place depuis le 14, avait, le 20, envoyé la troupe.

515. Les capitaines Spiral et Cléret-Langavant ainsi que le commandant Héry étaient passés en conseil de guerre l'avant-veille pour leur refus d'obéir à

la réquisition du préfet dans le cadre des inventaires. Le commandant Héry avait été condamné à un mois de prison et les deux capitaines à un jour de prison et immédiatement mis en liberté.

516. Le capitaine Couderc de Fonlongue avait comparu la veille devant le Conseil de guerre de Bordeaux pour avoir refusé de forcer les portes de l'église de Saint-Pierre-d'Irube après le refus du curé de laisser entrer les préposés à l'inventaire. Acquitté, il avait toutefois été mis en « non-activité par retrait d'emploi ».

517. Depuis le 11, les facteurs parisiens étaient en grève pour que l'administration reconnaisse leurs porte-parole. Barthou, ministre des Travaux publics, Postes et Télégraphes dans le nouveau cabinet Sarrien, refusera tout dialogue et fera révoquer 300 grévistes.

518. Voir lettre 230.

519. Le cachet de la poste est du lendemain. Peu lisible, il semble donner « 1908 » comme année, date fautive reportée sur le recto de la lettre par la marquise.

520. René, fils de son frère Jacques, qui épousait Jeanne Lang le lendemain.

521. Henry Maret (1837-1917) était député du Cher depuis 1885 après l'avoir été de la Seine de 1881 à 1885. Il se présentait à Digne où Reinach tentait de retrouver son siège perdu en 1898.

522. Théodore Reinach (1860-1928), archéologue et historien, frère de Joseph, se présentait en effet en Savoie où il s'était installé en 1901.

523. Au Salon des Indépendants.

524. Selon le cachet de la poste.

525. Y étaient donnés *Les Maîtres Chanteurs.*

526. Concernant les craintes partagées par beaucoup à propos de la journée du 1er mai : la CGT avait appelé à une manifestation monstre pour la journée de 8 heures.

527. Après la catastrophe de Courrières (10 mars), la révolte avait grondé dans le bassin minier, posant la question des conditions de travail et celle du repos hebdomadaire. Plus de 60 000 mineurs en grève dans tout le Nord et jusqu'en Belgique auxquels Clemenceau répondit par l'envoi de 30 000 militaires. Nombreux avaient été les heurts et les arrestations dont celle de Pierre Monatte, accusé d'excitation au pillage et de menées anarchistes. Au cours de l'enquête, le parquet de Béthune se convainquit que le prévenu n'était pas « un simple propagandiste » mais « le mandataire d'une vaste association occulte, ayant un but bien défini, celui de fomenter une agitation savamment calculée » (« Le complot », *Le Matin*, 28 avril).

528. Valabrègue candidatait à nouveau au poste de président de Chambre de la Cour d'appel. Il sera cette fois nommé (17 juillet).

529. Au sujet de la cassation sans renvoi.

530. Avec près de 300 voix contre le marquis de Solages.

531. Avec 3 959 voix contre 3 080 à Henry Maret.

532. Quelques figures nationalistes qui tentaient de retrouver un siège perdu (Déroulède, Marcel Habet, Pourquery de Boisserin), comme quelques autres qui se présentaient à la réélection, étaient en ballottage défavorable.

533. Dans ses « Propos d'un Parisien » du *Matin*. Le pape, en effet, avait déclaré qu'il souhaitait attendre le résultat des élections avant de donner aux évêques les instructions qu'ils attendaient depuis le vote de la loi de séparation des Églises et de l'État.

534. De justesse par Charles Schneider dans le Territoire de Belfort (9 514 voix contre 9 996).

535. À moins que la marquise ne se soit trompée en lisant, dans *Le Matin* du jour, la relation des bagarres à Thonon-les-Bains qui avaient opposé les partisans des candidats Phat (conservateur) et Jules Mercier (radical ; qui n'a aucun rapport avec le ministre de la Guerre de 1894), nous ne voyons à quoi peut ici faire allusion Dreyfus.

536. Les radicaux Malon et Richaud.

537. À cette date, nous n'avons trouvé d'autre succès de Brisson que sa réélection à Marseille dont il est question dans la lettre suivante.

538. Le « Bloc » avait en effet gagné 24 sièges supplémentaires au 1er tour.

539. Publiée dans la presse du 9. Il s'agissait en fait d'une circulaire du comité exécutif du parti républicain radical et radical-socialiste qui appelait à la discipline pour le second tour.

540. À une très large majorité, avec près de 3 000 voix d'avance.

541. Il connaîtra à ce moment un « passage à vide » mais reviendra au pouvoir en 1917 et sera élu président de la République en 1931.

542. Alphonse Aulard (1849-1928), historien, cofondateur de la Ligue des droits de l'homme et publiciste. Dans « Un excommunié », (*L'Aurore*, 14 mai). Aulard, à propos du socialiste Gabriel Deville qui, ayant refusé de « s'enfermer dans la chapelle de l'unification », avait perdu le soutien du parti socialiste et avait été battu au profit du nationaliste Galli, ironisait sur le peu de liberté que laissait à Jaurès l'unification. Et de comparer le parti socialiste à l'Église et *L'Humanité* à un journal clérical.

543. À la présidence de la Chambre qu'il occupait depuis janvier 1905 et à laquelle, selon une dépêche Havas du 14, il renonçait. Brisson lui succédera en effet.

544. Au total, le « Bloc » était passé de 338 sièges à 411.

545. Il avait été élu avec 5 028 voix contre 4 435 à Maret.

546. À son livre *Vers la justice*, recueil de ses articles pendant l'Affaire, publié chez Fischbacher en 1906. Frank Puaux (1844-1922), pasteur, professeur à la Faculté de théologie protestante de Paris, collaborait au *Signal* où pendant l'Affaire il avait mené campagne pour la révision du procès Dreyfus.

547. Voir lettre 228.

548. La Pentecôte.

549. De son affaire à la Cour de cassation. Ils s'ouvriront finalement plus tôt : le 15.

550. Dans sa recopie, Dreyfus a noté en tête la date du « 7 juin ». Nous corrigeons cette erreur.

551. Il s'agit de son mémoire présenté devant la Cour de cassation.

552. Voir la lettre précédente (n° 249) non reprise et résumée dans la « Provenance des textes ».

553. Voir lettre 2.

554. Albert Sorel (1842-1906), historien, académicien français, secrétaire général de la présidence du Sénat. Modéré pendant l'Affaire, il avait adhéré à la Ligue de la patrie française pour très vite en sortir. Nous n'avons malheureusement pas retrouvé trace de son « mot ». Il devait mourir quelques jours plus tard (le 29).

555. Suite à un projet de réorganisation des archives et bibliothèques supprimant la disposition légale qui ne permettait le recrutement des archivistes des Archives nationales et départementales que parmi les archivistes-paléographes issus de l'École des Chartes pour ouvrir les candidatures à un examen aux licenciés en histoire. Une réforme qui à court terme pouvait signer l'arrêt de mort de l'École des Chartes dont le format d'études était bien plus lourd que la licence.

556. En concluant dans son rapport au renvoi devant un nouveau conseil de guerre. Dans ses *Carnets*, Dreyfus écrira : « Il n'eut pas le courage de prononcer le mot définitif qui était la conclusion nécessaire de l'examen très consciencieux qu'il venait de faire du dossier. Tout en reconnaissant l'inanité des charges, il n'eut pas le courage de demander à la Cour de proclamer elle-même mon innocence. » Il ajoutait : « Je trouvai le rapport de M. Moras très ferme sur le néant des accusations portées contre moi, mais trop indulgent pour mes adversaires, inexact en ce qui concerne Henry dont il méconnaissait la portée des actes criminels qui commencèrent dès 1894 » (*op. cit.*, p. 241 et 239). Ce rapport, qui fut présenté du 15 au 22, peut se lire dans *La Révision du procès de Rennes. Débats de la Cour de cassation (chambres réunies). 15 juin 1906-12 juillet 1906, op. cit.*, t. I, p. 5-368. Quant à Mornard, l'avocat de Dreyfus, il jugera ainsi ce rapport : « Il y a de très bonnes choses dans ce rapport, il y en a quelques mauvaises et certaines inexactitudes. Ce qui domine, c'est l'intention évidente de ménager les accusateurs et d'excuser leurs actes, tout en étant cependant très ferme sur la constatation du néant de l'accusation » (*ibid.*, p. 240).

557. Jules Lermina (1839-1915), romancier et journaliste ; il est l'auteur d'un grand nombre de romans d'aventure et le collaborateur régulier des feuilles radicales et parfois anarchistes.

558. Dans son article signé « Un Parisien » publié dans *Le Radical* du 21 juin 1906.

559. Il s'agit, comme on le verra dans la lettre suivante, de la publication à la Ligue des droits de l'homme des premiers des 8 volumes que finança

Dreyfus (voir lettre suivante). Quant à la publication dans la presse, elle se fera dans *Gil Blas* à partir du 21 juillet avec la déposition Mercier (voir lettre 274) et se continuera jusqu'en mai 1906. Il ne semble pas que Dreyfus en soit à l'origine.

560. Le réquisitoire de Baudouin et la plaidoirie de Mornard.

561. Siège de la Ligue des droits de l'homme.

562. « La révolution sociale et l'armée », publié dans le numéro en date du 25. Y évoquant l'Affaire, il avait écrit que le pays en « avait été profondément troublé » et qu'elle « pes[ait] encore sur nous comme un cauchemar ».

563. Henri Durey, « Défi au procureur Baudouin ». Cet article s'inscrivait dans une série du même (publiée, en plus de celui dont il est question ici, les 19, 21, 29 juin et 4 juillet) et qui reprenait la dernière accusation de Cuignet, formulée dans le même *Éclair* le 23, et accusait en tout simplicité Baudouin, après Delcassé et André, de faux (voir aussi son article du 6 juillet).

564. Léon Daudet (1867-1942), fils d'Alphonse, écrivain et publiciste, fut une des principales figures de l'Action française.

565. « Une leçon de ténacité ». Daudet s'y montrait en effet sans surprise. Attaquant Reinach, historien de l'Affaire, il voulait considérer que « la véritable histoire de cette grande crise est à écrire » et, annonçant pour ainsi dire l'antidreyfusard *Précis de l'affaire Dreyfus* de 1909, volume dû à Dutrait-Crozon, que si l'un d'entre eux ne s'en chargeait pas ils seraient « devant l'avenir [...] en posture d'infériorité ». Et, permettant de comprendre quel intérêt représentait et représentera plus encore par la suite l'Affaire pour l'Action française, il rendait hommage à Maurras qui est « peut-être le seul qui ait compris d'emblée l'importance de la discussion serrée et incessante ».

566. Toujours, on l'aura compris, la cassation sans renvoi.

567. Dreyfus apprécia en ces termes son réquisitoire : « Son argumentation fut très forte, d'une grande clarté, marquant pour toujours du sceau de l'infamie les auteurs des crimes contre la vérité et la justice. M. Baudouin appelait un faux, un faux, un mensonge, un mensonge, ce dont on ne saurait assez le louer. Son ton véhément qui étonnait parfois dans ce prétoire habitué aux calmes discussions n'était que l'indignation d'un cœur honnête devant tant de crimes et de mensonges. Baudouin fit de moi un portrait peu flatté en citant les dépositions de certains témoins à charge » (*Carnets*, *op. cit.*, p. 241-242). Le réquisitoire de Baudouin peut se lire dans *La Révision du procès de Rennes. Débats de la Cour de cassation (chambres réunies). 15 juin 1906-12 juillet 1906*, *op. cit.*, t. I, p. 369-639 et t. II, p. 5-272.

568. Pour entendre la lecture de l'arrêt. La marquise n'allait donc pas entendre la suite du réquisitoire de Baudouin qui fut prononcé du 25 juin au 8 juillet.

569. À propos de la discussion à la Chambre au sujet de l'élection de Pierre Leroy-Beaulieu.

570. « La deuxième révision du procès Dreyfus » dans le numéro postdaté du 29. Il s'agissait en fait du passage du réquisitoire de Baudouin consacré à la déposition du Chamoin dans laquelle, pour citer *L'Aurore*, « le général Chamoin inflige[ait] au commandant Cuignet un formel démenti » au sujet des accusations de faux qu'il soutenait.

571. Félix Gribelin (1853-1932), archiviste de la Section de statistique au plus fort de l'Affaire, fut le dévoué auxiliaire des faussaires. Il joua toutefois un rôle essentiel dans la découverte de la vérité, lors de l'enquête qu'avaient menée André et Targe en 1903 (voir notre *Histoire de l'affaire Dreyfus de 1894 à nos jours*, *op. cit.*, p. 1020-1022).

572. Gribelin, le 25 juin, et Du Paty, le 27, avaient écrit, le premier à *L'Éclair* et le second à *La Libre Parole*, pour protester de la manière dont Baudouin les avait présentés dans son réquisitoire (lettres publiées dans les numéros des 27 et 28 juin et reprises dans *La Révision du procès de Rennes. Débats de la Cour de cassation (chambres réunies). 15 juin 1906-12 juillet 1906*, *op. cit.*, t. II, p. 666-667).

573. Gaston Méry (1866-1909), romancier et journaliste à *La Libre Parole* où, ce jour, il venait de publier une « Lettre ouverte au général Mercier » dans laquelle il lui demandait, vigoureusement et sans ménagement, de tenir enfin ses promesses maintes fois répétées de tout dire de ce qu'il savait de la culpabilité de Dreyfus. Voir à ce sujet notre *Histoire de l'affaire Dreyfus de 1894 à nos jours*, *op. cit.*, p. 1079-1080.

574. Nous ne savons à quoi la marquise peut ici faire allusion.

575. À l'époque de l'attente de l'arrêt de la Cour puis du verdict de Rennes.

576. Sa plaidoirie dont Dreyfus rendra compte en ces termes : « Les séances des 5, 6 et 7 juillet furent consacrées à l'admirable plaidoirie de mon vaillant défenseur, Me Mornard. Son préambule fut très noble et très élevé, sa plaidoirie aussi merveilleuse de dialectique qu'impressionnante de force. Il ramassa avec une grande élévation de pensée et une belle hauteur de style tous les arguments de la cause qu'il avait à défendre » (*Carnets*, *op. cit.*, p. 242). Cette plaidoirie peut se lire dans *La Révision du procès de Rennes. Débats de la Cour de cassation (chambres réunies). 15 juin 1906-12 juillet 1906*, *op. cit.*, t. II, p. 273-480.

577. Pour l'arrêt.

578. Pierre Magnin (1824-1910), sénateur inamovible, un temps directeur politique du *Siècle*, avait été ministre des Finances en 1879-1881.

579. Pour sa réhabilitation.

580. Voir lettres suivantes.

581. Dont il est question dans la lettre 259.

582. Cette lettre est datée par Dreyfus, dans sa recopie, du 8. Elle semble bien, la suivante lui répondant, être de la veille.

583. Des conseillers à la Cour de cassation.

584. Favorables au non-renvoi.

585. Mercier en effet écrira et fera publier une lettre qui se voulait rassurante pour les détracteurs de son camp (voir lettre 259), ne fût-ce qu'en demandant le

renvoi devant un nouveau conseil de guerre, mais ne disait toujours rien de ce qu'il annonçait savoir et que ses amis lui demandaient enfin de dire. Sur cette lettre, que Dreyfus jugera dans ses *Carnets* comme l'œuvre d'un « homme [...] grandiose de cynisme, d'audace et d'infamie » (*op. cit.*, p. 242), publiée dans la presse du jour (et reprise dans *La Révision du procès de Rennes. Débats de la Cour de cassation (chambres réunies). 15 juin 1906-12 juillet 1906*, *op. cit.*, t. II, p. 678-680), voir notre *Histoire de l'affaire Dreyfus de 1894 à nos jours*, *op. cit.*, p. 1079-1082.

586. Édouard Drumont (1844-1917), on le sait, était le chef de file du « mouvement » antisémitique et le directeur de *La Libre Parole*.

587. Qui devait être le sien après la réhabilitation. Une question, nous le verrons, qui aura pour Dreyfus de fâcheuses conséquences. Voir lettres 857 et suivantes.

588. Comme nous l'apprend une note de la main de la marquise au bas d'une lettre que Duruy lui avait envoyée (lettre du 31 janvier 1903. MsVC 276, f. 3455), il s'agissait de la photographie d'un dessin représentant Mercier disant à Esterhazy : « n'avouez jamais ».

589. Le grade et la remise de la Légion d'honneur comme dit dans la lettre précédente.

590. Ses « Propos d'un Parisien » du jour moquaient des Français au comportement paradoxal, capables, par antisémitisme et goût du roman-feuilleton, d'avaler toutes les fables qu'on leur avait présentées pour faire de Dreyfus un traître et balayant par leurs votes le parti derrière lequel ils avaient marché au plus fort de l'Affaire.

591. À Castres, au chevet de sa mère, décédée le 9.

592. Voir lettres 261-263.

593. On le sait, l'arrêt de la Cour de cassation estimant que « de l'accusation portée contre Dreyfus rien ne reste debout ; et que l'annulation du jugement du Conseil de guerre ne laisse rien subsister qui puisse, à sa charge, être qualifié crime ou délit », « annul[ait] le jugement du Conseil de guerre de Rennes qui, le 9 septembre 1899, a condamné Dreyfus à dix ans de détention et à la dégradation militaire ». La cassation sans renvoi avait été votée par 31 voix contre 18. Dans ses *Carnets*, Dreyfus écrira : « Je n'avais jamais douté de ce triomphe de la justice et de la vérité sur l'erreur, le mensonge et le crime. Ce qui m'avait soutenu, depuis le jour néfaste de mon arrestation, à travers les plus terribles souffrances qu'un homme ait peut-être jamais supportées, c'est cette foi inébranlable que la France proclamerait un jour, à la face du monde, mon innocence, et qu'elle effacerait jusqu'à la dernière trace de l'erreur monstrueuse. Je conserverai toujours une reconnaissance infinie pour tous ceux qui contribuèrent, avec tant de courage et de générosité, au triomphe de la justice » (*op. cit.*, p. 260-261).

594. Nous ne savons à quel propos.

595. Ce jour, Dreyfus devait être élevé au grade de chevalier de la Légion d'honneur.

596. Le capitaine Olivier était un ami commun de Dreyfus et de la marquise.

597. C'était la première fois qu'il le rencontrait. Comme Brisson l'avait écrit à la marquise en avril 1903 : « il croit qu'il vaut mieux de ne "pas le connaître tant qu'il s'occupera de lui, mais sera plus tard heureux de le voir" » (cité dans une lettre de la marquise à Reinach de « Samedi soir [25 avril 1903], BNF n.a.fr. 24889, f. 123 v°).

598. De félicitations pour sa réhabilitation. Ne pouvant répondre à toutes, il fit une réponse collective qu'il donna à *L'Aurore* (« Remerciements », 17 juillet).

599. Résumée sous le n° 273 dans la « Provenance des textes ».

600. Les cartons dans lesquels Dreyfus avait stocké les innombrables lettres reçues après sa réhabilitation.

601. Où avait eu lieu, le 20 juillet, la cérémonie de remise de la Légion d'honneur à Dreyfus (pour le détail de cette cérémonie – « une belle journée de réparation pour la France et la République » – voir les *Carnets*, *op. cit.*, p. 263-265). Une série de cartes postales en avait été éditée.

602. Ludovic Halévy (1834-1908), auteur dramatique et romancier, fut au cœur d'un actif foyer de dreyfusards, avec ses deux fils Élie et Daniel et les Straus.

603. Après s'être réjoui de la fin de l'Affaire, il lui disait en effet : « Il n'y a plus qu'un ennui : cette brouille de Picquart et de Reinach. Vous savez comme j'aime Reinach... Il a été *admirable*... il n'a eu qu'un tort... il n'a pas rendu à Picquart bonne et complète justice. On doit tant à Picquart... Sans lui, Dreyfus aurait fini par mourir dans son cachot de l'île du Diable... Et Picquart a passé ***onze*** mois en prison ***accusé de faux***... Et il a supporté cela avec une tranquille sérénité. / Si on pouvait les réconcilier tous les deux, cela serait bien heureux. Je ne pense qu'à cela depuis quelques jours. Je n'ai pas osé en parler à Reinach. Ce serait évidemment lui qui aurait à faire le premier pas... Ajoutez à cela que Picquart répondrait peut-être par un refus à la moindre tentative de réconciliation. Qu'en pensez-vous ? » (lettre du 19 juillet 1906, fonds Arconati, MsVC 3743-3744).

604. Revue fondée et écrite par Clemenceau qui parut en 1901-1902.

605. Picquart, « Celui qui *n'a pas* donné son nom à l'Affaire », comme elle le nommait (lettre à Reinach de « Samedi soir », BNF n.a.fr. 24889, f. 59), reprochait aussi à la marquise son amitié avec Dreyfus avec lequel il était brouillé (voir notre *Histoire de l'affaire Dreyfus de 1894 à nos jours*, *op. cit.*, p. 956-972). Elle écrivit à Havet : « Je sais que Picquart n'a qu'une idée, *faire oublier* ce qui a été l'honneur de sa vie – [...] / Vous dites que son : "regard clair n'a pas changé" – il s'est affaibli en tout cas, car il ne salue plus une femme chez qui il est allé pendant deux ans, parce que cette femme reçoit Alfred Dreyfus – cette femme, *c'est moi* » (lettre s.d., BNF n.a.fr. 24886, f. 127-128 ; cette lettre est une réponse à une lettre citée note 892).

606. Lettre que nous n'avons pu retrouver.

607. Mathieu, sachant devoir recontrer Labori et Picquart à l'occasion des débats de la Cour de cassation, pensait le moment venu, « dans la joie de l'approche de la définitive victoire, dans la sérénité du lieu, d'oublier nos mutuels et

mesquins griefs, d'étendre un voile sur nos erreurs pour ne nous souvenir que des souffrances partagées dans la lutte commune » : « N'était-ce pas pour moi l'heure, à l'issue de cette première audience de la Cour suprême, d'aller au-devant de Picquart que je n'avais pas revu depuis 1900 et de lui tendre la main ? / Lorsque l'audience fut levée, je me dirigeai vers lui et je lui tendis la main. Picquart la repoussa d'un geste et se tourna d'un autre côté. Mme Zola qui avait vu la scène eut les yeux pleins de larmes et en proie à un trouble profond, elle me dit des mots que je ne compris pas. D'ailleurs j'étais moi-même très ému, très en colère. Cependant je restai impassible sous l'insulte, et je ne prononçai pas une parole au geste de Picquart. Je me hâtai de saluer Mme Zola et de quitter la salle d'audience » (Mathieu Dreyfus, *L'Affaire telle que je l'ai vécue*, Paris, Grasset, 1978, p. 294-295).

608. Voir note 118.

609. Louis Leblois (1854-1928), avocat et intime de Picquart. C'est lui, on le sait, qui avait recueilli en 1897 les confidences de son ami et convaincu Scheurer-Kestner de l'innocence de Dreyfus.

610. Qui avait été publiée dans le numéro daté du 24 juillet. Leblois y racontait comment il avait agi en juillet-octobre 1897 en prenant garde à ne jamais mettre en cause Picquart ainsi qu'il le lui avait demandé. Il parlait de la prudence et des hésitations de Picquart mais ne disait rien, par exemple, de la demande qui sera bientôt celle de Picquart d'abandonner l'affaire ou de l'interdiction formelle et violente qu'il lui adressa d'utiliser sa correspondance avec Gonse. À propos de Picquart et de son action, voir l'ouvrage que nous lui consacrons à paraître aux éditions Grasset.

611. Qui ne paraîtra qu'après sa mort en 1929 et dans lequel Leblois se montrera très consensuel.

612. Félix Mathieu (1861 ?-1935 ?), dont nous savons peu de chose hormis qu'ancien président de l'Association des étudiants de Paris, il était un ami de Lucien Herr et que, dreyfusard, il avait signé les listes de protestations de 1898.

613. Il avait été question de décorer Sarah Bernhardt de la Légion d'honneur, ce à quoi s'opposaient quelques membres de la chancellerie.

614. De l'enquête de la Cour de cassation que le *Gil Blas* publiait chaque jour.

615. Elle avait paru du 21 au 26 juillet. À noter, dans le numéro du 26, le très intéressant article sur Dreyfus de Pierre Mortier (« Alfred Dreyfus et les éléments de connaissance ») dont un extrait est donné dans notre avant-propos.

616. C'est ce que, sans succès, avait demandé à la Chambre Francis de Pressensé lors de la séance du 13 juillet au cours de laquelle avaient été votées les réintégrations de Dreyfus et de Picquart (voir notre *Histoire de l'affaire Dreyfus de 1899 à nos jours*, *op. cit.*, p. 1067-1068).

617. Qui n'est pas dans le fonds Arconati.

618. Depuis le 17 juin, André avait entrepris de publier *Cinq ans de ministère*, Mémoires qui paraîtront l'année suivante, légèrement revus (nous le verrons bientôt), en volume chez Louis Michaud. Il avait dressé le portrait de Mercier, qui avait été son ami et auquel il devait une grande partie de sa carrière, dans le

numéro du 14 juillet et était revenu sur son cas dans le numéro paru le jour où Dreyfus envoyait cette lettre.

619. Voir lettre 274.

620. À Digne où, comme nous l'avons vu, il avait retrouvé son siège de député perdu en 1898 après une campagne pendant laquelle, seul contre tous, il n'avait pas hésité à affirmer hautement ses convictions dreyfusardes.

621. Dans l'article publié dans *Le Matin* du 6 août, partie de ses Mémoires, André avait raconté qu'il avait, pendant quelques heures au cours de son enquête de 1903, cru à la culpabilité de Dreyfus. Découvrant une note rédigée par Cuignet et Rollin en novembre 1898 qui attestait que la recopie des cours de l'école de guerre présente au dossier secret et subtilisée à l'ambassade d'Allemagne « représentait une partie arrachée d'un cahier de cours saisi chez Dreyfus en 1894 », « tous [s]es raisonnements, toutes [s]es preuves morales [s'étaient] dispers[ées] à ce vent de réalité ». Il avait alors fait appeler son adjoint, Targe, et lui avait dit : « C'est fini ; il n'y a plus à hésiter : Dreyfus est coupable. Qu'importe le bordereau d'Esterhazy, qu'importent le faux Henry et tous les autres faux, voici la preuve. Il nous faut arrêter. Demain, je monterai à la tribune et je ferai cette déclaration : / – Je viens, moi, sixième ministre de la guerre, affirmer la culpabilité de Dreyfus. » Dans *L'Humanité* du 8, Jaurès s'était indigné : « Mais quoi, il lui suffisait d'un bout de rapport de Cuignet et de Rollin pour prononcer encore, malgré l'évidence accablante des faits, une nouvelle condamnation contre Dreyfus ? Devant ce texte, qui s'est trouvé être une machination de plus, son premier mouvement a été de monter à la tribune, lui sixième ministre de la Guerre, et de répéter : Dreyfus est coupable ! [...] C'est lui qui nous l'assure ; et nous nous demandons avec stupeur de quelle pauvre argile est faite la raison de nos chefs militaires, de tous, de tous » (« Bizarreries »). Notons que reprenant cette série en volume, André réécrira ce passage pour en atténuer le propos et la portée (*Cinq ans de ministère, op. cit.*, p. 246). Sur les cours de l'école de guerre et l'enquête d'André, on pourra se reporter à notre *Histoire de l'affaire Dreyfus de 1894 à nos jours, op. cit.*, p. 1019-1020.

622. Henri Campbell-Bannermann (1836-1908), chef du parti libéral anglais, à cette époque Premier ministre.

623. Raymond Koechlin (1860-1931), ancien directeur du service de politique étrangère du *Journal des Débats*, titulaire de la chaire d'histoire diplomatique à l'École libre des science politiques et secrétaire général de la Société des Amis du Louvre.

624. « Défense de Pascal. Pascal est-il un faussaire ? », publiés dans les numéros 6, 7 et 8 de la 5e série, tome 6, de la *Revue Bleue*, 11, 18 et 25 août 1906, p. 161-165, 196-203 et 229-236.

625. Roujon avait consacré au travail de Lefranc deux de ses « En marge » du *Temps* (16 et 23 août). Il consacrera aussi à la question un article dans *Le Figaro* du 5 septembre (« La défense du Génie »).

626. « Choses du passé », *La Libre Parole*, 30 août 1908.

627. Non retrouvé.

628. Rien dans la lettre précédente de Dreyfus (lettre 278, non reprise et résumée dans la « Provenance des textes ») ne faisant allusion à un « énervement » quelconque de Dreyfus, nous pouvons en déduire que la lettre à laquelle répondait ici la marquise est perdue.

629. Cette lettre porte en mage l'unique date de « 1905 », que nous corrigeons.

630. « Un article de M. Jules Soury », 16 août. Il y parlait, entre quelques considérations sur le « traître », du « bordereau annoté » (voir note 91) comme d'un « fait historique ».

631. L'affaire viendra le 24 octobre et, après avoir été renvoyée à quinzaine, *La Libre Parole* ayant cédé, fut rayée du rôle.

632. Dans les brèves de l'édition datée du 6 septembre étaient donnés les différents lieux de villégiature tous ou presque fantaisistes, de Dreyfus.

633. Depuis sa réhabilitation, nombreux étaient les journaux demeurés antidreyfusards qui continuaient à parler du « traître Dreyfus ».

634. La marquise n'avait pas lu jusqu'au bout la lettre à laquelle elle répond.

635. Libraire dépositaire des *Provinciales*.

636. Voir lettre 95.

637. Pie X.

638. « Supplique d'un groupe de catholiques français au pape Pie X », *Le Temps*, 2 septembre.

639. Gorki appelait les ouvriers français à « venir en aide à [leurs] camarades de Russie qui luttent, comme [eux] sous le drapeau rouge du socialisme » (*L'Humanité*, 3 septembre).

640. Cette lettre porte en mage l'unique date de « 1905 », que nous corrigeons.

641. *Un appel au pays* qui expliquait comment « la loi [avait été] faussée par la Cour de cassation pour réhabiliter un juif » (reproduit dans *L'Action française* n° 174 du 15 septembre 1906 et dans les différentes brochures de la revue en 1906 et 1907).

642. Il renoncera à ce moment. Comme il l'écrira dans ses *Carnets* : « Ces misérables eussent voulu que je les traînasse en cour d'assises, sachant que, comme fonctionnaire, je ne pouvais pas les traduire en police correctionnelle. Or, la cour d'assises, c'eût été Mercier et ses complices venant discuter avec leur mauvaise foi habituelle, devant un jury incompétent, l'arrêt de la Cour de cassation. Les inculpés se seraient retranchés derrière leur autorité et auraient excipé de leur prétendue bonne foi, d'où acquittement probable. Je cherchai avec mes conseils par quels moyens je pouvais les atteindre. Nous pensâmes intenter à *L'Action Française* un procès au civil pour dommage causé. Mais Bergougnan, du *Temps*, nous fit des objections très fortes tant au point de vue juridique qu'au point de vue moral. L'argument qui me fit abandonner à ce moment toute idée de poursuivre *L'Action Française* était, que pour demander des dommages-intérêts pour préjudice causé, il fallait reconnaître que leurs attaques avaient pu diminuer l'autorité qui était attachée à l'arrêt rendu par la Cour suprême. Or, de

cela, je n'en voulais pas, et en réalité leur affiche ne produisit aucun effet [...] » (*op. cit.*, p. 268).

643. Où il avait été affecté le 16 juillet précédent et avait pris son service quelques jours plus tôt, le 15 octobre.

644. Sarrien, malade, ne se sentant plus la force d'assumer la charge de travail que lui imposait sa fonction, venait de démissionner ce jour.

645. Sur les « nominations détestables » d'Étienne, voir la note 116.

646. « À la Saint-Hubert, les oies sauvages fuient l'hiver. »

647. Qui succédait en effet au ministère Sarrien.

648. Picquart, nommé général de brigade le 12 juillet 1906 (grade à valoir à la date du 10 juillet 1903), nommé divisionnaire le 28 septembre 1906, prenait en effet le portefeuille de la Guerre dans le cabinet Clemenceau.

649. À la mi-septembre 1906, L'Action française avait publié un hommage national au général Mercier, relayé par *L'Éclair* et *La Gazette de France*, et ouvert une souscription pour frapper une médaille d'or commémorant les paroles prononcées par Mercier au Sénat le jour du vote de la loi de réhabilitation de Dreyfus. Une souscription qui rassemblera près de 8 000 souscripteurs et permettra de collecter plus de 35 000 francs. Sur les paroles évoquées de Mercier, voir notre *Histoire de l'affaire Dreyfus de 1894 à nos jours, op. cit.*, p. 1068 et 1081.

650. Armand Silvestre (1837-1901), poète parnassien et conteur. La marquise le détestait-elle pour ses contes grivois et souvent scatologiques ou, plus sûrement, parce qu'il avait adhéré en 1899 à la Ligue de la patrie française ? Le monument évoqué, élevé à Paris sur le Cours-la-Reine, sera inauguré le 31 octobre.

651. Cette lettre porte en mage l'unique date de « 1905 », que nous corrigeons.

652. La marquise était revenue de Gaesbeck (voir lettre 288, non reprise et résumée dans la « Provenance des textes ») et projetait, comme on le comprend à la suite, de partir quelque temps en cure.

653. Briand, ministre de l'Instruction publique, des Beaux-Arts et des Cultes depuis mars 1906 (cabinet Sarrien), avait gardé son portefeuille dans le nouveau cabinet Clemenceau. Le 9 novembre, il avait prononcé un long discours à la Chambre sur les mesures prises et à prendre pour faire appliquer la loi de séparation, « loi d'apaisement » (*Journal officiel. Débats parlementaires. Chambre des députés*, 10 novembre 1906, p. 2453-2462). Un discours important dont l'affichage fut voté par 395 voix contre 96.

654. Voir lettre 284.

655. Denys Cochin (1851-1922), membre de l'Action libérale, était député de la Seine depuis 1893.

656. Camille Pelletan (1846-1915), député des Bouches-du-Rhône, ministre de la Marine dans le cabinet Combes, était alors président du parti radical.

657. *La Vierge d'Avila ou Sainte Thérèse*, drame en 5 actes de Catulle Mendès, sur une musique de Reynaldo Hahn, sera représentée au théâtre Sarah-Bernhardt à partir du 10 novembre.

658. La marquise fait-elle allusion ici au *Farfadet*, coulé l'année précédente (voir lettre 177) ?

659. Le 15 août, une circulaire du ministère de l'Intérieur avait suspendu « jusqu'à nouvel ordre » les inventaires. Le 11 novembre, une nouvelle circulaire demandait aux préfets de les reprendre en recourant si nécessaire « à la force publique ».

660. À l'approche du 12 décembre, date butoir du délai fixé pour le transfert des biens des établissements religieux, et devant la résistance de Rome et du clergé, le gouvernement avait décidé de proroger d'un an le délai accordé. Une décision qui fut mal reçue en ce qu'elle était considérée par beaucoup comme une humiliation de la République devant la papauté. Cette décision avait fait l'objet d'une longue discussion à la Chambre les 12 et 13 novembre : voir *Journal officiel. Débats parlementaires. Chambre des députés*, 13 et 14 novembre 1906.

661. Dans sa recopie, Dreyfus a par erreur daté cette lettre du 27.

662. Non identifié.

663. Nous n'avons rien retrouvé à ce sujet.

664. Voir note 676.

665. André Antoine (1858-1943), fondateur du Théâtre-Libre en 1887, venait de reprendre la direction de l'Odéon.

666. « Nos bonnes et affectueuses réunions » (lettre sans date, MsVC 279, f. 3996).

667. Lefranc en fera, dans ce tiré à part de la *Revue Bleue*, un *addendum*.

668. De l'*Histoire de l'affaire Dreyfus*.

669. Le décès de sa mère et les difficultés que connaissait *L'Humanité* qui, en janvier, n'avait plus pu payer l'électricité (Jules Renard, *Journal, 1887-1910*, Paris, Gallimard, Bibliothèque de la Pléiade, 1986, p. 1027) et avait annoncé en juin suivant un déficit de 265 000 francs (voir Gilles Candar et Vincent Duclert, *Jean Jaurès*, Paris, Fayard, 2014, p. 349).

670. La date du 29 annoncée dans la lettre précédente comme étant celle de la reprise des déjeuners avait donc été repoussée d'une semaine.

671. Mathieu Dreyfus (1857-1930), le « frère admirable ».

672. *Grandeur et décadence de Rome*, six volumes dont les trois premiers venaient d'être publiés en français chez Plon.

673. La marquise avait demandé à Combes de soutenir, au nom du parti radical, la candidature de Reinach à Digne : voir Gérard Baal, « Un salon dreyfusard, des lendemains de l'Affaire à la Grande Guerre : la marquise Arconati-Visconti et ses amis », *op. cit.*, p. 446.

674. Le sixième et dernier volume de son *Histoire de l'affaire Dreyfus* ne paraîtra en effet qu'en 1908.

675. Combes.

676. Voir lettre 297.

677. Qui se donnait depuis le 4, sur l'adaptation de Louis de Gramont ; musique de Gustave Doret ; décors de Lucien Jusseaume ; avec Duquesne dans le rôle de Jules César, De Max dans celui de Marc Antoine et Madeleine Barjac dans celui de Calpurnia.

678. Depuis le vote de la loi de séparation des Églises et de l'État, et à cette date, treize circulaires avaient été publiées.

679. Dans sa recopie, Dreyfus a daté cette lettre du 12, erreur que le contenu permet de corriger.

680. Dans son article de *L'Humanité* : « Pape et République ».

681. Voir note 660.

682. Dans son discours du 13 novembre à la Chambre (*Journal officiel. Débats parlementaires. Chambre des députés*, 14 novembre 1906, p. 2505-2507).

683. Du 13 décembre. Voir *Journal officiel. Débats parlementaires. Chambre des députés*, 14 décembre 1906, p. 3207-3212 (repris dans Reinach, *Mes comptes rendus*, Paris, Librairie Félix Alcan, 1914, p. 230-258).

684. Qui fut donné à voir du 10 novembre 1906 au 20 janvier 1907.

685. Depuis le vote de la loi, le pape avait promulgué deux encycliques : *Vehementer nos* (11 février 1906) et *Gravissimo officii minere* (10 août). Dans la seconde, il demandait « que les hommes catholiques de France, s'ils veulent vraiment Nous témoigner leur soumission et leur dévouement, luttent pour l'Église selon les avertissements que Nous leur avons déjà donnés, c'est-à-dire avec persévérance et énergie, sans agir toutefois d'une façon séditieuse et violente. Ce n'est point par la violence mais par la fermeté qu'ils arriveront, en s'enfermant dans leur bon droit comme dans une citadelle, à briser l'obstination de leurs ennemis ; qu'ils comprennent bien, comme Nous l'avons dit et le répétons encore, que leurs efforts seront inutiles s'ils ne s'unissent pas dans une parfaite entente pour la défense de la religion ».

686. Réjane (1856-1920), qui fut la grande concurrente de Sarah Bernhardt (1844-1923).

687. Alfred Morel-Fatio (1850-1924), philologue, directeur adjoint à l'École pratique des hautes études, secrétaire de l'École des Chartes, venait d'être nommé au Collège de France professeur de langues et littératures de l'Europe méridionale.

688. Ses lettres à Léonie Léon que publiaient *La Revue de Paris* (1er et 15 décembre 1906 et 1er janvier 1907). Sur les relations entre la marquise et Gambetta, voir la lettre 319.

689. Notons que dans sa recopie, Dreyfus a finalement découpé une partie de la p. 84 qui donnait une autre lettre de la marquise datée de ce même 17 décembre.

690. Edgar Demange (1841-1925) avait été l'avocat de Dreyfus en 1894 et en 1899 à Rennes. Dreyfus lui vouait une grande amitié pour le dévouement qui avait toujours été le sien.

691. Dans le numéro de la veille, Paul Cazaubon rendait hommage à Demange pour lequel il demandait la Légion d'honneur. Demange la recevra au début de février suivant (voir lettre 315).

692. Martin-Mamy, « Une conversation avec M. Pelletan », interview motivée par l'échange vigoureux qui l'avait opposé, à la Chambre, à Clemenceau, échange au cours duquel le président du Conseil avait reproché à Pelletan de

le combattre « par des moyens obliques » (*Journal officiel. Débats parlementaires. Chambre des députés*, 21 décembre 1906, p. 3374). Pelletan déclarait ainsi à *L'Aurore* qu'il considérait que la politique menée par Clemenceau n'était qu'un « mouvement d'oscillations continuelles », politique de « compromissions » et de « faiblesses ».

693. Dans les lettres dont il sera question à la suite : voir note 699 et lettre 309.

694. Voir lettre 268.

695. « Allié objectif des syndicalistes révolutionnaires », comme le dit Jacques Julliard, qu'il soutenait face à la répression et en qui il voyait le symbole et la réalité de « l'esprit de conciliation et de fraternité ouvrière » dont l'action parallèle à celle de la SFIO servait la cause socialiste. Sur cette question voir Alain Boscus, « Jean Jaurès, la CGT, le syndicalisme révolutionnaire et la question sociale », communication faite au colloque « La Charte d'Amiens a 100 ans », en ligne sur halshs.archives-ouvertes.fr.

696. Marcel Sembat (1862-1922), militant socialiste, un temps directeur de *La Petit République*, avait été membre du Parti socialiste révolutionnaire et du Parti socialiste de France avant de rejoindre la SFIO à la fondation duquel il avait activement travaillé.

697. Meeting qui eut lieu dans les derniers jours de décembre.

698. Voir lettre suivante.

699. Dans la première lettre du 17 X[bre], Combes écrivait : « Ce démolisseur de profession risque de crouler à son tour. Que son sort s'accomplisse. Si Reinach contribue à sa chute, il aura bien mérité de son pays. / Comme lui et comme vous, je suis effrayé à la seule idée qu'*on* a confié les destinées de la France à un impulsif de cet ordre, qui n'a ni ligne de conduite arrêtée, ni esprit de suite, ni vues d'ensemble et qui, pour trait dominant de caractère, se regarde comme tellement au-dessus des autres hommes qu'il se juge dispensé de tenir compte de leur opinion. / Et dire que cette fierté fanfaronne se double, comme vous le remarquez très justement, d'un désir inavoué, mais passionné, de retenir coûte que coûte un pouvoir si tardivement détenu ! / Au surplus, ceux qui attendraient de lui autre chose que des résultats accidentels, bons ou mauvais suivant l'occurrence, seront détrompés, s'ils ne le sont déjà, par la suite des événements. En quoi d'ailleurs a-t-il mérité de parcourir une carrière ministérielle digne et féconde ? Il a tout dénigré, tout entravé, tout sali, depuis Gambetta jusqu'à Ferry. C'est par l'égoïsme de Briand, par la crainte de ce dernier qu'il a été pris comme ministre dans le cabinet de Sarrien. Briand a fait de la collaboration de Clemenceau une condition à son entrée dans le cabinet Sarrien. Ils sont arrivés, l'un poussant l'autre. Cette entrée en jeu rendait forcément leur union indissoluble. Clemenceau a dû se faire grostesquement conciliant comme Briand, puisqu'il était le frère siamois de Briand » (Bibliothèque Victor Cousin, MsVC 266, f. 815-816). Dans la seconde : « À l'heure présente, la Chambre ne forme qu'un troupeau confus, hésitant et craintif, que la voix rude du berger aidée puissamment par des coups de fouet donnés à tort et à travers, conduit à des pâturages encombrés de ronces, où nombre d'entre les brebis tremblantes et douces

laisseront des débris de toison. Jusqu'à quand la peur du fouet triomphera-t-elle de leur répugnance à suivre ? Je ne connais pas assez les brebis nouvelles pour le dire. / Adrien Hébrard, qui m'a si vivement combattu, disait ces jours derniers dans un groupe : "Avec Combes, c'était du moins du césarisme, avec Clemenceau, c'est du caporalisme......" » (sans date, *ibid.*, f. 835 ; ces deux lettres ont été en grande partie reprises par Dreyfus dans ses *Carnets*, *op. cit.*, p. 276-277).

700. Nombreux sont ceux qui trouvaient à Clemenceau un faciès asiatique, avec ses pommettes saillantes et ses yeux légèrement bridés.

701. Stephen Pichon (1857-1933), ancien Résident général de France en Tunisie, était depuis de longues années un intime de Clemenceau.

702. 1895, bien sûr, jour où, devant le front des troupes, Dreyfus avait été dégradé dans la cour de l'École militaire.

703. On pourra les lire dans notre *Histoire de l'affaire Dreyfus de 1894 à nos jours*, *op. cit.*, p. 173-175.

704. Le fils de Gabriel Monod, qui avait épousé Mathilde Rosette Stapfer en 1896, allait épouser le 23 mars Madeleine Marie Nathalie Lafargue.

705. Auguste Scheurer-Kestner (1833-1899), vice-président du Sénat en 1897, avait été le premier politique à dire sa conviction de l'innocence de Dreyfus après avoir recueilli les confidences de l'ami de Picquart, Leblois.

706. Sans doute celui d'Henri-Robert, publié dans *Le Figaro* du 4 janvier et qui se réjouissait que le nom de Demange fût parmi la liste des prochains décorés de la Légion d'honneur.

707. Le jour où Maurice Barrès faisait son entrée sous la Coupole.

708. Dans ses « Propos d'un Parisien » du jour, Harduin montrait en effet sa déception devant le projet de loi proposé par Joseph Reinach de ne plus autoriser l'ouverture de nouveaux débits de boisson. Une loi qui empêchait « le mal de progresser » mais ne le ferait en aucun cas reculer.

709. Sur la Séparation, dans les numéros en date des 5 et 12 janvier 1907.

710. « Mes portraits » qui recensait avec humour les portraits que faisait de lui la presse de droite.

711. Ses « Propos d'un Parisien » au sujet, on l'a compris, de la baisse de la rente.

712. Ignotus, « Ce qu'on dit à Rome sur la mort de Gambetta » et Boisandré, « La baisse de la rente jugée par le *Matin* », 22 et 23 janvier.

713. Non retrouvée.

714. Brisson.

715. Le ministère Clemenceau.

716. L'affaire du Maroc ? L'entrevue des deux empereurs de Russie et d'Allemagne ?

717. Édouard VII était alors en visite officielle en France.

718. Jules Méline (1838-1925), alors sénateur des Vosges, avait été président du Conseil d'avril 1896 à juillet 1898, au paroxysme de l'Affaire. Il avait été un farouche opposant à la révision du procès de Dreyfus, opposant aux dreyfusards un silence qui entravait pour le moins leur action.

719. Non identifié

720. Édouard VII.

721. Le 26 janvier, après les élections allemandes, Bülow avait en effet harangué la foule du balcon de la Wilhelmstrasse pour dire, reprenant un mot de Bismarck, qu'il n'y avait « qu'à mettre l'Allemagne en selle pour qu'aussitôt elle commence à chevaucher ».

722. Guillaume II. Sa mère était la fille de la reine Victoria et donc la sœur d'Édouard VII.

723. Du 3 et « relative à l'attribution de la jouissance des édifices affectés à l'exercice du culte ».

724. Elle s'était reconstituée à la fin de janvier. La délégation des gauches, créée en 1902, était composée des représentants des groupes favorables au ministère (Union démocratique, gauche radicale, radicaux-socialistes et socialistes).

725. Le 15 janvier, les évêques s'étaient réunis en assemblée au château de la Muette pour donner à lire une « Déclaration » (*Le Siècle*, 30 janvier) aux termes de laquelle, « inébranlablement fidèles à [leurs] déclarations précédentes, relatives aux lois et aux autres dispositions portées contre l'Église », ils maintenaient « contre ces lois les protestations qu['ils] av[aient] faites » et réclamaient d'autre part « pour l'Église de France le respect de sa hiérarchie, l'inviolabilité de ses biens et sa liberté ». Conciliant, Briand, le 29, à la Chambre, avait déclaré en effet qu'était révolue « l'époque où la loi était un bloc d'airain, un monument intangible, sur lequel les événements devaient passer sans jamais l'entamer » (*Journal officiel. Débats parlementaires. Chambre des députés*, 30 janvier 1907, p. 247). Le lendemain, Clemenceau avait contré son ministre, tout en affirmant ne pas le faire, en disant ce qu'il pensait de la déclaration des évêques : « Ce n'est rien ; c'est un mauvais article de journal ; voilà tout ce que je peux dire. Si vous le considérez comme un document diplomatique public, je n'ai qu'à hausser les épaules et si vous le considérez comme une manière d'entrer en conversation, je n'ai qu'un mot à dire, c'est que nous ne causerons pas » (*Journal officiel. Débats parlementaires. Chambre des députés*, 31 janvier 1907, p. 286).

726. Dans ses « Propos d'un Parisien », il s'en prenait, sur la question de la rente, à une Chambre qui à ses yeux avait « dépassé tous les records » dans « la persécution à infliger à l'honnête bourgeois ».

727. Clemenceau, on l'aura compris.

728. Ce projet, dont les premières propositions remontaient au milieu du XVIIIe siècle, avait failli devenir réalité en 1881 quand les premiers travaux avaient été entrepris puis abandonnés deux ans plus tard. Relancé depuis quelques semaines, à l'occasion du voyage d'Édouard VII, il rencontrait de nombreuses résistances et principalement en Angleterre. Ainsi, quelques jours plus tôt, le 30 janvier, la municipalité de Douvres avait voté contre.

729. Élu le 21 juin précédent, le cardinal Mathieu (1839-1908) prenait ce jour officiellement rang parmi les « Immortels ».

730. Victorien Sardou (1831-1908), auteur dramatique et académicien français.

731. Carle Dreyfus (1875-1952), historien d'art, futur conservateur au Louvre.

732. La fille du ministre de la Marine qui, le 9, avait épousé le Dr Gustave Roussy.

733. Nous ne pouvons que regretter que Dreyfus ne l'ait pas sélectionnée dans sa recopie des lettres de la marquise et qu'elle soit donc perdue aujourd'hui.

734. Qui, semble-t-il, restera à l'état de projet.

735. Joseph Caillaux (1863-1944), député de la Sarthe, était ministre des Finances du cabinet Clemenceau, poste qu'il avait déjà occupé dans le cabinet Waldeck-Rousseau (1899-1902).

736. Son projet de loi d'impôt sur le revenu venait d'être déposé le 7. Il sera adopté par la Chambre en mars 1909 et par le Sénat en juillet 1914 !

737. À une sénatoriale partielle, en remplacement de Maret. Il avait été battu par Collet par 785 voix contre 273.

738. Harduin, dans ses « Propos d'un Parisien », à propos du projet de loi de Caillaux sur l'impôt sur le revenu, considérait que « prendre de l'argent dans la poche de certaines catégories de citoyens et [...] le mettre dans la poche des autres » n'était pas « de la justice sociale », comme le considérait Jaurès, mais du « vol ».

739. D'Émile Bourgeois et d'Émile Clermont et qui venait de paraître à la librairie Armand Colin.

740. Le 8, Paris avait été brusquement plongé dans le noir suite à une grève des électriciens. Sur l'ordre de Clemenceau, la troupe avait été envoyée pour remplacer les grévistes et rétablir la lumière, atteinte au droit de grève contre laquelle, interpellant le gouvernement, s'était insurgé Jaurès. Clemenceau, répondant à l'interpellation, avait été en effet malveillant, prenant le parti de l'ironie (*Journal officiel. Débats parlementaires. Chambre des députés*, 12 mars 1907, p. 625-633).

741. Ou plutôt de la manière d'y arriver que *Le Matin* de la veille, reproduisant les paroles de Pataud, Passérieu, Griffuelhes et Merrheim, considérait en titre comme une « Déclaration de guerre » (« Fini de rire, messieurs les exploiteurs et capitalistes, le cornet à surprises est ouvert et ne se refermera que pour mieux vous engloutir »).

742. En réponse sans doute à une demande de dédicace comme le faisait de temps en temps la marquise.

743. Il appelait, dans ses « Propos d'un Parisien » du jour, le bourgeois à attaquer pour se défendre en pratiquant la « contre-grève ».

744. Voir lettre suivante.

745. Pour une édition des *Œuvres*, la marquise donnera à Abel Lefranc, chargé de l'établissement du texte et du lourd appareil critique, 40 000 francs, puis 10 000 francs de plus. En 5 volumes, elles paraîtront en 1912 chez Champion. Au sujet de ce don, on pourra voir la lettre du 21 mars 1907 de la marquise à Lefranc qui ouvre le tome 1 (*Gargantua*).

746. L'idée des illustrations sera abandonnée.

747. Cette lettre semblant suivre logiquement la précédente, nous proposons la date du 22 mars. Si notre déduction est juste, les « Propos d'un Parisien » du jour d'Harduin s'amusaient en effet au sujet de la Séparation, dont on ne parlait plus guère, et qui devait donc s'arranger « tout seule ». Toutefois, la suite de la phrase pouvant laisser penser que le papier d'Harduin portait sur le projet de loi de Caillaux, cette lettre, sur la base des articles d'Harduin, pourrait alors être des 8 mars, 15 mars ou 5 avril.

748. L'idée et le propos sont récurrents chez Clemenceau mais avaient pris, dans le cadre de l'Affaire et tout particulièrement après Rennes, une résonance particulière. Quand certains voulaient sauver l'homme, lui, déclarait-il, ne voulait que sauver la France : « Dreyfus m'est indifférent, qu'on le coupe en morceaux, qu'on le mange !... », avait-il ainsi dit (*Histoire de l'affaire Dreyfus de 1894 à nos jours*, *op. cit.*, p. 905 et 1125-1126).

749. *Au milieu des hommes*, qui venait de paraître mi-mars chez Rueff.

750. « Pascal et l'expérience du Puy-de-Dôme », qui paraîtra en trois livraisons (14e année, t. II, n° 5, 6 et 8, 1er, 15 mars et 15 avril 1907, p. 176-226, 347-378 et 835-876).

751. S'agit-il du numéro du 15 mars qui publiait une étude de Bédier sur « La légende de Girard de Roussillon » ?

752. Elles auront bien lieu en avril.

753. La fille de Gabriel qui, le 9, avait épousé Étienne Amphoux, fils d'un autre dreyfusard, Ernest Amphoux.

754. Son fils, Edgard, venait de mourir des suites d'une opération chirurgicale.

755. À propos du 1er mai. Voir lettre 343.

756. Selon le cachet de la poste.

757. Les syndicats de fonctionnaires étaient en lutte depuis quelque temps dans le but d'obtenir un statut fixe et des garanties contre le favoritisme. Ils attendaient pour cela beaucoup du projet de loi que devait présenter Jean Guyot-Dessaigne, ministre de la Justice, projet qui avait en fait essentiellement pour but de restreindre leur droit syndical et contre lequel ils décideront d'agir.

758. Clemenceau, président du Conseil, avait le portefeuille de l'Intérieur.

759. La cérémonie de remise de la Légion d'honneur après sa réhabilitation.

760. Albert Bertin-Mourot (1852-1932), membre de l'État-major en 1898, eut un rôle déterminant dans la mécanique qui eut pour résultat d'accuser Dreyfus du crime commis par Esterhazy et de le faire condamner. Témoin à charge et acharné au procès de 1894 puis à Rennes, il demeurera invariablement convaincu de la culpabilité de Dreyfus. Nous ne savons pas ce à quoi pouvait faire allusion Roujon, rien dans sa correspondance avec la marquise n'en faisant mention. S'agit-il de la thèse du « troisième homme » dont il avait entretenu Krantz en 1904 ? À propos du rôle de Bertin-Mourot dans l'Affaire et de la légende du « troisième homme », voir la notice à paraître dans notre *Dictionnaire de l'affaire Dreyfus*, publiée sur le blog de la SIHAD (www.affaire-dreyfus.com).

761. Immédiatement après la rupture des relations diplomatiques entre la France et le Saint-Siège, le 30 juillet 1904, Merry del Val, secrétaire d'État du pape, avait demandé à Mgr Montagnini de demeurer à Paris pour défendre les intérêts du Vatican. Il avait organisé pour cela, aidé par de nombreux curés, dont Ernest Jouin (qui sera en 1912 l'éditeur de la *Revue des sociétés secrètes* et en 1920 des *Protocoles des Sages de Sion*), la propagande contre la loi de séparation et œuvra pour faire échec aux républicains aux élections de mai 1906. En décembre 1906, il fut perquisitionné et furent découvertes des fiches qui furent bientôt publiées par la presse portant sur des hommes d'Église, des députés, etc. Le 21 mars, une commission d'enquête avait été formée à la Chambre pour enquêter à ce propos.

762. « L'abîme », article dans lequel Jaurès protestait contre les mesures prises par le gouvernement contre certains fonctionnaires qui s'étaient adressés publiquement à Clemenceau.

763. Selon le cachet de la poste.

764. « Le crime des postiers ». Sembat rappelait à Clemenceau qu'il avait été dreyfusard et qu'ayant « chambardé la France pour tirer Dreyfus de l'île du Diable », il ne pouvait pas demander au peuple qu'il avait « fait marcher » de ne pas tout faire pour sortir « de cette grande île du Diable où on le tient enfermé » : « Hier, vous meniez l'assaut contre la geôle ; aujourd'hui, vous voici geôlier. »

765. En réponse à un article du *Gil Blas* dans lequel il avait été qualifié d'« accusateur coupable d'une victime innocente », du Paty avait écrit le 21 mai au journal. Il expliquait, assez extraordinairement, n'avoir été mêlé en rien aux procès Dreyfus et n'avoir été que l'auteur d'un rapport. La lettre ayant été publiée avec un commentaire expliquant « que l'Histoire a prononcé », il avait réécrit pour dire que l'Histoire ne prononcerait que le jour où « elle connaîtra les faits, dissimulés sous des "histoires" » qu'il dédaignait, que le jour où seront révélées « les véritables origines de l'Affaire » et, en écho à la campagne de l'Action française, quand seront connues « les raisons pour lesquelles [ont agi] ceux qui ont introduit des faits faux dans un acte judiciaire, falsifié les textes et escamoté des témoins gênants ». Et, le 24, il avait encore écrit pour répéter que l'histoire de l'affaire Dreyfus n'était pas faite.

766. La formidable invention d'Esterhazy, à laquelle du Paty avait participé, pour expliquer comment il avait su que Picquart œuvrait contre lui. Voir à ce sujet notre *Histoire de l'affaire Dreyfus de 1894 à nos jours*, *op. cit.*, p. 402-404.

767. « A.-G Van Hamel », *Journal des Débats*, 25 avril 1907. Van Hamel, professeur de philologie romane à l'université de Croninge, venait de mourir.

768. Selon le cachet de la poste.

769. Invité par le *Gil Blas* à dire ce qu'il savait, il avait écrit une nouvelle lettre le 26 pour reformuler ses questions, affirmant ne pouvoir rien dire par respect du huis clos et du secret professionnel.

770. Selon le cachet de la poste.

771. La correspondance de Du Paty au *Gil Blas* avait continué. La veille, le journal avait publié une nouvelle lettre dans laquelle il expliquait que ce n'était

pas à lui de parler mais « aux ministres responsables de la défense de la France » qui seuls étaient en mesure de juger « si certains faits peuvent être livrés à la publicité ». Et une nouvelle fois, il demandait que fussent poursuivis ceux qui pour sauver Dreyfus avaient « falsifié les textes » et *L'Action française* qui portait de graves accusations contre lesquelles personne n'avait le courage de sévir. Et *Gil Blas* de conclure : « C'est toujours la même chanson. M. du Paty de Clam ne parlera pas. Qu'on nous laisse, une dernière fois, conclure qu'il n'a rien à dire. »

772. Arthur Huc (1854-1932) était le directeur de *La Dépêche*.

773. « Mise au point », sous la signature de « Pierre et Paul », publiée dans le numéro en date du 26.

774. Selon le cachet de la poste.

775. Du Paty avait réécrit le 1er mai pour, tout en s'en défendant, continuer ses mystères.

776. Selon le cachet de la poste.

777. « Pascal a-t-il volé Auzoult ? », *Journal des Débats*, 1er mai. Léon Brunschvicg (1869-1944), philosophe, était cofondateur de la *Revue de métaphysique et de morale*.

778. « Ni Hervé, ni Bocquillon », publié dans *Le Siècle* en date du 26 avril. Aulard y rejetait l'antipatriotisme d'Hervé et le nationalisme de Bocquillon. Il y disait son vœu de voir disparaître la guerre mais ajoutait que dans l'attente, et tant que les pays autour de la France seraient armés, la France se devait de l'être aussi et se devait de préparer la guerre dans le cas où un de ces pays aurait la fâcheuse idée de venir « se mêler de nos affaires ».

779. Sur « l'attitude du gouvernement envers les organisations syndicales et sur l'ensemble de sa politique sociale » (*Journal officiel. Débats parlementaires. Chambre des députés*, 11 mai 1907, p. 954-958).

780. Ferdinand Forzinetti (1839-1909), directeur de la prison du Cherche-Midi à l'époque où Dreyfus fut arrêté, sera vite convaincu de l'innocence de son prisonnier et deviendra un ardent dreyfusard.

781. Depuis les dernières lettres évoquées, du Paty avait réécrit à deux reprises (*Gil Blas* en date des 5 et 9 mai). Dans sa dernière, il évoquait l'histoire de la lanterne sourde et, ainsi que l'avait raconté Forzinetti, des expériences qu'il avait tentées sur Dreyfus pour tenter de le surprendre dans son sommeil et obtenir ainsi les aveux que le prisonnier récalcitrant se refusait à faire.

782. Selon le cachet de la poste.

783. Eugène Carrière (1849-1906), peintre, avait été dreyfusard. Le 11, à l'École des Beaux-Arts, s'était ouverte une grande exposition rétrospective de son œuvre.

784. La veille, à 10 heures, avait été inauguré place Denfert-Rochereau un monument à la mémoire de Ludovic Trarieux (1840-1904), sénateur de la Gironde, ancien ministre, grande figure dreyfusarde, fondateur et premier président de la Ligue des droits de l'homme.

785. Sans doute son petit articulet publié dans le numéro juste paru, articulet sur la rente annuelle que la marquise avait donnée à l'Université de Paris

en mémoire de son père pour créer un prix triennal récompensant le meilleur ouvrage des trois dernières années sur l'histoire de France (« Chronique et bibliographie », t. XCIV, mai-juin 1907, p. 205).

786. Nous ne savons de quoi il s'agit.

787. La veille et l'avant-veille à la Chambre, sur les mouvements sociaux, l'idée de patrie et les syndicats.

788. Déjà, en 1901, Jaurès avait été attaqué à propos de la communion de sa fille. Mais si cette communion avait été une réalité, importante pour l'épouse croyante de Jaurès, il va sans dire que cette vocation religieuse de Madeleine Jaurès qui se répandit dans la presse était un fantasme. L'article évoqué avait paru sous le titre : « La famille Jaurès ». La marquise, commentant cette information, écrivait à Combes : « J'aime mieux ne pas vous parler de Jaurès, s'il n'est pas fou, il est bien coupable ! » (lettre sans date, AD Charente-Maritime, 13J43, f. 57).

789. La confiance avait été accordée à un gouvernement qui avait montré son peu d'entente et sa fragilité. Ainsi Briand avait connu une séance difficile, quand, ancien chantre de la grève générale, conception dont il avait longtemps revendiqué la paternité (voir par exemple *La Grève générale et la Révolution [1899], La Brochure mensuelle*, 1932), il s'était trouvé sous le feu socialiste et même sous celui du chef du gouvernement auquel il appartenait, Clemenceau, qui avait rappelé « que nous sommes tous tenus par le passé » (*Journal officiel. Débats parlementaires. Chambre des députés*, 15 mai 1907, p. 1001).

790. Ferdinand Sarrien (1840-1915), député de Saône-et-Loire, avait été président du Conseil dans le cabinet qui avait précédé celui de Clemenceau.

791. Geraldine Farrar (1882-1967), chanteuse américaine qui connaîtra une seconde carrière dans le cinéma.

792. Non identifié.

793. Citée dans la lettre précédente.

794. Les deux allégories qui encadrent le socle du monument. On en trouvera une reproduction en frontispice de la brochure commémorative publiée en 1908 à Strasbourg chez G. Fischbach. Sur ce monument, voir la lettre 405.

795. *L'Humanité* était toujours aux prises avec d'importantes difficultés et, en janvier précédent, Renard avait encore noté dans son *Journal* que « Jaurès [était] très accablé par les soucis que lui a donnés *L'Humanité* » (*op. cit.*, p. 1101). Pour redresser la situation, une nouvelle société au capital de 200 000 francs avait été créée permettant d'absorber une partie du déficit. La situation étant toujours critique, ce 8 juin, le conseil national de la SFIO venait de publier en effet un « pressant appel » demandant aux fédérations de mener « un grand effort de propagande pour le journal » et pour cela de participer à une souscription collective (« Pour "l'Humanité" »).

796. Dans le cadre de sa « refondation », *L'Humanité* s'était dotée d'un administrateur : Philippe Landrieu.

797. Jean-Baptiste Billot (1828-1907) venait de mourir le 30 mai. Sénateur inamovible, ministre de la Guerre dans le cabinet Méline (1896-1898), il avait œuvré pour préserver la condamnation de Dreyfus et protéger, à travers

Esterhazy, l'État-major compromis. À l'égard de Scheurer-Kestner, qui était un de ses proches, il s'était pendant l'Affaire pour le moins mal conduit (voir notre *Histoire de l'affaire Dreyfus de 1894 à nos jours, op. cit.*, p. 398-400, 403-404 et 434-435).

798. Dans ses « Propos d'un Parisien » du jour, Harduin, sans la nommer, parlait de la marquise et racontait qu'elle avait vendu ses terres en Italie et ainsi cessé de subvenir aux besoins des paysans qui y vivaient après la venue de socialistes qui l'avaient présentée comme une « infâme capitaliste ».

799. Depuis la grande épidémie de phylloxera, de nombreuses vignes ayant été détruites, et devant la nécessité de répondre à la demande, l'État avait favorisé les importations de vins algériens qui, avec les vins trafiqués ou faits avec de la betterave que préféraient les négociants en quête de la seule rentabilité, avaient saturé le marché et généré une baisse des cours qui avait eu des répercussions sur toute la région. À partir de mars, devant le silence opposé à leurs appels, les vignerons s'étaient révoltés, organisant des manifestations monstres au cours desquelles des revendications séparatistes avaient commencé à prendre de l'ampleur. Le 9, une manifestation avait eu lieu à Montpellier, rassemblant près de 800 000 personnes et, le 10 juin, l'ultimatum posé début mai au gouvernement d'une grève de l'impôt et de la démission des maires du Midi si aucune solution n'était trouvée étant resté lettre morte, 442 municipalités du Languedoc-Roussillon avaient suivi l'exemple d'Ernest Ferroul, maire de Narbonne, et démissionné.

800. Datée sur la recopie par Dreyfus du 20.

801. Il lui répondait, entre autres, que depuis la mort de son fils, il était « dans une sorte de torpeur morale » qui le « rend[ait] indifférent aux scènes de la vie publique » (lettre du 26 juin, MsVC 266, f. 839-840). Quant à la lettre de la marquise, nous n'avons pu la retrouver dans les papiers Combes.

802. Le « courageux ami » est Joseph Reinach qui avait écrit à la marquise qu'il « saluerait[t] avec joie un ministère Combes, alors même qu'il ne [lui] offrirait pas d'essayer de refaire tout ce que l'on détruit, gâche et corrompt au ministère de l'Instruction publique » (lettre de « Mercredi », AD Charente-Maritime, 13J43, non folioté et joint au f. 70). Quant aux raisons de son impopularité, il n'est pas douteux que sa judéité pouvait en constituer la principale explication. Concernant son frère, s'agit-il de Théodore ou de Salomon ?

803. Nous n'avons rien retrouvé à ce sujet.

804. Louis Liard (1846-1917), philosophe, était vice-recteur de l'Académie de Paris depuis 1902.

805. Celle de quitter l'armée. Quand il s'était agi de réintégrer Dreyfus, après sa réhabilitation, s'était posée la question du grade qui devait être le sien. Brisson, comme on l'a vu dans la lettre 262, n'y attachait guère d'importance et ne tenta rien à cet égard, pas plus que Targe ou que le ministre de la Guerre de l'époque, Étienne, qui tous deux avaient cru que Dreyfus comptait quitter l'armée. Et la question semblant secondaire, Dreyfus avait été réintégré avec le grade de commandant mais au jour de la promulgation de la loi et non pas sur la

base du calcul de son ancienneté. Il perdait pour ainsi dire cinq ans d'ancienneté (les années de l'île du Diable ?!) et se retrouvait l'inférieur hiérarchique d'une centaine d'officiers dont il était le supérieur en 1894, lui interdisant de fait l'accès au généralat. Voir notre *Histoire de l'affaire Dreyfus de 1894 à nos jours, op. cit.*, p. 1112-1119 et les *Carnets, op. cit.*, p. 271-273 et 277-285. Voir aussi la lettre 375 et la note 873.

806. Il parlera ainsi de cette visite : « J'estimai qu'il était de mon devoir d'avertir le général Picquart de la résolution que j'avais prise. J'allai le voir le 15 juin, au ministère de la Guerre. On le sentait embarrassé, la question lui était importune ; il voulut d'abord ergoter sur la portée de l'injustice qui avait été commise à mon égard, mais je lui en prouvai la réalité, chiffres en main. Il dut en convenir, ajouta alors qu'on eût dû faire le nécessaire en juillet 1906, qu'on avait été "lâche" à mon égard, mais que rien ne servait de récriminer et qu'il était de toute impossibilité pour le gouvernement de présenter une loi nouvelle. J'ignore quelle pouvait être cette impossibilité et je ne voulus pas avoir la cruauté de le lui demander. Je terminai en disant au général Picquart qu'il ne me restait dès lors qu'à prendre ma retraite, demeurant la victime jusqu'au bout. Il ne trouva rien à répondre et je le quittai en le priant d'aviser également Clemenceau de ma décision » (*Carnets, op. cit.*, p. 280). Il avait déjà rencontré Picquart l'année précédente, le 29 novembre, suite à la démarche qu'avait entreprise à ce sujet Alexandrine Zola (voir note 812) : « Ce ne fut pas sans émotion que je me retrouvai assis en face de lui, au ministère de la Guerre, à une table de bureau, exactement comme au 15 octobre 1894, quand il fut chargé de me faire attendre avant de m'introduire, pour la prétendue inspection, dans le bureau du général de Boisdeffre, où se préparait la scène imaginée par le sinistre du Paty de Clam [la fameuse dictée]. Lui-même rappela ce pénible souvenir, exprimant ses regrets de s'être prêté à cette lugubre comédie. / Le général Picquart fut fort aimable d'abord, mais quand je lui exposai le but de ma visite, il devint glacial ; le sujet le gênait visiblement. Je lui dis que je n'avais chargé personne de faire des démarches auprès de lui. Il me répondit que ces démarches étaient d'ailleurs parfaitement inutiles, qu'il ne ferait rien, rien. C'était au gouvernement qui était en formation au mois de juillet à qui il avait appartenu de faire le nécessaire, ajouta-t-il, il n'y pouvait rien si cela n'avait pas été fait. C'était exact, mais je ne vois pas pourquoi le gouvernement qui avait suivi, n'aurait pas pu réparer l'injustice commise. Mais je compris qu'il était inutile d'insister et je terminai l'entretien en félicitant le général Picquart de son entrée au ministère car j'avais l'espoir, qui fut déçu d'ailleurs, de le voir devenir un réformateur hardi. Il me répondit que c'était grâce à moi qu'il était là. Je répliquai : Non, c'est parce que vous avez fait votre devoir » (*ibid.*, p. 273).

807. Dans le *Journal des Débats* du 15, un article présentait les recherches d'Élie Jaloustre qui, sur la base de la consultation des comptes rendus des séances du conseil municipal de Moulins, confirmait la réalité des propos de Pascal et contredisait donc les accusations de Mathieu.

808. Clemenceau, le « Malin », venait d'envoyer dans le Midi plus de trente régiments avec ordre d'interpeller les meneurs « gréviculteurs » (voir note 799).

809. Nous n'avons rien retrouvé à ce propos dans les papiers Combes.

810. Nous ne savons de quoi il peut s'agir.

811. Le 19, à Narbonne, Ferroul avait été arrêté, provoquant une véritable insurrection ; le 20, à Perpignan, à Narbonne, à Montpellier, les manifestants s'étaient opposés aux forces de l'ordre qui avaient, comme à Narbonne la veille, ouvert le feu, faisant 6 morts et 33 blessés. Apprenant la nouvelle, la 6e compagnie du 17e d'infanterie s'était mutinée et avait fraternisé avec les viticulteurs.

812. Cette lettre, du 19 juin, conservée au MAHJ (97.17.043.104) et reproduite dans les *Carnets* (*op. cit.*, p. 281), disait : « Votre lettre qui m'est si douloureuse, m'apporte un coin de votre grande bonté en me prouvant votre affection, merci de sentir combien vous m'êtes cher. / Il n'est pas de jour où je redonne des regrets de l'absence de mon cher mari, mais aujourd'hui ils sont encore plus cuisants, car vous voir rester une victime, comment tout mon être ne se révolterait-il pas ? Mon pauvre cher mort n'aurait pas vécu de cette idée et sûrement il se serait de nouveau soulevé, et il aurait bien fallu que la justice soit pour vous ainsi qu'elle est pour les autres, et elle aurait dû l'être plus pour vous, qui fûtes une victime ainsi que peu le furent. J'ai le cœur brisé de chagrin de voir votre situation à jamais perdue, lorsque vous devriez briller, ce que vous ne demandez pas je le sais ; et cela ne rachèterait pas les tortures intolérables dont vous avez souffert. Mais chaque jour, votre nom devrait être tracé en lettres d'or dans tous les régiments. Votre nom sera pour la France une sanglante injure, puisqu'elle n'a pas su se rappeler le martyre que vous avez subi pour elle. Alfred Dreyfus resté victime, après la preuve de son innocence, preuve irréfutable, demeure un crime à son actif qui sera la stupéfaction dans les temps futurs. Comment parmi nos amis n'en est-il pas un qui crie cela de toutes ses forces ? Si nous n'étions pas dans un terrible pétrin, avec le ministère affolé, j'aurais tenté une visite chez Clemenceau, car chez Picquart, je la crois inutile ; vous vous souvenez que je l'avais faite, j'ai senti que je ne devais pas y revenir. Que je voudrais donc être une puissance pour quelques minutes ! Mais, hélas, je ne suis rien et je le déplore. Il n'y avait décidément que mon mari capable de bravoure. » Le 26 novembre précédent, en effet, Alexandrine Zola était allée voir Picquart pour, ainsi que Dreyfus le racontera dans ses *Carnets*, « lui dire qu'on n'avait pas fait pour moi ce qui m'était dû et qu'on devait réparer cette injustice. Le général Picquart lui répondit qu'il n'y pouvait rien. Il ajouta que plusieurs de mes amis avaient fait la même démarche auprès de lui, envoyés, croyait-il, par moi, ce qui était une erreur » (*op. cit.*, p. 273).

813. La veille, à la Chambre, le gouvernement avait été mis en difficulté et avait obtenu la confiance (327 voix contre 223) en annonçant la fin de la mutinerie obtenue contre la promesse qu'aucune sanction ne serait prise contre les soldats du 17e (*Journal officiel. Débats parlementaires. Chambre des députés*, 22 juin 1907, p. 1464-1481 et 1484).

814. Voir lettre 357.

815. Dreyfus ne songeait pas à donner sa démission mais à demander sa mise à la retraite. Il en avait prévenu son supérieur, le colonel Bouisson, le 25 et, la

veille de cette lettre, en avait officiellement fait la demande (voir *Carnets*, *op. cit.*, p. 281).

816. C'est à peu près ce que dira Clemenceau le lendemain à la Chambre (*Journal officiel. Débats parlementaires. Chambre des députés*, 29 juin 1907, p. 1571).

817. Voir à ce sujet les lettres 406 et 411.

818. Dreyfus dans sa recopie avait donné le 28 pour quantième.

819. Paul Desachy (1872-1956), dreyfusard de 1898, qui par la suite signera un certain nombre de volumes sur l'Affaire dont une biographie de Louis Leblois (Rieder, 1934). Il était alors rédacteur en chef du *Siècle*.

820. « La médaille du général Mercier ». Desachy y parlait de la grande manifestation qui devait avoir lieu le soir et au cours de laquelle devait être remise à Mercier la médaille dont la souscription avait été ouverte au lendemain de la réhabilitation de Dreyfus (voir lettre 649). Rochefort devant en être, Desachy rappelait de quelle manière il parlait du « ramollot de la guerre » en 1894.

821. En en appelant à la défense et au maintien de « la grande patrie républicaine » fondée par leurs pères (*Journal officiel. Débats parlementaires. Chambre des députés*, 29 juin 1907, p. 1573).

822. Raymond Poincaré (1860-1934), député de la Meuse, avait été plusieurs fois ministre (Instruction publique en 1893 puis 1895 ; Finances : 1894-1895 et 1906). Dreyfusard, il avait voulu s'engager début 1898 et ne l'avait pas fait sous la pression de ses amis. Il avait toutefois parlé à la fin de l'année pour protester contre les poursuites intentées contre Picquart et témoigner du fait que, ministre en 1894, il n'avait jamais entendu parler d'autre charge contre Dreyfus que le bordereau (voir notre *Histoire de l'affaire Dreyfus de 1894 à nos jours*, *op. cit.*, p. 822). Futur académicien (1909), il sera par la suite plusieurs fois président du Conseil et président de la République de 1913 à 1920.

823. Brisson, assurément.

824. Il avait ainsi obtenu la veille un vote de confiance.

825. Selon le cachet de la poste.

826. Picquart et Caillaux, donc.

827. Au déjeuner du jeudi.

828. Le 30, le groupe socialiste au Parlement et la commission administrative permanente de la SFIO avaient publié dans *L'Humanité* un appel « Aux travailleurs de France » dans lequel était rendu hommage à « la révolte de la misère méridionale » et à « la noble et courageuse résistance des soldats du 17e ».

829. Constantino Nigra (1828-1907), philologue, avait été ambassadeur d'Italie à Paris, Saint-Pétersbourg, Londres et Vienne.

830. Le 29, à la salle du Tivoli, avait eu lieu un meeting sur les événements du Midi. Jaurès y avait en effet rendu hommage à l'« *action directe* » et à « ces nobles et courageux soldats [qui] se sont refusés à commettre un meurtre contre leurs frères de misère », « avertissement » envoyé « à cette bourgeoisie capitaliste qui jette les citoyens les uns contre les autres et croit pouvoir, en désespoir de cause, étouffer dans le sang les revendications du prolétariat ». Toutefois, et contrairement à ce que croyait la marquise, ce n'est pas Gustave Hervé qui

présidait la séance mais Arthur Hervé, militant du 11e arrondissement de Paris (« Le meeting de Tivoli », *L'Humanité*, 30 juin).

831. Le 4 août, elle écrira à Combes : « Je n'ai plus le courage d'écrire à Jaurès. Cet homme qui tremble devant un froncement de sourcils d'Hervé ou de Guesde ! Un homme comme lui qui n'a pas le courage de ruiner les excès du syndicalisme révolutionnaire et qui hausse les épaules quand on lui dit qu'ils font les jeux de la réaction, car c'est faire le jeu de la réaction que de faire peur à la nation » (AD Charente-Maritime, 13J43, f. 137).

832. « À propos du manifeste ». Jules-Louis Breton (1872-1940), député socialiste du Cher, partisan des alliances à gauche et des réformes parlementaires. Il s'éloignera bientôt de la SFIO, en désaccord avec « l'évolution révolutionnaire » voulue par le parti. Dreyfusard après « J'Accuse... ! », il avait été un des premiers à oser affirmer ses convictions à la Chambre et avait écrit à Dreyfus après sa réhabilitation pour se réjouir de la victoire de la justice (voir sa notice dans notre *Dictionnaire biographique et géographique de l'affaire Dreyfus* à paraître aux éditions Champion). Dans l'article évoqué, il expliquait que s'il avait signé le manifeste du parti au sujet des événements qui venaient de se passer dans le Midi, il faisait une tout autre lecture des causes à l'origine de l'« anarchie politique » qui régnait. À ses yeux, le parti socialiste avait commis une grave faute en quittant le Bloc, « en se laissant solidariser avec les partisans de l'action directe et de l'antipatriotisme ».

833. Suite à ce que lui avait demandé Dreyfus dans la lettre précédente (non retenue et résumée dans la « Provenance des textes ») au sujet de la promesse faite à Mornard de le décorer de la Légion d'honneur. Le décret de nomination sera publié le 6 août suivant (voir son dossier de la Légion d'honneur dans AN LH/1942/32).

834. « Dreyfus à la retraite », 8 juillet. L'article se demandait si cette retraite, au moment où Joseph Reinach allait être réintégré dans les cadres de l'armée, avait été une décision prise en commun pour éviter soit au premier de « se rencontrer avec son panégyriste » soit au second d'avoir à « subir [...] le contact de son coreligionnaire ».

835. Probablement l'article signé « Ct Z. » : « Picquart et Dreyfus », 16 juillet. Cet article était en fait une reprise du *Petit Marseillais* et parlait de l'inflexibilité de Picquart sur la question du mauvais calcul dont avait été victime Dreyfus lors de sa réhabilitation. Le commentateur de *La Libre Parole* concluait : « Picquart ne croit plus à l'innocence de Dreyfus ; il n'y a peut-être jamais cru [...]. » Notons que Dreyfus pourrait aussi faire allusion à l'article du même publié le 8 : « La retraite de Dreyfus » ou à un autre toujours du même auteur et publié le 13 : « La promotion de Dreyfus ».

836. « La démission du commandant Dreyfus ». Il y était bien sûr question de sa demande de mise à la retraite mais aussi de ses relations avec Picquart. Il y était raconté les démarches faites auprès de lui et le sentiment qui était le sien, d'après des propos rapportés, qu'on en aurait « assez fait pour Dreyfus ».

837. Voir la lettre du 15 juillet, MsVC 266, f. 841-843.

838. À cette lettre perdue, relative à sa demande de mise à la retraite, Dreyfus répondra en deux lettres. Dans la seconde, il écrivait : « Si P[icquart], le jour où j'ai été lui faire part de mes intentions, m'avait exprimé un regret de me voir partir, si Cl[emenceau] qui en fut informé le soir même et auquel je laissai dix jours avant de lancer ma demande, m'avait fait exprimer un semblable regret, si enfin depuis que j'ai fait ma demande de retraite, le gouvernement m'avait fait exprimer son désir de me voir la retirer, [j'aurais pu] envisager cette éventualité [...] » (BNF n.a.fr. 13570, f. 83 ; la première lettre se trouve aux folios 81-82).

839. Il y était depuis le 25 juillet (voir la lettre 376 non retenue et résumée dans la « Provenance des textes »).

840. La famille de Charles Rist, mari de Germaine Monod, fille de Gabriel.

841. Le 28 juillet, à Raon-l'Étape, la troupe avait tiré sur les ouvriers en chaussures en grève, faisant trois morts et plus de cinquante blessés.

842. Louis Barthou (1862-1934), député des Basses-Pyrénées, était ministre des Travaux publics dans le cabinet Clemenceau après l'avoir déjà été dans le cabinet Charles-Dupuy (1894-1895), avoir été ministre de l'Intérieur dans le cabinet Méline (1896-1898) et à nouveau ministre des Travaux publics dans le cabinet Sarrien (1906). Ministre à l'époque de la condamnation de Dreyfus, il était, après de longues années de silence, fin 1898, venu confirmer à la tribune de la Chambre les paroles de Poincaré (voir note 822).

843. Dont nous ignorons tout.

844. Cette lettre, du 5 août, est conservée au MAHJ sous la cote : 97.17.042.016.

845. Alexandre Ribot (1842-1923), académicien, député du Pas-de-Calais, ancien ministre et président du Conseil (1892-1893 et 1895), avait été un des principaux opposants à Combes dont il réprouvait la politique anticléricale et l'alliance avec les socialistes.

846. Institué par l'acte d'Algérisas qui consacrait « la liberté économique sans aucune inégalité ».

847. La situation au Maroc, et tout particulièrement à Casablanca, s'était pour le moins dégradée depuis les derniers jours de juillet. Entraînée par des chefs de tribus qui prêchaient la guerre sainte, une partie de la population arabe s'en était prise aux Européens et neuf d'entre eux avaient été tués. En réponse, la France avait envoyé sa flotte et un grand nombre d'hommes et, aux premiers jours d'août, Casablanca avait été à plusieurs reprises bombardée. Et ce n'avait été tout le mois que batailles rangées entre soldats français et Marocains de plus en plus nombreux.

848. Le 7, lors d'un meeting au Tivoli, Jaurès avait déclaré, propos proches de ceux d'Hervé et qu'il considérait comme « la partie de [la] doctrine [d'Hervé] qui est la doctrine même du socialisme » que si, en cas de guerre, un gouvernement refusait la proposition d'arbitrage international comme moyen de règlement du différend, ce gouvernement serait « un gouvernement de scélérats, un gouvernement de bandits, un gouvernement de meurtriers » et que le devoir des prolétaires serait « de retenir les fusils dont les gouvernements d'aventure auront armé le peuple et de s'en servir, non pas pour aller fusiller de l'autre côté de la

frontière des ouvriers, des prolétaires, mais pour abattre révolutionnairement le gouvernement de crime » (Jaurès, *Socialisme et internationalisme, op. cit.*, p. 12-13). C'est à partir de ce moment, pour la première fois, que la marquise commencera à se poser des questions au sujet de la suite de ses relations avec Jaurès et de sa présence aux déjeuners du jeudi. « Je me demande si j'aurai le courage de revoir Jaurès. [...] *Le Temps* a raison, c'est un suicide. [...] je ne l'aime plus car je ne l'estime plus », avait-elle écrit à Combes (13 juillet [1907], AD Charente-Maritime, 13J43, f. 144). De même, elle écrivait à Reinach : « Puis-je continuer à recevoir parmi nous l'homme qui, devant l'étranger, a serré la main d'Hervé et donné, en cette occasion, l'impression que tous les deux renaient la France ? [...] Jaurès est le valet obséquieux de l'anarchie ; je le méprise et je le vomis » (lettre sans date, BNF n.a.fr. 24889). À la demande de Reinach – « je distingue entre l'homme bon et honnête et droit et le collaborateur d'Hervé » –, la marquise ne rompra pas.

849. « La lettre de Blaise Pascal à Florin Périer », 5e série, t. VIII, nos 8, 9, 10 et 11, 24 et 31 août, 7 et 14 septembre 1907, p. 225-231, 257-262, 292-300 et 321-327.

850. Qui ne donneront finalement rien.

851. Pierre, né en 1891.

852. Où habitait Salomon Reinach.

853. Dreyfus fait allusion ici à Saint Thomas et à son enseignement auquel, suivant l'encyclique *Pascendi Dominici Gregis* du 8 septembre précédent, les catholiques devaient adhérer sans restriction pour lutter contre le modernisme.

854. Qui avait été votée le 23 novembre 1906.

855. Rayé des cadres le 25 août, son remplaçant avait été nommé le 25 septembre. Deux jours plus tard, le 12, Dreyfus sera nommé à l'état-major particulier du gouvernement militaire de Paris.

856. Voir lettre 353.

857. Où il était allé se reposer.

858. Sur Deniel, voir notre *Histoire de l'affaire Dreyfus de 1894 à nos jours*, *op. cit.*, p. 263-268.

859. Autrement dit l'affaire des fiches. André se présentait aux sénatoriales dans la Côte-d'Or sous l'étiquette radicale-socialiste. Il sera battu, le 15 janvier, par Philippot, républicain, par 392 voix contre 296.

860. Jules Cornély (1845-1907), publiciste, avait été un dreyfusard actif et le parfait représentant d'une ligne modérée partisane de l'apaisement.

861. Il venait d'être nommé la veille, en remplacement de Jean Guyot-Dessaigne, décédé le 21 décembre précédent.

862. De Pierre Veber, paru en 1907 aux éditions de « La Vie Parisienne ».

863. Il s'agit de la demande initiée par Combes de constituer une commission d'enquête après les accusations portées par la droite contre certains liquidateurs chargés des biens des congrégations dissoutes.

864. À Reinach, Dreyfus écrivait en 1907 : « P. ministre est devenu de la cire molle » (lettre de « Mardi soir », BNF n.a.fr. 13570, f. 87). Un point de vue que paratgeait Reinach qui avait dit à Brugère qu'il le considérait comme ayant une « intelligence très ordinaire » et « aucun caractère » et qu'il faisait un ministre de

la Guerre « absolument nul » (cité dans Christian Vigouroux, *Georges Picquart dreyfusard, proscrit, ministre. La justice par l'exactitude*, Paris, Dalloz, 2009, p. 314).

865. Le 14, à la présidence de la Chambre.

866. Dans le numéro postdaté du 24.

867. Robert de Caix, « La question marocaine », 18e année, n° 1, janvier 1908, p. 6-8.

868. Le Comité du Maroc, constitué par Étienne au sein du Comité de l'Afrique française et dont le projet remontait au lendemain de Fachoda, s'était donné pour objet, dans la perspective d'étendre l'influence française en Méditerranée, d'étudier et d'exposer l'importance des intérêts français au Maroc.

869. Lors de la séance de la veille, la Chambre avait voté à une écrasante majorité la confiance au gouvernement en un ordre du jour qui disait que « La Chambre résolue à appliquer l'acte d'Algésiras et à assurer la défense des droits et des intérêts français au Maroc, sans intervention dans la politique intérieure de l'empire chérifien, approuve les déclarations du Gouvernement, lui exprime sa confiance, adresse les félicitations de la nation aux officiers et soldats des armées de terre et de mer qui combattent en Afrique, et, repoussant toute addition, passe à l'ordre du jour » (*Journal officiel. Débats parlementaires. Chambre des députés*, 29 janvier 1908).

870. À la Chambre, sur le Maroc et qu'on trouvera aux pages 139-143 des références données dans la note précédente.

871. Scheurer-Kestner.

872. Qui fera l'objet d'une plaquette publiée cette même année chez Méricant. Il sera aussi repris dans *Scheurer-Kestner. La cérémonie du 11 février 1908*, brochure commémorative publiée à Strasbourg chez Fischbach.

873. « Une réparation », publié dans *Le Censeur* (n° 8, 22 février 1908). Il y écrivait : « Les juges ont fait leur devoir ; il restait à la France, égarée si longtemps, à faire le sien ; il lui restait, non pas à faire oublier à un martyr des douleurs inoubliables, mais à verser sur les blessures d'un supplicié le baume d'une réparation aussi éclatante qu'avait été l'outrage. / Qu'a-t-on fait ? Qu'a fait la France, ce pays qui, s'il est parfois, hélas, celui des cruelles erreurs, est aussi, et plus souvent encore, celui des généreux enthousiasmes ? / Voici. / Dans la cour retirée d'un quartier d'artillerie, en présence d'un public restreint, loin des yeux de la foule qui avait assisté et pris une part effective à l'opprobre de la dégradation, Dreyfus est présenté à quelques militaires et reçoit la croix de chevalier de la Légion d'honneur. / [...] On craignait, a-t-on dit, des manifestations hostiles. [...] Pour avoir marchandé au revenant de l'île du Diable la grandiose manifestation qu'espérait la générosité de nos consciences, on a risqué de faire mettre en doute la fermeté de notre conviction en son innocence. C'est là le véritable danger, c'est là ce qui, sous un calme de surface mensonger, fomentera le réveil des discordes passées. Et, à l'appui, en sortant de ces grilles si jalousement fermées, n'a-t-on pas entendu des voix qui, comme dans le passé, insultèrent à la justice et à la vérité en glorifiant l'auteur de cet horrible drame. / Mais, si ces satisfactions légitimes, d'ordre surtout moral, furent refusées à Dreyfus, lui a-t-on du moins

accordé celles intéressant sa carrière militaire, en restituant à cet officier le rang qui eût été normalement le sien dans l'armée, si tous ces événements avaient été rayés de son passé du même coup que la Cour suprême rayait de son casier judiciaire son infamante condamnation. / Examinons. / Pendant que Dreyfus subissait son supplice, ses camarades se sont avancés sur la liste d'ancienneté, et ont monté en grade. L'un, capitaine de la même date que lui, est lieutenant-colonel, sept autres figurent sur le tableau d'avancement pour ce grade. / C'est au rang de ces derniers que se trouverait aujourd'hui Dreyfus *si rien n'était arrivé*. C'est dans les premiers rangs du chef-d'escadron d'artillerie qu'on s'attendrait à trouver son nom sur l'annuaire. / Bien loin de là. Il existe 450 de ces chefs-d'escadron ; c'est à la gauche de cette liste ; c'est parmi les moins anciens qu'on le réintègre ; on l'inscrit avec le numéro 410. En avant de lui marchent, entre autres, 14 chefs-d'escadron qui ne furent nommés capitaines que cinq ans après lui ; son nom est immédiatement précédé par celui d'un officier qui fut nommé lieutenant quelques mois seulement avant la nomination de Dreyfus au grade de capitaine. / Ainsi, – comme s'il y avait à le punir d'avoir séjourné à l'île du Diable, – son avancement est retardé d'au moins cinq ans. / Des amis de la première heure sont intervenus et ont été plaider sa cause en haut lieu. Rien n'y fit. *Vae victis*. / Se sentant désigné comme une victime de choix pour l'injustice, Dreyfus se résigna à abandonner l'armée qui lui fut si inhospitalière ; il demanda et obtint sa mise à la retraite. / Ce malheureux officier ne fut pas la seule victime de ce drame ; que ce puisse être une consolation pour lui, de contempler les compensations qui furent prodiguées à d'autres ! »

874. *Journal officiel. Débats parlementaires. Chambre des députés*, 25 février 1908, p. 413-414 et 416-417.

875. Georges Bourdon (1868-1938), journaliste, un des premiers grands reporters français, avait été un ardent dreyfusard et un des premiers membres de la Ligue des droits de l'homme. Ses *Journées de Casablanca* venaient de paraître aux éditions Pierre Lafitte.

876. Le journal fondé par Auguste Vacquerie venait en effet d'être repris par les amis de Combes. Voir « Notre programme » dans le numéro en date du 3 mars.

877. Sur la politique intérieure du gouvernement et sur l'application de son programme de réformes (*Journal officiel. Débats parlementaires. Chambre des députés*, 7 avril [*sic* pour 6 mars] 1908, p. 886-889).

878. Les quatre contributions révolutionnaires (portes et fenêtres, cote personnelle, cote foncière, patentes) que le projet du ministre Caillaux proposait de remplacer en redéfinissant les catégories de revenus.

879. Le général Albert d'Amade (1856-1941), ancien attaché militaire en Chine puis en Grande-Bretagne, avait été chargé de la pacification de la Chaouïa.

880. Le général Hubert Lyautey (1854-1934), chargé de réprimer les soulèvements de l'année précédente, venait en novembre précédent d'être nommé haut commissaire du gouvernement pour la zone occupée (région d'Oujda).

881. En réponse à un questionnaire qui lui avait été soumis au sujet de l'envoi possible de renforts, d'Amade avait dit n'en avoir pas besoin. Au même moment, Lyautey avait en effet été mandé à Paris où il avait déclaré être en total accord avec d'Amade, ses choix et son action.

882. André Chaumeix (1874-1955), journaliste, futur académicien français. Il venait de publier « La Légende de Saint-Guillaume de Gellone » dans le *Journal des Débats* du 4 mars 1908.

883. *La Dépêche*, 5 mars 1908.

884. Édouard Aynard (1837-1913), régent de la Banque de France et député du Rhône.

885. Le 7, Maurice Berteaux, député de Seine-et-Oise, avait « tiré les oreilles » à un attaché de cabinet à propos de bruits de couloir que ce dernier avait répandus.

886. Dans lequel le général André venait de publier un article intitulé : « Explications ». Il y disait, en réponse aux réactions à son premier article (voir note 873), quelles démarches il avait entreprises en juillet 1906 auprès d'Étienne, ministre de la Guerre, pour que la réparation « effa[çât], ou atténu[ât] du moins, dans l'âme du capitaine Dreyfus, le souvenir du supplice épouvantable qui lui fut infligé le 5 janvier 1895 » et comment, ayant constaté l'injustice dont avait été victime le capitaine, compensation des « avantages d'avancement accordés à l'un d'eux par les retards infligés à l'autre », il avait écrit à Picquart, successeur d'Étienne, une « lettre intime et personnelle » le « suppliant » d'ajourner la demande de mise à la retraite d'un Dreyfus blessé et désabusé. Une lettre qui était demeurée sans réponse.

887. « Ingratitude », *Armée et démocratie*, 3e année, n° 11, 14 mars 1908.

888. Malheureusement perdue.

889. Suite à un problème dentaire, comme il l'expliquait dans la lettre précédente, non reprise et résumée dans la « Provenance des textes ».

890. Voir lettres 384 et suivantes.

891. Voir lettre 211.

892. Dans une lettre du 14 avril, Havet avait parlé à la marquise de l'héroïsme de Picquart, un « héroïsme [qui] n'a rien d'hypothétique » et de sa « voix chaude » et de son regard clair [qui] n'ont pas changé ». La marquise lui avait répondu pour lui dire que si son « regard clair n'a[vait] pas changé », Picquart s'était « affaibli » puisqu'il ne la saluait plus pour l'unique raison qu'elle « reçoit Alfred Dreyfus ». À cela, Havet avait répondu le 26 en parlant de « la hauteur d'âme » de Picquart qui n'avait jamais fait que suivre « sa propre pensée », « si personnelle, si originale, parfois si déconcertante » (les lettres d'Havet sont conservées dans le fonds Arconati, MsVC 278, f. 3944 et 3945 ; les références de celle, déjà en partie citée, de la marquise sont données note 605).

893. En mai 1901, avait paru la déposition faite l'année précédente par Esterhazy devant le consul de Londres, déposition dans laquelle il affirmait une nouvelle fois être l'auteur du bordereau. Pour Labori, Picquart, Havet (qui était pour cela venu le voir à Cologny, en Suisse, chez les Naville), cette publication

constituait un fait nouveau dont il fallait se saisir. Mornard – à juste titre – avait été d'un avis contraire et Dreyfus avait écouté son conseil. À ce sujet, voir notre *Histoire de l'affaire Dreyfus de 1894 à nos jours, op. cit.*, p. 947-953.

894. Ludovic Halévy était mort le 7.

895. Il s'agit des lettres de 1906 citées dans la note 603.

896. Voir lettre 426.

897. Un propos que l'on retrouve, avec moins de nuances toutefois, à cette époque sous la plume de la marquise dans une de ses lettres à Combes : « Je n'ai pas le courage de vous parler de Jaurès – il mourra dans la peau de l'homme qui a fait le plus de mal à la République » (« Mardi », AD Charente-Maritime, 13J43, f. 166).

898. Les municipales, qui avaient eu lieu les 3 et 10 mai, et où les socialistes avaient en effet été très largement battus : 164 voix pour les socialistes unifiés, 184 pour les socialistes indépendants ; 9 025 voix pour les nationalistes et réactionnaires ; 8 743 voix pour les radicaux et radicaux-socialistes ; 10 775 voix pour les républicains de gauche ; 5 588 voix pour les progressistes (statistiques définitives de l'Intérieur, presse du 17).

899. Tels les articles de Pierre et Paul [Arthur Huc] du 13 mai, qui faisait part de sa crainte que Jaurès n'entende plus la République comme les républicains (« À Pelletan »), et d'Aulard du 14 qui accusait Jaurès de ménager Hervé par peur « de se faire huer par la petite bande hervéiste » (« L'échec des unifiés »).

900. Théodore Reinach venait en effet d'être battu par 18 voix contre 21 à Henri Cordier à l'Académie des inscriptions et belles-lettres. Déjà, en décembre précédent, il avait échoué par 21 voix contre 23 face au comte Paul Darrieu.

901. La propagande soutenue que l'Action française menait depuis 1906 était, dans la perspective de la panthéonisation de Zola qui devait avoir lieu le 4 juin, plus active que jamais (voir à ce propos notre *Histoire de l'affaire Dreyfus de 1894 à nos jours, op. cit.*, p. 1087-1095).

902. Gustave Dreyfus.

903. Hugo von Radolin (1841-1917) était depuis 1901 l'ambassadeur d'Allemagne à Paris.

904. S'agit-il de Meyer qui, capitaine en 1894, avait eu le courage de témoigner pour Dreyfus à son procès ? Et ce Meyer était-il Henry Meyer (1859-1931) ?

905. Qui était mort le 23. François Coppée (1842-1908), poète, avait été à la fondation de la Ligue de la patrie française dont il était le président d'honneur.

906. Dans sa « Vie à Paris » publié dans *Le Temps* daté du 29 mai, Claretie s'était en effet souvenu du Coppée qu'il avait connu dans sa jeunesse.

907. Voir lettre 339.

908. Jour de la cérémonie de la translation des cendres de Zola au Panthéon.

909. Charles Maurras (1868-1952) fut une des grandes figures de l'antidreyfusisme et le maître à penser de l'Action française. Sur son rôle dans l'Affaire, voir notre *Histoire de l'affaire Dreyfus de 1894 à nos jours, op. cit.*, 608-609, 823-827,

845-847, 1080-1084 et 1099-1106 et le récent et tout à fait essentiel *Naissance de l'Action française* de Laurent Joly (Paris, Grasset, 2015).

910. Dans *L'Action française* quotidienne, « organe du nationalisme intégral » publié depuis le 21 mars précédent, le propos revenait sans cesse sur l'Affaire et le « traître Dreyfus »

911. Au sujet de la phrase : « le cléricalisme, voilà l'ennemi » dont la paternité revenait à son père.

912. Marguerite Steinheil (1869-1954), épouse du peintre Adolphe Steinheil, maîtresse, entre autres, du roi du Cambodge et d'Aristide Briand, avait défrayé la chronique en 1899 quand il fut révélé que le président Félix Faure était mort dans ses bras. Le 31 mai, elle avait été retrouvée chez elle, bâillonnée et ligotée, près des corps de sa mère, morte d'une crise cardiaque, et de celui de son mari, étranglé.

913. À quelques jours de la translation des cendres de Zola au Panthéon, Du Paty de Clam, sur la base de la loi qui permet pendant trente ans après l'insulte à qui se juge calomnié de répondre, avait décidé de réagir au « J'Accuse !... » par une lettre envoyée à *L'Aurore*. Du Paty y dénonçait cette translation comme étant une « apothéose de la calomnie » qui était aussi « l'apothéose de la désertion du devoir patriotique » et, au passage, y dénonçait l'instruction secrète de la Cour de cassation et ce qu'il considérait comme étant une falsification de l'article 445.

914. Dans lequel avait paru un article d'Ernest-Charles, « La fin d'une Histoire », à propos du sixième et dernier volume juste paru de l'*Histoire de l'affaire Dreyfus* de Joseph Reinach.

915. Lors du transfert des cendres de Zola au Panthéon, un journaliste nationaliste, Louis Grégori (1842-1910), avait tiré à deux reprises sur Dreyfus, le blessant au bras. Monod, qui avait vu Dreyfus le 8, avait écrit à la marquise qu'il lui avait dit : « Enfin je suis debout, prêt à lutter toujours » : « Jamais l'héroïsme sans phrases – n'a été porté plus loin que par lui », commentait-il (lettre du 9, MsVC 286, f. 5918). Et à Combes, la marquise écrivait que « tous les jours, je vais voir les Dreyfus – Cette malheureuse femme reçoit tous les jours des lettres où on lui annonce qu'on finira bien par tuer son fils et son mari » (« Lundi », AD Charente-Maritime, 13J43, f. 86). Après cet attentat et le procès qui devait avoir lieu, la question se posait de savoir ce que serait pour Dreyfus l'attitude à adopter. Dreyfus, combatif, était partisan de se « porter partie civile et ne pensai[t] même pas autrement », comme il l'écrira à Reinach. Mais comme il le lui expliquait encore, les objections de Demange, détaillées à la suite, « [l'avaient] ébranlé » (lettre de « Mardi » [23 juin 1908], BNF n.a.fr. 13570, f. 138). Quant à Brisson, dans la lettre évoquée, il écrivait : « On m'avise qu'il serait conseillé à notre ami de ne pas se porter partie civile et de ne parler absolument que de la tentative d'assassinat. Ce serait peut-être acceptable si c'était possible, mais quelle chimère [...]. [...] je reste moi d'un avis contraire. [...] je me porterais partie civile et je plaiderais très haut. Même, le principal objet de l'attitude que je prendrais au cours de l'audience et de la plaidoirie que je ferais serait celui-ci : / Rendre insignifiante l'éventualité de l'acquittement dont nos timides se font un

épouvantail. » Et esquissant ce que pourrait être la fin de sa plaidoirie, il expliquait choisir de se « placer sur le terrain choisi par mes adversaires » (lettre du 22 juin, MsVC 263, f. 276-278).

916. Voir lettres 221, 222, 229.

917. On la trouvera à la suite de cette lettre.

918. La réponse de Reinach est perdue, en revanche, la lettre de Dreyfus se trouve à la BNF sous la cote n.a.fr. 13570, f. 136-137 (lettre de « Samedi » [20 juin 1908]).

919. Non conservée. Sans doute s'agit-il d'une carte pour remercier ses nombreux correspondants des lettres qu'il avait reçues après l'attentat dont il avait été la cible.

920. Lettre de « Mardi » [23 juin 1908], BNF n.a.fr. 13570, f. 138-139.

921. Celle en partie citée note 924.

922. Nous ne savons si la marquise le fera.

923. Dans sa lettre évoquée à Reinach, il écrira : « Je n'ai pas besoin de vous dire que je n'ai pas encore pris de décision. Je vais solliciter les avis qui peuvent m'être encore donnés, je pèserai comme d'habitude le pour et le contre, puis alors seulement je prendrai ma décision à laquelle je me tiendrai, n'étant pas, comme vous le savez, un moulin à vent » (*ibid.*, f. 139).

924. Dans cette lettre, en plus de ce qu'il disait au sujet du procès Grégori à venir et dont un extrait est cité note 928, Monod écrivait : « Voter contre son opinion et faire voter ses amis – pour faire tomber le ministère serait indigne d'un homme comme Combes dont toute la force est dans sa droiture » (MsVC 286, f. 5926 v°). Ce vote se rapportant à la question du rachat des Chemins de fer de l'Ouest, projet de loi, qui avait été adopté par la Chambre en décembre précédent et était venue au Sénat fin mai. L'occasion était belle de faire tomber le gouvernement et Reinach avait poussé la marquise à agir sur Combes pour mener l'offensive (voir sa lettre à la marquise de « Samedi », AD Charente-Maritime, 13J43, f. 115-116). La marquise, nous dit Gabriel Merle, vint le voir et partit « convertie ». Sur cette question du vote sur le rachat, voir la lettre de Combes à la marquise du 24 juin 1908, MsVC 266, f. 889-890, en partie citée dans Gabriel Merle, *op. cit.*, p. 449). Plus généralement, Combes, ainsi que nous l'explique son biographe Gabriel Merle, avait tendance à voter avec les siens, ses relations personnelles prenant souvent le pas sur les considérations politiques. C'est ainsi, en août 1898, que faisant confiance à Cavaignac, il avait voté au Conseil général de la Charente-Inférieure un vœu antidreyfusard (*Émile Combes*, Paris, Fayard, 1995, p. 216-218).

925. Pour une série d'articles que le sénateur de la Meuse, Charles Humbert, avait jugés diffamatoires.

926. « Ma conscience m'interdit de rien faire contre un article du programme radical », venait d'écrire Combes à la marquise (lettre du 18 juin 1908, MsVC 266, citée dans Gabriel Merle, *op. cit.*, p. 448).

927. Alfred Loisy (1857-1940), prêtre et théologien, était depuis le début des années 1890 en délicatesse avec sa hiérarchie qui n'acceptait pas sa lecture

des Évangiles. Ce désaccord lui avait valu, en 1903, d'avoir 5 de ses livres mis à l'Index et d'être finalement, le 7 mars 1908, excommunié. Avec le décès de Jean Réville, la chaire d'histoire des religions était vacante. Loisy, sur les conseils de Paul Desjardins, s'y était porté candidat. Une candidature que soutenait et pour laquelle œuvrait la marquise (voir ses lettres à Loisy, BNF n.a.fr. 15646, f. 38 *sq.*).

928. Louis Patissier-Bardoux (1861-1946) était avocat à la Cour de cassation et au Conseil d'État. Monod, après l'avoir consulté, avait écrit à la marquise le 23 pour lui dire qu'il était « absolument de l'avis de Demange » et que « si Dreyfus se port[ait] partie civile, cela donnera[it] l'idée d'un procès entre Dreyfus et Grégori » et que si « Grégori [était] acquitté, Dreyfus sera[it] condamné aux dépens et débouté de son action civile et qu'alors on dira[it] que *le jury a condamné Dreyfus* » (fonds Arconati, MsVC 286, f. 5926 et v°).

929. La commission avait demandé l'ajournement auquel le gouvernement s'était opposé et que le Sénat avait repoussé par 128 voix contre 125 (*Journal officiel. Débats parlementaires, Sénat*, 26 juin 1908, p. 843, 844-845).

930. De la cour d'assises et au sujet de la question de son choix, comme dit dans la lettre 435. Cela dit nous n'en savons pas plus à ce propos.

931. Georges Claretie.

932. À propos du procès Humbert, ainsi qu'il l'exprimait ce jour dans sa « Gazette des Tribunaux » du *Figaro*.

933. Non reprise et résumée dans la « Provenance des textes ».

934. Voir lettre 434.

935. S'agit-il de la rectification du vote de Méline qui donné comme n'ayant pas pris part au vote avait fait imprimer qu'il avait voté « contre » (*Journal officiel. Débats parlementaires. Chambre des députés*, 4 juillet 1908, p. 1534-1539) ?

936. Pour l'abolition de la peine de mort (*Journal officiel. Débats parlementaires. Sénat*, 27 juin 1908, p. 853).

937. Il partira en fait quelques jours plus tard (voir lettres des 11 et 18 juillet – n°s 446 et 450 – non reprises et résumées dans la « Provenance des textes ».

938. L'information était fiable, le pourvoi se produira ; voir lettre 452.

939. Voir note 945.

940. Le 20, Grégori s'était pourvu en cassation contre la décision de la Chambre des mises en accusation non seulement parce qu'elle l'avait renvoyé devant la Cour d'assises pour tentative d'assassinat mais encore pour avoir refusé, le 17, sa demande de mise en liberté provisoire. La Chambre criminelle refusera ces deux pourvois aux premiers jours d'août.

941. Théodore Lescouvé (1864-1940), directeur du cabinet et du personnel au ministère de la Justice et substitut au tribunal de première instance. Nous n'avons pas de renseignements sur ses sentiments relatifs à l'Affaire.

942. Depuis juillet 1907, les carriers de Draveil avaient organisé quelques grèves pour obtenir une revalorisation de leurs salaires et de leurs conditions de travail, la journée de 10 heures, le repos hebdomadaire et la reconnaissance de leur syndicat. À plusieurs reprises, en mai, en juin, plusieurs grévistes avaient été tués et quelques meneurs avaient été arrêtés. La CGT avait alors appelé à la

grève générale pour le 30 juillet et l'affrontement avait été violent : 4 tués et plus de 200 blessés et de très nombreuses arrestations.

943. Qui n'est pas conservée... ou brûlée (voir lettre 457) ?

944. À propos de la question des jurés. Cela avait été fait, par exemple, tant du côté de l'accusation que de celui de la défense, pour le procès Zola. Voir à ce propos notre *Histoire de l'affaire Dreyfus de 1894 à nos jours, op. cit.*, p. 642-644.

945. Les informations qu'avait eues Dreyfus et dont il avait fait part dans sa lettre du 14 juillet (n° 448) étaient les bonnes. Il pourra découvrir bientôt que Grégori avait fait citer comme témoins : Clemenceau, Picquart, Targe, Baudouin, André, Reinach, Cuignet, Lebrun Renaud, Du Paty, le député et leader du mouvement « Jaune » Pierre Biétry, Rochefort, Ferlet de Bourbonne et Gustave Rousselle, témoin qui annonçait d'importantes révélations à faire relativement à la culpabilité de Dreyfus.

946. Grégori avait demandé à être jugé non pas pour avoir tiré sur un homme mais, à travers lui, sur le dreyfusisme triomphant. Tout à fait extraordinairement, il avait mis entre les mains des jurés le marché suivant : le condamner serait confirmer l'arrêt de la cassation, l'acquitter faire la révision de la révision. Après vingt minutes de délibérations, le jury avait répondu « Non » aux quatre questions qui lui avaient été posées : Non, Grégori n'était pas coupable d'avoir commis contre Dreyfus une tentative de meurtre ; Non, il n'y avait pas préméditation à cette tentative ; Non, il n'avait pas fait des blessures et porté des coups à Dreyfus ; Non, ces blessures n'avaient pas été préméditées (*Procès du Panthéon. 4 juin-10 et 11 septembre 1908. Grégory, Dreyfus et Zola devant le jury. La révision de la révision*, Paris, Aux bureaux de la « Libre Parole », [1908], p. 166-167).

947. Au Dr Pozzi, Dreyfus avait écrit : « Le verdict imputé n'atteint que ceux qui l'ont rendu ; il faut vraiment avoir une bizarre mentalité et une conscience bien accommodante pour répondre : non, à la question est-il coupable de coups et blessures ? Si le jury, après avoir frappé au nom de la justice, avait demandé l'application de la loi de sursis, je l'aurais volontiers compris, tant l'être ne mérite, par son attitude veule, qu'un mépris dédaigneux. Mais vous me connaissez assez, mon cher Docteur, pour savoir que je ne m'émeus pas de ces vilenies. Il faut au contraire y puiser une force plus grande pour faire l'éducation des masses, et leur apprendre ce que les mots justice, vérité et conscience nous imposent de devoirs et d'obligations » (cité dans Claude Venderpooten, *Samuel Pozzi chirurgien et ami des femmes*, Paris, V&O éditions, In fine, 1992, p. 344).

948. *Sic* pour Berteaux.

949. La déposition de l'ancien ministre de la Guerre se trouve dans *Procès du Panthéon. 4 juin-10 et 11 septembre 1908. Grégory, Dreyfus et Zola devant le jury. La révision de la révision, op. cit.*, p. 85-86.

950. L'Action française et la majeure partie de la presse nationaliste. Voir lettre 953.

951. Moulay Hafid (ou Moulay Abdelhahid ; 1876-1937), proclamé peu avant sultan du Maroc contre son frère, demandait à être reconnu par les puissances européennes.

952. La première, du 30 septembre – en réponse à la lettre de Cuignet à Ballot-Beaupré (sur cette lettre voir notre *Histoire de l'affaire Dreyfus de 1894 à nos jours, op. cit.*, p. 1101-1103), publiée dans le numéro du 16, lettre qui le présentait comme le « Traître » –, avait été en partie reproduite, sous forme d'extraits commentés, dans le numéro du 1er octobre. Dreyfus, conformément à son droit, avait dont réécrit, le 1er octobre, une lettre qui ne sera pas publiée mais dont la réception avait juste été annoncée triomphalement par le journal du 2. Ces lettres, que *L'Action française* sera finalement contrainte de publier *in extenso*, peuvent se lire dans le numéro en date du 12 décembre 1911. Le même jour, à un correspondant non identifié, Dreyfus écrira : « Comme je vous l'ai dit, outre les assignations en dommages-intérêts devant le Tribunal Civil pour injures, là où mon nom est simplement accolé à une épithète injurieuse, j'exerce le droit de réponse chaque fois qu'il y a une diffamation sur un fait précis. / À propos donc de la lettre ouverte adressée par Cuignet à M. le Président Ballot-Beaupré, et publiée dans l'*Action Française*, j'ai adressé une 1re lettre à ce journal, le 30 Septembre. Il l'a insérée le 1er Octobre mais en la découpant et en faisant suivre chaque coupure d'un commentaire. J'ai alors envoyé à l'*Action Française*, le même jour, 1er Octobre, une 2e lettre la sommant, conformément à la loi, d'avoir à insérer ma 1re lettre d'un seul tenant et répondant en outre aux commentaires dont le journal avait fait suivre ma 1re lettre. *L'Action Française* du 2 Octobre déclarait ne pas vouloir insérer, ni ma 1re lettre d'un seul tenant, ni ma réponse à ses commentaires. Ce journal se dérobait devant la vérité. Mais comme nous avons constaté que ce journal venait précisément le 2 Octobre de changer de gérant, par précaution, j'ai envoyé le même jour mes deux lettres au nouveau gérant. Si donc, comme il est certain d'après la déclaration du journal, mes lettres ne sont pas insérées jusqu'à lundi prochain, dernier délai, dans l'*Action Française*, je remettrai le même jour un projet d'assignation de ce journal devant le Tribunal Correctionnel pour refus d'insertion » (Musée des lettres et manuscrits).

953. Pour ce que nous avons pu retrouver (nous n'avons pas répertorié ici la presse de province), Dreyfus écrira à *L'Action française* : les 30 septembre, 1er, 6, 8, 9, 10, 16, 19, 20, 23 octobre, 3 novembre (revue, n° 217, 15 octobre) ; à *L'Éclair* : les 2 et 7 octobre (publiées le 17), le 16 octobre (publiée le 18) ; à *La Libre Parole* : les 3, 4, 6, 8, 16, 18 octobre ; à *La Croix* : le 2 octobre (publiée le 9) ; à *La Presse* : les 7 (publiée le 11), 16 (publiée le 19), 19 (publiée le 23) et 20 octobre (publiée le 24) ; à *L'Autorité* : les 8 (publiée le 14) et 31 octobre (publiée le 7 novembre) et 11 novembre (publiée le 20) ; à *La Patrie* : le 5 octobre (publiée le 12) ; à *L'Univers* : le 17 octobre (3 lettres publiées les 21 et 23 octobre) ; au *Soleil*, les 11 et 22 octobre (publiées le 19 et le 24) ; au *Jaune* : le 24 octobre ; et à *La Gazette de France*.

954. La 4e plutôt (voir lettre suivante).

955. Voir note précédente. Il semble donc qu'il les lui recopiait systématiquement. Une seule subsiste dans les papiers de la marquise, celle du 10 octobre : MsVC 274, f. 2766-2767.

956. *L'Action française* soutiendra que « l'auteur du bordereau » n'était que le « simple prête-nom » de la Ligue des droits de l'homme (« preuve que le Syndicat est plus vivant que jamais »), véritable responsable des actions entreprises. Il en donnait pour preuve le cachet de la poste de la rue des Saints-Pères, proche de la rue Jacob, siège de la Ligue... mais aussi, ce que le journal ignorait, adresse de Me Demange.

957. Il semble que Dreyfus se trompe ici et fasse allusion plutôt aux Balkans où, après la proclamation d'indépendance de la Bulgarie, les volontés grecques d'annexer la Crète, l'annexion de la Bosnie et de l'Hezégovine par l'Autriche et la réponse belliqueuse de la Serbie, la situation était devenue pour le moins tendue.

958. Les Jeunes-Turcs, parti d'opposition, avaient obligé le sultan Abdulhamid II à restaurer la constitution de 1876 qu'il avait abolie et à organiser des élections.

959. Voir note 868.

960. Contre l'Action française.

961. Ce ne le sera pas.

962. Le fils de Monod.

963. Qui s'était tenu du 15 au 18. Jaurès y avait défendu l'action réformatrice contre le « coup de main » (reproduit sur le site de la Fondation Jean-Jaurès).

964. Raoul Duseigneur (1846(?)-1906) était un collectionneur d'art et le bibliothécaire et compagnon de la marquise.

965. Gaston Calmette (1858-1914), directeur du *Figaro* depuis 1902, qui avait été dreyfusard et eu auparavant et sans le vouloir un rôle important dans l'Affaire en permettant, par un article qu'il avait écrit, de rompre le silence qui pesait sur le prisonnier de l'île du Diable (voir notre *Histoire de l'affaire Dreyfus de 1894 à nos jours*, *op. cit.*, p. 229-230), considérait en effet que Dreyfus venait de commettre « une folie » en « prenant avec M. Jaurès, contre nous tous, le parti des antimilitaristes, des antipatriotes et des saboteurs » (« Tant pis ! »).

966. En réponse à un de ses articles, « Poursuites sans objet », publié dans *L'Humanité* du 21 octobre 1908, et qui en appelait « à tous ceux qui luttèrent jadis pour la justice, et qui arrachèrent au bagne l'innocent », Jaurès avait reçu de Dreyfus une lettre dans laquelle « il blâm[ait] sévèrement le gouvernement d'avoir entamé des poursuites contre les membres de la CGT » (« Au jour le jour », *Le Temps*, 29 octobre).

967. Victor Griffuelhes (1874-1922) était le secrétaire général de la CGT.

968. Pour la marquise, la réponse à cette question ne faisait aucun doute : « [...] pardieu, parce que Jaurès se fichant de Dreyfus comme de tout, quand c'est utile à la comédie qu'il joue, l'a montrée aux frères et amis et qu'un de ces derniers l'a vendue à ces crapules-là... » (lettre à Reinach sans date, BNF n.a.fr. 24890, f. 186 v°). La marquise était toujours très remontée contre Jaurès. Quelques mois plus tôt, elle avait écrit à Reinach : « Et Jaurès ! Vous me direz que ce n'est plus qu'une épave. Mais quel criminel !! ne croyez pas que je l'aime toujours, je le méprise trop. S'il n'est pas fou, c'est un lâche » (« Vendredi 7 août

[1908] », BNF n.a.fr. 24890, f. 184 v°). Et quelques semaines plus tard, se reposera la question, qui en était de moins en moins une : « Je ne veux plus de Jaurès à nos déjeuners. Cet homme qui continue à fournir des munitions à l'Allemagne et qui pérore au milieu d'anarchistes à côté d'Hervé, j'en ai assez, je n'en veux plus, il me dégoûte, il est trop lâche » (lettre à Reinach de « Mardi soir », BNF n.a.fr. 24890, f. 207)… et à nouveau quelques mois plus tard : « Je n'ai pas le courage de me retrouver en face de Jaurès, et je ne lui ai pas fait signe – je ne l'aime plus, et je le méprise » (sans date [mai 1909], BNF n.a.fr. 24890, f. 39).

969. Qui avait en effet révélé l'esprit de la lettre de Dreyfus dans son édition en date du 28 (F. Javary, « Une lettre de Dreyfus »).

970. « Au jour le jour », *Le Temps*, 29 octobre.

971. Après les publications de *La Libre Parole* et du *Temps* qu'évoque Dreyfus, Calmette, dans *Le Figaro* du 29, s'était insurgé contre un tel acte, une « faute », soutenant que « si quelqu'un dans ce pays a le devoir de rester étranger aux agitations révolutionnaires qui peuvent diviser encore une fois la France ou la ruiner définitivement, c'est bien lui ! » (« Tant pis ! »).

972. Voir lettre 441. La chaire d'histoire des religions avait été maintenue le 8 par un vote de l'assemblée des professeurs du Collège de France.

973. Jaurès, dans la première quinzaine de novembre, avait publié une série dans laquelle, appelant à « l'ouverture d['une] ère nouvelle », « politique de conciliation et de détente » (« Accord certain », 10 novembre), il jugeait durement l'irresponsabilité d'une presse qui poussait à la roue et de gouvernements qui cherchaient querelle au nom de « vanités diplomatiques, décorées du nom splendide d'honneur national » (« Détente nécessaire », 6 novembre).

974. Un garçon de café, Jean Mattis, venait de tirer la barbe du président de la République, Fallières, qu'il avait croisé dans la rue. Cette action n'était pas la première. Les militants d'Action française, depuis la panthéonisation de Zola, menaient une active campagne antirépublicaine face à laquelle aucune véritable résistance ne leur fut opposée : manifestations au procès Grégori en septembre ; perturbation de l'audience solennelle de rentrée de la Cour de cassation le 16 octobre ; discours et exclusion du député Biétry à la Chambre le 20 ; perturbation des matinées poétiques de l'Odéon le 21 novembre où était récité du Zola ; actions répétées contre les cours de Thalamas, en Sorbonne, à partir du 2 décembre et qui trouveront leur apogée le 16 avec d'importantes et violentes manifestations au Quartier latin ; interruption de la représentation du *Foyer* de Mirbeau, à la Comédie-Française, le 8 décembre et manifestation au cimetière du Montparnasse devant la tombe de Syveton pour le 4e anniversaire de sa mort ; sortie de Pujo contre la prétendue falsification de l'article 445 au procès de Real del Sarte le 24 ; etc. À la date de cette lettre, les militants d'Action française commençaient leur campagne de destruction des statues dreyfusardes dont il sera question à la suite (voir note 1007). Sur cette campagne, face à laquelle le gouvernement avait décidé de ne point réagir pour ne pas donner satisfaction à ses auteurs, on pourra se reporter à notre *Histoire de l'affaire Dreyfus de 1894 à nos*

jours, *op. cit.*, p. 1072-1110 et, pour une narration faite par un de ses auteurs, à Maurice Pujo, *Les Camelots du Roi*, Paris, Flammarion, 1933.

975. Paul Matter (1865-1938), substitut, en charge de la plainte de Dreyfus contre *L'Action française*.

976. Brisson ?

977. Nous n'avons pu identifier de quoi il s'agit.

978. Les déjeuners du jeudi n'ayant pas encore repris et la lettre précédente (non reprise et résumée dans la « Provenance des textes ») annonçant une visite la semaine précédente, cette mention doit faire allusion à une lettre perdue.

979. Nous n'avons rien pu retrouver à ce sujet. En revanche, quand Loisy sera élu, comme on le verra bientôt, *L'Action française*, contrairement à ce dont Dreyfus restera persuadé (voir lettre 493), appellera ses ligueurs à ne pas intervenir dans une affaire qu'elle considérait avant tout comme religieuse et face à laquelle l'attitude à avoir ne pouvait être dictée que par l'archevêché (voir *L'Action française* des 30 avril et 3 mai 1909).

980. « Plusieurs centaines », selon le président des Étudiants d'Action française Maurice Pujo (*Les Camelots du Roi*, *op. cit.*, p. 147-148).

981. Fière d'elle, *L'Action française* pouvait en faire sa manchette de l'édition du jour.

982. La représentation proportionnelle dont les socialistes parlaient depuis 1898 et qui sera bientôt l'objet d'un projet de loi.

983. Voir Pujo, *Les Camelots du Roi*, *op. cit.*, p. 161.

984. « Cent quatre-vingts », 8 février. Il y moquait les Étudiants d'Action française qui menaient l'agitation et disait sa déception d'apprendre qu'ils n'étaient que 180 selon leurs propres chiffres. Un chiffre dérisoire mais surtout la preuve, au regard de leur activité débordante dans la rue, de leur peu d'application au travail pour lequel il ne pouvait leur rester de temps : « Ils sont de détestables étudiants. Ils sont les ratés de demain, comme le triste et lugubre Pujo, avec sa bonne tête de mouton enragé, est, s'il me permet de le dire, le raté d'hier… / Et voilà ceux qui se proposent pour conduire la société française. Ils n'ont même pas le courage de faire des études passables. Ce sont des fainéants, ce seront des déclassés. Voilà le groupe des étudiants d'Action française. De loin ce n'est pas grand-chose ; de près ce n'est rien du tout. »

985. Dans la rubrique « Échos ». Elle les en avertissait « charitablement ».

986. Maxime Real del Sarte (1888-1954), alors étudiant aux Beaux-Arts, jeune recrue de l'Action française et chef des Camelots du Roi, s'était illustré en octobre précédent lors de l'audience solennelle de rentrée de la Cour de cassation qu'il avait perturbée en accusant les magistrats de forfaiture puis en décembre en giflant Thalamas dont il perturbait régulièrement les cours. Le 21 janvier, il avait été condamné à diverses peines pour avoir brisé la vitrine d'un restaurant, pour outrages à agent lors des manifestations visant à empêcher les représentations du *Foyer* de Mirbeau et pour avoir blessé un étudiant, Pimienta, qui s'était interposé entre lui et le doyen Croiset qu'il menaçait de sa canne.

987. Le député Jules Delahaye ayant, le 12, à la tribune, dénoncé des brimades dont aurait été victime Real del Sarte à la Santé, Clemenceau avait convoqué le prisonnier et Schrameck, directeur des services pénitentiaires. Real del Sarte, après avoir assuré Clemenceau que ses amis de l'Action française continueraient plus que jamais l'agitation, avait exposé les faits et Clemenceau avait diligenté une enquête. On pourra lire de cette « affaire », une narration pour le moins « dirigée » dans l'hagiographie que lui a consacrée Anne André Glandy : *Maxime Real del Sarte. Sa vie – son œuvre*, Paris, Plon, 1955, p. 34-44.

988. Celle d'André Gaucher, en fait, qui était jugé en appel de sa condamnation à deux ans de prison pour outrages aux magistrats de la Cour de cassation et au tribunal pour avoir dit, lors de son procès à l'occasion des représentations du *Foyer*, que les magistrats de la Cour de cassation étaient des faussaires. Si nous avons peu de renseignements sur Gaucher, Maurice Pujo (1872-1955) est un des fondateurs de l'Action française et des Camelots du Roi.

989. La coupure est perdue mais elle se demandait si Clemenceau attendait pour agir que les Camelots du Roi enlèvent quelques ministres ou investissent la place Beauvau.

990. Sans doute au sujet de son procès contre *L'Action française*. Lui avait-il demandé de le consulter quand il lui avait rendu visite le vendredi précédent (ainsi que nous l'indique la lettre du 15) ou l'avait-il fait par une lettre qui ne nous est pas parvenue ?

991. Au sujet de la candidature Loisy, qui était présentée comme une candidature « dreyfusienne » et, « outrage à l'Église », anticléricale. Trois billets avaient déjà paru les 27 avril et 7 juillet 1908 et le 13 février précédent (repris dans *Billets de Junius. mars 1908-mars1909*, Paris, éditions de L'Écho de Paris, 1909, p. 451-463).

992. Il s'agissait d'un *omnibus* qui dissimulait Maurice Barrès, Paul Bourget, Denys Cochin, Albert de Mun, etc.

993. Le 8 décembre précédent, la Chambre avait, par 330 voix contre 201, maintenu la peine de mort pour les assassins. Clemenceau en effet, fervent abolitionniste, n'avait pas pris part aux débats.

994. Matter était lié à Monod dont il avait été l'élève à l'École alsacienne. La lettre de Matter ne nous est pas parvenue.

995. Le 16 septembre précédent, *La Libre Parole* avait ouvert une souscription en l'honneur de Grégori qui, close au début de novembre, avait rassemblé près de 12 000 francs. Comme pour le « Monument Henry », cette souscription avait été l'occasion d'un déferlement de haine dont la principale cible était Dreyfus.

996. Quelques jours plus tôt, le 24, le substitut Matter avait demandé au tribunal, sur la base de l'argumentation que discute ici Dreyfus, de se déclarer incompétent. L'affaire avait été alors renvoyée à quinzaine.

997. Et donc à chaque fois, la preuve étant permise, de rouvrir l'affaire. Et telle était en effet la stratégie de l'Action française : voir « L'offensive contre Dreyfus », *Almanach de l'Action française*, 1910, p. 41-42.

998. Charles Maurras, « Je m'appelle Monod », *L'Action française*, 27 février. Il y disait : « Peu après le triomphe des gens de Dreyfus (à la fin du cabinet Waldeck ou à l'aube du cabinet Combes) des amis trop zélés proposèrent de créer pour [Monod], au Collège de France, une chaire de philosophie de l'histoire. L'idée parut énorme et, comme on avait eu l'imprudence de la rendre publique, elle tomba à plat ; mais alors intervint une des puissances de l'État hugenot-métèque, cette marquise Arconati-Visconti, dont la grande fortune est à la disposition de tout ce qui travaille à la mort de la France. La marquise offrit de doter la chaire, fit accepter, versa [...]. »

999. Publié chez Alcide Picard.

1000. Récipient pour boire d'origine médiévale.

1001. Nous n'avons pas retrouvé cet article au sujet de l'élection de Loisy.

1002. Loisy venait donc d'être élu le 28 février (voir lettres 491 et 492, non reprises mais résumées dans la « Provenance des textes ») après une bataille épique. Loisy avait été en fait élu dès le 31 janvier (au 5e tour) au Collège de France (voir lettres 491 et 492 non reprises mais résumées dans la « Provenance des textes »), vote qui devait être confirmé par celui de l'Académie des sciences morales qui, le 27 février, lui avait préféré Foucart. Doumergue, ministre de l'Instruction publique, décida de ne pas tenir compte de ce vote et de s'en tenir à celui du Collège de France. Il avait donc nommé Loisy le 28 et publié sa nomination le 2. Sur cette candidature, voir Loisy, *Mémoires pour servir à l'histoire religieuse de notes temps*, t. 3, Paris, Émile Nourry, 1931, p. 33-89.

1003. Alfred Baudrillart (1859-1942), condisciple de Jaurès à Normale, avait été ordonné prêtre en 1893 et était recteur de l'Institut catholique. Dans *Le Gaulois* du 5 février, était publiée une interview de lui dans laquelle il disait considérer l'élection de Loisy comme « déplorable et scandaleuse » (« M. Loisy au Collège de France »).

1004. La veille, boulevard Richard-Lenoir, avait été inauguré un monument en mémoire de Charles Floquet (1828-1896), ancien président de la Chambre des députés (1885-1888 et 1889-1893) et président du Conseil (1888-1889).

1005. *L'Humanité* avait appelé à cette occasion les socialistes à manifester contre Clemenceau et plus de 150 personnes avaient été arrêtées.

1006. La veille, la 11e chambre correctionnelle s'était déclarée incompétente pour statuer sur la plainte que Dreyfus avait portée contre *L'Action française* et *La Libre Parole* (voir *La Gazette du Palais*, 1er semestre 1909, p. 376-377 ou le *Journal des Parquets*, 1909, p. 62-63). Le lendemain, en revanche, le tribunal de Poitiers condamnera *Le Courrier de la Vienne*, auquel Dreyfus avait écrit après un article publié le 30 septembre et dont l'insertion avait été refusée, à l'insertion et à 150 francs de dommages-intérêts (voir *Dalloz. Jurisprudence générale. Recueil périodique et critique*, Paris, Dalloz, 1910, p. 361-364).

1007. Le 12, la maison de Monod, à Versailles, avait été recouverte d'inscriptions injurieuses et les portes couvertes d'ordures ; le 17 février, la statue de Ludovic Trarieux, à Denfert-Rochereau, avait été gravement mutilée à coups de marteau ; le 3 mars, un mois après son inauguration, le monument

Scheurer-Kestner avait été à son tour vandalisé : « les attributs de la "Justice" et de la "Vérité" sont brisés, le médaillon de Scheurer-Kestner est martelé ; tout le monument est, en outre, couvert d'inscriptions au minium : "445. Vive le Roi ! À bas la gueuse !" » (« Principales manifestations de l'Action française du 1er septembre 1908 au 31 août 1909 », *Almanach de l'Action française*, 1910, p. 85) ; le 21 mars, la statue de Zola à Suresnes avait été l'objet d'une tentative de destruction. Le 14 juillet, ce sera au tour de la statue de Bernard Lazare.

1008. La totalité des agents des postes, depuis le 12, était en grève.

1009. Il ne le fera pas en effet (voir lettre suivante) mais l'affaire demeurera pendante sur la question du refus d'insertion (voir notre *Histoire de l'affaire Dreyfus de 1894 à nos jours, op. cit.*, p. 1110). Pour l'Action française, cette décision de ne pas se pourvoir en appel était une nouvelle reconnaissance par Dreyfus de « son infamie » (« L'Action française et l'affaire Dreyfus », *Almanach de l'Action française*, 1912, p. 91-92). Dans ses *Carnets*, Dreyfus notera, amer : « Plus tard, à la suite d'une nouvelle campagne de *L'Action Française*, sur les instances de la Ligue des Droits de l'Homme et surtout d'Appleton, professeur à la faculté de droit de Lyon, je commis l'erreur de poursuivre ce journal et d'autres, tant au civil pour préjudice causé, que pour refus d'insertion de mes réponses. Je fus débouté au civil, cette juridiction se déclarant incompétente, et pour les refus d'insertion, j'appris à mes dépens à connaître le maquis de la procédure qui permit à mes adversaires d'échapper aux condamnations prononcées contre eux » (*op. cit.*, p. 268-269).

1010. Au sujet du budget de la marine à propos duquel les deux députés avaient porté sans succès une double attaque contre le gouvernement.

1011. Pour sa leçon d'ouverture au Collège de France, donnée la veille.

1012. Dans la perspective de possibles manifestations, la marquise avait demandé à Havet d'aller voir Clemenceau pour lui dire de « prendre des précautions contre les voyous de l'*Action française* » (lettre de la marquise à Loisy de « Mercredi » [21 avril], BNF n.a.fr. 15646, f. 171 v° ; voir aussi la lettre du 8 mai, f. 180).

1013. De la veille.

1014. Le cabinet Clemenceau avait en effet démissionné la veille. Briand lui succédera.

1015. Un cahier de recopies de Dreyfus ayant disparu et la lettre figurant à cheval sur les deux cahiers, nous n'en possédons que la fin. Cette perte explique aussi que n'ayons aucune lettre de la marquise à Dreyfus entre août 1907 et août 1909.

1016. Pour protester contre un décret de mobilisation des réservistes et l'envoi de troupes au Maroc, Solideridad Obrera avait appelé à la grève générale.

1017. Il devait partir fin septembre.

1018. Les Dreyfus étaient alors à Lugano (ainsi que nous le dit la lettre de la veille non reprise ici et résumée dans la « Provenance des textes »).

1019. De mai à août, à l'instigation de Marguerite Moreno, France était allé faire une série de conférences sur Rabelais en Argentine, puis en Uruguay et au Brésil.

1020. Jeanne Brindeau (1860-1946), ancienne sociétaire de la Comédie-Française.

1021. Léontine Lippmann (1844-1910), plus connue sous le nom de Mme Arman de Caillavet et passée à la postérité ne serait-ce que pour avoir été un des modèles de Mme Verdurin, le « fera » peut-être « à la dignité » mais tentera toutefois de se suicider en découvrant les frasques de France dont elle était depuis 1888 la maîtresse.

1022. Le roi des Belges.

1023. Frederick Cook et Robert Peary se disputaient la découverte du pôle Nord, le premier pour une expédition en avril-mai 1908, le second en avril-mai 1909. Le Congrès des États-Unis tranchera pour Peary bien qu'il semble sûr aujourd'hui, comme l'imaginait la marquise, qu'aucun des deux ne l'ait en fait atteint.

1024. Mollin, que nous avons déjà rencontré, avait épousé en 1901 Suzanne, la fille de France. Ils avaient divorcé en 1905.

1025. Elle avait en effet une relation avec un jeune homme de dix-sept ans, Michel Psichari. Le mariage évoqué, en avril 1908, n'était pas tant une question de « naïveté » que d'obligation : Suzanne était enceinte.

1026. Briand, nouveau président du Conseil, le 10 octobre, avait prononcé à Périgueux un discours dans lequel il en avait appelé à l'apaisement et défendu la R. P. À Reinach. La marquise écrira à ce sujet : « Je suis furieuse contre Briand – Son discours de Périgueux ne m'avait pas satisfaite – Je m'en f... de l'éloquence quand ce n'est que de l'éloquence » (lettre s.d., BNF n.a.fr. 24890, f. 33).

1027. Francisco Ferrer y Guardia (1859-1909), pédagogue et militant anarchiste espagnol, avait été accusé d'être à l'origine des émeutes qui avaient eu lieu lors de la grève, évoquée, de Barcelone. Il venait d'être condamné à mort au terme d'une parodie de procès.

1028. Il avait été exécuté le 13.

1029. Du 14 septembre 1909, qui condamnait la neutralité scolaire, « principe faux en lui-même et désastreux dans ses conséquences ». Un large résumé en avait été publié dans *Le Temps* en date du 29 septembre. On le trouvera intégralement publié dans *L'Indicateur de la Savoie* du 2 octobre.

1030. Le 17, une manifestation monstre avait rassemblé la population parisienne pour protester contre l'exécution de Ferrer.

1031. Il décédera le 23 novembre.

1032. Ils reprendront en décembre, sur les instances de ses amis qui craignaient des troubles. Dreyfus y assistera, comme il nous le dit dans sa lettre n° 525, non reprise et résumée dans la « Provenance des textes ».

1033. Il doit s'agir soit du discours du 4 sur la R. P., soit de celui du 18 sur les rapports franco-allemands.

1034. Voir lettre 485. C'est peut-être (bien que nous n'en ayons trouvé trace dans la correspondance Combes/Arconati) pour la transmettre à Combes qui, dans le banquet d'union républicaine, banquet anti R. P. qui se tiendra le 20 décembre au Palais d'Orsay, citera justement le bourgmestre de Bruxelles :

« Que le ciel préserve la République de l'expérience belge de la proportionnelle » (Gabriel Merle, *Émile Combes*, *op. cit.*, p. 469).

1035. En plus du banquet juste évoqué, le parti radical et radical-socialiste se réunira en congrès, le 15 janvier, et débattra âprement de la question pour s'entendre sur une motion, en accord avec celles des congrès de Nancy et de Nantes, qui rejetait la R. P. tout en respectant les avis de chacun des membres du parti mais leur demandait toutefois de « s'abstenir de toute propagande en commun avec les adversaires de la République laïque » (presse du 16).

1036. Nous n'avons rien retrouvé au sujet de cette réunion.

1037. Après celle du 24 octobre (voir lettre 522 non reprise et résumée dans la « Provenance des textes »). Le texte de cet échange constitue la matière du numéro de décembre des *Libres entretiens* de l'Union pour la Vérité.

1038. Dreyfus dans sa recopie a daté par erreur cette lettre du 25 août.

1039. Francis Dehault de Pressensé (1853-1914), journaliste et homme politique (il venait de perdre son siège de député du Rhône aux élections d'avril-mai où il siégeait avec le groupe socialiste), président de la Ligue des droits de l'homme depuis la mort de Trarieux en 1903, avait été un dreyfusard actif. Après son échec aux élections, Pressensé se représentait alors à Paris où une partielle devait avoir lieu après la mort du socialiste Chauvière. À la demande de Victor Basch, Monod avait été approché pour « signer avec d'autres universitaires dreyfusards une affiche » où il était dit que les signataires, « sans partager les opinions de M. de Pressensé, pens[aient] que sa place était au Parlement et que l'on devait honorer en lui le courageux défenseur de Dreyfus qui avait plusieurs fois risqué sa vie dans la lutte pour la justice ». Comme il l'expliquait à la marquise dans la lettre évoquée, Monod disait avoir regretté ce soutien, quand il avait « vu avec quelle violence Pressensé a conduit sa campagne et à quelles brutalités se sont livrés ses électeurs » (lettre du 21, MsVC 287, f. 6092-6095).

1040. Albert Houtin (1867-1926), prêtre et philosophe, auteur de *La Question biblique chez les catholiques de France au* XIX*e* *siècle*, ouvrage qui sera interdit par l'Église.

1041. Au livre *Les Jésuites* d'Heinrich Boehmer, dont il avait aussi assuré la traduction et l'appareil critique et qui avait été publié le 1er janvier par Armand Colin.

1042. Dreyfus, recevant cette lettre, écrira à la marquise pour lui dire combien il partageait son appréciation, jugeant qu'il avait agi par « excès d'impartialité », ne voyant « que les textes eux-mêmes » et oubliant de ce fait « que dans leur application, les jésuites, pour assurer la domination du monde, ont usé de toutes les fourberies [...] » (lettre suivante, non reprise ici et résumée dans la « Provenance des textes »).

1043. En vertu du droit d'« exclusive », François-Joseph, empereur d'Autriche, avait en 1903 bloqué l'élection du cardinal Rampolla et soutenu celle du cardinal Sarto.

1044. Marc Sangnier (1873-1950), animateur du Sillon, mouvement républicain et laïc tout en étant « profondément religieux ».

1045. Jules-Auguste Lemire (1853-1928), député du Nord, était une figure du catholicisme social.

1046. Louis Lépine (1846-1933) était préfet de police et un grand ami de la marquise.

1047. Jaurès était le président de la commission d'enquête parlementaire chargée d'étudier l'affaire Rochette, affaire de corruption politique et financière.

1048. La phrase citée y était mais ne reflète que peu le ton qui était celui de la lettre. Elle était encadrée par : « Vous vous fichez de Rochette comme de votre première chemise » et : « encore une fois, le public ne s'y trompe pas, vous voulez prendre contre Lépine la revanche de Liabeuf [voir note 1056] et votre journal n'est depuis q.q. temps, qu'un appel à l'assassinat » (recopié dans une lettre à Reinach du « mardi 26 [juillet] », BNF n.a.fr. 24890, f. 154).

1049. Émile Laurent (1852-1930), secrétaire général de la Préfecture de police, sera préfet de 1914 à 1917.

1050. Rafael Merry del Val (1865-1930), secrétaire d'État du pape.

1051. Pour Champéry, en Suisse.

1052. Voir note 840.

1053. Qui avaient, fin mars 1906 (voir *Le Figaro* du 26), publié une lettre dans laquelle ils en appelaient à l'acceptation de la loi. Cette lettre, due à Brunetière, fut ainsi nommée parce que 6 des 23 personnalités qui la signèrent étaient académiciens.

1054. Maurice Le Sage d'Hauteroche d'Hulst (1841-1896) avait été député du Finistère et le fondateur et le premier recteur de l'Institut catholique de Paris.

1055. Victoire Eugénie Julie de Battenberg, petite-fille de la reine Victoria et nièce d'Édouard VII, épouse d'Alphonse XIII, était anglicane.

1056. Jean-Jacques Liabeuf (1886-1910), cordonnier, ayant été condamné à tort, avait décidé de se venger en frappant des policiers. En janvier, il avait tué un policier qui tentait de l'appréhender et blessé trois de ses collègues. Condamné à mort en mai, il avait été guillotiné le 1er juillet. Hervé, dans sa *Guerre sociale*, avait célébré la « belle leçon d'énergie et de courage » et le « bel exemple » qu'il donnait aux révolutionnaires (12-18 janvier). La marquise jugeait le mouvement en sa faveur comme « une honte » (lettre sans date à Reinach, BNF n.a.fr. 24890, f. 161).

1057. *L'Humanité* ne poussait bien sûr pas à l'assassinat des agents mais menait campagne contre les abus policiers. Ce même jour, elle protestait contre le projet d'interdiction du port du revolver qu'elle considérait comme un « nouveau coup de force de la police », visant à « encore accroître son pouvoir » : « Un champ nouveau s'ouvrira à sa tyrannie. On fouillera, on perquisitionnera, on maltraitera les citoyens qui ne veulent pas dans la société actuelle, se dire satisfaits et contents » (Daniel Renoult, « Le port du revolver »).

1058. Nous n'avons pas trace de ces lettres. En revanche, en complément des extraits que nous avons cités dans notre avant-propos, la marquise avait écrit à Combes le mois précédent que « Jaurès, descend tous les jours – Son journal est souvent criminel – le mépris de *L'Humanité* pour la vérité est écœurant » (lettre du 2 juillet, AD Charente-Maritime, 13J43, f. 248 ; voir aussi sa lettre de « Mercredi » [août 1910], BNF n.a.fr. 24890, f. 147).

1059. Article non retrouvé.

1060. Depuis le 10, les cheminots et les ouvriers des chemins de fer parisiens avaient lancé un mouvement de grève qui en deux jours s'était étendu à la quasi-totalité du territoire et avait été marqué par divers incidents dont de très nombreux sabotages. L'ancien chantre de la grève générale avait alors fait perquisitionner à *L'Humanité*, dont il avait été un des fondateurs (et c'est dans le bureau qu'il avait occupé que Renault avait été arrêté) et fait promulguer un décret mobilisant les cheminots pour une durée de vingt et un jours, les transformant en soldats et les rendant de ce fait passibles du conseil de guerre.

1061. Dreyfus n'a malheureusement pas repris dans sa recopie la lettre de la marquise à laquelle il répond ici. On peut toutefois en deviner le contenu et, pour en être sûr, lire cet extrait d'une lettre à Reinach, écrite après avoir lu le discours de Jaurès au Manège Saint-Paul, le 13 octobre, en soutien aux cheminots en grève. Une lettre dans laquelle elle parle de « cet unifié, cet ***antifrançais***, cet anarchiste [qui] jou[e] au Napoléon Ier » (lettre « Vendredi » [14 octobre 1910], BNF n.a.fr. 24890, f. 372). À Jaurès, elle écrira : « Je ne peux pas ne pas vous écrire ce que j'ai sur le cœur. Votre conduite dans toute cette terrible crise a été abominable. Vous n'avez su qu'applaudir à ce que vous blâmez au fond du cœur, car vous trouviez certainement cette grève absurde et abominable, et vous n'avez pas eu le courage dans votre journal d'écrire un seul mot de blâme sur les crimes commis par les grévistes – vous n'avez pas dû être bien fier des applaudissements qu'a déchaînés votre discours du Manège Saint-Paul car ils étaient faits des larmes et du sang de quelques pauvres diables. / L'article de *L'Humanité* ["] Briand Franco ["] est vraiment infâme [publié dans le numéro du 15] – Et c'est vous autres, qui vous dites conducteurs de peuples, et vous vous faites chefs de brigands, car il n'y a pas dans votre journal une ligne, un mot de blâme pour les crimes, pas un conseil de sagesse donné aux ouvriers – des excitations et le mensonge à jet continu. / Heureusement qu'on ne vous suit pas, car la République sombrerait dans le sang et l'anarchie des révolutions. / Prenez garde Jaurès, vous accumulez sur votre tête, sur votre mémoire, la haine de tous ceux qui aiment la France » (recopiée à l'attention de Reinach, sans date [15 ou 16 octobre 1910], BNF n.a.fr. 24890, f. 146). Et une nouvelle fois, à propos de celui auquel elle pouvait souhaiter les pires choses (« Si Jaurès et sa famille écopaient sérieusement dans un train saboté, je mourrais de joie », sans date, *ibid.*), se posait la question de savoir si elle pouvait encore, si elle devait encore, l'inviter à ses déjeuners. Le mois suivant, elle trouva la réponse : « Mes déjeuners du jeudi sont suspendus. Je ne me sens plus le courage de recevoir Jaurès ; depuis la fameuse séance, Reinach ne lui parle plus – ils sont voisins de table – et, enfin, Roujon est malade. Briand ne venait plus depuis sa brouille avec Jaurès ; je lui ai dit qu'il pouvait venir quand il voudrait, qu'il ne le rencontrerait pas » (lettre du 20 novembre 1910 à Mme Liorthor, citée dans Carlo Bronne, *La Marquise Arconati, dernière châtelaine de Gaasbeck*, *op. cit.*, p. 158-159).

1062. Il semble que Dreyfus fait ici allusion à l'ordre du jour du 5 avril qui, après les déclarations du ministre des Travaux publics, Millerand, qui avait parlé de son action pour cette revalorisation et de son intention de la poursuivre, votait la confiance au gouvernement « pour donner et faire donner les plus larges satisfactions (réglementation du travail et retraites) aux employés et ouvriers des chemins de fer » (*Journal officiel. Débats parlementaires. Chambre des députés*, 6 avril 1910, p. 1908).

1063. Une loi sur les retraites ouvrières avait été votée le 31 mars précédent, loi de laquelle était absente la rétroactivité.

1064. Ses discours des 29 et 30 qui clôturaient, en une belle victoire, les difficiles séances précédentes au sujet de la grève des cheminots, séances au cours desquelles les socialistes avaient une nouvelle fois rappelé au président du Conseil son passé de chantre de la grève générale. Le 29, il avait, pour expliquer son action répressive et son décret de mobilisation des cheminots (voir note 1060), dit que « si pour défendre l'existence de la nation le Gouvernement n'avait pas trouvé dans la loi de quoi rester maître de ses frontières, s'il n'avait pu disposer à cet effet de ses chemins de fer, c'est-à-dire d'un instrument essentiel de la défense nationale, eh bien, aurait-il dû recourir à l'illégalité, il y serait allé » (*Journal officiel. Débats parlementaires. Chambre des députés*, 30 octobre 1910, p. 2654). La marquise écrira à Briand : « Vous sortez de cette discussion grandi encore de toutes les lâchetés de vos adversaires » (dans une lettre à Reinach, sans date, BNF n.a.fr. 24890, f. 211).

1065. Arthur Meyer (1844-1924), directeur du *Gaulois*, monarchiste, juif converti et antidreyfusard.

1066. « Ce que nos yeux ont vu depuis 1870. Le dreyfusisme », 25 octobre. Dans cet article, qui sera repris dans ses souvenirs (*Ce que mes yeux ont vu*, Paris, Plon-Nourrit, 1912, p. 156-162), Meyer y développait en effet une thèse qui lui était chère et qu'il avait déjà amorcée en 1908 dans son article : « Il n'y a pas d'affaire Dreyfus » (*Le Gaulois*, 13 octobre). Cette « thèse » sera reprise plus tard par Louis Capéran dans *L'Anticléricalisme et l'affaire Dreyfus. 1897-1899* (Toulouse, Imprimerie régionale, 1948). Voir à ce propos notre *Histoire de l'affaire Dreyfus de 1894 à nos jours*, *op. cit.*, p. 1217-1218.

1067. Painlevé, député de la Seine depuis mai, la transformera, avec le remaniement du cabinet Briand (2 novembre, après les démissions de Viviani et Millerand), en interpellation. Voir note 1072.

1068. Albert Sartiaux (1845-1921) était directeur de la Compagnie des chemins de fer du Nord.

1069. Il sera, à la toute fin de décembre, attribué à Pierre Conard pour sa thèse consacrée à *Napoléon et la Catalogne (1808-1814). La captivité de Barcelone* (Alcan, 1909).

1070. Laure Liorthoir, fille d'Émile de Mot.

1071. Gabriel Magnien (1836-1914), sénateur de Saône-et-Loire.

1072. Le 8, Painlevé avait interpellé le gouvernement pour s'étonner qu'après avoir obtenu un vote de confiance, il démissionnât (voir note 1067) et dire du haut de la tribune que son maintien au pouvoir constituait, pour la classe ouvrière, une provocation. Briand avait laissé le propos se développer pour finalement, avec sang-froid et élégance, rappeler à son assaillant qu'au moment des élections, six mois plus tôt, il lui avait dit et répété son soutien. Et à ce souvenir récent, qui indiquait en effet son ingratitude, Painlevé, lâche en cela, avait nié avoir jamais dit cela (*Journal officiel. Débats parlementaires. Chambre des députés*, 9 novembre 1910, p. 2685-2689).

1073. Lors de la séance du 30 octobre (voir note 1064), où avait été présentée une résolution de Jules Guesde, votée par 76 députés (après recompte), dont Jaurès, et qui demandait la mise en accusation de Briand (*Journal officiel. Débats parlementaires. Chambre des députés*, 1er novembre 1910, p. 2665 et 2670-2071).

1074. De « traître » en tout cas. Voir « Le ministère » et « L'effondrement », *L'Humanité*, 4 et 10 novembre 1910.

1075. Mathématicien, s'entend.

1076. La marquise s'emballe ici quelque peu. Si Jaurès avait bien fait partie, de 1885 (son premier mandat) à 1889, du groupe des républicains « opportunistes », il avait ensuite adhéré au socialisme, avait été élu en 1893 sous cette étiquette et y était demeuré fidèle.

1077. Voir la lettre du même jour, non reprise ici et résumée dans la « Provenance des textes ».

1078. Jaurès, on l'aura compris.

1079. Dans sa lettre du 4.

1080. « La grève dans les services publics » dans le numéro postdaté du 17.

1081. À la présidence de la Chambre.

1082. Paul Deschanel (1855-1922), académicien français, député d'Eure-et-Loir, avait été président de la Chambre des députés de 1898 à 1902.

1083. Sans doute l'article de Jacque Dhur (« La colonisation parlementaire. L'art d'obtenir des concessions ») publié dans *Le Journal* du 30 avril. Il y était parlé de la manière dont quelques députés et sénateurs avaient récupéré des terres confisquées par l'administration en Tunisie et en touchaient les faramineux dividendes.

1084. Qui venait de paraître chez Rouff. Depuis mars, Jaurès avait été à nouveau invité aux déjeuners du jeudi. À Cumont, la marquise avait écrit : « Figurez-vous que depuis les événements d'octobre, je n'avais plus écrit à Jaurès, et naturellement il n'avait plus osé venir me voir. De tous les côtés il me revenait son "chagrin" de ne plus venir aux déjeuners du jeudi. Bref, tout le monde, même les gros bonnets de la politique me conseillait l'amnistie. J'étais comme Panurge : dois-je ? ne dois-je pas ? quand arrive cette grande nouvelle de l'élection de Roujon [à l'Académie française ; février 1911], Jaurès, malin comme un singe, m'écrit : "J'espère que vous me pardonnerez mes crimes passés et futurs quand je vous aurai dit la joie que me cause l'élection de Roujon" » (lettre « Vendredi », MSVC 279, f. 4010). Notons que Jaurès n'"espér[ait]" pas se faire pardonner mais en était « à peu près sûr » (lettre sans date à Cumont citée dans

Gérard Baal, « Jaurès et les salons », dans Madeleine Rebérioux et Gilles Candar, *Jaurès et les intellectuels*, *op. cit.*, p. 109).

1085. En réponse au mouillage en rade d'Agadir du croiseur français *Du Chayla*, en novembre précédent, les Allemands avaient envoyé le *Panther* (puis le *Berlin* et l'*Eber*) mouiller en rade d'Agadir pour protéger, le cas échéant, les intérêts allemands au Maroc.

1086. Que nous n'avons pu identifier.

1087. De Marmontel sur Fréron, en fait, ainsi que le rapporte Rousseau dans le second dialogue de *Rousseau juge de Jean-Jacques*.

1088. Paul Hymans (1865-1941) était alors député de Bruxelles.

1089. L'abbé Louis Duchesne (1843-1822), chanoine et historien, membre de l'Académie française depuis janvier. Le mois précédent, une circulaire de la Congrégation consistoriale avait enjoint aux membres de l'épiscopat italien d'interdire la lecture dans les séminaires de son *Histoire ancienne de l'Église*. Elle sera, l'année suivante, mise à l'Index.

1090. Voir lettres 332 et 333.

1091. Monod était entré en décembre à la maison de santé des Sœurs du Divin Rédempteur, rue Georges Bizet, et avait été opéré le 30. Voir les lettres 607 à 615 non reprises ici et résumées dans la « Provenance des textes ».

1092. Antonin Gosset (1872-1944), chirurgien à la Pitié.

1093. Depuis le 27 juin, un cabinet Caillaux avait succédé à celui de Monis (2 mars-27 juin 1911) qui lui-même avait succédé au cabinet Briand. La veille de cette lettre, à la commission du Sénat, sur une question de Clemenceau qui, voulant faire tomber le gouvernement, avait repris un bruit qui courait depuis quelque temps, le ministre des Affaire étrangères, Justin de Selves, avait par son refus de répondre, accrédité, contre les affirmations de Caillaux, que ce dernier aurait, en dehors de lui, négocié directement avec l'Allemagne pour tenter de régler le « coup » d'Agadir. Caillaux avait maintenu sa version et Selves, ancien préfet que le président du Conseil avait placé aux Affaires étrangères pour garder la main sur le portefeuille, avait démissionné et entraîné avec lui, le lendemain, le cabinet. Poincaré lui succédera le 18. Sur cet incident, voir la lettre de Paul Cambon au Dr Meunier du 16 janvier 1912 dans Paul Cambon, *Correspondance. 1870-1924*, Paris, Grasset, 1946, t. 3, p. 8-10.

1094. Sans doute *Le Ménage de Molière* de Maurice Donnay donnée à la Comédie-Française le 11 mars.

1095. C'est – en partie – sur la base de cette constatation que Pierre Louÿs, Henry Poulaille et quelques auteurs plus récemment, ont mis en doute le fait que Molière ait écrit ses pièces dont la plupart seraient, selon eux, l'œuvre de Corneille.

1096. *Ce que mes yeux ont vu*, *op. cit.*

1097. Voir note 1065.

1098. Monod.

1099. Non identifiée.

1100. Après avoir perdu Gabriel Monod, la marquise venait en effet de perdre, comme on le verra à la suite, Brisson.

1101. À la présidence de la Chambre, siège qu'il occupait depuis juin 1906.

1102. Ce sera Paul Deschanel.

1103. Millerand, ministre de la Guerre dans le cabinet Poincaré, avait été obligé de démissionner sous la pression de ses collègues et de nombreux députés après avoir réintégré, le 6, Du Paty de Clam. Sur cette « affaire », voir Millerand, *Pour la défense nationale. Une année au ministère de la Guerre (14 janvier 1912-12 janvier 1913)*, Paris, Eugène Fasquelle éditeur, 1913, p. 381-391. La marquise, apprenant la nouvelle, qualifiera Millerand d'« être ignoble », d'« infâme » (lettre à Émile Combes, s.d., AD Charente-Maritime, 13J43, f. 228).

1104. Ernest Lavisse (1842-1922), académicien français et directeur de Normale supérieure. La notice évoquée se trouve dans le numéro en date du 13.

1105. À propos de la loi sur le service militaire, la loi « des trois ans » (prolongation d'un an de la durée du service militaire dans la perspective d'une possible guerre avec l'Allemagne), que la marquise soutenait et que Jaurès combattait. Elle lui avait écrit : « Heureusement, les vacances parlementaires ont fait s'envoler les jeudistes ; il n'y a plus de déjeuners. J'en suis enchantée car il m'aurait été très pénible de vous avoir en face de moi. Je vous considère comme un criminel et j'espère que vous vous noierez dans le puits où vous regardez la lune » (citée dans Gérard Baal, « Jaurès et les salons », *op. cit.*, p. 118, note 131).

1106. Cette lettre ne modifia en rien les sentiments de la marquise à l'égard de Jaurès. Il n'était plus pour lui qu'un « lâche », un « vulgaire cabot », « une fille publique qui parle de pudeur » et, affirmait-elle à Reinach, elle « donnerait le signal avec tranquillité » du peloton d'exécution chargé d'en « faire fusiller quelques-uns, Jaurès en tête ». Après avoir longtemps hésité, elle ne le recevra plus : « Une patriote n'invite pas un sans-culotte. J'ai du sang de Charlotte dans les veines et je tuerais ce Jean-Paul avec tranquillité » (citée dans Gérard Baal, « Un salon dreyfusard, des lendemains de l'Affaire à la Grande Guerre : la marquise Arconati-Visconti et ses amis », *op. cit.*, p. 462).

1107. À Nice-Cimiez, où Dreyfus villégiaturait depuis fin mars.

1108. Nous avons retrouvé dans les *Débats* quelques articles qui parlaient de Reinach et du contre-projet qu'il avait rédigé avec Montebello mais aucun qui le présente comme « courageux ».

1109. Pour le premier anniversaire de sa mort.

1110. Dans lequel on peut lire le « Courrier de Paris » d'Alfred Capus qui regrettait que le fin lettré, le talentueux Jaurès, se soit « acharné à se déclasser » en allant « chez les rebelles » et ait, ce faisant, renoncé à tout ce qui le faisait apprécier pour opter pour « un fanatisme hargneux ».

1111. Il proposait un service réduit de 6 mois tous les deux ans : service de 18 mois à partir d'octobre 1914, un an à partir d'octobre 1916 et 6 mois à partir d'octobre 1918.

1112. De Joseph Reinach, qui était à ce moment à Gerardmer chez les Cahun d'Anvers.

1113. Émile Ollivier (1825-1913), homme politique, académicien français depuis 1870, était mort en août précédent.

1114. Comme il l'avait fait – ou pas fait – pour Dreyfus quand ce dernier avait voulu devenir membre de la Société des études rabelaisiennes (voir notre avant-propos).

1115. Barthou, qui, le 22 mars précédent, avait remplacé le cabinet Briand (recomposé les 21 janvier et 18 février).

1116. Le 14 octobre 1913, le Conseil supérieur de la guerre s'était réuni suite aux rapports défavorables des généraux Joffre et Chomer à l'égard du général Faurie. Apprenant qu'il était question de le mettre à la retraite, il avait écrit à son ministre, Étienne, une lettre publiée dans la presse. Étienne avait proposé au Conseil des ministres du 16 de le relever de son commandement et de le traduire devant un conseil d'enquête pour faute contre la discipline. Le 14 novembre, il sera mis à la retraite par décret et, en réponse, portera plainte contre les généraux Joffre et Chomer, jugeant qu'ils s'étaient entendus pour lui nuire avec la complicité du sous-chef d'état-major, le général Curières de Castelnau. Faurie aura gain de cause et sera réintégré par décret le 11 août 1914. Le contentieux entre Castelnau et Faurie était ancien et déjà Étienne y avait été mêlé : en mars 1906, ministre de la Guerre dans les cabinets Rouvier puis Sarrien, Étienne avait fait demander à Faurie, alors colonel, de renoncer à la brigade de Paris dont il devait prendre le commandement pour celle de Nancy et ainsi éviter que n'y fût nommé le colonel Curières de Castelnau, opposé aux inventaires. Faurie avait accepté et Castelnau avait été nommé à Paris et promu général de brigade (voir général Percin, « Faurie et Castelnau », *L'Aurore*, 23 octobre 1913).

1117. Louis-Lucien Klotz (1868-1930), député de la Somme, avait été ministre des Finances de 1910 à 1913 dans les cabinets Briand, Caillaux, Poincaré, Briand et dans le nouveau cabinet Barthou. Dans son *Homme libre*, fondé en mai précédent, Clemenceau venait en effet de s'en prendre à lui à deux reprises, rappelant son antidreyfusisme commandé par une judéité qu'il trouvait bien embarrassante et qu'il craignait qu'on pût lui reprocher (« Double face » et « En vue des élections », 6 septembre et 18 octobre ; l'année suivante, il reviendra sur la question dans deux nouveaux articles : « L'homme » et « La débandade », 8 et 29 mai).

1118. Son dernier ouvrage, qui venait de paraître chez Berger-Levrault.

1119. Dirigé par Gaston Doumergue depuis le 9 décembre 1913 en remplacement du cabinet Barthou.

1120. Il était mort la veille.

1121. « Les deux Claretie ». *L'Homme libre* était un nouveau journal fondé et dirigé par Clemenceau et dont le premier numéro avait paru le 5 mai.

1122. Cette émotion était due à l'assassinat, quelques jours plus tôt, le 16, de Gaston Calmette par Henriette Caillaux à la suite d'un article que le journaliste avait publié au sujet du passé sentimental de son mari. Sur Calmette qu'évoque ici Dreyfus, voir note 965.

1123. Dreyfus était chez les Naville, à Cologny.

1124. En réponse à l'assassinat de l'archiduc François-Ferdinand à Sarajevo le 28 juin précédent, le gouvernement austo-hongrois avait envoyé un ultimatum à la Serbie qui prenait fin ce jour. La Serbie ne l'acceptant pas totalement avait, la veille, décrété la mobilisation générale. Face à la réponse serbe, le 28, L'Autriche-Hongrie déclarera la guerre à la Serbie, entraînant bientôt l'Europe dans la Première Guerre mondiale.

1125. Qui demandait son autonomie depuis de longues années et avait obtenu en 1912 le *Home Rule* que refusaient les unionistes d'Ulster.

1126. Le président de la République, depuis 1913, et le président du Conseil, depuis le 13 juin. En voyage officiel en Russie et dans les pays scandinaves, ils étaient en effet alors en mer, faisant route sur Copenhague.

1127. L'Autriche avait en effet communiqué de fausses nouvelles, apaisantes, à Alfred Dumaine, ambassadeur de France à Vienne. Voir Raymond Poincaré, *Au service de la France – Neuf années de souvenirs*, t. 4 : *L'Union sacrée. 1914*, Paris, Librairie Plon, 1927, p. 315-316.

1128. Il rentrera à Paris plus tôt que prévu, ses craintes d'une guerre européenne étant devenues réalité le 1er août.

1129. Selon le cachet de la poste.

1130. Voir lettres suivantes. La veille, l'ordre de mobilisation avait été décrété. Dreyfus, qui avait demandé « à être maintenu dans les cadres de l'armée », avait donc reçu son ordre.

1131. Le 8, les Français avaient pris Mulhouse, ville natale de Dreyfus. Faute de défense, le jour de cette lettre, les Français seront toutefois contraints de l'évacuer.

1132. Héros de l'indépendance polonaise qui, en 1794, grièvement blessé, tombant entre les mains des Russes, aurait prononcé cette phrase, assurément apocryphe.

1133. Du 15. Qui demandait la restitution du territoire de Kiautschou et de retirer ses navires des eaux japonaises et chinoises.

1134. Auguste Louis Albéric d'Arenberg (1837-1924) avait été député conservateur du Cher jusqu'en 1902. Son château de Gerbéviller avait été en grande partie détruit par un bombardement l'avant-veille de cette lettre.

1135. Dreyfus, dans sa recopie, a daté cette lettre du 22. Le contenu nous permet de corriger.

1136. La marquise répondait donc ici à une lettre de Dreyfus qui n'a malheureusement pas été conservée.

1137. Voir lettre 744.

1138. Dans le nouveau cabinet Viviani constitué le 26, Millerand prenait la Guerre et Delcassé les Affaires étrangères.

1139. Adolphe Messimy (1869-1935), officier démissionnaire, député de la Seine puis sénateur de l'Ain, avait été ministre des Colonies dans le cabinet Monis (1911) et ministre de la Guerre depuis le 13 juin 1914 dans le précédent cabinet Viviani. C'est lui qui était à l'origine de la nomination de Gallieni dont se réjouit la marquise dans la suite.

1140. Dans *L'Homme libre*, qui allait être suspendu le 29 septembre en application de la loi du 4 août précédent qui réprimait « les indiscrétions de la presse en temps de guerre ».

1141. Joseph Gallieni (1849-1916) est connu par ses missions en Afrique, en Indochine et pour avoir été gouverneur de Madgascar. Retraité, il avait repris du service en 1914 et venait, le 26, d'être nommé gouverneur militaire de Paris, et donc en charge de la défense de la capitale.

1142. Jean, Abel Lefranc, avocat, né en 1892, reviendra vivant de la guerre et mourra dans un accident d'avion en 1928.

1143. Coquette marquise qui, née en 1840, se rajeunit donc de dix ans.

1144. Son fils, plutôt.

1145. Voir lettre 744.

1146. Qui était mort le 1er juin.

1147. Qui était mort, assassiné, le 31 juillet.

1148. Voir lettre suivante.

1149. Ado Reinach, qui avait épousé Marguerite, la fille de Mathieu et Suzanne Dreyfus, était en fait mort le 31 août.

1150. La déclaration du 4 par laquelle les « Les Gouvernements britannique, français et russe s'engag[ai]ent mutuellement à ne pas conclure de paix séparée au cours de la présente guerre » : « Les trois gouvernements conviennent que, lorsqu'il y aura lieu de discuter les termes de la paix, aucune des Puissances alliées ne pourra poser des conditions de paix sans accord préalable avec chacun des autres alliés. »

1151. Rüdiger von der Goltz (1865-1946), général allemand.

1152. Toujours à propos des allées de son parc et du fait de leur brouille.

1153. Adolphe Max (1869-1939) était le bourgmestre de Bruxelles.

1154. Avec la mission belge, chargée de rencontrer le président Wilson pour le sensibiliser au « cas » de la Belgique.

1155. Voir note 1140. Le 30 septembre, le journal avait reparu sous le titre : *L'Homme enchaîné*. Immédiatement saisi, il reparaîtra le 8 octobre jusqu'à sa suspension en août suivant.

1156. Charles Dreyfus, mort le 20 septembre à Valmondois. Un autre fils de Jacques, Maurice, trouvera la mort à Belfort le 29 décembre.

1157. « La paix des socialistes impériaux », publié dans *L'Homme libre*, qui reparaissait depuis le 7 octobre en parallèle à *L'Homme enchaîné*.

1158. Dans sa *Guerre sociale*.

1159. La marquise fait ici allusion au manifeste du 4 octobre signé par 93 intellectuels allemands en soutien à Guillaume II et à l'armée allemande et en réponse aux « mensonges » que constituaient à leurs yeux les récits des atrocités allemandes en Belgique. L'Institut agira ce même jour en excluant ses associés et correspondants allemands qui l'ont signé.

1160. Voir lettre suivante.

1161. Ado Reinach, voir lettres précédentes.

1162. Voir lettre 745. Le fils de Mathieu, Émile (né en 1891), sera lui aussi tué, le 22 octobre 1915 (voir lettre 794).

1163. Voir lettre précédente.

1164. Joseph Joffre (1852-1931), commandant en chef des opérations.

1165. Antonio Salandra (1853-1931), président du Conseil italien, avait, le 3, prononcé un discours devant le Parlement dans lequel il disait clairement que la neutralité italienne n'aurait qu'un temps et que le pays devait penser à défendre « ses droits vitaux » et « maintenir intacte sa situation de grande puissance ».

1166. « Le contrôle du Parlement ».

1167. L'affaire de Soissons, qui eut un grand retentissement dans l'opinion, était une défaite retentissante qui mit hors de combat plus de 10 000 combattants et permit aux Allemands de faire plus de 5 000 prisonniers.

1168. Qui informait de la citation à l'ordre de l'armée d'Ado Reinach.

1169. Beaucoup attendaient de Benoît XV qu'il condamnât l'invasion de la Belgique et les atrocités commises. Mais le pape, dans son discours au consistoire le 22 janvier, s'était contenté de déclarer que : « Nous réprouvons grandement toute injustice de quelque côté qu'elle puisse avoir été commise, mais impliquer l'autorité pontificale dans les différends propres aux belligérants, ne serait certainement ni convenable ni utile » (cité dans Roberto Morozzo della Rocca, « Première Guerre mondiale », dans Philippe Levillain, *Dictionnaire historique de la papauté*, Paris, Fayard, 1994, p. 776).

1170. George Diamandy (1867-1917), homme de lettres et député socialiste roumain.

1171. *Les Crimes allemands d'après les témognages allemands* publié chez Armand Colin.

1172. Voir note 1156.

1173. Cette lettre, non reprise ici, est résumée dans la Provenance des textes (n° 765).

1174. Les trois premiers rejoindront la Triple Entente (France, Russie et Royaume-Uni) et la Bulgarie la Triplice (Allemagne, Autriche-Hongrie ; l'Italie ayant choisi dans un ??????? la neutralité et finalement rejoindre la Triple Alliance).

1175. Le village de Perthes-lès-Hurlus avait été complètement détruit après de terribles combats. Le 10 mars, après cette bataille, la 21e compagnie du 336e régiment d'infanterie, très éprouvée et en station au Moin de Souain, voisin, avait reçu l'ordre de s'emparer des tranchées ennemies. Les soldats ayant refusé de mener à bien une mission dont ils n'avaient pas la moindre chance de sortir vivants, six caporaux et dix-huit soldats avaient été, pour l'exemple, arrêtés, inculpés et jugés. Au terme d'une parodie de procès, quatre des caporaux avaient été fusillés le 17 mars.

1176. Voir ce qu'il en disait dans sa lettre du 3 avril (n° 765), non reprise et résumée dans la « Provenance des textes ».

1177. Il le lui disait dans sa lettre du 22 avril (n° 768, non reprise ici et résumée dans la « Provenance des textes »).

1178. Trois jours plus tôt, le croiseur Léon Gambetta avait été coulé en mer Adriatique, faisant plus de 700 victimes.

1179. Belgique qui, rappelons-le, avait été envahie par les Allemands malgré sa neutralité.

1180. Émile Verhaeren (1855-1916), poète belge, avait employé cette expression dans une lettre publiée par *Le Petit Parisien* le 24.

1181. De voir l'Italie, ce jour, entrer en guerre.

1182. Francesco Crispi (1819-1901) et Giovanni Giolitti (1842-1928) avaient été, chacun, à plusieurs reprises, présidents du Conseil italien.

1183. Marco Minghetti (1818-1886) avait été aussi à plusieurs reprises président du Conseil italien.

1184. Giuseppe Arconati Visconti (1797-1873) avait été élu au Parlement puis au Sénat italiens.

1185. La Roumanie ne rejoindra la Triple Entente que l'année suivante, le 27 août 1916.

1186. Voir les lettres suivantes. Sa santé se stabilisera mais elle sera finalement opérée l'année suivante. Voir les lettres 810-812, non reprises et résumées dans la « Provenance des textes »

1187. Voir Gilles Heuré, *Gustave Hervé. Itinéraire d'un provocateur, op. cit.*, p. 236-239.

1188. Dans ses « Polybe » du *Figaro*.

1189. Rappelons que tel était le grade de Dreyfus depuis sa réhabilitation.

1190. Dans ses articles de *L'Écho de Paris*. Voir, au sujet de la campagne en question, ses articles des 21 et 22 juin (« Le respect des familles » et « Comment honorer les morts de la bataille »).

1191. Non retrouvé.

1192. Le 8 juillet, le député de la Charente-Inférieure Albert-Favre (1868-1952) avait interpellé le gouvernement pour lui demander de s'expliquer « sur la façon dont fonctionne le ministère de la Guerre à l'heure actuelle » et de prendre les sanctions nécessaires (*Journal officiel. Débats parlementaires. Chambre des députés*, 9 juillet 1915, p. 1086).

1193. Millerand était ministre de la Guerre, depuis le 26 août, dans le cabinet Viviani.

1194. Le général Louis Baquet (1858-1923) était à l'origine de l'industrialisation de la fabrication des munitions en ayant fait transformer de nombreuses usines.

1195. Charles-Étienne Sainte-Claire Deville (1857-1944).

1196. Trois grands ministres de la Guerre.

1197. Le général Hippolyte Langlois (1839-1912), académicien français, est un des hommes à l'origine du canon de 75.

1198. Dans *L'Ève*. Rappelons que Péguy était mort au front.

1199. Le général Enrico Barone (1859-1924) donnait depuis le début de l'année des articles au *Temps* sur la situation italienne. Nous n'avons pas retrouvé l'article auquel la marquise fait ici allusion.

1200. Il s'agit sans doute des propos tenus par le pape Benoît XV (et qui ne le furent peut-être pas tant que cela) que *La Liberté* avait publiés le 22 juin précédent et par lesquels il déclarait réprouver « toute injustice, de quelque côté qu'elle ait été commise ». Concernant l'invasion de la neutre Belgique, il n'aurait pas répondu, se contentant de dire que « c'était sous le pontificat de Pie X ».

1201. L'adresse de Reinach.

1202. Publié chez G. Van Oest et Cie.

1203. Frédéric II.

1204. Ferdinand Ier de Bulgarie.

1205. Pierre, Joseph, Maxime Cherfils (1849-1933), dans un article du *Gaulois*, auquel il collaborait régulièrement, écrivait que « le Dieu de Clotilde et de Jeanne d'Arc est avec nous » (« Le premier acte de la bataille de France », 2 octobre).

1206. Voir lettre n° 791, non reprise et résumée dans la « Provenance des textes ».

1207. Gustave Lanson (1857-1934), historien de la littérature, futur directeur de l'ENS, sera le grand ami des dernières années de la marquise. Elle fera de lui son exécuteur testamentaire.

1208. Émile Ollivier (1825-1913), académcien français, avait été premier chef du cabinet sous le règne de Napoléon III.

1209. Ernest Monis (1846-1929) avait été ministre de la Justie dans le cabinet Waldeck-Rousseau, président du Conseil entre mars et juin 1911 et ministre de la Marine dans le cabinet Doumergue (décembre 1913-juin 1914).

1210. Depuis sa démission en juin 1905, Delcassé n'avait plus été appelé au gouvernement. C'est Monis, en 1911, qui l'avait rappelé à la Marine, poste qu'il avait conservé dans le cabinet Caillaux (1911-1912), puis dans celui de Poincaré (1912-1913). Il était ensuite revenu aux affaires en 1914 dans le gouvernement Ribot (portefeuille de la Guerre) puis dans le cabinet Viviani aux Affaires étrangères. Il démissionnera le 29 octobre.

1211. Cette lettre est la dernière lettre de la marquise recopiée par Dreyfus.

1212. Son discours du 12 octobre.

1213. Il lui en avait en effet déjà parlé dans sa lettre du 12 octobre, lettre 793, non reprise et résumée dans la « Provenance des textes ». Après le décès de son gendre, Ado Reinach, fils de Joseph, époux de sa fille Marguerite, mort l'année précédente, Mathieu sera une nouvelle fois frappé. Émile décédera de ses blessures le 22. Voir lettre 795, non reprise et résumée dans la « Provenance des textes ».

1214. Qui, comme nous l'apprennent les lettres précédentes, non retenues, avait été malade.

1215. Non retrouvé.

1216. Comme nous l'apprend la lettre précédente (non retenue et résumée dans la « Provenance des textes »), Jeanne Dreyfus devait épouser Pierre Paul Lévy le 26.

1217. Dreyfus venait d'être nommé en effet près de Nancy au parc d'artillerie de la 168e division. Notons que le 6 janvier précédent, comme nous l'a révélé Georges Joumas (*Alfred Dreyfus officier en 14-18*, Orléans, Regain de lecture, 2011, p. 99-103), un nouveau chef avait été nommé à ce parc d'artillerie : le lieutenant-colonel, colonel à titre provisoire, Georges Larpent, un des auteurs, sous le pseudonyme *omnibus* d'Henri Dutrait-Crozon, du *Précis de l'affaire Dreyfus*, bréviaire antidreyfusard et nationaliste. Dreyfus ne saura jamais que son chef fut cette grande figure de l'Action française qui s'acharnait sur lui depuis quelques années. Larpent signera d'ailleurs un rapport favorable sur Dreyfus et ne s'opposera pas à sa nomination au grade de lieutenant-colonel dont il sera question bientôt. On s'étonnera toutefois (ou pas) que malgré cela, Larpent demeure pour le moins laconique et imprécis dans l'édition augmentée qu'il fera de son *Précis* en 1924 (qui deviendra la vérité de l'Action française, voir la nécrologie de Dreyfus dans le numéro du 13 juillet 1935) et, surtout, que, corrigeant un propos du *Journal de Genève* en 1935, il expliquait avec un art consommé du mensonge que Dreyfus n'avait « pas gagné son cinquième galon dans l'armée active, mais qu'il a[vait] été retraité comme chef d'escadron le 25 août 1907 » (Larpent, « Le "Journal de Genève" et l'affaire Dreyfus », *L'Action française*, 19 juillet 1935).

1218. Le cabinet Ribot avait été remplacé, le 12 septembre, par un cabinet Painlevé. Le 23 octobre, Ribot, qui avait conservé le portefeuille des Affaires étrangères qu'il avait dans son propre cabinet, l'avait cédé à Louis Barthou. Notons que le mois suivant, ce cabinet laissera la place à un nouveau cabinet Clemenceau. Indépendamment de cela, n'ayant pas « le droit de parler de ce qui se passe » (lettre du 27 février [1917] non reprise et résumée dans la « Provenance des textes »), Dreyfus était assez allusif sur ce qu'avait été pour lui la suite des événements. En mars, il était parti avec son unité pour le Chemin des Dames qu'il avait quitté en juin pour se rapprocher de Verdun. Depuis le 22 octobre, il était cantonné à Lamath (voir Georges Joumas, *Alfred Dreyfus officier en 14-18*, *op. cit.*, p. 73-90).

1219. Fin décembre, Dreyfus était parti pour se rendre au camp de Bois-la-Ville, à proximité de Verdun et, frappé par la limite d'âge pour demeurer au front, avait été nommé en avril à la direction du parc d'artillerie de la 5e région, à Orléans (*ibid.*, p. 93-98 et 104-113).

1220. La seconde bataille de la Marne.

1221. Et tout particulièrement celle du général Nivelle.

1222. Paul von Beneckendorff und von Hindenburg (1847-1934) était le chef du Grand État-Major allemand.

1223. Dreyfus ne confond-il pas avec le banquet donné pour le trentième anniversaire de l'avènement de Guillaume II, le 16 juin, banquet au cours duquel l'empereur avait célébré « le droit de dominer, la liberté de voler et l'honneur restreint au petit code d'une caste, que les démocraties modernes ont supprimée partout sauf en Allemagne » (« L'aveu de Guillaume », *Le Matin*, 19 juin 1918).

1224. Charles Mangin (1866-1925) dirigeait la Xe Armée qui se distinguera lors de la bataille de Villers-Cotterêts.

1225. Et cela pour y demeurer. Car, comme il l'avait appris par une circulaire en janvier 1918, la limite d'âge pour les officiers de la réserve et de la territoriale de l'armée active dans les unités combattantes était, concernant les chefs d'escadron, de 53 ans au front et de 58 ans à l'Intérieur, âge que Dreyfus allait bientôt atteindre. Cette limite était toutefois repoussée à 61 ans pour les lieutenants-colonels (Georges Joumas, *Alfred Dreyfus officier en 14-18*, *op. cit.*, p. 106).

1226. Selon le cachet de la poste.

1227. Le 12 octobre, Dreyfus avait écrit à son fils : « Es-tu proposé pour capitaine ? Il est certain que l'antisémitisme est toujours latent et qu'il faut rendre dix fois plus de services que les autres pour obtenir la même récompense. Tu fais bien d'être philosophe et d'en sourire » (citée dans Georges Joumas, *op. cit.*, p. 125).

1228. Que nous n'avons pu identifier.

1229. Celui de Jacques Kayser, dont Dreyfus était le témoin, avec Jane, dite « Janet », Didisheim et qui eut lieu le 16. Jacques Kayser était le fils d'Iky Kayser et de Sophie Hadamard, sœur de Lucie, et publiera en 1946 une *Affaire Dreyfus* chez Gallimard.

1230. Henri Focillon (1881-1943), historien d'art, était directeur du musée des Beaux-Arts de Lyon.

1231. Il doit s'agir de la sœur de de Marguerite Castell, l'épouse d'Henri Focillon. Notons que nos recherches ne nous ont pas permis de retrouver le lien de parenté avec les Castell de l'épouse de Jacques Kayser (nous avons en revanche trouvé une Adda Lévy). Y eut-il un autre mariage dans la famille Dreyfus à Lyon dans les derniers jours d'avril 1923 ?

1232. La marquise ne recevra jamais cette dernière lettre. Elle avait en effet rendu son dernier soupir le 3 mai.

Note sur le texte

Cette correspondance donne à lire un choix des lettres de Dreyfus à la marquise ainsi que la quasi-totalité de l'ensemble très lacunaire qui subsiste aujourd'hui de l'autre partie de la correspondance, les lettres de la marquise à Dreyfus. Les lettres de Dreyfus sont conservées dans le fonds Victor Cousin de la Bibliothèque de la Sorbonne et celles de la marquise, perdues, ne subsistent que grâce à la sélection qu'en fit plus tard Dreyfus en une recopie, sur trois cahiers d'écolier, aujourd'hui conservée au Musée d'art et d'histoire du judaïsme. Cette recopie, qui formait à l'origine quatre cahiers dont le troisième a disparu avant le legs fait par la famille au MAHJ, a été semble-t-il réalisée en deux temps : en 1908, tout d'abord, ainsi que peut l'indiquer la mention qui ouvre le premier cahier : « Je transcris les parties intéressantes des lettres qui m'ont été adressées de 1899 à 1908 par la marquise Arconati Visconti et dont je possède les originaux. Un certain nombre de lettres n'ont pas pu être données. / A. Dreyfus », copie qui fut poursuivie jusqu'en 1910 (cahiers 1 à 3) ; et, en 1931, enfin, à en croire le lapsus, corrigé, de la date d'une lettre de la page 21 du quatrième cahier.

Concernant les lettres de Dreyfus à la marquise, l'ensemble n'est pas tout à fait complet. La marquise avait en effet l'habitude d'envoyer les lettres qu'elle jugeait remarquables de tel correspondant à tel autre et certaines ne lui ont jamais été rendues. Il nous a été impossible, certains fonds étant perdus (Molinier, Brisson, Monod, etc.), de tout retrouver. Nous avons pu toutefois récupérer quelques lettres dans les fonds Loisy de la Bibliothèque nationale de France et Combes des Archives départementales de la Charente.

Concernant les dates des lettres, la marquise et Dreyfus avaient l'habitude, comme souvent, de ne faire figurer que le jour, sans quantième, mois ou année. Les lettres de Dreyfus ont ainsi été reliées dans le plus grand désordre en cinq volumes (MsVC 271 à 275) et celles de la marquise ont été datées parfois erronément par Dreyfus dans sa recopie. Nous avons tenté, sur la base de ce qui y était dit et sur celle des lettres des autres correspondants qui constituent le fonds Arconati de la Bibliothèque Victor Cousin, des lettres de la marquise à Combes (Archives départementales de la Charente) et à Reinach (BNF), et de ce qui demeure de la correspondance passive de Dreyfus conservée au MAHJ, de les restituer. On trouvera le détail de ces lettres, en liste chronologique, à la suite de cette courte présentation et donnant pour chacune sa provenance précise. Y figurera soit un renvoi de page quand la lettre a été sélectionnée pour ce volume, soit un résumé quand elle n'a pas été reprise.

Provenance des textes

Il décline une invitation.

12. Dreyfus à Arconati Visconti, 2 juin 1902 (Ms 271, f. 2203).
Il accepte une invitation.

13. Dreyfus à Arconati Visconti, 5 juin 1902 (Ms 271, f. 2204) :
Il la remercie de sa « touchante pensée de dédier à [se]s enfants un album dans lequel écriront les hommes de cœur et d'honneur qui ont lutté avec un admirable courage pour la justice et la vérité ».

14. Dreyfus à Arconati Visconti, 17 juin 1902 (Ms 271, f. 2205).
Il décline une invitation.

15. Arconati Visconti à Dreyfus, 8 septembre 1902 (97.17.029, cahier 1, f. 7-8). 21-22

16. Dreyfus à Arconati Visconti, 16 sept[embre] 1902 (Ms 271, f. 2210-2211). 22-23

17. Arconati Visconti à Dreyfus, [17-19] septembre 1902 (97.17.029, cahier 1, f. 5-7). 23-24

18. Dreyfus à Arconati Visconti, Samedi [20 ou 27 septembre 1902] (Ms 271, f. 2209). 24-25

19. Dreyfus à Arconati Visconti, 25 septembre 1902 (Ms 271, f. 2208).
Il la remercie de son « savoureux envoi » et lui parle de sa santé.

20. Dreyfus à Arconati Visconti, Jeudi [16 octobre 1902] (Ms 271, f. 2207).
Il lui parle de son « profond » chagrin après la mort de son beau-père.

21. Arconati Visconti à Dreyfus, 4 novembre 1902 (97.17.029, cahier 1, f. 8-10). 25-26

22. Dreyfus à Arconati Visconti, [4 ou 5 novembre 1902] (Ms 275, f. 3198).
Il la remercie pour le lièvre et la belle lettre qu'elle lui a écrite.

23. Dreyfus à Arconati Visconti, [novembre 1902] (Ms 275, f. 3199).
Il la remercie de son envoi.

24. Dreyfus à Arconati Visconti, Mardi [fin novembre 1902-janvier 1903] (Ms 271, f. 2310). 26-27

25. Dreyfus à Arconati Visconti, Lundi [fin 1902-début 1903] (Ms 271, f. 2289).
Il lui propose de lui rapporter une lettre de Salomon Reinach.

26. Dreyfus à Arconati Visconti, Dimanche soir [fin 1902-début 1903] (Ms 271, f. 2312).

Il lui fixe un rendez-vous.

27. Dreyfus à Arconati Visconti, Mercredi [fin 1902-début 1903] (Ms 271, f. 2294-2295).
Il lui parle de Ferdinand-Dreyfus, « esprit très réfléchi et très sûr », et lui demande de lui dire qu'il sera « toujours très heureux quand il voudra bien [lui] donner son avis et qu['il] le verra toujours avec plaisir ».
28. Dreyfus à Arconati Visconti, Lundi [fin 1902-mars 1903] (Ms 271, f. 2265).
Il lui annonce que, très occupé, il ne peut la voir pour le moment et lui donne des nouvelles de Monod qui vient de lui écrire.
29. Dreyfus à Arconati Visconti, Mardi soir [fin 1902-1903] (Ms 271, f. 2304).
Il la remercie de l'article qu'elle lui a envoyé et lui demande de lui signaler les articles intéressants qu'elle pourrait encore découvrir.
30. Dreyfus à Arconati Visconti, Mercredi [31 décembre 1902] (Ms 271, f. 2200). 27-28
31. Arconati Visconti à Dreyfus, 1er janvier 1903 (97.17.029, cahier 1, f. 10-12). 28-29
32. Arconati Visconti à Dreyfus, [4 janvier] 1903 (97.17.029, cahier 1, f. 13-15). 29-30
33. Arconati Visconti à Dreyfus, 11 janvier 1903 (97.17.029, cahier 1, f. 12). 30-31
34. Arconati Visconti à Dreyfus, 27 janvier 1903 (97.17.029, cahier 1, f. 13). 31
35. Arconati Visconti à Dreyfus, [janvier-début mars] 1903 (97.17.029, cahier 1, f. 15). 32
36. Arconati Visconti à Dreyfus, [janvier-début mars] 1903 (97.17.029, cahier 1, f. 17). 32
37. Arconati Visconti à Dreyfus, [janvier-début mars] 1903 (97.17.029, cahier 1, f. 17-18).
Elle lui envoie des livres de son père.
38. Dreyfus à Arconati Visconti, Jeudi [janvier-début mars 1903] (Ms 271, f. 2315).
Il la remercie de l'envoi des livres de son père [voir lettre précédente] et lui annonce sa prochaine visite.
39. Dreyfus à Arconati Visconti, Dimanche [janvier-début mars 1903] (Ms 275, f. 3200).
*Il lui parle de l'*Histoire élémentaire et critique de Jésus, *ouvrage de son père qu'il vient de finir.*

40. Dreyfus à Arconati Visconti, Dimanche [1er février 1903] (Ms 275, f. 3201).
Il lui annonce qu'il ne pourra se rendre aux obsèques de l'épouse d'Henri Brisson, la tante de sa femme [Clotilde Eugénie Hadamard] étant décédée elle aussi la veille.

41. Dreyfus à Arconati Visconti, Dimanche [22 février 1903] (Ms 271, f. 2311).
Il propose de passer la voir pour lire la lettre que Duruy lui a envoyée [celle citée dans notre avant-propos, lettre du 18 février 1903].

42. Dreyfus à Arconati Visconti, Mardi [10 mars 1903] (Ms 271, f. 2270) 33

43. Dreyfus à Arconati Visconti, Mardi [17 mars 1903] (Ms 271, f. 2271-2272).
Il fait des vœux pour que la santé de Roujon s'améliore et lui annonce sa prochaine rencontre avec Jaurès et ses craintes que la discussion Syveton ne puisse venir samedi comme il l'espérait.

44. Dreyfus à Arconati Visconti, Lundi [23 mars 1903] (Ms 271, f. 2301).
Il lui annonce sa visite jeudi prochain.

45. Dreyfus à Arconati Visconti, Mardi [24 mars 1903] (Ms 271, f. 2307) 33

46. Dreyfus à Arconati Visconti, Mercredi, 5 heures [25 mars 1903 ; cachet de la poste] (Ms 271, f. 2313).
Devant finalement passer chez J[aurès] jeudi et ne pouvant venir la voir le lendemain comme prévu, il lui propose un autre rendez-vous.

47. Dreyfus à Arconati Visconti, Jeudi [26 mars ou 2 avril 1903] (Ms 271, f. 2298). 34

48. Dreyfus à Arconati Visconti, Vendredi [3 avril 1903] (Ms 271, f. 2296).
Il forme des vœux pour que sa santé soit meilleure et propose de venir la voir. Il a « bon espoir que la discussion [Syveton] pourra venir Lundi ou Mardi » et se demande ce qui en « sortira ».

49. Dreyfus à Arconati Visconti, Dimanche [5 avril (?) 1903] (Ms 271, f. 2336).
Il lui parle de son épouse qui, « surchargée de visites » après son deuil de l'hiver dernier, ne peut venir la voir.

50. Dreyfus à Arconati Visconti, Samedi [11 avril 1903] (Ms 275, f. 3197).
Il lui souhaite un bon voyage et lui envoie un exemplaire de Cinq années de ma vie *pour le capitaine Olivier.*

156. Dreyfus à Arconati Visconti, Lundi [17 avril 1905] (Ms 273, f. 2610)
Il lui signale deux articles, le premier de Buisson, le second de Mirbeau, publié dans le dernier numéro de La Revue.

157. Dreyfus à Arconati Visconti, Samedi [22 avril 1905] (Ms 271, f. 2344-2345). 102-103

158. Dreyfus à Arconati Visconti, Dimanche [23 avril 1905] (Ms 273, f. 2611).
Il lui annonce sa prochaine visite à la veille des congés de Pâques où tous partent « vers d'autres cieux ».

159. Dreyfus à Arconati Visconti, Samedi [fin avril 1905] (Ms 271, f. 2346-2347). 103-104

160. Dreyfus à Arconati Visconti, Lundi [1er mai 1905] (Ms 273, f. 2601-2602). 104-105

161. Dreyfus à Arconati Visconti, Samedi soir [6 mai 1905] (Ms 273, f. 2605-2606). 105-106

162. Dreyfus à Arconati Visconti, Lundi [8 mai 1905] (Ms 273, f. 2607-2608). 106

163. Arconati Visconti à Dreyfus, 1[6] mai 1905 (97.17.029, cahier 1, f. 35-36). 107-108

164. Dreyfus à Arconati Visconti, Vendredi [19 mai 1905] (Ms 273, f. 2609). 108

165. Arconati Visconti à Dreyfus, [21] mai 1905 (97.17.029, cahier 1, f. 32-34). 109-110

166. Dreyfus à Arconati Visconti, Mardi [23 mai 1905] (Ms 273, f. 2592-2593). 110-111

167. Dreyfus à Arconati Visconti, [25 ou 26 mai 1905] (Ms 273, f. 2600).
Il la remercie de l'envoi des numéros de La Dépêche de Toulouse *et se réjouit que l'article 6 de la loi de séparation des Églises et de l'État soit enfin voté.*

168. Dreyfus à Arconati Visconti, Vendredi [2 juin 1905] (Ms 273, f. 2589-2590). 112-113

169. Dreyfus à Arconati Visconti, Mercredi [7 juin 1905] (Ms 273, f. 2612). 113

170. Dreyfus à Arconati Visconti, Vendredi [juin-juillet 1905 (?)] (Ms 273, f. 2581).
Il lui parle d'un mariage auquel il doit assister et qui l'oblige à repasser à Paris, d'un bon article de Clemenceau et lui demande de lui écrire « longuement », son plaisir étant toujours grand à la lire.

171. Dreyfus à Arconati Visconti, Vendredi [juin-octobre 1905 (?)] (Ms 273, f. 2596-2597).
Il lui parle des députés et sénateurs qui parlent « à tort et à travers sur notre état militaire, au lieu de le voir tel qu'il est, sans optimisme, car il y a toujours à la guerre un facteur inconnu, qu'est le talent des chefs, mais aussi sans pessimisme » : « Tout ce qu'on doit se dire, c'est qu'on a la volonté de se défendre énergiquement, s'il faut malheureusement aller jusqu'à la guerre, et de faire, dans ce cas, tous nos efforts pour vaincre. En dire plus, c'est ou de la forfaiture ou de la niaiserie coupable. »
172. Arconati Visconti à Dreyfus, 2 juillet 1905 (97.17.029, cahier 1, f. 36-37). 114-115
173. Dreyfus à Arconati Visconti, Mardi [4 juillet 1905] (Ms 273, f. 2591). 115
174. Arconati Visconti à Dreyfus, [5-6] juillet 1905 (97.17.029, cahier 1, f. 38-39) 115-116
175. Arconati Visconti à Dreyfus, [6] juillet 1905 (97.17.029, cahier 1, f. 37-38). 117
176. Dreyfus à Arconati Visconti, Lundi [10 juillet 1905] (Ms 273, f. 2585). 117
177. Dreyfus à Arconati Visconti, Lundi [10 juillet] 1905 (Ms 272, f. 2444). 118
178. Arconati Visconti à Dreyfus, 14 juillet 1905 (97.17.029, cahier 1, f. 40-42). 118-119
179. Dreyfus à Arconati Visconti, Mercredi [19 juillet] 1905 (Ms 272, f. 2436-2437). 120-121
180. Dreyfus à Arconati Visconti, [vers le 25 juillet] 1905 (Ms 272, f. 2432).
Il lui écrit de Dieppe et lui annonce son retour à Paris avant de partir pour la Suisse.
181. Dreyfus à Arconati Visconti, Samedi [29 juillet] 1905 (Ms 272, f. 2433)
De retour de Dieppe, il est passé par Paris et s'apprête à partir pour la Suisse sans savoir encore où il ira précisément.
182. Arconati Visconti à Dreyfus, [29] juillet 1905 (97.17.029, cahier 1, f. 42). 121
183. Dreyfus à Arconati Visconti, Vendredi 4 août 1905 (Ms 272, f. 2451)
Il lui parle de son séjour en Suisse.
184. Dreyfus à Arconati Visconti, Mercredi [23 août 1905] (Ms 272, f. 2440-2441).

296. Dreyfus à Arconati Visconti, Vendredi [23 novembre 1906] (Ms 273, f. 2703). 191-192

297. Arconati Visconti à Dreyfus, [24 ou 25] novembre 1906 (97.17.029, cahier 2, f. 76-77). 192-193

298. Dreyfus à Arconati Visconti, Lundi [26 novembre 1906] (Ms 273, f. 2721). 193

299. Arconati Visconti à Dreyfus, 27 nov[embre] 1906 (97.17.029, cahier 2, f. 79-81). 194-195

300. Dreyfus à Arconati Visconti, Dimanche soir [9 décembre 1906] (Ms 273, f. 2691). 195

301. Dreyfus à Arconati Visconti, Mardi [11 décembre 1906] (Ms 273, f. 2690). 196

302. Arconati Visconti à Dreyfus, 1[1] décembre 1906 (97.17.029, cahier 2, f. 81). 196-197

303. Dreyfus à Arconati Visconti, Samedi [15 décembre 1906] (Ms 273, f. 2718). 197

304. Arconati Visconti à Dreyfus, 17 décembre 1906 (97.17.029, cahier 2, f. 82-83). 198

305. Dreyfus à Arconati Visconti, Dimanche [23 décembre 1906] (Ms 273, f. 2689). 199

306. Dreyfus à Arconati Visconti, Mardi [25 (?) décembre 1906] (Ms 273, f. 2731-2732). 199-200

307. Dreyfus à Arconati Visconti, Jeudi [27 décembre 1906] (Ms 273, f. 2701-2702). 200-201

308. Dreyfus à Arconati Visconti, Dimanche [30 décembre 1906] (Ms 272, f. 2477). 201

309. Arconati Visconti à Dreyfus, [30] décembre 1906 (97.17.029, cahier 2, f. 83-84). 202

310. Dreyfus à Arconati Visconti, [31 décembre 1906] (Ms 273, f. 2668bis)
Il lui envoie ses vœux.

311. Dreyfus à Arconati Visconti, [début 1907] (Ms 273, f. 2699).
Il lui parle d'un article de La Libre Parole *au sujet de son salon [non retrouvé] et lui demande de présenter ses respects à Combes pour lequel il a « une profonde admiration pour ses remarquables qualités d'homme d'État ».*

312. Dreyfus à Arconati Visconti, Samedi 5 janvier 1907 (Ms 273, f. 2662-2663). 203

313. Arconati Visconti à Dreyfus, 9 janvier 1907 (97.17.029, cahier 2, f. 85).

369. Arconati Visconti à Dreyfus, 3 juillet 1907 (97.17.029, cahier 2, f. 96-97). 242-243

370. Dreyfus à Arconati Visconti, Samedi [6 juillet 1907] (Ms 273, f. 2740). 243

371. Dreyfus à Arconati Visconti, [12 juillet 1907] (Ms 273, f. 2739).
En écho à la conversation de la veille lors du déjeuner organisé par la marquise, il lui parle de l'Allemagne et de sa conviction qu'elle n'a pas intérêt à vouloir la guerre.

372. Dreyfus à Arconati Visconti, Lundi soir [15 juillet 1907] (Ms 273, f. 2743).
Il lui parle de la promesse faite à Mornard de lui donner la Légion d'honneur.

373. Dreyfus à Arconati Visconti, Mardi [16 juillet 1907] (Ms 273, f. 2737). 244

374. Dreyfus à Arconati Visconti, Mercredi matin [17 juillet 1907] (Ms 273, f. 2738). 244-245

375. Dreyfus à Arconati Visconti, Jeudi [18 juillet 1907] (Ms 273, f. 2745). 245

376. Dreyfus à Arconati Visconti, Vendredi [26 juillet 1907 ; cachet de la poste] (Ms 273, f. 2666).
Il lui parle de son installation à Villers.

377. Dreyfus à Arconati Visconti, Dimanche 4 août [1907] (Ms 273, f. 2687-2688). 246

378. Dreyfus à Arconati Visconti, Jeudi [8 août 1907] (Ms 272, f. 2488) 247

379. Dreyfus à Arconati Visconti, 20 août [1907] (Ms 272, f. 2492).
N'ayant plus de nouvelles, il lui en demande et lui parle du « guêpier marocain », « bonheur des financiers et des hommes d'affaires ».

380. Dreyfus à Arconati Visconti, 27 août [1907] (Ms 272, f. 2497-2498). 248-249

381. Dreyfus à Arconati Visconti, Samedi [été 1907] (Ms 273, f. 2716).
Il lui indique la parution des Lois psychologiques du développement des religions. L'Évolution religieuse chez Rabelais, Pascal et Racine *de Binet-Sanglé.*

382. Dreyfus à Arconati Visconti, 19 septembre [1907] (Ms 272, f. 2493-2494). 249-250

Il lui parle de la Chambre et de sa conviction que le seul souci des députés est celui de leur réélection. Il l'informe aussi des heures auxquelles il pourra voir sa femme.

Dreyfus à Arconati Visconti, Samedi [début 1908] (Ms 272, f. 2529)

Il lui donne des nouvelles de Reinach qui ne se soigne pas sérieusement.

396. Dreyfus à Arconati Visconti, Lundi [début 1908] (Ms 272, f. 2480).
Il lui parle de la situation marocaine et du fait que tout en s'en défendant le gouvernement semble déterminé à en faire la conquête.

397. Dreyfus à Arconati Visconti, Ce Vendredi [début 1908 (?)] (Ms 272, f. 2479).
Il lui dit sa joie d'avoir pu, la veille au déjeuner, « rappeler les temps héroïques où les hommes se battirent pour une idée de justice » : « Quel dommage que certains aient fait de cette bataille qui devait rester pure, le piédestal pour grimper aux honneurs et aux emplois lucratifs, au lieu de reprendre simplement leur place dans le rang. »

398. Dreyfus à Arconati Visconti, Dimanche [5 janvier 1908] (Ms 272, f. 2471). 256

399. Dreyfus à Arconati Visconti, Lundi [6 janvier 1908] (Ms 272, f. 2473).
Apprenant qu'elle est de nouveau à Paris, il propose de passer la voir.

400. Dreyfus à Arconati Visconti, Samedi [18 janvier 1908] (Ms 272, f. 2484). 256-257

401. Dreyfus à Arconati Visconti, Jeudi soir [23 janvier 1908] (Ms 272, f. 2481). 257-258

402. Dreyfus à Arconati Visconti, Mercredi [29 janvier 1908] (Ms 272, f. 2472). 258

403. Dreyfus à Arconati Visconti, Dimanche matin [courant janvier-février 1908] (Ms 272, f. 2474).
Il l'informe qu'empêché il ne pourra venir la recevoir comme prévu.

404. Dreyfus à Arconati Visconti, Mardi soir [4 février 1908] (Ms 272, f. 2469).
Il lui parle de l'inauguration du monument Scheurer-Kestner qui aura lieu le 11 et du projet de loi, qui ne lui semble pas adapté « aux tendances modernes », ayant pour objet la réduction des périodes d'instruction militaire des réservistes et des territoriaux.

405. Dreyfus à Arconati Visconti, Lundi [10 février 1908] (Ms 272, f. 2467-2468).

406. Dreyfus à Arconati Visconti, Mardi [25 février 1908] (Ms 272, f. 2540). 260

407. Dreyfus à Arconati Visconti, Vendredi [6 mars 1908] (Ms 272, f. 2541-2542). 260-261

408. Dreyfus à Arconati Visconti, Samedi [7 mars 1908] (Ms 272, f. 2523). 261-262

409. Dreyfus à Arconati Visconti, Lundi [9 mars 1908] (Ms 272, f. 2534-2535). 262-263

410. Dreyfus à Arconati Visconti, Samedi [14 mars 1908] (Ms 272, f. 2543).
Il lui parle de la séance de la veille à la Chambre et de « l'état d'esprit de nos députés », « brebis » qui « sont bien vite rentrées dans le droit chemin dès que s'est fait entendre la voix forte du berger ».

411. Dreyfus à Arconati Visconti, Lundi [16 mars 1908] (Ms 272, f. 2525-2526). 263-264

412. Dreyfus à Arconati Visconti, Jeudi [19 mars 1908] (Ms 272, f. 2545).
Souffrant des dents et, ayant la figure « toute de travers », n'étant pas présentable, il lui annonce qu'il ne pourra être présent au rendez-vous de ce jeudi.

413. Dreyfus à Arconati Visconti, Samedi matin [21 mars 1908] (Ms 272, f. 2532-2533). 264-265

414. Dreyfus à Arconati Visconti, Mardi [avril-juin 1908] (Ms 274, f. 2772).
Il lui signale un article à lire de Bjørnstjerne Bjørnson à son sujet publié dans le Courrier européen *du 25 mars.*

415. Dreyfus à Arconati Visconti, Mercredi soir [avril-juin 1908] (Ms 272, f. 2547).
Il lui annonce sa visite pour le lendemain.

416. Dreyfus à Arconati Visconti, Mardi [7 (?) avril 1908] (Ms 272, f. 2531).
Il la remercie de l'envoi des articles qui lui ont été consacrés et « qui expriment les sentiments que nous éprouvons tous » [sans doute au sujet de son don au Collège de France, don de 50 000 francs, pour permettre aux titulaires de diverses chaires d'histoire de subvenir aux frais des travaux entrepris sous leur direction].

417. Dreyfus à Arconati Visconti, Lundi [13 avril 1908] (Ms 272, f. 2546).
Il lui annonce qu'il viendra la voir jeudi prochain avant son départ pour l'Italie.

418. Dreyfus à Arconati Visconti, Samedi [18 avril 1908] (Ms 272, f. 2552).

Il la remercie de ses lettres et l'informe que son départ sera retardé après la mort, suite à une rupture d'anévrisme, pendant son service, de sa cuisinière.

419. Dreyfus à Arconati Visconti, Mardi soir [21 avril 1908] (Ms 272, f. 2538-2539).
Il lui parle de son voyage en Italie et de son émotion lors de la visite de la chapelle Sixtine.

420. Dreyfus à Arconati Visconti, Mardi matin [28 avril ou 5 mai 1908] (Ms 272, f. 2524).
Il se désole de ne pas découvrir de lettre d'elle à son retour.

421. Dreyfus à Arconati Visconti, Jeudi [30 avril 1908] (Ms 272, f. 2530). 265

422. Dreyfus à Arconati Visconti, Samedi soir [9 mai 1908] (Ms 272, f. 2527-2528). 266

423. Dreyfus à Arconati Visconti, Lundi [11 mai 1908] (Ms 272, f. 2536-2537). 266-267

424. Dreyfus à Arconati Visconti, Jeudi [14 mai 1908] (Ms 272, f. 2548). 267

425. Dreyfus à Arconati Visconti, Samedi soir [16 mai 1908] (Ms 272, f. 2549-2550). 268

426. Dreyfus à Arconati Visconti, Dimanche matin [24 mai 1908] (Ms 272, f. 2521-2522). 269-270

427. Dreyfus à Arconati Visconti, Vendredi matin [29 mai 1908] (Ms 272, f. 2553-2554). 270

428. Dreyfus à Arconati Visconti, Dimanche soir [31 mai 1908] (Ms 272, f. 2544). 271

429. Dreyfus à Arconati Visconti, Mardi soir [2 juin 1908] (Ms 272, f. 2512). 271-272

430. Dreyfus à Arconati Visconti, Mercredi midi [3 juin 1908] (Ms 272, f. 2513).
Il l'informe que Joseph Reinach, toujours malade, qui devait déjeuner chez lui avec Bjørnstjerne Bjørnson, ne pourra venir.

431. Dreyfus à Arconati Visconti, Lundi [22 juin 1908] (Ms 272, f. 2510-2511 et 2509). 272-274

432. Dreyfus à Arconati Visconti, Mardi soir [23 juin 1908] (Ms 272, f. 2508). 275

433. Dreyfus à Arconati Visconti, Mercredi midi [24 juin 1908] (Ms 272, f. 2506). 275

434. Dreyfus à Arconati Visconti, Jeudi soir [25 juin 1908] (Ms 272, f. 2514). 276

435. Dreyfus à Arconati Visconti, Jeudi soir [25 juin 1908] (Ms 272, f. 2504). 276-277
436. Dreyfus à Arconati Visconti, 26 juin 1908 (Ms 272, f. 2517). 277-278
437. Dreyfus à Arconati Visconti, Samedi soir [27 juin 1908] (Ms 272, f. 2515). 278
438. Dreyfus à Arconati Visconti, Dimanche [28 juin 1908] (Ms 272, f. 2507). 278-279
439. Dreyfus à Arconati Visconti, Dimanche soir [28 juin 1908] (Ms 272, f. 2505).
Il revient sur la question de la date du procès contre Grégori.
440. Dreyfus à Arconati Visconti, Lundi 6 heures [29 juin 1908 ; cachet de la poste] (Ms 274, f. 2818).
Il revient sur la question de la date du procès contre Grégori.
441. Dreyfus à Arconati Visconti, Lundi 7 heures [29 juin 1908] (Ms 272, f. 2520). 279-280
442. Dreyfus à Arconati Visconti, Jeudi soir [2 juillet 1908] (Ms 274, f. 2778). 280
443. Dreyfus à Arconati Visconti, Samedi [4 juillet 1908] (Ms 272, f. 2516). 280-281
444. Dreyfus à Arconati Visconti, Samedi [4 juillet 1908] (Ms 272, f. 2518). 281
445. Dreyfus à Arconati Visconti, Jeudi [9 juillet 1908] (Ms 274, f. 2786). 281-282
446. Dreyfus à Arconati Visconti, Samedi [11 juillet 1908] (Ms 272, f. 2519).
Il lui annonce qu'il est dans l'obligation de retarder son départ pour la Suisse.
447. Dreyfus à Arconati Visconti, Lundi [13 juillet 1908] (Ms 274, f. 2803). 282
448. Dreyfus à Arconati Visconti, Mardi soir [14 juillet 1908] (Ms 274, f. 2776-2777). 283
449. Dreyfus à Arconati Visconti, Mercredi [15 juillet 1908] (Ms 274, f. 2802).
Il lui annonce qu'il partira pour la Suisse le 19 et lui donne son adresse.
450. Dreyfus à Arconati Visconti, Samedi [18 juillet 1908] (Ms 274, f. 2785).
Il se réjouit de « la rapidité avec laquelle marche la Chambre des mises en accusation » [voir lettre 448]. Sur le départ pour la Suisse, il craint que le climat ne soit guère favorable.

451. Dreyfus à Arconati Visconti, 21 juillet 1908 (Ms 274, f. 2750-2751).

Arrivé dans l'Oberland bernois depuis quelques jours il lui raconte son séjour empêché par des conditions météorologiques exécrables.

452. Dreyfus à Arconati Visconti, 26 juillet 1908 (Ms 274, f. 2752-2753). 283-284

453. Dreyfus à Arconati Visconti, 3 août 1908 (Ms 274, f. 2754). 284

454. Dreyfus à Arconati Visconti, 11 août 1908 (Ms 274, f. 2755-2756). 285

455. Dreyfus à Arconati Visconti, Lundi 17 août [1908] (Ms 274, f. 2757-2758). 286

456. Dreyfus à Arconati Visconti, Samedi 22 août [1908] (Ms 274, f. 2759-2760). 286-287

457. Dreyfus à Arconati Visconti, 24 août [1908] (Ms 274, f. 2761-2762). 287-288

458. Dreyfus à Arconati Visconti, Lundi 31 août [1908] (Ms 274, f. 2763). 288

459. Dreyfus à Arconati Visconti, Lundi [14 septembre 1908] (Ms 274, f. 2799-2800). 289

460. Dreyfus à Arconati Visconti, Vendredi [18 septembre 1908] (Ms 274, f. 2801). 289-290

461. Dreyfus à Arconati Visconti, 28 sept[embre] 1908 (Ms 274, f. 2764). 290-291

462. Dreyfus à Arconati Visconti, 3 oct[obr]e 1908 (Ms 274, f. 2765). 291

463. Dreyfus à Arconati Visconti, Jeudi soir [8 octobre 1908] (Ms 274, f. 2773). 292

464. Dreyfus à Arconati Visconti, Samedi [10 octobre 1908] (Ms 274, f. 2774-2775). 292-293

465. Dreyfus à Arconati Visconti, Dimanche [18 octobre 1908] (Ms 274, f. 2797-2798). 293-294

466. Dreyfus à Arconati Visconti, Vendredi 30 octobre 1908 (Ms 274, f. 2768-2769). 294-295

467. Dreyfus à Arconati Visconti, 4 novembre [1908] (Ms 274, f. 2770).

Il la remercie de son faisan, lui parle des suites des événements de Draveil et lui demande quand elle reviendra à Paris.

468. Dreyfus à Arconati Visconti, Samedi [7 novembre 1908] (Ms 274, f. 2789).

Il lui conseille de lire L'Église catholique et l'État sous la IIIe République *de Debidour et lui demande de le tenir au courant de la séance qui doit avoir lieu le lendemain au Collège de France au sujet de la chaire d'histoire des religions.*

469. Dreyfus à Arconati Visconti, 13 nov[embre] 1908 (Ms 274, f. 2771)
Il lui demande de ses nouvelles et évoque les difficultés entre la France et l'Allemagne au Maroc.

470. Dreyfus à Arconati Visconti, Mercredi [18 novembre 1908] (Ms 274, f. 2782). 296

471. Dreyfus à Arconati Visconti, Vendredi [20 novembre 1908] (Ms 274, f. 2781).
Il lui parle de l'affaire Steinheil et, ayant appris par Monod qu'elle doit passer par Paris pour se rendre à Dax, il lui souhaite une bonne cure.

472. Dreyfus à Arconati Visconti, Dimanche [22 novembre 1908] (Ms 274, f. 2783).
Il lui dit son plaisir d'apprendre qu'elle ne part pas [pour Dax] et, n'étant pas libre au jour et à l'heure du rendez-vous proposé, il lui en propose un autre.

473. Dreyfus à Arconati Visconti, Mercredi [25 novembre 1908] (Ms 274, f. 2784).
Il propose de passer la voir le lendemain.

474. Dreyfus à Arconati Visconti, Mardi [8 ou 15 décembre 1908] (Ms 274, f. 2779).
Il évoque la question des Balkans, les affaires Steinheil et Germinet et propose de passer la voir jeudi.

475. Dreyfus à Arconati Visconti, Jeudi 11 heures [10 ou 17 décembre 1908] (Ms 274, f. 2780).
Ayant manqué leur rendez-vous, il lui en propose un autre.

476. Dreyfus à Arconati Visconti, Lundi [28 décembre 1908] (Ms 274, f. 2792). 297

477. Dreyfus à Arconati Visconti, Mardi 7 h soir [début 1909] (Ms 274, f. 2794). 297

478. Dreyfus à Arconati Visconti, 7 janvier 1909 (Ms 274, f. 2817).
Il lui fixe rendez-vous.

479. Dreyfus à Arconati Visconti, Mardi [19 janvier (?) 1909] (BNF n.a.fr. 15646 [papiers Loisy], f. 110).
Il espère que ses pronostics ne se vérifieront pas et que Loisy sera élu.

480. Dreyfus à Arconati Visconti, 23 janvier 1909 (BNF n.a.fr. 15646 [papiers Loisy], f. 113).

Chambre, poste promis à un de ses camarades de promotion à Polytechnique, le lieutenant-colonel Siben.

495. Dreyfus à Arconati Visconti, Jeudi [11 mars 1909] (Ms 274, f. 2806-2807). 305-306

496. Dreyfus à Arconati Visconti, Lundi [15 mars 1909] (Ms 274, f. 2809). 306

497. Dreyfus à Arconati Visconti, Mercredi [17, 24 ou 31 mars 1909] (Ms 274, f. 2805).
Il prend des nouvelles de sa santé et lui fait part de ses regrets de ne pouvoir, comme l'année précédente, aller passer quelques jours en Italie.

498. Dreyfus à Arconati Visconti, Dimanche [21 mars 1909] (Ms 273, f. 2578). 307

499. Dreyfus à Arconati Visconti, Vendredi [26 mars 1909] (Ms 273, f. 2579-2580). 307-308

500. Dreyfus à Arconati Visconti, Jeudi soir [1er avril 1909] (Ms 274, f. 2804). 308

501. Dreyfus à Arconati Visconti, Mardi [4 mai 1909] (Ms 274, f. 2810). 309

502. Dreyfus à Arconati Visconti, Samedi [15 mai 1909] (Ms 274, f. 2813).
La sachant de retour, il propose de passer la voir.

503. Dreyfus à Arconati Visconti, Dimanche soir [16 mai 1909] (Ms 274, f. 2814-2815).
Il lui parle des manifestations organisées dans son quartier et sous ses fenêtres par les royalistes pour la Saint-Philippe et de ses craintes face à « l'agitation révolutionnaire qui ne fait que commencer » et dont il craint qu'elle ne devienne « un mouvement insurrectionnel ». Il se réjouit de bientôt faire la connaissance de Loisy et est désolé des nouvelles qu'elle lui donne du petit-fils de Monod.

504. Dreyfus à Arconati Visconti, Vendredi [21 mai (?) 1909] (Ms 274, f. 2808).
Il lui fixe rendez-vous.

505. Dreyfus à Arconati Visconti, Samedi [22 mai (?) 1909] (Ms 274, f. 2811-2812).
Il lui parle, après l'échec « des essais de grève générale » [des postiers ?], du malaise profond que provoque la politique du gouvernement à l'égard de « la masse des déshérités ».

506. Dreyfus à Arconati Visconti, Vendredi 4 juin [1909] (Ms 274, f. 2821-2822).
Il évoque le 4 juin de l'année précédente, la panthéonisation de Zola, et combien ils avaient alors « déploré la faiblesse du gouvernement qui avait

reculé l'échéance comme pour donner plus de hardiesse à des adversaires sans scrupules et sans bonne foi ».

507. Dreyfus à Arconati Visconti, Jeudi Soir [1er juillet (?) 1909] (Ms 274, f. 2816).
Il revient sur « le désenchantement » à propos de la Chambre : « Ce n'est pas seulement le désert de sable, comme dit Jaurès [Journal officiel. Débats parlementaires. Chambre des députés, *26 juin 1909*, p. *1666], c'est plus, car il n'y a plus aucun idéal pour le progrès républicain, social et économique. »*

508. Dreyfus à Arconati Visconti, Vendredi [16 juillet 1909] (Ms 274, f. 2937-2938). 309-310

509. Dreyfus à Arconati Visconti, Samedi matin [17 juillet 1909 (?)] (Ms 274, f. 2939).
Il décline une invitation et lui propose une autre date.

510. Dreyfus à Arconati Visconti, Mercredi [21 juillet 1909] (Ms 274, f. 2940). 310

511. Dreyfus à Arconati Visconti, 1er août [1909] (Ms 274, f. 2833-2834).
Il lui parle de son séjour en Suisse et de la mauvaise santé de sa belle-mère.

512. Dreyfus à Arconati Visconti, Samedi [7 août 1909] (Ms 274, f. 2831-2832).
Il lui parle de son séjour en Suisse et de sa belle-mère qui se porte mieux.

513. Arconati Visconti à Dreyfus, 10 août 1909 (97.17.029, cahier 4, f. 1) 310-311

514. Dreyfus à Arconati Visconti, Lundi 16 août [1909] (Ms 274, f. 2835-2836).
Il lui parle de son séjour en Suisse, de la meilleure santé de sa belle-mère, la remercie des nouvelles qu'elle lui donne des « jeudistes » (lettre précédente) et lui parle du nouveau ministère Briand dont il espère « qu'il fera une meilleure besogne que le précédent dont le principal rôle a été de désagréger la majorité ».

515. Dreyfus à Arconati Visconti, Jeudi 2 septembre [1909] (Ms 274, f. 2837-2838).
Il lui parle de son séjour en Suisse.

516. Dreyfus à Arconati Visconti, Vendredi 12 sept[embre] 1909 (Ms 274, f. 2823-2824).
Il lui parle de son séjour en Suisse.

517. Arconati Visconti à Dreyfus, [18] septembre 1909 (97.17.029, cahier 4, f. 1-2). 311-312

518. Dreyfus à Arconati Visconti, Vendredi 19 sept[embre] 1909 (Ms 274, f. 2825-2826).
Il lui parle de sa journée au lac de Bellagio.

519. Dreyfus à Arconati Visconti, 4 oct[obre] 1909 (Ms 274, f. 2841-2842).
Il lui parle d'un article du Gil Blas *sur Anatole France et Brindeau et d'un autre article de Loisy dans le dernier numéro de* l'Union pour la Vérité, *à propos de l'*Orpheus *de Salomon Reinach.*

520. Dreyfus à Arconati Visconti, 13 octobre 1909 (Ms 274, f. 2839-2840). 312-313

521. Dreyfus à Arconati Visconti, Mercredi [20 octobre 1909] (Ms 274, f. 2943-2944). 313-314

522. Dreyfus à Arconati Visconti, Mardi [26 octobre 1909] (Ms 274, f. 2941-2942).
Il lui redit qu'il ne pourra aller à Gaesbeck à cause de la période de 24 jours qu'il doit effectuer en novembre, lui parle de Lefranc qu'il a rencontré et d'une conférence sur la R. P. à laquelle il a assisté à l'Union pour la Vérité. Il l'informe enfin qu'il n'a pas encore reçu la Revue historique *contenant les articles de Loisy et Monod sur l'*Orpheus *de Salomon Reinach.*

523. Dreyfus à Arconati Visconti, Vendredi [5 ou 19 novembre 1909] (Ms 274, f. 2851-2852). 314-315

524. Dreyfus à Arconati Visconti, Vendredi soir [12 novembre 1909] (Ms 274, f. 2936).
Il lui parle de la Revue historique *qu'il vient de recevoir et qui contient les deux articles de Monod et de Loisy sur l'*Orpheus *de Salomon Reinach.*

525. Dreyfus à Arconati Visconti, Lundi [6 décembre 1909] (Ms 274, f. 2962).
Il lui confirme sa venue pour la reprise des déjeuners du jeudi, lui parle du cours de Loisy auquel il a assisté le matin, lui demande des renseignements sur Georges Lafenestre et propose de passer la voir.

526. Dreyfus à Arconati Visconti, Mardi matin [7 décembre (?) 1909] (Ms 274, f. 2853). 315-316

527. Dreyfus à Arconati Visconti, Mercredi matin [8 décembre 1909] (Ms 274, f. 2849-2850). 316-317

528. Dreyfus à Arconati Visconti, 20 déc[embre] 1909 (Ms 274, f. 2827-2828). 317-318

529. Dreyfus à Arconati Visconti, 25 décembre 1909 (Ms 274, f. 2830)
Devant se rendre à l'inauguration du monument Cornély, il décommande un rendez-vous.

530. Dreyfus à Arconati Visconti, Jeudi [1909] (Ms 274, f. 2829).

Il la remercie pour « les deux cartes pour la Chambre de la part de M. Brisson ».

531. Dreyfus à Arconati Visconti, Jeudi [début 1910]
(Ms 274, f. 2972)
Souffrant d'un rhume de cerveau, il lui propose de repousser sa visite à la semaine suivante.

532. Dreyfus à Arconati Visconti, Lundi 3 Janv[ier] 1910 (Ms 274, f. 2843).
Il lui parle de Madame Vandervelde qui aimerait beaucoup visiter son château de Gaesbeck.

533. Dreyfus à Arconati Visconti, Mardi [18 janvier 1910] (Ms 274, f. 2966).
Il lui parle de Roujon et de Gustave Dreyfus qui doivent se rendre à Berlin, de Monod, et de l'événement du moment : les deux premières de Chanteclair *de Rostand.*

534. Dreyfus à Arconati Visconti, Mardi [25 janvier 1910] (Ms 274, f. 2967-2968).
Il lui parle de l'« admirable » discours de Jaurès sur l'école laïque et de la crue de la Seine et de ses terribles conséquences.

535. Dreyfus à Arconati Visconti, Vendredi [28 janvier 1910] (Ms 274, f. 2970-2971).
S'étant promené dans Paris, il lui fait part de sa tristesse devant le spectacle qu'offrent les dégâts causés par la crue de la Seine et avant tout celui « des ouvriers réduits au chômage ». Il lui parle aussi de sa fille, alitée depuis huit jours suite à une « très légère » crise d'appendicite. Il se réjouit enfin des bonnes nouvelles de Monod qu'il espère voir au déjeuner du jeudi 10.

536. Dreyfus à Arconati Visconti, 1er février [1910]
(Ms 274, f. 2871).
Il lui donne des nouvelles de sa fille, « qui va mieux quoiqu'encore couchée », de son fils qui va aider les victimes des inondations et lui annonce qu'il viendra jeudi.

537. Dreyfus à Arconati Visconti, Mercredi [2 février 1910] (Ms 274, f. 2969).
Souffrant d'un lumbago, il ne sait pas s'il pourra venir la voir comme prévu ni s'il pourra assister à la conférence [donnée le soir même par Joseph Reinach à la Ligue de l'enseignement et consacrée au père de la marquise].

538. Dreyfus à Arconati Visconti, [2 février 1910] (Ms 274, f. 2964).
Il se soigne, ne passera la voir que samedi mais espère toutefois pouvoir venir à la conférence.

539. Dreyfus à Arconati Visconti, Mercredi [9, 16 ou 23 février 1910] (Ms 274, f. 2965).
Il la remercie de l'envoi de la Revue politique et parlementaire *[n° 186, février] contenant le texte de la conférence de Reinach sur son père, « belle figure de vieux républicain honnête et désintéressé comme on en rencontre de moins en moins ».*

540. Dreyfus à Arconati Visconti, 2 mars 1910 (Ms 274, f. 2844-2845).
Il lui parle de sa fille « qui va mieux quoiqu'elle soit encore très dolente et éprouve encore de temps en temps des douleurs », du livre de Boehmer sur les jésuites et de la polémique sur Orpheus *qui oppose Salomon Reinach à Mgr Baudrillard [*sic*].*

541. Dreyfus à Arconati Visconti, Mardi [8 mars 1910] (Ms 274, f. 2963).
Il lui parle de sa fille « toujours aussi dolente » mais « qui n'a presque plus mal », de Monod qu'il se réjouit de voir revenir aux déjeuners du jeudi, et du livre de Boehmer sur les jésuites qu'il est en train de finir.

542. Dreyfus à Arconati Visconti, Mardi [15 ou 22 ou 29 mars ou 5 avril 1910] (Ms 274, f. 2956).
Il lui annonce sa prochaine visite, celle qu'il doit faire à Monod le lendemain et lui parle de sa fille qui vient d'avoir une nouvelle crise d'appendicite et qu'il va sûrement falloir opérer.

543. Dreyfus à Arconati Visconti, Jeudi [17 ou 24 ou 31 mars ou 7 avril 1910] (Ms 274, f. 2945).
Il lui parle de Monod qui « doit aller mieux » et du procès pour vol des Camelots du Roi. Il lui parle aussi de sa fille pour laquelle il va demander une nouvelle consultation sur la base de laquelle il prendra une décision.

544. Dreyfus à Arconati Visconti, Jeudi soir [même date que la précédente] (Ms 274, f. 2948).
Il l'informe qu'il a fait demander au Dr Le Gendre une consultation pour sa fille.

545. Dreyfus à Arconati Visconti, Lundi [11 avril 1910] (Ms 274, f. 2961)
Il lui annonce que sa fille sera opérée jeudi matin par le Dr Gosset.

546. Dreyfus à Arconati Visconti, Jeudi [14 avril 1910] (Ms 274, f. 2955).
Il lui parle de sa fille, qui après l'opération « va tout à fait bien ».

547. Dreyfus à Arconati Visconti, Mardi matin [19 avril 1910] (Ms 274, f. 2951).

Il lui parle de sa fille, qui « va aussi bien que possible » et de son beau-frère [Henri-Georges Hadamard, qui décédera le 24 avril] pour lequel il s'inquiète.

548. Dreyfus à Arconati Visconti, Samedi [7 mai 1910] (Ms 274, f. 2957-2958).
Il lui parle du temps, des élections et de la mort d'Édouard VII qui « a prouvé que la diplomatie pouvait être faite de droiture et de loyauté ».

549. Dreyfus à Arconati Visconti, 26 mai [1910] (Ms 274, f. 2953-2954).
Il lui parle du temps et la remercie pour les nouvelles qu'elle lui donne de Monod.

550. Dreyfus à Arconati Visconti, Dimanche [fin mai-juin 1910] (Ms 274, f. 2959).
Il propose de passer la voir et lui parle de Briand qui « s'adapte avec une habileté consommée ; il ne compromet rien, ne s'entête pas et flaire... la majorité parlementaire ».

551. Dreyfus à Arconati Visconti, [18 juin 1910] (Ms 274, f. 2950).
Il lui fait part du décès de son neveu [Jean Dreyfus, fils de son frère Jacques].

552. Arconati Visconti à Dreyfus, [22 juillet] 1910 (97.17.029, cahier 4, f. 6-7). 318-319

553. Dreyfus à Arconati Visconti, Jeudi [28 juillet 1910] (Ms 274, f. 2946-2947).
Il lui parle du temps, de la préface de Monod au livre de Boehmer au sujet de laquelle il est en tout d'accord avec elle (voir note 1042 de la lettre précédente) et du travail de la commission d'enquête de l'affaire Rochette.

554. Arconati Visconti à Dreyfus, 30 juillet 1910 (97.17.029, cahier 4, f. 2-4).
Elle lui parle de Jaurès et des socialistes qui poussent à l'assassinat des policiers et lui donne des nouvelles des amis des jeudis.

555. Dreyfus à Arconati Visconti, Vendredi soir [5 août 1910] (Ms 274, f. 2952).
Il lui annonce son proche départ pour Champéry, en Suisse, et propose de venir lui faire ses adieux.

556. Dreyfus à Arconati Visconti, Lundi [8 août 1910] (Ms 274, f. 2960)
Étant obligé de passer à sa banque, il lui demande de repousser le rendez-vous qu'ils avaient le lendemain et sur lequel ils s'étaient entendus dans la lettre précédente.

557. Arconati Visconti à Dreyfus, 11 août 1910 (97.17.029, cahier 4, f. 4-6). 320-321

558. Dreyfus à Arconati Visconti, 2 sept[embre 1910] (Ms 274, f. 2846)
Il lui demande des nouvelles de Roujon.

559. Dreyfus à Arconati Visconti, 6 sept[embre 1910] (Ms 274, f. 2897-2898).
Il l'informe de son retour à Paris pour le 20, lui parle de Roujon et lui donne des nouvelles de Monod.

560. Dreyfus à Arconati Visconti, 10 septembre [1910] (Ms 274, f. 2899-2900).
Il lui donne des nouvelles de Roujon et lui parle du petit-fils de Monod.

561. Dreyfus à Arconati Visconti, Dimanche 1[8 (19 de la main de la marquise)] sept[embre] 1910 (Ms 274, f. 2848).
Il lui donne des nouvelles de Roujon.

562. Dreyfus à Arconati Visconti, Dimanche matin [25 septembre ou 2 octobre 1910] (Ms 274, f. 2895-2896).
Il lui annonce son départ avec Monod pour venir la voir à Bruxelles le 8 octobre.

563. Dreyfus à Arconati Visconti, Vendredi [7 octobre 1910] (Ms 274, f. 2894).
Il se réjouit de venir la retrouver [à Bruxelles] où il arrivera le lendemain.

564. Dreyfus à Arconati Visconti, [10 octobre 1910 ; cachet de la poste] (Ms 274, f. 2847).
Il lui dit qu'il vient de visiter le Musée de Bruxelles avec Monod.

565. Dreyfus à Arconati Visconti, Vendredi [14 octobre 1910] (Ms 274, f. 2929-2930). 321-322

566. Dreyfus à Arconati Visconti, Mardi 18 oct[obre 1910] (Ms 274, f. 2892-2893). 322-323

567. Dreyfus à Arconati Visconti, Mardi [25 octobre 1910] (Ms 274, f. 2901).
Il la remercie du faisan qu'elle lui a envoyé et, dans la perspective de la rentrée de la Chambre, évoque le parti radical qui « n'a plus ni politique ni chef digne de ce nom ».

568. Dreyfus à Arconati Visconti, Vendredi soir [4 novembre 1910] (Ms 274, f. 2922-2923). 323-324

569. Dreyfus à Arconati Visconti, Jeudi [novembre-décembre 1910 (?)] (Ms 274, f. 2921).
Il lui parle de Monod et de Briand qui « ne fera rien ».

570. Dreyfus à Arconati Visconti, Lundi [7 novembre 1910] (Ms 274, f. 2927).
La sachant rentrée à Paris, il propose de passer la voir.

571. Dreyfus à Arconati Visconti, Jeudi [10 novembre 1910] (Ms 274, f. 2931). 324-325

572. Arconati Visconti à Dreyfus, 10 novembre 1910 (97.17.029, cahier 4, f. 8-9). 325-326

573. Dreyfus à Arconati Visconti, Lundi [14 novembre 1910] (Ms 274, f. 2932).
Il lui annonce sa visite jeudi pour qu'elle lui conte « l'histoire de Théodore [Reinach] ».

574. Dreyfus à Arconati Visconti, Jeudi [17 novembre 1910] (Ms 274, f. 2933).
Apprenant qu'elle ne peut le recevoir comme prévu, il lui écrit pour lui donner des nouvelles de la santé de Roujon et lui parler de « l'imprudence de Théodore [Reinach] ».

575. Arconati Visconti à Dreyfus, 17 novembre 1910 (97.17.029, cahier 4, f. 9-10). 326-327

576. Dreyfus à Arconati Visconti, 1er déc[embre 1910] (Ms 274, f. 2926).
Il lui demande de ses nouvelles, de celles de Roujon et Monod et lui annonce sa visite.

577. Dreyfus à Arconati Visconti, Mardi [6, 13 ou 20 décembre 1910 (?)] (Ms 274, f. 2920).
Il lui parle de Monod qu'il a vu la veille et propose de passer la voir.

578. Dreyfus à Arconati Visconti, Lundi soir [fin 1910-début 1911 (?)] (Ms 274, f. 2928).
Il lui annonce sa visite et lui donne des nouvelles de Roujon qui lui a écrit.

579. Dreyfus à Arconati Visconti, Vendredi [1911 ou 1912] (Ms 271, f. 2215).
Il lui parle de sa lettre à Reinach au sujet de l'alcoolisme.

580. Dreyfus à Arconati Visconti, Vendredi [1911 ou 1912] (Ms 271, f. 2237).
Il prend des nouvelles de sa santé et lui parle de Joseph Reinach « qui aurait pu se taire ».

581. Dreyfus à Arconati Visconti, 5 janv[ier] 1911 (Ms 274, f. 2924-2925).
Il lui souhaite une bonne santé et lui dit son impatience que reprennent les déjeuners du jeudi. Il lui annonce sa visite.

582. Dreyfus à Arconati Visconti, Dimanche [22 janvier 1911] (Ms 274, f. 2919).

Il évoque le fait que L'Humanité *n'ait pas soufflé mot du don de 100 000 francs qu'elle vient de faire à la Préfecture de police pour venir en aide aux agents blessés dans l'accomplissement de leur devoir ; lui parle des demandes de quelques députés de dissoudre la CGT et de la juste réponse de Briand, CGT contre laquelle il n'est pas possible d'agir autrement qu'en faisant appel « à la raison et à la sagesse des ouvriers pour ne pas laisser peser sur le prolétariat la tyrannie [de ses] meneurs » ; de l'inauguration de l'Institut océanographique de Paris à laquelle le prince de Monaco l'a convié : « vous savez combien je hais les cérémonies officielles » ; et évoque les réflexions « stupides » de Lemaitre sur Sainte-Beuve juste parues dans* Le Temps.

583. Dreyfus à Arconati Visconti, Lundi 5 heures [30 janvier 1911] (Ms 274, f. 2905).
Il lui annonce le décès de son frère [Léon] dont il a « recueilli à midi ½ [le] dernier soupir ».

584. Dreyfus à Arconati Visconti, Mercredi [février 1911] (Ms 274, f. 2908-2909).
Il lui parle de son plaisir à lire À propos d'histoire des religions *de Loisy, lui donne des nouvelles de Roujon et de « sa « joie intense » après son élection à l'Académie française et évoque les manifestations à la Comédie-Française des Camelots du Roi (au sujet du* Foyer *de Mirbeau) qui « veulent régenter même les lettres françaises ! ».*

585. Dreyfus à Arconati Visconti, Lundi [6 février 1911] (Ms 274, f. 2904).
Il lui propose de passer la voir et lui parle de la publication par Le Matin *des papiers Waldeck-Rousseau, publication qu'il juge « abominable ».*

586. Dreyfus à Arconati Visconti, Dimanche [12, 19 ou 26 février 1911 (?)] (Ms 274, f. 2949).
Il la remercie de sa lettre et lui donne rendez-vous jeudi prochain pour le déjeuner rituel.

587. Dreyfus à Arconati Visconti, Dimanche [5 mars 1911] (Ms 274, f. 2907).
Il lui envoie un article qu'il trouve assez juste sur Briand et son désir de plaire paru dans L'Aurore *du jour (Marc Réville, « Opinions. M. Briand »).*

588. Dreyfus à Arconati Visconti, Dimanche [12 mars 1911] (Ms 274, f. 2910).
Il lui envoie un article de Bayet sur Jaurès publié dans Les Droits de l'Homme *du jour [« Jean Jaurès »].*

589. Dreyfus à Arconati Visconti, Mercredi [22 mars 1911] (Ms 274, f. 2911).
Il l'informe que son fils va mieux et espère qu'il pourra bientôt se faire opérer.
590. Dreyfus à Arconati Visconti, Mardi [28 mars 1911] (Ms 274, f. 2906).
Il l'informe que son fils doit se faire opérer jeudi et qu'il sera peut-être en retard au déjeuner.
591. Dreyfus à Arconati Visconti, Vendredi [avril 1911] (Ms 274, f. 2902-2903).
Il lui donne des nouvelles de son fils qui « va tout à fait bien » et va pouvoir retourner à Centrale et lui demande des nouvelles des « jeudistes » et lui annonce une prochaine visite.
592. Dreyfus à Arconati Visconti, Vendredi [7 ou 14 avril 1911] (Ms 274, f. 2913).
Il lui donne des nouvelles de Duseigneur auquel il est allé rendre visite.
593. Dreyfus à Arconati Visconti, Samedi [15 avril 1911] (Ms 274, f. 2917-2918).
Il lui parle du climat, des députés incapables de se séparer en ayant trouvé un accord sur le budget et évoque les discordes au sein du camp royaliste.
594. Dreyfus à Arconati Visconti, Lundi [17 ou 24 avril 1911] (Ms 274, f. 2914).
Il la remercie des nouvelles qu'elle lui donne de Duseigneur et se réjouit que les Chambres soient en vacances : « moins de bruit pour rien ! ».
595. Dreyfus à Arconati Visconti, 2 mai [1911] (Ms 274, f. 2912). 328
596. Dreyfus à Arconati Visconti, Mardi [23 mai 1911] (Ms 274, f. 2916)
Il propose de passer la voir et évoque l'accident d'Issy [et la disparition du ministre de la Guerre Maurice Berteaux].
597. Dreyfus à Arconati Visconti, Lundi [courant juin 1911] (Ms 274, f. 2915).
Il lui demande de ses nouvelles et l'informe qu'il prépare son déménagement qui aura lieu dans les premiers jours de juillet.
598. Dreyfus à Arconati Visconti, Dimanche [25 juin 1911] (Ms 274, f. 2891).
Il lui demande s'il peut passer la voir et l'informe qu'à partir du 8 juillet il habitera 5, rue de Logelbach.
599. Dreyfus à Arconati Visconti, 30 juillet 1911 (Ms 274, f. 2873-2874).
Il lui parle de ses vacances en Suisse et de l'affaire du Maroc « qui continue à être inquiétante ».

600. Dreyfus à Arconati Visconti, 19 août 1911 (Ms 274, f. 2875-2876).

Il lui parle de ses vacances et évoque rapidement l'affaire du Maroc.

601. Arconati Visconti à Dreyfus, 16 septembre 1911 (97.17.029, cahier 4, f. 10-12). 328-329

602. Dreyfus à Arconati Visconti, 22 sept[embre] 1911 (Ms 274, f. 2877-2878).

Il lui parle de Roujon avec lequel il a passé une heure à discuter et partage son avis sur l'affaire du Maroc : « Nous serons diminués devant l'Europe en cédant à l'Allemagne une parcelle quelconque de notre territoire colonial en échange de droits hypothétiques que la conquête seule du Maroc peut nous donner. » Il lui parle aussi des travaux de l'appartement dont l'emménagement continue.

603. Dreyfus à Arconati Visconti, 10 oct[obr]e [1911] (Ms 274, f. 2879-2880).

Il la remercie du lièvre qu'elle lui a fait parvenir et, devant effectuer une période militaire, regrette que cette « reprise de collier » ne soit pas « pour de bon, afin d'en finir une fois pour toutes avec ces querelles que l'Allemagne nous suscite constamment et liquider la situation. La guerre est évidemment une chose terrible avec son cortège d'horreurs et de souffrances, mais tout vaut mieux qu'un état de tension perpétuelle et les coups de Tanger et d'Agadir qui peuvent se renouveler à la première occasion ».

604. Dreyfus à Arconati Visconti, Jeudi soir [19 octobre 1911] (Ms 274, f. 2881-2882).

Il lui demande de lui écrire « avec [sa] verve coutumière ».

605. Arconati Visconti à Dreyfus, 24 octobre 1911 (97.17.029, cahier 4, f. 12-13). 330-331

606. Dreyfus à Arconati Visconti, 28 oct[obre] 1911 (Ms 274, f. 2883-2884).

Il lui dit sa joie d'avoir pu la lire et lui donne des nouvelles de Reinach et de Monod.

607. Dreyfus à Arconati Visconti, Lundi [13 novembre 1911] (Ms 274, f. 2889-2890).

Il lui parle du temps et de Monod souffrant et évoque le nouveau procès qu'Humbert intente au Matin.

608. Dreyfus à Arconati Visconti, [novembre 1911] (Ms 274, f. 2885).

« Angoissé », il lui demande des nouvelles de Monod qui devait passer une radiographie.

609. Dreyfus à Arconati Visconti, 7 déc[embre] 1911 (Ms 274, f. 2886)

Il lui demande de ses nouvelles, lui parle de la « délicieuse » improvisation de Jaurès, « belle âme de poète », la veille à la Chambre, de Gustave Dreyfus qui va mieux et des bruits de chute du ministère Caillaux et de son remplacement par un ministère Delcassé.

610. Dreyfus à Arconati Visconti, Samedi [courant décembre 1911] (Ms 274, f. 2887-2888).
Il lui donne quelques conseils domestiques et évoque la situation au Maroc.

611. Dreyfus à Arconati Visconti, Samedi 9 h matin [30 décembre 1911] (Ms 274, f. 2863).
Il lui donne des nouvelles de Monod qui doit se faire opérer aujourd'hui et lui parle du mot « bien angoissé » qu'il a reçu de Mme Monod.

612. Dreyfus à Arconati Visconti, 31 déc[embre] 1911 (Ms 274, f. 2861)
Il lui adresse ses meilleurs vœux et lui annonce, « fort angoissé et nullement rassuré », qu'il va prendre des nouvelles de Monod dans sa maison de santé de la rue Bizet.

613. Dreyfus à Arconati Visconti, 31 déc[embre] 1911 (Ms 274, f. 2860)
Revenant d'une visite à Monod, il lui dit son inquiétude : « Sa faiblesse est grande, le cœur et le pouls ne sont pas bons et tout est à redouter. »

614. Dreyfus à Arconati Visconti, Lundi matin [1er janvier 1912] (Ms 274, f. 2864).
Il lui parle de Monod et de l'amélioration de son état de santé.

615. Dreyfus à Arconati Visconti, Lundi [1er janvier 1912] (Ms 274, f. 2856).
Il vient de voir Monod et lui parle de l'amélioration de son état de santé.

616. Dreyfus à Arconati Visconti, Dimanche [7 janvier 1912] (Ms 274, f. 2865-2866). 331

617. Dreyfus à Arconati Visconti, Mercredi 2 h [10 janvier 1912] (Ms 274, f. 2857). 332

618. Dreyfus à Arconati Visconti, 12 janvier [1912] (Ms 274, f. 2867).
Il lui donne des nouvelles de Monod, évoque le repas de la veille et la joie qui fut la sienne d'y entendre « le poète qu'est Jaurès parler des poètes ».

619. Dreyfus à Arconati Visconti, Mardi [23 janvier 1912] (Ms 274, f. 2854-2855).
Il lui parle d'une matinée dansante qu'il a organisée pour les enfants, de Monod dont il espère qu'il pourra rentrer chez lui à Versailles et du discours [à la Chambre] de Poincaré [nouveau président du Conseil et ministre des Affaires étrangères], « admirable de fermeté et de courtoisie ».

620. Dreyfus à Arconati Visconti, Jeudi [1er février 1912] (Ms 274, f. 2870)
Il lui parle d'une rage de dents qui lui déforme le visage et lui donne des nouvelles de Monod auquel sa femme a rendu visite et qui doit bientôt quitter la maison de santé pour rentrer chez lui.

621. Dreyfus à Arconati Visconti, Samedi [3 février 1912] (Ms 274, f. 2869).
Ayant dû subir une petite intervention suite à un abcès qui s'était formé dans sa joue, il lui dit qu'il n'a pu aller voir Monod pour savoir s'il pouvait être transporté chez lui à Versailles.

622. Dreyfus à Arconati Visconti, Dimanche matin [4 février 1912] (Ms 274, f. 2858).
Il la remercie des nouvelles qu'elle lui donne de Monod qui est revenu chez lui et lui parle de sa joue qui « commence à désenfler ».

623. Dreyfus à Arconati Visconti, 9 février 1912 (Ms 275 f. 2973-2974).
Il accepte son invitation, lui donne des nouvelles de Monod qui « va un peu mieux » et lui parle d'une loi néfaste récemment votée au sujet de l'artillerie.

624. Dreyfus à Arconati Visconti, Vendredi [16 février 1912] (Ms 274, f. 2868).
Il forme des vœux pour l'amélioration de sa santé et lui annonce qu'il ne pourra aller voir Monod.

625. Dreyfus à Arconati Visconti, 18 février 1912 (Ms 274, f. 2859).
Il lui demande des nouvelles de Monod et lui parle de Paul Hymans, esprit « très fin, très vif et très précis », dont il est heureux d'avoir fait la connaissance.

626. Dreyfus à Arconati Visconti, Vendredi [février-mars 1912] (Ms 271, f. 2216).
Il lui parle d'une lettre que son épouse a reçue de la fille de Monod et de l'impossibilité pour le moment de voir leur ami « qui [lui] paraît bien bas ».

627. Dreyfus à Arconati Visconti, Mercredi [février-mars 1912] (Ms 271, f. 2219).
Il lui propose de l'accompagner à Versailles samedi, voir la fille de Monod à laquelle il souhaite rendre visite pour prendre des nouvelles de son père.

628. Dreyfus à Arconati Visconti, Vendredi [février-mars 1912 ; suit la précédente] (Ms 271, f. 2220).
Il prend des nouvelles de sa santé et lui annonce qu'il n'ira pas non plus chez Monod demain comme prévu à cause du mauvais temps.

641. Dreyfus à Arconati Visconti, Mardi matin [14 mai 1912] (Ms 271, f. 2225).
Il lui parle de son séjour à Belfort et propose de passer la voir. Il lui parle de Joseph Reinach, qui a été battu aux municipales à Digne, et de son neveu Charles Dreyfus qui a été élu maire de Valdoie, près de Belfort.

642. Dreyfus à Arconati Visconti, 27 mai [1912] (Ms 275 f. 2976-2977).
Il lui donne son adresse au Vésinet où il a loué une propriété pour l'été et où il sera à partir du 1er juin.

643. Dreyfus à Arconati Visconti, 28 mai 1912 (Ms 275 f. 2978).
Il la remercie de son petit mot envoyé d'Italie et lui demande de ses nouvelles.

644. Dreyfus à Arconati Visconti, 3 juin 1912 (Ms 275 f. 2979-2980).
Il lui parle de la situation politique belge et des événements marocains.

645. Dreyfus à Arconati Visconti, Jeudi soir [juin 1912] (Ms 275, f. 3000).
Il s'excuse de l'avoir dérangée et lui propose de venir la voir dès qu'elle sera rentrée de voyage et avant son propre départ en vacances prévu pour la première quinzaine de juillet.

646. Dreyfus à Arconati Visconti, Lundi 1er juillet [1912] (Ms 271, f. 2226).
Il lui parle du temps et propose de passer la voir.

647. Dreyfus à Arconati Visconti, Dimanche [7 juillet 1912 (?)] (Ms 271, f. 2227).
Il lui parle d'une pièce d'Henri de Rothschild à laquelle il doit assister chez les Weiller.

648. Dreyfus à Arconati Visconti, Lundi [8 juillet 1912 (?)] (Ms 275 f. 3006).
Il lui dit sa tristesse de voir finir les déjeuners du jeudi, « un des meilleurs moments de mon existence », avec l'arrivée des vacances d'été et lui parle de son dégoût de ce qui se passe : « Quel tas de fantoches ! On a envie de ne plus rien entendre, de ne plus rien lire [...]. »

649. Dreyfus à Arconati Visconti, Mercredi [10 juillet 1912] (Ms 275 f. 3004-3005).
Il lui parle du vote de la loi sur la R. P., « produit [...] bâtard et inopérant ».

650. Dreyfus à Arconati Visconti, Mercredi [17 juillet 1912 – cachet de la poste ; et non « 17 nov. » comme marqué à la main par la marquise] (Ms 275, f. 2987).
Il lui parle du temps et l'informe qu'il restera tout le mois chez les Naville.

651. Dreyfus à Arconati Visconti, Dimanche [28 juillet 1912] (Ms 271, f. 2221-2222).
Il prend des nouvelles de sa santé et lui parle de la semaine qu'il vient de passer en famille au bord du lac de Genève.

652. Dreyfus à Arconati Visconti, Mercredi [31 juillet ou 7 août 1912] (Ms 271, f. 2232-2233).
Il lui parle du temps et de la critique que vient de faire René Doumic dans La Revue des Deux Mondes *des* Dieux ont soif *d'Anatole France [n° du 15 juillet 1912].*

653. Dreyfus à Arconati Visconti, Dimanche 18 août [1912] (Ms 271, f. 2223-2224).
Il lui parle de son séjour suisse et d'un vol dont il a été victime dans le train. Il lui parle de la suite de son voyage qui doit le mener à Milan, Bologne, Florence, Pise, Gènes, Portofino, puis Nice et enfin chez sa sœur à Carpentras où il doit passer quelques jours.

654. Dreyfus à Arconati Visconti, 3 sept[embre 1912] soir (Ms 271, f. 2229).
Il l'invite à lui écrire à Carpentras où il sera bientôt.

655. Dreyfus à Arconati Visconti, Jeudi [12 septembre 1912] (Ms 271, f. 2234).
Il lui parle de son voyage et des beautés de la région de Carpentras.

656. Dreyfus à Arconati Visconti, 28 sept[embre] 1912 (Ms 275, f. 2981-2982).
Il lui demande de ses nouvelles et lui parle de pièces officielles qu'on lui a communiquées au sujet de sa déportation à l'île du Diable et tout particulièrement relatives aux mesures à prendre en cas de décès : « la lecture de ces pièces est macabre et prouve une fois de plus quel vent de folie secouait nos adversaires ».

657. Dreyfus à Arconati Visconti, 14 octobre 1912 (Ms 275 f. 2983-2984).
Il lui parle de la situation dans les Balkans et d'un malaise qu'il a eu alors qu'il se promenait.

658. Dreyfus à Arconati Visconti, 15 oct[obre 1912] (Ms 275, f. 2988).
Il la remercie de son envoi.

659. Dreyfus à Arconati Visconti, [2 novembre 1912 ; cachet de la poste] (Ms 271, f. 2228).
Il la remercie de lui avoir envoyé un « excellent lièvre ».

660. Dreyfus à Arconati Visconti, 2 novembre [1912] (Ms 275, f. 2985-2986).

Il lui parle de la reprise de la vie politique avec la rentrée des Chambres et les difficultés que pourrait rencontrer le cabinet Poincaré [constitué après la démission du cabinet Caillaux].

661. Dreyfus à Arconati Visconti, 18 nov[embre 1912] (Ms 275 f. 3045)
Il lui dit sa tristesse de savoir Mme Rist souffrante et lui propose de bientôt passer la voir.

662. Dreyfus à Arconati Visconti, 20 nov[embre 1912] (Ms 275, f. 3054).
Il la remercie de son invitation pour la reprise des « jeudis » et lui propose de passer la voir avant.

663. Dreyfus à Arconati Visconti, Dimanche matin [8 ou 15 décembre 1912] (Ms 275, f. 3026).
Il lui annonce une prochaine visite et lui parle de l'élection présidentielle à venir et pour laquelle les candidats commencent à se déclarer.

664. Dreyfus à Arconati Visconti, Dimanche [15 ou 22 décembre 1912] (Ms 275, f. 3048).
Il lui parle du temps, de l'élection présidentielle et lui annonce sa prochaine visite.

665. Dreyfus à Arconati Visconti, Lundi soir [30 décembre 1912] (Ms 275, f. 2989).
Il lui annonce sa visite pour lui souhaiter la bonne année.

666. Dreyfus à Arconati Visconti, Dimanche [12 janvier 1913] (Ms 275, f. 3046). 336

667. Dreyfus à Arconati Visconti, 22 janvier [1913] (Ms 271, f. 2238-2239).
Il évoque le nouveau cabinet Briand, un ministre avec lequel il doit dîner [Steeg ?], Clemenceau qui a « roul[é] » Combes et Dubost, et Théodore et Salomon Reinach dont les erreurs « n'expliquent pas l'antisémitisme » : « La race n'a rien à voir avec le caractère, et l'on trouve des présomptueux dans toutes les races. »

668. Dreyfus à Arconati Visconti, Mardi [11 février 1913] (Ms 271, f. 2240).
*Il lui parle d'un ami, non identifié, qui, s'il a aimé la pièce de Lavedan [*Servir*], sera « bientôt passible de la douche » et d'un article de la veille publié par* L'Humanité *au sujet de Du Paty.*

669. Dreyfus à Arconati Visconti, [14 février 1913] (Ms 271, f. 2241).
Il reporte un rendez-vous et lui parle de Lépine, dont on annonce le départ et qui « aura bien gagné de se reposer après le labeur écrasant qu'il a donné ».

670. Dreyfus à Arconati Visconti, Samedi [1er mars (?) 1913] (Ms 271, f. 2242).
Il la remercie de l'envoi des deux volumes de Bédier [les deux premiers volumes des Légendes épiques : recherches sur la formation des chansons de geste *et* Le Roman de Tristan par Thomas*] et lui parle de la campagne pour le service de trois ans pour laquelle on a mobilisé « toutes les vieilles culottes de peau » qui préfèrent « revenir à une forme archaïque que de chercher une solution nouvelle et adéquate à notre état social et à notre natalité ».*

671. Dreyfus à Arconati Visconti, Lundi [3 mars 1913] (Ms 271, f. 2243).
Il lui parle d'un article de Jaurès publié ce jour dans L'Humanité *[« La couverture »] au sujet du service de trois ans.*

672. Dreyfus à Arconati Visconti, Mercredi [26 mars 1913] (Ms 271, f. 2246-2247).
Il lui demande si Jaurès a répondu à sa « verte semonce » [voir lettre du 31 mars] et lui annonce, en voyage dans la région de Nice, son prochain retour à Paris.

673. Dreyfus à Arconati Visconti, Lundi [31 mars 1913] (Ms 271, f. 2249-2250).
Il lui parle de son séjour et de son retour à Paris. Il lui propose de se rendre ensemble sur la tombe de Monod.

674. Arconati Visconti à Dreyfus, 31 mars 1913 (97.17.029, cahier 4, f. 13-14). 336-337

675. Dreyfus à Arconati Visconti, Mercredi [2 avril 1913] (Ms 271, f. 2248). 337

676. Dreyfus à Arconati Visconti, Samedi [12 avril 1913] (Ms 275, f. 2993-2994). 338

677. Dreyfus à Arconati Visconti, Lundi [26 mai ou 2 juin 1913] (Ms 275, f. 2992).
Il lui donne rendez-vous jeudi pour la reprise des déjeuners.

678. Dreyfus à Arconati Visconti, Samedi [juin 1913] (Ms 273, f. 2587). 338-339

679. Dreyfus à Arconati Visconti, 11 juin 1913 (Ms 275, f. 3050-3051). 339-340

680. Dreyfus à Arconati Visconti, Lundi [16 ou 23 juin 1913] (Ms 275 f. 3001).
Il lui parle du temps et voudrait l'adresse de Cumont pour le féliciter de son élection [comme associé étranger de l'Académie des inscriptions et belles-lettres].

681. Dreyfus à Arconati Visconti, Samedi [21 juin 1913] (Ms 275 f. 3002).
Il lui parle de Joseph Reinach toujours souffrant et d'un article de Jaurès « à propos de ses démêlés avec Joseph » dans L'Humanité *de la veille [« Constatation »].*

682. Dreyfus à Arconati Visconti, Vendredi [juin-juillet 1913] (Ms 275 f. 3003).
Il lui parle du temps et de son impossibilité de passer la voir à Paris à cause d'une piqûre de moustique à l'œil.

683. Dreyfus à Arconati Visconti, Lundi [8 (?) septembre 1913] (Ms 275, f. 3027).
Il lui propose de passer la voir et lui parle de Reinach, à Monte-Carlo avec Mlle Sorel.

684. Dreyfus à Arconati Visconti, 11 sept[embre 1913] (Ms 275, f. 3009-3010).
Il lui parle des « procédés » des automobilistes et de son fils qui doit bientôt rentrer d'Angleterre pour partir au régiment.

685. Arconati Visconti à Dreyfus, [début] septembre 1913 (97.17.029, cahier 4, f. 14-15).
Elle lui écrit pour lui dire qu'elle regrette de ne pas l'avoir vu avant son départ pour Gaesbeck et qu'elle espère voir bientôt Claretie à Bruxelles où doit jouer la Comédie-Française. Elle lui parle de « la tournée Poincaré », voyage « touristique » et fortement médiatisé du Limousin au Périgord, et de Reinach dont elle se demande « s'il est toujours avec cette g... de Sorel ».

686. Dreyfus à Arconati Visconti, Mardi [début septembre 1913] (Ms 275, f. 3007-3008).
Il lui parle de Reinach, un « grand enfant », signale quelques amusants articles de Clemenceau publiés dans son Homme libre *et lui parle de la « tournée Poincaré » : « lui et sa femme ont été simplement grotesques par l'exposition de leurs gestes ».*

687. Arconati Visconti à Dreyfus, 25 septembre 1913 (97.17.029, cahier 4, f. 15-16). 340

688. Dreyfus à Arconati Visconti, 10 octobre 1913 (Ms 275, f. 3052-3053).
Il la remercie de ses vœux, lui parle de son fils qui est parti ce matin au régiment et de Joseph Reinach laissé en dehors des combinaisons ministérielles : « jamais aucun n'aura assez de courage pour le prendre dans sa barque ! ».

689. Arconati Visconti à Dreyfus, 21 octobre 1913 (97.17.029, cahier 4, f. 16-17).
Elle lui parle de la médaille de la Ligue de l'enseignement qu'elle vient de recevoir, de la volonté de Reinach de poser sa candidature à l'Académie française et de la lâcheté de Roujon, de Léon Bourgeois qui lui « porte sur les nerfs » et de Combes qui lui écrit que : « Poincaré et Barthou dans leurs dernières manifestations épistolaires ou oratoires semblent vouloir se dégager de l'étreinte nationaliste et cléricale. Mais quel fond pouvons-nous faire sur des paroles qui ne concordent pas avec les actes. »
690. Dreyfus à Arconati Visconti, Mardi soir [21 (?) octobre 1913] (Ms 275, f. 3011-3012). 341
691. Dreyfus à Arconati Visconti, Mercredi [10 décembre 1913] (Ms 275, f. 3018-3019).
Débordé, il propose de passer la voir la semaine prochaine. Il lui parle des articles du « Tigre », qui « régentait tout le monde du bout de sa plume », articles bien curieux à lire, et de Ferdinand Dreyfus qui a refusé le portefeuille proposé par Doumergue dans le nouveau cabinet au pouvoir depuis la veille.
692. Dreyfus à Arconati Visconti, Dimanche [21 ou 28 décembre 1913] (Ms 275, f. 3024-3025).
Il parle de l'affaire des documents détruits aux Archives nationales et des attaques d'Aulard à ce sujet contre Langlois, et parle de Joseph Reinach qui pourrait ne pas être appelé dans un prochain cabinet Briand ou Barthou. Si tel était le cas, « ce serait à désespérer de tout et pour Joseph le suprême coup du lapin ».
693. Arconati Visconti à Dreyfus, Mardi [23 décembre 1913] (Ms 275, f. 3017). 342
694. Dreyfus à Arconati Visconti, Mercredi [24 décembre 1913] (Ms 275, f. 3016). 342
695. Arconati Visconti à Dreyfus, 25 décembre 1913 (97.17.029, cahier 4, f. 18). 343
696. Dreyfus à Arconati Visconti, Jeudi [25 décembre 1913] (Ms 275, f. 3015).
Il lui propose de passer la voir vendredi plutôt que samedi à cause de l'enterrement de Claretie auquel il compte assister.
697. Dreyfus à Arconati Visconti, 31 déc[embre] 1913 (Ms 275, f. 3049).
Il lui envoie ses vœux.
698. Dreyfus à Arconati Visconti, Vendredi [décembre 1913 (?)] (Ms 275, f. 3020).

Il lui parle de Roujon malade et lui annonce sa prochaine visite.

699. Dreyfus à Arconati Visconti, Samedi [courant 1913] (Ms 275, f. 2990-2991).
*Il lui parle des souvenirs d'Anatole Claveau [*Souvenirs politiques et parlementaires d'un témoin, Paris, Plon, 1913] *qu'il est en train de lire.*

700. Dreyfus à Arconati Visconti, Samedi [courant 1913] (Ms 275, f. 3013).
Il l'informe que son épouse devant partir quelques jours en Suisse et devant demeurer près de sa fille grippée, il ne pourra passer la voir ainsi qu'il le souhaitait.

701. Dreyfus à Arconati Visconti, Mardi [courant 1913] (Ms 275, f. 3047).
Il lui donne des nouvelles de sa fille et, sa femme étant revenue de Suisse, de sa belle-mère.

702. Dreyfus à Arconati Visconti, Jeudi [courant 1913 ou 1914 (?)] (Ms 275, f. 3028).
Malade, il ne peut passer la voir et lui propose de remettre.

703. Dreyfus à Arconati Visconti, Vendredi [courant 1913 ou 1914 (?)] (Ms 275, f. 3029).
Il lui parle du temps et lui propose de passer la voir.

704. Dreyfus à Arconati Visconti, Lundi [courant 1913-1914] (Ms 275, f. 3033).
Son fils étant passé le voir, il reporte la visite prévue.

705. Dreyfus à Arconati Visconti, Lundi [courant 1913 ou 1914 (?)] (Ms 275, f. 3030).
Il lui propose de passer la voir.

706. Dreyfus à Arconati Visconti, Lundi [courant 1913-1914] (Ms 275, f. 3014).
Il lui demande de lui écrire pour lui donner de ses nouvelles.

707. Dreyfus à Arconati Visconti, Lundi soir [1914] (Ms 275, f. 2997-2998).
Il lui parle d'une lettre de Cumont à propos de Du Paty qui l'a beaucoup amusé.

708. Dreyfus à Arconati Visconti, 1er février 1914 (Ms 275, f. 3055).
Il lui demande de ses nouvelles et propose de passer la voir.

709. Dreyfus à Arconati Visconti, Lundi soir [2 février 1914 (?)] (Ms 275, f. 3032).
Il l'informe qu'un rendez-vous qu'il avait avec Thomson ayant été repoussé, il passera la voir à une autre date qu'il lui propose.

710. Arconati Visconti à Dreyfus, 15 février 1914 (97.17.029, cahier 4, f. 18-19).

Elle lui demande un exemplaire de Cinq années de ma vie *pour Laurent, lui parle d'un article de Maurras sur Bertillon et de Briand et Bourgeois.*

711. Dreyfus à Arconati Visconti, Vendredi [20 février 1914] (Ms 275, f. 3034).
Il lui annonce sa visite afin de lui déposer l'exemplaire de Cinq années de ma vie *qu'elle lui a demandé. Il lui parle de Roujon, qu'il vient de voir, « très vieilli et marchant péniblement » : « Je doute qu'il fasse de vieux os. »*

712. Dreyfus à Arconati Visconti, Mardi matin [17 mars 1914] (Ms 275, f. 3031).
Il lui écrit après avoir appris la nouvelle de la mort de Calmette et « l'acte fou » de Mme Caillaux qui « a du même coup tué son mari dont la carrière politique est bien compromise ».

713. Dreyfus à Arconati Visconti, Vendredi [20 mars 1914] (Ms 275, f. 3021). 343

714. Dreyfus à Arconati Visconti, Dimanche [22 ou 29 mars 1914] (Ms 275, f. 3022-3023).
Il propose de passer la voir et lui parle de l'affaire Calmette et des « procédés répugnants » de certains « pour essayer de démolir des adversaires ».

715. Dreyfus à Arconati Visconti, Lundi [fin mars-avril 1914] (Ms 275, f. 3204).
Il lui annonce les fiançailles de sa fille et son prochain départ pour Genève où il va aller se reposer.

716. Dreyfus à Arconati Visconti, Mercredi [avril-mai 1914 (?)] (Ms 275, f. 2999).
Il prend de ses nouvelles, lui parle de sa fille partie à Dieppe avec des amis et propose de passer la voir.

717. Dreyfus à Arconati Visconti, Dimanche [3 mai 1914] (Ms 275, f. 2244).
Il évoque une lettre « curieuse » de Mme Monod et deux articles de Jaurès et du commandant Rossel publiés ce jour dans L'Humanité.

718. Dreyfus à Arconati Visconti, Dimanche [10 (?) mai 1914] (Ms 275, f. 2245).
Il lui fait part de ses sentiments sur la nécessité de « trouver une solution pour répondre à l'augmentation des effectifs allemands », solution autre que le fait de porter à trois ans la durée du service.

719. Dreyfus à Arconati Visconti, Mardi [12 mai 1914] (Ms 275, f. 2252-2253).

Il lui parle de l'échec de Reinach aux législatives, Reinach qui « honorait le Parlement par son talent, son courage, sa haute probité morale et intellectuelle ».

720. Arconati Visconti à Dreyfus, 17 mai 1914 (97.17.029, cahier 4, f. 19-20). 344

721. Dreyfus à Arconati Visconti, Lundi [18 mai 1914] (Ms 275, f. 2996).
Il se désole des nouvelles qu'elle lui donne de Roujon et espère « qu'il s'en tire encore cette fois ». Il lui demande aussi des nouvelles de Gustave Dreyfus.

722. Dreyfus à Arconati Visconti, Jeudi soir [21 ou 28 mai 1914] (Ms 275, f. 2995).
Il lui donne des nouvelles de Roujon qu'il est passé voir : « Cela va très, très mal… les médecins ne peuvent plus rien faire. »

723. Dreyfus à Arconati Visconti, Lundi soir [1er juin 1914] (Ms 275, f. 3043).
Il lui parle de la « douloureuse nouvelle » de la mort de leur « excellent ami » [Roujon] qui sans doute était l'objet de l'appel téléphonique qu'elle lui a passé et qu'il n'a pu avoir étant chez sa sœur.

724. Dreyfus à Arconati Visconti, Vendredi [12 juin 1914] (Ms 275, f. 2251).
Il lui parle de sa belle-mère, qui vient de se faire opérer de l'appendicite, et du coup de théâtre de la veille : le renversement du cabinet Ribot après trois jours d'existence.

725. Dreyfus à Arconati Visconti, Mercredi [juillet (?) 1914] (Ms 275, f. 3205).
Il lui parle de la chaleur étouffante et du « lent changement dans les modalités économiques et sociales qui se transformera peut-être un jour en un violent champ de bataille ».

726. Dreyfus à Arconati Visconti, 26 juillet [1914] (Ms 275, f. 3206-3207). 345

727. Dreyfus à Arconati Visconti, 1er août [1914] (Ms 275, f. 3213).
Il lui parle de l'émotion « indescriptible » de la mobilisation en Suisse.

728. Dreyfus à Arconati Visconti, Dimanche midi [2 août 1914 ; cachet de la poste] (Ms 275, f. 3056). 345-346

729. Dreyfus à Arconati Visconti, Lundi 10 août [1914 ; cachet de la poste] (Ms 275, f. 3057). 346

730. Dreyfus à Arconati Visconti, Dimanche 16 août [1914 ; cachet de la poste] (Ms 275, f. 3058). 346-347

731. Arconati Visconti à Dreyfus, 17 août 1914 (97.17.029, cahier 4, f. 20-21). 347-348

de son fils. Il lui parle aussi du général Sarrail qui « est parti hier » et avec lequel « nos troupes sont en de bonnes mains » : « j'ai la confiance la plus absolue dans ce chef que je connais et que j'ai vu. Mais j'espère qu'on lui donnera tout ce qu'il lui faut ».

792. Arconati Visconti à Dreyfus, 10 octobre 1915 (97.17.029, cahier 4, f.50-52). 396-397

793. Dreyfus à Arconati Visconti, 12 octobre 1915 (Ms 275, f. 3129).
Il lui parle d'un article sur Briand « qui avait vu clair dans le jeu hypocrite des Bulgares » et du fils de son frère Mathieu qui a été gravement blessé et a été trépané » : « le dernier bulletin porte : "Légère amélioration" – un peu d'espoir ».

794. Dreyfus à Arconati Visconti, 17 octobre [1915] (Ms 275, f. 3130-3131). 398-399

795. Dreyfus à Arconati Visconti, Jeudi 28 oct[obre 1915] (Ms 275, f. 3132).
Il l'engage à ne pas se faire « trop de bile » et à « se cuirasser contre la douleur et garder son sang-froid » : « autrement on ne résisterait pas jusqu'au bout et cependant il faut tenir jusqu'à son dernier souffle ». Il lui parle aussi de l'immense chagrin qui est celui des siens après le décès de son neveu Émile, fils de son frère Mathieu.

796. Dreyfus à Arconati Visconti, 6 novembre 1915 (Ms 275, f. 3133).
Il lui demande des nouvelles de sa santé, lui parle de son fils qui lui a fait la surprise de passer le voir, du dernier discours de Briand [le 3 ; Journal officiel. Débats parlementaires. Chambre des députés, *4 novembre 1915, p. 1689-1691] et de la situation en Grèce et dans les Balkans.*

797. Dreyfus à Arconati Visconti, Jeudi 25 nov[embre 1915] (Ms 275, f. 3134).
Il lui demande des nouvelles de sa santé et lui parle de son fils.

798. Dreyfus à Arconati Visconti, 2 déc[embre 1915] (Ms 275, f. 3135)
Il la remercie de son petit mot.

799. Dreyfus à Arconati Visconti, 28 décembre 1915 (Ms 275, f. 3136)
Il lui demande de ses nouvelles et lui parle de son fils et de sa fille qui va se marier le 26 janvier.

800. Dreyfus à Arconati Visconti, 10 janvier 1916 (Ms 275, f. 3137-3138). 399-400

801. Dreyfus à Arconati Visconti, Dimanche 30 Janvier [1916] (Ms 275, f. 3080).

Il lui parle d'un discours du Dr Maréchal, maire du VIIIe, et de son fils, maintenant dans l'Argonne.

802. Dreyfus à Arconati Visconti, 24 février 1916 (Ms 275, f. 3140).
Il lui parle de son fils, qui est près de Verdun où la bataille fait rage.

803. Dreyfus à Arconati Visconti, 14 avril [1916] (Ms 275, f. 3141).
Il lui dit une nouvelle fois son « espoir que tout cela finisse bien pour nous, surtout depuis [...] qu'on a remis le commandement entre des mains expertes [Foch] ».

804. Dreyfus à Arconati Visconti, 23 avril [1916] (Ms 275, f. 3142).
Il lui dit sa confiance en Foch et lui parle de son nouveau poste au parc d'artillerie d'Orléans.

805. Dreyfus à Arconati Visconti, 3 mai 1916 (Ms 275, f. 3143-3144).
Il lui donne des nouvelles de son fils qui vient d'être cité à l'ordre de l'armée pour sa conduite héroïque à Verdun.

806. Dreyfus à Arconati Visconti, Lundi 29 mai [1916] (Ms 275, f. 3106).
Il lui parle du livre du baron Bayens qu'il voudrait relire avant de donner son avis et d'une lettre qu'il a reçue d'une amie à son sujet.

807. Dreyfus à Arconati Visconti, Dimanche 2[5] juin [1916] (Ms 275, f. 3111).
Il lui demande de ses nouvelles, lui parle de son fils qui est en ce moment au sommet du ballon de Guebwiller, « aura parcouru tout le front », et de la bataille de Verdun qui « continue à faire rage ».

808. Dreyfus à Arconati Visconti, 2 juillet 1916 (Ms 275, f. 3145-3146).
Il lui parle de Quelques pages sur Jean Jaurès *de Lévy-Bruhl et d'un article de Sarraut sur Liard publié dans* La Grande Revue *et se réjouit de voir l'offensive déclenchée.*

809. Dreyfus à Arconati Visconti, Samedi 26 août [1916] (Ms 275, f. 3118).
Il aurait aimé passer la voir et n'a pas pu le faire.

810. Dreyfus à Arconati Visconti, Dimanche 27 août [1916] (Ms 275, f. 3098).
Il lui parle de sa femme qui vient d'être transportée d'urgence pour être opérée.

811. Dreyfus à Arconati Visconti, Lundi 5 heures [28 août 1916] (Ms 275, f. 3075).
Il lui parle de l'opération que vient de subir sa « chère femme ».

812. Dreyfus à Arconati Visconti, Mercredi [30 août 1916] (Ms 275, f. 3097).
Il lui parle de l'opération que vient de subir sa « chère femme ».

813. Dreyfus à Arconati Visconti, 5 septembre [1916 ; cachet de la poste] (Ms 275, f. 3122).
Il lui donne des nouvelles de son fils et lui parle de la guerre qu'il estime devoir durer encore : « si la guerre se termine à l'été ou à l'automne 1917, avec la victoire décisive, il faudra considérer ce résultat comme heureux ».

814. Dreyfus à Arconati Visconti, 12 octobre 1916 (Ms 275, f. 3147-3148).
Il lui parle de son fils, qui vient de passer 54 jours dans la Somme et a été à nouveau cité à l'ordre de l'armée, et de la situation dans les Balkans.

815. Dreyfus à Arconati Visconti, Vendredi soir [24 novembre 1916] (BNF n.a.fr. 15647 [papiers Loisy], f. 152).
Il lui parle d'un article de Loisy, « Mors et vita *», publié dans le dernier cahier de* l'Union pour la Vérité, *« chef-d'œuvre de fine ironie avec des pages admirables et de haute portée morale ». Il se réjouit d'autre part qu'on rende enfin justice au général Sarrail et espère « qu'on lui donne[ra] les moyens de parfaire son œuvre ».*

816. Dreyfus à Arconati Visconti, 10 décembre 1916
(Ms 275, f. 3149).
Il lui parle du temps et attend sa prochaine affectation.

817. Dreyfus à Arconati Visconti, Vendredi 14 déc[embre 1916] (Ms 275, f. 3150).
Il lui parle de son fils qu'il a pu voir récemment et de sa nouvelle affectation à l'état-major de l'artillerie de la Ire Armée.

818. Dreyfus à Arconati Visconti, Dimanche [28 janvier 1917 ; cachet de la poste] (Ms 275, f. 3151).
Il lui donne sa nouvelle affectation comme commandant du parc d'artillerie divisionnaire de la 168e division.

819. Dreyfus à Arconati Visconti, Vendredi 16 février [1917] (Ms 275, f. 3139). 400

820. Dreyfus à Arconati Visconti, Mardi 27 février [1917] (Ms 275, f. 3152).
Il lui parle du temps et d'une promenade à cheval, tout propos sur « ce qui se passe ici » lui étant interdit.

821. Dreyfus à Arconati Visconti, 6 mars 1917 (Ms 275, f. 3153).
Il lui parle du temps et de sa dernière lettre.

822. Dreyfus à Arconati Visconti, 2 avril [1917 ; cachet de la poste] (Ms 275, f. 3154).
En route pour le Chemin des Dames, il lui parle du temps.

823. Dreyfus à Arconati Visconti, Samedi 14 avril [1917] (Ms 275, f. 3156).
Il lui parle du temps et des appréciations du baron Bayens sur la révolution russe.

824. Dreyfus à Arconati Visconti, 6 mai [1917 ; cachet de la poste] (Ms 275, f. 3157).
Il lui parle du temps et de son fils dont il a eu des nouvelles.

825. Dreyfus à Arconati Visconti, 28 juillet [1917] (Ms 275, f. 3155).
Il lui parle du temps et lui demande des nouvelles de la vie à Paris.

826. Dreyfus à Arconati Visconti, Dimanche 12 août [1917] (Ms 275, f. 3158-3159).
Il lui parle de sa future permission qui lui permettra de retrouver quelques jours sa famille aux Sables-d'Olonne et de l'incendie qui dévasté son salon.

827. Dreyfus à Arconati Visconti, Jeudi 30 août [1917 ; cachet de la poste] (Ms 275, f. 3161).
Il lui parle de sa permission.

828. Dreyfus à Arconati Visconti, 9 sept[embre] 1917 (Ms 275, f. 3161).
Il lui parle de son fils et évoque la situation russe.

829. Dreyfus à Arconati Visconti, 25 octobre [1917]
(Ms 275, f. 3162). 401

830. Dreyfus à Arconati Visconti Dimanche [28 octobre ou 4 novembre 1917] (Ms 271, f. 2230-2231).
Il lui parle de sa santé et de son désir de « pouvoir exercer son activité jusqu'aux derniers jours » : « le reste je m'en moque. Il faut bien partir un jour et de quelque chose ». Il lui parle aussi de Combes et de la tristesse qu'il éprouve du décès de l'épouse de l'ancien président du Conseil : « Lorsqu'on a parcouru toute une longue vie ensemble, il faudrait pouvoir la quitter en même temps. »

831. Dreyfus à Arconati Visconti, 8 novembre 1917 (Ms 275, f. 3163-3164).
Il lui parle du temps et évoque la situation italienne.

832. Dreyfus à Arconati Visconti, 18 novembre [1917] (Ms 275, f. 3165-3166).

Il évoque les situations russe et italienne, lui parle de la fin du cabinet Painlevé qui « a déçu tous les amis par son manque de décision et d'énergie » et du nouveau cabinet Clemenceau qu'il faut « attendre [...] à ses actes » : « Il faut espérer que nous aurons enfin un gouvernement de guerre ayant l'esprit d'initiative *et de décision qui a manqué jusqu'ici. »*

833. Dreyfus à Arconati Visconti, 5 janvier 1918 (Ms 275, f. 3167).
Il lui demande des nouvelles de Paris.

834. Dreyfus à Arconati Visconti, 15 janvier 1918 (Ms 275, f. 3168).
Il lui parle du temps et de son gendre qui vient d'être cité à l'ordre du service de santé en Italie.

835. Dreyfus à Arconati Visconti, 15 avril [1918 ; cachet de la poste] (Ms 275, f. 3169).
Il lui annonce les fiançailles de son fils et sa nomination à l'inspection des forges.

836. Dreyfus à Arconati Visconti, 17 mai [1918 ; cachet de la poste] (Ms 275, f. 3170).
Il lui parle de la situation et de sa conviction qu'une nouvelle offensive ennemie se prépare.

837. Dreyfus à Arconati Visconti, Jeudi 23 mai [1918 ; cachet de la poste] (Ms 275, f. 3171).
Il lui donne des nouvelles de son fils.

838. Dreyfus à Arconati Visconti, Mardi 28 [mai 1918 ; cachet de la poste] (Ms 275, f. 3172).
Il évoque la situation.

839. Dreyfus à Arconati Visconti, 3 juin [1918] (Ms 275, f. 3209).
Il lui parle des « bourreurs de crâne » de la presse et de son fils qui a été atteint par les gaz et transporté à l'hôpital.

840. Dreyfus à Arconati Visconti, 5 juin 1918 (Ms 275, f. 3173).
Il lui annonce qu'il part pour Caen voir son fils qui vient d'y être évacué à l'hôpital.

841. Dreyfus à Arconati Visconti, 26 juin [1918] (Ms 275, f. 3210).
Il lui parle de son fils au sujet duquel les nouvelles sont bonnes.

842. Dreyfus à Arconati Visconti, 16 juillet [1918 ; cachet de la poste] (Ms 275, f. 3174).

Il évoque la situation et l'offensive déclenchée par les Allemands dont il espère « fermement qu'elle ne donnera aucun résultat décisif, sinon des ruines nouvelles ».

843. Dreyfus à Arconati Visconti, 25 juillet [1918] (Ms 275, f. 3211-3212). 401-402

844. Dreyfus à Arconati Visconti, 18 août 1918 (Ms 275, f. 3175).
Il lui parle de la 3e citation à l'ordre de l'armée de son fils.

845. Dreyfus à Arconati Visconti, Mercredi 26 août [1918 ; cachet de la poste] (Ms 275, f. 3176).
Il lui donne des nouvelles de son fils et évoque l'offensive de Belgique, mal préparée.

846. Dreyfus à Arconati Visconti, Mercredi 31 août [1918] (Ms 275, f. 3214-3215).
Il la remercie de ses réflexions sur la situation russe et lui parle de l'état des forces : une armée allemande « qui ne peut que s'amoindrir tandis que nous, avec l'appoint américain, nous pouvons jeter dans la bataille des forces fraîches et constamment renouvelées ». Il lui fait part de sa conviction qu'il faut plus que jamais « les harceler sans cesse et ne plus lâcher prise afin de garder l'initiative de la manœuvre, nous permettant de produire l'effet décisif au point voulu et au moment voulu ».

847. Dreyfus à Arconati Visconti, 26 septembre [1918 ; cachet de la poste] (Ms 275, f. 3177).
Il lui donne des nouvelles de son fils et évoque la situation.

848. Dreyfus à Arconati Visconti, 15 octobre 1918 (Ms 275, f. 3178-3179). 403-404

849. Dreyfus à Arconati Visconti, 4 novembre [1918 ; cachet de la poste] (Ms 275, f. 3180).
Il évoque la capitulation des Autrichiens et s'interroge sur le fait de savoir si « les Boches », refoulés sur la Meuse, accepteront « les conditions très dures qui vont leur être imposées par un armistice ».

850. Dreyfus à Arconati Visconti, Mercredi 13 nov[embre 1918 ; cachet de la poste] (Ms 275, f. 3181). 404

851. Dreyfus à Arconati Visconti, 27 décembre [1918 ; cachet de la poste] (Ms 275, f. 3182).
Il lui envoie ses vœux.

852. Dreyfus à Arconati Visconti, 4 janvier 1919 (Ms 275, f. 3183). 405

853. Dreyfus à Arconati Visconti, Samedi [11 janvier 1919] (Ms 275, f. 3215bis). 405-406

854. Dreyfus à Arconati Visconti, 23 mai [1919] (Ms 275, f. 3208).
Il lui parle du prochain mariage de son fils.

855. Dreyfus à Arconati Visconti, Lundi [8 décembre 1919 ; cachet de la poste] (Ms 275, f. 3184).
Il lui demande de ses nouvelles, ne l'ayant pas vue depuis « un temps infini », et lui parle de ses allers-retours dans l'Aisne où il secourt les habitants.

856. Dreyfus à Arconati Visconti, 27 juin 1920
(Ms 275, f. 3187).
Il lui donne son adresse à Trouville où il sera en vacances jusqu'au 15 septembre.

857. Dreyfus à Arconati Visconti, 20 juillet [1920 ; cachet de la poste] (Ms 275, f. 3186).
Il la remercie de ses nouvelles et lui fait part, « désenchant[é] [...] de la politique », deux ans après l'armistice et « la vie continu[ant] à être difficile », de sa jouissance « de la société de [s]es petits-enfants qui progressent ici à vue d'œil ».

858. Dreyfus à Arconati Visconti, Mardi [14-12-[19]20] (Ms 275, f. 3185).
Il lui demande de ses nouvelles.

859. Dreyfus à Arconati Visconti, Lundi [18 avril 1921 ; cachet de la poste] (Ms 275, f. 3188).
Il lui fait part de la mort de Joseph Reinach en lequel il perd un « excellent ami ».

860. Dreyfus à Arconati Visconti, 26 décembre 1921 (Ms 275, f. 3189).
Il lui fait part du décès de sa sœur Louise et lui annonce sa prochaine visite.

861. Dreyfus à Arconati Visconti, 7 décembre 1922 (Ms 275, f. 3190).
Il propose de passer la voir pour l'entretenir « d'une question passionnante ».

862. Dreyfus à Arconati Visconti, 10 décembre [19]22 (Ms 275, f. 3192).
Il propose de passer la voir.

863. Dreyfus à Arconati Visconti, 14 déc[embre 1922] (Ms 275, f. 3191).
Il lui fait part de ses regrets de n'avoir pu, ayant dû garder la chambre, assister au cours de Lanson sur son père.

864. Dreyfus à Arconati Visconti, 29 avril 1923 (Ms 275, f. 3193). 406

865. Dreyfus à Arconati Visconti, 5 mai [1923]
(Ms 275, f. 3202-3203). 407

Cet ouvrage a été imprimé par
CPI FIRMIN-DIDOT
pour le compte des Éditions Grasset
en mars 2017

Mise en pages PCA
44400 Rezé

PAPIER À BASE DE FIBRES CERTIFIÉES

Grasset s'engage pour l'environnement en réduisant l'empreinte carbone de ses livres. Celle de cet exemplaire est de :
1,3 kg éq. CO_2
Rendez-vous sur www.grasset-durable.fr

N° d'édition : 19824 – N° d'impression : 139721
Dépôt légal : mars 2017
Imprimé en France